Entscheidungen des
Bundesarbeitsgerichts

Herausgegeben

von den Mitgliedern des Gerichtshofes

Berlin 1961

Walter de Gruyter & Co.

vorm. G. J. Göschen'sche Verlagshandlung / J. Guttentag, Verlagsbuchhandlung / Georg Reimer / Karl J. Trübner / Veit & Comp.

Entscheidungen des
Bundesarbeitsgerichts

9. Band

Berlin 1961

Walter de Gruyter & Co.

vorm. G. J. Göschen'sche Verlagshandlung / J. Guttentag, Verlagsbuchhandlung / Georg Reimer / Karl J. Trübner / Veit & Comp.

ZITIERWEISE

Für die Zitierung dieser Sammlung wird die Abkürzung BAG empfohlen, z. B. BAG 1,70 (= Band 1 Seite 70).

Archiv-Nr. 28 19 61

Satz und Druck: Berliner Buchdruckerei Union G. m. b. H., Berlin SW 61

INHALT

Berichtigung

Band 8: S. 83 Kopfleiste lies: „Mehrarbeit" statt: „Mehrharbeit"
S. 151: Kopfleiste einfügen: „25."
S. 163 Kopfleiste einfügen: „27."
Seiten 218—221 Kopfleisten einfügen: „38."

1

1. Kein Bürger der Bundesrepublik kann nach seinem Arbeitsvertrag verpflichtet sein, für eine Zeitschrift, die den freiheitlichen demokratischen Rechtsstaat angreift oder das Gewalt- und Unrechtsregime des Nazismus verherrlicht oder verharmlost, auch nur im geringsten tätig zu werden.

2. Eine Urlaubserteilung kann nach Antritt des Urlaubs nur mit Wirkung ex nunc und nach Beendigung des Urlaubs nicht mehr angefochten werden.

GewO § 123; BGB §§ 123, 142.

1. Senat. Urteil vom 29. Januar 1960 i. S. Sch. (Kl.) w. Fa. R. (Bekl.) 1 AZR 200/58.

I. Arbeitsgericht Bamberg, Zweigstelle Coburg. — II. Landesarbeitsgericht Bayern (Nürnberg).

Die Beklagte, graphische Kunstanstalt, Druckerei und Verlag, druckt u. a. die Monatsschrift „N. E.", die im Verlag N. E. erscheint und von A. herausgegeben wird. Der Kläger war seit dem 28. Mai 1956 bei der Beklagten als Hilfsarbeiter (gewerblicher Arbeiter) beschäftigt und üblicherweise in der Abteilung Tiefdruck tätig.

Am 3. Oktober 1957 nachmittags wurde er von dem Abteilungsleiter der Buchbinderei der Beklagten aufgefordert, eine Beilage in eine Nummer der Zeitschrift „N. E." einzustecken. Es handelte sich hierbei um einen eiligen Terminauftrag, da die Zeitschrift am nächsten Tage fertiggestellt werden mußte und die Betriebsleitung angeordnet hatte, alle verfügbaren Kräfte zu den Einsteckarbeiten heranzuziehen. Der Kläger, dessen Vater Insasse eines nationalsozialistischen Konzentrationslagers war, weigerte sich, diese Arbeit zu verrichten. Er erklärte, daß er die Zeitschrift aus Gewissensgründen nicht anfasse, da sie neonazistischen Charakter trage und insbesondere einen die ehemaligen Konzentrationslagerhäftlinge verunglimpfenden Artikel veröffentlicht habe. Daraufhin wurde der Kläger zunächst mit anderen Arbeiten beschäftigt.

Am 4. Oktober 1957 bei Dienstbeginn wurde dem Kläger eröffnet, daß nunmehr nur noch die Zeitschrift „N. E." zur Bearbeitung vorliege und er die Einsteckarbeiten verrichten müsse. Darauf erklärte er, daß er zur Betriebsleitung ginge. Dort traf er lediglich den Handlungsbevollmächtigten G. an und erwirkte von diesem einen Tag Erholungsurlaub, der ihm noch zustand, ohne den Prokuristen über die Gründe seines

Urlaubsbegehrens aufzuklären. Er erklärte lediglich, daß in der Abteilung Tiefdruck nichts für ihn zu tun sei.

Nach Aufklärung des Sachverhalts wurde der Kläger wieder zur Arbeitsstelle gerufen, wo er gegen Arbeitsende erschien und zunächst beurlaubt wurde.

Mit Schreiben vom 9. Oktober 1957 wurde ihm fristlos gekündigt mit der Begründung, er habe am 3. Oktober die ihm zugewiesene und zumutbare Arbeit ohne zwingende Gründe verweigert und am nächsten Tag unter Angabe fingierter Gründe einen Urlaub beantragt.

Seine Klage auf Feststellung, daß das Arbeitsverhältnis durch die Kündigung nicht aufgelöst sei, war in beiden Vorinstanzen erfolglos. Das Bundesarbeitsgericht gab der Klage statt.

Aus den Gründen:

I. Mit Recht rügt die Revision die Verletzung der dem Vorderrichter nach § 139 ZPO obliegenden Aufklärungspflicht. Der Kläger hat, wie das Landesarbeitsgericht feststellt, in den Vorinstanzen geltend gemacht, die Zeitschrift „N. E." sei eine neo-nazistische Zeitschrift, die die ehemaligen Insassen nationalsozialistischer Konzentrationslager verunglimpft habe und der Verherrlichung der Greueltaten der nationalsozialistischen Gewaltherrschaft, der Verdeckung und Verfälschung ihrer Schandtaten sowie der Verächtlichmachung und Beschimpfung des freiheitlichen, demokratischen Rechtsstaates der Bundesrepublik diene. Ferner hat der Kläger darauf hingewiesen, daß gegen den Herausgeber der Zeitschrift, E., ein Strafverfahren anhängig sei, bei dem auch geprüft werde, ob die Zeitschrift einen verfassungswidrigen oder gesetzeswidrigen Inhalt habe. In der Berufungsinstanz hat der Kläger sodann vorgetragen, daß E. zu einer Gefängnisstrafe von 3 Monaten verurteilt worden sei.

Das Landesarbeitsgericht hat diesen gesamten Vortrag des Klägers unberücksichtigt gelassen und keinerlei Beweise über einen neo-nazistischen Charakter der Zeitschrift „N. E" erhoben und keine entsprechenden Feststellungen getroffen. So hat es weder, was seine Pflicht im Rahmen des § 139 ZPO gewesen wäre, den Kläger veranlaßt, den — wie der Kläger behauptet — die Konzentrationslagerinsassen verunglimpfenden Artikel der Zeitschrift vorzulegen, noch hat es den Inhalt der betreffenden Nummer der Zeitschrift geprüft, an der der Kläger beschäftigt werden sollte. Es hat auch die Akten über den Strafprozeß gegen E., auf die der Kläger hingewiesen und sie damit als Beweismittel angeboten hatte, nicht beigezogen.

Diese Unterlassungen der Berufungsinstanz müßten an sich zur Aufhebung des angefochtenen Urteils und zur Zurückverweisung des Rechtsstreits führen. Denn hätte das Berufungsgericht seiner Aufklärungspflicht entsprochen und beantragte Beweise erhoben, so hätte gegebenenfalls festgestellt werden können, daß die Zeitschrift „N. E." tatsächlich den vom Kläger behaupteten neo-nazistischen Inhalt hat. Dies hätte sich sowohl aus der Zeitschrift als solcher als auch aus den Strafakten ergeben können.

Wäre das Landesarbeitsgericht auf Grund dieser Prüfung zu dem Ergebnis gekommen, daß die Zeitschrift „N. E." neo-nazistischen Charakter hat, so könnte von einem unbefugten Verlassen der Arbeit oder einer beharrlichen Arbeitsverweigerung des Klägers, die bei gewerblichen Arbeitern bei dem festgestellten Tatbestand allein die fristlose Entlassung hätten rechtfertigen können, keine Rede sein. Sicherlich steht einem Arbeitnehmer kein Recht zur Arbeitsverweigerung zu, wenn er etwa auf Grund seiner politischen Einstellung anderer Ansicht als sein Arbeitgeber ist und infolgedessen die Mitwirkung an bestimmten Arbeiten, zu denen er arbeitsvertraglich verpflichtet ist, ablehnt. Ein solches Recht eines Arbeitnehmers gibt es natürlich nicht, es würde jede geordnete Zusammenarbeit im Betrieb und die Betriebsdisziplin unmöglich machen und die Stellung des Arbeitgebers und seiner Beauftragten untergraben. Darum handelt es sich hier aber nicht. Es geht vielmehr darum, daß kein Bürger der Bundesrepublik nach seinem Arbeitsvertrag verpflichtet sein kann, für eine Zeitschrift auch nur im geringsten tätig zu werden, die den freiheitlichen demokratischen Rechtsstaat angreift oder das blutbefleckte Gewalt- und Unrechtsregime des Nazismus verherrlicht oder verharmlost. Ein Arbeitnehmer hat bei einem derartigen Verlangen seines Arbeitgebers das Recht und auch die Pflicht, eine solche Tätigkeit abzulehnen. Der Senat hält es angesichts der fehlenden Aufklärung und Würdigung des Sachverhalts durch das Landesarbeitsgericht für geboten, dies mit allem Nachdruck auszusprechen.

II. Eine Zurückverweisung ist jedoch nicht erforderlich, weil das angefochtene Urteil, auch wenn man den behaupteten neo-nazistischen Charakter der Zeitschrift „N. E." außer Betracht läßt, an materiellen Rechtsfehlern leidet, die zu seiner Aufhebung und zur Entscheidung des Senats entsprechend den Anträgen des Revisionsklägers führen müssen.

1. Zwar ist der Revision nicht dahin zu folgen, das Berufungsgericht habe die Feststellung unterlassen, daß das Einstecken der Beilage in die Zeitschrift „N. E." auch durch andere, arbeitsvertraglich verpflichtete Arbeitskräfte hätte verrichtet werden können. Das Landesarbeitsgericht

hat festgestellt, daß der Abteilungsleiter K. von der Betriebsleitung den Auftrag hatte, alle verfügbaren Kräfte in der Buchbinderei einzusetzen, um die betreffende Nummer der Zeitschrift termingerecht fertigzustellen. Daraus folgt, daß andere Arbeitskräfte, insbesondere solche, die an sich in der Buchbinderei beschäftigt, also arbeitsvertraglich verpflichtet waren, nicht zur Verfügung standen. Wenn die Revision weiter vorträgt, die Annahme einer „Arbeitspflicht im Notfalle" durch das Landesarbeitsgericht sei insofern rechtsirrig, als die Eilbedürftigkeit eines Auftrages hierfür nicht genüge, so braucht auf diese Frage nicht näher eingegangen zu werden; denn eine Pflicht zur Übernahme einer anderen Tätigkeit durch den Arbeitnehmer als der arbeitsvertraglich vereinbarten ergibt sich aus dem Gesichtspunkt der Treuepflicht des Arbeitnehmers bereits in außergewöhnlichen Fällen (Nikisch, Bd. I, 2. Aufl., S. 254), zu denen der vom Berufungsgericht festgestellte Eilauftrag jedenfalls zu zählen ist. Der Kläger war in der Tiefdruckabteilung der Beklagten als Hilfsarbeiter beschäftigt. Das Einstecken von Prospekten ist eine typische Hilfsarbeiterbeschäftigung, die er — sogar von Eilfällen abgesehen — auf Grund des Direktionsrechts der Beklagten auch in einer anderen Abteilung hätte übernehmen müssen (Hueck-Nipperdey, Lehrbuch des Arbeitsrechts, Bd. 1, S. 182; Molitor, SAE 1958, S. 167; derselbe — jedenfalls wohl im Ergebnis —, RdA 1959, S. 1, 7).

2. Mit Recht betont die Revision aber, daß die im Kündigungsschreiben der Beklagten vom 9. Oktober 1957 zum Anlaß der Kündigung genommenen Vorgänge am Donnerstag, dem 3., und Freitag, dem 4. Oktober 1957, scharf voneinander zu trennen seien.

a) Das Verhalten des Klägers am 3. Oktober 1957 läßt keine Verletzung des § 123 Abs. 1 Ziff. 3 GewO, der allein eine fristlose Kündigung rechtfertigen könnte, erkennen. Das ergibt sich schon daraus, daß die von der Beklagten mit der Leitung der Arbeit Betrauten, der Abteilungsleiter K. und die Vorarbeiterin K., den Kläger nach seiner Weigerung, sich mit der Zeitschrift zu befassen, anderweit beschäftigt haben. Dieses Verhalten ihrer Beauftragten muß die Beklagte gegen sich gelten lassen, wobei es rechtsunerheblich ist, ob man die Beauftragten der Beklagten als Stellvertreter ansieht oder nicht. Es liegt mindestens ein duldendes Hinnehmen der vom Kläger vertretenen Ansicht und seiner Weigerung, an der Zeitschrift mitzuarbeiten, vor. Das genügt, um die „Unbefugtheit" und die „beharrliche Arbeitsverweigerung", die Vertragswidrigkeit voraussetzt, auszuschließen. Beide Tatbestände sind nur gegeben, wenn ein Handeln wider den klaren Willen des Arbeitgebers vorliegt. Das Kündigungsschreiben vom 9. Oktober 1957 ist also zu Unrecht auf eine Arbeitsverweigerung am 3. Oktober 1957 gestützt.

b) Das Verhalten des Klägers am 4. Oktober 1957 vormittags, auf das das Landesarbeitsgericht die Annahme eines unbefugten Verlassens des Arbeitsplatzes und eine beharrliche Arbeitsverweigerung vor allem gründet, rechtfertigt eine fristlose Kündigung des Klägers ebenfalls nicht. Denn auch das Verhalten des Klägers zu diesem Zeitpunkt verletzt weder § 123 Abs. 1 Ziff. 3 der GewO noch eine andere, die fristlose Entlassung eines gewerblichen Arbeiters rechtfertigende Bestimmung des § 123 GewO. Das Berufsgericht erkennt zwar zutreffend, daß die Gewährung eines Erholungsurlaubs von der Arbeitspflicht befreit und damit ein unbefugtes Verlassen des Arbeitsplatzes oder ein pflichtwidriges Verweigern der Arbeit begrifflich ausschließt. Der vom Berufungsgericht angestellten „komplexen Betrachtungsweise", mit der es offensichtlich zum Ausdruck bringen will, die Urlaubsgewährung sei infolge der Täuschungshandlung des Klägers rechtlich gar nicht existent und daher liege ein „weisungswidriges Nichtausführen der Einsteckarbeiten am 4. Oktober 1957 vor", vermag der Senat nicht zu folgen. Der Kläger, der unstreitig noch einen Urlaubsanspruch hatte, konnte von der Beklagten die vorübergehende Befreiung von der Arbeit verlangen. Besteht der Urlaubsanspruch, so muß der Arbeitgeber den Urlaub erteilen, damit der Arbeitnehmer in Urlaub gehen kann. Das geschieht in der Weise, daß die bestimmte Urlaubszeit für den Arbeitnehmer vom Arbeitgeber unter Berücksichtigung der Wünsche des Arbeitnehmers und eines etwaigen Urlaubsplanes festgesetzt wird. Alsdann kann der Arbeitnehmer in der festgesetzten Zeit von der Arbeit fernbleiben. Diese Urlaubserteilung, d. h. die Festsetzung der konkreten Urlaubszeit und die entsprechende Mitteilung an den Arbeitnehmer, ist rechtlich eine Willenserklärung des Arbeitgebers, an die dieser grundsätzlich gebunden ist (vgl. Nikisch, Arbeitsrecht, 2. Aufl., Bd. I, S. 451 f.). Der Arbeitgeber kann sie einseitig nur bei ganz unvorhergesehenen Ereignissen widerrufen. Diese Möglichkeit entfällt aber jedenfalls dann, wenn der erteilte Urlaub genommen und die Urlaubszeit verstrichen ist.

Aber auch eine Anfechtung der Urlaubserteilung, die dem Vorderrichter — obwohl von ihm nicht expressis verbis erwähnt — offensichtlich vorschwebte, kann hier nicht durchgreifen. Es ist schon sehr zweifelhaft, ob das Berufungsgericht im vorliegenden Fall nicht zu Unrecht eine arglistige Täuschung seitens des Klägers angenommen hat. Der Senat hat jedoch in seiner Entscheidung vom 15. November 1957 (BAG 5, 58 [65]) in Übereinstimmung mit der Rechtslehre (Hueck-Nipperdey, Lehrbuch des Arbeitsrechts, Bd. I, S. 166 f. u. 168 statt vieler) dargetan, daß dann, wenn im Rahmen eines Arbeitsverhältnisses die geschuldete Arbeit bereits geleistet ist, die Nichtigkeit des Arbeitsvertrages nicht mehr mit rückwirkender Kraft geltend gemacht werden kann. Diese Grundsätze müssen auch hier Anwendung finden. Die Anfechtung der Urlaubserteilung, die auch im Rahmen eines Arbeitsverhältnisses, soweit sie mit dem Wesen und dem Inhalt des Arbeitsverhältnisses als eines Rechtsverhältnisses besonderer Art vereinbar ist (BAG 5, 58 [65, 66]), nach § 123 BGB mit Wirkung des § 142 BGB an sich denkbar ist, ist nur so lange zulässig, als der Urlaub noch nicht angetreten ist. Nach Antritt des Urlaubs kann die Anfechtung nur mit Wirkung ex nunc und nach Beendigung des Urlaubs überhaupt nicht mehr erfolgen. Nach den tatsächlichen Feststellungen ist aber eine Anfechtung, wenn sie wegen des Verhaltens des Klägers bei der Urlaubserteilung überhaupt von der Beklagten gewollt und erklärt ist, erst erfolgt, als der dem Kläger gewährte Urlaubstag bereits verstrichen war, nämlich am Abend des 4. Oktober 1957, als der Kläger wieder im Betrieb der Beklagten erschien.

Demgegenüber kann die Beklagte auch nicht einwenden, daß der Kläger die nicht rechtzeitige Abgabe der Anfechtungserklärung verschuldet oder auch nur verursacht habe. Aus der Tatsache, daß der Handlungsbevollmächtigte G. den Kläger am 4. Oktober 1957 vormittags nach der Urlaubserteilung wieder zur Arbeitsstelle rufen ließ, können keine für den Kläger nachteiligen Folgerungen gezogen werden, wie die Revision mit Recht betont. Die Aussage des Zeugen G. vor dem Arbeitsgericht läßt erkennen, daß ein Bote in die Wohnung des Klägers mit dem Auftrag geschickt worden ist, der Kläger möge umgehend bei G. vorsprechen. Es ist nicht ersichtlich, woraus der Zeuge seine Annahme begründen will, der Kläger sei dieser Anordnung nicht nachgekommen, sondern erst am Abend des gleichen Tages erschienen. Das Landesarbeitsgericht hat keine Feststellungen getroffen und die Beklagte keine Behauptungen in der Richtung aufgestellt, daß der Bote den Kläger gesprochen habe und was er dem Kläger ausgerichtet habe. Ganz offenbar ist dem Kläger nicht ausgerichtet worden, daß er sofort die Arbeit wieder aufzunehmen habe, daß also nach Auffassung der Beklagten die Urlaubserteilung in Wegfall komme, da die Willenserklärung angefochten sei. Der Senat hatte bei dieser Lage keine Veranlassung, den Rechtsstreit zur erneuten Sachaufklärung an die Vorinstanz zurückzuverweisen.

Konnte somit die Urlaubserteilung für den 4. Oktober 1957 nicht rechtswirksam mit Rückwirkung nach den §§ 123, 142 BGB beseitigt werden, so scheidet auch der Einwand des Rechtsmißbrauchs gegenüber dem sich auf die Urlaubserteilung berufenden Kläger aus.

c) Schließlich scheidet auch ein von der Beklagten behauptetes, vom Berufungsgericht jedoch nicht festgestelltes Verhalten des Klägers am Abend des 4. Oktober 1957 als Grund zur fristlosen Entlassung aus. Der Vorderrichter hat eine Feststellung darüber, ob der Kläger zu diesem Zeitpunkt in Gegenwart des Betriebsratsvorsitzenden B. dem Handlungsbevollmächtigten G. auf eine entsprechende Frage eine erneute Weigerung, für die Zeitschrift „N. E." zu arbeiten, ausgesprochen habe, nicht getroffen. Das war auch nicht erforderlich; eine solche Feststellung wäre rechtlich bedeutungslos gewesen, da die Arbeiten an der hier in Rede stehenden Nummer der Zeitschrift bereits zu diesem Zeitpunkt beendet waren. Die etwaige von der Beklagten behauptete, vom Kläger bestrittene Weigerungserklärung des Klägers, der normalerweise mit der Zeitschrift bei seiner Arbeit nicht in Berührung kam, da er in der Tiefdruckabteilung beschäftigt und nur einmalig für die betreffende Nummer wegen eines Eilauftrages herangezogen worden war, hätte keinerlei konkrete praktische Bedeutung gehabt. Eine solche Weigerung, gewissermaßen für die Zukunft, kann den gesetzlichen Tatbestand der beharrlichen Arbeitsverweigerung im Sinne des § 123 Abs. 1 Ziff. 3 GewO nicht erfüllen. Einer Tatsachenaufklärung in dieser Richtung, die eine Zurückverweisung des angefochtenen Urteils erforderlich machen würde, bedarf es daher ebenfalls nicht.

Es ist somit kein Tatbestand nach § 123 Abs. 1 Ziff. 3 GewO gegeben, und ein anderer außerordentlicher Kündigungsgrund nach § 123 GewO liegt nicht vor. Weder § 123 Abs. 1 Ziff. 1 noch § 123 Abs. 1 Ziff. 2 sind gegeben.

2

1. Durch die Klage eines Arbeitnehmers auf Feststellung der Unwirksamkeit einer ihm gegenüber ausgesprochenen fristlosen Kündigung wird die Verjährung seiner aus § 615 BGB sich ergebenden Gehaltszahlungsansprüche nicht unterbrochen.

2. Zur Frage der Schuldlosigkeit eines Rechtsirrtums.

BGB §§ 209 Abs. 1, 194 Abs. 1, 196 Abs. 1 Ziff. 8, 198, 201, 202, 203, 210, 217, 224, 242, 276 Abs. 1 Satz 2, 284 Abs. 2, 285, 293 ff., 615, 626; KSchG §§ 3, 9.

V. Senat. Urteil vom 1. Februar 1960 i. S. K. B. (Bekl.) w. B. (Kl.) 5 AZR 20/58.

I. Arbeitsgericht Berlin. — II. Landesarbeitsgericht Berlin.

1. Der Kläger war bei der Beklagten — einer Körperschaft des öffentlichen Rechts — als Verwaltungsangestellter angestellt. Dieses Arbeits-

verhältnis wurde von der Beklagten am 23. Juni 1954 fristlos gekündigt. Auf die hiergegen erhobene Kündigungsschutzklage stellte das Arbeitsgericht Berlin durch Urteil vom 27. September 1954 fest, daß das Arbeitsverhältnis der Parteien durch die Kündigung vom 23. Juni 1954 nicht aufgelöst ist. Auf die von der Beklagten hiergegen erhobene Berufung wies das Landesarbeitsgericht durch Urteil vom 3. Dezember 1954 unter Abänderung des erstinstanzlichen Urteils die Klage ab. Auf die Revision des Klägers hob dann der Dritte Senat des Bundesarbeitsgerichts durch Urteil vom 6. November 1956 — 3 AZR 42/55 — (vgl. BAG 3, 168 ff.) das Urteil des Landesarbeitsgerichts auf und verwies die Sache zur anderweiten Verhandlung und Entscheidung an das Landesarbeitsgericht zurück. Dieses wies dann durch Urteil vom 8. Februar 1957 die Berufung der Beklagten zurück. Die hiergegen erhobene erneute Revision der Beklagten wurde durch Beschluß des Dritten Senates des Bundesarbeitsgerichts vom 17. Mai 1957 als unzulässig verworfen.

2. Mit seiner im März 1957 erhobenen Klage hat der Kläger alsdann aus dem Gesichtspunkt der fruchtlosen Anbietung seiner Arbeitsleistung und damit des Annahmeverzuges der Beklagten Nachzahlung seines Bruttogehaltes ab dem 24. Juni 1954 bis einschließlich Juni 1957 im Gesamtbetrag von 39 249,14 DM brutto verlangt. Im Verlaufe des erstinstanzlichen Rechtsstreites haben sich die Parteien über einen Teil der vom Kläger verlangten Beträge in Höhe von 29 158,37 DM brutto geeinigt und nur noch über einen Betrag von 10 090,78 DM brutto und 1800,— DM netto weiter gestritten. Dieser für die Revision allein noch interessierende Streitbetrag setzte sich aus drei Posten zusammen:

Posten 1:

Gehaltsteile des Klägers für die Zeit vom 24. Juni bis 31. Dezember 1954 — 6 Monate — im Gesamtbetrage von 6490,78 DM brutto.

Posten 2:

Restgehalt des Klägers für die Zeit ab dem 24. Juni 1954 bis Juni 1957 — 36 Monate — im Betrage von je 100,— DM brutto monatlich = 3600,— DM brutto.

Posten 3:

Eine kapitalisierte Zinsforderung des Klägers aus den Gehaltsansprüchen, die er für die Zeit seit der Kündigung — 23. Juni 1954 — bis zur rechtskräftigen Entscheidung des Kündigungsschutzrechtsstreites erhoben hat, und zwar in Höhe von 300,— DM netto Zinsen aus den Gehaltsbezügen für 1954 und in Höhe von 1500,— DM netto Zinsen aus den Gehaltsbezügen für die spätere Zeit.

In erster Instanz hat gegenüber dem Posten 1 — Gehaltsposten aus 1954 in Höhe von 6490,78 DM brutto — die Beklagte die Einrede der Verjährung erhoben.

Gegenüber dem Posten 2 — restliche Gehaltsansprüche des Klägers in Höhe von 3600,— DM brutto für die Zeit vom 24. Juni 1954 bis Juni 1957 — hat sie geltend gemacht, für diese Zeit — 36 Monate — müsse sich der Kläger gemäß § 615 Satz 2 BGB aus dem Gesichtspunkt der durch Arbeitsuntätigkeit ersparten Aufwendungen monatlich einen von der Beklagten auf 100,— DM geschätzten Betrag, für 36 Monate somit 3600,— DM anrechnen lassen.

Gegenüber dem Posten 3 — Zinsposten in der Höhe von 300,— DM plus 1500,— DM netto — hat die Beklagte geltend gemacht, sie sei nicht in Schuldnerverzug gekommen und daher nicht zur Zinszahlung verpflichtet. Sie habe nämlich, ohne fahrlässig zu handeln, von der Rechtmäßigkeit der am 23. Juni 1954 ausgesprochenen Kündigung ausgehen können, da der dabei von ihr eingenommene Rechtsstandpunkt der herrschenden Meinung in der Rechtsprechung entsprochen habe, die erst durch die erwähnte Entscheidung des Bundesarbeitsgerichts vom 6. November 1956 (BAG 3, 168 ff. = AP Nr. 14 zu § 626 BGB) korrigiert worden sei. Hinsichtlich der Zinsforderung des Klägers aus 1954 in Höhe von 300,— DM netto hat sie sich ebenfalls auf Verjährung berufen.

Demgegenüber hat sich der Kläger in erster Instanz auf den Standpunkt gestellt, Posten 1 und die Zinsforderung aus Posten 3 in Höhe von 300,— DM netto seien nicht verjährt, weil die Verjährung durch den Kündigungsrechtsstreit unterbrochen gewesen sei. Selbst wenn das nicht zutreffe, so sei die Erhebung der Einrede der Verjährung durch die Beklagte arglistig.

Die Berechtigung der von der Beklagten bei Posten 2 geltend gemachten Anrechnungsgesichtspunkte hat der Kläger unter Hinweis auf § 9 KSchG in Abrede gestellt.

Gegenüber dem zu Posten 3 geäußerten Standpunkt der Beklagten, sie sei mangels Verschuldens nicht in Schuldnerverzug geraten, hat der Kläger geltend gemacht, über die im Vorprozeß streitigen Rechtsfragen habe keineswegs eine herrschende Meinung bestanden, so daß der von der Beklagten im Vorprozeß eingenommene und vom Bundesarbeitsgericht nicht gebilligte Rechtsstandpunkt ihr zum Verschulden gereichen müsse.

3. Das Arbeitsgericht hat der Klage hinsichtlich des Postens 2 in Höhe von 3600,— DM brutto und hinsichtlich des Postens 3 in Höhe von 1500,— DM netto entsprochen; im übrigen hat es die Klage mit der

Begründung abgewiesen, die Forderung aus Posten 1 und der Zinsposten in Höhe von 300,— DM netto seien verjährt.

Hiergegen haben beide Parteien Berufung eingelegt.

Die Beklagte hat das erstinstanzliche Urteil insoweit angegriffen, soweit sie darin aus Posten 2 zu mehr als 3000,— DM brutto und aus Posten 3 zur Zahlung von 1500,— DM netto verurteilt worden ist.

Gegenüber der Verurteilung aus Posten 2 zur Zahlung von mehr als 3000,— DM brutto — also wegen des darüber hinausgehenden Betrages von 600,— DM brutto — hat sie geltend gemacht, dieser aus 1954 herrührende Gehaltsteil des Klägers sei ebenfalls wie der vom Arbeitsgericht dem Kläger versagte Posten 1 verjährt.

Gegen die Zinsverurteilung in Höhe von 1500,— DM netto hat sich die Beklagte mit ihrer erstinstanzlichen Begründung gewandt.

Der Kläger hat mit seiner Berufung aus Posten 1 anstatt des bisherigen Streitbetrages von 6490,78 DM nur noch einen solchen in Höhe von 6464,05 DM brutto, dazu aus Posten 3 einen Zinsbetrag in Höhe von 300,— DM netto weiterverfolgt mit der Begründung, insoweit habe das Arbeitsgericht zu Unrecht Verjährung angenommen.

Das Landesarbeitsgericht hat der Berufung des Klägers entsprochen und die Berufung der Beklagten zurückgewiesen. Es hat angenommen, durch den Kündigungsschutzrechtsstreit sei die Verjährung für die Gehaltsansprüche des Klägers aus dem Jahre 1954 unterbrochen worden. Es hat weiter angenommen, die Beklagte habe sich in Schuldnerverzug befunden. Hiervon ausgehend hat es alle vom Kläger in der Berufungsinstanz verfolgten Ansprüche für gerechtfertigt gehalten.

Mit der Revision verfolgt die Beklagte ihr Ziel auf Klageabweisung insoweit weiter, als aus Posten 1 (6464,05 DM brutto) und aus Posten 2 (600,— DM brutto) Gehaltsansprüche des Klägers aus 1954 und aus Posten 3 (300,— DM plus 1500,— DM netto) Zinsansprüche des Klägers in Rede stehen. Die Revision hatte teilweise Erfolg.

Aus den Gründen:

I. Gehalts- und Zinsansprüche des Klägers aus 1954.

1. Als Anspruchsgrundlage für die Berechtigung des Gehaltszahlungsbegehrens des Klägers für 1954 im Gesamtbetrage von 6464,05 DM brutto (= Posten 1) und 600,— DM brutto (Restposten 2) und somit im Gesamtbetrage von 7064,05 DM brutto ist, was das Landesarbeitsgericht nicht erörtert hat, § 615 Satz 1 BGB in Betracht zu ziehen. Danach

kann ein Dienstverpflichteter die vereinbarte Vergütung nach näherer Maßgabe des § 615 Satz 2 BGB, § 9 KSchG verlangen, wenn der Dienstberechtigte mit der Annahme der Dienste in Verzug kommt. Von einem „Dienstverpflichteten" und „Dienstberechtigten" und von einem „Annahmeverzug des Dienstberechtigten" i. S. des § 615 Satz 1 BGB kann ebenso wie von einem „Gläubiger", „Schuldner" und einer „Leistung" i. S. der Gesamtregelung der §§ 293 ff. BGB nur gesprochen werden, wenn ein Arbeitsverhältnis in der fraglichen Zeit — hier also im Jahre 1954 auch nach dem 23. Juni 1954 — zwischen den Parteien bestand, dessen Erfüllung durch den Schuldner an dem Verhalten des Gläubigers scheiterte (vgl. BAG 7, 36 [39] und BAG 7, 51 [53]). Demnach ist die Berechtigung des Klagebegehrens davon abhängig, ob für die hier in Rede stehende Zeit vom 24. Juni 1954 bis 31. Dezember 1954 noch ein Arbeitsverhältnis zwischen den Parteien bestanden und ob der Kläger die Beklagte nach näherer Maßgabe der §§ 293 ff. BGB in Annahmeverzug gesetzt hat. Das ist zu bejahen.

Für die Frage, ob in der in Betracht kommenden Zeit zwischen den Parteien ein Arbeitsverhältnis bestanden hat, steht auch im Rahmen dieses Zahlungsrechtsstreites zwischen den Parteien auf Grund des zugunsten des Klägers ausgegangenen Kündigungsrechtsstreites rechtskräftig fest, daß die fristlose Kündigung vom 23. Juni 1954 das Arbeitsverhältnis der Parteien nicht aufgelöst hat. Insoweit kann auf Ziffer II der Entscheidungsgründe des Urteils des Zweiten Senates des Bundesarbeitsgerichts vom 13. November 1958 — 2 AZR 573/57 — BAG 7, 36 [39 ff.] — und auf Ziffer A der Entscheidungsgründe des Urteils des Zweiten Senats des Bundesarbeitsgerichts vom 17. November 1958 — 2 AZR 277/58 — BAG 7, 51 [53 ff.]) — verwiesen werden. Es ist von der Beklagten nicht geltend gemacht worden, daß das Arbeitsverhältnis der Parteien aus einem anderen Grunde als dem der Kündigung vom 23. Juni 1954 vor Ablauf des Kündigungsrechtsstreites sein Ende gefunden habe.

Hinsichtlich der Frage, ob der Kläger der Beklagten seine Dienste in einer den Annahmeverzug begründenden Weise angeboten hat, sind sich die Parteien ausweislich der vom angefochtenen Urteil in Bezug genommenen Parteischriftsätze darüber einig, daß das geschehen ist.

Rechnerisch ist der damit aus § 615 BGB sich ergebende Gehaltsanspruch des Klägers auch zwischen den Parteien nicht weiter streitig. Soweit in den Vorinstanzen Anrechnungsgesichtspunkte der im Tatbestand erwähnten Art eine gewisse Rolle gespielt haben, sind sie vom Kläger nicht vorgetragen und will die Beklagte diese nur vorgetragen wissen, wenn ihre Einrede der Verjährung nicht durchgreift.

2. Die aus § 615 BGB nach Maßgabe des soeben Ausgeführten sich ergebenden Gehaltsansprüche des Klägers sind jedoch verjährt. Gemäß § 196 Abs. 1 Ziffer 8, §§ 198, 201 BGB verjährten die Gehaltsansprüche des Klägers aus dem Jahre 1954 mit Ablauf des 31. Dezember 1956.

Soweit das Landesarbeitsgericht angenommen hat, diese Verjährung sei gemäß § 209 Abs. 1 BGB mit den Folgen aus § 217 BGB durch den vorangegangenen Kündigungsschutzprozeß unterbrochen worden, ist das unzutreffend.

a) Gemäß § 209 Abs. 1 BGB wird die Verjährung — neben anderen Fällen, die hier ebensowenig wie die Fälle des § 209 Abs. 2 BGB in Betracht kommen — unterbrochen, wenn der Berechtigte auf Befriedigung oder auf Feststellung des Anspruchs Klage erhebt. Gemeint ist damit eine Leistungsklage oder eine Feststellungsklage, die sich auf einen Anspruch im Sinne des § 194 Abs. 1 BGB bezieht, dessen Verjährung durch die Klageerhebung unterbrochen werden soll. Wenn damit der Gesetzgeber für eine Verjährungsunterbrechung nicht schon eine Mahnung oder entsprechende außergerichtliche Verwahrung des Berechtigten genügen läßt, sondern mit voller Absicht (vgl. dazu Planck, BGB, Band 1, Einleitung und Allg. Teil, 3. Aufl., 1903, § 209 Anm. 1) darauf abstellt, ob der Berechtigte eine Klage auf Befriedigung oder auf Feststellung des Anspruchs erhebt, so ist eine genaue Erfassung des Umfanges der Unterbrechungswirkung einer Klage nur möglich, wenn man prüft, ob und inwieweit der Streitgegenstand einer Leistungsklage oder einer Feststellungsklage den Anspruch betrifft, dessen Verjährung durch Klageerhebung unterbrochen sein soll. Dem entspricht es, daß die gesamte Rechtsprechung und Rechtslehre die Frage, ob und in welchem Umfang eine hinsichtlich eines Anspruchs erhobene Leistungs- oder Feststellungsklage die Verjährungsunterbrechung herbeiführt, danach bestimmt, was der Streitgegenstand der entsprechenden Klage ist (Zur Judikatur vgl. statt vieler: RGZ 75, 302 [305]; RGZ 77, 213 [215, 216]; RGZ 163, 396 [399]; RG JW 37, 2101 Nr. 6; BGH LM Nr. 6 zu § 12 VVG; zur Literatur: vgl. Staudinger, BGB, Bd. 1, 11. Aufl., 1957, § 209 Bem. 1; RGRK BGB, 11. Aufl., Bd. 1, 1959, § 209 Anm. 24; Soergel-Siebert, 9. Aufl., Bd. 1, 1959, § 209 Anm. 15 ff.; Palandt, BGB, 18. Aufl., 1958, § 209 Anm. 2; Erman, BGB, 2. Aufl., 1958, § 209 Anm. 3; Enneccerus-Nipperdey, Allgemeiner Teil, Halbband 2, 15. Aufl., 1960, § 235 IV A 1 c S. 1425, 1426 zu Fußnote 15; Stein-Jonas, ZPO, 18. Aufl., § 267 Anm. II; Wieczorek, ZPO, § 261 b Anm. C II b 1, jeweils mit weiteren Nachweisen). Jede andere Betrachtung würde zu einer Beeinträchtigung der Rechtssicherheit und Rechtsklarheit in Verjährungsfragen deshalb führen, weil ohne genaue Abstellung darauf, was Streitgegenstand eines Prozesses ist, sich nicht feststellen läßt, inwieweit eine Verjährungsunterbrechung in Betracht zu ziehen ist.

b) Der Streitgegenstand des Vorprozesses umfaßte den jetzt hier in Rede stehenden Zahlungsanspruch des Klägers nicht. Im Vorprozeß war Streitgegenstand lediglich die Frage, ob das zwischen den Parteien bestehende Arbeitsverhältnis der Parteien aus Anlaß der fristlosen Kündigung vom 23. Juni 1954 am 23. Juni 1954 beendet worden ist oder nicht (vgl. dazu auch BAG 7, 36 [39 ff.] und BAG 7, 51 [53 ff.]). Damit wurde überhaupt nicht über einen „Anspruch" im Sinne des § 194 Abs. 1 BGB gestritten, wie das § 209 Abs. 1 BGB voraussetzt, sondern nur über das Bestehen oder Nichtbestehen eines Rechtsverhältnisses zwischen den Parteien. Ein Feststellungsstreit über das Bestehen oder Nichtbestehen eines Rechtsverhältnisses ist nur dann ein Streit über einen Anspruch i. S. der §§ 194 Abs. 1, 209 Abs. 1 BGB, wenn der Feststellungsstreit gerade darum geht, ob ein bestimmter Anspruch besteht oder nicht. Verzichtet eine Feststellungsklage darauf, Feststellung des Bestehens eines bestimmten Anspruches zu begehren und beschränkt sie sich — wie das im Vorprozeß der Fall war — lediglich darauf, die Feststellung eines Rechtsverhältnisses ohne Anspruchsinhalt zu betreiben, so entfällt jede Möglichkeit, abzugrenzen, welche Ansprüche aus dem so festgestellten Rechtsverhältnis festgestellt werden sollen und festgestellt sind, und beschränkt sich die erstrebte Feststellung nur darauf, auszusprechen, ob ein Rechtsverhältnis besteht oder nicht.

c) Der Umstand, daß der im Vorprozeß betriebene Feststellungsstreit ein solcher war, der nach dem oben zu I 1 dieser Entscheidungsgründe Ausgeführten teilweise den jetzigen Zahlungs- und Anspruchsrechtsstreit hinsichtlich einer Teilfrage präjudiziert, nämlich hinsichtlich der Frage, ob die Kündigung vom 23. Juni 1954 das Arbeitsverhältnis der Parteien am 23. Juni 1954 beendet hat oder nicht, reicht ebenfalls nicht aus, um daraus eine Verjährungsunterbrechung nach § 209 Abs. 1 BGB in Betracht zu ziehen. Mit der Beschränkung des Vorprozesses auf diese Teilfrage war das jetzige Anspruchsbegehren nicht zum Streitgegenstand erhoben und nicht der richterlichen Entscheidung unterbreitet. Ebensowenig wie ein Feststellungs- oder Leistungsstreit über einen Teilanspruch die Verjährung des nicht streitbefangenen Teiles des Anspruches unterbricht (vgl. statt aller: Staudinger, a. a. O., § 209 Bem. 1), ebensowenig kann das in Betracht gezogen werden, wenn Streitgegenstand eines Vorprozesses nur ein einzelnes Anspruchselement eines Leistungsanspruches ist. Wollte man gegenteiligen Erwägungen Raum geben, so bliebe bei einem Streit über die Frage, ob eine Kündigung ein Arbeitsverhältnis beendet hat oder nicht, völlig unbestimmbar, ob und welche und in welchem Umfang Ansprüche aus einem Obsiegen in einem solchen Rechtsstreit hergeleitet werden und in welchem Umfang deren Verjährung unterbrochen sein soll. Der Umstand, daß derjenige, der mit einer Kündigungsschutzklage vorgeht, naturgemäß regelmäßig und nach aller Erfahrung sogar häufig und meistens damit bezweckt, sich ihm nach § 615 BGB zustehende Gehaltsansprüche aus dem Gesichtspunkt des Annahmeverzuges zu erhalten und als Folge seines Obsiegens im Kündigungsschutzprozeß zu sichern, reicht nicht aus, daraus eine Verjährungsunterbrechung nach § 209 Abs. 1 BGB herzuleiten. Denn mit einer bloßen Kündigungsschutzklage unterbreitet er seine etwaigen Zahlungsansprüche eben nicht der gerichtlichen Entscheidung, wie das nach § 209 Abs. 1 BGB für eine Verjährungsunterbrechung erforderlich ist. Insoweit befindet er sich lediglich in einer solchen Proteststellung, wie sie auch derjenige hat, der als Berechtigter einen ihm zustehenden Anspruch anmahnt, ihn aber nicht einklagt. Hier wie dort kann das für eine Verjährungsunterbrechung nach § 209 Abs. 1 BGB aber deshalb nicht genügen, weil diese Vorschrift aus den erörterten Gründen (vgl. oben I 2 a) eine entsprechende Klageerhebung und damit Unterbreitung eines Anspruchsstreites selbst zur richterlichen Entscheidung erfordert.

d) Soweit zu erwägen ist, daß derjenige, der unter das Kündigungsschutzgesetz fällt und dem zu Unrecht gekündigt worden ist, ihm nach § 615 BGB zustehende Gehaltsansprüche aus dem Gesichtspunkt des Annahmeverzuges regelmäßig nur dann im Klagewege endgültig realisieren kann, wenn er die ihm gegenüber ausgesprochene Kündigung nach näherer Maßgabe des KSchG erfolgreich bekämpft und im Kündigungsrechtsstreit obgesiegt hat, weil darin teilweise über eine präjudizielle Frage von etwaigen Gehaltszahlungsansprüchen entschieden wird (vgl. oben I 1 a dieser Entscheidungsgründe), nötigt das ebenfalls zu keinem anderen Ergebnis. Trotz der teilweisen Präjudizialität des Kündigungsrechtsstreites für Gehaltsansprüche des Klägers aus § 615 BGB ist dieser schon vor Ablauf der Verjährungszeit in der Lage, seine etwaigen aus § 615 BGB sich ergebenden Zahlungsansprüche entweder im Wege einer bezifferten Leistungsklage oder unter den Voraussetzungen des § 256 ZPO dergestalt geltend zu machen, daß er Feststellung dahin begehrt, daß ihm gegen den Arbeitgeber aus dem Gesichtspunkt des Annahmeverzuges bestimmte Gehaltsansprüche zustehen. Auf beiden Wegen kann er damit eindeutig den Anforderungen genügen, die nach § 209 Abs. 1 BGB erforderlich sind, um eine Verjährungsunterbrechung für seine Gehaltsansprüche aus § 615 BGB herbeizuführen. Deshalb kann es auch nicht angebracht erscheinen, hier eine entsprechende Anwendung von § 210 BGB in Betracht zu ziehen. Wenn nach dieser Vorschrift die Verjährung in einem dort näher bestimmten Umfang dann unterbrochen ist, wenn die Zulässigkeit des Rechtsweges von einer Vorentscheidung einer Behörde abhängt oder wenn die Bestimmung des zuständigen Gerichts durch ein höheres Gericht zu erfolgen hat, so ist damit vom Gesetz ein Sachverhalt angesprochen, bei dem trotz Wollens des Berechtigten keine geordnete und zulässige und die Verjährungsunterbrechung herbeiführende Klagemöglichkeit gegeben ist. Von einer solchen Lage kann aber, soweit die gerichtliche Anbringung von Gehaltsansprüchen aus § 615 BGB während eines Kündigungsrechtsstreits in Betracht kommt, nach dem soeben Ausgeführten keine Rede sein, weil der Berechtigte in einem solchen Fall klagen kann. Deshalb müßte es auch abwegig erscheinen, etwa eine Verjährungshemmung in Anlehnung an § 202 BGB oder an § 203 BGB in Betracht zu ziehen.

e) Somit ergibt sich zusammengefaßt, daß durch den Vorprozeß die Verjährung der jetzt streitigen Gehaltszahlungsansprüche aus 1954 nicht unterbrochen war, sondern diese gemäß §§ 196 Abs. 1 Ziff. 8, 198, 201 BGB mit Ablauf des 31. Dezember 1956 verjährt waren. Das ist offensichtlich auch die Ansicht, zu der das Reichsarbeitsgericht in einem ähnlich liegenden Fall im Grundsatz geneigt hat, die es aber unentschieden gelassen hat (vgl. RAG, Urteil vom 25. Januar 1936, — RAG 268/35 — ARS 26, 58 [60] = JW 1936, 1245 Nr. 38). Eine gegenteilige Ansicht wird ersichtlich nur von Soergel-Siebert, a. a. O., § 209 Bem. 4 vertreten, der sich jedoch ohne nähere Begründung gerade auf das in dieser Sache angefochtene und vor Rechtskraft in BB 1958, 451 Nr. 830 und dazu noch an mehreren anderen Stellen (WA 1958 S. 71 Nr. 112 = DBetrV Kartei 1958 B II c 7 = ARSt 1958 XX S. 155 Nr. 411, XX S. 73 Nr. 214 = Entscheidungskalender, Berliner Arbeits- und Sozialrecht, 1958, 4, S. 143, 144) veröffentlichte Urteil beruft, was nach dem Ausgeführten aber nicht zu überzeugen vermag.

3. Auf diese somit gegebene Verjährung kann sich die Beklagte auch berufen, ohne daß der Kläger ihr den Einwand der Arglist entgegenhalten kann. Er hat gegenüber der Berufung der Beklagten auf die Einrede der Verjährung nur geltend gemacht, daß die Beklagte sich als Körperschaft des öffentlichen Rechts und als Arbeitgeberin darauf berufen hat und daß er angenommen habe, die Beklagte als öffentlich-rechtliche Körperschaft werde das nicht tun. Aus seinem Vortrag ist nicht die Behauptung zu entnehmen, daß die Beklagte in irgendeiner Form in ihm diesen Glauben geweckt oder eine ihr erkennbar gewordene dahingehende Vorstellung des Klägers — wenn auch unbewußt — genährt habe. Bei diesem Sachvortrag des Klägers sind keine Tatsachen zu erkennen, die es zulassen, der Be-

klagten wegen ihrer Berufung auf die Verjährung allgemein unzulässige Rechtsausübung oder ein speziell doloses Verhalten vorzuwerfen (vgl. BAG 5, 94 [96, 97]). Die bloße Tatsache, daß die Beklagte eine Körperschaft des öffentlichen Rechts ist, verschließt ihr die Berufung auf die Einrede der Verjährung selbstverständlich nicht, weil sie, die mit dem Kläger in privatrechtlichen Beziehungen stand, hierbei sich auf eine Verjährung ebenso wie jeder andere private Rechtsgenosse berufen kann.

4. Aus dem bisher Ausgeführten folgt, daß die vom Kläger für 1954 verfolgten Gehaltsansprüche im Gesamtbetrage von 7064,05 DM brutto verjährt sind.

Aus der Bejahung dieser Verjährung der Gehaltsansprüche des Klägers für 1954 ergibt sich weiter, daß jedenfalls, ohne daß es auf weiteres ankommen kann, etwaige Zinsschulden der Beklagten verjährt sind, soweit sie der Kläger in Höhe von 300,– DM netto aus dem Gesichtspunkt der Schadenersatzpflicht der Beklagten wegen Schuldnerverzuges der Beklagten bezüglich der Gehaltsbezüge aus 1954 verfolgt hat. Das folgt aus § 224 BGB, wonach mit der Verjährung des Hauptanspruchs auch Ansprüche auf davon abhängige Nebenleistungen verjähren. Das gilt für Zinsansprüche als geradezu typische Nebenleistungsansprüche jedenfalls dann, wenn sie aus dem Gesichtspunkt des Verzugsschadens gemäß § 288 Abs. 1 Satz 1 BGB als gesetzliche Verzugszinsen verfolgt werden, wie das der Kläger ausweislich seiner Zinsberechnung, die von 4 % ausgeht, getan hat. Die Streitfrage, ob § 224 BGB auch dann gilt, wenn höhere Zinsen als weitergehende Verzugsschäden im Sinne von § 288 Abs. 1 Satz 2, Abs. 2 BGB verlangt werden, braucht unter diesen Umständen nicht berührt zu werden (vgl. dazu einerseits RGZ 156, 113 [121] und Erman, BGB, 2. Aufl., 1958, § 224 Anm. 1 und andererseits Staudinger, aaO, § 224 Anm. 2 sowie auch Palandt, aaO, § 224 Anm.).

Damit ergibt sich insgesamt, daß die Zahlungsklage in Höhe von insgesamt 7364,05 DM brutto wegen Verjährung unbegründet ist.

II. Die Zinsforderung des Klägers in Höhe von 1500,– DM netto aus Posten 3.

1. Hinsichtlich dieses Betrages hat das Landesarbeitsgericht zutreffend angenommen, daß die aus dem Gesichtspunkt des Annahmeverzuges nach § 615 BGB sich für die Zeit nach dem 31. Dezember 1954 ergebenden Gehaltsansprüche des Klägers zu den Terminen fällig waren, an denen sie auch bei wirklicher Dienstleistung des Klägers fällig geworden wären (vgl. statt aller: Staudinger-Nipperdey, BGB, 11. Aufl., 1958, § 615 Bem. 4 und Bem. 28). Da diese Gehaltszahlungstermine kalendermäßig festlagen, kam

die Beklagte bei Nichtzahlung in Schuldnerverzug, ohne daß es hierfür einer besonderen Mahnung seitens des Klägers bedurfte (§ 284 Abs. 2 Satz 1 BGB). Der Kläger kann deshalb gemäß § 288 Abs. 1 Satz 1 BGB von den jeweiligen fälligen Gehaltsbeträgen Verzugszinsen in Höhe von 4 % verlangen. Daß auf einer solchen Berechnung nach näherer Maßgabe des § 288 Abs. 1 BGB die Höhe des mit Posten 3 verfolgten Zahlungsantrages von 1500,– DM netto beruht, ist zwischen den Parteien unstreitig.

2. Soweit die Beklagte sich für eine Ausräumung dieser Verzugsfolgen gemäß § 285 BGB darauf berufen hat, sie habe ohne Verschulden von der Rechtmäßigkeit der Kündigung vom 23. Juni 1954 und deshalb von der Nichtexistenz von Zahlungsansprüchen des Klägers ausgehen dürfen, ist das Landesarbeitsgericht dem mit Recht nicht gefolgt.

a) Ausweislich der Begründung des Urteils des Landesarbeitsgerichts vom 8. Februar 1957 im Vorprozeß hat es die Beklagte bei Ausspruch der Kündigung vom 23. Juni 1954 unterlassen, entsprechend dem § 6 Abs. 1 a der bei ihr bestehenden Betriebsvereinbarung vom 14. Juni 1950 vor Ausspruch der Kündigung vom 23. Juni 1954 ordnungsmäßig die Zustimmung des Betriebsrates einzuholen; das war nach der Begründung des Urteils des Bundesarbeitsgerichts vom 6. November 1956 — 3 AZR 42/55 — BAG 3, 168 ff. [171 — 174] — für den Fall erforderlich, daß eine unabhängige Schiedsstelle vorhanden war, die bei Versagung der Zustimmung des Betriebsrates von der Beklagten angerufen werden konnte. Eine solche unabhängige Schiedsstelle bestand nach den Feststellungen des Landesarbeitsgerichts.

b) Als die Beklagte bei dem Ausspruch der fristlosen Kündigung vom 23. Juni 1954 sich vor die Frage gestellt sah, ob dabei noch nach näherer Maßgabe der Betriebsvereinbarung vom 14. Juni 1950 zu verfahren sei oder nicht, wurde diese Frage ausweislich der vom Bundesarbeitsgericht in seinem Urteil vom 6. November 1956 — BAG 3, 168 [172] — aufgeführten Literaturstimmen im Grundsatz immerhin unterschiedlich beurteilt. Eine höchstrichterliche Entscheidung des Bundesarbeitsgerichts lag damals noch nicht vor und konnte noch nicht vorliegen. Wenn unter diesen Umständen die Beklagte sich über die bei ihr nun einmal bestehende und ausweislich des Bestehens einer unabhängigen Schiedsstelle insoweit auch noch gehandhabte Betriebsvereinbarung hinwegsetzte und das darin vorgesehene Zustimmungserfordernis des Betriebsrates nicht für erforderlich hielt, mußte sie bei Beachtung der Sorgfaltspflichten, die nach § 276 Abs. 1 Satz 2 BGB einem Arbeitgeber zur Pflicht gemacht sind, in Rechnung stellen, daß sich Arbeitnehmer regelmäßig dagegen wehren, wenn ein ihnen bisher gewährter Sozialschutz nicht mehr gehandhabt wird. Wenn daher in der hier in Betracht kommenden Betriebsvereinbarung für Kündigungen von Arbeitnehmern ein in bestimmter Weise ausgestaltetes und von einer unabhängigen Schiedsstelle kontrollierbares Zustimmungserfordernis des Betriebsrates vorgesehen war, konnte die Beklagte ohne Abstimmung mit dem Betriebsrat und ohne nähere sonstigen Anhaltspunkte nicht ohne weiteres damit rechnen, im Falle der Kündigung vom 23. Juni 1954 werde der Kläger widerspruchslos hinnehmen, daß der Betriebsrat nicht zugestimmt hatte. Sie mußte also mit einem hierauf Bezug nehmenden Widerstand des Klägers rechnen.

Unter diesen Umständen war sie zur Vermeidung des Vorwurfes des fahrlässigen Rechtsirrtums gehalten, sich über die rechtliche Notwendigkeit der Beachtung bzw. über die Zulässigkeit der Nichtbeachtung des in der Betriebsvereinbarung vorgesehenen Zustimmungserfordernisses in einer Weise zu vergewissern, die Zweifel über die Rechtslage nach Möglichkeit ausschloß, z. B. durch Fühlungnahme mit dem Betriebsrat, Einholung des Rates von rechtskundigen Stellen oder eines Rechtsgutachtens oder dergl. mehr. Daß sie in dieser Beziehung sich um eine gründliche Durchdringung der sich ergebenden Rechtsfragen bemüht habe, hat die Beklagte aber nicht vorgetragen, so daß sie nicht dargelegt hat, sie habe sich mit der im Arbeitsleben erforderlichen Sorgfalt um eine richtige Erkenntnis der wahren Rechtslage bemüht. Dieser fehlende Vortrag der Beklagten verbietet es anzunehmen, daß sie sich bei der Kündigung vom 23. Juni 1954 in einem unverschuldeten Rechtsirrtum befunden habe, mit dem sie gemäß § 285 BGB an sich die Annahme eines Schuldnerverzuges entkräften könnte (zum Rechtsirrtum insoweit vgl. die Nachweise bei Palandt, BGB, 18. Aufl., 1958, § 276 Anm. 3 und § 285 Anm. 2). Etwaige Zweifel gehen jedenfalls nach der in § 285 BGB enthaltenen Darlegungs- und Beweislastverteilung zu ihren Lasten.

3. Hat somit die Beklagte ihren Schuldnerverzug nicht nach Maßgabe des § 285 BGB auszuräumen vermocht, so folgt aus dem II 1 dieser Entscheidungsgründe Ausgeführten die Berechtigung des hier in Betracht kommenden Verlangens des Klägers auf Zahlung von 1500,– DM netto. Das Landesarbeitsgericht hat diese Zahlungspflicht der Beklagten also zu Recht bestätigt, und die hiergegen erhobene Revision der Beklagten ist insoweit unbegründet.

III. Faßt man im Interesse der Klarheit und Übersichtlichkeit zusammen, inwieweit der Kläger in dem vorliegenden Zahlungsrechtsstreit unter Einbeziehung des ihm bereits rechtskräftig zuerkannten Betrages von 3000,– DM brutto aus Posten 2 obgesiegt hat und im übrigen unterlegen ist, so ergibt sich, daß ihm neben dem ihm bereits rechtskräftig aus

Posten 2 zuerkannten Betrag von 3000,— DM brutto nur noch ein Betrag von 1500,— DM netto aus Posten 3 zusteht. Im übrigen ist seine Klage unbegründet.

3

Wird einem erkrankten Arbeiter aus der gesetzlichen Krankenversicherung zwar das Krankengeld, nicht aber ein Zuschlag für die Ehefrau gewährt, weil der Arbeiter seine Ehefrau bisher nicht ganz oder nicht überwiegend unterhalten hatte und diese selbst verdient (§ 182 Abs. 1 Nr. 2 Satz 2 RVO), so ist dies keine Kürzung im Sinne des § 1 Abs. 1 Satz 3 ArbKrankhG, die bei der Berechnung des Krankengeldzuschusses unberücksichtigt bleiben könnte.

ArbKrankhG § 1 Abs. 1 Satz 3; RVO §§ 182, 189, 191, 192.

II. Senat. Urteil vom 2. Februar 1960 i. S. Fa. Sch. & A. (Bekl.) w. B. (Kl.) 2 AZR 178/58.

I. Arbeitsgericht Nürnberg. — II. Landesarbeitsgericht Bayern (Nürnberg).

Der Kläger, der verheiratet ist und ein Kind hat, war bei der Beklagten in der Zeit vom 14. Mai 1956 bis 5. September 1957 als Maurer beschäftigt.

Mit seiner am 22. Oktober 1957 beim Arbeitsgericht eingegangenen Klage nimmt er die Beklagte auf Zahlung einer Differenz zwischen einem an ihn gezahlten Krankengeldzuschuß (KGZ) nach dem ArbKrankhG und dem ihm seiner Meinung nach zustehenden höheren KGZ in Anspruch.

In den Monaten August und September 1957 war der Kläger arbeitsunfähig krank. 90 % des im Berechnungszeitraum kalendertäglich vom Kläger erzielten Nettoverdienstes im Sinne des § 2 Satz 2 ArbKrankhG betragen unstreitig 11,73 DM. Die Krankenkasse hat dem Kläger für 28 Kalendertage je Tag 10,14 DM gezahlt. In diesem Betrag ist der Familienzuschlag für ein Kind des Klägers enthalten. Dagegen wurde für die Ehefrau, die selbst verdient und nicht ganz oder überwiegend von dem Kläger unterhalten wird, kein Zuschlag gezahlt. Nach der Berechnung des Klägers hätte ihm (Differenz 1,59 DM × 28 Tage) ein KGZ in Höhe von 44,52 DM zugestanden. Da die Beklagte nur 14,— DM gezahlt hat, fordert er die Zahlung weiterer 30,52 DM.

Die Beklagte hat dagegen die Auffassung vertreten, dem Kläger hätte bei einem Bruttoverdienst von 436,81 DM (innerhalb der letzten 4 Wochen) ein tägliches Krankengeld von 11,22 DM gezahlt werden müssen. Wenn dem Kläger der Familienzuschlag für die mitverdienende Ehefrau nicht gezahlt werde, könne dies nicht zu Lasten des Arbeitgebers gehen.

Den Differenzbetrag zwischen 11,73 DM und 11,22 DM (0,51 × 28 Tage) = 14,28 DM habe sie gezahlt bzw. sei sie zu zahlen bereit.

Beide Vorinstanzen haben sich der Auffassung des Klägers angeschlossen, nach welcher bei der Berechnung des Zuschusses nur die in § 1 Abs. 1 Satz 3 ArbKrankhG ausdrücklich (in Klammern) genannten, hier aber nicht gegebenen Kürzungen des Krankengeldes gemäß § 189 Abs. 2 und gemäß § 192 RVO nicht berücksichtigt werden.

Die Revision der Beklagten ist zurückgewiesen worden.

Aus den Gründen:

I. Dem Kläger steht der geltend gemachte Differenzbetrag zwischen dem an ihn gezahlten Krankengeldzuschuß und dem von ihm errechneten höheren Krankengeldzuschuß zu.

Zwischen den Parteien besteht kein Streit darüber, daß der Kläger ein Arbeiter war, daß er während der hier in Rede stehenden Zeit infolge Krankheit an der Arbeitsleistung gehindert war, daß diese Krankheit von ihm nicht verschuldet war, daß ihm ferner ein Anspruch auf Kranken- oder Hausgeld aus der gesetzlichen Krankenversicherung zustand und daß schließlich sein Arbeitsverhältnis bei der Beklagten mindestens vier Wochen ununterbrochen bestanden hatte. Demzufolge hat der Kläger einen Anspruch auf Krankengeldzuschuß „in Höhe des Unterschiedsbetrages zwischen dem Krankengeld einschließlich der Zuschläge aus der gesetzlichen Krankenversicherung .... und 90 vom Hundert des Nettoarbeitsentgelts" (§ 1 Abs. 1 Satz 2 ArbKrankG). Diesen Zuschuß hat der Arbeitgeber gemäß § 1 Abs. 1 Satz 4 bis zu einer Dauer der Arbeitsunfähigkeit von sechs Wochen für die Tage zu zahlen, für die der Arbeiter Kranken- oder Hausgeld aus der gesetzlichen Krankenversicherung erhält. Der vom Kläger erhobene Anspruch hält sich innerhalb der gesetzlichen Höchstbezugsdauer.

Der Kläger hat auch von der Krankenkasse genau das erhalten, was ihm nach den Bestimmungen der Reichsversicherungsordnung zustand, so daß die Frage nicht auftaucht, in welcher Höhe der KGZ zu zahlen ist, wenn die Versicherung gesetzwidrig zu geringe Leistungen erbringt. Da die Krankheit des Klägers hier länger als zwei Wochen dauerte, erhielt er Krankengeld gemäß § 182 Abs. 1 Nr. 2 RVO i. d. F. des § 8 ArbKrankhG vom ersten Tage seiner Arbeitsunfähigkeit an in Höhe von 65 % des Grundlohnes. Dieses (gegenüber dem systematischen Regelfall einer Zahlung von 50 % des Grundlohnes erhöhte) Krankengeld erhöhte sich nach der gleichen Vorschrift für einen Versicherten mit einem Angehörigen, den er bisher ganz oder überwiegend unterhalten hat und der mit ihm in häuslicher Gemeinschaft lebt, um einen Zuschlag von 4 v. H. des Grundlohnes. Im vorliegenden Fall war dieser „Angehörige" das Kind des Klägers. Die weitere Erhöhung um einen weiteren Zuschlag von 3 v. H. des Grundlohnes, die nach der Auffassung der Beklagten bei der Berechnung des KGZ eine Rolle spielen soll, ist dem Kläger, was die Beklagte übrigens gar nicht in Abrede stellt, in Übereinstimmung mit dem Gesetz jedoch nicht gewährt worden. Dieser weitere Zuschlag wird nämlich nur für jeden weiteren „solchen" Angehörigen, d. h. für jeden weiteren Angehörigen gewährt, den der Kläger bisher ganz oder überwiegend unterhalten hat. Diese Merkmale treffen aber unstreitig auf die Ehefrau des Klägers nicht zu.

II. Einziger Streitpunkt ist somit die Frage, ob die rechtlich zutreffende Nichtgewährung des zweiten Familienzuschlages eine „durch Gesetz oder Satzung des Versicherungsträgers vorgesehene Kürzung" im Sinne des § 1 Abs. 1 Satz 3 ArbKrankhG ist. Die in dieser Richtung von der Revision vertretene Auffassung geht fehl.

1. Schon nach dem allgemeinen Sprachgebrauch liegt eine „Kürzung" nur dort vor, wo ein Betrag nach den gesetzlichen Vorschriften einem Gläubiger an sich und grundsätzlich zusteht. Ein Betrag, der einem Gläubiger mangels Vorliegen der gesetzlichen Voraussetzungen unter keinen Umständen zustehen kann, wird von vornherein eben deswegen nicht gewährt. Diese Nichtgewährung ist begrifflich keine „Kürzung".

2. Auch das ArbKrankhG verwendet den Begriff „Kürzung" in diesem unter 1. genannten Sinne. Dies ergibt sich aus der in § 1 Abs. 1 Satz 3 in Klammern eingefügten Inbezugnahme der Reichsversicherungsordnung. Innerhalb der Reichsversicherungsordnung wird nämlich der Begriff „Kürzung" nur in bezug auf das Krankengeld gebraucht, nicht dagegen in bezug auf Familienzuschläge. Von diesen Familienzuschlägen spricht die Reichsversicherungsordnung in § 182 Abs. 1 Nr. 2 Satz 2 zwar als von einer Erhöhung des Krankengeldes, aber doch so, daß diese Erhöhung als ein besonderer Teil zum Krankengeld hinzukommt. Damit werden das Krankengeld und die Zuschläge einander gegenübergestellt. Die Zuschläge für die Angehörigen gehören im Sinne der Reichsversicherungsordnung somit nicht zum „Krankengeld" (so Peters, Handbuch der Krankenversicherung, 16. Auflage, § 182 Anm. 7 c). Das entspricht allgemeiner Meinung. Auch die Rechtsprechung zum satzungsmäßigen Zuschlag im Sinne von § 191 RVO hat stets herausgestellt, daß der Zuschlag nicht Teil des Krankengeldes ist. § 191 Abs. 1 RVO unterscheidet mit seinen beiden Sätzen scharf zwischen Erhöhung des Krankengeldes durch Zuschlag und der Erhöhung des Krankengeldes selbst. Das muß auch für den Zuschlag nach § 182

RVO gelten, denn der Begriff kann nicht deshalb ein verschiedener sein, weil es sich in einem Fall um Regelleistungen, im anderen aber um Mehrleistungen handelt (vgl. Peters a. a. O. § 191 Anm. 1 mit zahlreichen Nachweisen und § 182 Anm. 7 c). Da die Reichsversicherungsordnung beide Fälle als Zuschläge kennzeichnet, muß ihr Wesen übereinstimmen. Dabei kommt gerade in der strengen Trennung vom Krankengeld die Natur als Zuschlag besonders zum Ausdruck. Werden nun aber innerhalb der Reichsversicherungsordnung nur Kürzungen „des Krankengeldes", nicht aber Kürzungen der Zuschläge oder Kürzungen um die Zuschläge erwähnt, so kann § 1 Abs. 1 Satz 3 ArbKrankhG wegen der dort enthaltenen ausdrücklichen Inbezugnahme der Reichsversicherungsordnung ebenfalls nur eine Kürzung des Krankengeldes selbst, nicht aber die Nichtgewährung eines Familienzuschlages, der seinerseits nicht Teil des Krankengeldes ist, im Auge haben. Die Inbezugnahme der Reichsversicherungsordnung verbietet die Annahme eines von ihr verschiedenen Zuschlagsbegriffes.

Danach braucht nicht entschieden zu werden, ob § 1 Abs. 1 Satz 3 ArbKrankhG nicht durch die Inbezugnahme der beiden §§ 189 Abs. 2 und 192 RVO zum Ausdruck gebracht hat, daß bei der Berechnung des Zuschusses nur diese beiden genannten Kürzungsfälle nicht berücksichtigt werden, es sich also um eine erschöpfende Aufzählung handeln würde. Für eine derartige erschöpfende Aufzählung spricht allerdings, daß es innerhalb der Reichsversicherungsordnung weitere Fälle der Kürzung oder Versagung des Krankengeldes in seiner Gesamtheit oder zu einem Teilbetrag nicht gibt. Ferner darf nicht übersehen werden, daß § 1 Abs. 1 Satz 3 ArbKrankhG sowohl seiner Funktion wie auch seiner systematischen Stellung innerhalb der ganzen Vorschrift nach eine Ausnahmebestimmung gegenüber dem in § 1 Abs. 1 Satz 2 ArbKrankhG normierten Grundsatz ist und somit im Zweifel einer ausdehnenden Auslegung nicht zugänglich erscheint.

3. Somit ist die von der Revision vertretene Auffassung schon mit dem Sprachgebrauch und mit dem Begriffsinhalt des § 1 Abs. 1 Satz 3 ArbKrankhG nicht zu vereinbaren. Darüber hinaus würde die von der Revision vertretene Auffassung aber auch mit dem Sinn und Zweck des Gesetzes nicht in Einklang zu bringen sein. Der Senat hat ausgesprochen (BAG 8, 1 ff. [9]), daß es Sinn und Zweck des Gesetzes ist, dem Arbeiter in den Tagen der unverschuldeten Krankheit einen Lebensstandard zu sichern, der in einem festen prozentualen Verhältnis zu dem Lebensstandard steht, den er sich durch Erzielung von Arbeitsentgelt normalerweise sichert. Diese vom Gesetz gewünschte Annäherung an den normalen Lebensstandard in gesunden Tagen würde bei der Erkrankung eines Arbeiters, der vor seiner Erkrankung lediglich sein Kind, nicht aber seine Ehefrau unterhielt, weil

diese eigenen Verdienst hatte, nicht erreicht werden, wenn er sich bei der Gewährung des Krankengeldzuschusses so behandeln lassen müßte, wie wenn ihm ein Familienzuschlag für die Ehefrau gewährt werden würde, obgleich er ihm in Wirklichkeit nicht gewährt wird. Das Gesetz stellt es darauf ab, die wirtschaftliche Lage des Arbeiters im Krankheitsfalle zu 90 vom Hundert derjenigen wirtschaftlichen Lage anzunähern, wie sie im Berechnungszeitraum vor der Erkrankung ohne Berücksichtigung weiterer Faktoren (wie Vermögen, sonstige Einkommensquellen oder Verdienst mitverdienender Familienangehöriger) allein durch seinen Arbeitsverdienst geprägt war. Die von der Revision vertretene Auffassung würde dagegen wirtschaftlich dazu führen, daß der Verdienst eines Familienangehörigen als zusätzlicher Faktor in den Berechnungsmodus des § 1 Abs. 1 Satz 2 ArbKrankhG hineingezwängt wird; das findet im Gesetz keine Stütze. Danach braucht der Senat sich auch aus diesem Grunde nicht dazu zu äußern, ob § 1 Abs. 1 Satz 2 ArbKrankhG dahin verstanden werden kann, daß der Unterschiedsbetrag zwischen dem gewährten Krankengeld einschließlich der gewährten Zuschläge gemeint ist.

4

Ein kinderlos verheirateter TO.A-Angestellter, dessen Ehegatte als Angestellter im öffentlichen Dienst steht, aber keinen Wohnungsgeldzuschuß oder Ortszuschlag bezieht, hat Anspruch auf den Wohnungsgeldzuschuß der Tarifklasse, die seiner Vergütungsgruppe der Anlage 1 zur TO.A entspricht (voller Wohnungsgeldzuschuß) bzw. auf den Ortszuschlag der Stufe, die seinem Familienstand entspricht.

TO.A § 6; Tarifvertrag vom 6. 8. 1953 (Wohnungsgeldzuschuß) §§ 1, 2, 6; Tarifvertrag vom 21. 12. 1955 (Wohnungsgeldzuschuß) § 1; Tarifvertrag vom 4. 6. 1957 §§ 7 Abs. 1, 8 Abs. 1; Bayerisches Besoldungsgesetz vom 23. 2. 1955 (GVBl. S. 41) §§ 1, 9; Bayerisches Besoldungsgesetz vom 14. 6. 1958 (GVBl. S. 110) Art. 2, 12, 15, 16.

IV. Senat. Urteil vom 3. Februar 1960 i. S. B. (Kl.) w. F. B. (Bekl.)
4 AZR 431/57.

I. Arbeitsgericht München. — II. Landesarbeitsgericht Bayern (München).

Der Kläger ist seit 1935 als technischer Angestellter beim bayerischen Landesvermessungsamt in M. tätig. Seit 1941 erhält er Vergütung nach VergGr. VIa TO.A.

Die Ehefrau des Klägers wird auf Grund eines am 23. September 1946 mit dem bayerischen Staat abgeschlossenen Dienstvertrages als Chorsängerin bei der Staatsoper in M. beschäftigt. Sie bezieht eine Vergütung von etwa 610,– DM monatlich. Die Ehe des Klägers ist kinderlos.

Während die Vergütung des Klägers einen Wohnungsgeldzuschuß bzw. Ortszuschlag als erkennbaren besonderen Vergütungsbestandteil enthält, ist dies bei der Vergütung seiner Ehefrau nicht der Fall. Den Wohnungsgeldzuschuß für den Kläger zahlte der Beklagte aber nicht nach der der VergGr. VI a TO.A entsprechenden Tarifklasse IV, sondern nach der nächstniedrigeren Klasse V, weil sich die Ehefrau des Klägers im öffentlichen Dienst befinde.

Der Kläger ist der Ansicht, ihm stehe Wohnungsgeldzuschuß nach Tarifklasse IV zu. Die bei der Staatsoper beschäftigten Arbeitnehmer stünden nicht im öffentlichen Dienst. Selbst wenn man dies aber bejahe, so habe er dennoch Anspruch auf den vollen, der VergGr. VIa TO.A entsprechenden Wohnungsgeldzuschuß, weil seine Ehefrau gar keinen erhalte. Der Kläger hat beantragt, festzustellen, daß er ab 1. Januar 1953 Anspruch auf Bezahlung des Wohnungsgeldzuschusses nach Tarifklasse IV hat.

Der Beklagte ist der Auffassung, es komme nicht darauf an, ob die Vergütung der Ehefrau des Klägers einen Wohnungsgeldzuschuß oder Ortszuschlag als erkennbaren besonderen Vergütungsbestandteil enthalte; denn im öffentlichen Dienst sei davon auszugehen, daß die Bezüge in jedem Fall auch einen Anteil für Wohnungsbedarf enthielten.

Das Arbeitsgericht hat dem Klageantrag nur für die Zeit ab 1. April 1954 stattgegeben und die Klage im übrigen abgewiesen. Das Landesarbeitsgericht hat unter Zurückweisung der vom Kläger eingelegten Anschlußberufung das arbeitsgerichtliche Urteil aufgehoben und die Klage abgewiesen.

Die Revision des Klägers hatte Erfolg.

Aus den Gründen:

1. Für die Zeit vom 1. Januar 1953 bis zum 31. Dezember 1955 bestimmt sich der Wohnungsgeldzuschuß des Klägers nach dem Tarifvertrag (TV) vom 6. August 1953, der u. a. zwischen der Gewerkschaft ÖTV, der der Kläger angehört, und der Tarifgemeinschaft deutscher Länder, der der Beklagte angehört, abgeschlossen worden ist. Gemäß § 6 ist dieser Tarifvertrag rückwirkend ab 1. Januar 1953 in Kraft getreten.

Nach § 2 TV in Verbindung mit § 6 Abs. 1 TO.A in der Fassung des § 1 TV steht dem Kläger, weil er nach VergGr. VI a TO.A besoldet wird, Wohnungsgeldzuschuß nach Tarifklasse IV zu. Zu Unrecht beruft sich der Beklagte demgegenüber auf § 6 Abs. 2 Satz 1 TO.A i. d. F. des § 1 TV, wonach verheiratete Angestellte, deren Ehegatte Angestellter im öffentlichen Dienst ist und denen kein Kinderzuschlag zusteht, nur den Wohnungsgeldzuschuß der nächstniedrigeren Tarifklasse (einfacher Wohnungsgeldzuschuß) erhalten.

Die Ehefrau des Klägers ist zwar Angestellte im öffentlichen Dienst; denn ihr Arbeitgeber, der beklagte Freistaat nämlich, ist eine juristische Person des öffentlichen Rechts. Jeder, dessen Arbeitgeber eine juristische Person des öffentlichen Rechts ist, steht im öffentlichen Dienst, es sei denn, aus den anzuwendenden Normen ergebe sich etwas anderes, was hier nicht der Fall ist (vgl. Dietz in Festschrift für Hueck, 1959, S. 126 ff., 148).

Es trifft auch nicht zu, daß unter § 6 Abs. 2 Satz 1 TO.A nur Angestellte fallen, deren Ehegatte als Angestellter im öffentlichen Dienst Bezüge nach der TO.A erhält, wie die Revision meint. Für eine so enge Auslegung dieser Tarifbestimmung fehlt es an jeglichem Anhaltspunkt. Es ist nicht einzusehen, warum der TO.A-Angestellte, der mit einem Angestellten im öffentlichen Dienst verheiratet ist, der seinerseits nicht unter die TO.A fällt, sondern unter andere oder gar keine tariflichen Bestimmungen, nicht gleichfalls nur den einfachen Wohnungsgeldzuschuß unter den sonstigen Voraussetzungen erhalten soll.

§ 6 Abs. 2 Satz 1 TO.A setzt hingegen voraus, daß der Ehegatte nicht nur Angestellter im öffentlichen Dienst ist, sondern auch eine Vergütung bezieht, die als besonderen, von der Gesamtvergütung unterscheidbaren, nach Vergütungsgruppe, dienstlichem Wohnsitz und Familienverhältnissen variablen Bestandteil den Wohnungsgeldzuschuß im Sinne der einschlägigen beamtenrechtlichen bzw. tariflichen Vorschriften enthält (vgl. z. B. §§ 1, 9 f des Reichsbesoldungsgesetzes vom 16. Dezember 1927 in RGBl. I S. 349; §§ 1, 9 f des Bayerischen Besoldungsgesetzes vom 23. Februar 1955 in GVBl. S. 41; §§ 3 Abs. 1, 4 Abs. 1 TO.A; §§ 10, 13 der TO für die deutschen Kulturorchester).

Zwar sagt der Wortlaut des § 6 Abs. 2 Satz 1 TO.A nichts darüber, daß der Ehegatte als Angestellter im öffentlichen Dienst eine Vergütung erhalten muß, die einen solchen Wohnungsgeldzuschuß enthält. Doch muß diese Vorschrift in diesem Sinne einengend ausgelegt werden, wie die folgenden Ausführungen zeigen.

In § 6 Abs. 2 TO.A müssen Satz 1 und Satz 2 zusammen gelesen werden, wenn man erkennen will, daß es nicht genügt, wenn der Ehegatte zwar im öffentlichen Dienst ist, aber in seiner Vergütung kein Wohnungsgeldzuschuß enthalten ist. Sowohl Satz 2 als auch Satz 1 gehen von der gemeinsamen Voraussetzung aus, daß der Ehegatte des Angestellten Beamter, Versorgungsberechtigter oder Angestellter im öffentlichen Dienst ist. Satz 1 besagt dies ausdrücklich. Satz 2 knüpft insoweit einfach an Satz 1 an. Beide Sätze unterscheiden sich in den Voraussetzungen lediglich dadurch, daß Satz 1 den Wohnungsgeldzuschuß für nicht kinderzuschlagsberechtigte, Satz 2 hingegen den für kinderzuschlagsberechtigte Angestellte regelt. Nun bestimmt aber Satz 2, daß der Angestellte den vollen Wohnungsgeldzuschuß erhält, wenn ihm eine höhere Tarifklasse als dem Ehegatten zusteht, bei gleicher Tarifklasse, wenn er der ältere ist. Diese, wie gesagt, an Satz 1 anknüpfende Bestimmung ist nur verständlich in Fällen, in denen dem Wohnungsgeldzuschuß des Angestellten auf Seiten seines Ehegatten ein von der übrigen Vergütung unterscheidbarer Wohnungsgeldzuschuß im Sinne der einschlägigen beamtenrechtlichen und tariflichen Vorschriften gegenübersteht. Die Ehefrau des Klägers erhält aber keinen Wohnungsgeldzuschuß im vorgenannten Sinne. Ihre Vergütung läßt nicht ersehen, ob, evtl. in welchem Umfang, dem Wohnbedürfnis Rechnung getragen wird. In einem solchen Fall ist aber gar nicht festzustellen, ob dem Angestellten, wenn er kinderzuschlagsberechtigt wäre, eine höhere Tarifklasse des Wohnungsgeldzuschusses als dem Ehegatten oder beiden die gleiche Tarifklasse zusteht. Folglich läßt sich dann auch die Frage, ob der Angestellte den vollen oder nur den einfachen Wohnungsgeldzuschuß zu beanspruchen hat, nicht beantworten. § 6 Abs. 2 Satz 2 TO.A ist also erkennbar auf den Fall zugeschnitten, daß der Ehegatte des Angestellten als Beamter, Versorgungsberechtigter oder Angestellter im öffentlichen Dienst einen Wohnungszuschuß als einen besonderen Bestandteil der Gesamtvergütung bezieht. Daraus folgt, daß die erste Voraussetzung des Satzes 1 — deren Ehegatte ... Angestellter im öffentlichen Dienst ist —, an die Satz 2 ohne weiteres anknüpft, so gelesen werden muß, als ob schon dort stünde: „deren Ehegatte Beamter, Versorgungsberechtigter oder Angestellter im öffentlichen Dienst ist und Wohnungsgeldzuschuß erhält".

Für die Auffassung, daß § 6 Abs. 2 Satz 1 TO.A davon ausgeht, der Ehegatte erhalte Wohnungsgeldzuschuß, spricht auch, daß Arbeiter im öffentlichen Dienst, die zwar Kinderzuschlag, aber im Gegensatz zu Beamten und Versorgungsberechtigten keinen Wohnungsgeldzuschuß erhalten, in den vorgenannten Vorschriften folgerichtig nicht aufgeführt werden, während sie in die das Zusammentreffen von Ansprüchen auf Kinderzuschlag betreffende Regelung miteinbezogen worden sind. Der Tarifvertrag über den Kinderzuschlag vom 6. August 1953 läßt beispielsweise § 12 Abs. 2 ATO, der in dieser Hinsicht zwischen Beamten, Versorgungsempfängern, Angestellten und Arbeitern keinen Unterschied macht, unberührt, während § 2 Abs. 3 des Tarifvertrages vom 28. Dezember 1953 den Fall, daß der Anspruch eines Angestellten mit dem eines im öffentlichen Dienst beschäftigten Arbeiters zusammentrifft. ausdrücklich in die Regelung einbezieht.

Es darf auch nicht übersehen werden, daß § 6 Abs. 2 Satz 1 TO.A, indem er den Angestellten auf den sogenannten einfachen Wohnungsgeldzuschuß verweist, gerade dem Umstand Rechnung tragen will, daß außer dem Angestellten selbst dessen Ehegatte als Beamter, Versorgungsberechtigter oder Angestellter im öffentlichen Dienst tatsächlich auch Wohnungsgeldzuschuß erhält. Die Vorschrift will nämlich verhindern, daß für ein und dasselbe Wohnbedürfnis zweimal der volle Wohnungsgeldzuschuß bezahlt wird. Davon kann keine Rede sein, wenn überhaupt nur ein Ehegatte Wohnungsgeldzuschuß bezieht. Dieser Fall wird durch die von der Regel (§ 6 Abs. 1 TO.A mit § 2 TV) abweichende, als Ausnahmebestimmung eng auszulegende Vorschrift des § 6 Abs. 2 Satz 1 TO.A gar nicht erfaßt. Ist aber dies Sinn und Zweck der Vorschrift des § 6 Abs. 2 Satz 1 TO.A i. d. F. vom 6. August 1953, dann steht dem Kläger Anspruch auf Wohnungsgeldzuschuß nach Tarifklasse IV zu, weil seine Ehefrau einen Wohnungsgeldzuschuß gar nicht erhält (§ 6 Abs. 1 TO.A i. d. F. des § 1 TV mit § 2 Abs. 1 TV).

2. Für die Zeit vom 1. Januar 1956 bis zum 31. März 1957 ist der Tarifvertrag vom 21. Dezember 1955, der von denselben Tarifvertragsparteien wie der vom 6. August 1953 abgeschlossen worden ist, auf das Arbeitsverhältnis der Parteien anzuwenden. § 1 TV ändert § 6 TO.A dahin ab, daß der Wohnungsgeldzuschuß einerseits in sinngemäßer Anwendung der für die Beamten des jeweiligen Arbeitgebers geltenden Bestimmungen und andererseits nach der in der Anlage 1 zur TO.A für die einzelnen Vergütungsgruppen festgelegten Tarifklasse gewährt wird. Das bedeutet, daß für den vorgenannten Zeitraum § 9 Abs. 4 des Bayerischen Besoldungsgesetzes vom 23. Februar 1955 (GVBl. S. 41) sinngemäß anzuwenden ist. § 9 Abs. 4 Satz 1 dieses Gesetzes, der sich inhaltlich mit § 6 Abs. 2 Satz 1 TO.A i. d. F. des TV vom 6. August 1953 deckt, setzt wie dieser einen von den übrigen Bestandteilen der Vergütung unterscheidbaren Wohnungsgeldzuschuß voraus. Da der Ehefrau des Klägers auch in der Zeit vom 1. Januar 1956 bis zum 31. März 1957 ein solcher nicht zustand, steht gemäß § 1 TV vom 21. Dezember 1955 i. V. mit der Anlage 1 zur TO.A i. d. F. des § 2 TV vom 6. August 1953 dem Kläger auch für diese Zeit der Wohnungsgeldzuschuß der Tarifklasse IV zu.

3. Ab 1. April 1957 hat der Kläger Anspruch auf Ortszuschlag nach Tarifklasse IV, Stufe 2. § 7 Abs. 1 des TV vom 4. Juni 1957, rückwirkend

in Kraft getreten am 1. April 1957 (§ 8 Abs. 1 TV), bestimmt nämlich, daß anstelle der Tarifklasse V der Wohnungsgeldzuschuß der Tarifklasse IV gewährt wird; die Tarifklasse V ist ersatzlos fortgefallen. Daher ist die „in der Anlage 1 zur TO.A für die einzelnen Vergütungsgruppen festgelegte Tarifklasse" (§ 6 TO.A) für die Vergütungsgruppe VI a des Klägers in jedem Fall die begehrte Tarifklasse IV, weil sie die niedrigste ist.

Der Kläger hat Anspruch auf den Ortszuschlag der genannten Tarifklasse, weil es ab 1. April 1957 keinen Wohnungsgeldzuschuß mehr gibt. Durch das rückwirkend zu diesem Zeitpunkt in Kraft getretene Bayerische Besoldungsgesetz vom 14. Juni 1958 (GVBl. S. 101), das gemäß § 6 TO.A i. d. F. des TV vom 21. Dezember 1955 auf das Arbeitsverhältnis der Parteien anzuwenden ist, ist nämlich an die Stelle des Wohnungsgeldzuschusses der Ortszuschlag getreten. Zwar spricht § 6 TO.A i. d. F. des vorgenannten Tarifvertrages, der bis zum Inkrafttreten des Tarifvertrages vom 11. September 1958 am 1. Oktober 1958 fortgalt, ausdrücklich vom Wohnungsgeldzuschuß. Das ist aber unschädlich. Denn zwischen dem Wohnungsgeldzuschuß und dem Ortszuschlag besteht kein sachlicher Unterschied der Art, der die sinngemäße Anwendung der für die Beamten des jeweiligen Arbeitgebers geltenden Bestimmungen über den Ortszuschlag verbieten würde.

Art. 16 des Bayerischen Besoldungsgesetzes bestimmt nun, daß verheiratete Beamte, deren Ehegatte als Beamter, Richter, Soldat oder Angestellter im öffentlichen Dienst steht oder auf Grund einer Tätigkeit im öffentlichen Dienst nach beamtenrechtlichen Grundsätzen versorgungsberechtigt ist, den Ortszuschlag der Stufe unter derjenigen erhalten, die sonst für sie maßgebend wäre. Gemäß § 133 BGB ist daher der Feststellungsantrag des Klägers dahin auszulegen, daß es ihm ab 1. April 1957 nicht nur auf die Tarifklasse, sondern auch auf die zutreffende Stufe innerhalb der Tarifklasse, nach der der Ortszuschlag zu bemessen ist, ankommt.

Der Ortszuschlag ist, wie der frühere Wohnungsgeldzuschuß, ein besonderer, von der Gesamtvergütung bzw. den Dienstbezügen unterscheidbarer Vergütungsbestandteil, dessen Höhe sich nach der Tarifklasse, nach der Ortsklasse des dienstlichen Wohnsitzes und nach der Stufe, die den Familienverhältnissen des Beamten bzw. Angestellten entspricht, richtet (vgl. Art. 2, 12 Bayer. Besoldungsgesetz).

Zu Unrecht meint der Beklagte, dem Kläger stehe lediglich die Stufe 1 der Tarifklasse IV zu. Denn der Kläger ist verheiratet und hat deshalb Anspruch auf die Stufe 2 (Art. 15 Abs. 2 Bayer. Besoldungsgesetz). Dem widerspricht nicht Art. 16 Bayerisches Besoldungsgesetz. Schon die Überschrift zu dieser Bestimmung, die zum Gesetz selbst gehört, spricht unmißverständlich von „mehreren Ortszuschlägen für dieselbe Familie". Der Art. 16 ist daher nur unter diesem Blickwinkel zu lesen und zu verstehen. Dann kommt es aber darauf an, ob der Ehegatte des anspruchsberechtigten Angestellten u. a. als Angestellter im öffentlichen Dienst steht und seinerseits Ortszuschlag im Sinne des Gesetzes bezieht. Das ist bei der Ehefrau des Klägers nicht der Fall. Art. 16 des Gesetzes findet auf den Kläger keine Anwendung, weil ein Zusammentreffen von mehreren Ortszuschlägen, das die Vorschrift voraussetzt, gar nicht vorliegt.

Für diese Auffassung spricht weiter, daß Art. 16 des Gesetzes den versorgungsberechtigten Ehegatten ausdrücklich nur unter der Voraussetzung einer Versorgung nach beamtenrechtlichen Grundsätzen einbezieht, den Arbeiter im öffentlichen Dienst hingegen überhaupt nicht berücksichtigt; letzteres deshalb, weil er keinen Ortszuschlag erhält. Auf der anderen Seite werden beim Zusammentreffen mehrerer Ansprüche auf Kinderzuschlag alle im öffentlichen Dienst stehenden Personen, also auch die Arbeiter, weil sie Kinderzuschlag erhalten können, in die Regelung des Art. 19 des Bayerischen Besoldungsgesetzes einbezogen. Dies alles zeigt, daß Art. 16 des Gesetzes immer das Zusammentreffen mehrerer Ansprüche auf Ortszuschlag voraussetzt; nur dann, wenn beide Ehegatten im öffentlichen Dienst stehen und beide Anspruch auf Ortszuschlag haben, kommt Art. 16 zum Zuge.

Schließlich sei auch auf die Entstehungsgeschichte des § 16 des Bundesbesoldungsgesetzes vom 27. Juli 1957 (BGBl. I S. 993) hingewiesen. Zwar handelt es sich hier um Art. 16 des Bayerischen Besoldungsgesetzes. Bayern hat aber das Bundesbesoldungsgesetz, jedenfalls soweit es die Regelung des Ortszuschlages anbetrifft, fast wörtlich übernommen, so insbesondere den § 16 in Art. 16. Daher ist die Entstehungsgeschichte des ersteren auch die des letzteren. Diese Entstehungsgeschichte, die in den Materialien des Bundesgesetzes ihren Niederschlag gefunden hat, bestätigt die hier vertretene Auffassung über die Bedeutung des Art. 16 des Bayerischen Besoldungsgesetzes. Der Regierungsentwurf zum Bundesbesoldungsgesetz stellt unter der Überschrift „Mehrere Wohnungszuschläge für dieselbe Familie" ausdrücklich darauf ab, ob dem Ehegatten des Beamten auch Wohnungszuschlag zusteht (Verhandlungen des Deutschen Bundestages, 2. Wahlperiode 1953, Drucks. Nr. 1993, Anl. 1 S. 7, § 14). In der Begründung zum Regierungsentwurf wird ausgeführt, Grundgedanke der Regelung sei, daß aus öffentlichen Kassen nicht zweimal Mittel für den gleichen Zweck gezahlt werden sollen (Verhandlungen des

Deutschen Bundestages aaO, S. 45). Mit der dann vom Ausschuß für Beamtenrecht beschlossenen, vom Regierungsentwurf abweichenden Neufassung war dessen Änderung in diesem Punkt nicht beabsichtigt (Verhandlungen des Deutschen Bundestages, 2. Wahlperiode 1953, Drucks. Nr. 3638, Anl. 1, S. 16, § 14 Anl. 2, S. 7 zu § 14). Die Überschrift wurde lediglich in „Mehrere Ortszuschläge für dieselbe Familie" abgeändert und kam so auch in das Bundes- und anschließend Bayerische Besoldungsgesetz. Der Ausschuß für Beamtenrecht hebt hervor, der Grundsatz, daß Ehegatten, die beide im öffentlichen Dienst stehen, nicht beide den vollen Ortszuschlag erhalten sollen, der für ihre Familienverhältnisse maßgebend wäre, sei erhalten geblieben; an diesem Grundsatz solle festgehalten werden; es dürfe aus öffentlichen Mitteln nicht für ein und denselben Tatbestand, nämlich das gemeinsame Wohnbedürfnis, der dafür vorgesehene Zuschlag voll an mehrere Personen gezahlt werden. Diese Begründung des Ausschusses für Beamtenrecht geht wie die des Regierungsentwurfs ersichtlich von der Voraussetzung aus, daß beiden im öffentlichen Dienst befindlichen Ehegatten an sich der volle, die Familienverhältnisse berücksichtigende Ortszuschlag (Wohnungszuschlag) zusteht. Der Fall, daß einem Ehegatten, obwohl er im öffentlichen Dienst steht, kein Ortszuschlag zusteht, sollte, wie die Materialien zeigen, durch § 13 des Bundesbesoldungsgesetzes bzw. Art. 16 des Bayerischen Besoldungsgesetzes gar nicht erfaßt werden.

Nach allem ist es geboten, Art. 16 des Bayerischen Besoldungsgesetzes einengend dahin auszulegen, daß er entsprechend seiner Überschrift voraussetzt, der Ehegatte des ortszuschlagsberechtigten Beamten stehe als Angestellter im öffentlichen Dienst und beziehe seinerseits einen Ortszuschlag im Sinne des Gesetzes. Wenn dies wie hier nicht der Fall ist, dann bleibt es bei der Regel des Art. 15 des Gesetzes.

Unrichtig ist daher die Ansicht, Art. 16 des Bayerischen Besoldungsgesetzes sei ohne Rücksicht darauf anzuwenden, ob der Ehegatte als Angestellter in seiner Vergütung einen Ortszuschlag als besonderen Bestandteil habe; der Gesetzgeber unterstelle, daß in der jeweils zustehenden Vergütung ein Teilbetrag enthalten sei, der dem Ortszuschlag entspreche. Abgesehen davon, daß hier im Falle der Ehefrau des Klägers nicht der geringste Anhaltspunkt dafür besteht, ob in ihrer Vergütung ihr Wohnbedürfnis irgendwie berücksichtigt worden ist, „unterstellt" der Gesetzgeber vielmehr, daß in der jeweils zustehenden Vergütung ein von ihr unterscheidbarer und variabler (Art. 12 des Gesetzes) Teilbetrag, nämlich der Ortszuschlag, enthalten ist. Deshalb stehen die Verwaltungsbestimmungen des Bayerischen Staatsministeriums der Finanzen zu Art. 16 Abs. 1

des Bayerischen Besoldungsgesetzes (Bayer. Staatsanzeiger 1958, Nr. 25), die dies verneinen, mit dem Gesetz nicht in Einklang.

5

1. Wie der Senat in BAG 7, 280 ff. ausgesprochen hat, läßt sich allein aus der Übung zahlreicher Arbeitnehmer des Industriegebietes, den Weg zwischen Wohnung und Arbeitsstelle mit Motorrollern zurückzulegen, eine Verpflichtung des Arbeitgebers zur Bereitstellung geeigneter Parkplätze noch nicht herleiten. Das gilt auch bei der Benutzung eines PKW durch den Arbeitnehmer.

2. Eine Verpflichtung des Arbeitgebers, Unterstellraum für motorgetriebene Fahrzeuge zu schaffen, die seine Arbeitnehmer zur Zurücklegung des Weges von und zur Arbeitsstätte benutzen, hängt jeweils von den Besonderheiten des Falles ab.

Eine sachgemäße Wertung verlangt, daß der Arbeitgeber nach Lage der Dinge nicht übermäßig und unverhältnismäßig belastet wird. Dabei kann im Einzelfalle die Benutzungsüblichkeit von Motorfahrzeugen durch die Arbeitnehmer, insbesondere des fraglichen Betriebes, eine Rolle spielen.

3. Wer entfernt von allen öffentlichen Verkehrsmitteln eine Fabrik errichtet, wird auch, jedenfalls in aller Regel, von vornherein für Parkmöglichkeiten entsprechend dem Ausmaß seiner Belegschaft sorgen müssen.

BGB § 618.

II. Senat. Urteil vom 4. Februar 1960 i. S. Sch. (Kl.) w. D. M. W. (Bekl.) 2 AZR 290/57.

I. Arbeitsgericht Wuppertal. — II. Landesarbeitsgericht Düsseldorf.

Der Kläger hat ein Bein verloren und ist als Schwerbeschädigter anerkannt. Seit März 1953 ist er bei der Beklagten als Kranführer tätig. Er wohnt 9 km von der Arbeitsstelle entfernt. Zur Zurücklegung des Arbeitsweges benutzt er einen eigenen PKW. Bis zur nächsten Bus- oder Straßenbahnhaltestelle müßte er einen Fußweg von 3/4 Stunden zurücklegen.

Die Beklagte hat in ihrem Werk, in dem der Kläger beschäftigt ist, einen bewachten Parkplatz eingerichtet, und zwar nach der Benutzungsordnung der Beklagten für Motorräder und Fahrräder; es werden aber auch regelmäßig Personenkraftwagen der Arbeitnehmer und Kunden dort abgestellt. Oft reicht dieser Parkplatz nicht aus, und es wird dann von den Kraftwagen besitzenden Arbeitnehmern und Kunden auch auf der vor dem Werk liegenden öffentlichen Bahnstraße geparkt. Für den auf dem Werkgelände befindlichen Parkplatz hat die Beklagte von sich aus folgende Benutzungsordnung erlassen:

„1. Das Werk hat unmittelbar vor dem Tor einen Parkplatz errichtet. Dieser Parkplatz dient zur Abstellung von Fahrrädern und Motorrädern. Er darf ausschließlich von Motorrädern benutzt werden. Die Werksleitung kann auch anderen Personen die Benutzung gestatten. Die Werksleitung behält sich vor, einschränkende Maßnahmen für die Benutzung zu treffen, sofern sich herausstellt, daß der vorhandene Platz nicht ausreicht.

2. Die Benutzungsberechtigung ist davon abhängig, daß das Belegschaftsmitglied sich mit den Bedingungen dieser Anweisung durch schriftliche Bestätigung einverstanden erklärt.

3. Der Parkplatz ist eingefriedigt und wird unter Verschluß gehalten. Er wird von dem Pförtner des Tores bei Schichtwechsel und bei Beginn und Ende der Bürozeit sowie ausnahmsweise dann geöffnet, wenn ein Belegschaftsmitglied während der Arbeitszeit ein Fahrzeug abstellen oder abholen muß.
Das Öffnen und Schließen des Tores erfolgt ausschließlich durch den Pförtner.

4. Jeder Benutzer des Parkplatzes ist verpflichtet, sein Fahrzeug durch Anbringung von Ketten, Verschlüssen, Feststellen des Lenkers u. a. vor unbefugter Benutzung und Entfernung zu schützen. Bei Motorrädern ist das Abziehen des Zündschlüssels nicht als ausreichende Sicherung anzusehen.
Der Pförtner ist berechtigt, die Einhaltung dieser Maßnahmen zu überprüfen.

5. Das Werk übernimmt keinerlei Haftung für Diebstahl oder sonstige unberechtigte Entwendung eines Fahrzeugs, von Fahrzeugteilen oder Zubehör und für Beschädigungen, die auf dem Parkplatz an einem Fahrzeug verursacht werden.

6. Der Pförtner des Tores ist berechtigt, Anweisungen über die Art der Abstellung der Fahrzeuge zu treffen. Er ist weiter berechtigt zu überprüfen, ob beim Parken die Bestimmungen dieser Anweisung beachtet werden. Er ist verpflichtet, Zuwiderhandlungen zu melden.

7. Die Werksleitung ist berechtigt, jeden, der gegen diese Anweisung oder gegen die Anordnungen des Pförtners verstößt, von der Benutzung des Parkplatzes auszuschließen.

8. Jeder Benutzer des Parkplatzes erhält die vorstehende Anweisung ausgehändigt und hat den Empfang bei der Sozialabteilung des Werkes

zu bestätigen. Mit der Bestätigung erkennt er die vorbezeichneten Bedingungen als verbindlich an."

Der Kläger hat unstreitig einen diese Bedingungen als für ihn verbindlich bezeichnenden Revers unterschrieben.

Am Montag, dem 27. August 1956, stellte der Kläger seinen PKW auf dem Parkplatz ab. Er behauptet, an diesem Tage sei von einem unbekannten Täter der Wagen auf dem Parkplatz beschädigt worden; der Kotflügel hinten rechts sei eingebeult und der Auspuff entzwei gewesen. Die Wiederherstellungskosten machten, wie der von ihm eingereichte Kostenvoranschlag ergebe, 61,60 DM aus. Diesen Betrag fordert der Kläger von der Beklagten. Zur Begründung trägt er vor, der Parkplatz sei zu klein gewesen und dadurch sei es schon oft zu Fahrzeugbeschädigungen gekommen. Die erst nach dem Unfall vorgenommene Erweiterung des Parkplatzes zeige, daß schon vorher eine Erweiterung möglich und zumutbar gewesen sei. Ihm als Schwerbeschädigten sei die Beklagte zu erhöhter Sorgfalt verpflichtet gewesen. Sie hätte ihm für seinen Wagen auf dem Parkplatz stets einen sicheren, fest bestimmten Parkplatz anweisen müssen. Der von der Beklagten zur Bewachung des Parkplatzes angestellte Pförtner habe nicht nur die Aufgabe, den Parkplatz zu bewachen, sondern auch die Lochkarten entgegenzunehmen, und sei daher bei Schichtwechsel stark beschäftigt. Dadurch habe er den Parkplatz nicht genügend überwachen können. Auch sei der Beklagten der Abschluß einer Haftpflichtversicherung zumutbar gewesen.

Die Beklagte bestreitet, daß der Wagen des Klägers den vom Kläger behaupteten Schaden auf dem Parkplatz der Beklagten erlitten habe. Eigenes Verschulden oder ein Verschulden des von ihr angestellten Pförtners stellt sie in Abrede. Sie beruft sich auf den in ihrer Parkplatzbenutzungsordnung (Ziff. 5) vorgesehenen Ausschluß der Haftung für Beschädigung.

Der Kläger hält diesen Ausschluß der Haftung für unwirksam, da er nicht durch eine Betriebsordnung zustandegekommen sei und außerdem der Arbeitgeber sich von seinen Fürsorgepflichten nicht freizeichnen könne. Die Klage blieb in allen Instanzen erfolglos.

Aus den Gründen:

I. Wie der Senat in BAG 7, 280 ff. [284] ausgesprochen hat, läßt sich allein aus der Übung zahlreicher Arbeitnehmer des Industriegebietes, den Weg zwischen Wohnung und Arbeitsstelle mit Motorrollern zurückzulegen, eine Verpflichtung des Arbeitgebers zur Bereitstellung geeigneter Parkplätze noch nicht herleiten. Das gilt auch bei der Benutzung eines

PKW durch den Arbeitnehmer. Eine Verpflichtung des Arbeitgebers, Unterstellraum für motorgetriebene Fahrzeuge zu schaffen, die seine Arbeitnehmer zur Zurücklegung des Weges von und zur Arbeitsstätte benutzen, hängt jeweils von den Besonderheiten des Falles ab. Nur so wird man der im Einzelfalle verschieden liegenden Zumutbarkeitsfrage zur Bereitstellung von Unter- und Abstellraum durch den Arbeitgeber gerecht. Man kann nicht davon ausgehen, bei einer üblichen Benutzung von Motorfahrzeugen durch die Arbeitnehmer würden diese durch die Arbeitnehmer berechtigt eingebracht und der Arbeitgeber sei auf Grund seiner Fürsorgepflicht gehalten, für die geeignete Unterbringung zu sorgen (so Hueck in Anm. zu AP Nr. 26 zu § 611 BGB Fürsorgepflicht). Eine sachgemäße Wertung verlangt auch, daß der Arbeitgeber nach Lage der Dinge nicht übermäßig und unverhältnismäßig belastet werde. Dabei kann im Einzelfalle die Benutzungsüblichkeit von Motorfahrzeugen durch die Arbeitnehmer, insbesondere des fraglichen Betriebes, ihre große Rolle spielen. Wer entfernt von allen öffentlichen Verkehrsmitteln eine Fabrik errichtet, wird auch, jedenfalls in aller Regel, von vornherein für Parkmöglichkeiten entsprechend dem Ausmaß seiner Belegschaft sorgen müssen.

Im vorliegenden Fall handelt es sich bei dem Kläger um einen Schwerbeschädigten, der nach Lage der Dinge zur Zurücklegung des Arbeitsweges gerade auf einen PKW angewiesen war. Hier bestand also für die Beklagte eine Verpflichtung, dem Kläger eine geeignete und sichere Parkmöglichkeit für seinen Wagen zur Verfügung zu stellen. Gerade auch der Schwerbeschädigte soll, wie der Sinn des Schwerbeschädigtengesetzes zeigt, einen Arbeitsplatz haben; um überhaupt zu seinem Arbeitsplatz und von dort wieder nach Hause kommen zu können, bedurfte der Kläger nun einmal des PKW. Daß er sich selbst, wenn sich nicht o h n e w e i t e r e s eine voll geeignete Möglichkeit anbot, unter Mühen und Aufwendungen eine ordnungsgemäße Parkmöglichkeit beschaffte, scheidet aus. Das würde bedeuten, daß ein Schwerbeschädigter als Ergebnis seiner Beschädigung noch zusätzliche, ins Gewicht fallende Anstrengungen und Opfer wegen seines Arbeitsplatzes machen müßte. Im übrigen bot, mag dies vorliegend auch nicht ausschlaggebend sein, der Betrieb der Beklagten räumliche Möglichkeiten zur Unterstellung des PKW.

Der Kläger hat, und zwar auch gerade an dem hier in Rede stehenden 27. August 1956, seinen Wagen ungehindert auf dem Werkparkplatz einstellen können. Beim Einstellen ist — nach der eigenen Darstellung des Klägers — die Beschädigung noch nicht eingetreten. Deshalb sind die Ausführungen des Klägers darüber, daß die Beklagte gehalten gewesen sei, ihm als Schwerbeschädigten eine feste Stelle auf dem Parkplatz anzuweisen, unschlüssig. Sie wären vielleicht von Belang gewesen, wenn der Kläger auf dem Werkparkplatz keine freie Stelle gefunden und deshalb auf der öffentlichen Straße geparkt und dort eine Beschädigung am Wagen erlitten hätte.

Nun meint der Kläger, daß der Parkplatz zu eng gewesen sei und daß wegen dieser Enge des Werkparkplatzes ein nachfolgender Benutzer den Wagen beschädigt habe.

Das Landesarbeitsgericht läßt dahingestellt, ob der Werkparkplatz unzureichend gewesen sei, läßt aber den Anspruch an der fehlenden Kausalität scheitern.

Dem ist im Ergebnis zuzustimmen.

Zwar bestehen für den einen Schadenersatzanspruch wegen Fürsorgepflichtverletzung erhebenden Arbeitnehmer gewisse Erleichterungen hinsichtlich des von ihm zu führenden Beweises des ursächlichen Zusammenhangs. Es genügt, wenn er beweist, daß ein ordnungswidriger Zustand vorlag, der im typischen Geschehensablauf einen Schaden herbeizuführen geeignet ist, so daß es demgegenüber Aufgabe des Arbeitgebers ist, sonstige Umstände, die entgegen einem typischen Geschehensablauf zum Schadeneintritt geführt haben, darzulegen und zu beweisen (vgl. BAG AP Nr. 1 zu § 618 BGB). Aber hier fehlt es an der Darlegung eines typischen Geschehensablaufs.

Zu Beschädigungen auf Parkplätzen kommt es nach der Lebenserfahrung aus den verschiedensten ohne weiteres möglichen und deshalb insoweit gleichwertigen Gründen. Es kann dazu kommen, weil auf einen schon voll belegten Parkplatz sich noch ein weiterer Fahrzeugführer einzuzwängen versucht. Es können aber auch auf durchaus geräumigen Parkplätzen durch Ungeschicklichkeiten ein- oder ausfahrender Fahrer, durch Dumme-Jungenstreiche oder gar durch erfahrungsgemäß ebenfalls immer wieder auftretende Böswilligkeiten Schäden verursacht werden. Weder die einen noch die anderen Schadensmöglichkeiten können somit als typischer Geschehensablauf angesehen werden. Daß der Schaden möglicherweise durch die — behauptete — Enge des Parkplatzes herbeigeführt ist, genügt unter diesen Umständen zur Feststellung des Kausalzusammenhangs nicht (vgl. BGHZ 2, 138).

Nun war allerdings noch zu prüfen, ob es nicht auch zu den Pflichten des Arbeitgebers gehört, zugunsten derjenigen Arbeitnehmer, denen — wie hier dem Kläger als Schwerbeschädigten — die Bereitstellung eines Parkplatzes geschuldet wird, vernünftige Vorsorge zu treffen, daß die erfahrungsgemäß immer wieder vorkommenden Dumme-Jungenstreiche, Ungeschicklichkeiten, Ungehörigkeiten und Böswilligkeiten auf dem

Parkplatz im Rahmen des Möglichen nicht vorkommen. Eine solche Fürsorgepflicht wird man anzuerkennen haben; dies folgt daraus, daß der Arbeitgeber in den fraglichen Fällen die ihm obliegende Pflicht hinreichend nur erfüllt, wenn er eine geeignete Parkmöglichkeit zur Verfügung stellt. Der Arbeitgeber wird also einen Parkplatz umfrieden und einen Wärter stellen müssen. In diesem Rahmen ist jedoch die Beklagte dieser Verpflichtung auch nachgekommen. Der Werkparkplatz ist eingezäunt, und die Beklagte hat einen Pförtner zu seiner Bewachung gestellt. Weitere Maßnahmen zu treffen, kann man von ihr nicht verlangen. Es würde auch im Falle des Schwerbeschädigten zu weit führen und außerhalb jeden vernünftigen Maßes zwischen wirtschaftlichem Einsatz und Ergebnis stehen, wollte man fordern, daß der Arbeitgeber neben den PKW seines Arbeitnehmers jeweils einen Sonderwächter stelle. Es muß nicht geprüft werden, ob die Beklagte bei Schichtwechsel noch außer dem zu dieser Zeit unstreitig noch anderweit beschäftigten Parkwächter einen weiteren Parkaufseher hätte stellen müssen. Es fehlt nämlich an jedem Vortrag des Klägers, daß der Schaden an seinem Wagen nun gerade bei Schichtwechsel eingetreten sei, wo er doch, wie gesagt, vor vornherein auch zu jedem anderen Zeitpunkt denkbar ist. Wäre der Schaden bei Schichtwechsel eingetreten, so wäre es dem Kläger wahrscheinlich leicht gewesen, Zeugenbeweis anzutreten. Trägt er das aber nicht vor, so sind seine Darlegungen über eine ungenügende Beaufsichtigung des Parkplatzes bei Schichtwechsel unschlüssig.

Hat hiernach die Beklagte die ihr gegenüber dem Kläger als Schwerbeschädigten obliegende Pflicht, einen Parkplatz zu stellen und zu bewachen, erfüllt und hat sich ein Kausalzusammenhang zwischen der vom Kläger behaupteten Enge des Parkplatzes und dem eingetretenen Schaden nicht feststellen lassen, so mußte es bei der Abweisung der Klage verbleiben.

6

Eine betriebsbedingte Kündigung ist nur dann sozial gerechtfertigt, wenn die betrieblichen Gründe bei verständiger Würdigung in Abwägung der Interessen der Vertragsparteien und des Betriebes die Kündigung billigenswert und angemessen erscheinen lassen.

KSchG § 1 Abs. 2.

III. Senat. Urteil vom 4. Februar 1960 i. S. Dr. D. u. a. (Kl.) w. L. N.-W. (Bekl.) 3 AZR 25/58.

I. Arbeitsgericht Münster/Westf. — II. Landesarbeitsgericht Hamm/Westf.

Die Kläger sind als Hilfstierärzte bzw. Assistenztierärzte für die Bekämpfung der Rindertuberkulose von dem verklagten Land teilweise am 1. April 1952, teilweise am 16. Mai 1956 auf unbestimmte Zeit eingestellt worden. Nach den einheitlich lautenden Dienstverträgen sollten für die Dienstverhältnisse die Allgemeine Tarifordnung (ATO), die Tarifordnung A für Angestellte im öffentlichen Dienst (TO.A), die Allgemeine Dienstordnung (ADO) und die Gemeinsame Dienstordnung für Verwaltungen und Betriebe des Reichs über die zusätzliche Alters- und Hinterbliebenenversorgung gelten. In den Dienstverträgen war bestimmt, daß die Kläger im Regierungsbezirk Münster verwendet werden sollten und daß sie der fachlichen Weisung und Dienstaufsicht des Regierungspräsidenten Münster unterstanden. Ferner war in den Verträgen vorgesehen, daß die Kläger bei einer Kreisverwaltung — Veterinäramt — beschäftigt werden und daß sie weitere fachliche Weisungen von dem zuständigen Kreisveterinärarzt erhalten sollten.

Am 14. Januar 1957 ließ der Regierungspräsident in Münster sämtlichen Klägern folgendes Kündigungsschreiben zugehen:

Betr.: Kündigung des Dienstverhältnisses

Der Herr Minister für Ernährung, Landwirtschaft und Forsten hat mir mitgeteilt, daß ihm für das Rechnungsjahr 1957 voraussichtlich keine Mittel für Hilfsveterinärpersonal zur Verfügung stehen werde, so daß die Stellen der Assistenztierärzte zum 31. März 1957 fortfallen. Anweisungsgemäß muß ich deshalb vorsorglich Ihren mit dem Land Nordrhein-Westfalen abgeschlossenen Dienstvertrag zum tariflichen vorgesehenen Termin kündigen. Der Herr Minister für Ernährung, Landwirtschaft und Forsten teilt mir gleichzeitig mit, daß von ihm noch Verhandlungen mit dem Ziel der Übernahme der Assistenzärzte durch die Kreisverwaltungen geführt werden. Ich hoffe, daß diese Verhandlungen zu einem befriedigenden Ergebnis führen werden; ich werde Sie zu gegebener Zeit hierüber unterrichten.

In Vertretung:
gez. Dr. O.
Beglaubigt:
gez. T.
Angestellte.

Am 19. Januar 1957 folgte ein weiteres Schreiben des Regierungspräsidenten:

Aus den hier vorliegenden Durchschriften ist nicht zu ersehen, ob in dem Ihnen zugestellten Kündigungsschreiben vom 14. Januar 1957 —

02 — der tariflich vorgesehene Termin eingesetzt worden ist. Vorsorglich teile ich Ihnen nochmals mit, daß der Termin der ..... ist.

Im Auftrage:
gez. K.
Beglaubigt:
gez. T.
Angestellte.

In diesem zweiten Schreiben vom 19. Januar 1957 war für jeden der Kläger der Zeitpunkt des Ablaufs der Kündigungsfrist angegeben; das verklagte Land hat dann im ersten Rechtszuge die Kündigungstermine zum Teil geändert. Bei den jeweiligen Kündigungsterminen sind die unterschiedlichen Vordienstzeiten der Kläger nach § 16 TO.A berücksichtigt worden.

Beide Kündigungsschreiben, sowohl das Schreiben vom 14. Januar 1957 wie das Schreiben vom 19. Januar 1957, waren mechanisch hergestellt und trugen die faksimilierte Unterschrift der Angestellten T.

Der bei dem Regierungspräsidenten in Münster bestehende Betriebsrat ist zu den Kündigungen nicht gehört worden.

Den Kündigungen liegt folgendes zugrunde:

Die Bekämpfung der Rindertuberkulose wurde in Nordrhein-Westfalen 1948 durch eine Verordnung zum Schutz gegen die Tuberkulose der Rinder neu geregelt und durch den Übergang zu einem vorbeugenden Verfahren verbessert (VO zum 30. August 1948, GVBl. S. 234).

Die in dieser Verordnung den Veterinärräten der Kreise übertragenen Aufgaben wurden zunächst von diesen allein ausgeführt. Später stellte sich jedoch heraus, daß die Maßnahmen von den Kreisen nicht in dem erwünschten Umfang bewältigt werden konnten, weil ihnen die Mittel fehlten, um weitere Assistenztierärzte einzustellen. Deshalb stellte das Land auf Grund einer Entschließung des Ernährungsausschusses des Landtags vom 22. März 1950 etwa 80 Hilfstierärzte ein und wies sie den einzelnen Verterinärräten zu. Die Kläger gehörten zu diesen vom Land zur Durchführung des Tuberkulosetilgungsverfahrens angestellten Tierärzten.

Anfang 1957 beschloß das verklagte Land, die Bekämpfung der Rindertuberkulose ganz den kreisfreien Städten und den Landkreisen zu überlassen, also die Unterstützung der Veterinärräte durch im Landesdienst stehende Tierärzte einzustellen. Deshalb hat das Land im Januar 1957 den Klägern gegenüber die vorsorglichen Kündigungen ausgesprochen. Dabei ging das Land von der Erwartung aus, daß die schon bisher bei den einzelnen Kreisen tätigen Kläger von diesen übernommen werden würden. Es hat dann auch mit dem Landkreistag Nordrhein-Westfalen und mit den Landkreisen wegen einer Übernahme der Kläger verhandelt. Bei Abschluß des Berufungsverfahrens waren, wie das angefochtene Urteil festgestellt hat, einige Kreise zur Übernahme bereit, während andere die Übernahme noch in den zuständigen Kreisgremien (Kreisausschuß und Kreistag) behandelten. Die Bedingungen der zu einer Übernahme der Hilfs- und Assistenztierärzte bereiten Kreise unterschieden sich teilweise wesentlich von den für die Kläger bisher geltenden Vertragsbestimmungen.

Die Kläger haben am 31. Januar 1957 vor dem Arbeitsgericht Münster Klage erhoben mit dem Antrag, festzustellen, daß ihre Arbeitsverhältnisse mit dem verklagten Land durch die Kündigungen vom 14. Januar 1957 nicht aufgelöst worden sind.

Der Kläger zu 27) — Dr. R — hat weiter den Antrag gestellt,

das beklagte Land zu verurteilen, an ihn ab 1. Mai 1957 ein monatliches Bruttogehalt von 724,— DM sowie ein Tagegeld von 7,20 DM pro Arbeitstag mit Außendienst und ein Kilometergeld von 0,28 DM pro zurückgelegten Kilometer zu zahlen.

Das Arbeitsgericht hat der Klage stattgegeben. Hinsichtlich der Kläger zu 1 und zu 31 ist das Urteil des Arbeitsgerichts rechtskräftig geworden. Hinsichtlich der Kläger zu 2) bis 30) hat das Landesarbeitsgericht auf die Berufung des verklagten Landes die Kläger mit ihrer Klage abgewiesen. Die Revision der Kläger führte zur Aufhebung und Zurückverweisung.

Aus den Gründen:

I.

Für die Kündigungserklärung war eine Schriftform nicht vereinbart. Beide Vorinstanzen haben daher zutreffend entschieden, daß die Kündigungen nicht schon deshalb unwirksam sind, weil sie durch mechanisch vervielfältigte Schreiben in Faksimileunterschrift übermittelt worden sind. Zu Unrecht beruft sich die Revision auf den Beschluß des Bundesverwaltungsgerichtes vom 30. Juli 1955 (DVBl. 1955 S. 669); denn wenn dort davon die Rede ist, daß schriftliche Erklärungen eigenhändig unterzeichnet sein müssen, so sind nur solche gemeint, für die eine Schriftform verbindlich ist.

Daß der Betriebsrat zu den Kündigungen nicht gehört worden ist, wird von der Revision nicht mehr gerügt. Es ist auch unschädlich, weil das Betriebsverfassungsgesetz für die Länderverwaltungen nicht gilt, ein Personalvertretungsgesetz in Nordrhein-Westfalen bei Ausspruch der Kündigungen im Januar 1957 noch nicht ergangen war und das damals dort geltende Kontrollratsgesetz Nr. 22 eine Anhörung des Betriebsrats vor der Kündigung nicht bestimmte.

Auch daß die Kündigungstermine in den Schreiben vom 14. Januar 1957 nicht enthalten und in den Schreiben vom 19. Januar 1957 teilweise unrichtig angegeben waren, ist, wie beide Vorinstanzen richtig entschieden haben, ohne Bedeutung, weil die Kündigungen dann als zum nächst zulässigen Termin ausgesprochen gelten (vgl. Hueck-Nipperdey, Lehrbuch des Arbeitsrechts, 6. Aufl., Bd. I S. 511).

Die Entscheidung des Rechtsstreits hängt also nur davon ab, ob die Kündigungen sozial gerechtfertigt im Sinne von § 1 Abs. 2 KSchG sind.

II.

Fehl geht der Angriff der Revision, das verklagte Land hätte die Bekämpfung der Rindertuberkulose nur durch ein Gesetz den Kreisen übertragen können, die Kündigungen entbehrten schon aus diesem Grunde der sozialen Rechtfertigung.

Die Bekämpfung der Rindertuberkulose beruhte ursprünglich, wie die gesamte Viehseuchenbekämpfung, auf dem Reichsviehseuchengesetz vom 26. Juni 1909 (RGBl. S. 519). Nach diesem Gesetz war die Viehseuchenbekämpfung Angelegenheit der Landesregierungen; sie oblag den beamteten Tierärzten (Veterinärräten). Diese Veterinärräte waren im früheren Preußen staatliche, den Regierungspräsidenten unterstellte Kreisbehörden. Im Jahre 1948 sind in Nordrhein-Westfalen die Veterinärämter und einige andere staatliche Sonderbehörden der Kreisstufe den Verwaltungen der Kreise eingegliedert worden; die Kreise haben seitdem deren Aufgaben nach Weisung des Landes wahrzunehmen (Gesetz über die Eingliederung staatlicher Sonderbehörden der Kreisstufe in die Kreis- und Stadtverwaltungen — Eingliederungsgesetz — vom 30. April 1948, GVBl. NRW S. 180).

Vier Monate nach dem Eingliederungsgesetz erging die Verordnung zum Schutz gegen die Tuberkulose der Rinder vom 30. August 1948, GVBl. NRW S. 234. Sie brachte nicht nur eine materielle Verbesserung des Verfahrens, sondern gleichzeitig organisatorische Änderungen, indem sie die Aufgaben teilte: Die wissenschaftlichen und die Verwaltungsarbeiten übertrug sie den „Untersuchungsämtern" des Landes (§ 1 II 1). Die beamteten Tierärzte dagegen (Veterinärräte) hatten mit Hilfe der Tuberkulinprobe den Stand der Tuberkulose in den angeschlossenen Beständen zu ermitteln und die Ergebnisse in der Tilgung zu verfolgen. Sie stellten auch amtlich fest, wenn die Bestände von Tuberkulose frei waren (§ 1 II 2 der Verordnung). Diese Regelung gilt auch gegenwärtig.

Die Revision will aus dieser zeitlichen Aufeinanderfolge schließen, daß die nach dem Eingliederungsgesetz erlassene Verordnung vom August 1948 das Spezialverfahren der Rindertuberkulosebekämpfung entgegen der Regelung des Eingliederungsgesetzes dem Land übertragen hätte. Das ist nicht zutreffend. Vielmehr sind nach § 1 II 1 der Verordnung nur die wissenschaftlichen und die Verwaltungsarbeiten Ländersache. Die nach § 1 II 2 aaO den beamteten Tierärzten übertragenen Aufgaben dagegen gehören zu den Kreisen; denn die beamteten Tierärzte waren durch das Eingliederungsgesetz Bedienstete der Kreise geworden. Und zwar handelt es sich um „Pflichtaufgaben nach Weisung" im Sinne von § 2 Abs. 2 der Landkreisordnung vom 21. Juli 1953, GVBl. NRW S. 305. („Pflichtaufgaben nach Weisung" entsprechen im Kommunalrecht Nordrhein-Westfalens etwa dem, was sonst im Gemeinderecht als „Auftragsangelegenheiten" bezeichnet wird; vgl. Peters, Handbuch der kommunalen Wissenschaft und Praxis, Bd. 1 Kommunalverfassung, 1956, S. 132, 389 f.). Wenn das Land später auf Grund der Entschließung des Ernährungsausschusses seines Landtags vom 22. März 1950 etwa 80 Hilfstierärzte zusätzlich eingestellt und zur Unterstützung der Kreisveterinärämter hat arbeiten lassen, so hat es damit keine unmittelbare Länderaufgabe wahrgenommen, sondern die Arbeit der Kreise durch freiwillige und zusätzliche eigene Maßnahmen unterstützt, um die Bekämpfung der Rindertuberkulose schneller voranzutreiben. Infolgedessen handelte es sich im Jahre 1957, als das Land die Tierseuchenbekämpfung wieder ganz den Kreisen überlassen wollte, nicht darum, daß den Kreisen neue Aufgaben auferlegt wurden. Vielmehr paßte das Land die tatsächliche Handhabung der nach dem Eingliederungsgesetz i. V. m. der Verordnung vom August 1948 bestehenden Rechtslage an. Das konnte durch einfachen Beschluß geschehen und bedurfte nicht eines nach § 2 Abs. 2 der Landkreisordnung vom 21. Juli 1953 (GVBl. NRW S. 305) vorgesehenen Gesetzes. Das verklagte Land hat somit Anfang 1957 rechtswirksam beschlossen, die Bekämpfung der Rindertuberkulose in vollem Umfang den kreisfreien Städten und den Landkreisen zu überlassen.

III.

Ob dieser Beschluß für sich allein genommen schon bestimmt genug war, um daraufhin die Kündigungen auszusprechen, kann dahingestellt bleiben; denn das Land hat gleichzeitig die Kostenverteilung neu geregelt, und zwar durch § 15 Abs. 2 des Finanzausgleichsgesetzes (Gesetz zur Regelung des Finanz- und Lastenausgleichs mit den Gemeinden und Gemeindeverbänden für das Haushaltsjahr 1957 vom 2. April 1957, GVBl. NRW S. 75). § 15 Abs. 2 dieses Gesetzes sieht vor, daß die den Kreisen und den kreisfreien Städten aus der Bekämpfung der Rindertuberkulose entstehenden Kosten aus einer entsprechenden Erhöhung der pauschalen Kopfbeiträge des Landes an die Kreise gedeckt werden. Die Mittel des Landeshaushalts in Höhe von 1,5 Millionen DM aus seinem sogenannten „Globalfonds", aus denen das verklagte Land im Rechnungsjahr 1956 die durch die Anstellung der Assistenztierärzte und Hilfstierärzte entstehenden Kosten getragen hatte, sollten mitverwendet werden, um diese Kopfbeiträge zu erhöhen (siehe die Begründung zum Entwurf des § 15 des Finanzausgleichsgesetzes in der Landtagsdrucksache Nr. 464). Außerdem war in einem gemeinsamen Erlaß des Ministers für Ernährung, Landwirtschaft und Forsten und des Innenministers an den Regierungspräsidenten in Münster vom 6. Mai 1957 vorgesehen, daß die bei einer solchen Regelung benachteiligten bevölkerungsarmen aber viehreichen Landkreise aus dem Landeshaushalt besondere Zuschüsse erhalten sollten.

Diese Maßnahmen, die hinsichtlich ihrer Zweckmäßigkeit der gerichtlichen Nachprüfung entzogen sind, können grundsätzlich, wie das Landesarbeitsgericht zutreffend annimmt, zusammengenommen als „dringendes betriebliches Erfordernis" im Sinne von § 1 Abs. 2 KSchG in Betracht kommen; denn mit dem Beschluß des Landes, die Bekämpfung der Rindertuberkulose in vollem Umfang auf die Kreise zu übertragen, steht fest, daß die Stellen der bei der Tuberkulosenbekämpfung beschäftigten Tierärzte im Dienst des Landes nicht mehr erforderlich sind. Es handelt sich somit um organisatorische Maßnahmen, die dazu führen, daß die Stellen der Assistenztierärzte und Hilfstierärzte im Landesdienst entfallen (vgl. den Beschluß des Großen Senats vom 28. November 1956, BAG 3, 245 und das Urteil des erkennenden Senats 3 AZR 79/55 vom 21. Mai 1957, AP Nr. 31 zu § 1 KSchG).

Die Revision irrt, wenn sie dieses Ergebnis unter Berufung auf den Beschluß des Großen Senats mit der Begründung angreift, daß die geschilderten Maßnahmen nicht zu einer Einsparung von „P l a n s t e l l e n" geführt hätten. Es genügt, daß „bestimmte nach sachlichen Merkmalen bezeichnete Stellen" im Haushaltsplan gestrichen werden — im Gegensatz zu einer bloß schematisch prozentualen Kürzung. Diese Voraussetzung ist hier erfüllt; denn es handelt sich um die Arbeitsplätze der zur Bekämpfung der Rindertuberkulose eingesetzten Assistenz- und Hilfstierärzte, also gerade um bestimmte nach sachlichen Merkmalen gekennzeichnete Arbeitsplätze, die von dem Land auf die Kreise übergehen.

IV.

Aber auch wenn die geschilderten Maßnahmen an sich „dringende betriebliche Erfordernisse" im Sinne von § 1 Abs. 2 KSchG sein können, so dürfen dennoch die hier den Klägern gegenüber vom beklagten Lande ausgesprochenen Kündigungen nicht ohne weiteres als sozial gerechtfertigt hingenommen werden; denn es muß, wenn ein betrieblicher Grund vorliegt, jeweils noch gefragt werden, ob dieser Grund auch wichtig genug ist, um die Kündigung wirklich zu rechtfertigen (vgl. Hueck, Kündigungsschutzgesetz, § 1 Anm. 33). Hierzu bedarf es — ebenso wie im Fall der persönlich bedingten Kündigung — einer Interessenabwägung: Auch die betriebsbedingte Kündigung ist nur dann sozial gerechtfertigt, wenn die betrieblichen Gründe bei verständiger Würdigung in Abwägung der Interessen der Vertragsparteien und des Betriebes die Kündigung billigenswert und angemessen erscheinen lassen (vgl. für die persönlich bedingte Kündigung: BAG 1, 99 und 177 und AP Nr. 21 zu § 1 KSchG). Das heißt nicht, daß das Arbeitsgericht die Zweckmäßigkeit einer organisatorischen Maßnahme der Behörde nachzuprüfen hätte (siehe die Bedenken von Herschel-Steinmann, Kündigungsschutzgesetz, § 1 Anm. 41 a gegen Hueck, aaO., Anm. 37); die Zweckmäßigkeit solcher organisatorischen Maßnahmen unterliegt nicht der gerichtlichen Nachprüfung. Das Erfordernis der Interessenabwägung auch im Fall der betriebsbedingten Kündigung bedeutet vielmehr, daß die Behörde geplante organisatorische Maßnahmen nicht nur auf ihre Zweckmäßigkeit, sondern auch auf ihre sozialen Auswirkungen hin zu prüfen hat und daß ihr Kündigungen dann verwehrt sind, wenn die zu erwartenden Vorteile zu den Nachteilen, die sich für die betroffenen Arbeitnehmer ergeben, in keinem vernünftigen Verhältnis stehen.

Da das Landesarbeitsgericht die hiernach gebotene Interessenabwägung unterlassen hat, mußte das Urteil aufgehoben und der Rechtsstreit zurückverwiesen werden. Dabei zeigt sich bereits jetzt folgendes: Auf der Seite der Kläger steht ihr Interesse an der Erhaltung ihrer Arbeitsplätze; auf der Seite des verklagten Landes steht das Interesse an der erstrebten Änderung. Das Land hat aber nicht vorgetragen, daß es durch die beabsichtigte Organisationsänderung nennenswerte Einsparungen erzielen würde. Die Kläger haben im Gegenteil geltend gemacht, daß eine Ausgabenkürzung gar nicht zu erwarten sei. Nun ist es allerdings nicht richtig, daß — wie die Revision offenbar meint — eine Streichung von Stellen nach dem Beschluß des Großen Senats und dem Urteil AP Nr. 31 zu § 1 KSchG nur dann eine Kündigung zu rechtfertigen vermöge, wenn die hierdurch frei werdenden Mittel eingespart werden sollen. Vielmehr können Kündigungen im öffentlichen Dienst auch dann gerechtfertigt sein, wenn Stellen aus anderen Zweckmäßigkeitserwägungen gestrichen werden, etwa weil der Dienstherr sich von einer anderen Organisation seiner Behörden einen besseren Erfolg verspricht. Im vorliegenden Fall hat aber das verklagte Land auch nicht geltend gemacht, daß es durch die geplante Änderung sonstige ins Gewicht fallende Verbesserungen ereichen würde. Vielmehr sollen die Aufgaben der Seuchenbekämpfung, wie bisher, an der gleichen Stelle (bei den Kreisen) als Auftragsangelegenheiten und praktisch in derselben Weise wie bisher weitergeführt werden; das Land hat für die Kosten der Tuberkulosebekämpfung in jedem Fall aufzukommen und will auch dafür aufkommen. Unter diesen Umständen sind aber die für das Land von der geplanten Maßnahme zu erhoffenden Vorteile nicht sehr groß, so daß die Interessen der Kläger, sofern nicht die erneute Verhandlung zulässigerweise neue Tatumstände zu Gunsten des Landes ergibt, demgegenüber überwiegen.

Das verklagte Land ist weiter auf Grund seiner Fürsorgepflicht gehalten, b e v o r es Kündigungen ausspricht, bei den Kreisen darauf hinzuwirken, daß diese die Kläger zu deren bisherigen Bedingungen übernehmen, und daß es alle seine Einflußmöglichkeiten ausnutzt, um eine auch für die Kläger befriedigende Lösung bei den Kreisen zu erreichen. Hat das Land mit diesen Bemühungen bei den Kreisen keinen Erfolg, so wird ihm unter den geschilderten Voraussetzungen zuzumuten sein, daß es die geplante Organisationsänderung solange zurückstellt, bis die Weiterbeschäftigung der Bediensteten gesichert ist. Anders ist es nur dann, wenn der Kreis die Übernahme aus Gründen des § 1 Abs. 2 KSchG ablehnen sollte. Daß der Gesetzgeber von Nordrhein-Westfalen von ähnlichen Erwägungen ausgeht, zeigt das Eingliederungsgesetz; denn für den vergleichbaren Tatbestand der Eingliederung der Veterinärämter in die Kreisverwaltungen bestimmt § 4 dieses Gesetzes ausdrücklich, daß die bei den Sonderbehörden, also u. a. auch bei den Veterinärämtern, bis dahin beschäftigten Dienstkräfte von den Kreisen übernommen werden.

Soweit die Hauptsache sich erledigt hat, wird das Landesarbeitsgericht eine Kostenentscheidung nach § 91 a ZPO treffen müssen. Grundlage für die danach vorgesehenen Billigkeitsentscheidung wird es sein, inwieweit die Gründe dafür, daß diese Kläger erst nach Abschluß des Berufungsverfahrens von den Kreisen übernommen worden sind, im Bereich des verklagten Landes und inwieweit sie im Bereich dieser Kläger selbst gelegen haben.

7

1. Die durch das schlechte Spiel eines einzelnen Kapellenmitgliedes hervorgerufene minderwertige Gesamtleistung einer Musikerkapelle als Grund zur außerordentlichen Kündigung gegenüber allen Kapellenmitgliedern.

2. Wirksamkeit einer „Sozialfrist" bei der dem Arbeitnehmer ausgesprochenen außerordentlichen Kündigung, wenn diese „Sozialfrist" aus dem Interesse des Arbeitgebers heraus gegeben wird.

BGB § 616; TO für die Musiker in Gaststätten im Treuhänderbezirk Bayern vom 26. November 1935 § 2; BGB § 626.

II. Senat. Urteil vom 9. Februar 1960 i. S. 1. W. u. a. (Kl.) w. K. (Bekl.) 2 AZR 585/57.

I. Arbeitsgericht Augsburg. — II. Landesarbeitsgericht Bayern (München).

Der Beklagte ist Inhaber einer Bar. Durch Schreiben vom 7. Oktober 1956 bot sich ihm der Kläger zu 1. mit seiner aus insgesamt fünf Musikern bestehenden Kapelle für diesen Betrieb an. Es kam zu dem „Musiker-Vertrag" vom 16. Oktober 1956, durch den sich der Kläger zu 1. verpflichtete, mit vier weiteren Musikern in der Zeit vom 1. Januar bis 31. März 1957 gegen eine Monatsgage von 4000,— DM in der Bar aufzutreten. Die fünf Kläger nahmen diese Tätigkeit am 1. Januar 1957 auf, und zwar der Kläger zu 1. als Kapellmeister und Klavierspieler, der Kläger zu 2. als Schlagzeuger, der Kläger zu 3. mit Saxophon, Klarinette, Akkordeon und Gesang, der Kläger zu 4. als Bassist und der Kläger zu 5. als Trompeter und Geiger.

Mit Schreiben vom 14. Januar 1957 kündigte der Beklagte dem Kläger zu 1. und vorsorglich auch den anderen Klägern den Vertrag fristlos mit der Begründung, die Kapelle habe so mangelhaft gespielt und eine so schlechte Bühnendisziplin gezeigt, daß Beschwerden eingegangen und Gäste weggeblieben seien und der Umsatz zurückgegangen sei. Der Beklagte erklärte sich jedoch gleichzeitig bereit, die Kapelle trotz der fristlosen Kündigung noch bis Ende Januar 1957 spielen zu lassen, was auch geschah.

Am 8. Februar 1957 haben die Kläger auf Feststellung geklagt, daß die fristlose Kündigung unwirksam sei. Das Arbeitsgericht hat die Klage als unbegründet abgewiesen, das Landesarbeitsgericht hat die Berufung der fünf Kläger zurückgewiesen.

Die Revisionen der Kläger zu 1. bis 4. sind zurückgewiesen worden.

Aus den Gründen:

I/II . . .

III. Die Wirksamkeit der Kündigung hängt allein davon ab, ob der Beklagte einen wichtigen Grund dafür hatte. Solch ein wichtiger Grund im Sinne von § 626 BGB ist allgemein gesehen dann gegeben, wenn dem Beklagten bei Abwägung aller vernünftigerweise in Betracht kommenden Umstände, insbesondere der Interessen beider Parteien, nicht zuzumuten war, die Kläger bis zum Ablauf des Engagements am 31. März 1957 weiter zu beschäftigen (BAG 2, 207; 2, 214: ständige Rechtsprechung des Bundesarbeitsgerichts). Das Landesarbeitsgericht stellt nach dem Ergebnis der Beweisaufnahme übereinstimmend mit dem Arbeitsgericht tatsächlich fest, daß der Kläger zu 5. schlecht Trompete geblasen habe. Unter dem Versagen dieses tragenden Instrumentes im Klangkörper habe das Zusammenspiel der Kapelle so gelitten, daß deswegen Gäste weggeblieben seien. An diese von der Revision nicht angegriffenen Feststellungen ist der Senat gebunden.

Dem angefochtenen Urteil ist darin zuzustimmen, daß das Versagen nur des Klägers zu 5. den Beklagten berechtigte, allen Klägern außerordentlich zu kündigen. Auch wenn man an der Unterstellung festhält, daß jeder Kläger in einem unmittelbaren Arbeitsverhältnis zum Beklagten stand, ändert dies nichts daran, daß die Kläger unter der künstlerischen Leitung des Klägers zu 1. zu einer einheitlichen Leistung verpflichtet waren, die sie nur gemeinsam erbringen konnten. Der Beklagte hatte kein Interesse an den Einzelleistungen der Kläger, sondern nur an der Gesamtleistung der Kapelle; zu ihr waren die Kläger verpflichtet. In der sehr mangelhaften Gesamtleistung der Kläger hat das Landesarbeitsgericht ohne Rechtsirrtum einen wichtigen Grund zur Kündigung gegenüber allen Klägern gesehen. Der Umstand, daß die Kläger zu 1. bis 4. persönlich beim Zusammenspiel nicht versagt haben, sie vielmehr bereit und in der Lage waren, das Ihrige zu einem dem Vertrag entsprechenden Zusammenspiel beizutragen, ändert hieran nichts. Der wichtige Grund braucht nicht in einem schuldhaften Verhalten des Arbeitnehmers zu liegen (BAG 2, 214).

Die Angriffe der Revision hiergegen dringen nicht durch. Die Ansicht der Kläger, durch die Fehlleistung des Klägers zu 5. sei die Kapelle noch nicht „spielunfähig" geworden, verkennt, daß nicht nur völlige Spielunfähigkeit, sondern schon die vom Landesarbeitsgericht festgestellte, dem Beklagten nicht zumutbare Mangelhaftigkeit der Kapelle ein wichtiger Kündigungsgrund war. Durch das Versagen des einen Mitglieds der Kapelle erbrachte die Kapelle selbst völlig minderwertige, für den Beklagten als Barbesitzer nicht tragbare Darbietungen. Davon, daß die Mangelhaftigkeit deshalb nicht von den Klägern zu 1. bis 4. zu vertreten sei, weil sie zum Unternehmerrisiko des Beklagten gehöre, kann nicht die Rede sein. Es geht um die Leistung der Kläger, die nun einmal als Gesamtleistung zu erbringen war. Die weitere Ansicht der Revision, der Beklagte habe die Möglichkeit gehabt, von sich aus den Kläger zu 5. aus der Kapelle zu entfernen und an seiner Stelle einen anderen Musiker einzustellen, ist ebenfalls verfehlt. Der Beklagte durfte die Kapelle nicht über den Kopf des Kapellmeisters hinweg umgestalten. Dazu war er nach dem Musiker-Vertrag nicht berechtigt. Sein Direktionsrecht als Arbeitgeber der Kapelle erstreckte sich nicht auf die Art des künstlerischen Zusammenspiels und folglich auch nicht auf die personelle Zusammensetzung der Kapelle. Er durfte dem Kläger zu 1. keinen neuen Mitarbeiter aufzwingen, der dem Kläger zu 1. nicht genehm war. Das ergibt sich nicht nur aus den Notwendigkeiten des musikalischen Zusammenspiels, die nur der Kläger zu 1. als

Kapellenleiter übersehen und beurteilen konnte, sondern auch daraus, daß die Kapelle schon vor dem Engagement beim Beklagten bestanden hat, daß dieses Engagement nur drei Monate dauern sollte, und daß die Kapelle darauf angewiesen war, nachher in anderen Betrieben zu spielen. Das einzige, was der Beklagte tun konnte, um die Leistungen der Kapelle zu verbessern und damit ihre vorzeitige Entlassung zu vermeiden, war, daß er dem Kläger zu 1. nahelegte, selbst einen anderen Trompeter zu suchen. Das hat der Beklagte nach der Feststellung des Landesarbeitsgerichts auch getan, aber ohne Erfolg.

IV. Sein hiernach bestehendes Recht zur außerordentlichen Kündigung hat der Beklagte nicht dadurch verwirkt, daß er die Kläger vom 1. bis zum 14. Januar 1957, also immerhin zwei Wochen lang, auftreten ließ. Denn eine derartige Zeit mußte der Beklagte der Kapelle lassen, um sich unter den gegebenen Verhältnissen für seine Bar einzuspielen, und sie war daher auch notwendig für ihn selbst, um überhaupt nachhaltige Mängel feststellen zu können.

Daß der Beklagte den Klägern gestattet hat, nach Ausspruch der Kündigung trotz der erkannten Mängel noch bis Ende Januar 1957 bei ihm zu bleiben, kann die Wirksamkeit der außerordentlichen Kündigung ebenfalls nicht in Frage stellen. Es mag sein, daß der Beklagte sich hierzu nicht nur aus sozialem Entgegenkommen, sondern in erster Linie deshalb entschlossen hat, weil für ihn eine, wenn auch außerordentlich mangelhafte Kapelle nach seiner unternehmerischen Beurteilung immer noch ein geringeres Übel darstellte als gar keine Kapelle. Erfahrungsgemäß laufen die Engagements derartige Unterhaltungskapellen in der Regel bis zum Monatsende, und es wäre daher für den Beklagten schwierig, wenn nicht unmöglich gewesen, mitten im Monat eine andere und bessere Kapelle zu bekommen. Aus seiner Bereitschaft, die Kläger bis zum 31. Januar 1957 weiter zu beschäftigen, kann deshalb nicht gefolgert werden, daß ihm auch eine Weiterbeschäftigung bis zum Ablauf des Engagements am 31. März 1957 zuzumuten war. Der Beklagte hat mit seiner Bereitschaft, die Kläger noch etwa zwei Wochen weiter spielen zu lassen, keineswegs die minderwertige Leistung der Kapelle schlechtweg und allgemein hingenommen. Die außerordentliche Kündigung ist daher trotz ihrer Befristung wirksam (vgl. BAG AP Nr. 31 zu § 626 BGB).

8

1. In der VergGr. V b TO.A (1. Fallgruppe) setzt das Tätigkeitsmerkmal der „Stelle von besonderer Bedeutung" eine Unterschriftsbefugnis des

Angestellten ebensowenig voraus wie das Merkmal der „selbständigen Tätigkeit".

2. Eine „Stelle von besonderer Bedeutung" im Sinne der Tätigkeitsmerkmale der VergGr. V b TO.A (1. Fallgruppe) liegt nicht schon dann vor, wenn die Verwaltung derartige Stellen regelmäßig mit Beamten des gehobenen Dienstes besetzt. Die gegenteilige Rechtsauffassung, wie sie in dem Urteil des Bundesarbeitsgerichts vom 26. Mai 1955 (AP Nr. 6 zu § 3 TO.A) zum Ausdruck kommt, wird aufgegeben.

3. Die Anschauung der „beteiligten Berufskreise" kann nur als Erkenntnisquelle für die Auslegung der in den Tätigkeitsmerkmalen der Vergütungsordnung der TO.A enthaltenen allgemeinen (unbestimmten) Rechtsbegriffe dienen.

TO.A Anlage 1 (VergGr. V b).

IV. Senat. Urteil vom 10. Februar 1960 i. S. K. (Kl.) w. St. H. (Bekl.) 4 AZR 270/58.

I. Arbeitsgericht Hanau. — II. Landesarbeitsgericht Frankfurt/Main.

Der Kläger, der die Prüfung für den gehobenen Verwaltungsdienst abgelegt hat, war vom 1. August 1952 bis zum 16. September 1956 im Ausgleichsamt der beklagten Stadtgemeinde als Sachbearbeiter für die Feststellung von Vertreibungs- und Ostschäden (Bewertungssachbearbeiter) beschäftigt. Im Jahre 1953 erhielt er eine Bestallung gemäß § 308 Abs. 5 des Lastenausgleichsgesetzes (LAG). Er bezog Gehalt nach der VergGr. VI b TO.A.

Der Kläger bearbeitete die Feststellungsanträge selbständig. Er erhob Beweise und bereitete die Feststellungsbescheide unterschriftsreif vor. Die Bescheide wurden von dem Leiter des Ausgleichsamts (Dienststellenleiter) unterzeichnet.

Der Kläger ist der Ansicht, seine Tätigkeit habe mindestens seit dem 1. Januar 1954 den Merkmalen der VergGr. V b TO.A entsprochen. Mit der Klage fordert er Zahlung des der Höhe nach unstreitigen Gehaltsunterschiedes von 3094,90 DM brutto zwischen den Vergütungsgruppen VI b und V b TO.A für die Zeit vom 1. Januar 1954 bis 16. September 1956.

Die Beklagte hat Klagabweisung beantragt. Sie hat eingeräumt, daß der Kläger eine selbständige Tätigkeit ausgeübt habe. Sie meint jedoch, daß der Stelle des Klägers keine besondere Bedeutung im Sinne der Tätigkeitsmerkmale der VergGr. V b TO.A zukomme.

Die Klage blieb in beiden Vorinstanzen erfolglos. Die Revision führte zur Aufhebung und Zurückverweisung.

Aus den Gründen:

I. ...

II. Der Erfolg der Klage hängt davon ab, ob der Kläger in einer „Stelle von besonderer Bedeutung" tätig war. Das Landesarbeitsgericht sieht dieses Tätigkeitsmerkmal der VergGr. V b TO.A nicht als erfüllt an. Insoweit ist das angefochtene Urteil jedoch nicht frei von Rechtsirrtum.

Das Landesarbeitsgericht betrachtet bei einem Sachbearbeiter die Unterschriftsbefugnis als notwendige Voraussetzung dafür, daß seiner Stelle eine besondere Bedeutung im Sinne der Tarifnorm beigelegt werden könne; der Angestellte müsse für die von ihm erarbeiteten Entscheidungen auch die äußere Verantwortung tragen. Beizupflichten ist dem Landesarbeitsgericht darin, daß eine durch die Unterschriftsbefugnis nach außen in Erscheinung tretende Verantwortung der Stelle eine „besondere Bedeutung" verleihen kann, daß dies aber nicht ohne weiteres und für alle Fälle anzunehmen ist. Rechtsirrig ist es aber, wenn das Landesarbeitsgericht die Unterschriftsbefugnis zu einem notwendigen Bewertungsmerkmal macht. Damit verkennt es den tariflichen Begriff der „Stelle von besonderer Bedeutung". Aus der Tarifnorm und dem Aufbau der Tätigkeitsmerkmale in der Vergütungsordnung der TO.A kann eine solche Einengung des Begriffs nicht entnommen werden. Erforderlich ist, daß sich die Stelle aus den Aufgabengebieten der VergGr. VI b TO.A durch besondere Bedeutung heraushebt, wie sich wiederum die in die VergGr. IV b einzuordnende Bürotätigkeit von den Aufgabengebieten der VergGr. V b als besonders verantwortlich abheben muß. Eine „besondere Bedeutung" nur dann anzuerkennen, wenn der Angestellte die von ihm erarbeiteten Vorgänge auch unterzeichnet und damit nach außen als der Verantwortliche in Erscheinung tritt, geht schon deshalb fehl, weil der Innendienst, auf den die Tätigkeitsmerkmale insgesamt zugeschnitten sind, auch viele Tätigkeiten umfaßt, bei denen eine mit Unterschrift versehene Bekanntgabe des Arbeitsergebnisses gar nicht in Betracht kommt. Andererseits ist derjenige, der die aus der Dienststelle hinausgehenden Entscheidungen, Bescheide usw. unterzeichnet, erfahrungsgemäß vielfach nicht der für das Arbeitsergebnis wirklich Verantwortliche; so kann dem Dienststellenleiter die alleinige Unterschriftsbefugnis übertragen sein, während er zur Nachprüfung aller von ihm zu unterzeichnenden Vorgänge schon zeitlich nicht in der Lage und deshalb dazu auch nicht verpflichtet ist, so daß die wirkliche Verantwortung für den einzelnen Vorgang beim Sachbearbeiter verbleibt. Dessen Verantwortung kann wiederum verschieden sein je nach dem, inwieweit ihm allgemeine Weisungen erteilt werden. Die Unterschriftsbefugnis kann jedenfalls nicht allgemein zum Maßstab seiner Verantwortung und nicht grundsätzlich zur Voraussetzung der besonderen Bedeutung einer Stelle gemacht werden. Das entspricht der vom erkennenden Senat schon in früheren Entscheidungen (BAG 5, 38; BAG AP Nr. 29 zu § 3 TO.A) vertretenen Auslegung der Tarifnorm, nach der die besondere Bedeutung einer Stelle unter Umständen auch allein in der Zuweisung besonders schwieriger Aufgaben gefunden werden kann.

Der Kläger hatte auch geltend gemacht, daß sich das Aufgabengebiet des Bewertungssachbearbeiters gegenüber den Aufgaben der übrigen Sachbearbeiter eines Ausgleichsamts durch besondere Schwierigkeit auszeichne. Das treffe besonders für das vom Kläger bearbeitete Gebiet der Vertreibungs- und Ostschäden zu. Der Tätigkeit des Bewertungssachbearbeiters komme auch insofern besondere Bedeutung zu, als auf ihr die Arbeit der anderen Abteilungen aufbauen müsse. Die besondere Bedeutung dieser Tätigkeit trete auch in ihren Auswirkungen auf die Lebensverhältnisse der am Lastenausgleich Beteiligten zutage.

Das Landesarbeitsgericht hat sich weder mit diesem Sachvortrag des Klägers auseinandergesetzt noch mit dem Ergebnis der von ihm durchgeführten Beweisaufnahme, die sich zum Teil auch hierauf erstreckt hat. Es hat damit, wie die Revision zu Recht rügt, wesentliche Gesichtspunkte außer acht gelassen, die für die Erfüllung der Tarifnorm von Bedeutung sein können.

Auch der vom Kläger schon in den Tatsacheninstanzen hervorgehobene Umstand, daß ihm eine besondere Bestallung gemäß § 308 Abs. 5 LAG erteilt worden ist, durfte bei der Bewertung der Tätigkeit des Klägers nicht unbeachtet bleiben. Allerdings ergibt sich die besondere Bedeutung der Stelle im Sinne der Tarifnorm nicht schon daraus, daß nach § 308 Abs. 3 und 5 LAG die erforderliche fachliche Eignung zum Bewertungssachbearbeiter in der Regel anzunehmen ist, wenn die zu bestellende Person die Befähigung zum gehobenen Verwaltungsdienst besitzt. Daß aus der entsprechenden Bestimmung für den Dienststellenleiter nicht geschlossen werden darf, dieser habe eine „besonders verantwortliche Stellung" im Sinne der Tätigkeitsmerkmale der VergGr. IV (b) TO.A inne, hat der Senat schon in BAG 7, 64 ausgeführt. Ebensowenig ergibt sich daraus, daß das Gesetz in der Befähigung zum gehobenen Verwaltungsdienst im Regelfalle auch die Eignung zum Bewertungssachbearbeiter im Feststellungsverfahren des Lastenausgleichs als gegeben ansieht, schon eine besondere Bedeutung dieser Stelle im Sinne einer Heraushebung aus der bereits gründliche vielseitige Fachkenntnisse und selbständige Leistungen erfordernden Tätigkeit der VergGr. VI b TO.A. In dem eben genannten Urteil (BAG 7, 64) hat der Senat auch bereits darauf hingewiesen, daß die Regelung der Beamtenbesoldung und die Vergütungsordnung der TO.A verschiedenen Grundsätzen folgen und es irrig wäre, bei der nach der TO.A vorzunehmenden Bewertung einer von einem Angestellten ausgeübten Tätigkeit die VergGr. V b TO.A schlechthin als unterste mit dem gehobenen Verwaltungsdienst vergleichbare Vergütungsgruppe anzusehen.

Jedoch führt das nicht dazu, daß die Bestimmungen in § 308 LAG, die das Landesarbeitsgericht nur aus seiner irrigen Aufassung über die Bedeutung der Unterschriftsbefugnis als unbeachtlich behandelt hat, überhaupt als unwesentlich für die Bewertung der Stelle des Klägers anzusehen wären. Dort ist neben dem Dienststellenleiter und dessen Stellvertreter gerade der mit Bewertungsangelegenheiten betraute Sachbearbeiter aus den übrigen Sachbearbeitern herausgehoben. Es wird betont, daß er die erforderliche persönliche und fachliche Eignung besitzen muß, die bei ihm ebenso wie beim Dienststellenleiter in fachlicher Hinsicht regelmäßig durch die Befähigung zum gehobenen Verwaltungsdienst als nachgewiesen gilt; auch der Bewertungssachbearbeiter — und nur dieser — ist ebenso wie der Dienststellenleiter und dessen Stellvertreter nur im Einvernehmen mit dem Leiter der obersten Landesbehörde zu bestellen, also im Einvernehmen mit dem zuständigen Landesminister, der wiederum der Sachaufsicht und den Weisungen des Präsidenten des Bundesausgleichsamts untersteht (Art. 85 GG, §§ 312 Abs. 2, 319 Abs. 2 LAG). Es liegt nahe, daß diese Heraushebung des Bewertungssachbearbeiters aus den übrigen Sachbearbeitern im Lastenausgleichsgesetz darauf zurückzuführen ist, daß der Gesetzgeber die Bewertung im Feststellungsverfahren als besonders schwierig und auch wegen ihrer Auswirkungen sowohl auf die Geschädigten wie auf die öffentlichen Mittel als besonders wichtig ansieht (vgl. Harmening, Lastenausgleich, Anm. 6, 7 zu § 308 LAG), so daß der dahingehende Sachvortrag des Klägers bereits im Gesetz eine gewisse Stütze findet. Um so mehr ist es erforderlich, auf diesen Sachvortrag bei der Unterordnung der Tätigkeit des Klägers unter die Tarifnormen einzugehen.

Die Revision rügt weiter, daß das Landesarbeitsgericht nicht auf die Behauptung des Klägers eingegangen ist, bei einer größeren Zahl von Ausgleichsämtern in Hessen seien die Stellen der Bewertungssachbearbeiter mit beamteten Inspektoren besetzt. Daraus entnimmt die Revision eine Auffassung der „beteiligten Berufskreise", für deren Wertung sie sich auf das Urteil des Bundesarbeitsgerichts vom 26. Mai 1955 — 2 AZR 50/54 — AP Nr. 6 zu § 3 TO.A — beruft. In diesem Urteil hat der Zweite Senat des Bundesarbeitsgerichts ausgeführt, es komme darauf an, wie die beteiligten Berufskreise eine bestimmte Tätigkeit bei einer behördlichen Verwaltung bewerteten. Für die dort streitige Einreihung eines Besoldungsbuchhalters einer Oberjustizkasse in die VergGr. V b TO.A komme es daher darauf an, ob die behördlichen Verwaltungen, dort insbesondere die Justizverwaltungen, in ihrem behördlichen Aufbau der Stelle eines Besoldungsbuchhalters bei der Oberjustizkasse eine besondere Bedeutung beimäßen. Wenn lediglich oder jedenfalls regelmäßig Beamte des gehobenen Dienstes Besoldungsbuchhalter bei der Justizkasse seien, so erhelle ohne weiteres die besondere Bedeutung, die die Justizverwaltung der Stelle eines Besoldungsbuchhalters regelmäßig beimesse.

Soweit dieser Entscheidung des Zweiten Senats, der seit längerem mit den jetzt dem erkennenden Senat zugewiesenen Eingruppierungsstreitigkeiten des öffentlichen Dienstes nicht mehr befaßt ist, die Rechtsauffassung zu entnehmen ist, eine „Stelle von besonderer Bedeutung" im Sinne der Tätigkeitsmerkmale der VergGr. V b TO.A sei dann gegeben, wenn die Verwaltung derartige Stellen regelmäßig mit Beamten des gehobenen Dienstes besetze, kann an ihr nicht festgehalten werden. Die Anschauung der „beteiligten Berufskreise" kann, wie der erkennende Senat schon mehrfach (so in BAG 7, 125 und in dem Urteil vom 28. Oktober 1959 — 4 AZR 30/57 — BAG 8, 181 [187] —) ausgesprochen hat, nur als Erkenntnisquelle für die Auslegung der in den Tätigkeitsmerkmalen der TO.A enthaltenen allgemeinen (unbestimmten) Rechtsbegriffe dienen. Sie vermag aber nicht die Nachprüfung zu ersetzen, ob die von dem Angestellten ausgeübte Tätigkeit den tariflichen Merkmalen der beanspruchten Vergütungsgruppe entspricht. Etwaige tarifwidrige Gepflogenheiten wären unbeachtlich. Daher ist die richtige Vergütungsgruppe in jedem Falle zunächst anhand der Vergütungsordnung der TO.A zu ermitteln; bei der Auslegung der in Betracht zu ziehenden Tarifnormen kann dann unterstützend — gewissermaßen als „Probe aufs Exempel" — die Anschauung der beteiligten Berufskreise verwertet werden. Es darf daher nicht je nach dem, ob eine Verwaltung den mit einem bestimmten Arbeitsgebiet betrauten Angestellten das Gehalt der VergGr. V b oder VI b TO.A gewährt, angenommen werden, daß deshalb einer solchen Stelle eine besondere Bedeutung im Sinne der Tätigkeitsmerkmale der VergGr. V b TO.A zukomme oder nicht zukomme. Das würde darauf hinauslaufen, der Meinung der beteiligten Berufskreise eine anspruchsbegründende Wirkung beizulegen. Es wäre dies um so bedenklicher, als in einer Behördenübung vielfach nur die Auffassung der Arbeitgeberseite zum Ausdruck kommt; in dem oben erwähnten Urteil BAG 8, 181 [187] ist das bereits für die Heranziehung von Ministerialerlassen ausgeführt worden. Im übrigen wurde bereits gesagt, daß es irrig wäre, bei der Bewertung einer Stelle nach tarifrechtlichen Grundsätzen die VerGr. V b TO.A schlechthin als unterste mit dem gehobenen Verwaltungsdienst vergleichbare Vergütungsgruppe anzusehen.

9

Gehört es einerseits zum Inhalt der Fürsorgepflicht des Arbeitgebers, nicht jedem Druck von Seiten der Belegschaft nachzugeben, der auf eine Maßnahme gegen einen einzelnen Arbeitnehmer zu dessen Nachteil hinzielt, sondern insbesondere erkennbar unangemessen und ungerechtfertigten Forderungen einen zumutbaren Widerstand entgegenzusetzen (vgl. im einzelnen BAG AP Nr. 1 zu § 626 BGB Druckkündigung), so ist andererseits der Arbeitnehmer in einer derartigen Drucksituation verpflichtet, durch entsprechendes Verhalten unzumutbare Nachteile für seinen Arbeitgeber zu vermeiden und auch seinerseits einen für beide tragbaren Ausweg aus der Drucksituation zu suchen und zu ermöglichen.

BGB §§ 611, 615.

V. Senat. Urteil vom 11. Februar 1960 i. S. H. (Kl.) w. K. (Bekl.) 5 AZR 210/58.

I. Arbeitsgericht Lübeck. — II. Landesarbeitsgericht Kiel.

Der Kläger wurde Anfang März 1953 als Sägemeister im Holzbearbeitungswerk der Beklagten mit einem Monatsgehalt von 400,— DM eingestellt; zuletzt bezog er 432,— DM. Anfang März 1957 kam es in der dem Kläger seit Februar 1957 allein unterstellten Betriebsabteilung für Kreissägen zu Differenzen zwischen dem Kläger und den Arbeitern. Der Betriebsrat teilte der Beklagten mit, die Belegschaft der Kreissägerei lehne eine weitere Zusammenarbeit mit dem Kläger als Sägemeister ab. Die Beklagte wollte deshalb den Kläger innerhalb des Werkes anderweitig beschäftigen und stellte ihm frei, jeweils zum gleichen Gehalt entweder die Aufsicht über die Abteilung Kappsägen, Zinkenfräsen und die Astlochausflickautomaten zu übernehmen oder im Kontor zu arbeiten oder im Verladeschuppen als Verlademeister tätig zu werden. Der Kläger ging darauf nicht ein.

Am 8. April 1957 kündigte die Beklagte das Arbeitsverhältnis mit dem Kläger fristgemäß zum 30. Juni 1957. Das vom Kläger eingeleitete Kündigungsschutzverfahren hat er nicht weiter betrieben. Er stellte bis zum 30. Juni 1957 seine Arbeitskraft als Sägemeister *in der Kreissägerei* der Beklagten mehrmals zur Verfügung. Die Beklagte hat ihn dort jedoch nicht beschäftigt und ihm das Gehalt nur bis zum 2. April 1957 gezahlt.

Mit der vorliegenden Klage verlangt der Kläger Gehaltszahlung für die Zeit vom 3. April bis 30. Juni 1957 in der unstreitigen Höhe von 1262,40 DM.

Das Arbeitsgericht hat der Klage stattgegeben, das Landesarbeitsgericht hat sie abgewiesen. Die Revision des Klägers ist zurückgewiesen worden.

Aus den Gründen:

Der geltend gemachte Anspruch des Klägers ist unter dem Gesichtspunkt des § 615 Satz 1 BGB nur dann begründet, wenn die Beklagte mit der Annahme der unstreitig angebotenen Dienste des Klägers in Verzug gekommen ist. Das ist aber nicht der Fall.

Nach den tatsächlichen Feststellungen des Landesarbeitsgerichts sah sich die Beklagte Anfang März 1957 vor die Tatsache gestellt, daß die Belegschaft der Kreissägerei eine weitere Zusammenarbeit mit dem Kläger ablehnte und ernstlich mit einem Sitzstreik drohte; der Betriebsrat der Beklagten nahm dem Kläger gegenüber ebenfalls eine ablehnende Haltung ein und erstrebte die Entfernung des Klägers aus der Abteilung für Kreissägen; die Aufrechterhaltung des Betriebsfriedens und der Arbeit war gefährdet. Diese nicht von den Arbeitsvertragsparteien, sondern von Dritten herbeigeführte Zwangslage und der damit entstehende Interessenkonflikt zwischen den Arbeitsvertragsparteien läßt sich nur lösen unter dem Blickwinkel der Fürsorgepflicht des Arbeitgebers einerseits und der Treuepflicht des Arbeitnehmers andererseits.

Wie das Bundesarbeitsgericht bereits in seiner Entscheidung vom 10. Oktober 1957 (AP Nr. 1 zu § 626 BGB Druckkündigung) zum Ausdruck gebracht hat, gehört es zum Inhalt der Fürsorgepflicht des Arbeitgebers, nicht jedem Druck von Seiten der Belegschaft nachzugeben, der auf eine Maßnahme gegen einen einzelnen Arbeitnehmer zu dessen Nachteil hinzielt. Der Arbeitgeber darf insbesondere erkennbar unangemessenen und ungerechtfertigten Forderungen nicht ohne weiteres nachgeben; er muß vielmehr den Forderungen der Belegschaft einen zumutbaren Widerstand entgegensetzen, sich schützend vor den betroffenen Arbeitnehmer stellen und um einen für beide Arbeitsvertragsparteien vertretbaren Ausgleich bemüht sein. Der Arbeitgeber darf dem Druck der Belegschaft nur dann nachgeben, wenn ihm anderenfalls unbillige und unzumutbare Nachteile erwachsen würden.

Dieser Pflicht des Arbeitgebers auf der einen Seite entspricht aber auf der anderen Seite eine gleichgewichtige Pflicht des Arbeitnehmers aus dem Gesichtspunkt der Treuepflicht des Arbeitnehmers: In der geschilderten Drucksituation erwächst auch dem Arbeitnehmer die Pflicht, durch entsprechendes Verhalten unzumutbare Nachteile für seinen Arbeitgeber zu vermeiden und auch seinerseits einen für beide tragbaren Ausweg aus der Drucksituation zu suchen und zu ermöglichen. Das folgt nicht nur aus dem Gedanken der Fürsorgepflicht, sondern auch aus dem in § 615 Satz 2 BGB zum Ausdruck kommenden allgemeinen Rechtsgedanken, daß der Arbeitnehmer bei Annahmeverzug des Arbeitgebers im Rahmen des Zumutbaren zur Minderung der Nachteile des Arbeitgebers beitragen muß. Das entspricht ferner dem insbesondere das Schadenersatzrecht beherrschenden Gedanken, daß der Gläubiger eines Anspruchs gehalten ist, die dem anderen Teil drohenden Nachteile in zumutbarer Weise möglichst gering zu halten, ein allgemeiner Rechtsgedanke, der z. B. in § 254 Abs. 2 BGB und § 324 Abs. 1 Satz 2 BGB seinen gesetzlichen Niederschlag gefunden hat.

Davon ausgehend hatte der Kläger im vorliegenden Falle die Verpflichtung, die ihm bei den Kappsägen zumutbare Arbeit zu verrichten. Die Beklagte hat ihrerseits das ihr Zumutbare getan, wenn sie dem Kläger bei gleichem Gehalt eine andere, im wesentlichen gleichwertige Arbeitsstelle anbot; sie konnte nach den Feststellungen des Landesarbeitsgerichts ernstlich mit erheblichen Schwierigkeiten unter der Belegschaft der Kreissägerei rechnen; sie hat in dieser Situation unter Hinzuziehung des Betriebsrats einen für den Kläger zumutbaren Ausweg vorgeschlagen. Der Beklagten war, weil sich eine andere sachgerechte Einsatzmöglichkeit für den Kläger bot, nicht zuzumuten, den Kläger bei den Kreissägen weiter zu beschäftigen und dadurch die Belegschaft der Kreissägerei so zu beunruhigen, daß durch einen Sitzstreik der Betrieb zum Stillstand geriet und der Betriebsfrieden gestört wurde.

Dem Kläger war aber andererseits zumutbar, für die Zeit bis zum Ablauf der Kündigungsfrist die Aufsicht bei den Kappsägen zu führen, eine Tätigkeit, die seiner bisherigen Beschäftigung sehr ähnlich war.

Die Beklagte ist daher nicht in Annahmeverzug gekommen und der Anspruch des Klägers unbegründet, ohne daß es einer Prüfung der Anrechnungspflicht nach § 615 Satz 2 BGB bedarf.

10

1. Früheren Angestellten der Stadtverwaltung Breslau, die am 1. April 1938 schon im städtischen Dienst standen, konnte nach zehn Dienstjahren nur noch aus wichtigem Grunde gekündigt werden.

2. Bei der Anwendung des Regelungsgesetzes können die Beweisregeln des allgemeinen Prozeßrechts zu Ungunsten der verdrängten Bediensteten

nicht in der sonst gebotenen Strenge angewandt werden. Wesentlich ist eine innere Wahrscheinlichkeit.

Regelungsgesetz §§ 52, 81 a, 83; 3. DVO zum Regelungsgesetz § 2 Nr. 1; ZPO §§ 91 a, 286.

III. Senat. Urteil vom 15. Februar 1960 i. S. F. B. (Bekl.) w. F. (Kl.) 3 AZR 346/57.

I. Arbeitsgericht Würzburg. — II. Landesarbeitsgericht Bayern (Nürnberg).

Die im Jahre 1889 geborene Klägerin war seit dem 29. Mai 1934 als Angestellte bei der Stadtverwaltung Breslau beschäftigt. Ihre Vergütung erhielt sie zuletzt nach Gruppe VIII TO.A. Infolge der Ereignisse des Jahres 1945 verlor sie ihren Arbeitsplatz.

Mit ihrer Klage begehrt sie die Feststellung, daß ihr ab 1. Januar 1955 Ruhevergütung nach dem Regelungsgesetz zu zahlen sei. Arbeitsgericht und Landesarbeitsgericht haben zu Gunsten der Klägerin entschieden. Das beklagte Land hat die vom Landesarbeitsgericht zugelassene Revision eingelegt. Nach Erlaß des Zweiten Änderungsgesetzes zum Regelungsgesetz hat es die Ansprüche der Klägerin für die Zeit ab 1. September 1957 anerkannt. Beide Parteien haben die Hauptsache insoweit für erledigt erklärt.

Aus den Gründen:

I. Zwischen den Parteien besteht kein Streit darüber, daß die Klägerin unter das Regelungsgesetz fällt. Sie hat bis zum Jahre 1945 als Angestellte der Stadtverwaltung Breslau im öffentlichen Dienst gestanden und ihren Arbeitsplatz aus anderen als tarifrechtlichen Gründen verloren. Sie ist nach 1945 im öffentlichen Dienst nicht wieder verwendet worden.

Die Klägerin erfüllt auch die erste Voraussetzung für den von ihr geltend gemachten Versorgungsanspruch. Sie hatte nämlich am 8. Mai 1945 einen Anspruch auf Versorgung nach beamtenrechtlichen Grundsätzen im Sinne des § 52 Regelungsgesetz. Das ergibt sich aus dem Gemeindebeschluß der Stadt Breslau über Renten- und Hinterbliebenenversorgung für städtische Angestellte vom 6. November 1925/11. März 1926/28. April 1926. Die in diesem Ruhegeldgemeindebeschluß enthaltene Versorgungsregelung ist durch die Dienstordnung für die zusätzliche Alters- und Hinterbliebenenversorgung der Angestellten und Arbeiter der Hauptstadt Breslau vom 22. März 1940/21. Juli 1943 für diejenigen Arbeitnehmer aufrechterhalten worden, die schon vor dem 1. April 1938 in den Dienst der Stadt Breslau eingetreten waren, soweit sie sich im Einzelfalle nicht freiwillig für die neue Zusatzversorgung entschieden haben. Dazu hat das Landesarbeitsgericht festgestellt, daß die Klägerin die neue Zusatzversorgung nicht gewählt hat.

Die Klägerin kann die von ihr begehrte Versorgung nach dem Regelungsgesetz aber nur dann erhalten, wenn sie einem Beamten auf Lebenszeit gleichsteht. Für die jetzt noch streitigen Ansprüche aus der Zeit bis zum Inkrafttreten des Zweiten Änderungsgesetzes zum Regelungsgesetz am 1. September 1957 (Gesetz vom 11. September 1957, BGBl. S. 1275) bestimmt sich diese Gleichstellung nach § 2 Nr. 1 der 3. DVO zum Regelungsgesetz i. d. F. vom 10. Juni 1955 (BGBl. S. 283). Von den drei Tatbeständen dieser Vorschrift kommt für die Klägerin nur der letzte in Betracht, durch den für die Anwendung des Regelungsgesetzes diejenigen Arbeitnehmer einem Beamten auf Lebenszeit gleichgestellt werden, denen nach dem am 8. Mai 1945 geltenden Recht nur aus einem wichtigen Grunde gekündigt werden konnte. Ob dies bei der Klägerin der Fall war, ist die entscheidende Frage des Prozesses.

II. Kein Streit besteht zwischen den Parteien darüber, daß in Breslau am 1. April 1938 bei Inkrafttreten der Tarifordnungen für den öffentlichen Dienst der Preußische Angestelltentarifvertrag vom 30. Juni 1924 galt oder jedenfalls eine dem gleichlautende tariflich Regelung der Stadt Breslau bestand, wonach einem Bediensteten, der mindestens ununterbrochen zehn Jahre in den Diensten der Stadt gestanden hatte, nur wegen eines wichtigen Grundes gekündigt werden konnte. Nach dem insoweit streitlosen Wortlaut der damaligen tariflichen Regelung konnte der wichtige Grund sowohl in der Person des Angestellten wie in den Verhältnissen der Verwaltung liegen. Wenn die Beklagte meint, daß diese Beschränkung der Kündbarkeit die Voraussetzung des § 2 Nr. 1 der 3. DVO zum Regelungsgesetz schon deshalb nicht erfülle, weil der heutige Begriff des wichtigen Grundes im öffentlichen Dienst nur solche Fälle erfasse, die in der Person des Arbeitnehmers liegen, so hat der erkennende Senat bereits in seinem Urteil vom 8. Oktober 1957 (BAG 5, 20) entgegengesetzt entschieden. Hiervon abzuweichen besteht keine Veranlassung.

Die früher bei der Stadt Breslau geltende tarifliche Regelung ist allerdings am 1. April 1938 außer Kraft getreten. Das ergibt sich aus § 23 TO.A, wonach die für den Geltungsbereich der TO.A bis dahin noch als Tarifordnung weitergeltenden Tarifverträge einschließlich der sie ergänzenden Tarifordnungen und Richtlinien außer Kraft treten. Darüber hinaus hat der Zweite Senat in seinem Urteil vom 16. Dezember 1954 (BAG 1, 205) entschieden, daß die Unkündbarkeit nicht nachwirke, sondern sich nach dem Inkrafttreten der TO.A grundsätzlich nach deren § 16 richte und frühere günstigere Bestimmungen mit dem Inkrafttreten der TO.A ihre

Geltung verloren haben. Ob dieser Auffassung gegenüber den neuerdings hiergegen aus dem Schrifttum erhobenen Bedenken (vgl. Hilger, Das betriebliche Ruhegeld, S. 210 ff.) zu folgen ist, kann dahingestellt bleiben, denn der Zweite Senat hat in dem erwähnten Urteil zutreffend weiter ausgeführt, daß die Grundsätze über die unmittelbare Wirkung der Tarifnormen nicht ausschließen, günstigere Abreden zu treffen insbesondere über die Fortgeltung bereits erworbener Anwartschaften oder günstigerer Kündigungsregelungen. Dies könne auch nach dem Inkrafttreten eines neuen Tarifvertrages mit ungünstigeren Bestimmungen geschehen. Es genüge dazu eine ständige Übung, wenn nur dadurch der Wille des Arbeitgebers unzweideutig zum Ausdruck komme, die alten günstigeren Kündigungsbestimmungen fortgelten zu lassen. Zwar könne man aus der Unterlassung von Kündigungen älterer Angestellter noch nicht auf eine gewollte Übung dahingehend schließen, daß die Kündigung auf einen wichtigen Grund beschränkt geblieben sei, doch sei eine andere Beurteilung am Platze, wenn irgendwelche Äußerungen oder Kundgebungen der zur Einstellung oder Entlassung befugten Vertreter der Beklagten dahingehend vorlägen, daß die alten Kündigungsbestimmungen nach wie vor angewandt würden. Eine solche rechtliche Würdigung von Äußerungen und Kundgebungen der maßgebenden Personen und Stellen ist insbesondere im Rahmen des Regelungsgesetzes geboten, weil hier auch die rechtstatsächlichen Entwicklungen Berücksichtigung zu finden haben (vgl. BAG 6, 45, 272). Die vom Zweiten Senat für eine Übung in dem genannten Sinne aufgestellten Voraussetzungen sind im vorliegenden Fall erfüllt: Die Stadtverwaltung hat im Jahre 1943 durch eine Rundverfügung auf die Rechtslage der fortbestehenden Unkündbarkeit der vor dem 1. April 1938 eingetretenen und alsdann länger als zehn Jahre gedienten Arbeitnehmer hingewiesen, diese Rundverfügung am schwarzen Brett anschlagen und außerdem über die Rechtslage Vorträge halten lassen in dem Sinn, daß es wegen der Kündigung bei denjenigen Bestimmungen bleibe, die früher bestanden hätten. Diese vom Landesarbeitsgericht zwar nicht ausdrücklich getroffenen Feststellungen kann das Revisionsgericht nachholen, weil sie sich eindeutig aus den Zeugenaussagen ergeben und von der Beklagten substantiiert auch gar nicht bestritten sind. Einer Zurückverweisung bedarf es deswegen nicht (vgl. AP Nr. 7 zu § 13 KSchG). Nach den Feststellungen des Berufungsgerichts, das sogar eine die Fortgeltung der Kündigungsbeschränkung enthaltende, ministeriell genehmigte besondere Dienstordnung der Stadt Breslau für nachgewiesen erachtet, hat die Stadtverwaltung Breslau nicht etwa nur die Auffassung gehabt, daß es an sich so rechtens sei, sondern den Willen gehabt, den am 1. April 1938 in ihrem Dienst befindlichen Arbeitnehmern ihre alte Rechtsstellung auch hinsichtlich ihrer Unkündbarkeit nach zehn Jahren zu erhalten und ihn außer durch die Rundverfügung und die Bekanntgabe durch Anschlag und Vorträge auch bei anderer Gelegenheit zum Ausdruck gebracht, so daß durch die Initiative der Stadt und mit deren Willen die Breslauer Bediensteten allgemein und ohne Ausnahme davon überzeugt waren, daß es bei der früheren Regelung für die vor dem 1. April 1938 eingetretenen Bediensteten verbleibe.

Entgegen der Ansicht des Landesarbeitsgerichts und der Revision brauchte der reine Fortbestand der alten Unkündbarkeitsregelung ministeriell nicht genehmigt zu werden. Nach der ADO Nr. 14 zu § 16 TO.A waren zwar Abweichungen von den Kündigungsvorschriften des § 16 TO.A an die Zustimmung des Ministers der Finanzen und des sonst zuständigen Ministers gebunden. Die ADO beruhte aber auf dem Gesetz über die ergänzende Regelung der Dienstverhältnisse bei öffentlichen Verwaltungen und Betrieben vom 17. Februar 1938 (RGBl. I S. 206). Nach dem Urteil des erkennenden Senats vom 6. Juli 1959 (AP Nr. 24 zu § 52 Regelungsgesetz) geht aus § 1 Abs. 2 dieses Gesetzes hervor, daß eine etwa genehmigungspflichtige Abweichung nur für neu abzuschließende Arbeitsverträge in Betracht kam, dagegen nicht für bereits bestehende. Es ist aber weiter auch ohne Belang, ob die nur aufrechterhaltene Regelung bis dahin auf dem Arbeitsvertrag oder einem Tarifvertrag beruht hatte, denn § 1 Abs. 2 sollte nur materiell neue Regelungen erfassen. Allein diese Rechtsauffassung wird der selbst während des Nationalsozialismus herrschenden Rechtsansicht gerecht, wie sie u. a. in dem Runderlaß des damaligen Reichsministers des Innern vom 21. Februar 1939 (RMBliV 1939 Sp. 543) zum Ausdruck kommt. Darin wurden die Gemeinden ausdrücklich angewiesen, bei der Schaffung neuen Ortsrechts die Rechte der am 1. April 1938 bereits im Dienste stehenden Arbeitnehmer unberührt zu lassen.

III. Das beklagte Land greift das Berufungsurteil unter anderem mit dem Hinweis auf § 12 Nr. 2 des Breslauer Ruhegeldgemeindebeschlusses von 1925/26 an. Dort heißt es, daß das Recht des Magistrats zur Kündigung und Entlassung von Angestellten durch den Ruhegeldgemeindebeschluß nicht berührt werde. Darin zeige sich, daß die Stadtverwaltung Breslau in Kündigungsfragen nicht so großzügig wie in Versorgungsfragen gewesen sei. Diesem Einwand des beklagten Landes kann jedoch nicht gefolgt werden. In der offiziellen Anmerkung zu dem erwähnten § 12 Nr. 2 sind die Fälle, in denen der Magistrat eine Kündigung oder Entlassung aussprechen konnte, beispielhaft aufgezählt. Es heißt dort: „Z. B. wenn Dienstunfähigkeit nicht mehr vorliegt, bei Änderungen der Bezüge auf Grund der Versicherungsgesetze, bei Verheiratung von Witwen, bei Freiheitsstrafen, sofern sie einen Monat übersteigen. Im letzteren Falle kann die Rente ganz oder zum Teil an die Frau oder die Kinder als Unterstützung gewährt werden." Diese Aufzählung zeigt, daß die Vorschrift die allgemeine Kündigung des Dienstverhältnisses selbst nicht gemeint haben kann. Denn alle Beispiele betreffen Fälle, in denen der Ruhestand schon eingetreten sein mußte. Die Vorschrift geht daher offenbar auf eine damalige Auffassung zurück, daß auch das Ruhestandsverhältnis gekündigt werden könne (vgl. dazu auch heute noch Alfred Hueck, RdA 49, 431; Molitor, JZ 56, 324).

Das beklagte Land weist ferner darauf hin, daß in den nach 1938 ergangenen und erhaltenen Veröffentlichungen auf die Unkündbarkeitsregelung nirgends verwiesen sei. Bei dem anerkannt guten Aufbau der Stadtverwaltung Breslau sei dies ein Beweis gegen den von der Klägerin und den Zeugen behaupteten Fortbestand der früheren Regelung. Auch dieser Einwand des beklagten Landes ist nicht durchschlagend. Nach den Zeugenaussagen ist die erwähnte Rundverfügung erst 1943 ergangen. Es kommt deshalb bei Überprüfung des von dem beklagten Land gemachten Einwandes lediglich auf die Dienstordnung für die zusätzliche Alters- und Hinterbliebenenversorgung i. d. F. vom 21. Juli 1943 an. Nach Nr. 1 Abs. 3 dieser Dienstordnung wurden aber die Arbeitnehmer, die vor dem 1. April 1938 in den Dienst der Stadt Breslau eingetreten waren, grundsätzlich weiter nach den früheren Ruhegeldgemeindebeschlüssen behandelt. Da der Fortbestand der Unkündbarkeitsregelung auch nur für diesen Personenkreis in Betracht kam, brauchte sie in die erwähnte Dienstordnung nicht aufgenommen zu werden.

Die Revision greift die Beweiswürdigung des Berufungsgerichts weiter mit dem Hinweis an, daß die bekundeten Geschehnisse schon so lange zurücklägen, daß die Zeugenaussagen nur mit der allergrößten Vorsicht verwendet werden dürften. Dieser Ansicht der Revision kann schon grundsätzlich nicht gefolgt werden. Die unter das Regelungsgesetz fallenden Bediensteten, die ihr Amt oder ihren Arbeitsplatz infolge des Verlustes der früheren deutschen Ostgebiete verloren haben, können nichts dafür, daß sie die tatsächlichen Grundlagen für die Geltendmachung ihrer Rechte aus dem Regelungsgesetz nur unter größten Schwierigkeiten beweisen können. Die Grundsätze des allgemeinen Prozeßrechts, nach denen ein Kläger den Tatbestand, aus dem er Rechte herleitet, zur vollen Überzeugung des Gerichts beweisen muß, lassen sich hier nicht mit Strenge anwenden. Aus diesem Grunde hat auch der Gesetzgeber in § 81 a Regelungsgesetz bestimmt, daß im Verwaltungsverfahren als Beweismittel auch eidesstattliche Versicherungen von Zeugen oder notfalls des Antragstellers selbst zugelassen werden können, wenn der betreffende Antragsteller nicht mehr in der Lage ist, die für die Geltendmachung seiner Rechte notwendigen Urkunden beizubringen. Derselbe Grund, der den Gesetzgeber veranlaßt hat, diese Vorschrift zu Gunsten des Einzelnen zu schaffen, muß auch für die Würdigung von Zeugenaussagen bei der Ermittlung einer allgemeinen Rechtslage berücksichtigt werden, sofern eine innere Wahrscheinlichkeit sie stützt.

Im vorliegenden Falle bestehen keine Bedenken, den tatsächlichen Feststellungen des Landesarbeitsgerichts in den für die Entscheidung wesentlichen Punkten zu folgen. Eine innere Wahrscheinlichkeit für den Willen und für die Erklärungen der Stadt Breslau, den alten Rechtszustand für die vor dem 1. April 1938 eingetretenen Arbeitnehmer aufrecht zu erhalten, ergibt sich aus dem in anderem Zusammenhang bereits erwähnten Erlaß des früheren Reichsministers des Inneren vom 21. Februar 1939. Die Revision wendet sich mit ihren Rügen im übrigen auch in erster Linie nur insoweit gegen die Aussage der Zeugen, als nach der Meinung des Landesarbeitsgerichts die alte Unkündbarkeitsregelung durch eine neue Rechtsnorm neu geschaffen und auch ministeriell genehmigt worden sein soll. Darauf kommt es indessen nicht an (vgl. oben II). Denn die für die Entscheidung wesentlichen Aussagen bestehen darin, daß die Breslauer Stadtverwaltung den Willen hatte, die alte Unkündbarkeitsregelung aufrecht zu erhalten, und daß sie diesen Willen durch Vorträge und durch eine Rundverfügung ihren Arbeitnehmern auch zur Kenntnis gebracht hat. Insoweit sind die Aussagen der Zeugen von der Beklagten substantiiert nicht angegriffen.

Der erkennende Senat ist deshalb in Übereinstimmung mit dem Berufungsgericht zu der Überzeugung gekommen, daß in Breslau am 8. Mai 1945 den Angestellten, die schon vor dem 1. April 1938 im städtischen Dienste standen, nach einer Dienstzeit von zehn Jahren nur noch aus wichtigem Grunde gekündigt werden konnte. Die Klägerin hatte deshalb mit ihrer Klage Erfolg.

IV. Die Kosten des gesamten Rechtsstreits sind dem beklagten Land aufzuerlegen. Hierbei ist zu beachten, daß beide Parteien während des Revisionsverfahrens einen Teil des Streitgegenstandes in der Hauptsache für erledigt erklärt haben. Nach dem Urteil des erkennenden Senats vom 8. Dezember 1959 — 3 AZR 267/55 — AP Nr. 26 zu § 52 RegelungsG — ist bei einer Teilerledigung der Hauptsache über die gesamten Kosten im Schlußurteil zu entscheiden. Hinsichtlich des erledigten Teils ist die Kostenentscheidung nach den Grundsätzen des § 91 a ZPO zu treffen.

Im vorliegenden und im früheren Falle war der Streit über die Ansprüche für die Zeit nach dem 1. September 1957 durch das Inkrafttreten des Zweiten Änderungsgesetz zum Regelungsgesetz erledigt worden. Nach § 83 Regelungsgesetz i. V. m. Art. II Abs. 27 des Zweiten Änderungsgesetzes werden Gerichtskosten nicht erhoben und die außergerichtlichen Kosten gegeneinander aufgehoben, soweit sich Rechtsstreitigkeiten durch das Zweite Änderungsgesetz erledigen. Der erkennende Senat hat in dem erwähnten Urteil aber weiter entschieden, daß diese Vorschriften auf Teilerledigungen nicht anzuwenden sind, wenn der Kläger auch ohne das Zweite Änderungsgesetz Ansprüche für die gesamte Zeit seiner ursprünglichen Klage gehabt hätte. Das ist hier der Fall.

11

Bei leitenden Angestellten führt eine Betriebsübernahme nicht zu einem automatischen Übergang des Arbeitsverhältnisses des leitenden Angestellten von dem bisherigen Arbeitgeber auf den neuen Betriebsinhaber.

BGB §§ 611, 613, 419 Betriebs- und Funktionsnachfolge; KSchG § 12.

V. Senat. Urteil vom 18. Februar 1960 i. S. H. (Kl.) w. B. D. (Bekl.)
5 AZR 472/57.

I. Arbeitsgericht Bonn. — II. Landesarbeitsgericht Düsseldorf (Köln).

1. Der Kläger wurde im Jahre 1928 durch die „Kaiser-Wilhelm-Gesellschaft zur Förderung der Wissenschaften, e. V." (künftig: „KWG") als Leiter der Abteilung für Rebenzüchtungsforschung im Kaiser-Wilhelm-Institut (künftig: „KWI") für Rebenzüchtungsforschung in Müncheberg nach näherer Maßgabe eines Vertrages von 1928, geändert durch einen späteren Vertrag von 1938, angestellt. Am 9. Dezember 1941 wurde er durch „Führererlaß" zum Direktor und Professor ernannt, nachdem ihm zusätzlich zu seinen bisherigen Aufgaben bei der KWG der Dienstposten des „Leiters der Reichsrebenzüchtung" übertragen worden war. Mit Schreiben des Reichsministers für Ernährung und Landwirtschaft vom 15. Dezember 1941 wurde er mit Wirkung vom 1. Oktober 1941 in eine freie Planstelle nach der Reichsbesoldungsordnung Gruppe B 10 als Leiter der Reichsrebenzüchtung eingewiesen. Nach seiner mittels Aushändigung einer Urkunde erfolgten Ernennung zum Beamten auf Lebenszeit wurde dann die bisherige Abteilung für Rebenzüchtungsforschung im KWI in das „Kaiser-Wilhelm-Institut für Rebenzüchtungsforschung in Müncheberg" umgewandelt. Ein daran anschließend von der KWG unternommener Ver-

such, beim Reichsminister für Ernährung und Landwirtschaft die Einweisung des Klägers in eine staatliche Planstelle nach Gruppe B 7 b der Reichsbesoldungsordnung zu erreichen, blieb erfolglos.

Der Kläger und die KWG schlossen am 23. September/21. Oktober 1942 einen neuen Vertrag, durch den die bisherigen Beziehungen zwischen diesen Parteien neu geregelt wurden. Darin sicherte die KWG dem Kläger neben den aus seiner staatlichen Stellung als „Leiter der Reichsrebenzüchtung" fließenden Bezügen ab 1. Oktober 1942 aus Institutsmitteln eine nicht pensionsfähige Zulage von jährlich 7000,– RM zu (sog. „Berufungszulage"). § 6 dieses Vertrages bestimmte, die Dauer des Vertragsverhältnisses der Parteien werde auf die Zeit bemessen, während der der Kläger die für den Institutsdirektor geschaffene staatliche Stelle bekleide. In einem Nachtragsvertrag vom 12./23. Juli 1944 verpflichtete sich die KWG weiter, dem Kläger Ruhegehalt und im Todesfall seinen Hinterbliebenen Versorgungsbezüge nach beamtenrechtlichen Vorschriften unter Zugrundelegung einer Besoldung nach der Besoldungsgruppe B 7 b zu zahlen. Staatliche Versorgungsbezüge des Klägers sollten in der jeweiligen Höhe hiervon abgesetzt werden.

2. Nach dem Zusammenbruch stellten sowohl das Reich wie die KWG ihre Zahlungen an den Kläger ein. Der Kläger hatte bereits im Februar 1945 mit der Verlagerung des Müncheberger Instituts nach Würzburg begonnen. Diese Verlagerung wurde auch nach der Besetzung Münchebergs fortgeführt. Das von diesem im Frühjahr 1946 und 1947 gewonnene Pflanzgut wurde nach Würzburg und in die Pfalz verbracht und dort bestimmungsgemäß weiterverwendet. Mitte 1947 war das ehemalige Müncheberger Institut mit fast allem Inventar und Personal nach Würzburg bzw. nach G. in die Pfalz verlegt. In Würzburg wurde das Institut bis zum 1. Juli 1947 durch die KWG und das Land Bayern finanziert. Mit Zustimmung der KWG verlagerte der Kläger im Juli 1947 das gesamte Rebenzüchtungsforschungsinstitut nach G. in die Pfalz, einer Außenstelle der ehemaligen Reichsrebenzüchtung, wo die Standortbedingungen für Rebenforschung besonders günstig sind.

3. Am 2. Juni 1947 wurde zwischen dem Kläger und den Eheleuten Patentanwälten W. ein Gesellschaftsvertrag geschlossen und dem nach G. verlagerten Institut die Rechtsform einer gemeinnützigen Gesellschaft mit beschränkter Haftung beigelegt. In diesem Gesellschaftsvertrag heißt es unter anderem:

„Seit Jahrzehnten verfolgen die unterzeichneten Vertragsschließenden auf dem Gebiet der Züchtungsforschung und des Schutzes geistigen Eigentums an Pflanzenzüchtungen die gleichen Ziele. Sie haben auf

Veranlassung von Prof. Dr. E. B. auf diesen Gebieten grundlegende Arbeiten durchgeführt. Um diese Arbeiten für das Gebiet des Weinbaues, insbesondere der Rebenzüchtung, fortsetzen zu können und um gleichzeitig eine für die weiteren Arbeiten des Kaiser-Wilhelm-Instituts für Rebenzüchtungsforschung erforderliche Rechtsinstitution zu schaffen, schließen sich die unterzeichneten Vertragsschließenden nunmehr zu einer Gesellschaft mit beschränkter Haftung zusammen und vereinbaren folgenden Gesellschaftsvertrag:

„§ 1

Es wird eine Gesellschaft mit beschränkter Haftung unter dem Namen

Forschungsgesellschaft für Rebenzüchtung (Gesellschaft mit beschränkter Haftung)

errichtet.

Der Sitz der Gesellschaft ist B.

§ 2

Gegenstand des Unternehmens ist: Förderung der Rebenzüchtung, insbesondere durch Errichtung von wissenschaftlichen Instituten und durch Forschungsexpeditionen. Es wird zunächst das

Forschungsinstitut für Rebenzüchtung

nach Maßgabe der in der Anlage aufgeführten Richtlinien, die ein wesentlicher Bestandteil dieser Satzung sind, errichtet. Die Gesellschaft dient gemeinnützigen Zwecken. Ihre Tätigkeit ist nicht auf die Erzielung eigener Gewinne gerichtet."

Mit Schreiben vom 27. Oktober 1947 wurde der KWG von der Forschungs-GmbH zu diesem Vertrag folgendes mitgeteilt:

„Die Forschungsgesellschaft für Rebenzüchtung verpflichtet sich hiermit, für den Fall, daß die Voraussetzungen für eine Betätigung der KWG auch in der französischen Zone gegeben sind, die erforderlichen Schritte zur Eingliederung der Forschungsgesellschaft in die KWG zu unternehmen.

Sollten die Kaiser-Wilhelm-Institute in einer anderen, der KWG entsprechenden Organisation zusammengefaßt werden, so gilt diese Verpflichtung sinngemäß auch für diese."

Da die Forschungs-GmbH selbst nicht in der Lage war, aus eigenen Mitteln die Tätigkeit eines Forschungsinstituts mit der Aufgabenstellung des früheren Müncheberger Instituts zu finanzieren, übernahm auf Grund des „Königsteiner Länderabkommens zur Finanzierung von Forschungseinrichtungen mit überregionaler Bedeutung" das Land Rheinland-Pfalz die Finanzierung bis einschließlich Etatjahr 1949/50.

Mit der Errichtung der Max-Planck-Gesellschaft als Nachfolgeorganisation der Kaiser-Wilhelm-Gesellschaft, die am 6. April 1951 ihre Auflösung beschlossen hatte, ergab sich die Frage der Übernahme des ehemaligen Kaiser-Wilhelm-Instituts für Rebenzüchtungsforschung bzw. des Forschungsinstituts für Rebenzüchtung in G. auf die Max-Planck-Gesellschaft. Zur gleichen Zeit interessierte sich auch die beklagte Bundesrepublik für dieses Institut wegen seiner besonderen Bedeutung für die Bekämpfung der Reblaus und von Rebenkrankheiten; sie beabsichtigte, dieses in ihre Verwaltung und auf ihren Etat zu übernehmen, zumal das frühere Reichsministerium für Ernährung und Landwirtschaft ebenfalls das Erwin-Baur-Institut, das Kaiser-Wilhelm-Institut für Züchtungsforschung und das aus ihm gebildete Kaiser-Wilhelm-Institut für Rebenzüchtungsforschung finanziert hatte. Im Etat 1950/51 des Bundesministeriums für Ernährung, Landwirtschaft und Forsten (BMfELF) wurde bereits ein Betrag zur Förderung des Forschungsinstituts für Rebenzüchtung in G. eingesetzt, der allerdings zur vollen Finanzierung nicht ausreichte. so daß das Land Rheinland-Pfalz sich mit einem Zuschuß an der Finanzierung bis 1953 beteiligte.

Die Zuwendungen der Beklagten erfolgten an die Forschungsgesellschaft für Rebenzüchtung unter den in einem Erlaß vom 24. April 1951 näher aufgeführten Bedingungen, wonach die Mittel nur für Zwecke verwendet werden durften, die der Durchführung der Forschungsaufgaben mit dem Ziele der Züchtung einer reblaus-resistenten Rebe in dem Forschungsinstitut für Rebenzüchtung in G. gedient haben, und zwar

a) zur Bezahlung von Löhnen und Gehältern im Rahmen des Voranschlags,
b) zur Leistung der laufenden sächlichen Ausgaben,
c) zur Bestreitung der Materialkosten, insbesondere für Dünger, Pfähle, Erziehungsanlagen, Draht, Koks usw.,
d) zur Bewirtschaftung der Gewächshäuser und Versuchsanlagen,
e) zur Errichtung von Gewächshaus- usw. Anlagen.

In diesem Erlaß ist das Institut ferner u. a. verpflichtet worden, sein Personal nach den Bestimmungen der TO.A und TO.B im Rahmen des vorläufigen Stellenplans abzufinden, seine Kassen- und Buchführung und die Ausgestaltung seiner Belege in sinngemäßer Anwendung der Bestimmungen der RKO und RRO einzurichten und entsprechende Verwendungsnachweise zu führen.

Seit dem Etatsjahr 1953/54 ist das Institut als Bundesanstalt für Rebenzüchtung in G. im Bundeshaushalt aufgeführt, wobei im Etat 1953 gesagt ist, daß das Institut auf den Bund übernommen wird, während es in den späteren Jahren ohne einen solchen Zusatz als Bundesanstalt verzeichnet ist. Die Haushaltspläne enthalten Ein- und Ausgaben des Instituts; unter den Ausgaben ist die Stelle des Direktors nach der Besoldungsgruppe B 10 vermerkt. Im Rechnungsjahr 1954/55 sind für diese Stelle trotz gleicher Bezeichnung 23 200,— DM ausgewiesen, die einer Besoldung des Klägers nach einer B 7 b-Stelle entsprechen.

Trotz Aufnahme des Instituts als Bundesanstalt in den Bundeshaushalt erfolgten die weiteren Zuweisungen der Beklagten auch fernerhin an die Forschungsgesellschaft für Rebenzüchtung mbH zu Händen des Forschungsinstituts für Rebenzüchtung in G. Sie wurden auch weiterhin als Finanzierungszuschüsse zur Durchführung der entsprechenden Forschungsaufgaben bezeichnet und damit begründet, daß sich die Übernahme des Instituts als Forschungsanstalt auf den Bund noch nicht habe erreichen lassen. Hinsichtlich der Verwendung der Mittel wird wiederholt auf den Erlaß vom 24. April 1951 verwiesen.

Seit dem 1. Juni 1955 verweigert die Beklagte die Inanspruchnahme der Mittel für eine Besoldung des Klägers, soweit sie über die einer B-10-Stelle hinausgeht, ebenso bereits seit 1953 die Zahlung der Berufungszulage in Höhe von 7000,— DM.

4. Der Kläger hat behauptet, die KWG habe ihm bis zum Jahre 1945 den Differenzbetrag zwischen den Bezügen nach Besoldungsgruppe B 7 b und Besoldungsgruppe B 10 bezahlt. Über die Bezahlung dieses Unterschiedsbetrages sei keine schriftliche, sondern nur eine mündliche Absprache zwischen ihm und den Vertretern der KWG getroffen worden, wobei die KWG diese Verpflichtung „bis auf weiteres" übernommen und solange beizubehalten versprochen habe, bis seine staatliche Stelle aus einer solchen nach Besoldungsgruppe B 10 in eine solche nach Besoldungsgruppe B 7 b umgewandelt werde. Der Kläger hat die Auffassung vertreten, aus den rechtlichen Gesichtspunkten der Betriebsnachfolge, der Funktionsnachfolge und der Vermögensübernahme müsse die beklagte Bundesrepublik auch die Verpflichtungen erfüllen, die die KWG seinerzeit ihm gegenüber zusätzlich übernommen habe, und die Beklagte müsse ihm daher die Differenz zwischen den Bezügen nach Gruppe B 10 und Gruppe B 7 b — monatlich 583,32 DM — sowie die Berufungszulage von 7000,— DM jährlich zahlen. Die Übernahme des ehemaligen KWI für Rebenzüchtungsforschung bzw. des Forschungsinstituts für Rebenzüchtung in G. mit allen Aufgaben, Organisation und Vermögen ergebe sich spätestens aus dem Gesetz über die Feststellung des Bundeshaushaltsplanes für das Rechnungsjahr 1953/1954. Die im Jahre 1947 geschehene Errichtung der Forschungsgesellschaft mbH stehe dieser Annahme nicht entgegen, weil

ausweislich der mit der KWG damals geführten Korrespondenz das von Müncheberg nach G. verlagerte KWI für Rebenzüchtungsforschung im Eigentum und in der rechtlichen Verfügungsgewalt der KWG verbleiben sollte und verblieben sei und weil die Errichtung der GmbH nur mit Rücksicht auf die besondere Situation der ehemaligen französischen Besatzungszone geschehen sei. Die Übernahmeverhandlungen seien zwischen Vertretern der KWG i. L. und Vertretern des BMfELF am 17. und 18. Juli 1953 in Göttingen geführt worden. Die beklagte Bundesrepublik werde seit 1953 hinsichtlich aller Institutsbediensteten als Dienstherr angesehen, zumal alle Arbeits- und Anstellungsverhältnisse nach dem Recht für den öffentlichen Dienst geregelt seien. In den Haushaltsplänen der beklagten Bundesrepublik sei seit 1953 bis einschl. 1957 die „Bundesforschungsanstalt für Rebenzüchtung, Geilweilerhof in Siebeldingen" ständig als eines ihrer Institute etatisiert worden. Auch habe die Beklagte die Einnahmen des Forschungsinstituts in ihren Haushaltsplan aufgenommen. Der tatsächlichen Übernahme sei seitens des Klägers nie widersprochen worden, und er habe den Willen, die Stellung als Leiter des Instituts zu unterbrechen oder aufzugeben, nie geäußert.

Der Kläger hat beantragt, festzustellen,

1. daß die Beklagte verpflichtet ist, ihm für den Monat Juni 1955 über die zwischen den Parteien unstreitigen Bezüge gemäß der Besoldungsgruppe B 10 hinaus noch zusätzlich den pensionsfähigen Unterschiedsbetrag zwischen den Bezügen der Besoldungsgruppe B 10 und der Besoldungsgruppe B 7 b zu zahlen,
2. daß die Beklagte verpflichtet ist, an ihn im Rechnungsjahr 1955/56 neben den pensionsfähigen Bezügen der Besoldungsgruppe B 7 b eine nicht pensionsfähige Zulage von 7000,— DM zu zahlen.

Die Beklagte hat beantragt,

den Kläger mit der Klage abzuweisen.

Die Beklagte hat behauptet, sie habe bisher weder das Kaiser-Wilhelm-Institut für Rebenzüchtungsforschung in Müncheberg noch die Forschungsgesellschaft mit beschränkter Haftung (oder deren Forschungsinstitut für Rebenzüchtung) übernommen. Seit 1950 unterstütze sie die Forschungsgesellschaft finanziell, allerdings mit der Absicht, diese später einmal als „Bundesforschungsanstalt für Rebenzüchtung" zu übernehmen. Der Plan sei noch nicht verwirklicht worden. Die Etatisierung des Instituts als „Bundesforschungsanstalt für Rebenzüchtung" beruhe darauf, daß eine Übernahme auf den Bund erwartet worden sei. Sie hat die Ansicht vertreten, daraus könne der Kläger keinerlei Rechte herleiten, da durch Feststellungen im Etat Ansprüche Dritter nicht begründet würden. Mithin sei bisher auch eine Vermögensübernahme nicht erfolgt.

Die Beklagte hat darüber hinaus die Auffassung vertreten, daß eine Funktions- oder Betriebsnachfolge nicht vorliegen könne, da das ehemalige Kaiser-Wilhelm-Institut zwischenzeitlich die Rechtsform einer GmbH erhalten habe, deren Mitgesellschafter der Kläger sei. Mithin komme für den Kläger – selbst bei unterstellter Betriebsnachfolge – ein Arbeitgeberwechsel nicht in Betracht, da er in seiner Eigenschaft als Gesellschafter Arbeitgeber geworden und dies auch geblieben sei. Im übrigen – so hat die Beklagte behauptet – habe sich auch die frühere Kaiser-Wilhelm-Gesellschaft gegenüber dem Kläger vertraglich nicht zur Zahlung der Unterschiedsbeträge zwischen den Bezügen nach B 10 und B 7 b verpflichtet. Im Vertrag zwischen dem Kläger und der KWG vom 23. September/21. Oktober 1942 sei von einer solchen Zahlungsverpflichtung der KWG keine Rede. Der Nachtragsvertrag vom 12. Juli 1944 enthalte lediglich eine Regelung der Versorgungsbezüge. Die KWG habe im Jahre 1943 nur den Versuch gemacht, dem Kläger zu einer B 7 b-Stelle zu verhelfen. Diese Bemühungen seien jedoch an der begründeten Ablehnung des für die Kaiser-Wilhelm-Institute zuständigen Reichsministers der Finanzen gescheitert, der in seinem Schreiben vom 15. Februar 1943 an den Reichsernährungsminister unter Hinweis auf eine Stellungnahme des preußischen Finanzministers erklärt habe, auch er könne ein sachliches Bedürfnis zur Umwandlung der Abteilung Rebenzüchtung in ein selbständiges Institut und der Planstelle B 10 in eine Stelle B 7 b zur Zeit nicht anerkennen. Hinzu komme, daß in § 6 des Anstellungsvertrages vom 23. September/21. Oktober 1942 die Dauer des Vertragsverhältnisses zwischen dem Kläger und der KWG auf die Zeit bemessen worden sei, während welcher der Kläger „die für den Direktor des Instituts geschaffene staatliche Stelle bekleidet". Diese Stelle sei nie geschaffen worden. Selbst wenn in erweiternder Auslegung dieser vertraglichen Bestimmung unter „staatlicher Stelle" die Berufung des Klägers in das Beamtenverhältnis und die damit verbundene Dienstbezeichnung „Professor" als „Leiter der Reichsrebenzüchtung" verstanden worden sei, so habe der Anspruch auf die Berufungszulage mit dem Zusammenbruch 1945 und dem damit verbundenen Wegfall dieser Stellung seine Rechtsgrundlage verloren.

5. Das Arbeitsgericht hat dem Kläger nur den Differenzbetrag zwischen Besoldungsgruppe B 10 und B 7 b nach näherer Maßgabe seines Klageantrages zu 1 zugesprochen und im übrigen die Klage abgewiesen. Auf die gegen dieses Urteil erhobenen beiderseitigen Berufungen der Par-

teien hat das Landesarbeitsgericht der Klage in vollem Umfang den Erfolg verweigert.

Die Revision des Klägers führte zur Aufhebung und Zurückverweisung.

Aus den Gründen:

1. Soweit der Kläger behauptet hat, ihm sei von der KWG im Jahre 1944 „bis auf weiteres" Zahlung des Differenzbetrages zwischen den Besoldungsgruppen B 10 und B 7 b versprochen worden, und soweit dem Kläger unstreitig von der KWG eine jährliche Berufungszulage nach näherer Maßgabe der §§ 2, 6 des Vertrages vom 23. September 1942 in Höhe von 7000,— RM versprochen worden war, kommt für die Zeit bis zum Kriegsende als Schuldnerin dieser beiden Bezüge, von denen also der erste zwischen den Parteien in tatsächlicher Beziehung streitig, der zweite insoweit unstreitig ist, ausschließlich die KWG in Betracht. Die beklagte Bundesrepublik kann für diese beiden Ansprüche, von denen der Kläger den ersteren nur möglicherweise, aber nicht unstreitig, den zweiten jedoch unstreitig gegen die KWG hatte, nur dann in Anspruch genommen werden, wenn die beiden vom Kläger verfolgten Ansprüche auch noch nach Wegfall seiner staatlichen Stellung als Leiter der Reichsrebenzüchtung und damit nach 1945 gegen die KWG fortbestanden haben und wenn ein zusätzlicher rechtlicher Gesichtspunkt es rechtfertigt, die beklagte Bundesrepublik dafür als Schuldnerin anzusehen.

2. Das Landesarbeitsgericht hat die erste sich ergebende Frage, ob der Differenzzahlungsanspruch des Klägers gegen die KWG überhaupt bestanden hat und ob beide vom Kläger verfolgten Ansprüche nach 1945 im Hinblick auf § 6 des Vertrages vom 23. September 1942 überhaupt noch gegen die KWG fortbestanden haben, nicht näher erörtert. Es hat lediglich erörtert, ob seitens der beklagten Bundesrepublik eine Betriebsübernahme im Hinblick auf das jetzt vom Kläger geleitete Institut vorliege und ob die beklagte Bundesrepublik deshalb aus dem Gesichtspunkt der betrieblichen Nachfolge in das Arbeitsverhältnis zwischen der KWG und dem Kläger eingetreten sei. Im Grundsatz konnte das Landesarbeitsgericht ohne logischen Vorstoß so verfahren und die Vorfrage, ob der Differenzzahlungsanspruch des Klägers gegen die KWG überhaupt und ob die beiden vom Kläger verfolgten Ansprüche nach 1945 angesichts des § 6 des Vertrages vom 23. September 1942 noch gegen die KWG weiterbestanden haben, dahinstehenlassen, wenn es eine Haftung der Beklagten für etwaige Verbindlichkeiten der KWG rechtsfehlerfrei ausschloß.

3. Einen Eintritt der Beklagten in das Arbeitsverhältnis des Klägers mit der KWG aus dem Gesichtspunkt der Betriebsnachfolge hat das Lan-

desarbeitsgericht mit einer doppelten Begründung verneint, nämlich aus Rechtsgründen und aus tatsächlichen Gründen.

a) In rechtlicher Beziehung hat es ausgeführt, selbst wenn die Beklagte den Institutsbetrieb tatsächlich übernommen haben sollte, hafte sie für die vom Kläger verfolgten Ansprüche deshalb nicht, weil sie es immer eindeutig abgelehnt habe, den Kläger mit einer höheren Besoldung als der nach Besoldungsgruppe B 10 zu übernehmen, und weil sie die Erfüllung der vom Kläger zusätzlich erhobenen Ansprüche immer abgelehnt habe.

b) In tatsächlicher Beziehung hat das Landesarbeitsgericht ausgeführt, die Beklagte habe aber auch den Institutsbetrieb gar nicht übernommen, sondern sich darauf beschränkt, ihn mit Bundesmitteln zu fördern und dabei die Verwendung der Bundesmittel durch das Institut an die Erfüllung einer Reihe von Auflagen zu knüpfen.

4. Der erste vom Landesarbeitsgericht angeführte Gesichtspunkt trägt die Verneinung der Haftung der Beklagten aus dem Gesichtspunkt der Betriebsnachfolge jedoch nicht.

a) Die herrschende Ansicht in Rechtsprechung und Rechtslehre lehnt es entgegen einer vielfach vertretenen gegenteiligen Ansicht ab, bei Betriebsübernahme die Arbeitsverhältnisse, die von dem alten Betriebsinhaber eingegangen waren, auf den neuen Betriebsinhaber auch gegen dessen ausdrücklich erklärten Willen übergehen zu lassen (zum Meinungsstand vgl. statt aller einerseits: Hueck-Nipperdey, Lehrbuch des Arbeitsrechts, 6. Aufl., Bd. I, 1959, § 54 III 2 zu Fußnoten 13 — 15 S. 467; andererseits vor allem: Nikisch, Lehrbuch des Arbeitsrechts, 2. Aufl, 1955, § 46 III 3 S. 542 ff., jeweils mit umfangreichen Nachweisen).

b) Der herrschenden Ansicht ist jedenfalls für den Fall, daß es sich, wie hier, um das Arbeitsverhältnis eines leitenden Angestellten handelt, zu folgen. Dafür sprechen entscheidend zwei umfassende Gesichtspunkte:

c) Das aus dem Arbeitsverhältnis eines leitenden Angestellten fließende personale Element ist im Hinblick auf die besondere Vertrauensbasis, auf der das Arbeitsverhältnis eines leitenden Angestellten gegründet ist, so stark, daß ein Betriebsinhaberwechsel nicht der Anlaß sein kann, die Arbeitgeberseite automatisch und ohne Rücksicht auf den Willen der am Arbeitsverhältnis Beteiligten auszuwechseln. Es sind Fälle denkbar, in denen sowohl dem Arbeitgeber wie dem Arbeitnehmer gerade daran gelegen ist, wegen Fehlens der erforderlichen Vertrauensbasis oder aus sonstigen beachtlichen Gründen das Arbeitsverhältnis mit dem neuen Betriebsinhaber nicht automatisch fortzusetzen. Stehen die Interessen des Arbeitnehmers einem solchen Arbeitgeberwechsel entgegen (vgl. z. B. die Situationen in BAG 1, 281 [285] und BAG AP Nr. 16 zu Art. 12 GG), so würde bei einem automatischen Arbeitgeberwechsel aus Anlaß einer Betriebsübernahme die personale Würde des Arbeitnehmers schlechthin mißachtet. Dies außer Betracht zu lassen, verbietet schon § 613 Satz 2 BGB seit altersher. Aber auch die personalen Interessen des Arbeitgebers sind in einem solchen Fall besonders schützenswert, wenn dabei berücksichtigt wird, daß leitende Angestellte quasi Erfüllungsgehilfen des Arbeitgebers in seiner Arbeitgeberfunktion sind, wozu ein persönliches, nicht aufgezwungenes, Vertrauensverhältnis zwischen leitendem Angestellten und Arbeitgeber unerläßlich ist. Diese gewichtige Vertrauenssituation findet im Kündigungsschutzgesetz zudem ihre ausgesprochene Anerkennung dadurch, daß § 12 KSchG leitende Angestellte von dem mit dem KSchG sonst gewollten allgemeinen Arbeitsplatzschutz ausnimmt. Angesichts des Gewichtes dieser personalen Gesichtspunkte erscheint es auch nicht möglich, hier die auf ganz anderen Erwägungen beruhenden quasidinglichen Regelungen der §§ 571 Abs. 1, 581 Abs. 2 BGB, §§ 69 Abs. 1, 151 Abs. 2 VVG zur Anwendung bringen zu wollen.

d) Aber auch dem Gesichtspunkt der unternehmerischen Freiheit muß in diesem Zusammenhang Rechnung getragen werden. Die Zwangsübertragung von Arbeitsverhältnissen leitender Angestellter aus Anlaß eines Betriebsinhaberwechsels kann für den bisherigen Arbeitgeber eine erschwerte Verwertbarkeit seines Unternehmens und für den neuen Betriebsinhabers zu einer Erschwerung in der Gestaltung seiner unternehmerischen Entscheidungen führen. Man denke nur an den Fall, daß das fachliche Versagen von leitenden Angestellten oder ihre gehaltliche Überdotierung den Anlaß für die Veräußerung des Betriebes abgaben.

e) Bei dem Gewicht dieser beiden umfassenden Gesichtspunkte aus Anlaß einer Betriebsübernahme global und unterschiedslos anzunehmen, daß alle Arbeitsverhältnisse, auch die von leitenden Angestellten, automatisch auf den Betriebsinhaber übergehen, ist den Gerichten angesichts des Schweigens des Gesetzes zudem um so mehr verwehrt, als unserer Rechtsordnung die Zwangsübertragung von ganzen Rechtsverhältnissen im Grundsatz fremd ist und sie sie nur ausnahmsweise bei dinglichen und quasidinglichen Rechtsverhältnissen kennt. Eine dahingehende Rechtsanwendung würde sich somit nicht mehr im Rahmen der den Gerichten gestatteten Fortbildung des Rechts halten (dazu vgl. BAG 1, 279 [280] = AP Nr. 4 zu § 11 KSchG mit zustimmender Anmerkung von Hueck; BAG AP Nr. 4 zu § 133 f GewO; BAG, Beschluß des Großen Senats vom 18. Dezember 1959 — GS 8/59 — BAG 8, 314 [326]; BAG, Urteil vom 11. Februar 1960 — 5 AZR 79/58 — AP Nr. 20 zu Art. 12 GG).

f) Das Landesarbeitsgericht konnte somit ohne Rechtsverstoß davon ausgehen, daß eine etwaige und vom Landesarbeitsgericht in diesem Zusammenhang unterstellte Betriebsübernahme durch die beklagte Bundesrepublik nicht zu einem zwangsläufigen Eintritt der Bundesrepublik in die Rechtsbeziehungen des Klägers zur KWG führte und daß die Bundesrepublik bei der Fortführung des Arbeitsverhältnisses des Klägers mit der KWG Vorbehalte machen konnte, die es ausschlossen, daß alle Pflichten der KWG gegenüber dem Kläger auch solche der Bundesrepublik wurden.

Indessen ist die Annahme des Landesarbeitsgerichts, die Beklagte habe es immer unzweideutig abgelehnt, den Kläger mit einer Beschäftigung nach Besoldungsgruppe B 7 b zu übernehmen, möglicherweise nicht rechtsfehlerfrei getroffen. Aus dem unstreitigen Teil des Tatbestandes des angefochtenen Urteils in Verbindung mit den von dem angefochtenen Urteil in Bezug genommenen Parteischriftsätzen ergibt sich, daß die Beklagte sich erst ab 1. Juni 1955 — und zwar auf Veranlassung des Rechnungshofes — geweigert hat, dem Kläger Bezüge nach Gruppe B 7 b zukommen zu lassen. In den vorhergehenden Etatjahren 1953 — 1954 sind dem Kläger dagegen die Bezüge nach Gruppe B 7 b von der Beklagten, wenn auch auf dem Wege über die Forschungs-GmbH, gewährt worden; die Beklagte hat nur die vom Kläger beanspruchte Berufungszulage auch seit 1953 dem Kläger nicht zukommen lassen. Auf diesen Sachverhalt ist das Landesarbeitsgericht nicht eingegangen. Wenn aber das Landesarbeitsgericht einmal als möglich unterstellte, daß tatsächlich zu irgendeinem von ihm nicht näher erörterten Zeitpunkt eine Betriebsübernahme durch die Bundesrepublik erfolgt sei, so war es damit vor die Frage gestellt, ob anläßlich einer solchen Betriebsübernahme durch die Beklagte diese in die arbeitsvertraglichen Pflichten der KWG eingetreten sei oder nicht. Diese Frage durfte es dann aber nicht danach beantworten, wie sich die Beklagte ab dem 1. Juni 1955 verhalten hat, als sie im Gegensatz zu den vorangegangenen Jahren die Zahlung der Differenzbezüge zwischen den Gruppen B 10 und B 7 b verweigerte. Denn für den Fall einer tatsächlichen Betriebsübernahme durch die Beklagte mußte das Landesarbeitsgericht die Frage, ob die Beklagte in die arbeitsrechtlichen Beziehungen des Klägers mit der KWG eingetreten war oder nicht, danach beantworten, wie sich die Beklagte im Zeitpunkt der tatsächlichen Betriebsübernahme verhalten hat. Solange das Landesarbeitsgericht den Fall einer tatsächlichen Betriebsübernahme durch die Beklagte zwar für möglich hält, aber nicht zeitlich fixierte, konnte es aus dem Verhalten der Beklagten ab dem 1. Juni 1955 keinerlei Schlüsse ziehen, wie sich die Beklagte zu dem Zeitpunkt verhalten hat, als eine Betriebsübernahme erfolgte. Es ergibt sich also, daß das Landesarbeitsgericht bei seiner vorgenommenen Unterstellung, eine tatsächliche Betriebsübernahme durch die Beklagte sei erfolgt, aus dem Verhalten der Beklagten nach dem 1. Juni 1955 solange nichts schließen konnte, als der in Betracht gezogene Fall der Betriebsübernahme zeitlich vor dem 1. Juni 1955 lag. Unter diesen Umständen konnte es mit den von ihm angestellten Rechtsüberlegungen einen Eintritt der Beklagten in das Arbeitsverhältnis des Klägers mit der KWG nicht ausschließen, ohne daß die Möglichkeit offen bleibt, daß es dabei fehlerhaft verfahren ist. Demnach trägt diese Rechtsüberlegung des Landesarbeitsgerichts die Verneinung einer Haftung der Beklagten aus dem Gesichtspunkt der Betriebsübernahme nicht.

5. Auch die tatsächliche Annahme des Landesarbeitsgerichts, die Beklagte habe den vom Kläger geleiteten Betrieb überhaupt nicht übernommen, ist nicht fehlerfrei.

a) Betriebsinhaber ist derjenige, der in eigenem Namen mit einem Betrieb einen bestimmten arbeitstechnischen Zweck verfolgt (vgl. statt aller: Nikisch, Lehrbuch des Arbeitsrechts, Bd. 1, 2. Aufl., 1955, § 18 II 1, S. 127).

b) Wer nun in diesem Sinne bisher Inhaber des vom Kläger geleiteten Instituts ist, ist dem angefochtenen Urteil nicht zu entnehmen. Entnehmen läßt sich aus ihm nur, daß der Kläger einen Betrieb, dessen Inhaber früher die KWG und vielleicht auch das Reich oder vielleicht beide waren, während des Zusammenbruchs nach dem Westen verlagert und dann unter Einbau der von ihm gegründeten Forschungs-GmbH geführt hat. Dabei ist eindeutig, daß die Gründung der GmbH eine Formsache aus besatzungsrechtlichen Rücksichten war, die dazu diente, den nach dem Westen verlagerten, für den Kläger fremden Betrieb treuhänderisch dem zu erhalten und wieder zuzuführen, der ihn im Zuge des Wiederaufbaues wieder aufnahm, sei es der alten KWG oder einer Nachfolgeorganisation der KWG oder irgendeiner staatlichen oder sonstigen Stelle. Die inzwischen aufgelöste und in Liquidation befindliche KWG will den Betrieb, auf dessen arbeitstechnische Zwecksetzung sie seit 1945 keinen Einfluß mehr nimmt, nicht mehr haben; die Max-Planck-Gesellschaft hat ihn nicht übernommen. Die Beklagte dagegen hat seit Jahren die ausgesprochene Absicht, ihn wegen der „Notwendigkeit und Wichtigkeit der in Geilweilerhof betriebenen Forschungen in ihre unmittelbare Trägerschaft zu übernehmen", hat ihn entsprechend etatisiert, maßgeblich finanziert und ihn faktisch durch entsprechende Ausgestaltung der Bindung der Förderungsmittel ähnlich wie einen Behördenbetrieb aufgezogen. Als einziges wesentliches Hindernis für die Überführung des Instituts in ihre unmittelbare Trägerschaft führt sie an, sie müsse noch klären, inwieweit sie den jetzt streitigen Ansprüchen des Klägers Rechnung tragen müsse oder nicht. Zieht man gegenüber diesen Umständen andererseits in Betracht, daß von der Forschungs-GmbH es nahe liegt, daß sie ohne Fremdunterstützung eine hohle Form in der Hand des Klägers ist, der aber nicht Betriebsinhaber sein will, und daß sie bei einer massiven und möglicherweise ausschließlichen finanziellen Förderung durch die Beklagte ebenfalls eine hohle Form in der Hand der Beklagten ist, weil sie in ihrer faktischen Identität mit dem Kläger selbst und in ihrer bloßen treuhänderischen Funktion für den, der das Institut als Übrigbleibsel aus der Konkursmasse von 1945 endgültig an sich nimmt, ebenfalls keine wahre Entscheidung über den mit dem Institut verfolgten arbeitstechnischen Zweck trifft und nicht treffen kann, sondern weitgehend nur Zahlstelle und Verwaltungsbüro der Beklagten ist, dann muß es zum mindesten möglich erscheinen, daß das Landesarbeitsgericht den Begriff der Betriebsinhaberschaft der Sache nach verkannt hat. Das verbietet es, aus seinen tatsächlichen Feststellungen die Schlußfolgerung zu ziehen, die Beklagte sei nicht Betriebsinhaberin geworden, und mit dieser Begründung eine Schuldnerschaft der Beklagten aus dem Gesichtspunkt der Betriebsnachfolge auszuschließen.

6. Ergibt sich somit, daß das Landesarbeitsgericht nicht rechtsfehlerfrei einen Eintritt der Beklagten in Verbindlichkeiten, die möglicherweise die KWG dem Kläger gegenüber hatte, ausgeschlossen hat, so macht das die Aufhebung des angefochtenen Urteils und die Zurückverweisung der Sache zur anderweiten Verhandlung an die Vorinstanz notwendig. Dem Revisionsgericht ist eine eigene Entscheidung nicht möglich, weil es an den erforderlichen tatsächlichen Feststellungen fehlt.

7. a) Bei der erneuten Verhandlung und Entscheidung wird das Landesarbeitsgericht zweckmäßigerweise zunächst zu prüfen haben, inwieweit dem Kläger der von ihm verfolgte Differenzanspruch gegen die KWG überhaupt zugestanden hat.

b) Für den Fall, daß es zu der Annahme kommt, dem Kläger sei der von ihm verfolgte Differenzanspruch von der KWG eingeräumt worden, wird es prüfen müssen, welche Bedeutung dem Umstand zukommt, daß nach dem eigenen Vortrag des Klägers ihm dieser Anspruch von der KWG nur „bis auf weiteres" zugesagt worden sein soll. Es wird dabei in Betracht ziehen müssen, daß nach § 6 des Vertrages vom 23. September 1942 die gesamte damalige Vertragsabsprache zwischen dem Kläger und der KWG, also auch bezüglich der Berufungszulage, auf die Zeit bemessen worden ist, während der der Kläger die für den Institutsdirektor geschaffene staatliche Stelle bekleidete. Beide Umstände machen somit eine Prüfung erforderlich, ob mit dem Wegfall der vom Kläger bekleideten staatlichen Stelle des Leiters der Reichsrebenzüchtung überhaupt noch ein Arbeitsverhältnis zwischen der KWG und dem Kläger in Betracht zu ziehen ist. Sollte das zu verneinen sein, dann wird es auf die vom Landesarbeitsgericht bisher in den Vordergrund seiner Überlegungen gestellte Frage, ob die Beklagte kraft Betriebsnachfolge in ein Arbeitsverhältnis des Klägers mit der KWG eingetreten ist, nicht mehr ankommen können.

c) Sollte das Landesarbeitsgericht zu dem Ergebnis kommen, daß dem Kläger die von ihm gegen die KWG in Anspruch genommenen Ansprüche auch noch 1945 zugestanden haben, so wird das Landesarbeitsgericht zweckmäßigweise zunächst zu klären haben, inwieweit nach dem oben zu 5 dieser Entscheidungsgründe Ausgeführten gegen die Beklagte tatsächlich eine faktische Betriebsnachfolge hinter der KWG anzunehmen ist oder nicht. Es wird dabei darauf abstellen müssen, wer dem Institut in G. seine arbeitstechnische Zielsetzung insgesamt gegeben hat. Sollte das Landesarbeitsgericht das aus tatsächlichen Gründen bejahen, so wird es dabei das oben zu 4 dieser Entscheidungsgründe Ausgeführte des Weiteren zu beachten haben, ehe es einen Eintritt der Beklagten in etwaige arbeitsrechtliche Beziehungen des Klägers mit der KWG bejaht.

d) Den Gesichtspunkt der Funktionsnachfolge — vgl. dazu BAG 5, 331 ff. und BAG AP Nr. 2 zu § 419 BGB Funktionsnachfolge — wird das Landesarbeitsgericht außer Betracht lassen können; denn die Funktionsnachfolge setzt neben anderem voraus, daß der alte Funktionsträger entweder handlungsunfähig geworden oder weggefallen ist (vgl. BAG AP Nr. 2 zu § 419 BGB Funktionsnachfolge). Das ist nicht der Fall, weil der allenfallsige alte Vertragspartner des Klägers, die KWG, zwar aufgelöst ist, aber sich noch in Liquidation befindet und bis dahin noch fortbesteht (§ 49 Abs. 2 BGB).

f) Dem Umstand, daß im Haushalt der Beklagten das Institut als Bundesinstitut etatisiert war, kommt eine selbständige rechtliche und für den Kläger anspruchsbegründende Bedeutung nicht zu, wie sich aus § 24 RHO klar ergibt (vgl. dazu Vialon, Haushaltsrecht, 2 Aufl., 1959, § 24 RHO Anm. 1—5).

12

Ist die uneheliche Vaterschaft eines Arbeitnehmers erst nach Beendigung des Arbeitsverhältnisses festgestellt worden, und zahlt der Arbeitnehmer nunmehr für zurückliegende Zeiten Unterhaltsrente, so hat er keinen Anspruch auf Kinderzuschlag gegenüber seinem früheren Arbeitgeber.

ATO § 12 Abs. 1 Buchst. f; TO.A § 10 Abs. 1, beide in der Fassung vom 1. November 1943.

IV. Senat. Urteil vom 24. Februar 1960 i. S. Amt H-D. (Bekl.) w. B. (Kl.) 4 AZR 439/57.

I. Arbeitsgericht Herne. — II. Landesarbeitsgericht Hamm/Westf.

Der Kläger war bei der Beklagten vom 1. September 1952 bis 30. November 1953 als Tiefbauingenieur tätig.

Durch rechtskräftiges Urteil des Amtsgerichts vom 29. Oktober 1954 wurde der Kläger unter Feststellung seiner Vaterschaft zur Zahlung eines monatlichen Unterhalts von 40,— DM ab 19. Februar 1950 an den am 19. Mai 1942 geborenen B. verurteilt. Mit Schreiben vom 14. Februar 1955 verlangte er unter Übersendung dieses Urteils von der Beklagten Zahlung des Kinderzuschlags für die Dauer seiner Beschäftigung. Diesen Antrag wiederholte er im Schreiben vom 10. Juli 1955. Die Beklagte teilte ihm darauf am 1. März und 28. Juli 1955 jeweils mit, eine Zahlung von Kinderzuschlag könne solange nicht erfolgen, als der Nachweis nicht erbracht sei, daß der Kläger für den vollen Unterhalt des Kindes aufkomme. Am 27. Dezember 1955 legte der Kläger der Beklagten eine Bescheinigung über die Zahlung des Unterhalts für die Zeit vom 1. September 1952 bis 30. November 1953 vor. Diese lehnte am 17. Juli 1956 die Gewährung des Kinderzuschlags mit der Begründung ab, der Anspruch des Klägers sei verjährt.

Der Kläger ist der Auffassung, da der Kindergeldanspruch auf seiner Unterhaltspflicht beruhe und diese bereits zur Zeit seines Arbeitsverhältnisses bei der Beklagten vorhanden gewesen sei, sei während der Dauer seiner Beschäftigung ein Anspruch auf den Zuschlag fortlaufend entstanden. Lediglich dessen Durchsetzbarkeit sei von der Feststellung seiner Vaterschaft und dem Nachweis der Leistung des vollen Unterhalts für das Kind abhängig gewesen. Deshalb könne auch eine Verjährung des Klaganspruchs nicht eingetreten sein. Im übrigen habe die Beklagte auf die Einrede der Verjährung verzichtet, soweit das Jahr 1952 in Frage stehe; die Einrede sei rechtsmißbräuchlich, soweit er Ansprüche für das Jahr 1953 erhebe. Mit der am 10. Dezember 1956 eingereichten Klage hat der Kläger beantragt, die Beklagte zu verurteilen, an ihn 410,— DM zu zahlen.

Die Beklagte macht geltend, der Kläger habe einen Tarifanspruch auf den Kinderzuschlag nur erwerben können, wenn sämtliche Voraussetzungen, an die seine Entstehung geknüpft sei, während des Arbeitsverhältnisses vorgelegen hätten. Das sei aber nicht der Fall gewesen. Selbst wenn dem Kläger aber Kinderzuschlag zugestanden hätte, sei ein Anspruch darauf spätestens mit Ablauf des 31. Dezember 1955 verjährt, weil es sich um einen Teil seiner Dienstbezüge handele. Die Einrede der Verjährung verstoße auch nicht gegen Treu und Glauben. Denn im Zeitpunkt der Verurteilung des Klägers zur Unterhaltsleistung sei die Verjährung noch nicht eingetreten gewesen, so daß der Kläger seine Ansprüche habe geltend machen können.

Das Arbeitsgericht und Landesarbeitsgericht haben der Klage entsprochen. Das Bundesarbeitsgericht hat sie abgewiesen.

Aus den Gründen:

Zutreffend geht das Berufungsgericht bei der Beurteilung des Klaganspruchs von § 10 TO.A und § 12 ATO jeweils in der Fassung vom 1. November 1943 (RBBl. 1944, S. 17 und 22) aus. Nach § 10 Abs. 1 TO.A treten zu der Vergütung eines Angestellten Kinderzuschläge nach Maßgabe des § 12 ATO. Abs. 1 Buchst. f dieser Vorschrift bestimmt, daß für uneheliche Kinder eines männlichen Arbeitnehmers Kinderzuschläge als Familienlohn gezahlt werden, wenn der Arbeitnehmer das Kind in seinen Hausstand aufgenommen hat oder auf andere Weise nachweislich für seinen vollen Unterhalt aufkommt, in beiden Fällen jedoch nur, wenn die Vaterschaft des Arbeitnehmers festgestellt ist.

Als anspruchserzeugenden Tatbestand i. S. dieser Bestimmung sieht das Landesarbeitsgericht allein das Bestehen einer Unterhaltsverpflichtung des Angestellten gegenüber einem unehelichen Kind an. Es folgert das aus § 12 Abs. 4 ATO und führt weiter aus, eine solche Unterhaltspflicht habe — wenn auch den Parteien nicht bekannt — bereits während des Arbeitsverhältnisses des Klägers tatsächlich vorgelegen. Damit habe die Normenwirkung des § 12 Abs. 1 Buchst. f a. a. O. eintreten können. Allerdings sei der Anspruch auf Kinderzuschlag insoweit nur bedingt entstanden, als seine Geltendmachung an die Feststellung der Vaterschaft des Klägers und den Nachweis der Erfüllung seiner Unterhaltspflicht geknüpft gewesen sei. Daß diese Umstände erst nach Beendigung des Arbeitsverhältnisses eingetreten sind, hält das Berufungsgericht für unschädlich. Das ist nicht frei von Rechtsirrtum, wie die Revision mit Recht rügt.

§ 12 Abs. 1 Buchst. f ATO ist eine Inhaltsnorm. Inhaltsnormen sind solche Tarifvorschriften, die dazu geeignet und bestimmt sind, den Inhalt der Arbeitsverhältnisse der einzelnen dem Tarif unterstellten Arbeitnehmer festzulegen (vgl. Hueck-Nipperdey, Lehrbuch des Arbeitsrechts, 6 Aufl., Bd. II, § 15 II 4). Sie setzen zur Entfaltung ihrer normativen Wirkung grundsätzlich ein rechtswirksames, **bestehendes** Arbeitsverhältnis voraus. Daraus folgt, daß Ereignisse oder Umstände, die zum Tatbestand der Inhaltsnorm gehören, aber erst nach Beendigung des Arbeitsverhältnisses eingetreten sind, die Rechtsfolgen der in Betracht kommenden Tarifbestimmung auch dann nicht mehr herbeiführen können, wenn deren Voraussetzungen im übrigen bereits während des Arbeitsverhältnisses gegeben waren. Ob es überhaupt rechtlich zulässig ist, daß Tarife Inhaltsnormen aufnehmen, die die ihnen zugedachte Rechtswirkung von Tatbestandsmerkmalen oder -voraussetzungen abhängig machen, die teilweise erst nach Beendigung des Arbeitsverhältnisses eintreten, kann dahingestellt bleiben. Jedenfalls bietet die ATO keinen Anhalt für die Annahme, daß im Rahmen des § 12 Abs. 1 Buchst. f auch noch der Eintritt einer oder gar mehrerer Tatbestandsvoraussetzungen nach Beendigung des Arbeitsverhältnisses für die Entstehung eines Anspruchs auf Kinderzuschlag genügen sollte. Denn abgesehen davon, daß eine dahingehende, ausdrückliche Bestimmung fehlt, kann ein Wille der ATO, die Gewährung des Kinderzuschlags auch auf Fälle dieser Art auszudehnen, um so weniger angenommen werden, als sie in § 12 Abs. 1 Buchst. f gegenüber den ehelichen, für ehelich erklärten und an Kindes statt angenommenen Kindern den Anspruch auf Kinderzuschlag bei Stiefkindern, unehelichen Kinder weiblicher und vor allem bei unehelichen Kindern männlicher Arbeitnehmer durch Einfügung neuer Tatbestandsvoraussetzungen immer weiter einschränkt.

Im Gegensatz zu der Ansicht des Landesarbeitsgerichts erschöpft sich nämlich der Tatbestand des § 12 Abs. 1 Buchst. f ATO — d. h. die Erfordernisse, an die diese Bestimmung die Entstehung des Anspruchs auf Kinderzuschlag knüpft — nicht darin, daß ein uneheliches Kind eines männlichen Arbeitnehmers vorhanden sein muß. Vielmehr muß hinzukommen, daß dieser Arbeitnehmer das Kind in seinen Hausstand aufgenommen hat oder auf andere Weise nachweislich für seinen vollen Unterhalt aufkommt, sowie ferner in beiden Fällen, daß die Vaterschaft des Arbeitnehmers festgestellt ist. Nur bei Vorliegen aller dieser Umstände entsteht ein Anspruch des männlichen Arbeitnehmers auf Kinderzuschlag für ein uneheliches Kind. Etwas anderes ergibt sich auch nicht aus § 12 Abs. 4 a. a. O. Danach wird der Kinderzuschlag gewährt oder erhöht sich mit dem Beginn des Monats, in dem der Familienzuwachs eintritt, frühestens jedoch mit dem Beginn des Dienstverhältnisses. Ersichtlich setzt jedoch diese Vorschrift voraus, daß an sich ein Anspruch nach Maßgabe des Abs. 1 a. a. O. überhaupt besteht, für den sie dann den Zeitpunkt des Zahlungsbeginns festlegt.

Nach den Feststellungen des angefochtenen Urteils war indessen im vorliegenden Fall während der Dauer des Arbeitsverhältnisses des Klägers nur ein Tatbestandsstück des § 12 Abs. 1 Buchst. f ATO, nämlich das Vorhandensein eines unehelichen Kindes des Klägers, gegeben. An den übrigen Voraussetzungen fehlte es. Denn erst durch Urteil des Amtsgerichts vom 29. Oktober 1954, das der Kläger am 14. Februar 1955 der Beklagten bekannt gegeben hat, ist seine Vaterschaft festgestellt worden. Den Nachweis, daß er für den Unterhalt des Kindes aufkommt, hat er der Beklagten am 27. Dezember 1955 erbracht. Da demnach diese Tatbestandsvoraussetzungen des § 12 Abs. 1 Buchst. f ATO erst nach der am 30. November 1953 erfolgten Beendigung des Arbeitsverhältnisses des Klägers erfüllt waren, steht diesem ein Anspruch auf den begehrten Kinderzuschlag nicht zu. Eines Eingehens auf die Frage der Verjährung bedurfte es infolgedessen nicht mehr.

13

1. Bestimmt die Dienstordnung einer Allgemeinen Ortskrankenkasse, daß auf die Dienstordnungsangestellten die jeweiligen Vorschriften für Reichsbeamte auf Lebenszeit über die Arbeitszeit entsprechend anzuwenden sind, so sind nunmehr die jeweiligen Arbeitszeitvorschriften für Bundesbeamte auf Lebenszeit auf die Dienstverhältnisse der Dienstordnungsangestellten anzuwenden.

2. Ist in den Vorschriften für Bundesbeamte auf Lebenszeit bestimmt, daß über die regelmäßige Arbeitszeit hinaus geleisteter Dienst nicht vergütet wird, so haben auch die Dienstordnungsangestellten keinen Anspruch auf Vergütung von Mehrarbeit.

3. § 15 AZO regelt nur den Mehrarbeitszuschlag, nicht aber die Frage, ob dem Arbeitnehmer für die Mehrarbeitsstunde überhaupt eine (Grund-) Vergütung zusteht. Das Bestehen eines solchen Anspruchs aus anderen Rechtsgründen, wie z. B. Tarif, Betriebsvereinbarung oder Einzelarbeitsvertrag, wird vorausgesetzt.

RVO § 352; AZO §§ 13, 15; BBGes. § 72; Verordnung über die Arbeitszeit der Bundesbeamten vom 15. Juni 1954 §§ 1, 7; Dienstordnung der AOK Kiel vom 22. November 1943 § 6 Ziff. 4.

IV. Senat. Urteil vom 24. Februar 1960 i. S. W. (Kl.) w. O. K. (Bekl.) 4 AZR 475/57.

I. Arbeitsgericht Kiel. — II. Landesarbeitsgericht Kiel.

Der Kläger ist als Dienstordnungs-(DO)Angestellter bei der beklagten AOK tätig und erhält Vergütung nach Besoldungsgruppe A 7a der

Reichsbesoldungsordnung. Zur Bewältigung erhöhten Arbeitsanfalls im Zusammenhang mit der Rentenneuregelung ordnete die Beklagte im Jahre 1956 für ihre Angstellten Mehrarbeit in größerem Umfang an. Während die Tarifangestellten hierfür eine Vergütung nebst tarifgemäßem Zuschlag erhielten, lehnte die Beklagte eine Vergütung der Mehrarbeit ihrer DO-Angestellten ab. In der Zeit vom 31. August bis 25. September 1956 hat der Kläger 64 Stunden Mehrarbeit geleistet, für die er auch keine Freizeit erhalten hat.

Der Kläger ist der Ansicht, eine unterschiedliche Behandlung von Tarif- und DO-Angestellten bei der Abgeltung der Mehrarbeit sei nicht gerechtfertigt, denn die DO-Angestellten seien lediglich in bezug auf Besoldung und Ruhegeld den Beamten gleichgestellt. Die Verpflichtung der Beklagten zur Bezahlung der Mehrarbeit ergebe sich aus § 15 AZO, der für alle in einem privaten Dienstverhältnis Beschäftigten und damit auch für die DO-Angestellten gelte. Der Kläger hat beantragt, die Beklagte zu verurteilen, an ihn 191,36 DM zu zahlen.

Die Beklagte vertritt den Standpunkt, der Kläger sei auf Grund der Dienstordnung auch hinsichtlich der Ableistung von Mehrarbeit den Beamten gleichgestellt und könne deshalb keine besondere Abgeltung verlangen.

Die Klage blieb in allen Instanzen erfolglos.

Aus den Gründen:

Nach den Feststellungen des angefochtenen Urteils hat der Kläger in der Zeit vom 31. August bis 25. September 1956 auf Anordnung der Beklagten 64 Stunden Mehrarbeit geleistet. Wenn das Berufungsgericht einen Anspruch auf deren Vergütung, die der Kläger auf der Grundlage einer nach seinem Gesamtgehalt unter Abzug des Kindergeldes ermittelten Stundenvergütung nebst einem Zuschlag von 25 % berechnet, für nicht begründet hält, so ist dem im Ergebnis beizutreten.

Keinen Bedenken unterliegt es, daß der Kläger sein Begehren vor den Arbeitsgerichten verfolgt. Denn nach der ständigen Rechtsprechung des Bundesarbeitsgerichts (vgl. BAG 2, 81; BAG 6, 257 [260]; AP Nr. 7—9 zu § 611 BGB Dienstordnungs-Angestellte) und des Bundessozialgerichts (vgl. AP Nr. 15 zu § 2 ArbGG 1953) sind zur Entscheidung von vermögensrechtlichen Streitigkeiten aus dem Dienstverhältnis der DO-Angestellten die Arbeitsgerichte zuständig.

Zutreffend nimmt das Landesarbeitsgericht auch an, daß die Dienstordnung (DO) der Beklagten vom 22. November 1943, die für das Dienstverhältnis des Klägers während des Klagezeitraums maßgebend war, einen Anspruch auf Vergütung von Mehrarbeit nicht gewährt. Nach § 6 Ziff. 4

dieser Dienstordnung finden auf die DO-Angestellten grundsätzlich die jeweiligen für die Reichsbeamten auf Lebenszeit geltenden Vorschriften über die Arbeitszeit entsprechende Anwendung. Da es keine Reichsbeamten mehr gibt, ist diese DO-Bestimmung nach der Rechtsprechung des Senats (vgl. AP Nr. 7 und Nr. 9 zu § 611 BGB Dienstordnungs-Angestellte) sinngemäß dahin auszulegen, daß bis zu einer anderweiten ausdrücklichen Regelung die jeweiligen Arbeitszeitvorschriften der Bundesbeamten auf Lebenszeit für die DO-Angestellten entsprechend gelten.

Nach § 72 Abs. 1 Bundesbeamtengesetz (BBGes.) vom 14. Juli 1953 (BGBl. I, S. 551) in Verbindung mit § 1 der für die streitige Zeit maßgebenden Verordnung über die Arbeitszeit der Bundesbeamten vom 15. Juni 1954 (BGBl. I, S. 149) betrug für diese die regelmäßige (gesetzliche) Arbeitszeit 8 Stunden täglich und im Durchschnitt 48 Stunden in der Woche. Gemäß § 72 Abs. 2 BBGes. in Verbindung mit § 7 Abs. 1 der genannten Verordnung waren sie aber auch verpflichtet, über die regelmäßige Arbeitszeit hinaus ohne Entschädigung Dienst zu tun, wenn die dienstlichen Verhältnisse es erforderten. Ein Anspruch auf *finanziellen* Ausgleich für die eine Wochenarbeitszeit von 48 Stunden überschreitende Mehrarbeit stand den Beamten nach ausdrücklicher gesetzlicher Bestimmung, die Ausfluß der allgemeinen Pflicht der Beamten ist, sich mit voller Hingabe ihrem Beruf zu widmen und dem ganzen Volk zu dienen (§§ 52 Abs. 1, 54 Abs. 1 BBGes.), also nicht zu (vgl. dazu auch Plog-Wiedow, Komm. zum BBGes. § 72 Anm. 5; Bochalli, BBGes., § 72 Anm. 2; Fischbach, BBGes., 2. Aufl., § 72 Anm. II 2). Es kann aber auch nicht angenommen werden, daß eine Abgeltung etwa anfallender Mehrarbeit bereits in dem im übrigen auf der zeitlichen Grundlage der 48-Stundenwoche berechneten Gehalt der Beamten eingeschlossen war. Denn ein Ausgleich der Mehrarbeit sollte nach § 72 Abs. 2 S. 2 BBGes. und § 7 Abs. 1 S. 2 der Verordnung vom 15. Juni 1954 nach Möglichkeit durch Dienstbefreiung zu anderer Zeit erfolgen, wenn der Beamte durch die Mehrarbeit erheblich mehr beansprucht worden war. Die in § 6 Ziff. 4 der DO vom 22. November 1943 angeordnete entsprechende Anwendung dieser Regelung auf den Kläger bedeutet demnach, daß die DO für seine Arbeitsleistungen über die regelmäßige (gesetzliche) Arbeitszeit von 48 Wochenstunden hinaus irgendeine Vergütung in Geld nicht vorsah. Ob der Kläger etwa einen Anspruch auf Freizeitgewährung hat, bedarf hier keiner Erörterung.

Die Revision kann keine Zustimmung finden, wenn sie meint, der Klaganspruch folge aber aus § 15 AZO. Sie übersieht, daß diese Vorschrift als Rechtsgrundlage eines Vergütungsanspruchs aus Anlaß von

Mehrarbeit durch § 6 Ziff. 4 der DO, die als öffentlich-rechtliche Satzung auf Grund des § 352 RVO von der Beklagten im Rahmen ihrer Autonomie erlassen worden ist, ausgeschlossen wird.

Der § 352 RVO bestimmt nämlich, daß die Rechts- und die allgemeinen Dienstverhältnisse der DO-Angestellten, insbesondere der Nachweis ihrer fachlichen Befähigung, ihrer Zahl, die Art der Anstellung, die Kündigung oder Entlassung und die Festsetzung von Strafen durch DO geregelt werden. Wenn die RVO, die sich mit dem Gebiet der sozialen Fürsorge befaßt, auch die Dienstverhältnisse der Angestellten der Sozialversicherungsträger behandelt und die letzteren in der angeführten Vorschrift zur eigenständigen Ordnung dieser Dienstverhältnisse ermächtigt, so liegt dem ersichtlich der Wille des Gesetzgebers zugrunde, den Angestellten eine der Eigenart ihres Aufgabengebietes angepaßte, besondere dienstliche Stellung einzuräumen und zu gewährleisten. Letzteres ergibt sich vor allem daraus, daß die DO, die die Rechtsstellung der ihr unterworfenen Angestellten zwingend gestaltet (§ 357 Abs. 3 RVO), erst nach Anhörung der volljährigen Angestellten ergeht (§ 355 Abs. 1 RVO) und zu ihrer Gültigkeit die Zustimmung der Vertreterversammlung (§ 346 Abs. 2 Ziff. 1 RVO) und der Genehmigung durch die Aufsichtsbehörde (§ 355 Abs. 2 RVO) bedarf (vgl. dazu auch BAG 7, 250 [252]). Andererseits deutet die Anordnung der öffentlichen Beaufsichtigung aber auch darauf hin, daß in der DO die Interessen der Versicherten nicht außer acht gelassen und die Arbeitsbedingungen der DO-Angestellten, namentlich ihre Vergütung, in einer die Verwaltungskosten in angemessenen Grenzen haltenden Weise festgesetzt werden sollen. Angesichts dieser Regelung sind die in einer DO gemäß § 352 RVO zusammengefaßten, öffentlich-rechtlichen Vorschriften (vgl. BAG a. a. O.) als Sonderrecht für die der DO unterstehenden Angestellten anzusehen, das anderen, für diese sonst etwa in Betracht kommenden privatrechtlichen Bestimmungen vorgeht.

Daß unter den gemäß § 352 RVO durch DO zu regelnden Arbeitsbedingungen die Arbeitszeit und die Mehrarbeit nicht ausdrücklich genannt werden, ist ohne Belang. Denn wie die Verwendung des Wortes „insbesondere" zeigt, ist die Aufzählung nicht erschöpfend. Auch andere Arbeitsbedingungen können in der DO festgesetzt werden, soweit sie in den Bereich der Rechts- und allgemeinen Dienstverhältnisse fallen (vgl. RVA, AN 1925, 39; Peters, Handbuch der Krankenversicherung, 16. Aufl., Teil II, § 352 Anm.; Kastner-Immand, Das Personalrecht der Krankenkassen, § 352 RVO, Anm. 2). Das trifft nicht nur für die Vergütung im allgemeinen (vgl. § 353 RVO), sondern auch für die Vergütung von

Mehrarbeit und für die Arbeitszeit zu. Die beiden letzten Punkte sind, wie bereits ausgeführt, in § 6 Ziff. 4 der DO vom 22. November 1943 durch Verweisung auf die beamtenrechtlichen Vorschriften über die Arbeitszeit geregelt, die gleichzeitig auch die Mehrarbeit behandeln, ihre Vergütung aber ausschließen.

Gegenüber dieser öffentlich-rechtlichen Sonderregelung des § 6 Ziff. 4 DO in Verbindung mit § 72 BBGes. und § 7 Abs. 1 der Verordnung vom 15. Juni 1954 hat jedenfalls die privatrechtliche Norm des § 15 AZO, die bei Mehrarbeit einen Vergütungsanspruch bestimmten Inhalts gewährt, als allgemeine Vorschrift zurückzutreten. Ob im übrigen der Arbeitszeitregelung der DO auch im Verhältnis zu den Arbeitszeitschutzbestimmungen der AZO der Vorrang zukommt, braucht hier nicht entschieden zu werden.

Dem kann nicht entgegengehalten werden, daß die AZO gegenüber der RVO vom 19. Juli 1911 das jüngere Gesetz sei und deshalb § 15 AZO der Ermächtigungsnorm des § 352 RVO und einer darauf beruhenden DO vorgehe. Zwar datiert die AZO vom 21. Dezember 1923, zuletzt in der Fassung vom 30. April 1938. Aber abgesehen davon, daß sich aus der AZO nichts für eine Absicht, die die DO-Angestellten betreffenden Sonderbestimmungen der RVO anzutasten, entnehmen läßt, haben ebenso wie die Neufassungen der RVO vom 15. Dezember 1924 (RGBl. I, S. 779) und vom 9. Januar 1926 (RGBl. I, S. 9) auch die zahlreichen sonstigen Änderungen dieses Gesetzes vor und nach 1945 trotz Bestehens der AZO die hier behandelte Regelung, insbesondere den § 352 RVO, unberührt gelassen.

Weiter ergibt sich die Anwendbarkeit des § 15 AZO auch nicht aus § 6, 1. Halbsatz der DO vom 22. November 1943. Danach gelten zwar die in Ziff. 1—14 a. a. O. in Bezug genommenen beamtenrechtlichen Vorschriften nur, soweit nicht durch besondere gesetzliche Vorschriften oder in der DO etwas anderes bestimmt ist. Um eine „besondere gesetzliche Vorschrift" in diesem Sinne handelt es sich aber bei § 15 AZO nicht. In Betracht kommen hier nämlich nur solche gesetzlichen Bestimmungen, die hinsichtlich der in Ziff. 1—14 a. a. O. angesprochenen Arbeitsbedingungen etwas Abweichendes für *DO-Angestellte* bestimmen, im vorliegenden Falle also insbesondere die Mehrarbeit und ihre Vergütung für DO-Angestellte anders als § 6 Ziff. 4 DO in Verbindung mit § 72 BBGes. und der Verordnung vom 15. Juni 1954 regeln. Für eine solche Auffassung des § 6, 1. Halbsatz der DO spricht, daß diese die in Rede stehende Einschränkung im Zusammenhang mit der Anpassung der Rechtsstellung der *DO-Angestellten* an das *Beamtenrecht* macht

und den besonderen gesetzlichen Vorschriften abweichende Bestimmungen der DO, die nur DO-Angestellte betreffen können, gleichgeordnet an die Seite stellt. Abweichende allgemeine Regelungen, die, wie § 15 AZO, auch für Arbeitnehmer außerhalb des Kreises der DO-Angestellten gelten, fallen demnach nicht unter den Vorbehalt des § 6, 1. Halbsatz der DO.

Aber selbst dann, wenn § 15 AZO nicht schon aus den vorstehend erörterten Gründen als Klagegrundlage ausschiede, läßt sich der geltend gemachte Anspruch nicht aus dieser Bestimmung herleiten. Geht man davon aus, daß grundsätzlich auch DO-Angestellte dem Geltungsbereich der AZO unterliegen, so steht allerdings im vorliegenden Falle § 13 a. a. O. einer Anwendung des § 15 nicht entgegen. § 13 Abs. 1, der die Übertragung der Arbeitszeitvorschriften für Beamte auf die Angestellten der dort genannten Gebietskörperschaften gestattet, greift schon deshalb nicht ein, weil die beklagte AOK nicht zu diesen Körperschaften gehört. Ebensowenig können hier die beamtenrechtlichen Arbeitszeitvorschriften ohne Übertragung auf Grund des Abs. 2 a. a. O. anstelle der AZO gelten. Denn dafür, daß die Beklagte, die seit der Verordnung vom 5. Februar 1919 (RGBl. I, S. 181) in Verbindung mit dem Gesetz vom 28. Juni 1919 (RGBl. I, S. 615) Beamte nicht mehr einstellen und allenfalls noch sogenannte Regulativbeamte in ihren Diensten haben kann (vgl. Kastner-Immand, a. a. O., § 349 RVO Anm. 1; Peters, a. a. O., Vorbem. 2 vor § 349 RVO), solche Beamte gemeinsam mit Angestellten beschäftigt, wie § 13 Abs. 2 AZO voraussetzt, ergibt sich aus den Feststellungen des Berufungsurteils nichts.

Gleichwohl kann sich der Kläger nicht auf § 15 a. a. O. berufen. Es kann dahingestellt bleiben, ob die von der Beklagten angeordnete Mehrarbeit überhaupt einen der Fälle des § 15 Abs. 1, Satz 1, 1. Halbsatz betrifft, auf die die Anwendbarkeit dieser Bestimmung beschränkt ist. Bei der Vergütung für Mehrarbeit ist nämlich scharf zu unterscheiden zwischen dem Entgelt, das als normale, nach der Vergütung für die regelmäßige Arbeitszeit (von hier 48 Wochenstunden) zu berechnende Bezahlung, also als Grundvergütung für die einzelne Mehrarbeitsstunde in Betracht kommt, und dem dazutretenden Aufschlag, dem Mehrarbeitszuschlag (vgl. Nikisch, ArbR, 2. Aufl., Bd. I, § 29 V 4; Kaskel-Dersch, ArbR, 5. Aufl., § 25 II 3). Gemäß § 15 Abs. 1 AZO ist nun bei Mehrarbeit „über den Lohn für die regelmäßige Arbeitszeit hinaus" eine angemessene Vergütung zu gewähren, die nach Abs. 2 a. a. O. in der Regel in einem Zuschlag von 25 % bestehen soll. Diese Bestimmung befaßt sich demnach lediglich mit dem Mehrarbeitszuschlag, nicht dagegen mit der Grundvergütung, die der Arbeitnehmer nach den in seinem Arbeitsverhältnis maßgeblichen Lohnregelungen für die einzelne Mehrarbeitsstunde etwa zu beanspruchen hat (vgl. Erdmann, AZO, 1928, § 6 a Anm. 6; Erdmann-Meißinger, AZO, 5. Aufl., § 14 Anm. V 3 a; Denecke, AZO, 4. Aufl., § 15 Anm. 7; Nikisch, a.a.O; Kaskel-Dersch, a.a.O.). Vielmehr setzt § 15 AZO das Bestehen eines Anspruchs auf Grundvergütung für die Mehrarbeit voraus und bestimmt selbst nur, daß der Arbeitnehmer dann, wenn ihm aus anderen Rechtsgründen, etwa auf Grund Tarifs, Betriebs(Dienst-)Vereinbarung, Dienstordnung oder Arbeitsvertrag, eine Grundvergütung zu zahlen ist, kraft Gesetzes zwingend auch einen Anspruch auf den Mehrarbeitszuschlag hat. An dieser Voraussetzung fehlt es aber im vorliegenden Falle. Denn, wie ausgeführt, hat der Kläger gemäß § 6 Ziff. 4 der DO in Verbindung mit § 72 BBGes. und der Verordnung vom 15. Juni 1954 keinen Anspruch auf irgendeine geldliche Entschädigung, demnach auch nicht auf die Grundvergütung für die von ihm über 48 Wochenstunden hinaus geleistete Mehrarbeit. Ist aber eine Grundvergütung nicht zu gewähren, so besteht auch kein Anspruch auf den Mehrarbeitszuschlag des § 15 AZO.

14

1. Wenn ein Arbeitnehmer, der auf Grund seiner langen Betriebszugehörigkeit unkündbar geworden ist und eine Anwartschaft auf betriebliche Altersversorgung erlangt hat, ohne daß ihn ein persönliches Verschulden trifft, wegen lediglich nomineller Parteizugehörigkeit vor Eintritt des Versorgungsfalles entlassen worden ist, kann der Arbeitgeber nach Lage des Falles verpflichtet sein, dem Arbeitnehmer die Anwartschaft, die dieser zur Zeit seines Ausscheidens erworben hatte, zu erhalten und Versorgung zu gewähren, sobald der Versorgungsfall (Altersgrenze, Arbeitsunfähigkeit oder im Falle der Hinterbliebenenversorgung Tod des Arbeitnehmers) eintritt. Die Höhe des Versorgungsanspruchs richtet sich dann danach, was der Arbeitnehmer bei seinem Ausscheiden erdient hatte.

2. a) Ein wegen angeblicher nationalsozialistischer Belastung entlassener Arbeitnehmer, der jedoch von den Entnazifizierungsmaßnahmen nicht betroffen ist, kann nach dem Prinzip der Rehabilitierung einen Anspruch auf Wiedereinstellung bzw. auf Versorgung haben. Diesem vom Ersten Senat in BAG 3, 332 entwickelten Grundsatz schließt sich der Dritte Senat im Ergebnis an.

b) der Gedanke der Rehabilitierung kann aber nur dann zu einem Anspruch des Arbeitnehmers auf Wiedereinstellung oder auf volle Ver-

sorgung führen, wenn die Kündigung sich nachträglich als ein Unrecht erweist; das kommt im Falle der Kündigung wegen nationalsozialistischer Belastung nur dann in Betracht, wenn der Arbeitnehmer tatsächlich nicht belastet war.

BGB §§ 242, 611.

III. Senat. Urteil vom 25. Februar 1960 i. S. C. (Kl.) w. B.K.-u-L.
3 AZR 446/57.

I. Arbeitsgericht Berlin. — II. Landesarbeitsgericht Berlin.

Die Beklagte versorgt die Stadt B. mit Strom; sie hat die Rechtsform einer Aktiengesellschaft. Der Kläger, geboren am 6. März 1899, war seit dem 14. Juli 1913 als Angestellter bei der Beklagten, zuletzt als Kassierer, tätig und bezog ein Gehalt von brutto 600,— RM. Am 12. Juli 1945 wurde er auf Grund des sogenannten Schukow-Befehls wegen Parteizugehörigkeit entlassen und war seither zum Teil erwerbslos, zum Teil als Arbeiter beschäftigt, zuletzt als Notstandsarbeiter. Am 20. Juni 1949 wurde der Kläger entnazifiziert. Durch Bescheid der Entnazifizierungskommission wurde der Befehl der Besatzungsmacht, welcher die Entlassung des Klägers angeordnet hatte, zurückgezogen und der Kläger für rehabilitiert erklärt. In den Jahren 1948, 1949 und 1952 hat er sich bei der Beklagten erfolglos um Wiedereinstellung bemüht. Vom 1. Juli 1951 bis zum August 1953 hat er Bezüge als verdrängter Angehöriger des öffentlichen Dienstes erhalten; im August 1953 wurden diese Zahlungen eingestellt mit der Begründung, daß er bei einem privatwirtschaftlichen Unternehmen angestellt gewesen sei. Mit Rücksicht auf die Arbeitslosigkeit des Klägers zahlt die Beklagte ihm seit November 1953 eine freiwillige Zuwendung in Höhe von zunächst 25,— DM, später 35,— DM monatlich.

Der Kläger ist der Ansicht, ihm stünden Bezüge nach dem Regelungsgesetz zu. Hilfsweise hat der Kläger sich auf die Betriebsordnung in Verbindung mit der Ruhegeldordnung der Beklagten berufen.

Abschnitt 24 Nr. 5 und 6 der Betriebsordnung vom 29. September 1934 lauten:

5. Einem Gefolgsmann, der bei der B. . . oder ihren Rechtsvorgängern eine Dienstzeit von mehr als 15 Jahren abgeleistet hat, kann das Dienstverhältnis nur aus einem wichtigen Grunde im Sinne der Bestimmungen in Ziffer 6 gekündigt werden, sofern die Kündigung des Dienstverhältnisses nicht zum Zwecke der Vereinbarung anderer Arbeitsbedingungen erfolgt.
   Die B. . . . ist berechtigt, die Ruhestandsversetzung eines nach Abs. 1 geschützten Gefolgsmannes unter Anwendung der Bestimmungen in

Abschnitt 26 der Betriebsordnung durch einseitige Willenserklärung vorzunehmen, ohne daß der betroffene Gefolgsmann dauernd dienstunfähig im Sinne der Versorgungsgrundsätze zu sein braucht oder das 65. Lebensjahr vollendet haben muß.

6. Außer den gesetzlich geregelten Fällen einer fristlosen Entlassung aus wichtigem Grunde ist die B. . . . berechtigt, bei einem groben Verstoß gegen die Bestimmungen der Betriebsordnung das Dienstverhältnis mit sofortiger Wirkung zu lösen. Die fristlose Entlassung kann auch in den Fällen erfolgen, in denen ein Gefolgsmann trotz Erteilung eines schriftlichen Verweises erneut die Vorschriften der Betriebsordnung mißachtet."

Es folgen einzelne Tatbestände, die als grobe Verstöße gegen die Betriebsordnung anzusehen sind.

In Abschnitt 26 Nr. 2 der Betriebsordnung ist bestimmt, daß die Alters- und Hinterbliebenenversorgung der vor dem 1. Oktober 1934 eingetretenen Gefolgschaftsmitglieder sich nach der Ruhegeldordnung der Beklagten vom 25. Oktober 1939/12. Juli 1944 richtet. Im einzelnen heißt es darin u. a.:

„§ 1

1. Ruhegeld wird gewährt, wenn Gefolgschaftsmitglieder nach Vollendung einer mindestens 10jährigen ununterbrochenen Dienstzeit nach Maßgabe des § 3 im Dienste der B. . . . dauernd dienstunfähig werden oder das 65. Lebensjahr vollenden.

2. . . . . .

§ 2

Ruhegeld und Hinterbliebenenversorgung erhalten nicht:

a) . . . . .

b) Gefolgschaftsmitglieder, die das Arbeitsverhältnis mit der B. . . . selbst gelöst haben;

c) Gefolgschaftsmitglieder, denen aus einem wichtigen Grunde im Sinne des Abschnittes 24 Ziffer 6 der Betriebsordnung gekündigt worden ist;

d) . . . . .

§ 4

4. Scheidet ein Gefolgschaftsmitglied unverschuldet aus der B. . . . aus und wird es später wieder eingestellt, so wird die frühere Dienstzeit bei der B. . . . der neu begonnenen Dienstzeit bei der Berechnung des Ruhegeldes hinzugezählt, falls die Arbeitsunterbrechung nicht länger als 3 Jahre gedauert hat. Ob ein unverschuldetes Ausscheiden vorliegt, entscheidet die B. . . .

§ 10

1. Ruhegeld und Hinterbliebenenversorgung werden nur dann gewährt, wenn im Zeitpunkt der Beendigung des Arbeitsverhältnisses sämtliche Voraussetzungen der Ruhegeldordnung erfüllt sind.
2. Die Erwerbung einer Ruhegeldanwartschaft beseitigt für die Beteiligten nicht das Recht, das Arbeitsverhältnis — unbeschadet der Bestimmungen in Abschnitt 24 Ziffer 5 Absatz 1 der Betriebsordnung — mit den gesetzlichen oder vertraglichen Kündigungsfristen zu lösen.

§ 18

Ergeben sich bei Anwendung der Ruhegeldordnung im Einzelfalle offensichtliche Härten, so ist die B. . . . berechtigt, eine von den Bestimmungen der Ruhegeldordnung abweichende Regelung zu treffen."

Der Kläger verlangt mit der Klage die Zahlung von Versorgungsbezügen, und zwar entweder nach dem Regelungsgesetz oder auf Grund der Ruhegeldordnung. Er hat zunächst einen Teilbetrag in Höhe von 500,-- DM netto eingeklagt.

Die Beklagte hat Abweisung der Klage begehrt.

Das Arbeitsgericht hat der Klage stattgegeben. Es hat die Anwendbarkeit des Regelungsgesetzes bejaht und hat dementsprechend dem Kläger einen Anspruch auf Zahlung von Übergangsbezügen bis zu seiner Wiederverwendung zuerkannt.

Das Landesarbeitsgericht hat der Berufung der Beklagten stattgegeben und die Klage abgewiesen. Es hält das Regelungsgesetz nicht für anwendbar, weil die Tätigkeit des Klägers bei der Beklagten kein „öffentlicher Dienst" im Sinne des Art. 131 des Grundgesetzes gewesen sei. Die Beklagte sei nicht als Eigengesellschaft des Landes B. . . . anzusehen, weil ihr eine satzungsmäßig verankerte überwiegende Kapitalbeteiligung der öffentlichen Hand sowie die absolute Bestimmungsgewalt des Landes B. . . . in den zu ihrer Vertretung und der Wahrnehmung ihrer Interessen berufenen Organen fehle. Auch einen Anspruch aus der Ruhegeldordnung der Beklagten hat das Landesarbeitsgericht nicht anerkannt, weil dem Kläger ein Ruhegeld allenfalls dann zustehe, wenn er im Dienste der Beklagten dauernd dienstunfähig geworden sei oder das 65. Lebensjahr vollendet habe. Der Kläger erfülle aber keine dieser beiden Voraussetzungen.

Die Revision des Klägers führte zur Zurückweisung des Rechtsstreits an die Vorinstanz.

Aus den Gründen:

I. Ansprüche aus dem Regelungsgesetz stehen dem Kläger nicht zu; denn der Kläger hat nicht im öffentlichen Dienst gestanden. Die Beklagte ist ein Versorgungsunternehmen in der Rechtsform einer Aktiengesellschaft. In dem Urteil vom 29. Juli 1959 (BAG 8, 84 ff.) hat der Senat unter Aufgabe seiner früheren Rechtsprechung entschieden, daß Arbeitnehmer privatrechtlich selbständiger Gesellschaften der Gemeinden und Gemeindeverbände nicht unter § 63 Abs. 1 des Regelungsgesetzes fallen, und zwar auch dann nicht, wenn die öffentliche Hand allein oder maßgeblich am Gesellschaftskapital beteiligt war. Die Rechtslage wäre auch keine andere, wenn auf den Kläger nicht Kapitel II, sondern Kapitel I des Regelungsgesetzes anwendbar wäre, weil seine frühere Beschäftigungsdienststelle ihren Zuständigkeitsbereich in Ostberlin hatte (vgl. BAG 7, 93). Denn Kapitel I kann nicht angewendet werden, weil die Beklagte nicht in Anlage A zum Regelungsgesetz aufgenommen ist. Es kommt infolgedessen nicht darauf an, in welchem Umfang die Stadt B. . . . an dem Gesellschaftskapital der Beklagten beteiligt war und ist.

II. Zu Unrecht greift der Kläger die Rechtswirksamkeit der fristlosen Kündigung an. Entlassungsbefehle der Besatzungsmacht konnten eine fristlose Entlassung rechtfertigen (vgl. BAG 3, 332). Das gilt auch dann, wenn der Befehl der Besatzungsmacht nicht die Entlassung bestimmter namentlich bezeichneter Arbeitnehmer forderte, sondern wenn er — wie hier der sogenannte Schukow-Befehl — generell die Entlassung aller ehemaligen Mitglieder der NSDAP anordnete. In der damaligen Situation war es dem Arbeitgeber nicht zuzumuten, diesen Befehl nicht zu beachten und das Arbeitsverhältnis mit den von einem solchen Entlassungsbefehl betroffenen Arbeitnehmern fortzusetzen.

Hieran ändert auch der Umstand nichts, daß der Kläger auf Grund seiner langen Dienstzeit nach Abschnitt 24 Nr. 5 der Betriebsordnung unkündbar geworden war. Der Kläger ist nämlich durch eine außerordentliche Kündigung aus wichtigem Grunde entlassen worden, die auch nach Abschnitt 24 Nr. 5 der Betriebsordnung zulässig bleibt. Nr. 5 der Betriebsordnung verweist hinsichtlich des wichtigen Grundes auf Nr. 6; diese Ziffer wiederum nennt die fristlose Kündigung in den Fällen eines groben Verstoßes gegen die Betriebsordnung und in den gesetzlich geregelten Fällen. Dem Kläger als Angestellten konnte gesetzlich aus jedem wichtign Grunde fristlos gekündigt werden. Die fristlose Kündigung auf Befehl der Militärregierung ist also durch die gesetzliche Generalklausel gedeckt und folglich auch nach Abschnitt 24 Nr. 5 der Betriebsordnung möglich.

III. 1. Auch aus der Ruhegeldordnung der Beklagten kann der Kläger Ansprüche nicht herleiten. § 1 Nr. 1 der Ruhegeldordnung setzt voraus, daß der Arbeitnehmer nach zurückgelegter Wartezeit „im Dienste" der Beklagten dauernd dienstunfähig geworden ist oder das 65. Lebensjahr vollendet hat. Daraus ergibt sich, daß keine Versorgung erhalten soll, wer vor Eintritt des Versorgungsfalles ausscheidet. Dieses Ergebnis wird bekräftigt durch § 10 der Ruhegeldordnung, der noch besonders betont, daß Altersversorgung nur gewährt wird, wenn sämtliche (das Wort ist im Druck der Ruhegeldordnung hervorgehoben) Voraussetzungen der Ruhegeldordnung erfüllt sind.

Etwas anderes kann auch aus § 2 Buchst. b und c der Ruhegeldordnung nicht gefolgert werden. § 2 ist nicht etwa so zu verstehen, daß Arbeitnehmer, die nach Ablauf der Wartezeit, aber vor Eintritt des Versorgungsfalles aus den Diensten der Beklagten ausscheiden, ihre Versorgungsanwartschaft nur in den Fällen des § 2 Buchst. b und c verlieren mit der Folge, daß sie — umgekehrt — ihre Anwartschaft dann behalten würden, wenn sie aus anderen Gründen ausscheiden, etwa wenn sie aus betrieblichen Gründen entlassen werden. Eine solche Auslegung des § 2 würde dem klaren Wortlaut der §§ 1 und 10 widersprechen. §§ 1, 2 und 10 der Ruhegeldordnung haben vielmehr zusammengenommen folgenden Inhalt: Wer vor Eintritt des Versorgungsfalles ausscheidet, geht seiner Anwartschaft auf Altersversorgung nach der Ruhegeldordnung verlustig; ihm kann allenfalls auf Grund der Härteklausel des § 18 geholfen werden. Auf keinen Fall sollen eine Versorgung solche Arbeitnehmer erhalten, die entweder das Arbeitsverhältnis mit der Beklagten selbst gelöst haben (§ 2 Buchst. b) oder denen aus einem wichtigen Grunde im Sinne des Abschnittes 24 Nr. 6 der Betriebsordnung gekündigt worden ist (§ 2 Buchst. c). Daß diese beiden Tatbestände in § 2 der Ruhegeldordnung besonders hervorgehoben werden, wäre nach §§ 1 und 10 nicht erforderlich; es stellt aber klar, daß in diesen Fällen auch die Härteklausel nicht in Betracht kommt. Außerdem werden die Arbeitnehmer gewarnt, nicht unbedacht ihren Arbeitsplatz bei der Beklagten aufzugeben und sich keinen groben Verstoß gegen die Betriebsordnung (Abschnitt 24 Nr. 6 der Betriebsordnung) zuschulden kommen zu lassen. Darüber hinaus verlieren bei fristloser Entlassung nach § 2 Buchst. c der Ruhegeldordnung die Arbeitnehmer sogar dann ihren Versorgungsanspruch, wenn sie nach Eintritt des Versorgungsfalles, etwa über das 65. Lebenjahr hinaus, noch weitergearbeitet haben. § 2 der Ruhegeldordnung ist also auch bei der hier gegebenen Auslegung sinnvoll.

Daß Arbeitnehmer, die vor Eintritt des Versorgungsfalles ausscheiden, bis dahin etwa erworbene Anwartschaften nach der Ruhegeldordnung grundsätzlich verlieren, wird bestätigt durch § 4 Nr. 4. Dort ist bestimmt, daß solchen Arbeitnehmern, die zunächst aus den Diensten der Beklagten ausgeschieden und später wieder eingestellt worden sind, die frühere Dienstzeit sogar im Fall unverschuldeten Ausscheidens nur dann angerechnet wird, wenn die Arbeitsunterbrechung nicht länger als drei Jahre gedauert hat. Es muß der Beklagten zugegeben werden, daß diese Bestimmung unverständlich wäre, wenn Arbeitnehmern, die vor Eintritt des Versorgungsfalles ausscheiden, ihre Anwartschaft nur dann einbüßen sollten, wenn die besonderen Voraussetzungen des § 2 Buchst. b und c gegeben sind.

Infolgedessen kann der Kläger, der bei seiner Entlassung weder arbeitsunfähig war noch das 65. Lebensjahr vollendet hatte, keine Versorgung nach der Ruhegeldordnung der Beklagten beanspruchen. Der Kläger irrt, wenn er glaubt, sich gegen dieses Ergebnis auf die Urteile des erkennenden Senats AP Nr. 11 und 20 zu § 242 BGB Ruhegehalt berufen zu können. Es trifft zwar zu, daß in den genannten Urteilen den Arbeitnehmern ein Ruhegeldanspruch nach dem Pensionsstatut der damaligen Beklagten zuerkannt worden ist, obgleich sie ihren Arbeitsplatz wegen Zugehörigkeit zur NSDAP verloren hatten. Nach dem dort maßgeblichen Pensionsstatut erhält aber Ruhegeld, wer nach einer ununterbrochenen Dienstzeit von zehn Jahren bei der Gesellschaft dauernd berufsunfähig geworden ist oder wem nach Ablauf dieser Dienstzeit gekündigt wird. Es kommt also nach diesem Pensionsstatut — anders als nach der Ruhegeldordnung der Beklagten — gar nicht darauf an, ob der Arbeitnehmer bei seiner Entlassung bereits arbeitsunfähig war, sofern er nur die Wartezeit im Dienste der Gesellschaft zurückgelegt hat. Es ist verständlich, wenn es dem Kläger unbillig erscheint, daß seine Rechtsstellung ungünstiger sein soll. Da aber die Altersversorgung eine freiwillige und zusätzliche Leistung des Arbeitsgebers ist, steht es diesem frei, die Voraussetzungen, unter denen er eine Versorgung gewähren will, nach seinem Ermessen festzulegen. Die Ruhegeldregelungen der einzelnen Unternehmen können deshalb durchaus voneinander abweichen.

2. Aus diesen Erwägungen folgt, daß unter den Bestimmungen der Ruhegeldordnung für den Fall des Klägers allenfalls die Härteklausel des § 18 paßt. Diese Härteklausel führt aber nicht zu dem vom Kläger erhobenen Rechtsanspruch auf ein Ruhegeld zum vollen nach der Ruhegeldordnung vorgesehenen Betrag. Eine freiwillige Zuwendung in geringerer Höhe erhält der Kläger ohnehin.

3. Abschnitt 24 Nr. 5 Abs. 2 der Betriebsordnung gibt dem Kläger, jedenfalls unmittelbar, auch keinen Anspruch auf Ruhegeld. Nach dieser Bestimmung ist die Beklagte berechtigt, einen Arbeitnehmer, der nach 15jähriger Dienstzeit unkündbar geworden ist, vorzeitig in den Ruhestand zu versetzen. Die Beklagte braucht also einen Arbeitnehmer, den sie nicht entlassen kann, weil er unkündbar ist und weil ein wichtiger Grund zur

außerordentlichen Kündigung nicht vorliegt, nicht unbedingt weiter zu beschäftigen, sondern sie kann das Arbeitsverhältnis durch vorzeitige Pensionierung lösen. Dagegen ergibt sich aus dieser Vorschrift der Betriebsordnung nicht unmittelbar eine Pflicht der Beklagten, einen Arbeitnehmer, den sie aus wichtigem Grunde entlassen darf, stattdessen zu pensionieren, auch dann nicht, wenn der Arbeitnehmer den Kündigungsgrund nicht verschuldet hat.

IV. Der Kläger, der inzwischen arbeitsunfähig geworden ist, kann aber möglicherweise dennoch einen Anspruch auf Ruhegeld auf Grund nachwirkender Fürsorgepflicht haben. Es ist nämlich zu berücksichtigen, daß er auf Grund seiner langen Betriebszugehörigkeit nach Abschnitt 24 Nr. 5 der Betriebsordnung unkündbar geworden war. Unter normalen Verhältnissen brauchte er also, sofern er sich nichts zuschulden kommen ließ, den Verlust seines Arbeitsplatzes nicht zu befürchten; die Beklagte konnte ihn allenfalls nach Abs. 2 dieser Vorschrift vorzeitig pensionieren. Wenn nun ein solcher unkündbarer Arbeitnehmer, ohne daß ihn ein persönliches Verschulden trifft, wegen lediglich nomineller Parteizugehörigkeit vor Eintritt des Versorgungsfalles entlassen worden ist, kann der Arbeitgeber nach Lage des Falles verpflichtet sein, dem Arbeitnehmer die Anwartschaft, die dieser zur Zeit seines Ausscheidens erworben hatte, zu erhalten und Versorgung zu gewähren, sobald der Versorgungsfall (Altersgrenze, Arbeitsunfähigkeit oder im Falle der Hinterbliebenenversorgung Tod des Arbeitnehmers) eintritt. Die Höhe des Versorgungsanspruchs richtet sich dann danach, was der Arbeitnehmer bei seinem Ausscheiden bereits erdient hatte; d. h. der Arbeitnehmer kann bei Eintritt des Versorgungsfalles das Ruhegeld beanspruchen, das er auf Grund der im Betriebe geltenden Ruhegeldregelung erhalten hätte, wenn er zur Zeit seiner Entlassung wegen Arbeitsunfähigkeit ausgeschieden wäre.

Daß der Dienstherr gehalten sein kann, dem wegen Parteizugehörigkeit entlassenen Dienstverpflichteten die Versorgungsberechtigung zu erhalten, ist in der Rechtsprechung bereits mehrfach anerkannt worden. Der Bundesgerichtshof hat in derartigen Fällen einen Versorgungsanspruch aus „Billigkeitsgründen" gegeben (besonders BGHZ 8, 348; 12, 337; 22, 375 und 23, 282). Das Schrifttum hat diese Rechtsprechung zwar hinsichtlich der Begründung angegriffen, ist aber im Ergebnis dem Bundesgerichtshof gefolgt (vgl. Siebert, BB 1954 S. 658; Hueck-Nipperdey, Lehrbuch I, 6. Aufl., S. 441 f.; siehe auch Staudinger-Nipperdey-Neumann, 11. Aufl., § 611 BGB, Anm. 209; Soergel-Siebert, 9. Aufl., § 242 BGB, Anm. 79). Dabei müssen allerdings die gesamten Umstände des Sachverhaltes mit berücksichtigt werden. Auf der Seite des Klägers werden neben der Dauer seiner Betriebszugehörigkeit insbesondere seine für den früheren Arbeitgeber erbrachten Leistungen und seine wirtschaftliche Lage und in deren Zusammenhang seine sonstigen Altersbezüge von Bedeutung sein. Auf Seiten der Beklagten wird vor allem die durch die beanspruchte Versorgung entstehende Belastung ins Gewicht fallen, wobei die Zahl der Fälle eine Rolle spielen kann.

V. Mehr als die Erhaltung der zur Zeit seiner Entlassung bereits erworbenen Anwartschaft kann der Kläger aber auf keinen Fall verlangen. Insbesondere kann der Kläger nicht daraus, daß er durch den Entnazifizierungsbescheid rehabilitiert worden ist, den Anspruch herleiten, vom Zeitpunkt der Entnazifizierung an in vollem Umfang in seine alten Rechte wieder eingesetzt zu werden, so daß die Zeit von der Rehabilitierung bis zum Eintritt des Versorgungsfalles bei der Berechnung des Ruhegeldes anzurechnen wäre.

Der Erste Senat des Bundesarbeitsgerichts hat allerdings in dem zu II erwähnten Urteil BAG 3, 332 den Grundsatz aufgestellt, daß ein wegen Zugehörigkeit zur NSDAP entlassener Arbeitnehmer u. U. unter dem Gesichtspunkt der Rehabilitierung gegenüber dem ehemaligen Arbeitgeber einen Anspruch auf Wiedereinstellung und Versorgung haben könne. Der Erste Senat beruft sich dabei darauf, daß nach der Rechtsprechung des Bundesgerichtshofs ein Arbeitgeber gegebenenfalls verpflichtet sei, einen wegen Verdachts einer strafbaren Handlung zu Recht entlassenen Arbeitnehmer wieder einzustellen, wenn der gegen diesen sprechende Verdacht entkräftet oder gar die Unschuld des Arbeitnehmers nachgewiesen worden ist (BGH AP Nr. 2 zu § 611 BGB Fürsorgepflicht). Der Erste Senat schließt sich den Ausführungen des Bundesgerichtshofs an, daß es eine große Härte und Unbilligkeit bedeuten würde, in einem solchen Fall dem gänzlich unverschuldet entlassenen Arbeitnehmer stets die Möglichkeit der Weiterbeschäftigung durch Wiedereinstellung zu versagen, und wendet diesen vom Bundesgerichtshof für den Tatbestand der Verdachtskündigung entwickelten Gedanken als ein allgemeines Prinzip auch auf solche Fälle an, in denen es sich um die Wiedereinstellung eines wegen angeblicher nationalsozialistischer Belastung entlassenen Arbeitnehmers handelt.

Dieser vom Ersten Senat herausgearbeitete Grundsatz, den der erkennende Senat im Ergebnis billigt, kann aber auf den Fall des Klägers nicht angewendet werden. Der Kern dieser Rechtsprechung des Ersten Senats und des Bundesgerichtshofs ist der Gedanke, daß der Arbeitgeber, der dem Arbeitnehmer durch die — wie sich später herausstellt, unberechtigte — Kündigung ein Unrecht zugefügt hat, auf Grund des zwischen beiden bestehenden vertraglichen Bandes verpflichtet ist, den nachträglich gerechtfertigten Arbeitnehmer auch seinerseits zu rehabilitieren, indem er ihm in den Grenzen des Zumutbaren und in einer nach den Umständen des jeweiligen Sachverhaltes angemessenen Form Genugtuung gewährt, und zwar in erster Linie durch Wiedereinstellung oder, nach Eintritt des Versorgungsfalles, durch Gewährung des vorgesehenen Ruhegeldes. Es handelt sich also um eine Pflicht des Arbeitgebers zur Wiedergutmachung der unwillentlich zugefügten Kränkung, eine Pflicht, die sich nach den Geboten von Treu und Glauben aus dem vorausgegangenen Tun des Arbeitgebers ergibt (siehe besonders Larenz, Anm. zu AP Nr. 4 zu § 611 BGB Fürsorgepflicht; Hueck, Festschrift für Hedemann, 1958, S. 131 ff. [141 ff., 148]). Dieser Gedanke der Genugtuungspflicht kann aber nur dann zu einem Anspruch des Arbeitnehmers auf Wiedereinstellung oder auf volle Versorgung führen, wenn die Kündigung sich wirklich als ein Unrecht, als ungerechtfertigte Kränkung erweist, und das ist nur dann der Fall, wenn sie zurückgeht auf ein Verhalten des Arbeitnehmers oder auf Umstände in dessen Person, die als Makel empfunden werden können, und wenn sich später erweist, daß dieses Verhalten oder diese Umstände in Wirklichkeit gar nicht vorlagen, sondern unrichtigerweise angenommen worden waren. Nur dann ist grundsätzlich ein schutzwertes Rehabilitierungsinteresse des Arbeitnehmers gegeben, wenn der Arbeitgeber, wäre bei Ausspruch der Kündigung der wahre Sachverhalt bekannt gewesen, nicht hätte kündigen dürfen. Das bedeutet praktisch, daß ein Anspruch des Arbeitnehmers auf Wiedereinstellung oder auf Versorgung wegen Rehabilitierung im Falle der Verdachtskündigung nur dann in Betracht kommt, wenn der Arbeitnehmer zu Unrecht verdächtigt worden war, und im Falle der Kündigung wegen politischer Belastung nur dann, wenn der Arbeitnehmer tatsächlich gar nicht belastet, wenn er also von den Entnazifizierungsmaßnahmen in Wahrheit gar nicht betroffen war.

Infolgedessen kann der Kläger Rechte nach dem Grundgedanken der Rehabilitierung nicht für sich in Anspruch nehmen; denn er war, wenn auch nur nominell, durch seine Parteizugehörigkeit belastet und kann daher nicht zu den Nichtbetroffenen gerechnet werden. Zwar gehörte der Kläger möglicherweise nicht zu denjenigen, die nach Teil I der Bestimmung Nr. 1 zur Berliner Anordnung der Alliierten Kommendantur über die Entnazifizierung vom 26. Februar 1946 (VOBl. S. 71) entlassen werden m u ß t e n; denn dort sind bloße Mitglieder der NSDAP nur insoweit erfaßt, wie sie der Partei beitraten, „bevor Mitgliedschaft der Partei im Jahre 1937 Zwang wurde" (zu 2 II b). Falls der Kläger erst nach dem 1. Mai 1937 Parteimitglied geworden ist, fiel er unter Teil II dieser Bestimmung und mußte sich lediglich einer Überprüfung seiner politischen Haltung unterziehen (Teil II zu VIII a.a.O.). Das schließt aber nicht aus, daß er wegen seiner Parteizugehörigkeit von den Entnazifizierungsbestimmungen erfaßt wurde.

An diesem Ergebnis wird auch dadurch nichts geändert, daß der Kläger von der Entnazifizierungskommission als „rehabilitiert" anerkannt worden ist. Ein rehabilitierter Betroffener im Sinne der Berliner Entnazifizierungsgesetzgebung ist nämlich nicht dasselbe wie ein Nichtbetroffener, der zu Unrecht entlassen worden war und dem deshalb ein Wiedereinstellungsanspruch nach Rehabilitierung im Sinne der Rechtsprechung des Ersten Senats des Bundesarbeitsgerichts zustehen kann. Die Berliner Entnazifizierungsbestimmungen bezeichnen mit „rehabilitiert" solche Personen, die zwar „Betroffene" sind, die aber entweder wegen nur nomineller Belastung diese Anerkennung durch die Spruchkammer ohne Sühne erhalten oder die eine ihnen auferlegte Sühne inzwischen verbüßt haben (vgl. Anordnung der Alliierten Kommandantur vom 16. Februar 1949, VOBl. S. 71). Diese Personen sollten nach ihrer „Rehabilitierung" für die Zukunft keinen Beschränkungen mehr unterworfen sein. Daß diese Gruppe nicht gleichgesetzt werden kann mit solchen, die entlassen worden sind, obgleich sie in Wahrheit gar nicht betroffen waren, liegt auf der Hand.

Daß dem Kläger als „rehabilitiertem Betroffenen" Ansprüche kraft Rehabilitierung nicht zustehen, ist auch nicht deshalb unbillig, weil er, wie aus dem Bescheid der Entnazifizierungskommission geschlossen werden darf, sich persönlich einwandfrei verhalten hat. Zwar wird er vielleicht deshalb seine Entlassung als „ungerechtfertigte Kränkung" empfinden. Doch wird er einsehen müssen, daß mit dieser Entlassung nicht — wie etwa im Fall des unschuldig Verdächtigten — der Arbeitgeber ihm irrtümlich Unrecht zugefügt hat, sondern daß diese Entlassung darauf beruht, daß das Regime, dem er, wenn auch nur nominell, gedient hat, ein ungerechtes war. Der Erste Senat hat allerdings in BAG 3, 332 einen Anspruch auf Rehabilitierung für möglich gehalten, obgleich der damalige Kläger als Parteimitglied und Blockwart belastet war, und zwar deshalb, weil das Entnazifizierungsverfahren dieses Klägers mit der Begründung eingestellt worden war, daß er nur als unbedeutend belastet erscheine und daher nicht zu dem zu überprüfenden Personenkreis gehöre. Doch braucht auf diesen Unterschied nicht näher eingegangen zu werden, weil es sich damals um eine Auslegung des Hamburgischen Gesetzes zum Abschluß der Entnazifizierung vom 10. Mai 1950 (GVBl. I S. 98) handelte, während hier die Berliner Entnazifizierungsgesetzgebung zugrunde liegt.

VI. Aus den dargelegten Erwägungen ergibt sich, daß für den Kläger nur ein Versorgungsanspruch aus nachwirkender Fürsorgepflicht nach den zu IV entwickelten Grundsätzen und in den Grenzen, die sich aus diesen Grundsätzen ergeben, in Betracht kommt. Da das Landesarbeitsgericht keinen Anlaß hatte, die Voraussetzungen eines solchen Anspruchs im einzelnen zu prüfen, mußte das angefochtene Urteil aufgehoben und der Rechtsstreit in die Vorinstanz zurückverwiesen werden.

15

Die Verpflichtung des Lehrherrn aus § 23 Abs. 2 HandwO zur kostenfreien Gestellung von Werkstoffen für das Gesellenstück endet regelmäßig nicht mit dem Ablauf der Lehrzeit. Die Pflicht besteht vielmehr auch über diesen Zeitpunkt hinaus, wenn der Lehrling seine Zulassung zur Gesellenprüfung unverzüglich nach der Beendigung des Lehrverhältnisses beantragt.

HandwO § 23 Abs. 2.

V. Senat. Urteil vom 3. März 1960 i. S. W. (Bekl.) w. S. (Kl.) 5 AZR 352/58.

I. Arbeitsgericht Herford. — II. Landesarbeitsgericht Hamm/Westf.

Mit Formular-Lehrvertrag für Handwerkslehrlinge vom 15. Januar 1956 trat der Kläger ab 1. Januar 1956 beim Beklagten in die Lehre im Tischlerhandwerk. Das Lehrverhältnis endete am 31. Dezember 1956; auf die Lehrzeit des Klägers wurde die Lehrzeit in einem anderen Betrieb mit 24 Monaten angerechnet. Der Kläger legte die Gesellenprüfung Ende März ab. Ab 1. Januar 1957 zahlte der Beklagte dem Kläger den Gesellenlohn. In den Monaten Februar und März 1957 fertigte der Kläger als Gesellenstück ein Nähschränkchen im Verkaufswert von 100—120 DM an. Er verwendete dazu die Zeit nach Feierabend; der Beklagte stellte Werkzeuge und Werkstoffe zur Verfügung. Er überließ das Nähschränkchen dem Kläger zu Eigentum, behielt jedoch bei der letzten Lohnzahlung an den Kläger anläßlich der einverständlichen Beendigung des Arbeitsverhältnisses am 13. Januar 1958 einen Teilbetrag von 15,50 DM vom Lohn des Klägers ein mit der Begründung, der Kläger müsse den Wert des bei der Herstellung des Nähschränkchens verwendeten Werkstoffes sowie einen angemessenen Betrag für die Zurverfügungstellung der Arbeitsräume und Maschinen in Höhe von insgesamt 40,— DM ersetzen.

Der Kläger hat vom Beklagten die Zahlung von 15,50 DM verlangt unter Berufung auf § 23 Abs. 2 HandwO und die gleichlautende Bestimmung des § 2 Nr. 7 des Lehrvertrages vom 15. Januar 1956.

Der Beklagte hat Widerklage erhoben auf Zahlung des Restbetrages in Höhe von 24,50 DM. Er hat behauptet, der Kläger habe den Ersatz der Werkstoffkosten schon im Februar 1957 bei Beginn der Arbeit am Gesellenstück ausdrücklich zugesagt. Der Beklagte ist der Meinung, der Kläger könne sich auf § 23 Abs. 2 HandwO nicht berufen, weil er das Gesellenstück nicht während der Lehrzeit, sondern nach ihrem Ende angefertigt habe.

Das Arbeitsgericht hat die Klage abgewiesen und der Widerklage stattgegeben. Auf die Berufung des Klägers hat das Landesarbeitsgericht den Beklagten unter Abweisung der Widerklage zur Zahlung von 15,50 DM an den Kläger verurteilt.

Die Revision des Beklagten ist zurückgewiesen worden.

Aus den Gründen:

Der mit der Klage geltend gemachte Lohnanspruch des Klägers in Höhe von 15,50 DM ist gemäß § 611 BGB entstanden; das bezweifelt auch der Beklagte nicht. Die vom Beklagten diesem Lohnanspruch gegenüber erklärte Aufrechnung ist jedoch dann nicht begründet, wenn der Beklagte auch nach Beendigung der Lehrzeit des Klägers verpflichtet war, dem Kläger die Werkstoffe und Werkzeuge zur Herstellung des Gesellenstücks kostenfrei zur Verfügung zu stellen. Das ist zu bejahen.

1. Die Bestimmung des § 23 Abs. 2 HandwO hat erstrangig den Zweck, dem Lehrling die Anfertigung des Gesellenstücks zu ermöglichen, ohne ihn mit materiellen Aufwendungen zu belasten. Um dieses Ziel zu erreichen, mutet das Gesetz dem Lehrherrn ohne Äquivalent einen materiellen Aufwand zu. Dieser vom Gesetz dem Lehrherrn zugemutete Aufwand ist, wie § 14 der Gesellenprüfungsordnung der Handwerkskammer Bielefeld vom 1. März 1955 (GPrO) erkennen läßt, dahin begrenzt, daß zwar einerseits der Zweck der Prüfung erreicht, jedoch andererseits kein unverhältnismäßiger Zeit- und Kostenaufwand erforderlich wird.

Der geschilderte Zweck des § 23 Abs. 2 HandwO ist aber regelmäßig dann nicht zu erreichen, wenn man der Auffassung der Revision folgen würde, die Pflicht des Lehrherrn aus § 23 Abs. 2 HandwO ende in jedem Falle mit dem Ablauf der Lehrzeit. Das ergibt sich des näheren aus folgenden Überlegungen:

Nach § 35 Nr. 1 HandwO ist zur Gesellenprüfung zugelassen, wer in dem Handwerk, in dem die Gesellenprüfung abgelegt werden soll, eine ordnungsmäßige Lehrzeit zurückgelegt hat; § 10 Nr. 1 GPrO bestimmt in gleicher Weise, daß zur Gesellenprüfung zugelassen ist, wer in dem Handwerk, in dem die Gesellenprüfung abgelegt werden soll, eine ordnungsmäßige Handwerkslehre in einem Handwerks- oder sonstigen Gewerbebetrieb zurückgelegt hat. Als weitere Voraussetzung fordert § 9 Abs. 1 Nr. 3 GPrO, daß der Lehrling dem Gesuch um Zulassung zur Prüfung das Lehrzeugnis beifügt. Dazu wiederum bestimmt § 23 Abs. 1 Satz 1 HandwO, daß der Lehrherr das Lehrzeugnis erst n a c h Beendigung des Lehrverhältnisses ausstellen muß.

Danach kann der Lehrling — von ganz besonderen Ausnahmefällen abgesehen, wie z. B. im Falle des § 8 Nr. 4 GPrO — regelmäßig erst dann zur Gesellenprüfung zugelassen werden, wenn das Lehrverhältnis beendet ist. Mit Rücksicht hierauf käme, wenn man der Rechtsansicht der Revision folgen wollte, § 23 Abs. 2 HandwO im Regelfall überhaupt nicht zur Anwendung. Damit hätte diese Vorschrift aber ihren Sinn und Zweck verloren, und ihr rechtspolitisches Ziel wäre nicht zu verwirklichen.

Soll § 23 Abs. 2 HandwO dagegen seinen Zweck erfüllen, so muß die in ihm bestimmte Pflicht des Lehrherrn regelmäßig auch über das Ende der Lehrzeit hinaus bestehen.

2. Wenn sich der Beklagte darauf berufen hat, er habe schon bei Beginn der Arbeit am Gesellenstück mit dem Kläger vereinbart, dieser wolle den Aufwand an Werkstoffen und Werkzeugen tragen, so ändert das nichts an der geschilderten Rechtslage.

Die Vorschrift des § 23 Abs. 2 HandwO ist zwingendes Recht. Das folgt schon aus dem bereits beschriebenen Zweck der Vorschrift, der nicht erreichbar wäre, wenn sie durch eine abändernde Parteivereinbarung umgangen werden könnte. Die genannte Vorschrift bleibt ihrem Sinngehalt nach jedenfalls solange zwingendes Recht, bis ihr Ziel erreicht ist, nämlich die für den Lehrling unbeschwerte Ablegung der Gesellenprüfung. Eine vor diesem Zeitpunkt getroffene Vereinbarung, der Lehrling solle die Werkstoff- und Werkzeugkosten tragen, verstößt deshalb gegen § 23 Abs. 2 HandwO und ist nach § 134 BGB nichtig.

3. Der Beklagte kann sein Recht auf Werkstoffkostenersatz auch nicht auf § 951 BGB stützen. Diese Vorschrift könnte ihm im übrigen auch nur einen Ausgleich gewähren für den Werkstoffaufwand, jedoch nicht nicht für die Gestellung von Werkzeugen, Maschinen und Werkräumen; denn § 951 BGB setzt den Verlust eines dinglichen Rechts voraus.

Es ist zwar möglich, daß Hersteller eines Gesellenstücks i. S. des § 950 BGB der Lehrling sein kann; ebenso kann Hersteller der Lehrherr oder aber ein Dritter (Besteller) sein. Welcher dieser drei Fälle jeweils zutrifft, hängt von den Umständen des Einzelfalles ab. Dabei sind die Art des Handwerks, das Verhältnis von Werkstoffaufwand zum Wert des Gesellenstücks, die Üblichkeit und etwaige Vereinbarungen der Parteien zu berücksichtigen.

Im vorliegenden Falle war der Kläger Hersteller des Gesellenstücks i. S. des § 950 BGB. Wie der Beklagte selbst schon in der Klagebeantwortung vorgetragen und später wiederholt hat, hat er von Anfang an dem Kläger zu erkennen gegeben, dieser solle das Nähschränkchen für sich selbst anfertigen, weshalb er auch seine Freizeit darauf verwenden und den Aufwand vergüten müsse. Der Beklagte hat sich also selbst nicht als Hersteller betrachtet. Außerdem ist der Anteil des Werkstoffaufwandes im Verhältnis zum Anteil an Arbeitsaufwand des Klägers bei einem Verkaufswert von 100—120 DM derart gering, daß auch unter diesem Gesichtspunkt der Kläger als Hersteller anzusehen ist.

Trotzdem besteht kein Ausgleichsanspruch des Beklagten nach § 951 BGB. Nach dem Sinn dieser Vorschrift soll nur der ohne Rechtsgrund erlittene Rechtsverlust ausgeglichen werden. Im vorliegenden Falle enthält aber die spezielle Vorschrift des § 23 Abs. 2 HandwO den Rechtsgrund, weshalb dem Lehrherrn der Verlust des Eigentums an den verwandten Werkstoffen zugemutet werden soll. Dafür, daß im vorliegenden Falle das Gesellenstück etwa so gewählt worden ist, daß entgegen § 14 GPrO mit seiner Herstellung ein unverhältnismäßiger Aufwand an Werkstoffkosten verbunden war, liegt kein Anhaltspunkt vor.

4. Die Pflicht des Lehrherrn zur kostenfreien Werkstoff- und Werkzeuggestellung auch über das Ende der Lehrzeit hinaus dauert allerdings, worauf die Revision zutreffend hinweist, nicht beliebig lange Zeit über das Ende der Lehrzeit hinaus. Sie besteht jedoch entsprechend dem Sinngehalt des § 23 Abs. 2 HandwO jedenfalls dann und solange, als der Lehrling seine Zulassung zur Gesellenprüfung unverzüglich nach Beendigung des Lehrverhältnisses beantragt.

Das hat der Kläger im vorliegenden Falle getan; er konnte sich frühestens zu dem im März 1957 stattfindenden Termin melden; eine frühere Zulassung konnte er auch unter Berücksichtigung der Ausnahmebestimmungen des § 8 Nr. 4 GPrO nicht erreichen.

5. Ist danach die Klage begründet, so ist aus denselben Erwägungen die Widerklage unbegründet.

16

Ein Verlust des Anspruchs auf Feiertagsbezahlung tritt dann nicht ein, wenn der Arbeitnehmer am Tage nach dem Feiertag bei Arbeitsbeginn die Arbeit ordnungsgemäß aufgenommen und sie auch während nicht unerheblicher Zeit dieses Tages verrichtet hat, dann aber noch am gleichen Tage während der letzten Arbeitsstunden seine Arbeit eingestellt hat.

Gesetz zur Regelung der Lohnzahlung an Feiertagen § 1 Abs. 2.

I. Senat. Urteil vom 4. März 1960 i. S. T. (Bekl.) w. H. (Kl.) 1 AZR 18/58.

I. Arbeitsgericht Wesel. — II. Landesarbeitsgericht Düsseldorf.

Der Kläger war bei der Beklagten seit mehreren Jahren als Maurer beschäftigt. Am 30. Mai 1957 fiel wegen des Himmelfahrtstages die Arbeit aus. Am 29. Mai 1957 hatte der Kläger den ganzen Tag über gearbeitet, am 31. Mai 1957 war er morgens um 6.30 Uhr zur Arbeit erschienen und hatte diese Arbeit bis zur Mittagspause, die etwa um 12.00 Uhr begann, verrichtet. Während der Mittagspause hatte er mit anderen auf der Baustelle beschäftigten Arbeitnehmern Bier getrunken. Gegen 13.30 Uhr erschien der Inhaber der Beklagten auf der Baustelle und forderte die Arbeitnehmer auf, entweder das Biertrinken einzustellen und an die Arbeit zu gehen oder aber die Baustelle zu verlassen. Während fünf der anderen beteiligten Arbeitnehmer wieder an die Arbeit gingen, verließen der Kläger und zwei andere Arbeitnehmer die Baustelle.

Die Beklagte hat aus diesem Anlaß dem Kläger die Feiertagsbezahlung für den Himmelfahrtstag nicht gewährt.

Mit der Klage verlangt der Kläger diese Bezahlung in unstreitiger Höhe von 21,66 DM.

Alle Instanzen haben nach dem Klageantrag erkannt.

Aus den Gründen:

I. ...

II. Nach den tatsächlichen Feststellungen des Landesarbeitsgerichts ist die Arbeit am Himmelfahrtstag 1957, dem 30. Mai 1957, nur deshalb ausgefallen, weil dieser Himmelfahrtstag gesetzlicher Feiertag ist. Es ist zwischen den Parteien auch unstreitig, daß der Kläger, wenn der 30. Mai nicht gesetzlicher Feiertag, sondern gewöhnlicher Arbeitstag, gewesen wäre, an diesem Tage für die dann von ihm zu erbringende Arbeitsleistung den mit der Klage beanspruchten Betrag verdient hätte. Daraus ergibt sich, daß der Kläger grundsätzlich nach § 1 Abs. 1 des Gesetzes zur Regelung der Lohnzahlung an Feiertagen vom 2. August 1951 Anspruch auf diesen Lohn gegen die Beklagte als seine Arbeitgeberin hat. Denn nach § 1 Abs. 1 ist für die Arbeitszeit, die infolge eines gesetzlichen Feiertages ausfällt, vom Arbeitgeber dem Arbeitnehmer der Arbeitsverdienst zu zahlen, den er ohne den Arbeitsausfall verdient hätte.

Die Parteien streiten lediglich über die Frage, ob diesem Anspruch des Klägers die Vorschrift des § 1 Abs. 2 des genannten Gesetzes entgegensteht. Nach § 1 Abs. 2 dieses Gesetzes haben die Arbeitnehmer, die am letzten Arbeitstag vor oder am ersten Arbeitstag nach Feiertagen der Arbeit fernbleiben, keinen Anspruch auf Bezahlung für diese Feiertage.

Diese Vorschrift stellt also eine Ausnahmeregelung im Verhältnis zu dem Grundsatz des § 1 Abs. 1 dar. Daraus ergibt sich, daß sie jedenfalls nicht ausdehnend ausgelegt werden kann. Das Gesetz will grundsätzlich allen Arbeitnehmern den Anspruch auf Feiertagsbezahlung geben und diesen Anspruch nur in einem ganz bestimmten Falle, dem Falle des § 1 Abs. 2 des Gesetzes, ausschließen. Ein solcher Ausschluß tritt nach dem Sinn des Gesetzes nur dann ein, wenn der Arbeitnehmer in zeitlichem Zusammenhang mit dem Feiertag am Tage vor oder nach dem Feiertag die geschuldete Arbeitsleistung nicht verrichtet. Nimmt aber der Arbeitnehmer am Tage nach dem Feiertag z. Zt. des betrieblich vorgesehenen Arbeitsbeginnes die Arbeit wieder auf und verrichtet er seine Arbeitsleistung von diesem Arbeitsbeginn an für einen unmittelbar dem Feiertag folgenden Zeitabschnitt des ersten Arbeitstages nach dem Feiertag ordnungsgemäß, so liegt ein Fernbleiben von der Arbeit nicht vor. Denn der Arbeitnehmer ist in einem solchen Fall unmittelbar nach dem Feiertag bei dem Beginn der nächsten betrieblichen Arbeitszeit an seinem Arbeitsplatz erschienen und hat die geschuldete Arbeit wieder aufgenommen. An der Tatsache, daß der Arbeitnehmer im Sinne des Gesetzes zur Regelung der Lohnzahlung an Feiertagen in einem solchen Falle der Arbeit nicht ferngeblieben ist, wird auch dann nichts geändert, wenn der Arbeitnehmer, nachdem er seine Arbeit pünktlich aufgenommen und zunächst während nicht unerheblicher Zeit dieses Arbeitstages auch ordnungsgemäß verrichtet hat, noch am gleichen Tage für einige Stunden seine Arbeit wieder einstellt. Es kommt also für die Anwendung des § 1 Abs. 2 des Gesetzes zur Regelung der Lohnzahlung an Feiertagen darauf an, ob der Arbeitnehmer bei Beginn des nächsten Arbeitstages seine Arbeit ordnungsgemäß wieder aufgenommen und zunächst auch während nicht unerheblicher, der Arbeitsaufnahme sich anschließender Zeit ordnungsgemäß verrichtet hat.

Von einem solchen Sachverhalt ist nach den tatsächlichen Feststellungen des Landesarbeitsgerichts auszugehen. Das Landesarbeitsgericht hat insbesondere nicht festgestellt, daß der Kläger zwar bei Arbeitsbeginn am 31. Mai, dem Tage nach Himmelfahrt, zur Arbeit erschienen ist, diese Arbeit aber nicht ordnungsgemäß verrichtet hat.

III. Der Ansicht der Revision, daß die Vorschrift des § 1 Abs. 2 des Gesetzes zur Regelung der Lohnzahlung an Feiertagen insoweit dem Schutze des Arbeitgebers dienen solle, als dieser den Feiertagslohn nur bei vollständiger Arbeit des Arbeitnehmers während der ganzen Arbeitszeit am Tage vor oder nach dem Feiertag zu zahlen habe, vermag der Senat nicht zu folgen. Versäumt der Arbeitnehmer die ersten Arbeitsstunden am Tage vor dem Feiertag und die letzten Arbeitsstunden am Tage nach dem Feiertag, so bestimmen sich die Rechtsfolgen eines solchen Verhältnisses nach allgemeinen arbeitsrechtlichen Grundsätzen. Als Rechtsfolge eines solchen Verhältnisses tritt aber nicht der Verlust des Anspruchs auf Feiertagsbezahlung nach § 1 Abs. 2 des Gesetzes zur Regelung der Lohnzahlung an Feiertagen ein.

17

1. § 1 Abs. 2 Feiertagslohnzahlungsgesetz Berlin gilt auch für Aushilfskräfte, die nur an dem Feiertag beschäftigt werden.

2. Berechnung des Zuschlages.

Feiertagslohnzahlungsgesetz Berlin § 1 Abs. 2.

I. Senat. Urteil vom 4. März 1960 i. S. B. (Bekl.) w. L. (Kl.) 1 AZR 276/59.

I. Arbeitsgericht Berlin. — II. Landesarbeitsgericht Berlin.

Der Kläger war am 17. Juni 1958 nur für diesen Tag als Aushilfskellner in der Gaststätte des Beklagten tätig. Der 17. Juni als Tag der Deutschen Einheit ist gesetzlicher Feiertag. Durch seine Arbeit an diesem gesetzlichen Feiertag verdiente der Kläger aus den von ihm bei der Bedienung der Gaststättenbesucher eingezogenen Bedienungsprozenten den Betrag von 21,08 DM.

Der Kläger ist der Ansicht, der Beklagte müsse ihm hierzu einen Zuschlag von weiteren 21,08 DM auf Grund des Berliner Gesetzes über die Lohnzahlung an Feiertagen vom 22. Juli 1950 gewähren. Er hat beantragt, den Beklagten zur Zahlung auf 21,08 DM zu verurteilen.

Das Arbeitsgericht hat den Beklagten zur Zahlung von 9,90 DM verurteilt. Das Landesarbeitsgericht hat, nachdem beide Parteien gegen das Urteil Berufung eingelegt hatten, die Berufung des Beklagten zurückgewiesen und auf die Berufung des Klägers der Klage in vollem Umfang stattgegeben. Die Revision des Beklagten blieb erfolglos.

Aus den Gründen:

I. Nach dem Berliner Gesetz über die Lohnzahlung an Feiertagen vom 22. Juli 1950 (§ 1 Abs. 1) hat der Arbeitgeber dem Arbeitnehmer den regelmäßigen Arbeitsverdienst zu zahlen, wenn ein gesetzlicher Feiertag auf einen Wochentag fällt und deshalb Arbeitszeit ausfällt. § 1 Abs. 1 bezieht sich sonach auf solche Arbeitsverhältnisse, die bereits vor dem Feiertag begründet waren und auch am Feiertag noch andauerten. Diese Vorschrift stellt den Grundsatz auf, daß die wegen des Feiertages ausfallende Arbeitszeit zu bezahlen ist, und regelt die Frage, wie dies zu geschehen hat.

§ 1 Abs. 2 bestimmt demgegenüber, welche Rechtsfolgen eintreten, wenn an einem Feiertag trotz der Feiertagsruhe gearbeitet wird:

Die Arbeit ist alsdann mit einem Zuschlag von 100 % zum normalen Arbeitsverdienst zu entlohnen. § 1 Abs. 2 regelt sonach den Fall, daß an dem gesetzlichen Wochenfeiertag ausnahmsweise tatsächlich doch gearbeitet wird. Beide Vorschriften betreffen sonach verschiedene Sachverhalte, § 1 Abs. 1 den der wegen des Feiertages ausfallenden Arbeit, § 1 Abs. 2 den der trotz der Feiertagsruhe geleisteten Arbeit.

II. Während die Vorinstanzen davon ausgegangen sind, daß die Regelung des § 1 Abs. 2 für alle Arbeitnehmer einschließlich der Aushilfskräfte und auch der Aushilfskräfte, die gerade nur an dem gesetzlichen Wochenfeiertag im Arbeitsverhältnis zu dem Arbeitgeber stehen und nur an diesem einen Tage für den Arbeitgeber arbeiten, anzuwenden sei, ist die Revision der Ansicht, aus dem Zusammenhang zwischen § 1 Abs. 1 und § 1 Abs. 2 ergebe sich, daß Aushilfskräfte, die nur für den Feiertag selbst beschäftigt würden, nicht unter die Regelung des § 1 Abs. 2 fallen könnten.

Der Ansicht der Revision vermag der Senat nicht beizutreten.

§ 1 Abs. 2 stellt es nach dem Wortlaut des Gesetzes nur auf die Tatsache der Arbeitsleistung an dem gesetzlichen Wochenfeiertag ab. Sie setzt zwar das Bestehen eines Arbeitsverhältnisses, auf Grund dessen Lohn geschuldet wird, voraus, gibt aber nicht zu erkennen, daß es sich um ein Arbeitsverhältnis handeln müsse, das bereits vor dem Feiertag bestanden habe, also nicht nur für den Tag des gesetzlichen Wochenfeiertages abgeschlossen sei. Im Hinblick auf die Fassung des Gesetzes, die es allein auf die Tatsache der Arbeitsleistung an dem gesetzlichen Wochenfeiertag abstellt, muß der Senat in Übereinstimmung mit seiner Entscheidung vom 7. September 1956, AP Nr. 2 zu § 1 Abs. 2 Feiertagslohnzahlungsgesetz Berlin, davon ausgehen, daß § 1 Abs. 2 auch zugunsten solcher Arbeitskräfte Anwendung findet, die nur als Aushilfskräfte an dem gesetzlichen Wochenfeiertag arbeiten, aber weder unmittelbar vorher noch unmittelbar nachher bei diesem Arbeitgeber im Arbeitsverhältnis stehen.

Entgegen der Ansicht der Revision folgt der Ausschluß der nur für den Wochenfeiertag eingestellten Aushilfskräfte von der Feiertagsregelung des § 1 Abs. 2 auch nicht daraus, daß in § 1 Abs. 1 von einem „regelmäßigen" Arbeitsverdienst gesprochen worden ist. Daraus kann nicht geschlossen werden, daß es sich auch im Falle des § 1 Abs. 2 um länger (nicht nur am Feiertage selbst) beschäftigte Arbeitnehmer handeln müsse, bei denen ein „regelmäßiger Arbeitsverdienst" ermittelt werden könne. Diese Auslegung der Revision scheitert schon daran, daß in § 1 Abs. 1 das Wort „regelmäßiger Arbeitsverdienst" gebraucht ist, während in § 1 Abs. 2 von einem „normalen Arbeitsverdienst" gesprochen wird. Der Wechsel im Ausdruck in den beiden Absätzen des § 1 kann zwar auf einer ungenauen Redaktion des Gesetzestextes beruhen. Im Hinblick auf die Verschiedenheit der Tatbestände in beiden Absätzen des § 1 und auch der Wortfassung kann aber nicht im Sinne der Revision zwingend aus dem Wort „regelmäßig" in § 1 Abs. 1 darauf geschlossen werden, daß auch im § 1 Abs. 2 die nur an dem Wochenfeiertag beschäftigten Arbeitnehmer nicht angesprochen seien. Der Senat muß vielmehr daran festhalten, daß § 1 Abs. 2 auch zugunsten der nur an dem Wochenfeiertag aushilfsweise beschäftigten Arbeitnehmer Anwendung findet.

III. Diese nur am Wochenfeiertag beschäftigten Aushilfskräfte haben sonach den Anspruch auf einen Zuschlag von 100 % zum „normalen Arbeitsverdienst".

Bei diesem Begriff ist es nicht auf den sogenannten Garantielohn der Kellner abzustellen, wie dieser tariflich festgelegt zu werden pflegt. Im vorliegenden Fall kommt eine tarifliche Regelung auf das Arbeitsverhältnis der Parteien unstreitig nicht zur Anwendung. Auf einen Durchschnittsverdienst kann es im Falle einer Aushilfskraft, die nur an dem gesetzlichen Feiertag beschäftigt wird, nicht abgestellt werden, denn ein solcher Durchschnittsverdienst kann nicht ermittelt werden. Eine Heranziehung des Arbeitsverdienstes ständig in dieser oder einer anderen vergleichbaren Gaststätte beschäftigter Kellner ist im Hinblick auf die Verschiedenheit der Verhältnisse und der Arbeitsleistung der einzelnen Kellner nicht möglich.

Es kann sonach bei dem nur an dem Wochenfeiertag beschäftigten Aushilfskellner nur auf den Verdienst abgestellt werden, den dieser Aushilfskellner an diesem einzigen Tag, an dem er überhaupt im Arbeitsverhältnis zu diesem Arbeitgeber gestanden hat, erzielt hat. Damit gewinnt für den nur am Feiertag selbst beschäftigten Aushilfskellner im Sinne des § 1 Abs. 2 der Begriff „normaler Verdienst" die Wertung „tatsächlich erzielter Verdienst".

Dem kann nicht entgegengehalten werden, daß der Umsatz in einer Gastwirtschaft an einem Feiertag besonders hoch sei und daß der Aushilfskellner durch diesen erhöhten Umsatz als Prozentempfänger ohnehin bevorteilt sei, weil er eine über dem Verdienst an anderen Tagen liegende Einnahme erziele. Diesem erhöhten Umsatz und der dadurch erhöhten Einnahme des Kellners an einem Wochenfeiertag entspricht auch eine erhöhte Dienstleistung des Prozentempfängers. Der feiertägliche erhöhte Verdienst des allein für den Feiertag eingestellten Aushilfskellners ist also der normale Verdienst eines solchen Aushilfskellners an einem solchen Wochenfeiertag, der durch die von ihm erbrachte Arbeitsleistung erzielt wird. Zu diesem normalen Verdienst muß der Zuschlag hinzutreten.

Die Höhe des Zuschlages bestimmt das Gesetz mit 100 %. Den Tarifpartnern ist es jedoch unbenommen, eine andere Regelung zu treffen. Sie könnten bei Aushilfskellnern, die nur für den Feiertag beschäftigt werden, einen Zuschlag ganz wegfallen lassen oder ihn gegenüber der gesetzlichen Regelung verkürzen. Eine solche tarifliche Regelung liegt aber hier nicht vor.

Sonach hat der Kläger einen Zuschlag von 100 % zu den verdienten Bedienungsprozenten zu erhalten.

18

1. Der Arbeitgeber, der vom Finanzamt wegen zu Unrecht nicht einbehaltener Lohnsteuer seines Arbeitnehmers in Anspruch genommen wird, kann vom Arbeitnehmer volle Erstattung der für diesen bezahlten Steuern verlangen (Beitritt zu den Urteilen des Zweiten Senates des Bundesarbeitsgerichts vom 27. März 1958 — BAG 6, 52 ff. = AP Nr. 5 zu § 670 BGB, AP Nr. 1, 2, 4 zu § 670 BGB, und des Vierten Senates des Bundesarbeitsgerichts vom 24. Oktober 1958 — BAG 7, 1 ff. = AP Nr. 7 zu § 670 BGB).

2. Die Fürsorgepflicht des Arbeitgebers schließt nach den zu Ziffer 1 genannten und vom erkennenden Senat ebenfalls gebilligten Urteilen des Bundesarbeitsgerichts die Pflicht ein, die Steuern seines Arbeitnehmers richtig zu berechnen. Eine schuldhaft falsche Berechnung der Steuern verpflichtet den Arbeitgeber zum Ersatz des dem Arbeitnehmer daraus entstehenden Schadens.

3. Kommt es zur Nachversteuerung von an sich steuerfreien Spesen durch die Steuerbehörde deshalb, weil es an den erforderlichen Belegen fehlt, so ist gegen den Arbeitgeber aus seiner erörterten Pflicht zur fehlerfreien Steuerverwaltung im vereinbarten, andernfalls im üblichen und zumutbaren Rahmen in Betracht zu ziehen, daß er die entsprechenden Belege sich geben lassen, sie sicherstellen und sie bereithalten muß. Der Arbeitnehmer muß bei der Zurverfügungstellung und Belegsicherung sowie an der Abwehr von Nachversteuerungsansinnen des Finanzfiskus mitwirken, weil er als der eigentliche Steuerschuldner auch insoweit das Steuerrisiko trägt. Diesbezügliche Verfehlungen des einen oder anderen Teiles sind nach Ursächlichkeit, Verschulden und nach den gesamten Umständen gegeneinander abzuwägen, und danach ist der Umfang der Erstattungspflicht des Arbeitnehmers an den Arbeitgeber zu bestimmen.

BGB §§ 670, 426 Abs. 1 Satz 1, §§ 242, 254, 276, 611; EStG § 38; LStDVO § 46; SteueranpassungsG § 7.

V. Senat. Urteil vom 17. März 1960 i. S. J. (Bekl.) w. N. Allg. Vers. AG (Kl.) 5 AZR 395/58.

I. Arbeitsgericht Hamburg. — II. Landesarbeitsgericht Hamburg.

1. Die Klägerin ist eine Versicherungsgesellschaft. Bei ihr war der Beklagte in der Zeit vom 18. Oktober 1950 bis 30. Juni 1952 im Angestelltenverhältnis als Generalagent und Direktor ihrer Bezirksdirektion in Oldenburg gegen Bruttogehalt, Umsatzvergütung und Reisespesenersatz beschäftigt.

Über seine Reisespesen legte der Beklagte der Klägerin monatliche Reisekostenrechnungen mit dem Vermerk vor „Vorstehende Rechnung habe ich nach der Instruktion geprüft und für richtig befunden", worauf dann seitens der Klägerin ohne besondere Kontrolle und Beanstandungen die entsprechenden Rechnungsbeiträge steuerfrei an den Beklagten angewiesen wurden.

Anläßlich einer Lohnsteuerüberprüfung der Klägerin durch das Finanzamt Oldenburg im November 1953 beanstandete das Finanzamt die vom Beklagten bei der Klägerin abgerechneten Reisespesen hinsichtlich einer Reihe der darin vom Beklagten in Ansatz gebrachten Tage- und Übernachtungsgelder, Kilometerentschädigungen und Familienheimfahrten mit der Begründung, derartige Aufwendungen seien vom Beklagten in einem größeren Umfang als tatsächlich geschehen und belegt in Ansatz gebracht und von der Klägerin als Spesen abgegolten worden. Das führte dazu, daß das Finanzamt einen Teil der dem Beklagten zugeflossenen Spesen als steuerpflichtiges Einkommen des Beklagten ansah und geltend machte, dafür habe die Klägerin für den Beklagten in den Jahren 1950—1952 zu wenig an Lohnsteuer, Kirchensteuer und Notopfer Berlin abgeführt, und zwar im Gesamtbetrag von 6345,28 DM. Das Finanzamt erließ deshalb am 18. Dezember 1953 einen entsprechenden Haftungsbescheid gegen die Klägerin. Auf den hiergegen am 15. Januar 1954 erhobenen Einspruch der Klägerin wurden die in dem Haftungsbescheid vom 18. Dezember 1953 geforderten Beträge durch Einspruchsbescheid des Finanzamts vom 13. November 1956 auf insgesamt 5698,73 DM neu festgesetzt. Diesen Nachforderungsbetrag zahlte die Klägerin an das Finanzamt. Von dem Haftungsbescheid, dem dagegen erhobenen Einspruch und dem Einspruchsbescheid hatte die Klägerin den inzwischen bei ihr ausgeschiedenen Beklagten schriftlich unterrichtet mit der Aufforderung, sich auch seinerseits bei der Finanzbehörde für die Steuerfreiheit der abgerechneten Spesen einzusetzen; das hat der Beklagte im wesentlichen nicht getan.

2. Mit ihrer Klage hat die Klägerin vom Beklagten Erstattung der von ihr verauslagten Steuernachforderung im Betrage von 5698,73 DM sowie Zahlung der Kosten des Einspruchsverfahrens im Betrage von 104,65 DM, weiter Zahlung von bis zum 31. Dezember 1956 aufgelaufenen kapitalisierten Zinsen von 6 % aus 5803,38 DM im Betrage von 512,62 DM und demgemäß Verurteilung des Beklagten zur Zahlung von insgesamt 6316,— DM nebst 6 % Zinsen von 5803,38 DM ab 1. Januar 1957 verlangt.

Der Beklagte hat zu seinem Klageabweisungsantrag behauptet, die Steuernachforderung des Finanzamtes sei der Sache nach unrichtig und unberechtigt gewesen. Das beruhe darauf, daß die Klägerin die für den Nachweis der Steuerfreiheit der Spesen erforderlichen Unterlagen nicht richtig bereitgehalten und deshalb anläßlich der stattgefundenen Steuerprüfung dem Finanzamt über die vom Beklagten in Ansatz gebrachten Aufwendungen nicht die erforderlichen Auskünfte und Nachweisungen habe geben können; die Klägerin habe die Steuerfreiheit der dem Beklagten gewährten Spesen auch durch entsprechende Pauschalvereinbarungen mit dem Finanzamt sichern können, was sie nicht getan habe. Auf diese Unterlassungen der Klägerin sei es zurückzuführen, daß ein Teil der dem Beklagten gewährten Spesen als nicht berechtigt behandelt und dafür Lohnsteuer etc. nachverlangt worden ist. Der Beklagte hat weiter behauptet, die Klägerin habe in dem Einspruchsverfahren seine Interessen — und zwar absichtlich — nicht sachgerecht verteidigt. Bei entsprechender zeitgerechter Unterrichtung durch die Klägerin sei er in der Lage gewesen, noch im Rechtsmittelverfahren seine eigenen Belege für die Steuerfreiheit der beanstandeten Spesen vorzulegen und damit die Steuernachveranlagung abzuwenden, was ihm aber durch die mangelnde Unterrichtung durch die Klägerin und auch durch deren Rechtsmittelverzicht abgeschnitten worden sei.

3. In den beiden Vorinstanzen ist der Beklagte in vollem Umfange unterlegen. Seine Revision führte zur Aufhebung und Zurückverweisung.

Aus den Gründen:

1. Die Klägerin hat von dem Beklagten mit der Klagesumme 4 Posten verlangt, nämlich:

a) Steuernachzahlung im Gesamtbetrage von 5698,73 DM,

b) Erstattung der Kosten des Einspruchverfahrens in Höhe von 104,65 DM,

c) bezifferte Zinsen aus Posten a) und b) für die Zeit bis zum 31. 12. 1956 in Höhe von 6 % = 512,62 DM,

d) laufende Zinsen von 5803,38 DM in Höhe von 6 % ab dem 1. Januar 1957.

Das Landesarbeitsgericht hat der Klägerin die gesamte Klagesumme zuerkannt, ohne dabei die soeben genannten vier verschiedenen Posten zu unterscheiden. Zur Begründung dieser seiner Entscheidung hat es lediglich folgendes ausgeführt: Selbst wenn in tatsächlicher Beziehung unterstellt werde, zu der Steuernachforderung in Höhe von 5698,73 DM sei es deshalb gekommen, weil die Klägerin dem Finanzamt gegenüber die erforderlichen Belege für die in Wahrheit gegebene Steuerfreiheit der dem Beklagten gewährten Spesen nicht beigebracht habe, und selbst wenn dahingestellt bleibe, ob die Klägerin in dem von ihr betriebenen Einspruchsverfahren die Interessen des Beklagten genügend wahrgenommen habe oder nicht, hafte der Beklagte deshalb, weil er sich trotz der ihm von der Klägerin gegebenen Kenntnis nach der Lohnsteuerprüfung selbst nicht genügend energisch um seine Belange gegenüber dem Finanzamt gekümmert habe. Das ergebe sich in rechtlicher Beziehung „in Beihalt" aus § 254 BGB und aus dem Gesichtspunkt von Treu und Glauben sowie aus § 426 BGB, ohne daß eine Verkennung der Steuergesetze durch das Arbeitsgericht ersichtlich sei und ohne daß es auf die von den Parteien angetretenen Beweise im übrigen ankomme.

Mit dieser schon auf den ersten Blick ungewöhnlichen Begründung, die jede rechtliche Überlegung darüber vermissen läßt, was Anspruchsgrundlage für die vier verschiedenen oben näher genannten Klagebegehren sein kann, läßt sich die angefochtene Entscheidung jedoch nicht halten.

2. a) Was den von der Klägerin verfolgten Lohnsteuererstattungsanspruch in Höhe von 5698,73 DM angeht, hat der Zweite Senat des Bundesarbeitsgerichts in den Urteilen

vom 27. März 1958 — 2 AZR 188/56 — AP Nr. 1 zu § 670 BGB,
vom 27. März 1958 — 2 AZR 291/57 — AP Nr. 2 zu § 670 BGB,
vom 27. März 1958 — 2 AZR 367/57 — AP Nr. 4 zu § 670 BGB,
vom 27. März 1958 — 2 AZR 221/56 — BAG 6, 52 ff. = AP Nr. 5 zu § 670 BGB.

im einzelnen näher ausgeführt, ein Lohnsteuererstattungsanspruch des Arbeitgebers gegen den Arbeitnehmer ergebe sich aus einem zwischen beiden bestehenden auftragsähnlichen Legalschuldverhältnis in entsprechender Anwendung von § 670 BGB in Verbindung mit § 426 Abs. 1 Satz 1 BGB. Der Vierte Senat des Bundesarbeitsgerichts ist in seinem Urteil vom 24. Oktober 1958 — 4 AZR 114/56 — BAG 7, 1 ff. = AP Nr. 7 zu § 670 BGB — dieser Annahme voll im Ergebnis, im wesentlichen auch in der Begründung sowie mit der zusätzlichen Begründung beigetreten, auch aus dem Arbeitsverhältnis selbst ergebe sich jedenfalls dann, wenn Bruttovergütung vereinbart sei, die Pflicht des Arbeitnehmers, dem Arbeitgeber die Steuern zu erstatten, die dieser für den Arbeitnehmer an das Finanzamt abführt. Die bisherigen Besprechungen dieser Urteile im Schrifttum sind ganz überwiegend der vom Bundesarbeitsgericht a.a.O. gegebenen Begründung und jedenfalls den von ihm vertretenen Ergebnis beigetreten; sie haben nur teilweise gegen die vom Bundesarbeitsgericht gegebene Begründung konstruktive, das Ergebnis aber nicht beeinflussende, Einzelbedenken erhoben (vgl. dazu im einzelnen: Dersch in AP Anm. zu Nr. 1 zu § 670 BGB; Stiller in AP Anm. zu Nr. 4 zu § 670 BGB; Trieschmann, BABl. 1959, 128, 129; Gast, Betrieb 1959, 488—490; Horst, SAE 1959, 32; Gros, AR-Blattei Stichwort: „Lohnsteuer", Anmerkungen zu Entscheidungen 6 und 8; Palme, BlfStR 1959, 171 ff.). Der erkennende Senat schließt sich der bisherigen Rechtsprechung des Bundesarbeitsgerichts im Ergebnis und auch in der Begründung vollinhaltlich an. Soweit Frey in AuR 1959, 376, 377, die Richtigkeit des vom Bundesarbeitsgericht vertretenen Ergebnisses mit einer Art „ungutem Gefühl" anzweifelt, sind aus seinen Ausführungen keine Gegenargumente der Sache nach zu entnehmen. Seine „unguten Gefühle" sind nur verständlich, wenn man der unsachlichen Wunschvorstellung Raum gibt, möglichst anderen und nicht sich selbst die Steuerlasten zuzudenken. Solchen Wunschvorstellungen kann gerechterweise aber kein Raum gegeben werden. Felix in AP Anm. zu Nr. 7 zu § 670 BGB hat bei seiner apodiktisch geäußerten Ansicht, der Ausgleichsanspruch des Arbeitgebers gegen den Arbeitnehmer bestimme sich in derartigen Fällen nach § 677 ff. BGB, die vom Bundesarbeitsgericht in den oben zitierten Urteilen vom 27. März 1958 eingehend erörterten Gegengründe schlechtweg unbeachtet gelassen. Es besteht daher keine Veranlassung, auf seine Ansicht erneut einzugehen. Die von Schnorr von Carolsfeld in AP Anm. zu Nr. 5 zu § 670 BGB geäußerten konstruktiven Bedenken gehen, wenn der Senat sie richtig versteht, an der Begründung, wie sie das Bundesarbeitsgericht a.a.O. vertreten hat, vorbei. Schnorr von Carolsfeld stellt auf § 426 Absatz 2 BGB und damit auf die Frage ab, ob ein Lohnsteueranspruch der öffentlichen Hand, der zweifellos öffentlich-rechtlicher Natur ist, bei Inanspruchnahme des Arbeitgebers für Steuerschulden des Arbeitnehmers kraft der in § 426 Abs. 2 BGB geregelten cessio legis auf den Arbeitgeber übergeht und von diesem vor den Arbeitsgerichten gegen den Arbeitnehmer verfolgt werden kann. Er übersieht aber dabei, daß der Zweite und Vierte Senat des Bundesarbeitsgerichts a.a.O. gar nicht von § 426 Absatz 2 BGB ausgegangen sind, sondern von dem davon ganz verschiedenen und zudem den Umfang einer cessio legis im Sinne von § 426 Absatz 2 BGB erst bestimmenden und beeinflussenden und daher primären Anspruch aus § 426 Abs. 1 Satz 1 BGB. Soweit namentlich Brigitte Gast a.a.O. glaubt, auf die Annahme eines auftragsähnlichen Legalschuldverhältnisses zwischen Arbeitgeber und Arbeitnehmer verzichten und die volle Ausgleichspflicht allein aus § 426 Abs. 1 Satz 1 BGB herleiten zu können, übersieht sie den Vorteil der vom Bundesarbeitsgericht angewandten Konstruktion der Annahme eines auftragsähnlichen Legalschuldverhältnisses. Diese stellt für die im Zweifel nur auf hälftige Erstattung lautende Regelung des § 426 Abs. 1 Satz 1 BGB eindeutig klar, daß volle Erstattungspflicht besteht. Dies besonders abzusichern ist angesichts der gerade zu diesem Komplex auftauchenden gegenteiligen — menschlich vielleicht verständlichen, aber sachfremden (vgl. Frey a.a.O.) — Wunschvorstellungen Vieler ein Gebot der Rechtssicherheit. Hinzukommt, daß die Einführung auftragsrechtlicher Regelungen sich hier der Sache nach geradezu aufdrängt. Denn das Auftragsrecht ist das Recht, das fast immer dann Platz greift, wenn Private für andere öffentlich-rechtliche, quasi öffentlich-rechtliche oder treuhänderische Funktionen erfüllen. Das Hauptanwendungsgebiet des Auftragsrechts liegt gerade dort, wo derartige Funktionen in Rede stehen (vgl. beispielsweise die Aufzählungen bei Palandt, BGB, 18. Aufl., 1959, § 662 Anm. 6 d).

b) Die demnach grundsätzlich bestehende Pflicht des Arbeitnehmers, dem Arbeitgeber die Steuern zu erstatten, für die der Arbeitgeber wegen seines Arbeitnehmers von der öffentlichen Hand in Anspruch genommen werden kann, gibt aber dann nicht ohne weiteres eine Anspruchsgrundlage für ein Erstattungsbegehren des Arbeitgebers gegen den Arbeitnehmer ab, wenn und soweit ein schuldhaftes Verhalten des Arbeitgebers dazu führt, daß das Finanzamt eine Steuerschuld des Arbeitnehmers annimmt, die in Wahrheit keine Steuerschuld war.

Wie der Zweite und Vierte Senat des Bundesarbeitsgerichts in den oben näher angeführten fünf Urteilen unter grundsätzlicher Billigung aller der oben ebenfalls genannten Besprecher ebenfalls ausgeführt haben, gehört es grundsätzlich zur Fürsorgepflicht des Arbeitgebers gegenüber seinem Arbeitnehmer, die Steuern seines Arbeitnehmers richtig zu berechnen und ordnungsgemäß abzuführen. Insoweit wird auf die eingehenden Begründungen der früheren Urteile verwiesen.

Diese Fürsorgepflicht des Arbeitgebers bei der Verwaltung und Erfüllung der Steuerschulden seines Arbeitnehmers umfaßt, was im vorliegenden Rechtsstreit allein interessiert, auch die Pflicht, daß der Arbeitgeber es, soweit es vertraglich vereinbart oder den Umständen nach üblich, ihm möglich und zumutbar ist, nicht dahin kommen lassen darf, daß Spesen, die in Wahrheit steuerfrei oder steuervergünstigt sind, von der Finanzbehörde deshalb als steuerpflichtig behandelt werden, weil die mit den Spesen abgegoltenen Aufwendungen des Arbeitnehmers nicht genügend belegt sind. Das Phänomen des „steuerfreien Spesenmachens" ist als Lebenstatsache so naheliegend, daß sowohl der Arbeitgeber, aber auch der Arbeitnehmer, mit der jederzeitigen Möglichkeit rechnen müssen, die Finanzbehörde werde steuerfreie Spesengewährungen an Arbeitnehmer kritisch durchprüfen und entsprechende Belege für die Richtigkeit der mit den Spesen abgegoltenen Aufwendungen verlangen. Beide müssen daher auch damit rechnen, es könne sich die Situation ergeben, daß in Wahrheit zu Recht steuervergünstigt gelassene Spesensätze von der Finanzbehörde mangels geeigneter Belege nicht als steuerfrei oder steuervergünstigt anerkannt und daher nachversteuert werden.

Dem muß der Arbeitgeber — im vereinbarten, anderenfalls kraft seiner Fürsorgepflicht im üblichen, ihm möglichen und zumutbaren Rahmen — dadurch Rechnung tragen, daß er um die entsprechenden Belege und Nachweise besorgt ist und sie für eine Nachprüfung durch die Finanzbehörde bereithält. Tut er das schuldhaft nicht, und ist eine solche Unterlassung des Arbeitgebers ursächlich für die Nachversteuerung von Spesen, so verletzt er damit seine Fürsorgepflicht als Arbeitgeber und ist er für den dadurch dem Arbeitnehmer entstehenden Schaden verantwortlich.

Aber den Arbeitnehmer trifft in solchen Fällen eine recht erhebliche Mitwirkungspflicht. Jeder Steuerpflichtige trägt das Risiko.

daß an sich steuerfreie Beträge mangels geeigneter Belege von der Finanzbehörde als steuerpflichtig behandelt werden. Dieses Risiko trägt auch der Arbeitnehmer, weil er der eigentliche Steuerschuldner ist. Das macht ihm im Verhältnis zu seinem Arbeitgeber, der für ihn treuhänderisch und kraft öffentlichen Auftrages als Steuereinzugsstelle tätig wird, zur Pflicht, alles Vereinbarte, anderenfalls alles ihm Mögliche und Zumutbare zu tun, um aus diesem Anlaß drohende Nachversteuerungen abzuwenden. Das gilt sowohl für den Fall, daß der Arbeitgeber das von ihm in dieser Beziehung zu Verlangende getan hat, wie für den Fall, daß er das nicht getan hat. Das folgt der Sache nach § 242 BGB, der, wie § 254 BGB als Konkretisierung von § 242 BGB beweist, auch Platz greift, wenn der andere Teil pflichtwidrig handelt. Entspricht ein Arbeitnehmer diesen Pflichten nicht, so trifft ihn insoweit das Steuerrisiko, und er muß die aus der Nachversteuerung in solchen Fällen sich ergebenden Folgen mittragen; dabei ist dann in entsprechender Anwendung von § 254 BGB gegeneinander abzuwägen, ob und inwieweit nach Ursächlichkeit, Verschulden und den gesamten Umständen die erörterte Verletzung der Belegsicherung durch den Arbeitgeber und die erörterte Verletzung der Abwehrpflichten des Arbeitnehmers zu einer alleinigen Haftung des einen oder des anderen Teiles oder zu einer nur quotalen Erstattungspflicht des Arbeitnehmers führt.

c) Für den vorliegenden Rechtsstreit ist nun völlig unaufgeklärt, wie es im einzelnen zu der hier in Rede stehenden streitigen Nachversteuerung gekommen ist. Nach der Darstellung der Klägerin handelt es sich möglicherweise um völlig zu Recht erfolgte Nachversteuerungen, für die der Beklagte nach dem oben zu Ziffer 2 a dieser Entscheidungsgründe Gesagten in vollem Umfange erstattungspflichtig ist. Nach der Darstellung des Beklagten handelt es sich um Nachversteuerungen, die wegen Nichtbelegbarkeit der Steuerfreiheit entstanden sind. Würde das zutreffen, so wäre, je nachdem inwieweit es dabei einerseits die Klägerin an der erforderlichen Belegsicherung und andererseits der Beklagte an der erforderlichen Mithilfe bei der Abwehr des Nachversteuerungsansinnens des Finanzfiskus hat fehlen lassen, nach dem oben zu Ziffer 2 b dieser Entscheidungsgründe Gesagten im einzelnen zu prüfen, inwieweit die Klägerin keine Erstattung verlangen kann und inwieweit der Beklagte das volle oder quotale Steuerrisiko trägt. Diese Prüfung kann nicht dadurch umgangen werden, daß, wie es das Landesarbeitsgericht getan hat, ein volles Verschulden der Klägerin für die geschehene Nachversteuerung einfach unterstellt und demgegenüber das Mitverschulden des Beklagten einfach als überwiegend bezeichnet wird. Denn damit wird eine gerechte Abwägung im einzelnen unmöglich gemacht, die nach dem zu Ziffer 2 b dieser Entscheidungsgründe Gesagten im einzelnen feststellen muß, inwieweit die Klägerin es an dem sich Gebenlassen der Belege und deren Sicherung und der Beklagte an der Zurverfügungsstellung und der sonstigen Abhilfemitwirkung hat fehlen lassen. Da bei den pauschalen und durch keine konkreten Tatsachenabwägungen gestützten Überlegungen Abwägungsfehler jeder Proportion möglich erscheinen müssen, führt das zur Aufhebung des angefochtenen Urteils und gemäß § 565 Abs. 1 und Abs. 3 Ziffer 1 ZPO zur Zurückverweisung der Sache an das Landesarbeitsgericht, soweit es sich um den Posten 1 der Klage handelt.

3. a) Für die fernere Verhandlung und Entscheidung dieses Streitpostens ist vorstehend im wesentlichen gesagt, was das Landesarbeitsgericht zu beachten haben wird. Zu weiteren Hinweisen eignet sich der in tatsächlicher Beziehung völlig unaufgeklärte Rechtsstreit nicht. Vielleicht wird das Landesarbeitsgericht noch zu beachten haben, ob die Parteien — sei es ausdrücklich oder konkludent oder kraft betrieblicher Übung — über die Tragung eines Spesensteuerrisikos der hier in Rede stehenden Art eine vertragliche Absprache dahin getroffen haben, daß es zu Lasten der einen oder anderen Partei geht.

b) Für die übrigen oben zu 1 b—d dieser Entscheidungsgründe dargestellten drei Streitposten hat das Landesarbeitsgericht weder irgendwelche Tatsachenfeststellungen getroffen, noch hat es ihnen eine rechtliche Würdigung angedeihen lassen. Ihre sachliche Berechtigung hängt mit der Berechtigung des Lohnsteuererstattungsverlangens untrennbar zusammen. Auch insoweit muß daher das angefochtene Urteil aufgehoben und die Sache zur anderweiten Verhandlung und Entscheidung an die Vorinstanz zurückverwiesen werden. Für den Streitposten zu 2 — Kosten des Einspruchsverfahrens — erscheinen für die fernere Behandlung taugliche Hinweise erst möglich, wenn feststeht, wie es im einzelnen zur Nachversteuerung kam.

Wegen der beiden Zinsposten wird das Landesarbeitsgericht gegebenenfalls zu erörtern haben, ob die Voraussetzungen der §§ 288 Abs. 1, 291 BGB dem Grunde und der Höhe nach gegeben sind.

19

1. Es ist der Sinn allgemein gefaßter Normen, durch Verwendung von Oberbegriffen Tatbestände umfassend zu regeln, die wegen ihrer Vielseitigkeit nicht kasuistisch erfaßt werden können, in ihren Einzelheiten nicht bekannt sind oder auch erst später auftreten.

2. Die Vergütungsordnung der Anl. 1 zur TO.A erfaßt in den Vergütungsgruppen IV bis X sowohl den Bürodienst als auch den Registraturdienst in allen Schwierigkeitsgraden erschöpfend.

3. Nur wenn ein unter die TO.A fallendes Arbeitsverhältnis in seinen Tätigkeitsmerkmalen von der Vergütungsordnung der Anlage 1 zur TO.A nicht erfaßt wird, kommt eine Lückenausfüllung in Betracht.

TO.A Anl. 1 VergGr. VII.

IV. Senat. Urteil vom 23. März 1960 i. S. L. NRW. (Bekl.) w. B. (Kl.) 4 AZR 61/58.

I. Arbeitsgericht Düsseldorf. — II. Landesarbeitsgericht Düsseldorf.

Die Klägerin ist seit dem 1. November 1954 im „Zentralregister“ des Landeskriminalamtes des beklagten Landes beschäftigt. Vor ihrem Arbeitsplatz befinden sich 2 Drehständer, auf denen in schmalen Sichtstreifen zehntausende von Personen, die einmal kriminalpolizeilich in Erscheinung getreten sind, in alphabetischer Reihenfolge registriert sind. Außer den Namen und Geburtsdaten ist — teilweise in symbolischen Zeichen — vermerkt, ob und welche Vorgänge oder Unterlagen über die verzeichneten Personen im Landeskriminalamt vorliegen. Bei diesen Unterlagen handelt es sich vor allem um Personenakten, Fingerabdrücke, Fahndungsersuchen sowie Listen und sonstige Vorgänge über Strafanstaltsinsassen, Vermißte und unbekannte Tote, Hersteller und Verbreiter von Falschgeld, Rauschgiftsüchtige und Rauschgifthändler.

Die Klägerin hat täglich etwa 500 bis 600 Sichtstreifen neu einzuordnen. Sie hat ferner täglich etwa 500 bis 800 Auskünfte aus dem Register zu geben. Dabei vermerkt sie auf den bei ihr durchlaufenden Vorgängen, ob und welche Unterlagen über die in dem einzelnen Vorgang bezeichnete Person beim Landeskriminalamt vorhanden sind. Bei diesen Vorgängen handelt es sich u. a. um Fahndungskarten, polizeiliche Meldeformulare, Einlieferungsanzeigen von Strafanstalten, Anträge auf Erteilung von Waffenscheinen, Wandergewerbescheinen, Führungszeugnissen oder Reisepässen, bei denen im Wege der Amtshilfe für die ausstellenden Behörden festzustellen ist, ob der Antragsteller etwa kriminalpolizeilich in Erscheinung getreten ist.

Die weitere Bearbeitung der Vorgänge liegt nicht bei der Klägerin, sondern bei den jeweils zuständigen „Sachgebieten“. Nur in Fahndungsangelegenheiten gibt die Klägerin bei Telefonanrufen, z. B. eines Polizeireviers, selbständig Auskunft anhand der Fahndungs- oder Haftunterlagen, die in besonderen Karteien untergebracht sind und von ihr zu diesem Zweck herausgesucht werden. Ebenso gibt sie auf persönliche Anfragen von Beamten und Angestellten ihrer Dienststelle Auskünfte und Hinweise auf vorhandene Unterlagen und Vorgänge.

Die Klägerin, die ein Gehalt nach der VergGr. VIII TO.A bezieht, ist der Meinung, ihre Tätigkeit erfülle die Merkmale der VergGr. VII TO.A. Als Teilbetrag des Gehaltsunterschiedes zwischen beiden Vergütungsgruppen für die Zeit seit dem 1. Januar 1956 fordert sie mit der Klage Zahlung von 300,— DM nebst 4 v. H. Zinsen seit dem 26. März 1957.

Der Beklagte hat bestritten, daß die Tätigkeit der Klägerin den Merkmalen der VergGr. VII TO.A entspreche.

Das Arbeitsgericht hat die Klage abgewiesen, das Landesarbeitsgericht hat nach dem Klageantrag erkannt. Die Revision des Beklagten führte zur Klageabweisung.

Aus den Gründen:

Das Landesarbeitsgericht hält den Anspruch der Klägerin auf die Vergütung nach der VergGr. VII TO.A für begründet. Es führt aus, die von der Klägerin geleistete Arbeit entspreche zwar dem Buchstaben nach den Tätigkeitsmerkmalen der VergGr. VIII TO.A (erste Fallgruppe). Die Klägerin erbringe nämlich „ständig wiederkehrende Arbeiten in Anlehnung an ähnliche Vorgänge ohne Anleitung". Ihre Tätigkeit könnte auch mit der Führung einer nach technischen Merkmalen geordneten Kartei verglichen werden. Die von ihr angeführten drei Runderlasse des Innenministers über das kriminalpolizeiliche Nachrichten- und Fahndungswesen und den allgemeinen kriminalpolizeilichen Meldedienst hätten keine so große unmittelbare Bedeutung für ihre laufende Arbeit, daß deren Kenntnis als „gründliche Fachkenntnisse" im Sinne der Tätigkeitsmerkmale der VergGr. VII TO.A (erste Fallgruppe) gewertet werden könnte.

Das Landesarbeitsgericht meint jedoch, die Tätigkeit der Klägerin sei im Wege der „ergänzenden Lückenausfüllung" in die VergGr. VII TO.A einzureihen. Es sei zu berücksichtigen, daß zu der Zeit, als man die Tätigkeitsmerkmale der Vergütungsordnung der TO.A formuliert habe, eine so durchrationalisierte Büroorganisation noch nicht erdacht gewesen sei. Auch sei die Qualität der Arbeitsleistung der Klägerin, die sich aus der mit ihrer Tätigkeit verbundenen Verantwortung ergebe, gegenüber der Arbeitsleistung von Angestellten, die üblicherweise die Vergütung nach Gruppe VIII TO.A erhielten, erheblich höher zu bewerten. Wesentliches Merkmal ihrer Tätigkeit sei nicht, daß die Klägerin eine Kartei oder ein Register führe, sondern daß sie, gewissermaßen als Hilfssachbearbeiterin, zu jedem ihr zugeteilten Vorgang verantwortlich feststelle, ob und gegebenenfalls welche Unterlagen oder Aufzeichnungen über eine bestimmte Person vorhanden seien. Damit liege ihr ein wesentlicher Anteil an der den kriminalpolizeilichen Nachrichtenstellen obliegenden Ermittlungstätigkeit ob. Ihre Aufgabe bestehe zwar, rein äußerlich gesehen, in der vorschriftsmäßigen Einordnung von täglich 500 bis 600 Sichtstreifen und in der Anbringung von Vermerken auf den ihr täglich zugeleiteten 500 bis 800 Eingängen. Die Verantwortung, die ihrer Tätigkeit das Gepräge gebe, gehe aber über die einer Kartei-Hilfskraft allgemein obliegenden Aufgaben weit hinaus und sei eine sachliche auf dem Gebiet der kriminalpolizeilichen Personenermittlung und -fahndung. Von der Genauigkeit ihrer Arbeit hänge im wesentlichen der relative Ausnutzungsgrad der vorhandenen kriminalpolizeilichen Unterlagen ab.

Hätte man beim Erlaß der TO.A an eine solche Tätigkeit gedacht, wäre sie nach Meinung des Landesarbeitsgerichts nicht in die Gruppe der „Hilfskräfte" (VergGr. VIII), sondern in die der „Hilfssachbearbeiter" (VergGr. VII) einzureihen gewesen. Im Gegensatz zu den Tätigkeitsbeispielen der VergGr. VIII TO.A, die als „Hilfskräfte mit schwierigerer Tätigkeit" zu charakterisieren seien, enthielten nämlich die Tätigkeitsmerkmale der VergGr. VII TO.A durchweg das Erfordernis gründlicher Fachkenntnisse oder einer diese in der Regel vermittelnden Ausbildung, wobei solche Fachkenntnisse auch in gewissem Ausmaße selbständig zu betätigen seien. Das rechtfertige die Allgemeinbezeichnung „Hilfssachbearbeiter" für die in die VergGr. VII TO.A einzureihenden Angestellten. Sei auch für die Zuordnung zur einer bestimmten Vergütungsgruppe die Erfüllung der für sie vorgesehenen Tätigkeitsmerkmale im Einzelfalle entscheidend, so sei eine solche Allgemeinbezeichnung doch jedenfalls dann von Wert, wenn wie hier die Einreihung im Wege der Lückenausfüllung vorgenommen werden müsse.

Die Klägerin arbeite, so schließt das Landesarbeitsgericht aus seinen Feststellungen, als eine solche Hilfssachbearbeiterin. Die von ihr geforderten gründlichen Fachkenntnisse bestünden nicht so sehr in der Kenntnis papierener Vorschriften, sondern in dem umfassenden Überblick über das gesamte Aufgabengebiet der Kriminalpolizei und das Ineinandergreifen der Arbeit der einzelnen „Sachgebiete", die sie haben müsse, wenn sie ihrer Aufgabe zufriedenstellend nachkommen solle. Daß sich die Klägerin die notwendigen gründlichen Kenntnisse in ihrer praktischen Tätigkeit auch ohne formale Vorbildung erworben habe, sei durch die Arbeitsplatzbesichtigung bewiesen.

Diese Bewertung der Tätigkeit der Klägerin im angefochtenen Urteil beruht auf Rechtsirrtum.

Irrig ist zunächst die Meinung des Landesarbeitsgerichts, die Einreihung der Klägerin in die Vergütungsgruppen der TO.A sei im Wege der Lückenausfüllung vorzunehmen. Eine Lückenausfüllung kommt nur dann in Betracht, wenn ein unter die Tarifordnung fallendes Arbeitsverhältnis in den Tätigkeitsmerkmalen der Vergütungsordnung nicht erfaßt ist. Das trifft hier nicht zu. Zweifelhaft kann allenfalls sein, ob die Tätigkeit der Klägerin dem Bürodienst oder dem Registraturdienst zuzuordnen ist. Etwas anderes zieht auch das Landesarbeitsgericht nicht in Betracht. Die Vergütungsordnung der TO.A erfaßt aber in den Vergütungsgruppen IV bis X sowohl den Bürodienst wie den Registraturdienst in allen Schwierigkeitsgraden erschöpfend. Für eine Lückenausfüllung bleibt daher kein Raum, wenn eine Tätigkeit dem Büro- oder Registraturdienst zuzuordnen ist; sie würde zu einer unzulässigen Veränderung des Tarifinhalts durch Aufstellung neuer Tätigkeitsmerkmale führen.

Eine Abweichung von den Tarifnormen rechtfertigt sich insbesondere nicht dadurch, daß die zu bewertende Tätigkeit in der ausgeübten konkreten Gestaltung zur Zeit des Erlasses der TO.A noch unbekannt war. Denn es ist gerade der Sinn allgemein gefaßter Normen, durch Verwendung von Oberbegriffen Tatbestände umfassend zu regeln, die wegen ihrer Vielgestaltigkeit nicht kasuistisch erfaßt werden können, in ihren Einzelheiten nicht bekannt sind oder auch erst später auftreten.

Ebensowenig darf das Gericht mittels einer vermeintlichen Lückenausfüllung vom Tarifinhalt abweichen, wenn eine Tätigkeit sich durch Umstände, die die Tarifnorm nicht besonders bewertet, aus den Tätigkeitsmerkmalen einer Vergütungsgruppe herauszuheben scheint. Wenn der Tarif davon absieht, gewisse Umstände bei der Vergütung einer Tätigkeit besonders zu bewerten, so darf dem Arbeitnehmer nicht wegen solcher Umstände eine höhere Vergütung zugesprochen werden, als der Tarif sie vorsieht. Beispielsweise kann auch mit einer mehr oder weniger mechanischen Tätigkeit — etwa der Postabfertigung, dem Lochen von Lochkarten oder Botendiensten — eine große Verantwortung insofern verbunden sein, als von der richtigen Ausführung solcher Dienste für den Arbeitgeber oder für Dritte schwerwiegende Folgen abhängen können. Das führt aber im Einzelfalle nicht zu einer Höherbewertung der Tätigkeit, wenn der Tarif es nur auf die Schwierigkeit der Leistung, nicht aber auf die mit der Tätigkeit verbundenen Verantwortung abstellt. Ebenso steht der Klägerin keine höhere Vergütung zu, wenn sie nur die Tätigkeitsmerkmale der VergGr. VIII TO.A erfüllt, mit ihrer Tätigkeit aber eine höhere Verantwortung verbunden ist, als sie im allgemeinen den unter die VergGr. VIII fallenden Tätigkeiten zukommt. Denn in den allein in Betracht kommenden ersten beiden Fallgruppen der VergGr. VII TO.A ist ebenso wie in den entsprechenden Merkmalen der VergGr. VIII nur auf den Grad der Schwierigkeit, nicht aber auf die möglichen Auswirkungen der Tätigkeit abgestellt. Auch die vom Landesarbeitsgericht betonte Genauigkeit in der Arbeit, die von der Klägerin gefordert wird, kann zu keiner besseren Bewertung führen als derjenigen, die sich aus den tariflichen Tätigkeitsmerkmalen ergibt. Denn Zuverlässigkeit und Gewissenhaftigkeit wird bei den Tätigkeiten aller Schwierigkeitsgrade gleichermaßen erwartet. Ebensowenig ist die Quantität des Arbeitspensums in den in Betracht kommenden Fallgruppen zum Bewertungsmerkmal gemacht. Wenn das Landesarbeitsgericht meint, das der Klägerin aufgebürdete Arbeitspensum sei kaum zu bewältigen und müsse früher oder später zur Erschöpfung der Nervenkraft der Klägerin und alsdann zu Fehlleistungen führen, so ist hier nicht zu erörtern, ob die Forderung eines überhöhten Arbeitspensums vom Arbeitnehmer abgelehnt werden kann oder eine Verletzung der Fürsorgepflicht des Arbeitgebers darstellt; jedenfalls begründet die Leistung eines ungewöhnlich großen Arbeitspensums nicht den Anspruch auf das Gehalt nach einer höheren Vergütungsgruppe der TO.A. Auch wenn durch Mechanisierung oder sonstige Rationalisierung der Arbeitserfolg steigt, andererseits aber die Arbeitskraft des Angestellten in erhöhtem Maße, insbesondere durch stärkere nervliche Belastung, beansprucht wird und deshalb die tarifliche Vergütung nicht mehr angemessen erscheint, ist es allein Sache der Tarifpartner, solchen im Tarif nicht bewerteten Umständen durch Neugestaltung der tariflichen Normen Rechnung zu tragen. Eine solche Veränderung des Tarifinhalts darf aber nicht im Wege einer ergänzenden Rechtsfindung herbeigeführt werden.

Sind somit die Voraussetzungen für eine Lückenausfüllung nicht gegeben, so bedarf es keiner weiteren Erörterung, ob das Landesarbeitsgericht die bei einer Lückenausfüllung zu beachtenden Grundsätze verletzt hat, indem es aus den verschiedenen Fallgruppen für die Vergütungsgruppen VII und VIII TO.A Allgemeinbegriffe („Hilfssachbearbeiter" bzw. „Hilfskraft") ableitet, während die einzelnen Fallgruppen jeder Vergütungsgruppe die verschiedenen Arten von Tätigkeiten jeweils für sich besonders erfassen (BAG 1, 85 ff.; AP Nr. 20 zu § 3 TO.A) und bei einer sinngemäßen Lückenausfüllung die Einreihung danach vorzunehmen wäre, wie im Tarifgefüge der TO.A artverwandte und deshalb vergleichbare Tätigkeiten bewertet sind (BAG 4, 17 [19]; BAG AP Nr. 20 zu § 3 TO.A).

III. Somit hängt der Erfolg der Klage davon ab. ob die von der Klägerin überwiegend ausgeübte Tätigkeit die in der VergGr. VII TO.A aufgestellten Merkmale unmittelbar erfüllt. Das Landesarbeitsgericht verneint das, indem es ausführt, daß die Arbeit der Klägerin den Merkmalen der ersten Fallgruppe der VergGr. VIII TO.A entspreche; die Klägerin erbringe nämlich ständig wiederkehrende Arbeiten in Anlehnung an ähnliche Vorgänge, auch könne ihre Tätigkeit mit der Führung einer nach technischen Merkmalen geordneten Kartei verglichen werden.

Zu Recht hat sich das Landesarbeitsgericht aber nicht mit der Feststellung begnügt, daß die Tätigkeit der Klägerin die Merkmale der ihr vom Beklagten gewährten VergGr. VIII TO.A erfülle. Denn die Entscheidung über den Klageanspruch erfordert es, daß der Tatbestand an den Normen für diejenige Vergütungsgruppe gemessen wird, die die Klägerin beansprucht. Die Tätigkeit der Klägerin ist auch nicht etwa in den Merkmalen der VergGr. VIII so speziell erfaßt, daß deshalb allgemeinere Merkmale einer höheren Gruppe außer Betracht bleiben müßten.

In der VergGr. VII TO.A sind nun im Gegensatz zur VergGr. VIII Bürodienst und Registraturdienst in besonderen Fallgruppen geregelt. Für beide Zweige werden „gründliche Fachkenntnisse" gefordert, jedoch sind die hierfür jeweils gegebenen Klammerdefinitionen verschieden. Für Büroangestellte (erste Fallgruppe) sind „nähere Kenntnisse von Gesetzen, Verwaltungsvorschriften und Tarifbestimmungen usw. ihres Aufgabenkreises" erforderlich, für Registraturangestellte (zweite Fallgruppe) „eingehende Kenntnisse im Geschäftsbereich, in der Weiterführung und im Ausbau einer Registratur".

Das Landesarbeitsgericht hat, obwohl es die Tätigkeit der Klägerin mit der Führung einer nach technischen Merkmalen geordneten Kartei vergleicht, nur geprüft, ob von der Klägerin solche Fachkenntnisse verlangt werden, wie sie bei Büroangestellten in der VergGr. VII TO.A vorausgesetzt werden; es führt aus, die Kenntnisse der von der Klägerin angeführten drei Runderlasse könnten nicht als „gründliche Fachkenntnisse" im Sinne der Merkmale der ersten Fallgruppe dieser Vergütungsgruppe gewertet werden. Später, im Zusammenhang mit der abzulehnenden Lückenausfüllung, heißt es im angefochtenen Urteil, die von der Klägerin geforderten gründlichen Fachkenntnisse bestünden nicht so sehr in der Kenntnis „papierener Vorschriften", sondern in dem umfassenden Überblick über das gesamte Aufgabengebiet der Kriminalpolizei und das Ineinandergreifen der Arbeit der einzelnen Sachgebiete. Es kann dahingestellt bleiben, ob unter den in dieser Fallgruppe von den Büroangestellten geforderten Kenntnissen nur Kenntnisse von irgendwelchen schriftlich niedergelegten

Vorschriften zu verstehen sind, oder ob unter Umständen auch durch praktische Tätigkeit erworbene Kenntnisse des Aufbaus einer Verwaltung und der Aufgaben ihrer Teilgebiete genügen können. Denn die Tätigkeit der Klägerin fällt schon deshalb nicht unter die erste Fallgruppe der VergGr. VII TO.A, weil sie nicht als Bürodienst, sondern als Registraturdienst anzusehen sind.

Das gilt zunächst für die der Klägerin übertragene Führung des Sichtstreifenregisters für Personen mit den Anfangsbuchstaben A bis F. Es trifft aber auch für die ihr weiter obliegende Erteilung von Auskünften aus dem Register zu. Denn nach den Feststellungen des Landesarbeitsgerichts hat die Klägerin die ihr zugeleiteten Vorgänge nicht zu bearbeiten. Sie hat nur festzustellen, ob die Person, die der Vorgang betrifft, im Register verzeichnet ist. Ist es nicht der Fall, so vermerkt die Klägerin dies auf dem Vorgang. Ist die Person im Register aufgeführt, so vermerkt die Klägerin auf dem Vorgang, was über das Vorhandensein von Unterlagen über diese Person in dem Register verzeichnet ist. Die Klägerin gibt also jeweils nur Auskunft über den Inhalt des von ihr geführten Sichtstreifenregisters. Ihre Tätigkeit ist dabei keine andere als die eines Karteiführers, der das Vorhandensein einer Karteikarte festgestellt und von der gefundenen Karte ganz oder auszugsweise eine Abschrift erteilt. Dabei muß die Klägerin die in dem Register zur Raumersparnis verwendeten Abkürzungen und Verschlüsselungen durch Zahlen kennen (z. B. ZF = Zehnfingerabdruck vorhanden; Zahl 6 = sitzt in Haft).

Diese Tätigkei erfordert nicht die bei Registraturangestellten in der VergGr. VII TO.A vorausgesetzten gründlichen Fachkenntnisse, nämlich eingehende Kenntnisse im Geschäftsbereich, in der Weiterführung und im Ausbau einer Registratur. Dabei mag dahingestellt bleiben, ob die Klägerin eingehende Kenntnisse im Geschäftsbereich im Sinne dieser Tarifnorm besitzt und benötigt; insofern steht nämlich die Feststellung des Landesarbeitsgerichts, die Klägerin müsse einen umfassenden Überblick über das gesamte Aufgabengebiet der Kriminalpolizei und das Ineinandergreifen der Arbeit der einzelnen Sachgebiete haben, im Widerspruch zu den Feststellungen über das, was die Klägerin auszuführen hat. Jedenfalls benötigt die Klägerin keine eingehenden Kenntnisse im Ausbau einer Registratur. Sie hat lediglich die ihr zugehenden Sichtstreifen, die von ihr nicht geschrieben werden und auf deren Inhalt sie keinen Enfluß hat, in dem alphabetisch-phonetisch geordneten Namensregister einzuordnen und über das, was auf den Sichtstreifen verzeichnet ist, Auskunft zu erteilen.

Auch soweit die Klägerin auf persönliche oder fernmündliche Anfragen Auskunft erteilt, kann ihre Tätigkeit nicht anders beurteilt werden. Zum

Teil betreffen diese Auskünfte ebenso wie die Vermerke auf den der Klägerin täglich zugehenden Vorgängen den Inhalt der Sichtstreifen. Soweit die Klägerin in Fahndungsangelegenheiten mündliche Auskünfte erteilt, benutzt sie wiederum nur Karteien, deren Inhalt sie nicht auf seine Richtigkeit nachzuprüfen hat; diese Art von Auskünften nimmt die Klägerin im übrigen nur zu einem geringen Teil in Anspruch, wie sich daraus ergibt, daß nach den Feststellungen des Landesarbeitsgerichts schon die Erteilung der schriftlichen Auskünfte neben der Ordnung der Sichtstreifen mengenmäßig kaum zu bewältigen ist.

Somit steht der Klägerin ein Anspruch auf die Vergütung nach VergGr. VII TO.A nicht zu.

20

Der Anspruch auf einen Krankengeldzuschuß im Sinne des § 1 ArbkrankhG setzt voraus, daß die Krankheit des Arbeiters seine Arbeitsunfähigkeit zur Folge hat. Eine Krankheit, die ohne Arbeitsunfähigkeit nur dadurch zutage tritt, daß Krankenhilfe oder zur Abwendung drohender Schäden ein Heilverfahren notwendig wird, löst den Anspruch auf einen Krankengeldzuschuß nicht aus.

ArbKrankhG § 1; RVO § 182.

II. Senat. Urteil vom 24. März 1960 i. S. Schw. (Kl.) w. F. (Bekl.) 2 AZR 208/58.

I. Arbeitsgericht Hameln. — II. Landesarbeitsgericht Hannover.

Der Kläger war im Betrieb der Beklagten als Maurer beschäftigt. Auf Veranlassung der Landesversicherungsanstalt Hannover wurde er, ohne krankgeschrieben zu sein, für die Zeit vom 21. September bis zum 19. Oktober 1957 nach Bad O. zur Kur geschickt mit der Begründung, daß er in seiner Gesundheit ernstlich gefährdet sei. Im Anschluß an die Kur wurde der Kläger arbeitsunfähig krankgeschrieben, und zwar vom 20. Oktober bis zum 31. Oktober 1957. Für diesen Zeitraum erhielt er das nach § 8 ArbKrankhG erhöhte Krankengeld. Die Beklagte zahlte auf dieses Krankengeld den Zuschuß gemäß § 1 ArbKrankhG.

Die Parteien streiten darüber, ob dieser Zuschuß auf Grund der gesetzlichen Bestimmungen auch für die Zeit des Kuraufenthaltes zu zahlen ist, wobei in der Berufungsinstanz in tatsächlicher Beziehung darüber Einverständnis erzielt worden ist, daß der Kläger in der Zeit des Kuraufenthaltes hätte arbeiten können, wenn er nicht verschickt worden wäre. Die Parteien sind sich weiter darüber einig, daß der Zuschuß für die Zeit des Kuraufenthaltes 19,43 DM betragen würde. Die Klage blieb in allen Instanzen erfolglos.

Aus den Gründen:

Nach den eigenen Darlegungen des Klägers fehlt es an zwei Voraussetzungen eines Anspruchs auf einen Krankengeldzuschuß (KGZ) im Sinne des § 1 ArbKrankhG. Diese Vorschrift setzt unter anderem voraus, daß der Arbeiter infolge Krankheit an seiner Arbeitsleistung verhindert ist. Danach muß die Krankheit des Arbeiters für die Verhinderung an seiner Arbeitsleistung ursächlich sein. Gerade hinsichtlich dieser Ursächlichkeit aber haben die Parteien ausweislich des Tatbestandes des angefochtenen Urteils in der Berufungsinstanz übereinstimmend vorgetragen, daß der Kläger in der Zeit des Kuraufenthaltes hätte arbeiten können, wenn er nicht verschickt worden wäre.

Darüber hinaus hat der Kläger in den Tatsacheninstanzen auch nicht darzulegen vermocht, daß er überhaupt während der Dauer der Kur arbeitsunfähig krank war. Zwar ist Arbeitsunfähigkeit im Sinne des § 1 ArbKrankhG nach dem Urteil des erkennenden Senats vom 17. März 1960 — 2 AZR 471/58 — AP Nr. 15 zu § 1 ArbKrankhG — nicht nur dann gegeben, wenn der Erkrankte sofort und gegenwärtig nicht in der Lage ist, seiner vertragsgemäßen Arbeit nachzugehen; diese Unfähigkeit liegt vielmehr schon dann vor, wenn der Erkrankte nur unter der Gefahr, in absehbar naher Zeit seinen Zustand zu verschlimmern, fähig ist, seiner bisherigen Erwerbstätigkeit nachzugehen. Der Kläger hat es aber auch in dieser Richtung an jedem Tatsachenvortrag fehlen lassen. Mit einer solchen Behauptung jetzt noch hervorzutreten, ist der Kläger gehindert. Andererseits brauchte auch das Landesarbeitsgericht den Kläger nicht gemäß § 139 ZPO zu einer entsprechenden Ergänzung seines Sachvortrages anzuhalten. Denn der Kläger hat in der Berufungsinstanz zugegeben, daß er nicht infolge eines regelwidrigen Körperzustandes, sondern infolge seiner Einberufung zur Kur an der Durchführung seiner vertragsmäßigen Arbeit gehindert war, und er hat nicht, was gegebenenfalls notwendig gewesen wäre, hinzugefügt, daß ohne die Kur sein Gesundheitszustand sich in naher Zukunft bis zur Arbeitsunfähigkeit verschlimmert hätte. Wer aber zum Zwecke eines Heilverfahrens in eine Heilanstalt aufgenommen wird nur wegen der Besorgnis einer vorzeitigen Invalidität oder Berufsunfähigkeit, nicht aber wegen der Notwendigkeit, eine bereits bestehende oder unmittelbar drohende Arbeitsunfähigkeit zu beheben, ist gerade nicht infolge seines regelwidrigen Körperzustandes allein, sondern überwiegend wegen jener Heilstättenbehandlung an der vertragsmäßigen Arbeit gehindert und damit nicht arbeitsunfähig im Sinne des § 1 ArbKrankhG.

§ 1 ArbKrankhG begnügt sich auch nicht mit dem Vorliegen einer Krankheit schlechthin, wie § 182 Abs. 1 Nr. 1 RVO, sondern fordert eine

Krankheit mit der besonderen Folge der Arbeitsunfähigkeit wie in § 182 Abs. 1 Nr. 2 RVO. Dies hat der Senat bereits in seinem Urteil vom 18. Dezember 1958 (BAG 7, 142 [144]) erkannt. Zur Vermeidung von Wiederholungen wird auf die Gründe jenes Urteils Bezug genommen. Von dieser Auffassung abzugehen, besteht kein Anlaß, zumal jenes Urteil, wenigstens hinsichtlich dieses Teiles, soweit ersichtlich, im Schrifttum allgemein Zustimmung gefunden hat (vgl. Hilger in AP Nr. 11 zu § 1 ArbKrankhG; Schneider in ArbuR 1959, 256; Gotzen in SAE 1959, 103; wohl auch Trieschmann in BABl. 1959, 509). Das ArbKrankhG schafft durch die Eingangsworte in § 1 eine Rechtslage, die sich von der Lage der Angestellten, die in Fällen unverschuldeten Unglücks Gehaltsfortzahlung begehren können (§ 63 HGB, § 133 c Abs. 2 GewO), deutlich unterscheidet.

Dem entspricht es zwangsläufig, daß § 1 ArbKrankhG einen Zuschuß zu den Leistungen aus der gesetzlichen Kranken- oder Unfallversicherung gewährt und somit voraussetzt, daß der erkrankte Arbeiter einen Anspruch auf diese Leistungen hat. Aus dem eindeutigen Wortlaut dieser Bestimmung ergibt sich, daß ein Anspruch auf Leistungen gegen andere Sozialversicherungsträger grundsätzlich nicht ausreicht, um den Anspruch auf einen Krankengeldzuschuß auszulösen. Der vom Gesetzgeber in der Überschrift zu § 1 ArbKrankhG verwendete Begriff „Sozialversicherung" hat nur die Bedeutung eines gemeinsamen Oberbegriffes für die im Wortlaut des § 1 selbst aufgezählten beiden Versicherungsträger. Eine den Wortlaut und Sinn des Gesetzes erweiternde Bedeutung kommt zumindest in diesem Fall der Paragraphenüberschrift nicht zu. Auch an dieser Voraussetzung fehlt es aber im Falle des Klägers, so daß den Vorinstanzen voll beizupflichten war.

21

Hat der Revisionskläger eine nach dem Wert des Beschwerdegegenstands unzulässige Revision eingelegt, bevor die Gegenpartei ihrerseits Revision eingelegt hat, so ist in der während der Revisionsbegründungsfrist für den Gegner eingehenden Revisionsbegründung des Revisionsklägers eine unselbständige Anschlußrevision zu sehen, sofern der Revisionskläger in seiner Revisionsbegründung Anträge sowohl zu seiner Revision wie zu der des Gegners stellt.

ZPO § 556.

I. Senat. Urteil vom 25. März 1960 i. S. 1. M. F. AG u. a. (Bekl.) w. M. (Kl.) 1 AZR 221/58.

I. Arbeitsgericht Fulda. — II. Landesarbeitsgericht Frankfurt/Main.

Aus den Gründen:

Der Beklagte zu 2) hat gegen das ihm am 30. April 1958 zugestellte Urteil am 24. Mai 1958 Revision eingelegt. Der Kläger hat seinerseits am 9. Juni 1958 Revision eingelegt. Mit Schriftsatz vom 14. Juli 1958, eingegangen am 21. Juli 1958, hat der Beklagte zu 2), nachdem die Revisionsbegründungsfrist für den Kläger bis zum 9. August 1958 verlängert worden war, seine Revision begründet und gleichzeitig Zurückweisung der Revision des Klägers beantragt.

Es ist davon auszugehen, daß die von dem Beklagten zu 2) am 24. Mai 1958 eingelegte Revision unzulässig war, denn der Beklagte zu 2) war lediglich in Höhe von 800,– DM durch das angefochtene Urteil beschwert. Der für die Einlegung der Revision nach § 72 Abs. 1 letzter Satz ArbGG erforderliche Wert des Beschwerdegegenstandes war also nicht erreicht.

Nun hat aber, nachdem der Kläger seinerseits eine nach dem Streitwert und dem Beschwerdegegenstand in vollem Umfange zulässige Revision eingelegt hatte, der Beklagte zu 2) seine Revision innerhalb der für den Kläger noch laufenden Revisionsbegründungsfrist begründet und gleichzeitig Zurückweisung der Revision des Klägers beantragt. In der Revisionsbegründungsschrift des Beklagten zu 2) vom 14. Juli 1958 ist bei dieser Sachlage gleichzeitig die Einlegung einer Anschlußrevision zu sehen, die zulässig ist, ohne daß es insoweit auf den Wert des Beschwerdegegenstandes ankommt. Die Revision des Beklagten zu 2) ist sonach als Anschlußrevision zu werten und als solche zulässig.

22

Die alleinstehende, nur für sich selbst sorgende Frau, die eine möbliert oder unmöbliert gemietete Wohnung bewohnt, hat nach dem nordrhein-westfälischen Hausarbeitstagsgesetz keinen Anspruch auf einen Hausarbeitstag (Aufgabe der bisherigen Rechtsprechung).

Hausarbeitstagsgesetz-Nordrhein-Westfalen § 1

I. Senat. Urteil vom 25. März 1960 i. S. B. M-Ges. (Bekl.) w. B. (Kl.) 1 AZR 551/58.

I. Arbeitsgericht Duisburg. — II. Landesarbeitsgericht Düsseldorf.

Die alleinstehende Klägerin war bei der Beklagten als Angestellte (Werkfürsorgerin) beschäftigt. Sie bewohnte ein Leer-Zimmer, das sie gemietet und mit eigenen Möbeln sowie mit einer Kochgelegenheit ausgestattet hatte. Als im Betrieb der Beklagten die 5-Tage-Woche eingeführt wurde, verweigerte die Beklagte die Gewährung eines Hausarbeitstages für die Klägerin. Mit der Klage begehrt die Klägerin die Feststellung, daß die Beklagte zur Gewährung des Hausarbeitstages verpflichtet sei.

Beide Vorinstanzen haben der Klage stattgegeben. Die Revision der Beklagten führte zur Klageabweisung.

Aus den Gründen:

I. ...

II. Das Landesarbeitsgericht stützt seine der Klage stattgebende Erkenntnis auf die bisherige Rechtsprechung des Senats. Dieser hat erstmalig im Urteil vom 14. Juli 1954, BAG 1, 51, ausgesprochen, daß nach dem Hausarbeitstagsgesetz des Landes Nordrhein-Westfalen vom 27. Juli 1948 auch nach Inkrafttreten des Art. 3 GG der alleinstehenden ledigen Frau ein Hausarbeitstag zustehe. Diese Rechtsprechung hat der Senat im Urteil vom 24. Juni 1955, BAG 2, 40, bestätigt. Er hat in diesen Entscheidungen seine Rechtsansicht auf zwei tragende Gesichtspunkte gestützt, und zwar alternativ: Zum einen auf den Sinn und Zweck sowie auf den geschichtlichen Hintergrund der Entstehung der Verfassungsvorschrift des Art. 3 GG, zum anderen auf deren Wortlaut. Zum ersten Gesichtspunkt hat der Senat ausgeführt, das Grundgesetz habe die Stellung der Frau nur verbessern, nicht aber in irgend einer Beziehung verschlechtern wollen, deshalb sei der Hausarbeitstag nach wie vor zu gewähren.

Der Revision ist zuzugeben, daß die vom Senat in seinen vorerwähnten Entscheidungen zugrundegelegte Ansicht, der Verfassungsgesetzgeber habe die Rechtsstellung der Frau bei Einführung der Gleichheitsvorschrift des Art. 3 GG in keiner Weise verschlechtern wollen, vor allem nach Erlaß des Gleichberechtigungsgesetzes vom 18. 5. 1957 (BGBl. I S. 609) in dieser Allgemeinheit nicht aufrecht erhalten werden kann. Durch dieses Gesetz, das lediglich eine Ausführung des Art. 3 GG darstellt und damit dessen Bedeutung erläutert, ist die Stellung der Frau jedenfalls im Familienrecht in der Tat in mehrfacher Hinsicht verschlechtert worden (so schon 1954 für den Zustand vor Inkrafttreten des Gesetzes vom 18. Mai 1957 Beitzke in „Die Grundrechte" Bd. II S. 210). Das gilt vor allem für die Unterhaltspflicht der Frau dem Ehemann und den Kindern gegenüber. Dies steht der Annahme entgegen, daß der Gleichberechtigungsgrundsatz nicht zu einer Verschlechterung der Rechtsposition der Frau dem bisherigen Rechtszustand gegenüber führen könne.

Der Senat hat inzwischen, worauf die Revision ebenfalls mit Recht hinweist, diese möglichen Folgen des Gleichberechtigungsgesetzes in seiner neueren Rechtsprechung nicht unberücksichtigt gelassen. In seinem Urteil vom 28. November 1958, AP Nr. 39 zu Art. 3 GG, hat er vielmehr bereits ausgesprochen, auch eine Regelung, durch die die Frau wegen ihres Geschlechtes dem Manne gegenüber bevorzugt werde, könne mit Rücksicht auf den Gleichheitssatz nichtig sein. Dann verliere die zu Unrecht bevorzugte Frau ihr Vorrecht. Es kann hiernach also — im Gegensatz zu der früheren Rechtsprechung des Senats — nicht ohne weiteres gesagt werden, die Hausarbeitstagsgesetze seien schon deshalb im Sinne der Klägerin (Gewährung eines Hausarbeitstages auch an alleinstehende Frauen) auszulegen, weil die früher begründeten Vorrechte der Frau durch Art. 3 GG nicht hätten beeinträchtigt werden sollen.

In den erwähnten früheren Urteilen hat der Senat die Frage der Geltung und Auslegung des Hausarbeitstagsgesetzes für das Land Nordrhein-Westfalen vor allem unter dem Gesichtspunkt des Art. 3 GG geprüft. Er hat insoweit lediglich erörtert, ob die arbeitende Frau durch die Gewährung des Anspruchs auf den Hausarbeitstag allein ihres Geschlechtes wegen und damit verfassungswidrig bevorzugt würde. Das Ergebnis, zu dem der Senat bei dieser Prüfung der Verfassungsmäßigkeit des Hausarbeitstagsgesetzes gekommen ist, wird insoweit für den Regelfall durch die Begründung zu jenen Urteilen ausreichend getragen.

Der Wortlaut und der Sinngehalt der Verfassungsvorschrift des Art. 3 GG rechtfertigen nicht die Annahme, das Hausarbeitstagsrecht selbst als verfassungswidrig anzusehen. Denn die landesrechtlichen Hausarbeitstagsregelungen wollen nicht die Frau *ihres Geschlechtes wegen* bevorzugen, sondern der *Doppelbelastung* Rechnung tragen, der die Frau im Arbeitsverhältnis einerseits und in der Haushaltsführung andererseits unterliegt. An diesen Grundsätzen hält der Senat auch heute noch fest. Im übrigen folgt aus § 1360 BGB neuer Fassung, daß auch der Gesetzgeber des Gleichberechtigungsgesetzes für die Zeit nach dem 31. März 1953 davon ausgeht, daß es in aller Regel die Frau ist, die den Haushalt der Familie führt. Insoweit kann also von einer biologischen oder funktionalen, arbeitsteiligen Unterscheidung zwischen männlichen und weiblichen Arbeitnehmern, die zu einer Doppelbelastung der gleichzeitig als Arbeitnehmerin tätigen Frau führt, gesprochen werden. Dadurch ergibt sich eine erhebliche Mehrbelastung für die mit der Haushaltsführung belastete, gleichwohl aber als Arbeitnehmerin im Arbeitsleben stehende Frau dem Manne gegenüber, die durch Gewährung von

Hausarbeitstagen nach Maßgabe der landesrechtlichen Regelungen wenigstens teilweise gemildert werden kann und soll.

Der Senat verbleibt also auch nach erneuter Prüfung bei der schon früher ausgesprochenen Rechtsansicht, daß durch den Gleichberechtigungsgrundsatz des Art. 3 GG allein das Recht der Frau auf einen Hausarbeitstag, soweit die Frau als Arbeitnehmerin die Anspruchsvoraussetzungen der maßgeblichen landesrechtlichen Regelungen erfüllt, nicht beeinträchtigt worden ist. Das gilt nach der Rechtsprechung des Senats (BAG 5, 187) in Nordrhein-Westfalen auch dann, wenn die Frau zwar nur 5 Tage in der Woche arbeitet, dabei aber eine durchschnittliche wöchentliche Arbeitszeit von mindestens 40 Stunden ableistet.

Mit der Feststellung, daß die landesrechtlichen Hausarbeitstagsgesetze auch nach Inkrafttreten des Art. 3 GG und des Gleichberechtigungsgesetzes noch anzuwenden sind, ist aber die Frage, ob die Klage begründet ist, noch nicht abschließend beantwortet. Es ist vielmehr in jedem Fall, in dem eine Arbeitnehmerin die Gewährung eines Hausarbeitstages begehrt, zu prüfen, ob diese Arbeitnehmerin die Anspruchsvoraussetzungen auch der geltenden landesrechtlichen Regelung erfüllt.

Hier liegt der Fall so, daß die Klägerin alleinstehend und ledig ist und ein einzelnes Zimmer bewohnt. Sie hat nur für sich, nicht auch für mit ihr in ihrer Wohnung zusammenlebende Angehörige zu sorgen. Maßgeblich ist das Gesetz über die Freizeitgewährung für Frauen mit eigenem Hausstand vom 27. Juli 1948, Gesetz- und Verordnungsblatt NRW 1949, S. 6. Nach § 1 dieses Gesetzes haben in Betrieben und Verwaltungen aller Art Frauen „mit eigenem Hausstand", die im Durchschnitt wöchentlich mindestens 40 Stunden arbeiten, Anspruch auf einen arbeitsfreien Wochentag (Hausarbeitstag) im Monat. Dieses Gesetz regelt also nicht ausdrücklich, wie das in anderen Landesgesetzen geschehen ist, die Frage, ob ein Hausarbeitstag auch dann zu gewähren ist, wenn die betreffende Frau alleinstehend und ledig ist. Es ist im Gesetz nichts davon gesagt, daß einer solchen alleinstehenden Arbeitnehmerin ein Hausarbeitstag zustehen soll, obwohl sie einen „Hausstand" nur für sich allein führt. Das nordrhein-westfälische Gesetz spricht vielmehr nur vom „eigenen Hausstand" schlechthin.

Andererseits läßt sich für den Rechtszustand in Nordrhein-Westfalen aus der Regelung in anderen den Hausarbeitstag regelnden Ländergesetzen nichts herleiten. Vielmehr ist, wie der Senat stets (vgl. z. B. BAG 5, 187) ausgesprochen hat, jedes Hausarbeitstagsgesetz aus sich heraus auszulegen. Aber auch die nach Erlaß des Gesetzes herausgegebenen, auf den öffentlichen Dienst beschränkten Richtlinien des Innenministers

NRW vom 19. Mai 1949, Arbeit und Sozialpolitik 1949 Nr. 12, S. 13, sind nicht geeignet, die nicht dem öffentlichen Dienst angehörende Beklagte über den Rahmen des Gesetzes hinaus zu verpflichten.

Der Senat hat zwar in den früheren Entscheidungen die Auffassung vertreten, daß in Nordrhein-Westfalen auch die alleinstehende ledige Frau, die ein möbliertes oder unmöbliertes Zimmer bewohnt, einen Anspruch auf einen Hausarbeitstag haben könne. Diese Ansicht läßt sich jedoch bei nochmaliger Überprüfung nicht aufrecht erhalten.

Gegen diese Auffassung spricht einmal der allgemeine Sprachgebrauch. Wenn ein alleinstehender lediger Mensch, mag es sich dabei um einen Mann oder eine Frau handeln, aus freiem Entschluß für sich allein, nicht auch für mit ihm in häuslicher Gemeinschaft lebende und von ihm zu versorgende Angehörige eine Wohnung oder ein einzelnes Zimmer mit oder ohne Möbel mietet und dort wirtschaftet, kann man nicht davon sprechen, daß dadurch „ein eigener Hausstand" begründet werde. Von einem „Hausstand" kann — ebenso wie von einem „Haushalt" — vielmehr in der Regel nur gesprochen werden, wenn für mehrere zusammengehörende Personen eine gemeinsame Unterkunft beschafft und in dieser für diese mehreren Personen gemeinsam gewirtschaftet wird. Angesichts des Bestehens dieses allgemeinen Sprachgebrauchs ist zunächst davon auszugehen, daß sich der Gesetzgeber, wenn er nicht etwas anderes ausdrücklich betont hat, diesem allgemeinen Sprachgebrauch hat anschließen wollen.

Der Ansicht, daß eine echte Haushaltsführung bei der alleinstehenden Frau nicht gegeben sei, scheint grundsätzlich auch Bulla (vgl. auch ders. in AR Blattei D Hausarbeitstag, zu Entscheidungen 12/14) in der Besprechung AP Nr. 1—3 zu Art. 3 GG zuzuneigen, wenn er betont, die Frage, ob auch der alleinstehenden ledigen Frau ein Hausarbeitstag zustehe, mache einen neuralgischen Punkt des Hausarbeitstagsrechts sichtbar; denn nach der Entstehungsgeschichte der Hausarbeitstagsgesetzgebung sei der Hausarbeitstag für die alleinstehende, berufstätige Frau mit „eigenem und eigengeführtem Haushalt" nicht der von der Gesetzgebung gemeinte Typenfall, sondern stelle die Ausnahme in keineswegs unbedenklicher Ausweitung des persönlichen Geltungsbereichs dar. Wenn Bulla dann aber fortfährt, es sei nicht zu übersehen, daß die „eigene Haushaltsführung" der alleinstehenden Frau lediglich für ihre persönlichen Bedürfnisse im untersten Bereich der Skala von Schwierigkeitsgraden aus eigener Haushaltsführung und damit einer eben noch anzuerkennenden Belastung liege, so liegt darin ein gewisser Widerspruch zu seinen zuvor erwähnten Bedenken gegen eine solche Ausweitung der Hausarbeitstagsregelung durch die Annahme, es liege auch bei der alleinstehenden, nur für sich selbst sorgenden Frau die Führung eines „Haushaltes" im Sinne des Hausarbeitstagsrechts vor.

Als entscheidend dafür, daß nach dem Hausarbeitstagsgesetz des Landes Nordrhein-Westfalen der alleinstehenden, nur für sich selbst sorgenden Frau der Anspruch auf den Hausarbeitstag nicht zusteht, ist jedoch die Entstehungsgeschichte des Gesetzes anzusehen. Diese läßt für die Gesetzesauslegung in diesem entscheidenden Punkt Rückschlüsse auf den Willen des Gesetzgebers zu. Auf diesen so zum Ausdruck gekommenen Willen des Gesetzgebers muß der Senat seine Entscheidung abstellen.

Aus dem Protokoll über die 22. Landtagssitzung vom 28. November 1947, S. 179 f, ergibt sich mit hinreichender Klarheit, welche Voraussetzungen sich der Gesetzgeber für die Gewährung eines Hausarbeitstages vorgestellt hat. In der Begründung des Gesetzentwurfs hat eine der antragstellenden Fraktion angehörende Abgeordnete als anspruchsberechtigte Frauen solche genannt, „die einen Haushalt führen, Kinder zu versorgen haben, Einkäufe tätigen müssen und in Schlangen anstehen, hasten und rennen und arbeiten vom frühen Morgen bis zum späten Abend". Sie hat ausdrücklich von Frauen mit verantwortlicher Haushaltsführung gesprochen. Auch eine Abgeordnete einer anderen Fraktion hat in ihrer Stellungnahme zum Gesetzesentwurf ausdrücklich die „Hausfrauen" genannt, ohne ledige und unverheiratete Frauen zu erwähnen. Sie hat darauf hingewiesen, daß sich die Überbelastung der Frauen für die Familie ungünstig auswirke, was ebenfalls den Schluß darauf zuläßt, daß die Beratungen im Landtag seinerzeit nur die Frauen betrafen, die außer für sich auch für eine Familie zu sorgen haben.

Angesichts dieser dem HAT-Gesetz zugrunde liegenden Beratungen kann nicht davon ausgegangen werden, daß der Gesetzgeber entgegen dem allgemeinen Sprachgebrauch auch die alleinstehende Frau als durch die Führung eines Haushalts neben ihrem Arbeitsverhältnis doppelbelastet angesehen hat und gerade wegen einer solchen Doppelbelastung durch die Gewährung eines Hausarbeitstages hat entlasten wollen. Eine alleinstehende, nur für sich selbst sorgende Frau würde nicht als „Hausfrau" bezeichnet worden sein, wie das im Plenum des Landtages zur Bezeichnung des Kreises der anspruchsberechtigten Frauen unwidersprochen geschehen ist. Bei ihr kann auch nicht von einer „verantwortlichen Haushaltsführung" gesprochen werden; nimmt sie doch keine soziologische Funktion in dem Sinne wahr, daß sie außer für sich selbst auch für andere verantwortlich sorgt. Daß nur an die Frauen gedacht worden ist, denen noch die Sorge für andere obliegt, ergibt sich weiter daraus, daß im Landtag die Belastung der Frauen erwähnt worden ist, die „Kinder zu versorgen" haben.

Insgesamt läßt also die Beratung des Gesetzes im Landtag erkennen, daß man durch den Hausarbeitstag nur die Doppelbelastung durch Berufsarbeit und Haushaltsführung verringern und erträglicher machen wollte, die dadurch entsteht, daß eine Frau gleichzeitig einen Beruf ausübt und für eine „Familie" zu sorgen hat, mag diese nun aus dem Ehemann und den Kindern oder nur aus dem Ehemann oder auch nur aus anderen unterstützungsbedürftigen Angehörigen, die mit der Frau in einem von ihr geführten Haushalt zusammenleben und für die sie verantwortlich zu sorgen hat, bestehen. Eine solche Doppelbelastung ist in den Fällen, in denen es sich um alleinstehende Frauen handelt, die nur für sich selbst zu sorgen haben, nicht anzunehmen. Bei ihnen ist jedenfalls die sich aus der Notwendigkeit, für den eigenen Lebensunterhalt einschließlich des Wohnens sorgen zu müssen, ergebende Belastung nicht größer als bei den alleinstehenden Männern (so auch Dietz BB 52,35). Ebenso wie bei diesen alleinstehenden Männern im Sinne des Hausarbeitstagsrechts nicht von einer „Doppelbelastung" gesprochen werden kann, ist dies auch bei einer alleinstehenden Frau nicht möglich. Eine solche Belastung zu beseitigen oder zu mildern, war erkennbar nicht der Wille des Gesetzgebers. Jedenfalls ist ein solcher Wille, worauf allein es ankommt, im Gesetz nicht zum Ausdruck gekommen. Der Gesetzeswortlaut in Verbindung mit der Entstehungsgeschichte des Gesetzes zwingt vielmehr zu der Auffassung, daß man lediglich der Hausfrau und Mutter sowie der Frau, die für sonstige Angehörige zu sorgen hat, hat helfen wollen, nicht aber der Frau, die nur für sich selbst sorgt.

Es ist hiernach festzustellen, daß der Gesetzgeber von Nordrhein-Westfalen den Begriff des eigenen Hausstandes nicht so aufgefaßt hat, wie das vom Senat in den Entscheidungen von 1954—55 angenommen worden ist. Zu dieser Annahme zwingen neben der Bedeutung des Wortes „Hausstand" im allgemeinen Sprachgebrauch insbesondere die Materialien des Gesetzes, die bei der Auslegung berücksichtigt werden müssen.

Ob der Gesetzgeber auch Witwen oder geschiedenen Frauen, die den früheren ehelichen Hausstand weiter führen, den Hausarbeitstag hat zubilligen wollen, wofür manches sprechen dürfte, ist im vorliegenden Fall nicht zu entscheiden. Hier kommt es vielmehr nur auf den Fall der „alleinstehenden Frau" an. Diese aber hat keinen Anspruch auf einen Hausarbeitstag, weil sie in den Kreis der begünstigten Frauen nach dem Willen des Gesetzgebers, wie er im Wortlaut des Gesetzes („eigener

Hausstand") auch hinreichend zum Ausdruck gekommen ist, nicht einbezogen worden ist.

Unter diesen Umständen kann es dahingestellt bleiben, ob die Auslegung des nordrhein-westfälischen Hausarbeitstagsgesetzes, wie sie in den Jahren 1954—55 vom Senat vorgenommen worden ist, insoweit, als auch der alleinstehenden, nur für sich selbst sorgenden Frau der Hausarbeitstag zugesprochen worden ist, mit Art. 3 Abs. 3 GG vereinbar ist (Bevorzugung der Frau ihres Geschlechtes wegen; einen Verfassungsverstoß nehmen an: Ohlgardt, BB 58, 562; Bulla, Mutterschutzgesetz und Frauenarbeitsrecht, 1954 S. 558; Nikisch, Lehrbuch 2. Aufl., 1. Band S. 468; noch weitergehend Krüger, RdA 1953, 349 und „Hausarbeitstag trotz Gleichberechtigung?", Schriftenreihe „Der Betrieb" 1954; Molitor, AR Blattei Hausarbeitstag, zu Entscheidung 6; Scheffler, RdA 51, 138. Anderer Ansicht: Hueck-Nipperdey, Lehrbuch, 6. Auflage, Bd. I S. 656; Hunn, Arbeit und Recht, 1954, 319 [vgl. auch a. a. O. S. 32]). Insoweit könnte auch die Frage auftauchen, ob eine verfassungskonforme Auslegung des Hausarbeitstagsgesetzes Nordrhein-Westfalen ebenfalls zu dem Ergebnis führt, daß der alleinstehenden Frau der Anspruch auf den Hausarbeitstag zu versagen ist.

Die hier vertretene Auffassung über die Auslegung des Gesetzes verstößt schließlich nicht gegen den verfassungsrechtlichen Grundsatz der Sozialstaatlichkeit. Dieser Grundsatz erfordert keineswegs zwingend die Gewährung eines bezahlten Hausarbeitstages an alle überhaupt im Arbeitsverhältnis stehenden Frauen. Eine Reihe von Ländern der Bundesrepublik kennt einen solchen bezahlten Hausarbeitstag nicht. Der Senat hat in solchen Fällen niemals angenommen, daß die Nichtgewährung eines Hausarbeitstages in diesen Ländern gegen den Verfassungsgrundsatz der Sozialstaatlichkeit verstoße.

23

1. Umstände, die nicht ausreichen, um eine Kündigung im Sinne von § 1 Abs. 2 KSchG sozial gerechtfertigt erscheinen zu lassen, können dazu herangezogen werden, einen Auflösungsantrag des Arbeitgebers nach § 7 Abs. 1 Satz 2 KSchG zu begründen.

2. Mit der Erklärung, daß er dem Auflösungsantrag des Arbeitgebers nach § 7 KSchG nicht widerspreche, bringt der Arbeitnehmer zum Ausdruck, daß auch er sich für die Zukunft eine gedeihliche Zusammenarbeit mit dem Arbeitgeber nicht mehr verspricht, und daß er es deshalb auch nicht unternehmen will, nach § 7 Abs. 1 Satz 3 die Unrichtigkeit der Gründe des Arbeitgebers zu beweisen. Infolgedessen darf das Gericht dann, wenn

eine solche Erklärung vorliegt, von der Richtigkeit der vom Arbeitgeber vorgebrachten Auflösungsgründe ausgehen.

3. Das Arbeitsgericht ist bei der Bemessung einer Abfindung nach § 7 KSchG nicht beschränkt auf die in § 8 Abs. 2 beispielhaft genannten („insbesondere"!) Momente, Dauer der Betriebszugehörigkeit und wirtschaftliche Lage der Parteien; vielmehr muß es alle Umstände heranziehen. Dazu gehört vor allem auch das Maß der Sozialwidrigkeit der Kündigung.

KSchG §§ 7, 8.

III. Senat. Urteil vom 29. März 1960 i. S. H. (Kl.) w. L. Rh. (Bekl.) 3 AZR 568/58.

I. Arbeitsgericht Düsseldorf. — II. Landesarbeitsgericht Düsseldorf.

Die Klägerin, geboren am 15. Mai 1910, war vom 1. Mai 1939 bis Juli 1946 und dann wieder seit März 1954 Angestellte des Beklagten. 1946 bis 1954 war sie beim Finanzministerium, weil die von ihr ausgeübte Tätigkeit zu dieser Zeit von dort aus durchgeführt wurde. Obgleich ursprünglich als Stenotypistin eingestellt, war sie seit Beginn ihrer Tätigkeit in der Kasse tätig, und zwar an einer Buchungsmaschine, verbunden mit Karteiarbeiten und mit der Abrechnung des Besatzungshaushalts. Ende 1955 wurde die Klägerin auf eigenen Wunsch aus der Kasse versetzt und in verschiedenen Abteilungen, zuerst als Stenotypistin und später als Registraturkraft beschäftigt. Das Arbeitsverhältnis unterliegt den Bedingungen der ATO und TO.A. Die Klägerin wurde seit 1943 nach Gruppe VII TO.A bezahlt.

Nachdem die Klägerin schon früher mehrfach krank gewesen war, wurde sie vom 20. Juni 1956 bis zum 21. Februar 1957 wegen eines Bandscheibenleidens arbeitsunfähig. Am 22. Februar 1957 meldete sich die Klägerin zum Dienstantritt zurück. Am 11. März 1957 erlitt sie einen Nervenzusammenbruch und wurde in das Krankenhaus eingeliefert. Nach ärztlichen Gutachten besteht bei der Klägerin eine Erwerbsminderung in Höhe von 20 %. Sie ist dienstfähig für leichte Büroarbeiten. Von einer Beschäftigung mit Arbeiten an der Schreibmaschine oder an der Buchungsmaschine hat der Arzt abgeraten.

Mit Schreiben vom 30. März kündigte der Beklagte das Arbeitsverhältnis gemäß § 16 TO.A zum 30. September 1957. Als Kündigungsgründe wurden häufige Krankheit und beschränkte Einsatzfähigkeit angegeben. Der Betriebsrat hat der Kündigung zugestimmt.

Die Klägerin ist der Ansicht, daß die Kündigung nicht sozial gerechtfertigt sei. Krankheitszeiten vor Ausspruch der Kündigung könnten nur dann die Kündigung rechtfertigen, wenn es sich jeweils um dieselbe

Krankheit handele, weil nur dann anzunehmen sei, daß die Klägerin auch in Zukunft immer wieder arbeitsunfähig würde, so daß eine Weiterbeschäftigung für den Beklagten unzumutbar sei. Die Klägerin gibt zu, daß sie aus gesundheitlichen Gründen nicht mehr voll einsatzfähig ist, weil sie an Buchungsmaschinen und Schreibmaschinen nicht beschäftigt werden kann. Sie ist aber der Auffassung, daß der Beklagte die Möglichkeit habe, sie mit handschriftlichen Arbeiten zu beschäftigen.

Die Klägerin hat deshalb Klage erhoben mit dem Antrag, festzustellen, daß das Arbeitsverhältnis durch die am 30. März 1957 zugestellte Kündigung zum 30. September 1957 nicht aufgelöst ist.

Der Beklagte hat Klageabweisung beantragt. Wegen der außerordentlich häufigen Krankheitszeiten der Klägerin sei es für ihn unzumutbar, das Arbeitsverhältnis aufrechtzuerhalten. Er habe auch keine Verwendungsmöglichkeit für die Klägerin, weil er für sie eine Tätigkeit, die sie nach ihrer Vorbildung leisten könnte und die gleichzeitig ihrem Gesundheitszustand gerecht würde, nicht habe. Darüber hinaus macht der Beklagte ganz allgemein schlechte Leistungen der Klägerin geltend und meint, daß sie sich auf Kosten ihrer Mitarbeiter nur die jeweils leichtesten Tätigkeiten aussuchen wolle.

Das Arbeitsgericht hat der Klage stattgegeben.

Das Landesarbeitsgericht hat unter Zurückweisung der Berufung im übrigen das Arbeitsverhältnis auf den Hilfsantrag des Beklagten aufgelöst und den Beklagten verurteilt, an die Klägerin eine Abfindung in Höhe von 600,— DM zu zahlen.

Die Revision der Klägerin ist zurückgewiesen worden.

Aus den Gründen:

I. ...

II. 1. Das angefochtene Urteil verletzt nicht schon dadurch das Gesetz, daß es die Auflösung des Arbeitsverhältnisses nach § 7 KSchG zu einem Teil mit denselben Tatsachen begründet, die der Beklagte auch zur Rechtfertigung der Kündigung vorgetragen hatte. Man kann es nämlich nicht, wie die Revision möchte, grundsätzlich für unzulässig erklären, daß solche Umstände, die nicht ausreichen, um eine Kündigung im Sinne von § 1 Abs. 2 KSchG sozial gerechtfertigt erscheinen zu lassen, dazu herangezogen werden, einen Auflösungsantrag des Arbeitgebers nach § 7 Abs. 1 Satz KSchG zu begründen. § 1 und § 7 haben jeweils ganz unterschiedliche Funktionen. § 1 betrifft die Rechtswirksamkeit der Kündigung; infolgedessen kommt es hier darauf an, ob Umstände vorliegen, die, vom Zeitpunkt der Kündigungserklärung aus betrachtet, rückschauend bei verständiger Würdigung in Abwägung der Interessen beider Parteien und des Betriebes die Kündigung als billigenswert und angemessen erscheinen lassen (BAG 1, 99 und AP Nr. 21 zu § 1 KSchG). § 7 betrifft dagegen die künftige Gestaltung der Rechtsbeziehungen zwischen den Parteien; deshalb ist bei § 7 im Zeitpunkt der Entscheidung zu fragen, ob in Zukunft eine den Betriebszwecken dienliche weitere Zusammenarbeit von Arbeitgeber und Arbeitnehmer zu erwarten ist. Dabei ist es durchaus möglich, daß ein Sachverhalt, der die Kündigung nach Ansicht des Arbeitgebers begründen sollte und vom Gericht unter diesem Gesichtspunkt für nicht ausreichend befunden wurde, unter dem ganz anderen des § 7 geeignet erscheint, die Auflösung des Arbeitsverhältnisses zu rechtfertigen (ebenso Herschel-Steinmann, KSchG, 4. Aufl. Anm. 9 zu § 7).

2. Die Revision kann auch mit der weiteren Rüge keinen Erfolg haben, daß der Vorwurf, die Klägerin habe herabsetzende Äußerungen über Beamte und über eine ungerechte, sie benachteiligende Behandlung gemacht, zu allgemein sei und der Beklagte im einzelnen hätte darlegen müssen, welche Äußerungen der Klägerin vorgeworfen würden. Wenn dies der einzige von dem Beklagten für den Auflösungsantrag nach § 7 KSchG vorgebrachte Grund wäre, so könnte die Rüge der Revision vielleicht berechtigt sein. Das Landesarbeitsgericht hat aber noch mehrere andere Gründe angeführt, nämlich:

(1) Die Klägerin habe zum Ausdruck gebracht, daß sie die Bemühungen des Beklagten, ihr einen entsprechenden Arbeitsplatz zu beschaffen, mißverstanden habe, und habe dabei übersehen, daß die Schwierigkeiten fast ausschließlich in ihrer Person liegen.

(2) Die Klägerin habe verkannt, daß Schreibarbeiten in der von ihr gewünschten Form den Tätigkeitsmerkmalen ihrer Gehaltsgruppe nicht entsprechen.

(3) In Anbetracht der aus den medizinischen Gutachten sich ergebenden nervösen Überregbarkeit der Klägerin, für die krankhafte Befunde von Seiten der inneren Organe nach dem medizinischen Gutachten nicht nachweisbar seien, sei schon kraft der gekennzeichneten Einstellung der Klägerin eine gedeihliche Zusammenarbeit nicht mehr zu erwarten. Vielmehr würden diese Umstände zu Schwierigkeiten schon allein bei Zuteilung einzelner Arbeiten führen.

Aus diesen Gründen zusammengenommen hat das angefochtene Urteil geschlossen, daß eine weitere gedeihliche Zusammenarbeit zwischen den Parteien nicht zu erwarten sei. Darin ist eine Rechtsverletzung nicht zu erkennen.

3. Weiter macht die Revision geltend, der Arbeitgeber hätte die für den Auflösungsantrag nach § 7 KSchG vorgebrachten Gründe beweisen müssen, eine bloße Darlegung reiche nicht aus. Auch dieser Angriff kann ihr nicht zum Erfolg verhelfen. Er richtet sich gegen die herrschende Lehre, wonach es genügt, wenn die vom Arbeitgeber angeführten Gründe, ihre Richtigkeit unterstellt, objektiv geeignet sind, eine den Betriebszwecken dienliche weitere Zusammenarbeit unwahrscheinlich zu machen oder auch zu gefährden, und es dann Sache des Arbeitnehmers ist, die Unrichtigkeit dieser Gründe in wesentlichen Punkten nachzuweisen (so BAG AP Nr. 2 zu § 7 KSchG und Nr. 56 zu § 1 KSchG; ferner die Kommentare zum Kündigungsschutzgesetz von Hueck, 3. Aufl., Anm. 8 zu § 7, und von Herschel-Steinmann, 4. Aufl., Anm. 9 f. zu § 7).

Der Senat hatte keinen Anlaß, sich mit diesem Angriff der Revision auf die herrschende Lehre auseinanderzusetzen. Denn die Revision hat übersehen, daß die Klägerin vor dem Landesarbeitsgericht ausdrücklich erklärt, sie widerspreche dem Auflösungsantrag nicht. Daraus folgert das Landesarbeitsgericht mit Recht, daß die Klägerin dem Sachvortrag des Beklagten nicht entgegentrete, d. h. daß sie die von dem Beklagten zur Begründung des Auflösungsantrages vorgetragenen Gründe insoweit nicht in Zweifel ziehe. Die Erklärung des Arbeitnehmers, daß er dem Auflösungsantrag des Arbeitgebers nach § 7 KSchG nicht widerspreche, ist zwar kein Anerkenntnis; denn er bezieht sich nicht auf den Klageanspruch. Diese Erklärung ist auch kein Geständnis; denn sie betrifft nicht nur in der Vergangenheit bereits vorhandene Tatsachen. Mit einer solchen Erklärung bringt aber der Arbeitnehmer zum Ausdruck, daß auch er sich für die Zukunft eine gedeihliche Zusammenarbeit mit dem Arbeitgeber nicht mehr verspricht, und daß er es deshalb auch nicht unternehmen will, nach § 7 Abs. 1 Satz 3 die Unrichtigkeit der Gründe des Arbeitgebers zu beweisen. Infolgedessen darf das Gericht mindestens dann, wenn eine solche Erklärung vorliegt, von der Richtigkeit der vom Arbeitgeber vorgebrachten Auflösungsgründe ausgehen und braucht nur noch zu prüfen, ob diese Gründe an und für sich geeignet sind, den Auflösungsantrag zu rechtfertigen.

III. Schließlich ist die Revision auch insoweit unbegründet, als sie die Höhe der nach § 8 KSchG in der Vorinstanz festgesetzten Abfindung betrifft. Das Landesarbeitsgericht hat die Abfindung trotz der langen Dienstjahre der Klägerin deshalb nur auf etwa ein Monatsgehalt bemessen, weil, wie in dem angefochtenen Urteil im einzelnen dargelegt ist, nur ein „äußerst geringes Maß an Sozialwidrigkeit" vorliege. Außerdem sei in Anbetracht der bestehenden Vollbeschäftigung damit zu rechnen, daß die Klägerin einen anderen Arbeitsplatz finde. Eine Minderung ihres Einkommens müsse sie wegen ihrer verringerten Einsatzfähigkeit ohnehin in Kauf nehmen.

Diese Abfindung mag im Verhältnis zur sonstigen Praxis niedrig ausgefallen sein. Doch ist in den Erwägungen des Landesarbeitsgerichts ein Verstoß gegen die Grundsätze des § 8 KSchG nicht zu erkennen. Die Entscheidung über die Höhe einer Abfindung hat das Arbeitsgericht innerhalb der in § 8 Abs. 1 vorgesehenen Grenzen und unter Beachtung der in § 8 Abs. 2 bezeichneten Richtlinien nach freiem richterlichen Ermessen zu treffen (vgl. BAG AP Nr. 17 zu § 72 ArbGG 1953 und die Kommentare zum Kündigungsschutzgesetz von Hueck, § 8 Anm. 4 und Herschel-Steinmann, § 8 Anm. 1). Folglich darf das Revisionsgericht nicht etwa die Ermessensentscheidung der Vorinstanz durch sein eigenes Ermessen ersetzen, sondern es kann die festgesetzte Abfindung nur daraufhin überprüfen, ob das Landesarbeitsgericht durch sachfremde oder willkürliche Erwägungen den ihm eingeräumten Ermessensspielraum überschritten hat. Das ist aber hier nicht der Fall. Es ist nicht richtig, daß — wie die Revision meint — § 8 KSchG nur die Berücksichtigung wirtschaftlicher Momente erlaubte und daß Erwägungen über Umstände in der Person des Arbeitnehmers sachfremd waren. Das Arbeitsgericht ist nicht beschränkt auf die in § 8 Abs. 2 beispielhaft („insbesondere"!) genannten Momente, Dauer der Betriebszugehörigkeit und wirtschaftliche Lage der Parteien; vielmehr muß es alle Umstände heranziehen. Dazu gehört vor allem auch das von der Vorinstanz an erster Stelle berücksichtigte Maß der Sozialwidrigkeit (ebenso Herschel-Steinmann, § 8 KSchG, Anm. 2 und Hueck, § 8 KSchG, Anm. 5).

Es trifft auch nicht zu, daß — wie die Revision noch geltend gemacht hat — eine Abfindung in Höhe eines Monatsverdienstes der nach § 8 Abs. 1 Satz 1 KSchG mögliche Mindestbetrag wäre. Das Gesetz gibt einen Ermessensrahmen „bis zu zwölf Monatsverdiensten". Eine Mindestgrenze ist nicht vorgesehen, so daß auch Bruchteile eines Monatsverdienstes als Abfindung zuerkannt werden können. Das Landesarbeitsgericht hat sich also nicht an die absolute Mindestgrenze gehalten, sondern es hat seine Ermessensentscheidung innerhalb des gesetzlichen Rahmens nach rechtlich möglichen Erwägungen getroffen.

24

1. Die Verpflichtung des Arbeitnehmers, zuviel erhaltene Vergütung dem Arbeitgeber zu erstatten, ergibt sich dem Grunde nach aus der arbeitsvertraglichen Treuepflicht des Arbeitnehmers. Ein gutgläubiger Arbeitnehmer kann sich auf den Wegfall seiner in der Zuvielzahlung liegenden Bereicherung berufen, ein bösgläubiger Arbeitnehmer dagegen nicht. Seitens des Arbeitgebers willentlich erfolgte Zuvielzahlungen können nicht zurückgefordert werden. Das ergibt sich aus den in §§ 814, 818 Abs. 2—4, 819 Abs. 1 BGB konkretisierten Gesichtspunkten von Treu und Glauben, denen in ähnlich gelagerten Fällen auch im Beamtenrecht vom Gesetzgeber Rechnung getragen worden ist (§ 87 Abs. 2 Satz 1 BBG).

2. Ob und inwieweit der mit § 394 Satz 1 BGB zugunsten des Arbeitnehmers gewollte Sozialschutz wegen einer von dem Arbeitnehmer im Rahmen seines Arbeitsverhältnisses gegenüber dem Arbeitgeber verübten treuwidrigen und vorsätzlichen Nachteilszufügung weichen muß, bestimmt sich nach den gesamten Umständen des Einzelfalles, wobei das Gewicht des mit § 394 Satz 1 BGB gewollten Sozialschutzes und der Treueverstoß gegeneinander abzuwägen sind.

BGB §§ 242, 394 Satz 1, § 611, § 812, § 814, § 818 Abs. 3 und Abs. 4, § 819 Abs. 1; ZPO §§ 811 ff., 850 ff.; Bundesbeamtengesetz in der Fassung vom 18. September 1957 — BGBl. I, 1338 ff. — § 84 Abs. 2 Satz 2, § 87 Abs. 2 Satz 1.

V. Senat. Urteil vom 31. März 1960 i.S. Fa. U-N (Bekl.) w. Sch. (Kl.) 5 AZR 441/57.

I. Arbeitsgericht Stuttgart. — II. Landesarbeitsgericht Baden-Württemberg (Stuttgart).

1. Der Kläger war in der Zeit vom 15. Dezember 1955 bis zum 28. Februar 1957 bei der Beklagten als Uhrmacher tätig. Durch Pfändungs- und Überweisungsbeschluß des Amtsgerichts Stuttgart vom 19. März 1956 — der Beklagten zugestellt am 21. März 1956 — wurde für rückständige (1 102,50 DM) und ab 1. April 1956 für laufende (120,— DM monatlich) titulierte Unterhaltsforderungen der Ehefrau des Klägers und seiner drei Kinder sein „Anspruch gegen die Beklagte auf Zahlung aller Bezüge an Arbeitseinkommen (ohne Rücksicht auf ihre Benennung oder Berechnungsart) gepfändet, soweit es nach Abzug von Steuern und sozialen Lasten und der ihnen gesetzlich gleichgestellten Beträge (Nettoeinkommen) den Betrag von 150,— DM übersteigt", und den Pfändungsgläubigern zur Einziehung überwiesen. In den Monaten März 1956 bis September 1956 und Dezember 1956 bis Januar 1957 verfuhr die Beklagte aber nicht nach Maßgabe des Pfändungs- und Überweisungsbeschlusses. Vielmehr führte sie in den

Monaten März bis August 1956 und Januar 1957 mehr (455,33 DM) und in den Monaten September und Dezember 1956 weniger (135,10 DM) an den Kläger ab, als dieser nach dem Pfändungs- und Überweisungsbeschluß erhalten sollte. Bis Ende Januar 1957 hatte die Beklagte auf diese Weise dem Kläger insgesamt 320,33 DM mehr ausbezahlt, als der Pfändungs- und Überweisungsbeschluß für den Kläger als auszahlungsfreien Betrag vorsah. Als die Pfändungsgläubiger die Auszahlungen der Beklagten an sie als unrichtig beanstandeten, behielt die Beklagte unter Berufung auf diese ihre bisherigen Überzahlungen an den Kläger dessen vollen Monatslohn für Februar 1957 im Betrage von 190,— DM ein. Daraufhin kündigte der Kläger der Beklagten am 28. Februar 1957 fristlos. Er bezieht als Kriegsbeschädigter eine monatliche Rente von 101,— DM und steht seither wieder in Arbeit bei einem anderen Arbeitgeber.

2. Der Kläger hat die Ansicht vertreten, die Verrechnung der Überzahlung mit seinem Monatslohn für Februar 1957 sei in Höhe von 150,— DM unzulässig. Die Beklagte könne von ihm Erstattung der Überzahlungen überhaupt nicht verlangen, weil er, wie er behauptet hat, hinsichtlich der Rechtmäßigkeit der an ihn erfolgten Auszahlungen gutgläubig gewesen sei und das von der Beklagten Erhaltene für sich verbraucht habe. Daraus hat er hergeleitet, er sei um die überbezahlten Beträge nicht mehr bereichert. Außerdem hat er behauptet, die Beklagte habe die Überzahlungen bewußt vorgenommen, und er hat sich dieserhalb für einen Ausschluß des Rückforderungsrechts der Beklagten auf § 814 BGB berufen. Schließlich hat er geltend gemacht, gegenüber seinem in Höhe von 150,— DM unpfändbaren Lohnanspruch für Februar 1957 habe die Beklagte im Hinblick auf § 394 Satz 1 BGB selbst dann nicht ihre Überzahlungen verrechnen dürfen, wenn sie deren Erstattung vom Kläger an sich verlangen dürfe. Unter Berufung hierauf hat der Kläger von der Beklagten Zahlung seines Februarlohnes in Höhe von 150,— DM verlangt.

Die Beklagte hat zu ihrem Klageabweisungsbegehren behauptet, die Überzahlungen an den Kläger seien auf einen Irrtum zurückzuführen, der dadurch entstanden sei, daß die Prozeßvertreter der Pfändungsgläubiger ihr mitgeteilt hätten, es seien monatlich nur 150,— DM einzubehalten. Sie hat weiter behauptet, der Kläger habe gewußt, daß er nicht mehr als 150,— DM von ihr entgegennehmen dürfe. Das ergebe sich daraus, daß er gegen einen Pfändungs- und Überweisungsbeschluß Erinnerung eingelegt habe, was darauf hindeute, daß er über die Höhe der pfändungsfreien Beträge unterrichtet gewesen sei. Das ergebe sich ferner daraus, daß er sich gegenüber der Beklagten sofort gewehrt habe, als in den Monaten September und Dezember 1956 mehr, als in dem Pfändungs- und Überweisungsbeschluß vorgesehen, zugunsten der Pfändungsgläubiger einbehalten wurde. Es hätten zudem eine Reihe weiterer nicht zum Zuge kommender Pfändungs- und Überweisungsbeschlüsse vorgelegen. Sie hat die Ansicht vertreten, sie könne die Überzahlungen vom Kläger voll zurückverlangen. Sie seien als Vorschüsse zu bewerten, die sie trotz § 394 Satz 1 BGB mit dem Februarlohn des Klägers habe verrechnen dürfen. Außerdem treffe den Kläger der Einwand der Arglist, wenn er der geschehenen Verrechnung unter Berufung auf § 394 Satz 1 BGB widerspreche, zumal er wieder in Arbeit stehe und auch die erwähnte Rente erhalte.

3. In den beiden Vorinstanzen ist die Beklagte unterlegen. Das Landesarbeitsgericht hat in tatsächlicher Beziehung angenommen, der Kläger habe gewußt, daß er zuviel erhalten habe. Es hat in tatsächlicher Beziehung weiter angenommen, es sei nicht anzunehmen, daß die Beklagte eine Nichtschuld habe erfüllen wollen.

In rechtlicher Beziehung hat es den Standpunkt vertreten, bei unrichtiger Ausführung eines Pfändungs- und Überweisungsbeschlusses könne der Arbeitgeber, ebenso wie bei sonstigem fehlerhaften Rechenwerk aus Anlaß von Lohnauszahlungen, entsprechende Erstattungen verlangen, wobei es gar nicht darauf ankomme, ob der Arbeitgeber dabei gut oder bösgläubig sei. Die Beklagte sei aber nicht berechtigt gewesen, einen solchen an sich gegebenen Erstattungsanspruch mit dem Anspruch des Klägers auf den Februarlohn zu verrechnen. Eine solche Verrechnung scheitere an § 394 Satz 1 BGB.

Die Revision der Beklagten führte zur Aufhebung und Zurückverweisung.

Aus den Gründen:

1. Der Kläger hatte für seine Arbeit im Monat Februar 1957 Lohn in Höhe von 150,— DM von der Beklagten zu fordern, den er von der Beklagten aber nicht erhalten hat. Die Berechtigung seines dahingehenden Zahlungsverlangens hängt daher ausschließlich davon ab, ob der Beklagten gegen den Kläger wegen der entgegen dem Pfändungs- und Überweisungsbeschluß erfolgten Überzahlungen eine Gegenforderung zusteht und ob sie eine solche mit dieser Lohnforderung des Klägers wirksam verrechnet oder dagegen wirksam aufgerechnet und damit die Lohnforderung des Klägers wirksam erfüllt hat.

2. Die Überzahlungen der Beklagten führen zu einem entsprechenden Erstattungsanspruch der Beklagten gegen den Kläger.

Das folgt allerdings nicht, wie schon hier zur Entlastung der ferneren Erörterungen und entgegen der möglicherweise gegenteiligen Ansicht der

Revision klargestellt werden kann, aus dem Gesichtspunkt des Vorschusses. Bei einer Vorschußgewährung von Geld sind sich Vorschußgeber und Vorschußnehmer darüber einig, daß der Vorschußgeber dem Vorschußnehmer Geld für eine solche Forderung des Vorschußnehmers gegen den Vorschußgeber gibt, die entweder noch nicht entstanden oder nur aufschiebend bedingt entstanden oder zwar entstanden, aber noch nicht fällig ist. Beide Teile sind sich dabei darüber einig, daß im Falle der Entstehung bzw. der endgültigen unbedingten Entstehung oder des Fälligwerdens der so bevorschußten Forderung der Vorschuß auf die Forderung verrechnet sein oder verrechnet werden soll (vgl. in etwa: Hueck-Nipperdey, Lehrbuch des Arbeitsrechts, 6. Aufl., Bd. 1, 1959, § 40 III 6 b S. 259) und daß im Falle der Nichtentstehung der so bevorschußten Forderung oder im Falle der nicht zeitgerechten Entstehung der bevorschußten Forderung der Vorschußnehmer verpflichtet sein soll, den erhaltenen Vorschuß dem Vorschußgeber zurückzugewähren (vgl. Urteil des Fünften Senats des Bundesarbeitsgerichts vom 10. März 1960 — 5 AZR 426/58 — AP Nr. 2 zu § 138 BGB — Ziff. 1 der Entscheidungsgründe).

Daß den Überzahlungen der Beklagten an den Kläger eine derartige oder ähnliche rechtsgeschäftliche Vorschußabrede ausdrücklich oder konkludent zugrundegelegen habe, hat das Landesarbeitsgericht nicht festgestellt, sondern ausdrücklich verneint; das ist von der Beklagten in tatsächlicher Beziehung auch gar nicht behauptet worden. Soweit sich der Vortrag der Beklagten mit der Frage, ob die Überzahlungen der Beklagten Vorschüsse gewesen seien, befaßt, enthält er keinerlei dahingehende Tatsachendarstellungen, sondern lediglich abstrakte Rechtsausführungen, die nicht ausreichen, um die nach dem Gesagten erforderliche rechtsgeschäftliche Vorschußabrede als gegeben in Betracht zu ziehen. Die Revision der Beklagten gibt auch schließlich selbst zu erkennen, daß ernsthaft hier eine Vorschußabrede weder nach Tatsachen noch nach der Rechtslage in Betracht kommt.

3. a) Das Landesarbeitsgericht hat eine Anspruchsgrundlage für die Berechtigung der Beklagten, vom Kläger Erstattung der Überbezahlung zu verlangen, aus dem Arbeitsvertrag selbst entnommen und ausgeführt, bei Überzahlungen sei ein Arbeitnehmer ohne Rücksicht auf seine Gutgläubigkeit oder Schlechtgläubigkeit immer zur Erstattung des Zuvielerhaltenen verpflichtet. Dieser Ansicht des Landesarbeitsgerichts kann nur teilweise gefolgt werden. Die aus dem Arbeitsvertragsverhältnis sich ergebende Treuepflicht macht es, wenn Treuepflichten überhaupt einen Sinn haben sollen, dem Arbeitnehmer an sich und dem Grunde nach zur Pflicht, Zuvielzahlungen seinem Arbeitgeber zu erstatten. Damit ist jedoch noch nichts

darüber gesagt, was der Arbeitnehmer der Höhe nach zu erstatten hat. Für den Umfang seiner Erstattungspflicht der Höhe nach gelten die Maßstäbe des Bereicherungsrechts. Denn diese Maßstäbe sind Konkretisierungen des allgemeinen Gedankens von Treu und Glauben und damit eines allgemeinen Gerechtigkeitsprinzips (BAG 7, 290 [303]) und berücksichtigen für die Frage des Umfanges die näheren Umstände, unter denen es zu einer Zuvielzahlung kam. Das bedeutet im Ergebnis, daß ein gutgläubiger Empfänger von Zuvielzahlungen sich entsprechend § 818 Abs. 3 BGB auf einen Wegfall der Bereicherung berufen kann, ein bösgläubiger Empfänger gemäß § 819 Abs. 1, § 818 Abs. 4 BGB dagegen nicht. Das bedeutet aber auch, daß derjenige Arbeitgeber, der bewußt Zuvielzahlungen an den Arbeitnehmer leistet, diese aus dem Prinzip des § 814 BGB überhaupt nicht zurückverlangen kann. Dafür, daß nur in diesem soeben erörterten Umfang eine Erstattungspflicht des Arbeitnehmers besteht, spricht auch die Regelung des § 87 Abs. 2 Satz 1 des Bundesbeamtengesetzes in der Fassung vom 18. September 1957 — BGBl. I, 1338 [1350]. Denn wenn der seinem Dienstherrn in besonderem Maße zur Treue verpflichtete Beamte ebenfalls nicht schlechthin zur Erstattung von Zuvielzahlungen verpflichtet ist, sondern ebenfalls nur nach Bereicherungsrecht zur Erstattung verpflichtet ist, spricht nichts dafür, in einem privaten Arbeitsvertragsverhältnis in dieser Frage die Erstattungspflicht des Arbeitnehmers weiter auszudehnen.

b) Ob nach den vorstehenden Rechtsgrundsätzen aber eine Erstattungspflicht des Klägers gegenüber der Beklagten tatsächlich besteht, hat das Landesarbeitgericht nicht frei von möglichen Fehlern geprüft. Das ergibt sich aus folgendem:

Das zugunsten der Titelgläubiger nach näherer Maßgabe des § 829 ZPO begründete Pfändungspfandrecht an den gepfändeten Lohnforderungen des Klägers gegen die Beklagte führte gemäß § 804 Abs. 1 ZPO in entsprechender Anwendung von §§ 1281, 1282 BGB dazu, daß nach einer gemäß §§ 835 Abs. 1, 836 Abs. 1 ZPO geschehenen Überweisung zur Einziehung nur die Titelgläubiger die gepfändeten Lohnforderungen des Klägers geltend machen konnten und die Beklagte nur an diese leisten durfte. Demnach waren gegen den Pfändungs- und Überweisungsbeschluß verstoßende Überzahlungen der Beklagten an den Kläger nicht geeignet, eine Erfüllungswirkung im Sinne des § 326 Abs. 1 BGB herbeizuführen, weil sie an einen nicht mehr zur Geltendmachung berechtigten Gläubiger erfolgten und somit ohne Rechtsgrund geschahen.

Ergibt sich damit dem Grunde nach ein vertraglicher Erstattungsanspruch der Beklagten, so kann dieser jedoch nach § 814 BGB dann ausgeschlossen sein, wenn die Beklagte die Überzahlungen zum Zwecke der

Erfüllung einer Verbindlichkeit leistete und dabei wußte, daß sie dazu nicht verpflichtet war. Während die Beklagte behauptet hatte, die Überzahlungen seien irrtümlich, also zwar in Erfüllung einer vermeintlichen Lohnverbindlichkeit, aber nicht in Kenntnis ihrer Nichtverpflichtung dem Kläger gegenüber erfolgt, hatte der Kläger behauptet, die Beklagte habe an ihn bewußt Überzahlungen geleistet. Wie es zu den Überzahlungen gekommen ist, insbesondere ob die Beklagte in Kenntnis ihrer Nichtverpflichtung an den Kläger geleistet hat oder nicht, hat das Landesarbeitsgericht nicht festgestellt. Seine Feststellungen verhalten sich nur darüber, der Kläger habe von der Nichtschuld der Beklagten gewußt, nicht aber darüber, ob, wie der Kläger behauptet hatte, die Beklagte davon gewußt hat.

4. Ist es somit nicht ausgeschlossen, daß der Beklagten wegen bewußter Zuvielzahlung und damit wegen § 814 BGB kein Erstattungsanspruch gegen den Kläger zusteht, so beruht das angefochtene Urteil im Sinne des § 549 Abs. 1 ZPO aber auch auf dieser fehlenden Erörterung des Gesichtpunktes aus § 814 BGB. Die Erörterung von § 814 BGB und damit die Prüfung der Berechtigung eines Erstattungsanspruchs der Beklagten ist nur dann entbehrlich, wenn ein etwaiger Erstattungsanspruch jedenfalls nach § 394 Satz 1 BGB gegenüber dem Lohnzahlungsanspruch des Klägers nicht aufgerechnet werden kann. Soweit das Landesarbeitsgericht das aber angenommen hat, halten seine Ausführungen einer rechtlichen Nachprüfung nicht stand.

a) Soweit § 394 Satz 1 BGB bestimmt, daß gegen unpfändbare Forderungen nicht aufgerechnet werden kann, ist allgemein anerkannt, daß dieses Verbot nicht gilt, wenn ein Arbeitnehmer seinen Arbeitgeber im Rahmen des Arbeitsverhältnisses durch vorsätzliche unerlaubte oder strafbare oder sittenwidrige Handlung schädigt und der Arbeitgeber mit der daraus gegebenen Schadenersatzforderung gegenüber einer unpfändbaren Forderung des Arbeitnehmers aufrechnet. Ein solcher Arbeitnehmer handelt arglistig, d. h. unter gröblicher Überschreitung dessen, was das allgemeine Billigkeits- und Redlichkeitsgefühl verträgt (vgl. RAG ARS 5, 517 [518]; 14, 345 [348, 349]; 18, 241 [248]; 32, 297 [300]; RGZ 85, 108 [117]; BGH AP Nr. 4 zu § 394 BGB; weitere Nachweise bei Hueck-Nipperdey, Lehrbuch des Arbeitsrechts, 6. Aufl., Bd. 1, 1959, § 45 IV S. 340 zu Fußnote 85).

Das Reichsarbeitsgericht hat es dagegen bei aller Zulassung des Einwandes der Arglist im Einzelfall bis zuletzt abgelehnt, das Aufrechnungsverbot des § 394 Satz 1 BGB generell auch gegenüber jedem solcher Schadenersatzansprüche zurücktreten zu lassen, die nur auf vorsätzlicher

Vertragsverletzung durch den Arbeitnehmer beruhen (vgl. RAG ARS 5, 517 [518]; 14, 345 [348, 349]; 32, 297 [300]).

Der Bundesgerichtshof ist dem Reichsarbeitsgericht unter Berufung auf die gleichlautende Rechtsprechung des Reichsgerichts in AP Nr. 4 zu § 394 BGB in etwa und im Grundsätzlichen, jedoch mit der Hervorhebung gefolgt, es bestehe kein hinreichender Grund dafür, anzunehmen, daß die Beseitigung des Aufrechnungsverbotes durch die Einrede der Arglist nur für den Fall der Schadenersatzforderung des Arbeitgebers aus einer vom Arbeitnehmer im Arbeitsverhältnis begangenen unerlaubten Handlung anzuerkennen sei. Der Tatbestand des das Aufrechnungsverbot des § 394 Satz 1 BGB beseitigenden Einwandes der allgemeinen Arglist könne abschließend überhaupt nicht umschrieben werden. Ihre Zulässigkeit könne immer nur auf den Umständen des Einzelfalles beruhen. Der Bundesgerichtshof hat aber dann in dem von ihm entschiedenen Fall den Sachverhalt einer vorsätzlichen Vertragspflichtverletzung für einen das Aufrechnungsverbot des § 394 Satz 1 BGB ausschließenden allgemeinen Arglisteinwand nicht genügen lassen.

Die Rechtslehre hat sich demgegenüber fast einhellig auf den Standpunkt gestellt, daß auch Schadenersatzforderungen des aufrechnenden Arbeitgebers aus vorsätzlicher Vertragsverletzung des Arbeitnehmers ausreichen, um das Aufrechnungsverbot des § 394 Satz 1 BGB zu verdrängen (vgl. die Nachweise bei Hueck-Nipperdey, aaO, § 45 IV zu Fußnote 85 S. 340).

Andererseits wiederum hat das Reichsarbeitsgericht angenommen, das Aufrechnungsverbot des § 394 Satz 1 BGB gelte nicht für Bereicherungsansprüche des Arbeitgebers, die ihm deswegen zustehen, weil er zuviel Lohn bezahlt hat (vgl. RAG ARS 6, 22 [24, 25]; 6, 45 [51]; 14, 398 [402]; 17, 214 [217]; ebenso Staudinger-Nipperdey, BGB, 11. Aufl., 1958, § 611 Anm. 233). Die Literatur vertritt für solche Fälle dagegen wiederum den Standpunkt, das könne nur bei Bösgläubigkeit, nicht bei Gutgläubigkeit des Arbeitnehmers gelten (vgl. die Nachweise bei Hueck-Nipperdey, aaO, § 45 IV Fußnote 85; Nikisch, Arbeitsrecht, 2. Aufl., Bd. 1, 1955, S. 314; Schnorr von Carolsfeld, Arbeitsrecht, 2. Aufl., 1954, S. 233).

Im Bundesbeamtengesetz hat sich der Gesetzgeber (§ 84 Abs. 2 Satz 2 BBG in der Fassung vom 18. September 1957 — BGBl. I, 1338 [1350] —) dahin entschieden, dem Dienstherrn eine Aufrechnungsmöglichkeit gegenüber unpfändbaren Dienstbezügen seiner Beamten nur wegen Schadensersatzforderungen aus vorsätzlicher unerlaubter Handlung einzuräumen.

b) Es ist nicht zu verkennen, daß die vorstehend gekennzeichneten uneinheitlichen Stimmen in Rechtsprechung und Rechtslehre und die

Regelung in § 84 Abs. 2 Satz 2 BBG zu einer Besinnung darüber zwingen, wann es bei dem vom Gesetzgeber als Regel gewollten Aufrechnungsverbot des § 394 Satz 1 BGB verbleibt und wann dieses weichen muß. Anknüpfungspunkt für diese Kollisionsfrage und damit für den richtigen Lösungsweg ist der Ausgangspunkt, von dem aus die Rechtsprechung begonnen hat, in bestimmten Fällen § 394 Satz 1 BGB zurücktreten zu lassen. Dieser Ausgangspunkt war der, daß der mit § 394 Satz 1 BGB gewollte Sozialschutz des Arbeitnehmers weichen muß, wenn die Berufung auf ihn durch den Arbeitnehmer gegen den das gesamte Rechtsleben beherrschenden Grundsatz von Treu und Glauben verstößt (vgl. RGZ 85, 108 [117]) und „Arglist im weitesten Sinne" darstellt (RGZ 85, 117).

Es leuchtet ohne weiteres ein, worauf auch der Bundesgerichtshof in AP Nr. 4 zu § 394 BGB zutreffend hingewiesen hat, daß es für die Frage, wann ein Verstoß gegen Treu und Glauben in der Berufung auf § 394 Satz 1 BGB vorliegt, naturgemäß weniger auf die Rechtsfrage ankommen kann, ob die zur Aufrechnung gestellte Forderung des Arbeitgebers auf vorsätzlichem Vertragsverstoß oder auf vorsätzlicher unerlaubter Handlung beruht oder nicht. Bei einer solchen Betrachtung werden nicht das echte Gewicht des mit § 394 Satz 1 BGB gewollten Sozialschutzes mit echten allgemeinen Gerechtigkeitsprinzipien verglichen und abgewogen, sondern wird mehr auf eine formale und nur auf eine durch juristische Qualifikation quasi indizierte Betrachtung („unredlich, weil vorsätzliche unerlaubte Handlung") abgestellt (so auch Soergel-Siebert, BGB, 9. Aufl., Bd. 1, 1959, § 394 Anm. 3).

Entscheidend muß aber folgendes sein: Der mit § 394 Satz 1 BGB gewollte Sozialschutz hat ein sehr beträchtliches Gewicht. Er ist gegründet auf dem Faktum des „primo vivere", d. h., daß der Mensch von dem Lohn seiner Arbeit erst einmal muß leben können, ehe er seine Gläubiger befriedigen muß. Die §§ 811 ff., 850 ff. ZPO stellen dieses Prinzip eindeutig klar, wenn eine Situation in Rede steht, bei der der Arbeitnehmergläubiger für die Herbeiführung der Erfüllung seiner Forderungen staatliche Vollstreckungshilfe in Anspruch zu nehmen gezwungen ist. § 394 Satz 1 BGB muß diesem in §§ 811 ff., 850 ff. ZPO zum Ausdruck kommenden Sozialschutz in etwa gleichem Umfang Rechnung tragen, wenn der Arbeitnehmergläubiger auf die staatliche Vollstreckungshilfe für die Durchsetzung seiner Forderung nicht angewiesen ist, sondern — gleichsam im Wege der Selbsthilfe — seine Forderungen zur Aufrechnung stellt. Wenn § 394 Satz 1 BGB ohne Vorbehalt zum Ausdruck bringt, das könne er insoweit nicht, als er dabei gegen unpfändbare Forderungen des Arbeitnehmers aufrechnet, so ist damit unmißverständlich die Selbsthilfebefriedigung des Gläubigers im Wege der Aufrechnung in die Schranken verwiesen, wie sie §§ 811 ff., 850 ff. ZPO für den Fall der Vollstreckung mittels staatlicher Hilfe aufstellen.

Bei dem somit aus § 394 Satz 1 BGB zu entnehmenden ganz beträchtlichen Gewicht des Sozialschutzes müssen somit schon gewichtige Gründe vorliegen, wenn er weichen soll. Solche Gründe können insbesondere Billigkeits- und Redlichkeitserwägungen sein. Denn das in ihnen zum Tragen kommende allgemeine Gerechtigkeitsdenken verträgt es nicht, daß jemand Sozialschutz und damit § 394 Satz 1 BGB in Anspruch nimmt, dem zuzumuten ist, auf ihn ganz oder teilweise aus übergeordneten Gesichtspunkten zu verzichten. Ein solcher übergeordneter Gesichtspunkt kann der sein, daß ein Arbeitnehmer im Rahmen seines auch für ihn durch Treuepflichten ausgefüllten Arbeitsverhältnisses es willentlich und damit vorsätzlich zu einem — im weitesten Sinne und ohne Rücksicht auf die juristische Qualifikation — Nachteil des Arbeitgebers kommen läßt und die Aufrechnung der daraus sich für den Arbeitgeber gegen ihn ergebenden Forderung mit dem Schutzschild des § 394 Satz 1 BGB dann auffangen will.

Die sich daraus ergebende Kollisionsfrage kann aber nur dann gerecht gelöst werden, wenn im Einzelfall geprüft wird, was der Verzicht auf den mit § 394 Satz 1 BGB gewollten Sozialschutz und was andererseits die Unredlichkeit der Berufung auf ihn wiegt. Der Sozialschutz kann — namentlich im Hinblick auf die an ihm vielfach teilnehmenden Angehörigen des Arbeitnehmers — im Einzelfall so notwendig sein, daß er eine Verdrängung aus Billigkeitserwägungen überhaupt nicht oder nur teilweise verträgt. Billigkeits- und Gerechtigkeitserwägungen können andererseits seine — vollständige oder teilweise — Verdrängung gestatten und fordern. Es muß also im Einzelfall unter Berücksichtigung aller der Sache nach in Betracht kommenden Einzelumstände eine Zumutbarkeitserwägung vorgenommen werden, um einmal zu verhindern, daß der elementare Sozialschutz verkümmert, und um zum anderen zu verhindern, daß der Sozialschutz rechtsmißbräuchlich von dem von ihm Geschützten in Anspruch genommen wird. Diese Abwägungsfrage darf sich, wenn sie nicht unvollkommen sein soll, nicht darauf beschränken, zu prüfen, „ob" im Einzelfall der Sozialschutz weichen muß; sie muß auch prüfen, „inwieweit" er im Einzelfall weichen muß.

c) Für den vorliegenden Rechtsstreit steht nun einmal in Rede, daß dem Kläger für den Monat Februar 1957 neben einer Rente von ca. 100,— DM nur sein Lohn zum Leben zur Verfügung stand. Die Vordringlichkeit seines daraus sich ergebenden Sozialschutzes bedarf keiner weiteren Begründung.

Andererseits handelte der Kläger unzweifelhaft in höchstem Maße unredlich. Sein — nach den Feststellungen des Landesarbeitsgerichts — willentliches und vorsätzliches Verhalten ging praktisch dahin, der Beklagten als seiner Arbeitgeberin, die durch die Überzahlungen an den Kläger nicht von der Zahlungspflicht an die Pfändungsgläubiger frei wurde, zuzumuten, die dem Kläger obliegende Unterhaltspflicht im Endergebnis nicht selbst zu tragen und sich selbst nicht die gebotenen persönlichen Einschränkungen aufzuerlegen. Darüber, daß eine solche Verhaltensweise des Klägers gröblich gegen jedes Billigkeits- und Gerechtigkeitsgefühl verstößt, ist kein Wort zu verlieren; es ist also in Betracht zu ziehen, daß er den mit § 394 Satz 1 BGB gewollten Sozialschutz nicht uneingeschränkt für sich in Anspruch nehmen darf. Es muß dem Kläger zugemutet werden, sich gegenüber dem Aufrechnungsverlangen auf das Notwendigste und empfindlich einzuschränken.

Das Maß und der Umfang der ihm danach zuzumutenden Einschränkung lassen sich jedoch nur unter Berücksichtigung aller näheren Umstände bestimmen. Es muß dabei einerseits zugunsten des Klägers eine Rolle spielen, was er trotz allem unbedingt zum Leben braucht. Auch wird zu seinen Gunsten zu berücksichtigen sein, ob die Beklagte, was vom Landesarbeitsgericht nicht festgestellt ist, was aber nach aller Erfahrung bei dem eindeutigen Wortlaut des Pfändungs- und Überweisungsbeschlusses kaum zweifelhaft sein kann, selbst nicht mindestens fahrlässig dazu beitrug, daß es zu den Überzahlungen an den Kläger kam. Zu Lasten des Klägers und zugunsten der Beklagten wird u. U. zu erwägen sein, daß der Kläger die Überzahlungen schlechtgläubig in Empfang nahm; es wird weiter zu erwägen sein, inwieweit es der Beklagten nach dem Ausscheiden des Klägers bei ihr praktisch noch möglich ist, auf das Arbeitseinkommen des Klägers an seiner neuen Arbeitsstelle noch Zugriff zu nehmen, oder ob das daran scheitert, daß der Kläger auch dort von Pfändungs- und Überweisungsbeschlüssen verfolgt wird, die etwaigen Vollstreckungsversuchen der Beklagten vorgehen und deren Realisierung praktisch unmöglich machen.

d) Die vorstehend als notwendig erachtete beiderseitige Zumutbarkeitsabwägung fehlt in den Erörterungen des Landesarbeitsgerichts, das sich bei seinen Erwägungen von theoretischen Überlegungen und nicht von den gebotenen Abwägungsfragen hat leiten lassen. Damit ergibt sich die Möglichkeit, daß es bei richtiger Abwägung aller Umstände nicht zu einem Ausschluß der Aufrechnungsbefugnis der Beklagten hätte kommen können und seine Anwendung von § 394 Satz 1 BGB und damit die Verurteilung der Beklagten auf einem Rechtsfehler beruht.

5. Ist damit aber die Möglichkeit gegeben, daß § 394 Satz 1 BGB nicht unter allen Umständen eine Aufrechnung der Beklagten und damit eine Klageabweisung hindert, so macht das die Aufhebung des angefochtenen Urteils notwendig und zwar — zusammengefaßt — aus folgenden Gründen: Muß es nach dem vorstehend zu Ziffer 4 c—d dieser Entscheidungsgründe Ausgeführten möglich sein, daß die Aufrechnung der Beklagten nicht oder nicht in vollem Umfang an § 394 Satz 1 BGB zu scheitern braucht, dann kann nach dem oben zu Ziffer 3 b Ausgeführten entscheidungserheblich sein, ob die Beklagte im Hinblick auf den vom Landesarbeitsgericht nicht erörterten, aber klärungsbedürftigen § 814 BGB überhaupt eine Forderung gegen den Kläger hat, die sie zur Aufrechnung stellen kann. Erst wenn das zu bejahen und nicht auszuschließen wäre, wird dann in die gebotene Abwägungsfrage zu § 394 Satz 1 BGB einzutreten sein.

Diese dem Revisionsgericht nicht mögliche Klärung wird das Landesarbeitsgericht vornehmen müssen.

25

1. Auf die Arbeitszeit der angestellten Ärzte in den öffentlichen Krankenanstalten finden die Bestimmungen der Verordnung über die Arbeitszeit in Krankenpflegeanstalten vom 13. September 1924 und der Arbeitszeitordnung vom 30. April 1938 keine Anwendung.

2. Die Vergütung für die innerhalb der Grenzen der Arbeitszeitordnung vom 30. April 1938 über 48 Stunden wöchentlich hinaus gemäß § 8 Abs. 2 ATO festgesetzte r e g e l m ä ß i g e Arbeitszeit ist nach § 2 Abs. 1 Satz 1 TO.A in der Vergütung nach den §§ 3 ff. TO.A — d. i. dem Tarifgehalt — mitenthalten.

3. Erbringt der angestellte Arzt, dessen regelmäßige Arbeitszeit gemäß § 8 Abs. 2 ATO auf 60 Stunden festgesetzt ist, Dienstleistungen, die über 60 Vollarbeitsstunden hinausgehen, so steht ihm im Falle der Vollarbeit oder der Arbeitsbereitschaft ein Anspruch auf Überstundenvergütung nach Maßgabe der ADO Nr. 3 Buchst. B zu § 2 TO.A zu.

Handelt es sich um einen reinen Bereitschaftsdienst im Sinne der vom Bundesarbeitsgericht hierfür aufgestellten Begriffsmerkmale (vgl. BAG vom 10. Juni 1959 in AP Nr. 5 zu § 7 AZO und vom 8. Juli 1959 in AP Nr. 1 zu § 13 AZO), so regelt sich die Vergütung nach § 612 BGB.

BGB §§ 611, 612; Krankenhaustarifordnung (KrT) vom 2. Dezember 1939 in der Fassung vom 18. Juni 1944 §§ 2, 3, 7, 11; Verordnung über die Arbeitszeit in Krankenpflegeanstalten vom 13. September 1924 §§ 1, 2;
Arbeitszeitordnung vom 30. April 1938 §§ 1, 7; ATO § 8; TO.A § 2; ADO Nr. 3 zu § 2 TO.A; TVG § 4.

V. Senat. Urteil vom 31. März 1960 i. S. C. (Kl.) w. A. K. (Bekl.) 5 AZR 443/57.

I. Arbeitsgericht Aachen. — II. Landesarbeitsgericht Düsseldorf.

Der am 27. August 1924 geborene Kläger ist am 1. Oktober 1955 als Assistenzarzt in die Dienste der Beklagten getreten und dem Krankenhaus in B. zur Dienstleistung überwiesen worden. Bis zum 31. Dezember 1955 erhielt er eine Vergütung nach der VergGr. III, ab 1. Januar 1956 nach der VergGr. II TO.A. Ihm oblag die Betreuung der Inneren Abteilung für Männer des Krankenhauses, die bei einer Gesamtzahl von 48 Betten durchschnittlich mit 42-43 Patienten belegt war. Nach dem Dienstplan hatte der Kläger über eine Arbeitszeit von 48 Stunden in der Woche hinaus Dienstleistungen in einem ständigen Turnus innerhalb von je 3 Wochen einmal von samstags 13 Uhr bis montags 7 Uhr (Sonntagsdienst) und 5mal im Nachtdienst von 19 Uhr bis 7 Uhr und an denselben fünf Tagen von 13 Uhr bis 16 Uhr in der Mittagspause zu erbringen. Es ist zwischen den Parteien unstreitig, daß die Stundenzahl des die 48stündige wöchentliche Arbeitszeit übersteigenden Arbeitspensums in dem mit der Klage beanspruchten Zeitraum sich auf 30 Stunden in der Woche belief.

Der Kläger ist der Ansicht, ihm seien diese 30stündigen zusätzlichen Dienstleistungen als Überstunden zu vergüten. Er beruft sich zur Begründung seiner Klageforderung auf die Bestimmungen der Krankenhaustarifordnung (KrT) vom 2. Dezember 1939, die Arbeitszeitordnung (AZO) vom 30. April 1938 und die Verordnung über die Arbeitszeit in Krankenpflegeanstalten (KrAZO) vom 13. Februar 1924, aus denen in Verbindung mit der Besonderen Dienstordnung des früheren Reichsarbeitsministers zur Krankenhaustarifordnung (DO RAM) vom 9. Dezember 1941 zu entnehmen sei, daß für die angestellten Ärzte in den Krankenpflegeanstalten die 48stündige Wochenarbeitszeit gelte. Er hat dementsprechend beantragt, festzustellen, daß die Beklagte verpflichtet ist, ihm für die Zeit vom 1. Oktober 1955 bis 15. August 1956 für 30 Stunden pro Woche „die Überstundenvergütung zu gewähren“.

Die Beklagte hat zur Begründung ihres Klageabweisungsantrages darauf hingewiesen, daß nach § 3 Abs. 3 KrT die Arbeitszeit der Ärzte grundsätzlich eine unbegrenzte sei und weder durch gesetzliche noch tarifliche Vorschriften eine Beschränkung erfahren habe. Diese Regelung decke sich mit ärztlich-ethischen Grundsätzen und den herkömmlichen Forderungen der Ärzteschaft. Im übrigen seien von dem Kläger in dem 48 Stunden wöchentlich übersteigenden Zeitraum keine vollen Arbeitsleistungen erbracht worden, es handele sich bei den sonntäglichen und nächtlichen Dienstleistungen um einen reinen Bereitschaftsdienst, der neben dem eigentlichen Stationsdienst üblicherweise von den Assistenzärzten versehen werde und nicht vergütungspflichtig sei.

Das Arbeitsgericht hat der Klage stattgegeben, das Landesarbeitsgericht hat auf die Berufung der Beklagten die Klage abgewiesen: § 3 Abs. 3 KrT enthalte eine Arbeitszeitregelung für ärztliche Belegschaftsmitglieder und verpflichte den Kläger, seine gesamte Arbeitskraft zur Verfügung zu stellen. Eine zeitliche Beschränkung ergebe sich nur aus § 618 BGB und der arbeitsrechtlichen Fürsorgepflicht. Die Tätigkeit des Klägers unterliege weder einer Arbeitszeitbeschränkung nach der AZO noch nach der KrAZO, die beide auf angestellte Assistenzärzte in öffentlichen Krankenpflegeanstalten keine Anwendung fänden. Eine Bemessung der ärztlichen Leistung, insbesondere der über den Durchschnitt umfangmäßig hinausgehenden Leistung, nach Arbeitsstunden werde dem Wesen ärztlicher Tätigkeit nicht gerecht. Die dem Kläger im zeitlichen Rahmen des § 3 Abs. 3 KrT obliegenden Dienstleistungen seien durch das gewährte Tarifgehalt abgegolten. Selbst wenn man der Ansicht sei, daß § 3 Abs. 3 KrT keine Arbeitszeitregelung enthalte, sei ein Anspruch auf Bezahlung der wöchentlich über 48 Stunden hinausgehenden Arbeitsleistungen nicht begründet, da die für Beamte geltenden Bestimmungen der DO RAM, die eine Überstundenvergütung bei Mehrarbeit über 48 Stunden hinaus ausschlössen, für angestellte Ärzte entsprechend anzuwenden seien.

Die Revision des Klägers führte zur Aufhebung und Zurückverweisung.

Aus den Gründen:

I. Für die Berechtigung der Klageforderung muß zunächst klargestellt werden, welche Arbeitsleistungen durch das dem Kläger gewährte Gehalt abgegolten wurden. Denn eine zusätzliche Vergütung kann der Kläger nur dann und für die Arbeitsleistungen verlangen, die zeitmäßig außerhalb dessen liegen, was er vertraglich für sein Gehalt schuldete.

1. Auf das zwischen den Parteien bestehende Arbeitsverhältnis finden die Bestimmungen der noch in Kraft befindlichen Tarifordnung für Beleg-

schaftsmitglieder in den Krankenanstalten des früheren Reichs, der Länder, Gemeinden (Gemeindeverbände) und der Träger der Sozialversicherung (KrT) vom 2. Dezember 1939 in der Fassung der Dritten Änderung vom 18. Juni 1944 (RArbBl. 1940, S. IV, 73; 1940, S. IV, 1483; 1943, S. IV, 342; 1944, S. IV, 174) Anwendung. Nach § 1 KrT (Geltungsbereich) gilt diese Tarifordnung für alle auf Privatdienstvertrag Beschäftigten in Krankenanstalten jeder Art mit Ausnahme des in § 1 Abs. 3 näher bezeichneten Personenkreises. Der Kläger zählt nicht zu den unter § 1 Abs. 3 Ziffer a KrT aufgeführten leitenden Ärzten im Sinne dieser Tarifordnung. Dies folgt aus der Anlage 1 zu § 7 KrT, die die Vergütung der in Krankenanstalten angestellten Ärzte regelt und die weder Assistenzärzte (Stationsärzte) noch Oberärzte zu den leitenden Ärzten im Sinne von § 1 Abs. 3 Ziff. a KrT rechnet (vgl. auch Sachs, Das Krankenhaustarifrecht, 2. Aufl., 1957, S. 84/85).

Gemäß § 2 KrT in Verbindung mit der ADO zur KrT Buchst. a Ziff. 1 u. 2, richten sich die Arbeitsverhältnisse der in den Krankenanstalten beschäftigten Personen einschließlich der angestellten Ärzte nach den Bestimmungen der ATO und der TO.A in ihrer jeweiligen Fassung.

§ 8 ATO in Verbindung mit §§ 2, 3 ff. TO.A und § 7 KrT gehen grundsätzlich davon aus, daß durch das Tarifgehalt die nach § 8 Abs. 1 ATO regelmäßige Arbeitszeit von 48 Stunden abgegolten wird.

Nach § 8 Abs. 2 ATO ist eine von Abs. 1 abweichende r e g e l m ä ß i g e Arbeitszeit innerhalb der Grenzen der Arbeitszeitordnung in der Fassung der Bekanntmachung vom 30. April 1938 (RGBl. I S. 447 ff.) — AZO — zulässig, sofern das Nähere durch Dienstordnung oder Arbeitsvertrag bestimmt ist. Wenn demgegenüber § 3 Abs. 2 KrT eine Regelung nur durch Dienstordnung vorsieht und nicht von einer Regelungsmöglichkeit durch Arbeitsvertrag spricht, so kann darin keine speziellere den § 8 Abs. 2 ATO verdrängende Regelung gesehen werden. Es ist kein vernünftiger Grund ersichtlich, welches Interesse daran bestanden haben könnte, ausgerechnet auf dem Sektor des angestellten Arztes vertragliche Regelungen auszuschließen, die den Besonderheiten dieses Berufszweiges zweckmäßiger Rechnung tragen können als generelle Dienstordnungsnormen.

Soweit gemäß § 8 Abs. 2 ATO von der Befugnis Gebrauch gemacht ist, eine über 48 Stunden hinausgehende Arbeitszeit als regelmäßige Arbeitszeit festzusetzen, ist nach § 2 Abs. 1 Satz 1 TO.A deren Vergütung in der Vergütung nach §§ 3 ff. TO.A, also dem Tarifgehalt, enthalten.

Nach § 7 Abs. 1 AZO kann die regelmäßige Arbeitszeit durch Tarifordnung — jetzt Tarifvertrag — bis zu 10 Stunden täglich, d. h. 60 Stunden wöchentlich, verlängert werden. Die Ermächtigung zur Verlängerung der Arbeitszeit kann für einzelvertragliche Regelungen auch durch eine Rahmenbestimmung in einem Tarifvertrag oder einer Tarifordnung ausgesprochen werden, wie sie § 8 Abs. 2 Satz 1 ATO enthält (BAG 8, 63 [66]).

2. Da eine Dienstordnung gemäß § 16 Abs. 1 AOGÖ, durch die die regelmäßige Arbeitszeit in den Krankenanstalten verlängert wird, nicht besteht, bleibt zunächst die Frage, ob die KrT vorsieht, daß der Kläger für sein Gehalt Dienstleistungen in einer zeitlichen Ausdehnung bis zu 60 Stunden wöchentlich erbringen muß.

§ 3 KrT regelt unter der Überschrift „Arbeitszeit, Freizeit" in Absatz 1 die regelmäßige Arbeitszeit der Belegschaftsmitglieder, die überwiegend pflegerische Arbeiten leisten oder Arbeiten häuslicher oder sonstiger Art verrichten, die unmittelbar der Versorgung der Kranken dienen, und begrenzt diese Arbeitszeit auf 60 Stunden wöchentlich (jetzt auf 54 Stunden gemäß § 6 Tarifvertrag vom 15. Dezember 1955, abgeschlossen zwischen der Bundesrepublik, der Tarifgemeinschaft deutscher Länder und der Vereinigung der kommunalen Arbeitgeberverbände einerseits und der ÖTV und der DAG andererseits). Unter diesen Personenkreis fallen nicht die Assistenzärzte eines Krankenhauses, da sie nicht zum Pflegepersonal zählen. Für sie sieht § 3 Abs. 2 KrT eine Arbeitszeitregelung im Rahmen der Arbeitszeitordnung durch Dienstordnung nach den Bestimmungen der ATO und TO.A vor, „soweit nicht nachstehend etwas anderes bestimmt ist".

Die Beklagte ist nun der Ansicht, der nachfolgende § 3 Abs. 3, Satz 1: „Die ärztlichen Belegschaftsmitglieder sind verpflichtet, ihre gesamte Arbeitskraft zur Verfügung zu stellen", enthalte eine konkrete Arbeitszeitregelung für die in den Krankenanstalten tätigen nicht leitenden Ärzte; ihre normale Arbeitszeit sei an keine Stundengrenze gebunden; eine Bezahlung von Überstunden entfalle, weil die höhenmäßig nicht begrenzte Arbeitszeit des angestellten Arztes auf Grund der ihm zur Pflicht gemachten Zurverfügungsstellung seiner gesamten Arbeitskraft seine regelmäßige Arbeitszeit darstelle und somit durch das gezahlte Tarifgehalt abgegolten werde.

Dieser Auffassung vermag sich der Senat nicht anzuschließen. Der in § 3 Abs. 3 KrT zugrunde gelegte Begriff der Arbeits*kraft* bedeutet schon dem Wortlaut nach nicht dasselbe wie der in den vorhergehenden

Absätzen angeführte Begriff der Arbeits z e i t. Aus dem Wortlaut dieser Vorschrift, insbesondere im Zusammenhang mit den nachfolgenden Sätzen gelesen, ergibt sich, daß ein angestellter Arzt auch den über die regelmäßige Arbeitszeit hinausgehenden ärztlichen Dienst nicht verweigern darf und seine Arbeitskraft stets zur Verfügung zu halten hat, wenn das Wohl der ihm anvertrauten Kranken dies erfordert. § 3 Abs. 3 KrT konkretisiert insoweit die sich aus der Tätigkeit in öffentlichen Krankenanstalten ergebende Verpflichtung des angestellten Arztes, jederzeit seine ganze Persönlichkeit und Tatkraft dem ärztlichen Dienst zu widmen. Er spricht das ärztliche Ethos und nicht die bloße Dauer der Arbeitszeit an. Der angestellte Arzt darf sich deshalb auch nicht anderweit beruflich betätigen; darüber hinaus verpflichtet der Satz 2 des § 3 Abs. 3 KrT die angestellten Ärzte, auf Verlangen Lehrkurse in eigenen oder mit der Anstalt verbundenen Krankenpflegeschulen abzuhalten und Unterricht zu erteilen. In gleicher Weise haben sie auch Fürsorge- und Beratungsstellen zu betreuen. Demgegenüber kann nicht allein aus der Überschrift des § 3 KrT gefolgert werden, daß dieser eine konkrete Arbeitszeitregelung für angestellte Ärzte enthalte. § 3 Abs. 3 KrT enthält deshalb keine rechtswirksame Regelung der Arbeitszeit.

Die Tatsache schließlich, daß in dem zwischen der Bundesrepublik und der Tarifgemeinschaft deutscher Länder einerseits und der ÖTV und DAG andererseits abgeschlossenen Tarifvertrag vom 14. Juni 1958 in § 6 Ziffer 1 zum Ausdruck gebracht wird, die Bestimmungen dieses Tarifvertrages (Verkürzung der Arbeitszeit) gälten nicht für Angestellte, deren „Arbeitszeit" in § 3 Abs. 3 KrT besonders geregelt ist, ist als nicht zutreffende Auffassung der Tarifpartner für die hier zu entscheidende Frage ohne rechtliche Bedeutung. Die KrT ist als Rechtsverordnung der Auslegung durch die Tarifvertragsparteien nicht zugänglich.

3. Scheiden demnach Dienstordnung und KrT für die Bestimmung der vom Kläger geschuldeten Arbeitszeit aus, so ist nach dem oben zu I 1) dieser Entscheidungsgründe Ausgeführten die letzte Frage, ob der Einzelarbeitsvertrag mit der Beklagten die regelmäßige Arbeitszeit des Klägers bestimmt.

a) Eine ausdrückliche Vereinbarung über die Dauer der regelmäßigen Arbeitszeit ist zwischen den Parteien nicht getroffen worden. Aus dem das Arbeitsverhältnis beherrschenden Grundsatz von Treu und Glauben kann sich jedoch eine Verpflichtung des Arbeitnehmers ergeben, seine Arbeitsleistung bis zur gesetzlich oder tariflich zulässigen Höchstdauer zur Verfügung zu stellen. Dabei sind die Verkehrssitte, die allgemeinen Gepflogenheiten im Betrieb sowie dessen besondere Verhältnisse zu berücksichtigen (Hueck-Nipperdey, Lehrb. d. Arbeitsrechts, 6. Aufl., I. Bd., § 33, VI, 2; RAG ARS 5, 492; 6, 258; vgl. auch mit anderer Begründung Nikisch, Arbeitsrecht, 2. Aufl., I. Bd., § 27, III 1).

b) Die aus dem Wesen des ärztlichen Anstellungsvertrages sich ergebende Verpflichtung zur Verfügungstellung der gesamten Arbeitskraft, die in § 3 Abs. 3 KrT entsprechend konkretisiert ist, führt nach den Auslegungsmaßstäben der §§ 133, 157 BGB dazu, daß der Kläger regelmäßig — in Ermangelung gegenteiliger vertraglicher Absprachen — 60 Stunden wöchentlich arbeiten muß. Die ständige Betreuung der Kranken, zu jeder Tages- oder Nachtzeit erforderlich werdende Untersuchungen oder Operationen, die besonders in den größeren Krankenhäusern laufende Einlieferung von neu erkrankten oder unfallgeschädigten Personen, rechtfertigen unter Berücksichtigung der Verkehrssitte und der in dieser Hinsicht in allen Krankenhäusern gleichliegenden Gepflogenheiten die Annahme, daß auch ohne ausdrückliche Vereinbarung eine Verpflichtung zur regelmäßigen Arbeitsleistung zumindest in dem tariflich zulässigen Rahmen als gewollt anzusehen ist (vgl. Hueck-Nipperdey a. a. O.).

c) Beträgt aber die regelmäßige Arbeitszeit des Klägers 60 Stunden wöchentlich, so ist diese Arbeitszeit auch durch das ihm ausgesetzte Tarifgehalt abgegolten. Das folgt aus § 2 Abs. 1 Satz 1 TO.A, wonach mit der tariflichen Vergütung auch eine über 48 Stunden hinausgehende regelmäßige Arbeitszeit bis zur oberen Grenze von 60 Stunden abgegolten ist.

II. Es ist weiterhin zu prüfen, welches die Anspruchsgrundlage für eine Arbeitsleistung des Klägers ist, die über 60 Stunden in der Woche hinausgeht. Hierbei stellt sich zunächst die Frage, ob es sich um verbotene Mehrarbeit handelt oder nicht. Denn wenn den Gegenstand einer Vereinbarung zwischen den Parteien verbotene Mehrarbeit bildet, würde Anspruchsgrundlage infolge der nach § 134 BGB eingetretenen Nichtigkeit dieser Abrede ein „faktisches Vertragsverhältnis" sein (BAG 8, 47 [50]; BAG 5, 58 [65 f.]). Handelt es sich dagegen um nicht verbotene Mehrarbeit, so ist Anspruchsgrundlage der Vertrag selbst.

Die Frage, ob verbotene Mehrarbeit vorliegt oder nicht, kann auch nicht etwa offengelassen werden mit der Begründung, daß, gleichgültig welche Anspruchsgrundlage in Frage kommt, das Ergebnis möglicherweise dasselbe ist. Denn wollte man diese Frage nicht entscheiden, dann würde man für die Tätigkeit eines Arztes, auf die die Öffentlichkeit nicht verzichten kann, offenlassen, ob sich Krankenhäuser und ihre Leiter strafbar machen, wenn sie ihre Ärzte trotz eines dringenden allgemeinen Bedürfnisses vertraglich in einem höheren zeitlichen Umfange beschäftigen;

ferner würde offenbleiben, ob ein Arzt, der sich dem Krankenhaus gegenüber zu einer höheren zeitlichen Arbeitsleistung verpflichtet hat, sich darauf berufen kann, er brauche diese Arbeit nicht zu erbringen, weil sie verboten und eine dahingehende Absprache nichtig sei. Es bedarf keiner Erörterung, daß in einer solchen Frage keine Unklarheiten gelassen werden dürfen, zumal sie, wie ausgeführt, die Rechtsgrundlage des geltend gemachten Vergütungsanspruchs entscheidet.

Ob der angestellte Arzt über die 60-stündige regelmäßige Arbeitszeit hinaus sich zu einer zeitlich höheren Arbeitsleistung verpflichten kann, hängt davon ab, ob zwingende gesetzliche oder tarifliche Bestimmungen einer derartigen Vereinbarung entgegenstehen und damit privatrechtlich zu einer Nichtigkeit der Verpflichtung zu einer über die gesetzlich oder tariflich festgelegten Höchstgrenze hinausgehenden Arbeitsleistung führen und in strafrechtlicher Hinsicht den die Arbeitsleistung annehmenden Arbeitgeber straffällig machen. Dies ist nicht der Fall. Denn die Vorschriften der Arbeitszeitordnung vom 30. April 1938 (RGBl. I S. 447) und der Verordnung über die Arbeitszeit in Krankenpflegeanstalten vom 13. Februar 1924 (RGBl. I S. 66, 154) gelten nicht für die in den Krankenpflegeanstalten angestellten Ärzte, auch soweit sie nicht zu den leitenden Angestellten zählen. Das ergibt aus folgendem:

1. Wie die historische Entwicklung der Arbeitszeitgesetzgebung zeigt, erstreckte sich der persönliche Geltungsbereich der in der Zeit nach 1918 erlassenen arbeitszeitrechtlichen Bestimmungen, soweit die Gruppe der Angestellten in Frage stand, nur auf bestimmte Kategorien von Angestellten. Nach § 11 der Verordnung über die Regelung der Arbeitszeit der Angestellten während der Zeit der wirtschaftlichen Demobilmachung vom 18. März 1919 (RGBl. I, 315) umfaßte die arbeitszeitrechtliche Regelung nur diejenigen Angestellten, die mit kaufmännischen und technischen Diensten sowie mit Schreib-, Rechen- und ähnlichen Arbeiten (Büroangestellte) beschäftigt waren. Diese Beschränkung ist in den späteren Verordnungen über die Arbeitszeit vom 21. Dezember 1923 (RGBl. I S. 1249), vom 14. April 1927 (RGBl. I S. 110) und vom 26. Juli 1934 (RGBl. I S. 803) beibehalten worden. Eine Beschränkung der Arbeitszeit für angestellte Ärzte konnte aus diesen Bestimmungen nicht hergeleitet werden. da sie nicht zu den kaufmännischen oder den Büro-Angestellten zählten und — entgegen der Auffassung des Reichsarbeitsministers (Bescheid Nr. III a 2184 — 28 vom 29. Februar 1928) — auch nicht unter den Begriff eines technischen Angestellten fielen, soweit sie eine ärztliche Tätigkeit ausübten. Erst durch die Arbeitszeitordnung vom 30. April 1938 ist anstelle der bisherigen Differenzierung der persönliche Geltungsbereich

der Arbeitszeitschutzbestimmungen auf alle Arbeitnehmer über 18 Jahre ausgedehnt worden. Indessen enthält § 1 AZO Ausnahmebestimmungen von dieser generellen Vorschrift, die den Willen des Gesetzgebers erkennen lassen, nicht schlechthin für alle Gruppen von Arbeitnehmern Höchstgrenzen der zulässigen Beschäftigung vorzusehen, sondern bei Vorliegen von Besonderheiten persönlicher oder sachlicher Art eine vertragsmäßige Regelung der Arbeitszeit gesetzlich nicht zu beschränken.

a) Zu den aus sachlichen Erwägungen aus der AZO herausgenommenen Wirtschaftszweigen gehören neben den in § 1 Abs. 1 Ziff. 1 u. 2 aufgeführten Betrieben und Verwaltungen die in Abs. 3 genannten Krankenpflegeanstalten. Nach § 1 Abs. 3 AZO gilt für das Pflegepersonal und die ihm gleichgestellten Belegschaftsmitglieder die Verordnung über die Arbeitszeit in Krankenpflegeanstalten (KrAZO) vom 13. Februar 1924 (RGBl. I S. 66, 154). Als Pflegepersonal im Sinne dieser Verordnung gelten die Personen, die überwiegend pflegerische Arbeiten leisten oder Arbeiten häuslicher oder sonstiger Art verrichten, die unmittelbar der Versorgung der Kranken dienen. Hierzu zählen nicht die ärztlichen Dienstleistungen. Auch von der in § 2 KrAZO für die als gemeinnützig anerkannten Krankenpflegeanstalten getroffenen Arbeitszeitregelung für das Nichtpflegepersonal werden die in diesen Anstalten beschäftigten Assistenzärzte nicht erfaßt. Denn die begriffliche Trennung zwischen Pflege- und Nichtpflegepersonal in Verbindung mit der Bestimmung des § 2 Abs. 1 Satz 2 KrAZO, wonach im übrigen für die nicht zum Pflegepersonal gehörenden Personen die Verordnung über die Arbeitszeit vom 21. Dezember 1923 gilt, will nur sicherstellen, daß es für den zum Nichtpflegepersonal gehörenden Personenkreis, durch den nur mittelbar die Versorgung der Kranken gewährleistet wird, wie z. B. Heizer, Handwerker, Wäscher, Büropersonal pp., es bei den Bestimmungen der jeweilig in Kraft befindlichen gesetzlichen Arbeitszeitregelung verbleibt. Die angestellten Ärzte fallen nicht unter den Begriff des Nichtpflegepersonals im Sinne dieser Vorschrift. Abgesehen davon würde jede Auslegung als sinnwidrig erscheinen müssen, die dahin geht, daß Personenkreise durch die KrAZO den seinerzeit geltenden arbeitszeitrechtlichen Vorschriften unterstellt werden sollten, die von diesen gesetzlichen Bestimmungen bewußt nicht erfaßt worden sind. In ihrer Auswirkung würde diese Auslegung letzthin dahin führen, daß für das Pflegepersonal — im damaligen Zeitpunkt — die 60-stündige, für die in derselben Krankenpflegeanstalt tätigen Ärzte hingegen die 48-stündige Arbeitszeit als regelmäßige Arbeitszeit anzusehen wäre (vgl. hierzu Potthoff, in „Ärztliche Mitteilungen", 1928, S. 751). Mit dem Hinweis, die ärztliche Tätigkeit sei anstrengender als die des Pflegepersonals, läßt sich eine unterschiedliche arbeitszeitmäßige Behandlung dieser beiden Gruppen nicht rechtfertigen. Der bereits gekennzeichnete ethische Gehalt des Arztberufes verlangt, daß der angestellte Arzt auch arbeitszeitmäßig hinter dem ihm untergeordneten und von ihm zu beaufsichtigenden Pflegepersonal nicht zurücksteht.

b) Ebensowenig wie die KrAZO findet die AZO auf die Arbeitsverhältnisse der in Krankenpflegeanstalten angestellten Ärzte Anwendung.

Zwar ist die Ansicht des Landesarbeitsgerichts, daß der Kläger deshalb nicht den Bestimmungen der AZO unterliege, weil er als leitender Angestellter im Sinne von § 1 Abs. 2 Ziff. 2 AZO anzusehen sei, rechtsirrig. Ein in einem Krankenhaus angestellter Assistenzarzt untersteht fachlich den Weisungen des Chefarztes. Es ist nichts dafür vorgetragen, daß der Kläger in irgendeiner Weise die Funktionen eines leitenden Angestellten ausübte und etwa die Einstellung und Entlassung von Personal, die Ausstellung von Zeugnissen pp. zu seinem Aufgabenbereich gehörte.

Die Nichtunterstellung der in öffentlichen Krankenhäusern angestellten Ärzte unter die Vorschriften der AZO folgt vielmehr aus einer sich auf die Grundsätze des § 133 BGB stützenden zulässigen Auslegung der gesetzlichen Arbeitszeitschutzbestimmungen unter Berücksichtigung des vom Gesetzgeber mit dieser Regelung verfolgten Sinnes und Zweckes (vgl. über die Zulässigkeit der richterlichen Auslegung: Enneccerus-Nipperdey, Allgemeiner Teil des Bürgerlichen Rechts, 15. Aufl., § 51, II 4, III 1 und § 54; RGZ 139, 112; BAG (GS) 8, 314 [326]; BAG 1, 279 = AP Nr. 4 zu § 11 KSchG mit zustimmender Anmerkung von Hueck; BGHZ 2, 184; 3, 84; 13, 36). Hierbei ist davon auszugehen, daß weder jetzt, noch, wie ausgeführt, in der Vergangenheit sich der Arbeitszeitschutz ausnahmslos auf alle Arbeitnehmer erstreckt bzw. erstreckt hat. Während vor Erlaß der AZO vom 30. April 1938 nur die mit kaufmännischen und technischen sowie mit allgemeinen Büroarbeiten beschäftigten Angestellten den Arbeitszeitschutzvorschriften unterlagen, hat die AZO vom 30. April 1938 ebenso wie ihre Vorgänger größere Personenkreise aus sachlichen Gründen nicht der gesetzlichen Arbeitszeitregelung unterstellt. Eine nähere Prüfung der Gründe läßt das zu billigende Prinzip erkennen, überall dort, wo die Pflicht zur Versorgung oder Betreuung der Allgemeinheit Inhalt eines Dienstvertrages ist, die Regelung der Arbeitszeit einer besonderen gesetzlichen Anordnung oder einzelvertraglichen bzw. tarifvertraglichen Vereinbarungen vorzubehalten. Dies wird insbesondere bei den pharmazeutisch vorgebildeten Arbeitnehmern in Apotheken erkenntlich (§ 1 Abs. 1 Ziff. 3 AZO), für deren Herausnahme aus der gesetzlichen

Arbeitszeitregelung sonst kein anderer vernünftiger Grund ersichtlich wäre. Es kann nicht zweifelhaft sein, daß der angestellte Arzt nicht nur in einem besonderen Maße, sondern ausschließlich Arbeitsleistungen mit der genannten Zweckbestimmung zu erbringen hat. Inhalt jeder ärztlichen Tätigkeit ist die Hilfeleistung gegenüber kranken Menschen mit der Zielsetzung ihrer Heilung. Dies bedingt, daß der Arzt regelmäßig, im Gegensatz zu den anderen von der AZO erfaßten Arbeitnehmergruppen, nicht den Anordnungen des Arbeitgebers, sondern, was seine den Inhalt seines Arbeitsvertrages bestimmende ärztliche Tätigkeit anlangt, den notwendigen Anforderungen eines Dritten, nämlich des Patienten, nachzukommen und gegebenenfalls Maßnahmen zu ergreifen hat, die an eine Zeitgrenze nicht gebunden sein können. Diese von dem Zeitmoment unabhängige und für jede ärztliche Tätigkeit charakteristische Natur der ärztlichen Dienstleistung rechtfertigt die Herausnahme der ärztlichen Tätigkeit aus der Arbeitszeitordnung.

2. Einer vertraglichen Verlängerung der über die ATO hinausgehenden Arbeitszeit stehen auch nicht Bedenken aus dem Gesichtspunkt der Unabdingbarkeit tariflicher Normen entgegen (§ 4 TVG). Denn der ATO gegenüber ist die KrT die Tarifregelung mit dem engeren betrieblichen Geltungsbereich, weil sie der Eigenart und den besonderen Bedürfnissen des Betriebes und seiner Arbeitnehmer am besten Rechnung trägt (Spezialitätsprinzip, vgl. BAG 3, 351; Hueck-Nipperdey-Tophoven, TVG, 3. Aufl., § 4, Anm. 106; Hueck-Nipperdey, Lehrb. d. Arbeitsrechts, 6. Aufl., II. Bd., § 33, III, 4; Nikisch, Arbeitsrecht, 2. Aufl., II. Bd., § 86 III, 5). Die KrT enthält aber in ihrem normativen Teil keine die Arbeitszeit für angestellte Ärzte bis zur Höchstdauer von wöchentlich 60 Stunden begrenzende Norm, so daß eine dieses Zeitmaß übersteigende einzelvertragliche Vereinbarung nicht gegen das Unabdingbarkeitsprinzip des § 4 Abs. 3 TVG verstößt.

3. Keine Anwendung findet, entgegen der Ansicht des Klägers, die die 48-stündige Wochenarbeitszeit festsetzende Besondere Dienstordnung des früheren Reichsarbeitsministers zur KrT (DO RAM) vom 9. Dezember 1941. Abgsehen von den Bedenken gegen die Fortdauer ihrer Gültigkeit (vgl. BAG 8, 215 [217] und AP Nr. 1 zu § 15 RBesG) erstreckt sich ihr Geltungsbereich gemäß Ziff. 1 nur auf einen Personenkreis in hier nicht in Betracht kommenden bestimmten Anstalten.

4. Zusammenfassend ist demnach für den vorliegenden Fall festzustellen, daß eine über 60 Stunden wöchentlich hinausgehende Mehrarbeit des Klägers nicht verboten war. Tatsachen dafür, daß die durch § 138 BGB

gezogene Gültigkeitsgrenze überschritten sei, hat der Kläger nicht vorgetragen. Daraus ergibt sich für die Vergütung von über 60 Stunden wöchentlich hinausgehenden Arbeitsleistungen im Grundsatz folgendes:

Nach dem oben zu I Ziff. 3 c) Ausgeführten ist durch das Tarifgehalt nur die regelmäßige Arbeitszeit bis zu 60 Stunden wöchentlich abgegolten. Die darüber hinausgehende, nach allem gültig vereinbarte Arbeitszeit ist entsprechend den ausdrücklich getroffenen vertraglichen Bestimmungen oder, wenn solche fehlen, nach näherer Maßgabe des § 612 BGB zu vergüten.

5. Diese Vergütungspflicht ist auch nicht durch ein in diesen Kreisen bestehendes Gewohnheitsrecht ausgeschlossen. Das Bestehen von Gewohnheitsrecht setzt den Rechtsgeltungswillen der dem Gewohnheitsrecht unterworfenen Gemeinschaft voraus, d. h. den Willen der Gemeinschaft, gerade auch eine auf die Nichtbezahlung geleisteter Arbeit gerichtete Rechtsnorm als solche zu verwirklichen. Aus einer jahre- oder jahrzehntelangen Übung allein, so notwendig sie auch für die Entstehung von Gewohnheitsrecht sein mag, kann nicht mit Sicherheit auf das Vorliegen eines Rechtsgeltungswillens geschlossen werden (BAG 5, 44 [46]). Hiergegen sprechen entscheidend die seit vielen Jahren betriebenen Bestrebungen der angestellten Ärzte um eine bessere Vergütung ihrer Tätigkeit.

III. Die Berechtigung des vom Kläger verfolgten Vergütungsanspruchs läßt sich auf Grund der vom Landesarbeitsgericht getroffenen tatsächlichen Feststellungen nicht abschließend beurteilen. Das ergibt sich aus folgendem:

1. Sollte die hier in Rede stehende Gesamtarbeitszeit des Klägers von 78 Stunden in der Woche teilweise solche Arbeit enthalten, die nicht als Vollarbeit oder dieser gleichzusetzende Arbeitsbereitschaft anzusprechen ist, und sollte die Gesamtzeit von 78 Stunden bei richtiger Bewertung im Wege der Umrechnung auf 60 Stunden Vollarbeit zurückzuführen sein, so hätte der Kläger nach seinem Arbeitsvertrag keine besondere Vergütung zu fordern (vgl. oben I 3 c).

2. Enthalten die fraglichen 78 Stunden entweder 60 Vollarbeitsstunden bzw. Arbeitsbereitschaft und darüber hinaus in irgendwelcher Zusammensetzung weitere Arbeit oder ergibt die Gesamtbewertung der von dem Kläger geleisteten 78 Stunden eine Überschreitung von 60 Vollarbeitsstunden, dann beruht die Verpflichtung der Beklagten zur Zahlung einer Vergütung auf § 612 BGB i. V. m. § 2 Abs. 1 KrT, § 2 Abs. 3 TO.A und der ADO Nr. 3 Buchst. B zu § 2 TO.A (BAG 5, 86 [91]). Diese Bestimmung setzt für die Überstundenabgeltung voraus, daß die in den

Überstunden erbrachten Dienstleistungen die vollvertraglichen Arbeitsleistungen sind (BAG 8, 63 [71]).

Daß die die Überstundenvergütung regelnde Vorschrift der Nr. 3 Buchst. B Abs. 1 ADO zu § 2 TO.A eine „Kann-Bestimmung" ist, bedeutet nicht, daß die Bezahlung von Überstunden in das Belieben des öffentlichen Dienstherrn gestellt ist, wie das Bundesarbeitsgericht in BAG 5, 86 [91] unter Hinweis auf die Entstehungsgeschichte der Fassung dieser Vorschrift ausgeführt hat. Vielmehr begründet die Anordnung von Überstunden durch den Dienstherrn oder seinen weisungsbefugten Vertreter eine aus dem Arbeitsvertragsverhältnis entspringende Verpflichtung zur Vergütung dieser Überstunden.

3. Gesetzt den Fall, daß reiner Bereitschaftsdienst des Klägers abzugelten ist, richtet sich die Vergütung nicht nach § 2 TO.A in Verbindung mit Nr. 3 Buchst. B der ADO zu § 2 TO.A; denn, wie ausgeführt, setzt die dort vorgesehene Abgeltung von Überstunden die Erbringung von Vollarbeit oder Arbeitsbereitschaft voraus. In diesem Fall bestimmt sich nach § 612 BGB, ob und in welcher Höhe für die Ableistung von Bereitschaftsdienst eine Vergütung geschuldet wird. Was unter Bereitschaftsdienst zu verstehen ist, hat das BAG in BAG 8, 25 [28], in BAG 8, 63 ff und in BAG 8, 245 [252] im einzelnen ausgeführt, worauf verwiesen wird.

Das Bestehen einer Vergütungspflicht für reinen Bereitschaftsdienst kann nach § 612 Abs. 1 BGB nicht schon deshalb verneint werden, weil nach § 11 Abs. 1 Satz 2 KrT den ärztlichen Belegschaftsmitgliedern „in Würdigung ihrer ständigen Dienstbereitschaft" ein zusätzlicher Urlaub und nach Ziff. D der ADO zu § 3 KrT je ein freier Nachmittag und ein freier Sonntag innerhalb von 2 Wochen gewährt wird. Denn es ist zu berücksichtigen, daß es sich bei derartigen Dienstleistungen um einen zusätzlichen, wenn auch im Normalfall nicht die volle Arbeitskraft in Anspruch nehmenden Arbeitseinsatz handelt, der einer vorangegangenen umfangreichen Tätigkeit nachfolgt und daher eine entsprechende Vergütung erfordert.

26

Eine Berufungsschrift muß angeben oder erkennen lassen, für wen die Berufung eingelegt wird.

ZPO § 518 Abs. 2 Ziffer 2.

V. Senat. Urteil vom 7. April 1960 i.S. Schm. (Bekl.) w. A. (Kl.) 5 AZR 585/59.

I. Arbeitsgericht Aalen. — II. Landesarbeitsgericht Baden-Württemberg (Stuttgart).

1. Mit einer beim Arbeitsgericht A. erhobenen Klage hat der Kläger, vertreten durch seinen jetzigen Prozeßbevollmächtigten, von der Beklagten Zahlung von 165,20 DM verlangt. Die Beklagte war beim Arbeitsgericht durch die Rechtsanwälte B. und L. aus A. vertreten. Durch Urteil vom 9. Juli 1959 hat das Arbeitsgericht die Beklagte zur Zahlung von 142,80 DM verurteilt, im übrigen hat es die Klage abgewiesen und die Berufung zugelassen. Dieses Urteil wurde den beiderseitigen damaligen Prozeßbevollmächtigten am 10. Juli 1959 zugestellt.

Am 23. Juli 1959 ging beim Arbeitsgericht A. in drei Exemplaren folgender Schriftsatz der Rechtsanwälte Dres. F. und W. aus A., unterschrieben von Rechtsanwalt F., ein:

„An das Arbeitsgericht A/Württ.

In Sachen K. A. / R. S. — Ca 261/59 —

lege ich gegen das Urteil des Arbeitsgerichts A. vom 9. Juli 1959

B e r u f u n g

an das Landesarbeitsgericht ein.

Die Vollmacht werde ich nachreichen.

Die Begründung erfolgt innerhalb der gesetzlichen Frist von weiteren 14 Tagen."

Diesen Schriftsatz leitete das Arbeitsgericht an das Landesarbeitsgericht Baden-Württemberg, Außenkammern Stuttgart, weiter, wo er am 24. Juli 1959 einging. Der Vorsitzende des Landesarbeitsgerichts wies mit Schreiben vom 28. Juli 1959 die Rechtsanwälte Dres. F. und W. darauf hin, es fehle die Angabe, für wen Berufung eingelegt ist. Mit Schriftsatz vom 29. Juli 1959, beim Landesarbeitsgericht eingegangen am 30. Juli 1959, teilten die Rechtsanwälte mit, die seitens ihres Büros eingelegte Berufung sei für die Beklagte eingelegt. Es sei beabsichtigt gewesen, der Berufungsschrift die Vollmacht beizufügen, aus der dann ersichtlich gewesen wäre, für wen Berufung eingelegt werde. Die Beilegung der Vollmacht sei aber versehentlich unterblieben. Gleichzeitig legten sie eine von der Beklagten unterschriebene Prozeßvollmacht vor. Auf die seitens des Landesarbeitsgerichts dann gegen die Ordnungsmäßigkeit der Berufung geäußerten Bedenken hat die Beklagte durch die Rechtsanwälte Dres. F. und W. mit einem beim Landesarbeitsgericht am 4. August 1959 eingegangenen Schriftsatz vorsorglich Wiedereinsetzung in den vorigen Stand gegen die Versäumung der Berufungsfrist beantragt und gleichzeitig die Berufungseinlegung wiederholt. Zur Begründung hat sie behauptet, sie habe den Rechtsanwälten Dres. F. und W. versprochen, die ihr übergebene Prozeßvollmacht sofort unterschrieben zurückzubringen. Als bei der Reinschrift des Berufungsschriftsatzes die Vollmacht der Beklagten noch nicht vorgelegen habe, habe das Büro der Rechtsanwälte Dres. F. und W. den ursprünglichen Satz: „Vollmacht liegt bei" in den Satz: „Vollmacht werde ich nachreichen" umgeändert und den Berufungsschriftsatz in dieser Fassung dem Rechtsanwalt Dr. F. zur Unterschrift vorgelegt, ohne ihn darauf aufmerksam zu machen, daß die Berufungsfrist am nächsten Tage ablaufe. Am 4. August 1959 haben dann die Rechtsanwälte Dres. F. und W. die Berufung in einem weiteren Schriftsatz begründet.

2. Das Landesarbeitsgericht hat die Berufung der Beklagten wegen Verspätung als unzuläsig verworfen.

Die Revision der Beklagten ist zurückgewiesen worden.

Aus den Gründen:

1. Gemäß § 64 Abs. 2 Satz 1 ArbGG, § 518 Abs. 2 Ziff. 2 ZPO muß eine Berufungsschrift die Erklärung enthalten, daß gegen ein Urteil Berufung eingelegt wird. Daraus folgt auch, daß die Berufungsschrift denjenigen unzweifelhaft angeben oder zum mindesten nach den gesamten Umständen erkennen lassen muß, der von dem Rechtsmittel Gebrauch macht. Denn ein Rechtsmittel ist nur sinnvoll, wenn es angibt, wer es eingelegt hat (vgl. RGZ 96, 117 [118]; RGZ 125, 240 [241]; RGZ 144, 314 [315]; BGHZ [5. Zivilsenat] 21, 168 [170—173]; BGH [3. Zivilsenat] LM Nr. 2 zu § 553 ZPO; Stein-Jonas, ZPO, 18. Aufl., § 518 Anm. II 2 zu N. 12; Wieczorek, ZPO, Bd. III, 1957, § 518 Anm. B IV und § 553 Anm. B II; Baumbach-Lauterbach, ZPO, 25. Aufl., 1958, § 518 Anm. 2 B; Rosenberg, Lehrbuch des DZPR, 8. Aufl., 1960, § 135 III 2 c, S. 668; BAG AP Nr. 1 zu § 518 ZPO). Soweit der 4. Zivilsenat des Bundesgerichtshofs in LM Nr. 4 zu § 518 ZPO und ähnlich Kubisch in NJW 1957, 103 zu Nr. 7 demgegenüber in Betracht ziehen, eine Unklarheit darüber, für wen von einem Rechtsanwalt Berufung eingelegt wird, sei praktisch unschädlich, weil dadurch lediglich die in § 519 a Satz 1 ZPO vorgeschriebene Zustellung der Berufungsschrift an den Berufungsgegner etwas verzögert werde, im übrigen sich aber binnen kurzem die Unklarheit über die wahre Person des Berufungsklägers durch Nachfragen klären lasse oder sich durch spätere Schriftsätze von selbst kläre, ist dem nicht zu folgen. Wenn ein Rechtsmittelbeklagter von der Einlegung eines Rechtsmittels deswegen später erfährt, weil infolge der Nichterkennbarkeit des Rechtsmittelklägers die Zustellung der Berufungsschrift an ihn zunächst unterbleibt, so mag für manche Fälle zutreffen, daß das nicht allzu schwer wiegt. Immerhin darf auch hier die Lebenstatsache nicht ganz übersehen

werden, daß viele Menschen unter den Aufregungen eines Rechtsstreites leiden und deshalb sehr interessiert daran sind, bald zu erfahren, ob ein in erster Instanz für sie günstig erledigter Rechtsstreit noch in die Berufungsinstanz gelangt oder nicht. Entscheidend muß aber folgendes sein: Der unter Umständen nur geringen Benachteiligung des Rechtsmittelbeklagten, die in manchen derartiger Fälle durch die verzögerte Zustellung der Berufungsschrift eintritt, steht andererseits eine nur ganz geringe Mühe gegenüber, die dem Prozeßbevollmächtigten des Rechtsmittelklägers mit der zu fordernden Angabe, für wen er das Rechtsmittel einlegt, zugemutet wird. Die mit der Einlegung einer Berufung notwendig werdende Angabe, für wen die Berufung eingelegt wird, bedeutet für einen rechtskundigen und seine Tätigkeit ordnungsmäßig wahrnehmenden Prozeßbevollmächtigten schlechthin eine Selbstverständlichkeit; sie ist ebenso selbstverständlich, wie es im allgemeinen Schriftverkehr unter Privaten eine Selbstverständlichkeit ist, daß derjenige, der als Vertreter eines anderen sich an einen Dritten wendet, angibt, in wessen Vertretung und Auftrag er handelt. Warum ausgerechnet im Verkehr mit den Gerichten gebilligt werden soll, daß ein Rechtsanwalt nicht einmal angibt, für wen er ein Rechtsmittel einlegt, ist daher nicht einzusehen. Die hier in Rede stehende Berufungsschrift ließ nicht erkennen, für wen die Berufung eingelegt war. Da in der ersten Instanz beide Teile teilweise obgesiegt hatten und teilweise unterlegen waren, die Rechtsanwälte Dres. F. und W. in der ersten Instanz auch nicht für eine der Parteien aufgetreten waren, konnte für die Berufungsschrift vom 23. Juli 1959 als Rechtsmittelkläger jede der Parteien in Betracht gezogen werden. Somit ergibt sich, daß die Berufungsschrift nicht den Formvorschriften des § 518 Abs. 2 Ziffer 2 ZPO entsprach und daher auch die gemäß § 66 Abs. 1 ArbGG am 24. Juli 1959 ablaufende Berufungsfrist nicht wahrte.

2. Zu Recht hat das Landesarbeitsgericht der Beklagten auch eine Wiedereinsetzung in den vorigen Stand gegen die Versäumung der Berufungsfrist verweigert. Gemäß § 233 Abs. 1 ZPO kann eine Wiedereinsetzung in den vorigen Stand gegen die Versäumung der Notfrist der Berufungseinlegung (§§ 66 Abs. 1, 64 Abs. 2 ArbGG, § 516 ZPO) nur dann gewährt werden, wenn eine Partei an der Einhaltung der Frist durch Naturereignisse oder unabwendbare Ereignisse verhindert war. Die hier in Rede stehende Versäumung der Berufungsfrist beruht aber eindeutig auf einem Verschulden der Prozeßbevollmächtigten der Beklagten, das die Beklagte gemäß § 232 Abs. 2 ZPO gegen sich gelten lassen muß und eine Wiedereinsetzung in den vorigen Stand verbietet.

27

1. Die Darlegungs- und Beweislast dafür, daß eine Erkrankung des Arbeitnehmers auf dessen eigenem Verschulden beruht, trifft den Arbeitgeber.

2. Die Fälligkeit des Anspruchs auf Entgeltfortzahlung an erkrankte Handlungsgehilfen (§ 63 HGB) kann nicht einzelvertraglich von der Vorlegung eines ärztlichen Attestes abhängig gemacht werden.

3. Der Einwand des Rechtsmißbrauchs steht einem auf § 63 HGB gestützten Anspruch nicht schon deshalb entgegen, weil der Handlungsgehilfe seiner Vertragspflicht, die Tatsache der Erkrankung dem Arbeitgeber unverzüglich zu melden und gegebenenfalls durch ärztliches Attest nachzuweisen, nicht nachgekommen ist. Der Einwand ist aber begründet, wenn der Handlungsgehilfe sich einer so schweren Vertragsverletzung schuldig gemacht hat, daß der Arbeitgeber zur außerordentlichen fristlosen Kündigung des Arbeitsverhältnisses berechtigt gewesen wäre und der Weiterbestand des Arbeitsverhältnisses des erkrankten Handlungsgehilfen nur auf der Tatsache beruht, daß der Arbeitgeber entweder aus Rücksichtnahme oder aus Unkenntnis die Kündigung unterließ.

HGB § 63; ZPO § 554 Abs. 3 Nr. 2 b.

II. Senat. Urteil vom 9. April 1960 i. S. L. D. (Bekl.) w. F. (Kl.) 2 AZR 457/57.

I. Arbeitsgericht Bamberg. — II. Landesarbeitsgericht Baden-Württemberg (Stuttgart).

Die Klägerin war aufgrund eines Anstellungsvertrages vom 1. November 1955 bei der Beklagten als Bezieherwerberin im Angestelltenverhältnis gegen Abschlußprovision tätig. Ihr wöchentliches Durchschnittseinkommen betrug 70,— DM brutto. In dem Anstellungsvertrag ist u. a. folgendes festgelegt:

Nr. 4 Abs. 5:

„Gehalts- und Provisionsreklamationen (einschl. Krankheitsentgelt, Urlaubsentgelt, Prämien, Zulagen usw.) können nur mit einer Ausschlußfrist von 3 Monaten geltend gemacht werden. Für die Provision läuft die Ausschlußfrist vom Tage der Gutschrift, für sonstige Zahlungen vom Tage der Fälligkeit."

Nr. 7 Abs. 2:

„Die Krankheitsvergütung ist nur fällig, wenn unaufgefordert der Nachweis der Arbeitsunfähigkeit erbracht und die ärztliche Bescheinigung hierüber im Betrieb innerhalb 3 Tagen vorgelegt wird."

Im Januar 1956 war die Klägerin nur am 12. Januar für die Beklagte tätig. Mit Schreiben vom 24. Januar 1956 forderte die Beklagte die Klägerin auf, ihren Vertragspflichten nachzukommen. Darauf ging die Klägerin am 26. Januar 1956 zu ihrem Arzt, Dr. Sch., der ihr an diesem Tage bestätigte, daß sie seit dem 18. Januar 1956 wegen einer katarrhalischen Racheninfektion arbeitsunfähig sei. Sie gab dieses Attest am gleichen Tage bei der Beklagten ab. Die Klägerin war bis zum 22. Februar 1956 krankgeschrieben.

Am 7. Februar 1956 schrieb sie der Beklagten:

„Die mir zustehende Entschädigung bitte ich, ... überweisen zu lassen. Das Geld würde ich dringend benötigen, da ich ja schon etliche Zeit erkrankt bin. Entschuldigen Sie bitte, daß ich Ihnen die Arbeitsunfähigkeitsbescheinigung etwas verspätet habe zukommen lassen. Die Gründe habe ich Ihnen ja erläutert. Heute gehe ich zum Arzt und hoffe, daß ich bald wieder soweit hergestellt bin, um tätig zu sein. Den Zeitpunkt werde ich Ihnen mitteilen."

Die Beklagte erwiderte ihr am 13. Februar 1956 wie folgt:

„Bei Ihren verschiedenen Besuchen machten wir Sie darauf aufmerksam, daß Sie trotz wiederholter Aufforderung uns keine Arbeitsunfähigkeitsbescheinigung, wie vorgeschrieben, spätestens am dritten Tag eingereicht hatten. Sie haben vom 2. 1. 1956 bis 11. 1. 1956 gefehlt, ohne hierüber einen Krankheitsnachweis beigebracht zu haben. Am 12. 1. haben Sie gearbeitet, um ab 13. 1. wiederum Ihrer Arbeit fernzubleiben. Am 26. 1. 1956 brachten Sie uns dann erstmalig ein Rezept des Arztes mit der Erklärung, daß Sie ab 18. 1. arbeitsunfähig seien, die offizielle Arbeitsunfähigkeitsbescheinigung reichten Sie uns dann am 2. 2. 1956 herein.

Nach den vertraglichen bzw. tariflichen Bestimmungen haben Sie durch Ihr Versäumnis den Anspruch auf Krankengeld bei uns verwirkt, so daß unsererseits eine Zahlungsverpflichtung nicht besteht.

Sie hatten uns mehrfach erklärt, wieder zum Arzt zu gehen, um sich gesundschreiben zu lassen, damit Sie die Tätigkeit wieder aufnehmen könnten.

Bei Wiederaufnahme Ihrer Tätigkeit wollen wir uns bereit erklären, Ihnen evtl. eine einmalige Zahlung für die Krankheitszeit zu gewähren, deren Höhe dann gegenseitig vereinbart werden kann."

Darauf teilte die Klägerin durch Karte vom 24. Februar 1956 folgendes mit:

„Da ich kein Interesse an einer weiteren Tätigkeit bei Ihrer Firma habe, bitte ich um Übersendung meiner Arbeitspapiere ... Wie Sie mir mündlich zusagten, sollte mir Krankengeld zukommen, was Sie im Anschluß mit Ihrem Schreiben vom 26. 1. widerrufen haben."

Die Beklagte beharrte auf ihrem Standpunkt, daß sie der Klägerin kein Krankheitsentgelt schulde, und zahlte ihr lediglich 25,— DM aus.

Mit ihrer am 5. Februar 1957 beim Arbeitsgericht Stuttgart eingegangenen Klage hat die Klägerin 420,— DM Gehaltsfortzahlung für sechs Wochen zuzüglich 10,— DM für den 12. Januar 1956 gefordert.

Das Arbeitsgericht hat der Klägerin für eine Krankheitsdauer von fünfeinhalb Wochen Gehaltsfortzahlung in Höhe von 385,— DM zugesprochen. Die gezahlten 25,— DM hat das Arbeitsgericht als „Billigkeitszuwendung" angesehen und außer Betracht gelassen.

Gegen dieses Urteil hat die Beklagte Berufung eingelegt und vorgetragen: Die Klägerin habe sich erstmals am 26. Januar 1956 zum Arzt begeben. Bis dahin habe sie, ohne krankgeschrieben zu sein, nicht gearbeitet. Dieses Verhalten habe hinreichend Grund zur fristlosen Entlassung gegeben. Die Beklagte habe von ihrem Recht zur fristlosen Entlassung entgegenkommenderweise keinen Gebrauch gemacht. Hätte sie der Klägerin fristlos gekündigt, so hätte diese auch keinen Anspruch auf Krankheitsentgelt. Im übrigen stehe dem Anspruch die vertraglich vereinbarte Ausschlußfrist entgegen. Auch sei die Nichtanrechnung der gezahlten 25,— DM auf das zugesprochene Krankheitsentgelt zu beanstanden.

Die Klägerin hat im Wege der Anschlußberufung die Zahlung der Summe von 420,— DM begehrt mit der Begründung, das Krankheitsentgelt stehe ihr nicht nur für fünfeinhalb, sondern für sechs Wochen zu. Insgesamt sei sie sogar länger als sechs Wochen krank gewesen.

Das Landesarbeitsgericht hat nach Vernehmung des behandelnden Arztes Dr. Sch. und des Organisationsleiters der Beklagten, Herrn R., die Beklagte zur Zahlung von 336,60 DM Krankheitsentgelt verurteilt. Es hat für bewiesen angesehen, daß die Klägerin in der Zeit vom 18. Januar bis 22. Februar 1956 arbeitsunfähig krank war, so daß der Klägerin die Fortzahlung des Krankheitsentgelts für fünf Wochen und einen Tag unter Anrechnung der gezahlten 25,— DM zustehe. Von der Klägerin sei dagegen nicht bewiesen worden, daß sie schon vor dem 18. Januar 1956 krank war.

Die Revision der Beklagten führte zur Zurückverweisung.

Aus den Gründen:

Dem angefochtenen Urteil ist insoweit zu folgen, als es ausgesprochen hat, daß die Voraussetzungen eines Anspruchs auf Fortzahlung des Entgelts gemäß § 63 HGB erfüllt sind. Die Klägerin war als Bezieherwerberin zur Leistung kaufmännischer Dienste angestellt (vgl. RAG ARS 29, 237; BAG AP Nr. 4 zu § 63 HGB). Zwar enthält das angefochtene Urteil keine ausdrückliche Feststellung darüber, daß die Klägerin, wie dies in §§ 59, 63 HGB vorausgesetzt wird, auch in einem Handelsgewerbe angestellt war. Lesezirkel fallen nicht unter § 1 Abs. 2 Nr. 1 HGB, weil ihre Geschäfte nicht auf Weiterveräußerung, mit anderen Worten nicht auf Eigentumsübertragung, gerichtet sind (RGRK, HGB, 2. Aufl., § 1 Anm. 22; Schlegelberger, Komm. z. HGB, 3. Aufl., § 1 Anm. 29); sie fallen auch nicht unter § 1 Abs. 2 Nr. 8 HGB (vgl. RGRK a. a. O. § 1 Anm. 49 unter Bezugnahme auf ROHG 23, 401; Schlegelberger a. a. O. § 1 Anm. 55). Lesezirkel können somit nur Kaufleute nach § 2 HGB sein. Da jedoch beide Parteien übereinstimmend von der Anwendbarkeit des § 63 HGB auf den vorliegenden Fall ausgegangen sind, enthält die Äußerung dieser Rechtsansicht zugleich den beiderseitigen Sachvortrag, die Beklagte sei als Soll-Kaufmann in das Handelsregister eingetragen gewesen.

Die Klägerin war auch in der Zeit vom 18. Januar bis 22. Februar 1956 durch ein Unglück, nämlich durch Krankheit, an der Leistung der Dienste verhindert. Daß die Klägerin in diesem Zeitraum arbeitsunfähig krank war, ist vom angefochtenen Urteil für die Revisionsinstanz bindend festgestellt worden, ohne daß insoweit Revisionsrügen erhoben worden sind.

Die Beklagte trägt nun in der Revisionsbegründung vor, die Klägerin habe diesen Krankheitszustand schuldhaft dadurch hervorgerufen bzw. verlängert, daß sie erst am 26. Januar 1956 den Arzt aufgesucht habe. Mit diesem Sachvortrag ist jedoch die Beklagte in der Revisionsinstanz ausgeschlossen. In den Tatsacheninstanzen hat sie weder zu behaupten vermocht, die Klägerin habe sich selbst gegenüber (vgl. BAG 5, 307) nicht die erforderliche Sorgfalt beachtet, noch im einzelnen dargelegt, daß eine schuldhafte Handlungsweise der Klägerin zu einer Verschlimmerung oder Verlängerung ihrer Krankheit beigetragen habe. Die Darlegungs- und Beweislast dafür, daß jedenfalls eine Krankheit auf Verschulden des Arbeitnehmers, hier des Handlungsgehilfen, beruht, trifft den Arbeitgeber (siehe auch BAG 8, 1 [3]). Die schuldhafte Herbeiführung der Erkrankung durch den Arbeitnehmer selbst ist erfahrungsgemäß ein Einzelfall. Ein allgemeiner dahingehender Verdacht gegenüber den Angehörigen der Arbeitnehmerschaft, eine Erkrankung derselben gehe auf eigenes Verschulden zurück, wäre insbesondere auch mit der Menschenwürde nicht vereinbar.

Dem angefochtenen Urteil ist auch darin zu folgen, daß die einzelvertraglich vereinbarte Ausschlußfrist auf jeden Fall durch die schriftliche Geltendmachung des Krankheitsentgelts mit Brief vom 7. Februar 1956 gewahrt worden ist. Unter diesen Umständen bedarf es keiner Erörterung der Rechtsfrage, ob eine solche Ausschlußfrist wirksam vereinbart werden konnte oder nicht.

Schließlich beruft sich die Beklagte auch zu Unrecht auf die in Nr. 7 Abs. 2 des Anstellungsvertrages vereinbarte Bestimmung, daß die Krankheitvergütung nur fällig werde, wenn der Arbeitnehmer unaufgefordert den Nachweis der Arbeitsunfähigkeit erbracht und die ärztliche Bescheinigung hierüber innerhalb von drei Tagen im Betrieb vorgelegt habe. Diese Vertragsabrede ist nämlich mit der Unabdingbarkeit des Anspruchs aus § 63 HGB nicht vereinbar. § 63 Abs. 1 Satz 2 HGB führt dazu, alle Abreden als unwirksam anzusehen, die auch nur auf eine sachliche oder zeitliche Beschränkung des unabdingbaren Anspruchs hinauslaufen oder den Anspruch an eine weitere zusätzliche Voraussetzung knüpfen (Schlegelberger a. a. O. § 63 Anm. 9; RGRK a. a. O. § 63 Anm. 6). § 63 HGB macht den Anspruch nur von der Tatsache eines unverschuldeten Unglücks, nicht aber von der Tatsache der Anzeige dieses Zustandes abhängig.

Wenn die Revision demgegenüber meint, der Arbeitnehmer habe es ja in der Hand, durch rechtzeitige Beibringung des Attestes die Fortzahlung des Entgeltes auszulösen, so übersieht sie, daß der Handlungsgehilfe unter Umständen schon einmal schuldlos gehindert sein kann, sich ein Attest zu beschaffen. Außerdem ist es bei kurzen Erkrankungen von ein bis zwei Tagen Dauer dem Handlungsgehilfen wenigstens in der Regel nicht zumutbar, überhaupt einen Arzt aufzusuchen. Vor allem aber gilt, daß jede derartige Vertragsabrede mit dem in § 63 Abs. 1 Satz 2 HGB normierten Gedanken der unbedingten Hilfe des Prinzipals für schuldlos durch Unglück verhinderte Handlungsgehilfen von vornherein schlechterdings unvereinbar ist.

Zutreffend rügt dagegen die Revision die Verletzung des § 242 BGB. Es kann gegen Treu und Glauben verstoßen, wenn jemand eigene Vertragspflichten verletzt, aber trozdem von seinem Vertragspartner die Erfüllung des Vertrages verlangt (vgl. BAG AP Nr. 8 zu § 242 Ruhegehalt). Die eigene Vertragspflichtverletzung kann aber auch dazu führen, daß sogar einem nicht auf Vertrag, sondern, hinsichtlich der näheren Ausgestaltung eines Vertrages, auf zwingendem Gesetz beruhenden Anspruch der Einwand des Rechtsmißbrauchs entgegensteht. Für den Urlaubsanspruch ist das sowohl vom Ersten Senat (BAG 3, 77) wie vom Vierten Senat (BAG 6, 297 [300]) ausgesprochen. Hierbei ist wegen des zwingenden Charakters des Anspruchs allerdings äußerste Zurückhaltung am Platze (vgl. die Anmerkungen von Dersch zu AP Nr. 9 zu § 611 BGB Urlaubsrecht und zu Nr. 1 zu Art. 7 UrlaubsG Bayern). An den Einwand des Rechtsmißbrauchs müssen insoweit ähnlich strenge Anforderungen gestellt werden wie gegenüber einem — ebenfalls unabdingbaren — Tarifanspruch (BAG 4, 59). Der Einwand kann nur in besonders krassen Fällen durchgreifen.

Die Klägerin hat nach ihrem eigenen Vortrag ihre mit dem Wesen eines Arbeitsverhältnisses gegebene und, auch ohne besondere schriftliche Formulierung im Anstellungsvertrag, bestehende Vertragspflicht, im Falle der Erkrankung den Arbeitgeber unverzüglich zu benachrichtigen und bei längerer Erkrankung diese auch nachzuweisen, verletzt. Die Verletzung einer solchen Vertragspflicht führt zwar nicht unmittelbar zum Verlust des Anspruchs aus § 63 HGB, da die Arbeitsverhinderung selbst durch das unverschuldete Unglück der Erkrankung hervorgerufen wurde, womit der Fortzahlungsanspruch als solcher entsteht (RAG ARS 41, 389 [393] mit zust. Anm. von Hueck; Schelp-Trieschmann, Das Arbeitsverhältnis im Krankheitsfall, S. 19 und S. 77, mit zahlreichen Nachweisen in Fußnote 27; Sommer in ARBlattei „Krankheit des Arbeitnehmers II"). Sie kann unter Umständen aber den Arbeitgeber zur außerordentlichen fristlosen Kündigung des Arbeitsverhältnisses berechtigen. In einem solchen Falle wird der Gedanke des Rechtsmißbrauchs in der oben dargelegten Weise bedeutsam.

Wenn das Landesarbeitsgericht ausführt, ein solches Kündigungsrecht berühre den Anspruch solange nicht, als von ihm nicht Gebrauch gemacht würde, kann dem nämlich nicht beigetreten werden. Beruht der Weiterbestand des Arbeitsverhältnisses des erkrankten Arbeitnehmers nur darauf, daß das Recht zur außerordentlichen fristlosen Kündigung entweder aus sozialem Entgegenkommen oder aus Unwissenheit nicht ausgeübt wurde, verstößt es gegen die Grundsätze von Treu und Glauben im Rechtsverkehr, nunmehr aus dem Weiterbestand des Arbeitsverhältnisses Rechte für sich herzuleiten. Das Landesarbeitsgericht hätte somit in eine Erörterung und gegebenenfalls in eine weitere Sachaufklärung eintreten müssen über die Frage, ob unter Würdigung der gesamten Umstände des Einzelfalles und unter Abwägung der beiderseitigen Interessen die unterlassene Anzeige ihrer Erkrankung die Beklagte zur außerordentlichen fristlosen Kündigung des Anstellungsvertrages berechtigt hätte und aus welchen Gründen die Beklagte von diesem Recht ggfs. keinen Gebrauch machte. Ergibt sich, daß ein solches Recht bestanden hätte und daß die Beklagte es aus sozialer Rücksichtnahme oder aus Unkenntnis nicht geltend machte, so würde dem Anspruch aus § 63 HGB der Einwand des Rechtsmißbrauchs entgegenstehen.

28

Auch der Jugendliche, der im ersten Quartal des Urlaubsjahres des 18. Lebensjahr vollendet, erhält noch Jugendurlaub.

JugSchG § 21.

I. Senat. Urteil vom 22. April 1960 i. S. Sp. (Bekl.) w. G. (Kl.) 1 AZR 567/58.

I. Arbeitsgericht Esslingen. — II. Landesarbeitsgericht Baden-Württemberg (Stuttgart).

Der am 10. Februar 1938 geborene Kläger steht seit dem 1. Dezember 1952 im Arbeitsverhältnis zu der Beklagten und war im Jahre 1956 bei dieser als Mechaniker beschäftigt. Die Beklagte hat ihm für das mit dem Kalenderjahr gleichlaufende Urlaubsjahr 1956 einen Urlaub von 12 Tagen als erwachsenem Arbeitnehmer gewährt.

Der Kläger ist der Ansicht, ihm stehe, obwohl er am 10. Februar 1956 das 18. Lebensjahr vollendet habe, für das Urlaubsjahr 1956 noch Jugendurlaub in Höhe von 24 Tagen zu. Er hat deshalb beantragt, die Beklagte zu verurteilen, ihm einen Resturlaub von 12 Tagen für das Urlaubsjahr 1956 zu gewähren und 168,96 DM Urlaubsgeld zu bezahlen.

Die Beklagte ist der Ansicht, der Kläger könne für das Urlaubsjahr 1956 nur noch Erwachsenen-Urlaub beanspruchen, nachdem er am 10. Februar 1956 das 18. Lebensjahr vollendet habe.

Während das Arbeitsgericht die Klage abgewiesen hat, hat das Landesarbeitsgericht der Klage entsprochen. Die Revision der Beklagten ist zurückgewiesen worden.

Aus den Gründen:

I. Nach § 1 des Gesetzes Nr. 711, Regelung des Mindesturlaubs in der privaten Wirtschaft und im öffentlichen Dienst, des Landes Württemberg-Baden vom 6. August 1947 in der Fassung der Gesetze vom 6. April 1949 und vom 3. April 1950 hat jeder Arbeitnehmer in jedem Urlaubsjahr einen Anspruch auf bezahlten Erholungsurlaub. Urlaubsberechtigt sind u. a. auch Lehrlinge. Nach § 2 a. a. O. beträgt der Jahresmindesturlaub für Jugendliche unter 18 Jahren 24 Arbeitstage, für Arbeitnehmer über 18 Jahre 12 Arbeitstage. Die gesetzlichen, tariflichen oder betrieblichen Vorschriften über Wartezeiten bleiben unberührt. Sind Bestimmungen über eine Wartezeit nicht vorgesehen, so entsteht der Urlaubsanspruch nach einer erstmaligen ununterbrochenen Wartezeit von 6 Monaten. Urlaubsjahr ist nach § 2 Abs. 4 a. a. O. das Kalenderjahr, sofern nichts anderes bestimmt ist.

Da das Urlaubsgesetz des Landes Württemberg-Baden in § 2 Abs. 1 die gesetzlichen, tariflichen oder betrieblichen Vorschriften über Wartezeiten unberührt läßt, so bleibt damit insoweit auch die Regelung des § 21 des Jugendschutzgesetzes vom 30. April 1938 unberührt. Nach dieser Vorschrift ist jedem Jugendlichen für jedes Kalenderjahr, „in dem er länger als 3 Monate ohne Unterbrechung des Lehr- oder Arbeitsverhältnisses bei dem Arbeitgeber tätig gewesen ist", unter Fortgewährung des Lohnes Urlaub zu erteilen. Hierbei handelt es sich um die gesetzliche Regelung einer Wartezeit von 3 Monaten. Diese Wartezeit ist grundsätzlich in jedem Urlaubsjahr zu erfüllen (vgl. hierzu Siebert, JugSchG, 2. Aufl., § 21, Anm. 9a; Neitzel, JugSchG, 1938, § 21, Anm. 2 und 7; Kremer, JugSchG, 1941, § 21 Anm. 4). Nach dem Urlaubsgesetz des Landes Württemberg-Baden bleibt also diese Wartezeitregelung des Jugendschutzgesetzes für den Jugendurlaub nach dem Urlaub des Landes Württemberg-Baden maßgebend.

II. Nach § 21 des danach maßgebenden Jugendschutzgesetzes steht dem Jugendlichen dann Jugendurlaub zu, wenn er länger als 3 Monate ohne Unterbrechung bei dem Arbeitgeber tätig gewesen ist. Aus diesen Worten des Gesetzes ist nicht mit eindeutiger Klarheit zu ersehen, ob der Jugendliche während dieser ganzen 3 Monate noch Jugendlicher gewesen sein muß oder ob es ausreicht, wenn er am Beginn des Urlaubsjahres (= Kalenderjahr) Jugendlicher gewesen ist, im 1. Quartal das 18. Lebensjahr vollendet hat und über das 1. Quartal des Urlaubsjahres hinaus bei dem Arbeitgeber tätig gewesen ist. Diese aus § 21 Satz 1 des JugSchG allein nicht eindeutig zu entscheidende Frage kann auch nicht unter Heranziehung der Ausführungsverordnung zum Jugendschutzgesetz vom 12. Dezember 1938 (AVO) gelöst werden. Nach Nr. 54 letzter Satz AVO zu § 21 JugSchG erhalten zwar Arbeitnehmer für das Kalenderjahr, in dem sie das 18. Lebensjahr vollenden, den Urlaub nach den Vorschriften des § 21 JugSchG nur dann, wenn sie in diesem Jahr länger als 3 Monate als J u g e n d l i c h e r in dem Betrieb tätig waren. Nr. 54 der AVO bezieht sich aber nur auf das Baugewerbe mit seinen gerade für das Urlaubswesen besonderen Verhältnissen. Allgemeine Bedeutung auch für andere Gewerbezweige (hier die Metallindustrie) hat diese Vorschrift nicht. Sie kann wegen ihrer Bedeutung nur für einen bestimmten Wirtschaftszweig auch nicht zur Auslegung der allgemeinen Regelung des § 21 JugSchG für andere Wirtschaftszweige herangezogen werden.

Aus § 21 Abs. 2 letzter Satz JugSchG ist zu ersehen, daß jedenfalls im Rahmen der Regelungen des Abs. 2 des § 21 JugSchG für die Urlaubsdauer das Alter des Jugendlichen bei Beginn des Kalenderjahres maßgebend sein soll.

Wenn die Revision insoweit vorträgt, diese Abgrenzung beziehe sich nur auf die in § 21 Abs. 2 Satz 3 JugSchG getroffene Unterscheidung zwischen Jugendlichen unter 16 Jahren und solchen zwischen 16 und 18 Jahren, so vermag dem der Senat nicht zu folgen. Die Ansicht der Revision läuft darauf hinaus, daß lediglich für die Frage der Dauer des Jugendurlaubs (nach dem Jugendschutzgesetz für Jugendliche unter 16 Jahren mindestens 15 und für Jugendliche über 16 Jahre mindestens 12 Werktage) das Alter des Jugendlichen bei Beginn des Kalenderjahres maßgebend sein soll, nicht aber für die Frage, ob ein Arbeitnehmer überhaupt noch Jugendurlaub zu bekommen hat. Es ist der Revision zuzugeben, daß der Satz „maßgebend für die Urlaubsdauer ist das Alter des Jugendlichen bei Beginn des Kalenderjahres" im Zusammenhang mit der unterschiedlichen Regelung des Jugendurlaubs für Jugendliche unter und solchen über 16 Jahren steht. Gleichwohl vermag dies die Ansicht der Revision nicht zu stützen.

Insoweit ist zunächst darauf hinzuweisen, daß § 21 Abs. 2 JugSchG nicht nur eine Regelung über die unterschiedliche Dauer des Urlaubs für Jugendliche unter und über 16 Jahren trifft; vielmehr enthalten § 21 Abs. 2 Satz 1 und Satz 2 allgemeine Vorschriften über den Jugendurlaub überhaupt. Daraus rechtfertigt sich der Schluß, daß auch der in § 21 Abs. 2 Satz 5 getroffenen Regelung über den maßgebenden Stichtag eine solche allgemeine Bedeutung zukommt.

Der Senat hat weiterhin bereits ganz grundsätzlich ausgesprochen, daß dann, wenn (wie hier) Kalenderjahr und Urlaubsjahr gleich sind, die Verhältnisse am 1. Januar für das Bestehen oder Nichtbestehen der Voraussetzungen für den Urlaubsanspruch maßgebend sind (vgl. BAG 3, 60 [61]). Dieser Grundsatz muß auch für die hier zu entscheidende Frage Anwendung finden. Ist danach ein Arbeitnehmer am 1. Januar noch Jugendlicher, so bleibt er für das mit dem 1. Januar beginnende Urlaubsjahr Träger des Anspruchs auf den Jugendurlaub auch dann, wenn er im 1. Quartal, also vor Vollendung der Wartezeit des § 21 Abs. 1 JugSchG, das 18. Lebensjahr vollendet. Zu dieser Auslegung zwingt also auch der allgemeine Grundsatz, daß die Umstände am 1. Januar für Erwerb und

Umfang des Urlaubsanspruchs mangels anderweiter Regelung maßgebend sind.

Für die Entscheidung, daß nur die Verhältnisse am 1. Januar auch für die Frage, ob Jugendurlaub zu gewähren ist, maßgebend sind, das Erreichen des 18. Lebensjahres im 1. Quartal also unschädlich ist, spricht auch die Erwägung, daß auf diese Weise in den Betrieben, bei denen das Urlaubsjahr gleichzeitig das Kalenderjahr ist, einheitliche Verhältnisse für alle Arbeitnehmer, mögen sie jugendliche oder erwachsene Arbeitnehmer sein, geschaffen werden. Ebenso wie ein erwachsener Arbeitnehmer, der nach seinen persönlichen Verhältnissen am 1. Januar des Urlaubsjahres einen bestimmten Urlaubsanspruch erst nach Ableistung einer Wartezeit erwirbt, diesen Anspruch auch dann behält, wenn nach dem 1. Januar eine Änderung in seinen persönlichen Verhältnissen (z. B. Lebensalter, Familienstand u. ä.) eintritt, behält ein jugendlicher Arbeitnehmer seinen aufschiebend bedingt von der Ableistung der Wartezeit bereits am 1. Januar erworbenen Anspruch auf Jugendurlaub auch dann, wenn er im 1. Quartal des Urlaubsjahres das 18. Lebensjahr vollendet.

Der Senat hat bereits in der Entscheidung vom 1. Oktober 1959 — 1 AZR 570/57 — AP Nr. 1 zu § 21 JugSchG — angedeutet, er neige der Ansicht zu, daß der in § 21 Abs. 2 JugSchG aufgestellte Grundsatz auch bei der Entscheidung der Frage Anwendung zu finden habe, ob ein Arbeitnehmer überhaupt Jugendurlaub zu bekommen habe. Während in dem damals entschiedenen Rechtsstreit die Entscheidung dieser Frage letztlich dahingestellt bleiben konnte, ist nunmehr in diesem Rechtsstreit die Entscheidung dahin zu treffen, daß auch für die Frage, ob Jugendurlaub zu gewähren ist, auf das Alter des Arbeitnehmers am Beginn des Urlaubsjahres abzustellen ist.

Es ist sonach davon auszugehen, daß dem Kläger für das Urlaubsjahr 1956 trotz Erreichens des 18. Lebensjahres am 10. Februar 1956 noch Anspruch auf den Jugendurlaub zusteht.

29

Sieht ein Prozeßvergleich die befristete Möglichkeit eines Widerrufes vor, der gegenüber der Geschäftsstelle des Gerichts erklärt werden kann, so ist auch telefonischer Widerruf zulässig, sofern in dem Vergleich nichts anderes vereinbart ist.

ZPO § 794 Abs. 1 Ziff. 1, § 160 Abs. 2 Ziff. 1, § 162, § 329 Abs. 3 Satz 2, §§ 702, 754; BGB §§ 127, 130 Abs. 1, § 139, § 154 Abs. 2, §§ 346 ff., §§ 349, 779; ArbGG § 11.

V. Senat. Urteil vom 22. April 1960 i.S. K. (Kl.) w. W. (Bekl.)
5 AZR 494/59.

I. Arbeitsgericht Düsseldorf. — II. Landesarbeitsgericht Düsseldorf.

In einem Zahlungsrechtsstreit haben die Parteien vor dem Arbeitsgericht am 10. November 1958 folgenden in das Sitzungsprotokoll aufgenommenen Vergleich geschlossen:

„Unter Aufrechterhaltung ihrer Rechtsstandpunkte — lediglich im Kosteninteresse — verzichten beide Parteien gegenseitig auf Ansprüche, die aus der Tätigkeit des Klägers für den Beklagten entstanden sind.

Der Beklagte wird die beim Landgericht anhängige Zivilklage zurücknehmen.

Widerrufsvorbehalt für beide Parteien bis zum 17. 11. 1958, 12 Uhr.

v. u. g."

Am 17. November 1958 um 11.45 Uhr teilte der Bürovorsteher des Prozeßbevollmächtigten des Klägers der Geschäftsstelle des Arbeitsgerichts telefonisch mit, dieser Vergleich werde vorsorglich widerrufen. Über diesen Anruf fertigte der den Telefonanruf entgegennehmende Bedienstete des Arbeitsgerichts einen entsprechenden Aktenvermerk an. Um 12.33 Uhr desselben Tages ging auf der Geschäftsstelle des Arbeitsgerichts ein Schreiben des Klägers selbst ein, mit dem Inhalt, er bestätige hiermit unterschriftlich den vom Büro seines Prozeßbevollmächtigten vorgenommenen Widerruf des Vergleichs.

Der Kläger hat geltend gemacht, damit sei der Prozeßvergleich vom 10. November 1958 gültig widerrufen. Unter Berufung hierauf hat er den Prozeß mit einem Zahlungsantrag über 982,— DM fortgesetzt. Der Beklagte hat den Standpunkt vertreten, der Vergleich vom 10. Januar 1958 sei nicht rechtzeitig widerrufen worden, und er hat daher Klageabweisung beantragt.

Das Arbeitsgericht hat die Klage, das Landesarbeitsgericht die Berufung des Klägers zurückgewiesen. Das Bundesarbeitsgericht hat den Prozeßvergleich für unwirksam erklärt.

Aus den Gründen:

1. Wie das Bundesarbeitsgericht in seinen Urteilen vom 24. Juni 1955 — 1 AZR 2/53 — AP Nr. 1 zu § 794 ZPO mit Anm. von Pohle; vom 30. Mai 1956 — 2 AZR 178/54 — BAG 3, 43 [44] = AP Nr. 2 zu § 794 ZPO mit Anm. von Pohle; vom 9. Mai 1957 — 2 AZR 67/55 — BAG 4, 84 [85] = AP Nr. 3 zu § 794 ZPO mit Anm. von Pohle — und vom 26. November 1959 — 2 AZR 242/57 — BAG 8, 228 [231] = AP

Nr. 4 zu § 794 ZPO mit Anm. von Pohle — im einzelnen ausgeführt hat, ist der Streit über den Widerruf und über die Wirksamkeit eines Prozeßvergleichs jedenfalls grundsätzlich in demselben Verfahren auszutragen. An dieser Rechtsprechung ist festzuhalten. Es ist also das bisherige Verfahren fortzusetzen. Wird in einem so fortgesetzten Rechtsstreit der Prozeßvergleich vom Gericht für unwirksam gehalten, so hat das Gericht das entweder in einem Zwischenurteil oder — ohne ein Zwischenurteil — in den Entscheidungsgründen oder klarstellend im Tenor des Urteils auszusprechen, in dem über den Sachantrag entschieden wird. Wird in einem so fortgesetzten Rechtsstreit der Prozeßvergleich für gültig gehalten, so ist die Klage abzuweisen (vgl. dazu Stein-Jonas, ZPO, 18. Aufl., § 794 Anm. II 3 a zu N. 49).

2. Wie das Bundesarbeitsgericht in den bereits erwähnten Entscheidungen vom 30. Mai 1956 — 2 AZR 178/54 — BAG 3, 43 [44] —, vom 9. Mai 1957 — 2 AZR 67/55 — BAG 4, 84 [85] — und vom 26. November 1959 — 2 AZR 242/57 — BAG 8, 228 [235] — ebenfalls ausgeführt hat, ist einem Prozeßvergleich eine Doppelnatur wesenseigen; er enthält sowohl eine Prozeßhandlung, deren Wirksamkeit sich nach den Vorschriften des Prozeßrechts (§§ 794 Abs. 1 Ziffer 1, 160 Abs. 2 Ziffer 1, 162 ZPO) richtet, als auch ein Rechtsgeschäft des materiellen Rechts, für das auch die Regeln des materiellen Rechts gelten. Dabei ergibt sich als Grundsatz, daß ein materiell unwirksamer oder unwirksam gewordener Vergleich der Prozeßhandlung ebenfalls ihre Wirksamkeit nimmt (BAG 4, 84 [85] und Urteil des Zweiten Senates des Bundesarbeitsgerichts vom 26. November 1959 — 2 AZR 242/57 — BAG 8, 228 [235]), aber nicht umgekehrt ein prozessual unwirksamer Vergleich ohne weiteres und ipso iure die materiell-rechtliche Vergleichsabsprache zerstört. Die Prozeßhandlung ist nur die Begleitform für einen materiell-rechtlichen Vergleich; sie verliert ihren Sinn, wenn der materiell-rechtliche Inhalt des Vergleiches von der Rechtsordnung nicht gebilligt oder wenn der Vergleich von den Parteien aufgehoben wird (BAG 4, 84 [85], Urteil des Zweiten Senates des Bundesarbeitsgerichts vom 26. November 1959 — 2 AZR 242/57 — BAG 8, 228 [235]). Für den Fall des prozessual unwirksamen Vergleichs läßt sich das nicht generell sagen, weil ein solcher immer noch gemäß § 779 BGB als materiell-rechtlicher Vergleich eine von der Rechtsordnung anerkannte Funktion erfüllen kann (vgl. dazu ebenfalls Urteil des Zweiten Senates des Bundesarbeitsgerichts vom 26. November 1959 — 2 AZR 242/57 — BAG 8, 228 [235]). Der Umstand, daß von Parteien ein Vergleich als „Prozeß"-Vergleich geschlossen wird, kann freilich unter Umständen bedeuten, daß die Parteien damit den materiell-rechtlichen Vergleich mit

dem „Prozeß"-Vergleich untrennbar verbinden wollen und einen bloßen materiell-rechtlichen Vergleich im Sinne von § 779 BGB ohne Abschluß im Wege des Prozeßvergleichs nicht getätigt hätten (§ 139 BGB). Ein solcher Umstand kann insbesondere unter dem Gesichtspunkt in Betracht gezogen werden, daß damit die Parteien eines Prozeßvergleichs eine für die Gültigkeit des Vergleiches konstitutive Form im Sinne des § 154 Abs. 2 BGB vereinbart haben, bei deren Nichteinhaltung der Vergleich ungültig sein soll. Von einem solchen — rechtlich durchaus möglichen — Parteiwillen ist indessen nicht ohne weiteres auszugehen. Funktional lassen sich beim Prozeßvergleich die prozessualen Zwecke der Prozeßbeendigung und der Schaffung eines vollstreckbaren Titels im Sinne von § 794 Abs. 1 Ziff. 1 ZPO einerseits und der Zweck der sachlichen und damit materiell-rechtlichen Regelung von Rechtsbeziehungen im Sinne von § 779 BGB ohne weiteres trennen (vgl. Urteil des Zweiten Senats des Bundesarbeitsgerichts vom 26. November 1959 — 2 AZR 242/57 — BAG 8, 228 [236]).

3. Für den Fall, daß Parteien einen Prozeßvergleich unter befristetem Widerrufsvorbehalt geschlossen haben, machen sie von einer Möglichkeit Gebrauch, die ihnen der Grundsatz der Vertragsfreiheit (§ 305 BGB) auch bei einem Prozeßvergleich einräumt. Genauso wie die Parteien eines Prozeßvergleichs diesen nachträglich durch Parteivereinbarung aufheben können und wie durch die einverständliche Aufhebung des materiell-rechtlichen Vergleichs auch dem Prozeßvergleich seine prozessuale Wirksamkeit genommen wird (BAG 4, 84 [85]; Urteil des Zweiten Senats des Bundesarbeitsgerichts vom 26. November 1959 — 2 AZR 242/57 — BAG 8, 228 [235]), genauso können die Vergleichsparteien ein befristetes vertragliches Rücktrittsrecht im Sinne der §§ 346 ff. BGB — den sogenannten „Widerrufsvorbehalt" — vorsehen, dessen Ausübung den materiell-rechtlichen Vergleich aufhebt und die in dem Prozeßvergleich liegende Prozeßhandlung unwirksam werden läßt. Darüber wird im Grundsatz in Rechtslehre und Rechtsprechung auch nicht mehr gestritten, und dieses Ergebnis rechtfertigt sich schon aus der oben dargelegten Übergewichtigkeit des materiell-rechtlichen Teiles eines Prozeßvergleichs, bei dessen — anfänglichen oder nachträglichen — Unwirksamkeit die prozessuale Form des Prozeßvergleichs ihre Wirksamkeit ebenfalls verliert (vgl. statt aller: Rosenberg, Lehrbuch des DZPR, 8. Aufl., 1960, § 128 III 2 i, S. 630 mit Nachweisen).

Die Vereinbarung eines Rücktrittsrechts bedeutet also an sich eine materiell-rechtliche Absprache im Sinne der §§ 346 ff. BGB (vgl. RGZ 135, 338). Daraus folgt im Grundsatz, daß, wenn nicht ausdrücklich oder erkennbar zwischen den Parteien etwas anderes vereinbart ist, ein solcher Rücktritt formlos, daher auch mündlich und telefonisch dem Vergleichsgegner gegenüber erklärt werden kann (§ 349 BGB) und diesem gegenüber mit Zugang der Rücktrittserklärung nach § 130 Abs. 1 BGB wirksam wird (so RGZ 161, 253 [255]; BGH vom 19. Januar 1955 — IV ZR 160/54 — JR 1955, 179 [180]; BGH vom 20. Februar 1958 — II ZR 257/56 — ZZP 71, 454 [455]; Rosenberg, aaO, § 128 III 2 i, S. 630).

Die Vergleichsparteien können aber die Ausübung des Rücktritts von einem Vergleich kraft der ihnen zustehenden Vertragsfreiheit auch anders regeln, und zwar sowohl was die Form der Rücktrittserklärung wie auch, was den Adressaten angeht. Sie können kraft § 127 BGB vorsehen, daß bei der Erklärung des Rücktritts seitens einer Partei an die andere eine bestimmte Form — z. B. einfacher oder eingeschriebener Brief o. ä. — zu wahren ist. Sie können kraft der ihnen zukommenden Vertragsfreiheit auch vereinbaren, daß der Adressat nicht der Vergleichsgegner zu sein braucht, sondern eine davon verschiedene dritte Stelle, insbesondere das Gericht, sein darf oder sogar sein muß und daß bei der Erklärung des Rücktritts an diese Drittstelle keine Form zu wahren ist oder daß eine bestimmte Form zu wahren ist.

4. Für den hier in Rede stehenden Vergleich vom 10. November 1958 läßt sich feststellen, daß der Rücktritt dem Gericht gegenüber erklärt werden konnte. Das ergibt sich daraus, daß die Parteien über die richtige Adresse der Rücktrittserklärung im vorliegenden Fall nicht streiten und somit beide davon ausgehen, daß der Rücktritt dem Gericht gegenüber erklärt werden konnte. Eine derartige Vereinbarung ist bei vielen Gerichten üblich geworden (vgl. OLG München, Leitsatz in MdR 1958, S. 245 Nr. 87 und Rosenberg, aaO, § 128 III 2 i, S. 630). Aus dem Vergleich läßt sich aber zweierlei nicht entnehmen: einmal, daß das Gericht der einzige Adressat für eine Rücktrittserklärung sein sollte, und zum anderen, daß die Rücktrittserklärung — sei es gegenüber dem Vergleichsgegner, sei es gegenüber dem Gericht — formgebunden sein sollte. Das ergibt sich aus folgendem:

Darüber, ob im vorliegenden Fall ein Rücktritt nur dem Gericht gegenüber oder gemäß §§ 349, 130 Abs. 1 BGB auch dem Beklagten gegenüber erklärt werden konnte, besagt der Vergleich nichts Erkennbares. Auch bei Abschluß eines Prozeßvergleiches unter Widerrufsvorbehalt ist es aber denkbar, daß die Vergleichsparteien als möglichen Adressaten der Rücktrittserklärung wahlweise zwei Stellen, nämlich sowohl den Vergleichsgegner wie auch das Gericht, vorsehen. Es spricht keinerlei Vermutung dafür, daß die hier gegebene Adressatenstellung des Gerichts in jedem

Fall die ausschließliche war und die Adressatenstellung des Vergleichsgegners verdrängen sollte. Das ergibt schon die Überlegung, daß nach dem Ausgeführten von Hause aus die Rücktrittserklärung eine materiell-rechtliche Erklärung ist, die im Falle ihrer rechtsgültigen Ausübung im Wege der Sekundärwirkung den im Prozeßvergleich liegenden Prozeßhandlungen ihre Wirksamkeit nimmt. Eine Vergleichspartei kann sogar ein ausgesprochenes Interesse daran haben, unmittelbar und ohne Umweg über das Gericht und damit schnell vom Vergleichsgegner von dessen Rücktritt Kenntnis zu erhalten, und an der infolgedessen eintretenden automatischen Sekundärwirkung der Unwirksamkeit der in dem Prozeßvergleich liegenden Prozeßhandlung nur weniger interessiert sein (vgl. auch RGZ 161, 253 [255]; BGH LM Nr. 2 zu § 130 BGB [Bl. 386] und Rosenberg, aaO, § 128 III 2 i, S. 630; Palandt, BGB, 18. Aufl., 1959, § 779 Anm. 9; vgl. auch Bonin, Prozeßvergleich, 1957, S. 50 zu Fußnoten 165 — 167).

Darüber, ob im vorliegenden Fall ein Rücktritt, der gegenüber dem Gericht erklärt wurde, formgebunden war, besagt der Vergleich ebenfalls nichts. Es fehlt insbesondere die von erfahrenen Prozeßrichtern gehandhabte Formulierung, daß die Rücktrittserklärung bis zu einer bestimmten Frist durch Einreichung eines Schriftsatzes bei der Geschäftsstelle des Gerichts zu geschehen habe. Damit, daß hier nach dem Ausgeführten der Rücktritt auch dem Gericht gegenüber erklärt werden konnte, also als Prozeßhandlung (vgl. RGZ 135, 338 [339]; RG DRiZ 1933, Rechtsprechungs-Beil. S. 14 N. 18 [S. 15] und Lafrenz LZ 1933, 371 [372], wohl auch Rosenberg, aaO, § 128 III 2 i, S. 630) geschehen sollte, ist entgegen der Annahme des Landesarbeitsgerichts noch nichts über die Form der Prozeßhandlung gesagt, die dabei zu wahren ist. Prozeßhandlungen außerhalb der mündlichen Verhandlung sind zwar „in der Regel" schriftlich vorzunehmen (vgl. statt aller: Rosenberg, aaO, § 61 II 1 β, S. 280 ff.). Aber es gibt auch eine Reihe von formlosen Prozeßhandlungen, die, was insbesondere hier interessiert, telefonisch vorgenommen werden können (vgl. § 702 Halbsatz 2 ZPO für das Gesuch um Erlaß eines Zahlungsbefehls oder für die Erhebung des Widerspruchs gegen einen solchen; vgl. dazu Rosenberg, aaO, § 61 II 1 b, S. 281 und § 160 III 6 a, S. 800; vgl. § 754 ZPO für die Beauftragung des Gerichtsvollziehers; dazu vgl. Rosenberg, aaO, § 61 II 1 b β S. 281 und 178 II 3 S. 927; vgl. § 329 Abs. 3 Satz 2 ZPO für formlose Mitteilungen von Beschlüssen und Verfügungen der dort näher genannten Art; vgl. dazu Rosenberg, aaO, § 56 I 2 b, S. 253). Es wird sogar vertreten, daß auch solche Prozeßhandlungen, die an sich zu Protokoll der Geschäftsstelle zu erklären sind, bei genügender Identitätssicherung telefonisch an die Geschäftsstelle durchgegeben werden können (vgl. Stein-Jonas, ZPO, 18. Aufl., § 159 Anm. 1 C zu N 8 mit gegenteiligen Stimmen ebenda). Eine ausdrückliche oder nach ihrem Sinn erkennbar Geltung beanspruchende Vorschrift darüber, daß bei Widerruf eines Vergleiches durch Erklärung gegenüber der Geschäftsstelle eine bestimmte Form zu wahren sei, fehlt ebenfalls.

Diese Situation führt im vorliegenden Fall im Ergebnis zu der Annahme, daß der Widerruf auch telefonisch gegenüber der Geschäftsstelle erklärt werden konnte. Denn angesichts der erörterten Lage, daß im Verhältnis der Vergleichspartner für die Rücktrittserklärung eine doppelte Adressatenstellung (wahlweise Beklagter und Gericht) als gewollt nicht auszuschließen ist und daß eine bestimmte Form für die Ausübung des Rücktritts ebenfalls nicht vereinbart oder vom Gesetz vorgeschrieben ist, muß durchschlagen, daß zwischen den Vergleichspartnern selbst grundsätzlich der materiell-rechtliche Vergleichsrücktritt formlos mit Sekundärvernichtungswirkung für die im Prozeßvergleich liegende Prozeßhandlung möglich ist. Eine Erschwerung des Vergleichsrücktritts, sei es durch Bestimmung eines ausschließlichen Adressaten, sei es durch Formvorschriften, ist demgegenüber wesensgemäß die Ausnahme. Sie kann nur angenommen werden, wenn sie vereinbart ist. Eine solche Vereinbarung ist hier nicht erkennbar. Für die hier vertretene Ansicht spricht im vorliegenden Fall auch die praktische Überlegung, daß unter keinerlei Gesichtspunkten der Rechtssicherheit oder der Rechtsklarheit zu erkennen ist, warum hier auf einen schriftlichen Vergleichsrücktritt besonderer Wert zu legen wäre. Denn die die telefonische Rücktrittserklärung festlegende Notiz des Geschäftsstellenbeamten erreicht denselben praktischen Zweck, als wenn der Kläger ein handgezeichnetes Schriftstück zu den Akten gereicht oder das telefonisch Gesagte persönlich auf der Geschäftsstelle zu Protokoll erklärt hätte. Unbeachtlich ist dabei auch, daß die telefonische Widerrufserklärung von dem Bürovorsteher des Prozeßbevollmächtigten des Klägers abgegeben worden ist. Wenn dieser auch nicht zu dem Personenkreis gehört, der nach § 11 Abs. 1 ArbGG eine Partei vor den Arbeitsgerichten vertreten kann, so schließt der Gesamtsinn des § 11 ArbGG doch nicht aus, daß in Fällen der hier in Rede stehenden Art Bürovorsteher für ihren Rechtsanwalt oder für deren Partei als deren Boten oder Stellvertreter materiell-rechtliche Widerrufserklärungen abgeben. Denn § 11 ArbGG will lediglich eine sachgerechte Vertretung von Parteien vor den Arbeitsgerichten durch besonders sachkundige Personen sicherstellen, nicht aber die kraft Boten- oder Vertreterfunktion erfolgende Abgabe materiell-rechtlicher Erklärungen, für die das Arbeitsgericht kraft Parteivereinbarung eine Adressatenstellung hat, erschweren.

5. Der somit rechtsgültig geschehene Widerruf des Vergleichs führt daher unter Aufhebung des vorinstanzlichen Urteils aus Gründen der Klarstellung zu einer entsprechenden Feststellung im Tenor des Urteils des Revisionsgerichts und zur Zurückverweisung der Sache zur anderweiten Verhandlung und Entscheidung an die Vorinstanz im übrigen.

30

1. Der Anspruch auf Lohnfortzahlung aus § 616 Abs. 1 BGB kann durch Tarifvertrag abgedungen werden. Bestimmt ein Tarifvertrag, daß sich die Bezahlung notwendig versäumter Arbeitszeit nach § 616 BGB richtet, und führt der Tarifvertrag „beispielsweise" an, in welchem Ausmaß der Lohn in bestimmten Fällen der Arbeitsverhinderung fortgezahlt wird, so liegt darin weder eine Beschränkung noch eine Abdingung des § 616 Abs. 1 BGB.

2. § 616 Abs. 1 BGB ist als Ausnahmeregelung eng auszulegen. Der Lohnfortzahlungsanspruch ist nur gegeben, wenn die Arbeitsleistung dem Arbeitnehmer aus dem gegebenen Anlaß nach Treu und Glauben unter Berücksichtigung seiner Treuepflicht und der entgegenstehenden Interessen des Arbeitgebers nicht zuzumuten ist. Der Arbeitnehmer muß die Arbeitsverhinderung möglichst zu vermeiden suchen. Insofern enthält § 616 Abs. 1 BGB einen unbestimmten Rechtsbegriff, dessen Anwendung vom Revisionsgericht nur beschränkt nachgeprüft werden kann.

BGB § 616; Tarifvertrag für Arbeiter in Betrieben der Lederherstellung usw. in den ehemaligen Ländern Württemberg-Baden und Württemberg-Hohenzollern vom 12. November 1952 § 5.

I. Senat. Urteil vom 25. April 1960 i. S. Fa. Schw. (Bekl.) w. W. (Kl.) 1 AZR 16/58.

I. Arbeitsgericht Ludwigsburg. — II. Landesarbeitsgericht Baden-Württemberg (Stuttgart).

Der Kläger, der seit längerer Zeit als Arbeiter bei der Beklagten beschäftigt ist, führte am Freitag, dem 3. Mai 1957, und am arbeitsfreien Samstag, dem 4. Mai 1957, den Umzug von seiner früheren Wohnung in die etwa 4 km entfernt liegende neue Wohnung durch, die er sich durch Erwerb eines Hausanteils einer Baugenossenschaft verschafft hatte. Die Familie des Klägers bestand damals aus ihm, seiner Ehefrau, seinem 83 Jahre alten Vater und drei berufstätigen Kindern, von denen die Tochter 18 und die beiden Söhne 21 und 26 Jahre alt waren. Der Umzug wurde vom Kläger mit Hilfe seines bisherigen Vermieters, der auch einen Schlepper mit Anhänger für den Transport zur Verfügung stellte, ausgeführt. Außer der Wohnungseinrichtung für die sechsköpfige Familie wurde Brennmaterial für ein Jahr in die neue Wohnung gebracht. Bei den Umzugsarbeiten am Freitag beteiligten sich die Kinder des Klägers nicht.

Unter Berufung auf § 616 Abs. 1 BGB und § 5 Nr. 6 des für das Arbeitsverhältnis geltenden Tarifvertrages für Arbeiter in Betrieben der Lederherstellung, in Lohmühlen, Gerbstoffextraktionen und Pickerfabriken sowie in Betriebsabteilungen für die Erzeugung lederähnlicher Werkstoffe der ehemaligen Länder Württemberg-Baden und Württemberg-Hohenzollern vom 12. November 1952 (TV) fordert der Kläger Vergütung des Lohnausfalles am Freitag, dem 3. Mai 1957, in der unstreitigen Höhe von 18,– DM.

Das Arbeitsgericht hat die auf Zahlung dieses Betrages gerichtete Klage abgewiesen. Das Landesarbeitsgericht hat ihr stattgegeben. Die Revision der Beklagten führte zur Zurückverweisung an die Vorinstanz.

Aus den Gründen:

1. Das Landesarbeitsgericht geht zutreffend davon aus, daß die Klage allein aus § 616 Abs. 1 BGB zu begründen ist.

a) Von vornherein auszuscheiden sind die Bestimmungen des § 5 Nr. 1 bis 3 TV, auf die vor allem die Revision abhebt, indem sie ausführt, daß an dieser Stelle allgemeine Grundsätze über die Lohnfortzahlung bei Arbeitsausfall aufgestellt seien, die bei der Auslegung der folgenden besonderen Bestimmungen heranzuziehen seien.

Der Kläger begehrt Lohnfortzahlung für den 3. Mai 1957, weil er nach seiner Ansicht an diesem Tag ohne sein Verschulden an der Arbeitsleistung verhindert gewesen ist, trägt also die Voraussetzungen des § 616 Abs. 1 BGB vor. § 616 BGB seinerseits enthält eine Abweichung von dem Grundsatz des § 323 BGB, bildet also einen Sonderfall im Verhältnis zu dieser Vorschrift, nicht aber zu den Bestimmungen der §§ 324, 325 BGB. Demgegenüber entspricht § 5 Nr. 1 TV (Vergütung bei Arbeitsausfall, den der Arbeitgeber zu vertreten hat) in seinen Voraussetzungen dem § 324 BGB. § 5 Nr. 2 TV (Vergütung bei Arbeitsausfall, den weder Arbeitgeber noch Arbeitnehmer zu vertreten haben) behandelt den Fall des Betriebsrisikos, dessen Regelung mit der Rechtslage im Falle des § 616 BGB nichts zu tun hat. § 5 Nr. 3 TV schließlich (Wegfall der Vergütung bei Arbeitsausfall infolge Verschuldens der Arbeiter) entspricht in seinen Voraussetzungen dem § 325 BGB. Alle drei Bestimmungen in § 5 Nr. 1 bis 3 TV haben somit einen anderen Anspruchsinhalt als § 616 BGB. Sie erfassen gerade nicht Fälle der vorliegenden Art, in denen die Ursache des Arbeitsausfalles beim einzelnen Arbeitnehmer liegt.

b) Auch die übrigen Bestimmungen des § 5 TV schränken weder die Anwendbarkeit des § 616 Abs. 1 BGB ein, noch ändern sie diese Vorschrift ab.

Zwar kann der Lohnfortzahlungsanspruch aus § 616 Abs. 1 BGB sowohl durch Einzelarbeitsvertrag als auch durch Tarifvertrag abgedungen werden (BAG 3, 190 [192]; 4, 189 [190]; 7, 347; Beschluß des Großen Senats vom 17. Dezember 1959 — GS 2/59 — BAG 8, 285 [312]). Eine solche Abdingung ist aber in § 5 Nr. 6 TV — alle übrigen Bestimmungen des § 5 TV scheiden nach ihrem Inhalt für den vorliegenden Fall aus — nicht enthalten.

Wenn der Satz 1 des § 5 Nr. 6 TV den Grundsatz aufstellt, daß „sich die Bezahlung notwendig versäumter Arbeitszeit nach § 616 BGB richtet", und im Anschluß daran aufgeführt wird, in welchem Ausmaß bei Arbeitsversäumnis „beispielsweise", nämlich in den näher bezeichneten Fällen, ohne jedoch den Fall des Umzugs zu nennen, der Lohn weitergezahlt wird, so ergibt sich schon aus der Verwendung des Wortes „beispielsweise", auch wenn an dieser Stelle nur die Höchstgrenze der zu vergütenden Zeit festgelegt ist, daß § 5 Nr. 6 TV keine erschöpfende Regelung in dem Sinn darstellt, daß in allen nicht genannten Fällen der Lohnfortzahlungsanspruch abgedungen wäre. Insofern besteht ein grundsätzlicher Unterschied zu dem in BAG 3, 190 behandelten Tarifvertrag. Im übrigen besagt auch der oben angeführte Wortlaut des Satzes 1 des § 5 Nr. 6 TV, daß an der Bestimmung des § 616 BGB grundsätzlich festgehalten wird.

§ 5 Nr. 6 TV enthält aber auch insofern keine Änderung gegenüber § 616 Abs. 1 BGB, als Satz 1 es auf die Bezahlung „notwendig versäumter Arbeitszeit" abstellt. Die Revision meint, damit sei eine zusätzliche Anspruchsvoraussetzung (im Sinne einer Beschränkung des Anspruches aus § 616 Abs. 1 BGB) aufgestellt und es müsse deshalb bei Prüfung der Voraussetzungen ein besonders strenger Maßstab angelegt werden. Diese Ansicht trifft nicht zu.

§ 616 Abs. 1 BGB gibt dann den Lohnfortzahlungsanspruch, wenn der Arbeitnehmer „für eine verhältnismäßig nicht erhebliche Zeit an der Dienstleistung verhindert wird." Das Gesetz begnügt sich nicht mit der Forderung, daß etwa der Arbeitnehmer der Arbeit ferngeblieben sei, sondern verlangt, daß er „verhindert" gewesen ist. Diese Verhinderung muß in einem Zusammenhang mit der zeitlichen Dauer („verhältnismäßig nicht erhebliche Zeit") stehen. Dann kann aber nur die Arbeitsversäumnis gemeint sein, die sich notwendigerweise aus dem „in der Person (des Arbeitnehmers) liegenden Grund" ergibt. Damit ist der in § 5 Nr. 6 Satz 1 TV gebrauchte Begriff der „notwendig versäumten Arbeitszeit" ohnehin in den gesetzlichen Merkmalen des § 616 Abs. 1 BGB enthalten.

2. Ist demnach davon auszugehen, daß § 616 Abs. 1 BGB im Rahmen des hier maßgebenden Tarifvertrages unabgedungen volle Geltung hat, so kommt es allein noch auf die Anwendung der Gesetzesvorschrift, nicht aber der Tarifbestimmungen an. Das Landesarbeitsgericht gelangt zu dem Ergebnis, daß die Voraussetzungen des § 616 Abs. 1 BGB erfüllt seien. Der Kläger sei ohne sein Verschulden am ersten Umzugstag der Arbeit ferngeblieben. Die Rechtsausführungen des Landesarbeitsgerichts halten jedoch einer Nachprüfung nicht stand.

a) Zur Frage des Rechtscharakters des § 616 Abs. 1 BGB hat der Große Senat des Bundesarbeitsgerichts ausführlich und überzeugend dargelegt, daß diese Vorschrift „als Ausnahmeregelung einen an sich nicht bestehenden Anspruch auf Fortzahlung des Entgeltes für den besonderen Fall kurzfristiger Verhinderung aus sozialen Gründen gewährt" (Beschluß vom 18. Dezember 1959 — GS 8/58 — BAG 8, 314 ff.). Stellt aber § 616 BGB eine Ausnahmeregelung dar, dann ist bei Prüfung der einzelnen Tatbestandsmerkmale eine enge Auslegung geboten.

b) Da die Arbeitsverhinderung in den persönlichen Verhältnissen des Arbeitnehmers begründet sein muß, ist mit Rücksicht auf den vorgenannten Auslegungsmaßstab zu fordern, daß die Verhältnisse dazu angetan sind, die Person des Arbeitnehmers im Sinne einer Arbeits*verhinderung* unter billiger Berücksichtigung der entgegenstehenden Interessen des Arbeitgebers in Mitleidenschaft zu ziehen. Letztlich ist erforderlich, aber auch genügend, daß die Arbeitsleistung dem Arbeitnehmer aus dem gegebenen Anlaß nach Treu und Glauben unter Berücksichtigung seiner Treuepflicht nicht zuzumuten ist. Der Arbeitnehmer muß die Dienstverhinderung möglichst zu vermeiden suchen (vgl. Staudinger-Nipperdey-Mohnen, BGB, 11. Aufl., § 616 Anm. 10).

3. Da somit bei der gesetzlichen Voraussetzung der „Arbeitsverhinderung aus Gründen in der Person des Arbeitnehmers" auf die Frage der Zumutbarkeit der Arbeitsleistung im Sinne einer Abwägung der beiderseitigen Interessen abzustellen ist, geht es in rechtlicher Beziehung um die Anwendung eines unbestimmten Rechtsbegriffs. Insoweit muß sich die Nachprüfung durch das Revisionsgericht auf die Fragen beschränken, ob der Rechtsbegriff selbst verkannt ist, ob bei der Unterordnung des

Sachverhaltes unter die Rechtsnorm Denkgesetze oder allgemeine Erfahrungssätze verletzt sind oder ob die Bewertung wegen Außerachtlassung wesentlicher Umstände offensichtlich fehlerhaft ist (BAG 4, 152 [155]; 5, 20 [25]).

a) Das Landesarbeitsgericht verkennt den in Rede stehenden Rechtsbegriff, wenn es lediglich auf einen „billigen und gerechten (menschenwürdigen) Ausgleich zwischen den arbeitsvertraglichen und den in der persönlichen Sphäre liegenden Pflichten" abstellt. Es berücksichtigt damit nämlich nur die Interessenlage auf der Seite des Arbeitnehmers. Es läßt außer Acht, daß im Rahmen des § 616 Abs. 1 BGB auch das Interesse des Arbeitgebers an der Arbeitsleistung wesentliche Bedeutung hat. Eine in den Ausführungen des Landesarbeitsgerichts nicht zu erkennende Betrachtung auch vom Standpunkt des Arbeitgebers aus kann zu einem anderen Ergebnis führen als die einseitige Würdigung der Pflichtenkollision beim Arbeitnehmer.

b) Ferner verletzt das Landesarbeitsgericht allgemeine Erfahrungssätze, indem es nicht ausreichend auf die sehr naheliegende Frage eingeht, ob es dem Kläger möglich und damit zuzumuten gewesen wäre, sein — angesichts der Zahl der haushaltszugehörigen Personen — weniges Umzugsgut unter Inanspruchnahme seiner drei erwachsenen, in seinem Haushalt lebenden Kinder erst am arbeitsfreien Samstag in die neue Wohnung zu befördern. Daß die Kinder am Samstag helfen konnten, hat der Kläger selbst angegeben.

Das Landesarbeitsgericht führt in diesem Zusammenhang lediglich aus, wegen der geringen Ladefläche des benutzten Anhängers seien für den Umzug zwei Tage nötig gewesen. Eine solche Annahme widerspricht unter den vorliegenden Verhältnissen der Lebenserfahrung. Die Entfernung zwischen der alten und der neuen Wohnung beträgt 4 km. Selbst wenn zugestanden wird, daß der Kläger sich nicht der Hilfe eines Spediteurs bedienen mußte, spricht alles dafür, daß die angeblich erforderlichen vier Fahrten auch bei Benutzung eines langsam fahrenden Schleppers einschließlich Auf- und Abladen in einigen Stunden durchgeführt werden konnten, wenn der Kläger, wozu er verpflichtet war, unnötigen Zeitverlust vermied. Selbst der zusätzlich zu befördernde Brennstoffvorrat hätte dann noch innerhalb desselben Tages an den neuen Wohnort gebracht werden können. Sollte dies nicht möglich gewesen sein, so liegt die Frage nahe, ob die Brennstoffe noch für kurze Zeit am alten Platz gelassen und an einem der nächsten freien Tage des Klägers weggeholt werden konnten.

c) Schließlich läßt das Landesarbeitsgericht noch weitere für die Beurteilung des Falles wesentliche Umstände außer Acht. So geht es nicht darauf ein, ob nicht das eine oder andere der Kinder des Klägers, die wohl ebenso wie der Kläger selbst zur Durchführung des Umzugs in der Lage und auf Grund ihrer Haushaltszugehörigkeit auch verpflichtet waren, gegen ihren Arbeitgeber einen sich aus Tarifvertrag, Betriebsvereinbarung oder Einzelarbeitsvertrag ergebenden Anspruch auf Freistellung von der Arbeit gerade aus Anlaß des Umzugs hatten. Würde dies der Fall sein, so müssen schon ganz besondere Umstände vorgelegen haben, um auch die Freistellung des Klägers unter Lohnfortzahlung zu rechtfertigen.

Bei Prüfung der Frage, ob dem Kläger zuzumuten gewesen ist, den Umzug durch einen Spediteur ausführen zu lassen, wozu unter den vorliegenden Umständen erfahrungsgemäß nur wenige Stunden benötigt worden wären, ermittelt das Landesarbeitsgericht weder, ob dies am Samstag (unter Beteiligung der ganzen Familie) möglich war noch ob nach dem Gesamteinkommen der Familie des Klägers, das bei vier berufstätigen Personen nicht ganz geringfügig sein dürfte, die Ausgaben für den Spediteur aufgewendet werden konnten und mußten. Diese Frage wird in aller Regel zu bejahen sein. Nur unter ganz besonderen Umständen, die das Landesarbeitsgericht aber bisher nicht festgestellt hat, kann der Arbeitnehmer, der durch Einsparung des Spediteurs unverhältnismäßig lange Zeit für seinen Umzug benötigt, auch noch den Vorteil für sich in Anspruch nehmen, daß dieser übermäßige Zeitaufwand vom Arbeitgeber vergütet wird.

4. Hiernach kann das angefochtene Urteil keinen Bestand haben. Es ist aufzuheben. Die Klage ist andererseits nicht zur Abweisung reif. Vielmehr muß die Sache zurückverwiesen werden, damit die noch notwendigen Feststellungen tatsächlicher Art getroffen werden können.

Bei der erneuten Verhandlung und Entscheidung hat das Landesarbeitsgericht im Sinne der vorstehenden Ausführungen alle Umstände zu berücksichtigen, die für und gegen die Arbeitsbefreiung des Klägers unter Fortzahlung des Lohnes am Freitag, dem 3. Mai 1957, sprechen. Dabei ist besonderes Gewicht darauf zu legen, ob mit Rücksicht auf das im Vordergrund stehende Interesse der Beklagten an der Arbeitsleistung es dem Kläger möglich und deshalb zuzumuten gewesen ist, den Umzug an einem arbeitsfreien Tag durchzuführen oder, wenn er schon am Freitag erfolgen mußte, unter Heranziehung seiner Kinder durchführen zu lassen.

In diesem Zusammenhang spielt einmal die Frage eine Rolle, ob unter den gegebenen technischen Voraussetzungen (Schlepper mit kleinem

Anhänger, Mithilfe der Familienangehörigen und des Vermieters) der Umzug an einem einzigen Tag, wenn auch unter lagebedingter Mehrbelastung aller Beteiligten, zu bewerkstelligen war und hierfür der arbeitsfreie Tag des Klägers oder eines der Kinder genommen werden konnte. Ggf. ist nach weiterer Aufklärung des Sachverhaltes zu prüfen, ob dem Kläger die Inanspruchnahme eines Spediteurs zuzumuten gewesen ist, der den Umzug an einem arbeitsfreien Tag, möglicherweise aber auch an einem Arbeitstag, für den eines der Kinder Freistellung beanspruchen konnte, auszuführen in der Lage war. Hierbei wird es wesentlich auf die Einkommensverhältnisse aller Familienangehörigen einerseits und auf die Speditionskosten andererseits ankommen. Die Begründung des Landesarbeitsgerichts, daß der Kläger im Hinblick auf die hohen Aufwendungen für die neue Wohnung sich die Kosten eines Spediteurs habe ersparen wollen, reicht nicht aus. Vielmehr ist auch hier eine Abwägung nach Zumutbarkeitsgesichtspunkten vorzunehmen.

Der Vortrag der Beklagten, daß der Kläger ohne Ankündigung am Tage seines Umzugs der Arbeit ferngeblieben sei, kann auf die Klageforderung nur dann von Einfluß sein, wenn der Beklagten hieraus ein Schadenersatzanspruch erwachsen ist, der aber im einzelnen dargetan und ggf. zur Aufrechnung gestellt werden müßte, was bisher nicht geschehen ist.

31

Der im Laufe des Urlaubsjahres auf Grund eigener Kündigung ausscheidende Arbeitnehmer kann seinen noch nicht verbrauchten Urlaub nicht ohne Einverständnis des Arbeitgebers in den Lauf der Kündigungsfrist legen, auch nicht, wenn nur die Tage der Kündigungsfrist für die Erteilung des Urlaubs durch Freizeitgewährung zur Verfügung stehen.

BGB § 611 Urlaubsrecht.

I. Senat. Urteil vom 26. April 1960 i. S. D. (Kl.) w. Fa. Gebr. Sch. (Bekl.) 1 AZR 134/58.

I. Arbeitsgericht Münster. — II. Landesarbeitsgericht Hamm/Westf.

Der Kläger war seit 1950 bei der Beklagten, zuletzt als Kolonnenführer, tätig. Zu seinen Aufgaben gehörte es, die Ringspinnmaschinen, sobald deren Copse mit Garn vollgelaufen waren, stillzusetzen, damit die Kolonne mit dem Absetzen der Garncopse beginnen konnte. Er mußte dabei in der Lage sein, den wegen der verschiedenen Garnstärken differierenden Arbeitsgang der ihm zugeteilten Maschinen zu übersehen, um entscheiden zu können, welche Maschinen stillzusetzen waren. Gegebenenfalls mußte er die Kolonne aufteilen und an verschiedenen Maschinen arbeiten lassen. Hatten die Absetzer die Copse abgenommen und neue Hülsen aufgesetzt, so hatte der Kolonnenführer die Maschine wieder in Betrieb zu setzen. Von der Umsicht und der Geschicklichkeit des Kolonnenführers hängt es ab, daß übermäßig hohe Fadenbrüche vermieden werden, die den Wert des Garnes herabsetzen und die Absetzer bei ihrer Arbeit belasten. Bei seiner Arbeit ist der Kolonnenführer im wesentlichen auf sich selbst gestellt und kann sich nicht immer auf Anweisungen des mit anderen Aufgaben beschäftigten Abteilungsmeisters verlassen. Die Umschulung eines Absetzers zum Abdreher erfordert normalerweise eine Einarbeitungszeit von 3—4 Wochen.

Der Kläger kündigte am 2. Mai 1956 sein Arbeitsverhältnis mit der Kündigungsfrist bis zum 19. Mai 1956. Am 5. Mai 1956 arbeitete er zum letzten Male bei der Beklagten. Zwischen den Parteien ist unstreitig, daß der Kläger für 1956 einen Urlaubsanspruch auf 12 Arbeitstage erworben hatte. Dieser Urlaubsanspruch war ihm bis zum 5. Mai 1956 durch Freizeitgewährung noch nicht erfüllt worden.

Der Kläger regte dem Betriebsleiter der Beklagten gegenüber an, daß er vom 7. bis 19. Mai 1956 den Urlaub für 1956 nehme. Diese Bitte wurde abgeschlagen, dem Kläger wurde jedoch anheimgestellt, vom 12. Mai 1956 an unter Gewährung des vollen Urlaubsgeldes auf Urlaub zu gehen. Eine eindeutige Stellungnahme des Klägers zu diesem Vorschlag wurde nicht abgegeben. Als der Kläger dann nach dem 5. Mai 1956 nicht mehr zur Arbeit erschien, übersandte ihm die Beklagte die Arbeitspapiere und den Restlohn, jedoch nicht ein Urlaubsgeld.

Mit der Klage fordert der Kläger das Urlaubsgeld für 12 Urlaubstage in der rechnerisch unstreitigen Höhe von 158,40 DM.

Während das Arbeitsgericht nach dem Klageantrag erkannt hat, hat das Landesarbeitsgericht die Klage abgewiesen.

Die Revision des Klägers ist zurückgewiesen worden.

Aus den Gründen:

I. Bei der rechtlichen Wertung des Klagebegehrens ist davon auszugehen, daß der Kläger die Bezahlung der Tage vom 7. bis zum 19. Mai 1956 als Urlaubstage begehrt. Der Kläger verlangt also Urlaubsgeld und nicht Urlaubsabgeltung. Dies ergibt sich ganz eindeutig aus dem Vortrag des Klägers bereits in der Klage und im Verlauf des Rechtsstreits. Er hat stets die Ansicht vertreten, er sei am 7. Mai 1956 mit Recht bis zum 19. Mai 1956 auf Urlaub gegangen und diese Urlaubszeit müsse ihm bezahlt werden.

II. Der Senat hat sich sonach allein mit der Frage zu befassen, ob dem Kläger für die Zeit vom 7. Mai bis zum 19. Mai 1956 Ansprüche auf Zahlung eines Urlaubsgeldes zustehen.

1. Zwischen den Parteien ist unstreitig, daß der Kläger für das Urlaubsjahr 1956 bereits den vollen Urlaubsanspruch auf 12 Urlaubstage vor seiner am 2. Mai 1956 ausgesprochenen ordentlichen Kündigung des Arbeitsverhältnisses erdient hatte. Nach den tatsächlichen und bindenden Feststellungen des Landesarbeitsgerichts hat die Beklagte es durch ihren Betriebsleiter abgelehnt, dem Kläger auf den von diesem geäußerten Wunsch hin den Urlaub in der Zeit vom 7. Mai bis zur Beendigung des Arbeitsverhältnisses am 19. Mai 1956 zu erteilen. Die Bereitschaft der Beklagten, den Kläger am 12. Mai 1956 notfalls gehen zu lassen, ist damit gegenstandslos geworden, daß der Kläger am 7. Mai ohne Einverständnis der Beklagten seine Arbeit eingestellt hat und bis zur Beendigung des Arbeitsverhältnisses am 19. Mai nicht wieder zur Arbeit bei der Beklagten erschienen ist.

2. Der von dem Kläger für das Urlaubsjahr 1956 erdiente Urlaub war nicht etwa auf die Tage vom 7. Mai bis zum 19. Mai festgelegt. Für den Betrieb war vielmehr die Urlaubszeit aller Arbeitnehmer auf die vorgesehenen Betriebsferien vom 19. Mai bis zum 4. Juni 1956 gelegt worden. Es kann dahingestellt bleiben, ob diese zeitliche Festlegung des Urlaubs auf die Zeit der Betriebsferien dadurch für den Kläger, für den sie zunächst ebenfalls galt, weggefallen ist, daß sein Arbeitsverhältnis vor Beginn der Betriebsferien geendet hatte. Dies kann dahingestellt bleiben, weil es für die Entscheidung des Rechtsstreits unerheblich ist. Ist die Konkretisierung der Urlaubszeit auf die Betriebsferien nämlich auch für den Kläger, trotz der von ihm ausgesprochenen Kündigung, von Bestand geblieben, so konnte der Kläger nicht eigenmächtig in Abweichung von einer solchen Festlegung bereits am 7. Mai 1956 der Arbeit fernbleiben. Wenn er dies gleichwohl tat, so handelte es sich also nicht um den Verbrauch des ihm gebührenden Urlaubs, sondern um ein ungerechtfertigtes Fernbleiben von der Arbeit. Sollte aber die Konkretisierung der Urlaubszeit auf die Betriebsferien durch die von dem Kläger ausgesprochene Kündigung und das auf dieser beruhende Ausscheiden zum 19. Mai 1956 weggefallen sein, so war für den Kläger die Urlaubszeit durch die Festlegung des Urlaubs der im Betrieb verbleibenden Arbeitnehmer auf die Betriebsferien nicht mehr konkretisiert. Es bedurfte also einer anderweiten Konkretisierung. Ob diese anderweite Konkretisierung durch die Beklagte einseitig zu erfolgen hatte oder aber ob sie einverständlich durch die Beklagte und den Kläger erfolgen mußte, braucht in diesem Rechtsstreit

nicht erörtert zu werden. Es steht fest, daß die Beklagte weder einseitig noch einverständlich sich damit einverstanden erklärt hatte, daß der Kläger in der Zeit vom 7. Mai bis zum 19. Mai auf Urlaub ging. Auch hatte die Beklagte ihr Einverständnis damit nicht mehr aufrechterhalten, daß der Kläger vom 12. Mai an auf Urlaub ging.

3. Damit hängt die Entscheidung des Rechtsstreits davon ab, ob es im Hinblick auf das Auslaufen des Arbeitsverhältnisses am 19. Mai und das Verbleiben nur der Arbeitstage zwischen dem 7. Mai und dem 19. Mai überhaupt noch einer — einseitigen oder einverständlichen — Konkretisierung der Urlaubszeit auf diese Tage vom 7. bis zum 19. Mai bedurfte. Der Kläger vertritt die Auffassung, eine solche besondere Konkretisierung auf diese Zeit sei deshalb entbehrlich — die Urlaubszeit vielmehr ohne weiteres gerade auf diese Zeitspanne konkretisiert —, weil der Urlaub in diese allein noch verbleibende Zeit hätte gelegt werden müssen, wenn dem Kläger überhaupt noch während des Bestehens des Arbeitsverhältnisses Urlaub durch bezahlte Freizeit hätte gewährt werden sollen.

Durch die Kündigung des Klägers zum 19. Mai ist jedoch automatisch keine Konkretisierung der Urlaubszeit auf die Zeit vom 7. bis zum 19. Mai 1956 eingetreten; auch ist die Beklagte nicht verpflichtet gewesen, dem Kläger für diese Zeit Urlaub zu gewähren.

Als Urlaubstage stehen dem Arbeitgeber und dem Arbeitnehmer alle Arbeitstage des Urlaubsjahres zur Verfügung. Urlaubsjahr ist aber eine Zeitspanne von 12 Monaten. Die Dauer der Beschäftigung des einzelnen urlaubsberechtigten Arbeitnehmers in dem Urlaubsjahr ändert den Begriff des Urlaubsjahres nicht. Es mag zutreffen, daß dann, wenn aus dem ganzen Urlaubsjahr nur noch die letzten Tage dieses Urlaubsjahres für eine Freizeitgewährung zur Verfügung stehen, der Arbeitnehmer, dem der Arbeitgeber auch für diese letzte mögliche Zeit noch keinen Urlaub erteilt hat, seine Arbeitsleistung zurückhalten kann, sich also selbst Urlaub erteilen kann (so Hueck-Nipperdey, Lehrbuch des Arbeitsrechts, 6. Aufl., Bd. 1, S. 409, Anm. 80). Gleiches gilt aber nicht, wenn der Arbeitnehmer auf Grund einer von ihm ausgesprochenen ordentlichen Kündigung während des Laufes des Urlaubsjahres ausscheidet, und zwar auch dann nicht, wenn von der laufenden Kündigungsfrist nur noch so viel Arbeitstage verbleiben, wie sie der Arbeitnehmer als Urlaub beanspruchen könnte. Durch die Kündigung des Arbeitnehmers wird das Urlaubsjahr nicht verändert, der Arbeitgeber in seinen Gestaltungmöglichkeiten hinsichtlich der Festlegung des Urlaubs nicht eingeschränkt. Mit Recht weist auch die Beklagte darauf hin, daß ein Recht des Arbeitnehmers, sich während des Laufs der Kündigungsfrist Urlaub eigenmächtig zu nehmen, mit dem Sinngehalt der auch den Belangen des Arbeitgebers dienenden Fristen für die ordentliche Kündigung in einem unvereinbaren Widerspruch stehen würde.

Nun kann zwar der Arbeitgeber — jedenfalls im Einverständnis mit dem Arbeitnehmer — den Urlaub in die Kündigungsfrist legen; hierzu ist er aber nicht rechtlich verpflichtet. Die Weigerung des Arbeitgebers, dies zu tun, wäre allenfalls unbeachtlich, wenn der Arbeitgeber insoweit seiner Fürsorgepflicht dem Arbeitnehmer gegenüber zuwider handeln würde, insbesondere dann, wenn seine Weigerung arglistig wäre. Davon kann aber hier keine Rede sein. Aus den tatsächlichen Feststellungen des Landesarbeitsgerichts ist zu entnehmen, daß der Einsatz eines anderen Arbeitnehmers auf dem Arbeitsplatz des Klägers keineswegs ganz einfach war, daß also ein sofortiges Ausscheiden des Klägers zu einer Beeinträchtigung der Belange der Beklagten führen mußte. Diese Belange sollen aber gerade durch die Kündigungsfrist, die dem Arbeitgeber den Übergang erleichtern soll, gewahrt werden.

Hat also der Kläger durch sein Fernbleiben vom 7. bis zum 19. Mai eine geschuldete Arbeit nicht geleistet, so hat er für diese Zeit keine Lohnansprüche (§ 320 BGB). Er kann also nicht als Urlaubsgeld die Fortzahlung des geschuldeten Lohnes begehren.

32

Die Urlaubszwölftelung nach § 3 Abs. 2 Urlaubsgesetz Niedersachsen gilt nur für das Ein- und Austrittsjahr.

UrlaubsGes. Niedersachsen § 3; BGB § 611 Urlaubsrecht.

I. Senat. Urteil vom 26. April 1960 i. S. S. (Kl.) w. Fa. W. (Bekl.) 1 AZR 410/58.

I. Arbeitsgericht Wilhelmshaven. — II. Landesarbeitsgericht Hannover.

Die Klägerin war vom Februar 1951 bis zum 24. April 1958 als Büglerin bei der Beklagten in Niedersachsen tätig. Im Urlaubsjahr 1957, das dem Kalenderjahr 1957 entspricht, war die Klägerin vom 6. Mai bis zum 25. September und vom 7. bis zum 29. Oktober arbeitsunfähig krank. Vom 26. September bis zum 2. Oktober 1957 hatte ihr die Beklagte 6 Tage bezahlten Erholungsurlaub gewährt. In der übrigen Zeit des Urlaubsjahres 1957 hat die Klägerin bei der Beklagten gearbeitet.

Mit der Klage verlangt die Klägerin die Abgeltung von 6 weiteren Urlaubstagen aus dem Urlaubsjahr 1957 in der rechnerisch unstreitigen Höhe von 65,28 DM.

Die Beklagte bittet um Klageabweisung, da der Klägerin im Hinblick auf ihre Fehlzeiten im Urlaubsjahr 1957 nicht mehr als die gewährten 6 Urlaubstage zuständen.

Während das Arbeitsgericht nach dem Klageantrag erkannt hat, hat das Landesarbeitsgericht die Klage abgewiesen. Die Revision der Klägerin hatte Erfolg.

Aus den Gründen:

Auf den von der Klägerin verfolgten Urlaubsabgeltungsanspruch, der an die Stelle des Urlaubsanspruchs für das Urlaubsjahr 1957 getreten ist, finden die Vorschriften des Niedersächsischen Urlaubsgesetzes vom 10. Dezember 1948 / 26. Juli 1949 und der DVO zu diesem Gesetz vom 26. Juli 1949 Anwendung. Der von der Klägerin verfolgte Urlaubsabgeltungsanspruch rechtfertigt sich aus der Tatsache, daß der Klägerin Urlaub durch Gewährung bezahlter Freizeit nach der Beendigung des Arbeitsverhältnisses im April 1958 nicht mehr gewährt werden kann.

I. Die Entscheidung des Rechtsstreits hängt also davon ab, ob die seit 1951 bei der Beklagten beschäftigte Klägerin für das Urlaubsjahr 1957 einen Urlaubsanspruch in Höhe von 12 Tagen erworben und einen solchen Anspruch auch behalten hatte, obwohl sie während des Urlaubsjahres 1957 trotz Fortbestehens des Arbeitsverhältnisses während des ganzen Urlaubsjahres wegen ihrer Krankheit nicht voll gearbeitet hatte.

Nach § 4 des Niedersächsischen Urlaubsgesetzes ist Urlaubsjahr das Kalenderjahr. Die Klägerin, die bereits seit 1951 im Arbeitsverhältnis zu der Beklagten stand, hatte daher bereits am 1. Januar 1957 den vollen Urlaubsanspruch (nach § 2 Abs. 1 a. a. O. 12 Werktage) für das Urlaubsjahr 1957 erworben. Sie hat diesen Anspruch auch behalten, obwohl sie während dieses Urlaubsjahres wegen ihrer Krankheit mehrere Monate an der Arbeitsleistung verhindert war.

Die Beklagte ist der Ansicht, der Urlaubsanspruch der Klägerin habe sich im Hinblick auf die Fehlzeiten der Klägerin nach dem Zwölftelungsgrundsatz des § 3 Abs. 2 a. a. O. für das Urlaubsjahr 1957 auf 6 Tage vermindert.

Diese Rechtsansicht geht fehl. Aus § 3 Abs. 1 des Urlaubsgesetzes folgt, daß die Klägerin, die die Wartezeit von 6 Monaten bereits vor Beginn des Urlaubsjahres 1957 voll zurückgelegt hatte, den Anspruch auf den vollen Jahresurlaub von 12 Tagen erworben hat. Eine Verminderung des Anspruchs auf 6 Tage nach § 3 Abs. 2 a. a. O. ist deshalb nicht eingetreten, weil § 3 Abs. 2 sich nur auf den Fall bezieht, daß die Wartezeit nicht erfüllt ist oder der Arbeitnehmer im Urlaubsjahr den Arbeitsplatz wechselt und deshalb weniger als 12 Monate im Betrieb tätig ist. § 3 Abs. 2 regelt also nur den Urlaubsanspruch des Arbeitnehmers, der im Urlaubsjahr in den Betrieb eintritt oder aus diesem ausscheidet. Ein solcher Arbeitsplatzwechsel der Klägerin im Urlaubsjahr 1957 liegt nicht vor. Sie ist nicht im Jahre 1957, sondern erst im April 1958 aus dem Arbeitsverhältnis zur Beklagten ausgeschieden.

1. Daß § 3 des Urlaubsgesetzes sich nur auf den Fall des Arbeitsplatzwechsels im Urlaubsjahr bezieht, § 3 Abs. 2 also nur für diesen Fall eine Schrumpfung des nach § 3 Abs. 1 erworbenen vollen Urlaubsanspruchs vorsieht, ist zunächst aus dem Gesamtinhalt und aus dem Zusammenhang der gesetzlichen Vorschriften zu entnehmen. § 3 Abs. 1 sagt, daß der Arbeitnehmer den vollen Urlaubsanspruch erstmals geltend machen kann, nachdem er 6 Monate dem Betrieb ununterbrochen angehört hat. Diese Bestimmung des § 3 Abs. 1 bezieht sich also eindeutig auch auf den Arbeitnehmer, der in den Betrieb neu eingetreten ist. Sie bezieht sich auf die erste Zeit des Arbeitsverhältnisses, in der die im Gesetz vorgesehene Wartezeit von 6 Monaten seit dem Eintritt in das Arbeitsverhältnis noch nicht erfüllt ist; § 3 Abs. 3 bezieht sich auf den Arbeitnehmer, der im Laufe des Urlaubsjahres nach Gewährung des vollen Urlaubs ausgeschieden ist. Diese Regelung des § 3 Abs. 3 findet sonach eindeutig nur auf den Fall des Arbeitsplatzwechsels während des Urlaubsjahres Anwendung. § 3 Abs. 2 steht zwischen diesen beiden — eindeutig nur für das Ein- bzw. Austrittsjahr geltenden — Vorschriften. Bereits aus dieser Stellung des § 3 Abs. 2 im Gesamtrahmen des § 3 folgt zwingend, daß auch diese Bestimmung sich nur auf den Arbeitsplatzwechsel im Urlaubsjahr bezieht. Das bedeutet, daß die Vorschrift einer Urlaubszwölftelung und einer Schrumpfung eines bereits erworbenen vollen Urlaubsanspruchs nur für diesen Fall des Arbeitsplatzwechsels im Urlaubsjahr gilt. Die Vorschrift besagt also insbesondere nicht, daß die Urlaubszwölftelung und die Urlaubsschrumpfung in anderen Fällen als eben dem des Arbeitsplatzwechsels im Urlaubsjahr zum Tragen kommt. Sie ändert nichts daran, daß der Arbeitnehmer, der — wie die Klägerin — bereits in früheren Jahren die Wartezeit erfüllt hatte, nach § 4 und nach § 3 Abs. 1 den vollen Urlaub bereits am 1. Januar des Urlaubsjahres beanspruchen kann und diesen Anspruch dann behält, wenn er das ganze Urlaubsjahr über im Betrieb verbleibt.

2. Die vom Landesarbeitsgericht angestellte Wortinterpretation aus den Wendungen „dem Betrieb angehört" (§ 3 Abs. 1) und „tätig ist" (§ 3 Abs. 2) überzeugt demgegenüber nicht. Diese Wendungen sind schon nach dem Sprachgebrauch des täglichen Lebens dahin auszulegen, daß sie

auf den Bestand des Arbeitsverhältnisses abstellen. Die u. a. von Maus (Urlaubsgesetz und Hausarbeitstagsgesetz für Niedersachsen, 1950, S. 134) für § 3 Abs. 2 vertretene gegenteilige Ansicht vermag der Senat nicht zu teilen. Nach der Vorgeschichte des Niedersächsischen Urlaubsgesetzes, die für die Auslegung des § 3 Abs. 2 heranzuziehen ist, wollte der Gesetzgeber erreichen, daß alle Arbeitnehmer einen jährlichen Urlaub von 12 Werktagen erhalten sollten und daß der Urlaub anteilmäßig an „im Urlaubsjahr in den Betrieb neu eintretende oder ausscheidende Arbeitnehmer" gewährt würde. Bei dieser Zielsetzung des Gesetzgebers ist davon auszugehen, daß die Regelung des § 3 Abs. 2 sich eben nur auf den Fall des Arbeitsplatzwechsels beziehen sollte; es ist also nicht anzunehmen, daß in § 3 Abs. 2 auch eine Regelung getroffen werden sollte für den Fall, daß ein Arbeitnehmer während eines fortbestehenden Arbeitsverhältnisses durch Krankheit zeitweilig an der Arbeitsleistung verhindert ist.

II. Es trifft zwar zu, daß unter besonderen Umständen die Geltendmachung eines Urlaubsanspruchs und auch eines an dessen Stelle getretenen Urlaubsabgeltungsanspruchs durch einen Arbeitnehmer rechtsmißbräuchlich sein kann; dies kann insbesondere in Betracht kommen, wenn der Arbeitnehmer im Urlausjahr durch Krankheit nahezu vollständig an der Arbeitsleistung verhindert war. Der Senat verweist insoweit auf seine Entscheidung in BAG 3, 77 [79] und AP Nr. 13 zu § 611 BGB Urlaubsrecht sowie auch auf das Urteil vom 17. März 1960 — 1 AZR 494/58 — AP Nr. 1 zu § 5 UrlaubsG Hamburg. Von einem solchen Rechtsmißbrauch kann aber hier nach den ganzen Umständen nicht die Rede sein. Die Klägerin hat vom 1. Januar bis zum 5. Mai und vom 30. Oktober bis 31. Dezember 1957 für die Beklagte tatsächlich gearbeitet.

33

Verfolgt der Kläger in einem Streit um die ihm zustehende tarifliche Vergütungsgruppe mit einem Haupt- und Hilfsantrag trotz abweichender Formulierung der Anträge in Wirklichkeit dasselbe Klagebegehren, und hat das Arbeitsgericht den Hauptantrag aus tarifrechtlichen Gründen abgewiesen, dem Hilfsantrag aber aus vertragsrechtlichen Gesichtspunkten stattgegeben, so hat das Berufungsgericht auf die Berufung des Beklagten den Anspruch des Klägers unter allen rechtlichen Gesichtspunkten zu prüfen.

ZPO § 537.

IV. Senat. Urteil vom 27. April 1960 i. S. K. (Kl.) w. St. F. (Bekl.)
4 AZR 353/58.

I. Arbeitsgericht Frankfurt/Main. — II. Landesarbeitsgericht Frankfurt/Main.

Der Kläger, der die Meisterprüfung im Elektro-Installationshandwerk abgelegt hat, ist seit dem Jahre 1925 beim Kraftwerk der Beklagten beschäftigt. Seit dem 1. April 1947 hat er die Stelle des Leiters der Abteilung Statistik inne. Er untersteht unmittelbar dem Leiter des Kraftwerkes.

Am 10. November 1947 schlossen die Parteien einen schriftlichen Dienstvertrag, in dem es u. a. heißt:

> „Herr Karl K. wird vom 1. 4. 1947 an bei den Stadtwerken — Kraftwerk — als technischer Angestellter beschäftigt.
>
> Das Anstellungsverhältnis regelt sich nach den Bestimmungen der allgemeinen Tarifordnung für Angestellte im öffentlichen Dienst (ATO) sowie der Tarifordnung A für Angestellte im öffentlichen Dienst (TO.A) nebst den dazu ergangenen ergänzenden Regelungen. Künftige Änderungen dieser Bestimmungen oder an ihre Stelle tretende Vorschriften gelten vom Tage des Inkrafttretens der Änderung auch für das vorliegende Vertragsverhältnis.
>
> Der Angestellte wird in die Vergütungsgruppe VI a TO.A eingereiht. ...“

Seit 1950 wurde die vom Kläger bekleidete Stelle in den Stellenplänen der Beklagten als eine solche der VergGr. V a TO.A ausgewiesen.

Das Sachgebiet des Klägers umfaßt die Neuaufstellung und Weiterführung aller vorkommenden Werte des Kraftwerkes (Strom, Gas, Kohle) in Tages-, Wochen-, Monats- und Jahresbüchern, die Auswertung und Darstellung der Werte in Kurven, Leistungsdauerlinien nach Anforderung sowie die Erstattung von Berichten statistischer Art für verschiedene Dienststellen und schließlich die monatliche und jährliche Aufstellung der Strombilanz sowie die Aufschließung des Stromverbrauchs nach Angaben des Hebedienstes.

Der Kläger ist der Auffassung, er sei bisher richtig als technischer Angestellter in die VergGr. VI a TO.A eingestuft gewesen und habe nunmehr nach dem Tarifvertrag über die Eingruppierung von Meistern und technischen Angestellten vom 14. Juni 1956 (TV 56) seit dessen Inkrafttreten Anspruch auf die Vergütung nach der VergGr. V a TO.A. Er meint, auch ohne Erfüllung der Tätigkeitsmerkmale dieser Gruppe könne er die Zahlung des Gehaltsunterschiedes zwischen beiden Vergütungsgruppen beanspruchen, weil sein Dienstvertrag die Beklagte verpflichtete, ihm eine Stelle nach der VergGr. VI a TO.A zu übertragen, die seit dem Inkrafttreten des TV 56 nach der VergGr. V a hätte bewertet werden müssen. Er hat im ersten Rechtszuge beantragt, festzustellen, daß die Beklagte verpflichtet sei, ihn ab 1. 5. 1956 in die Vergütungsgruppe V a TO.A einzugruppieren,

hilfsweise, daß sie ihm ab 1. 5. 1956 den Unterschiedsbetrag zwischen den Vergütungsgruppen V a und VI a zu vergüten habe.

Die Beklagte hat bestritten, daß der Kläger die Tätigkeit eines technischen Angestellten oder Meisters ausübe.

Das Arbeitsgericht hat dem Hilfsantrage des Klägers stattgegeben und die Klage im übrigen abgewiesen. Die Abweisung des Hauptantrages hat es damit begründet, daß der Kläger die tariflichen Tätigkeitsmerkmale der VergGr. V a nicht erfülle. Der Kläger habe jedoch durch den Dienstvertrag vom 10. November 1947 einen vertraglichen Anspruch auf Verschaffung eines Dienstpostens der VergGr. VI a erlangt. Dieser Anspruch sei auch später nicht weggefallen, da der Arbeitsvertrag nicht geändert worden sei. Es sei daher von der Rechtslage auszugehen, die bestanden hätte, wenn der Kläger am 30. April 1956 einen vertragsmäßigen Arbeitsplatz gehabt hätte. Dann wäre dieser Arbeitsplatz mit dem Inkrafttreten des TV 56 nach der VergGr. V a TO.A zu bewerten gewesen. Der Kläger habe daher von diesem Zeitpunkt an gegen die Beklagte den mit dem Hilfsantrage geltend gemachten Anspruch auf den Gehaltsunterschied zwischen den Vergütungsgruppen VI a und V a TO.A.

Das Landesarbeitsgericht hat das erstinstanzliche Urteil aufgehoben, soweit es auf den Hilfsantrag des Klägers der Klage stattgegeben hat, und hat die Klage auch insoweit abgewiesen. Es ist der Auffassung, daß der tarifliche Anspruch des Klägers auf die Bezüge der VergGr. Va TO.A rechtskräftig abgewiesen sei, da der Kläger gegen die Abweisung seines im ersten Rechtszuge gestellten Hauptantrages kein Rechtsmittel eingelegt habe. Ein außertariflicher Anspruch des Klägers auf den Unterschied zwischen den Gehältern der Vergütungsgruppen VIa und Va TO.A, der nur auf positive Vertragsverletzung gestützt werden könne, sei nicht begründet, so daß der Kläger auch mit diesem in der Berufungsinstanz allein noch rechtshängigen Anspruch abzuweisen gewesen sei.

Die Revision des Klägers führte zur Aufhebung und zur Zurückverweisung.

Aus den Gründen:

Mit Recht rügt die Revision, daß das Landesarbeitsgericht das Klagebegehren nur unter einzelvertraglichen Gesichtspunkten geprüft, sich einer Entscheidung über den tariflichen Anspruch aber enthalten hat, weil dieser Anspruch bereits rechtskräftig vom Arbeitsgericht abgewiesen worden sei.

Das Arbeitsgericht hat den Hauptantrag des Klägers nur tarifrechtlich betrachtet und abgewiesen; dem Hilfsantrag hat es stattgegeben, weil es einen entsprechenden arbeitsvertraglichen Anspruch bejaht hat. Berufung hat nur die Beklagte gegen ihre Verurteilung nach dem Hilfsantrage eingelegt, nicht aber der Kläger gegen die Abweisung seines Hauptantrages. Ob in einem solchen Falle ohne Rechtsmitteleinlegung seitens des Klägers auch der abgewiesene Hauptanspruch der Berufungsinstanz anfällt, sofern es sich um eine echte Klagenhäufung im Eventualverhältnis handelt (vgl. hierzu einerseits Stein-Jonas-Schönke, Anm. I, 1 zu § 537 ZPO, Baumbach-Lauterbach, Anm. 1 C zu § 537 ZPO, Rosenberg, Zivilprozeßrecht, 8. Aufl., § 93 IV 1 d; andererseits Wieczorek, Anm. B IV c 6 zu § 260 ZPO, RG HRR 38 Nr. 1531), braucht hier nicht entschieden zu werden. Denn es handelt sich bei den vom Kläger im ersten Rechtszuge gestellten Anträgen nicht um eine Anspruchshäufung, sondern trotz des verschiedenen Wortlauts von Haupt- und Hilfsantrag um denselben prozessualen Anspruch.

Der Hauptantrag ging auf die Feststellung, daß die Beklagte verpflichtet sei, den Kläger ab 1. Mai 1956 in die VergGr. V a TO.A einzugruppieren. Damit ist nicht die Verpflichtung der Beklagten zur Abgabe einer rechtsgestaltenden Erklärung gemeint. Denn nach der ständigen Rechtsprechung des Bundesarbeitsgerichts und der heute wohl einhelligen Meinung hat die Einreihungserklärung des Arbeitgebers für den tariflichen Anspruch des Angestellten auf die Vergütung nach der seiner Tätigkeit entsprechenden Vergütungsgruppe der TO.A keine konstitutive Bedeutung. Der Hauptantrag des Klägers kann daher sinngemäß nur dahin ausgelegt werden, daß der Kläger die Verpflichtung der Beklagten festgestellt wissen will, ihm ab 1. Mai 1956 die Vergütung nach der VergGr. V a TO.A zu gewähren. Dabei ist nicht diese Vergütung in vollem Umfange im Streit, sondern nur insoweit, als sie über die dem Kläger versprochene und laufend gewährte Vergütung nach der VergGr. VI a TO.A hinausgeht.

Den gleichen Streitgegenstand hat aber auch der Hilfsantrag zum Inhalt, mit dem der Kläger die Feststellung begehrt, daß die Beklagte ihm ab 1. Mai 1956 den Unterschiedsbetrag zwischen den Vergütungsgruppen V a und VI a TO.A zu vergüten habe. Zum mindesten ist dieser prozessuale Anspruch in dem Hauptantrag enthalten.

Ob eine Klagenhäufung mit der Möglichkeit unterschiedlicher Entscheidungen vorliegt, wenn derselbe Antrag auf verschiedene Lebenssachverhalte gestützt wird, braucht nicht erörtert zu werden. Denn hier handelt es sich um einen einheitlichen Lebensvorgang, auf den der Kläger seine Rechtsbehauptung stützt: den Abschluß eines Arbeitsvertrages mit bestimmtem Inhalt, die Bindung der Vertragsparteien an die TO.A und den

Tarifvertrag vom 14. Juni 1956 und die Zuweisung und Ausübung einer bestimmten Tätigkeit.

Über das gleiche Klagebegehren hat nun das Arbeitsgericht in der Formel seines Urteils zwei Entscheidungen ausgesprochen, die sich widersprechen, indem es nämlich den Hauptantrag abgewiesen und dem Hilfsantrag stattgegeben hat. Dieses in sich widerspruchsvolle Erkenntnis ist aber mit Hilfe der Entscheidungsgründe der Auslegung fähig. Dabei ergibt sich, daß das Arbeitsgericht weder über zwei Ansprüche gesonderte Entscheidungen getroffen noch über die vom Kläger aus dem Gesamtsachverhalt hergeleitete Rechtsfolgebehauptung mehrfach, und zwar gegensätzlich, entschieden hat, sondern daß es bei sinngemäßer Auslegung einen prozessualen Anspruch aus dem einen rechtlichen Gesichtspunkt (Tarifvertrag) verneint, aus dem anderen (Einzelvereinbarung über Zuweisung eines bestimmten Dienstpostens) bejaht hat. Es hätte demgemäß in der Urteilsformel die Verpflichtung der Beklagten, dem Kläger die höhere Vergütung nach der Verg.Gr. V a TO.A zu zahlen, aussprechen müssen und hätte die Verneinung der tarifrechtlichen Anspruchsbegründung nur in den Entscheidungsgründen, nicht aber in der Urteilsformel durch Abweisung der Klage „im übrigen" zum Ausdruck bringen dürfen. Das ist aber unschädlich, da sich der Sinngehalt des Urteils durch Auslegung eindeutig feststellen läßt.

Demnach hätte das Berufungsgericht auf die Berufung der Beklagten über den mit der Klage erhobenen einheitlichen prozessualen Anspruch auf Grund des vorgetragenen Sachverhalts unter allen rechtlichen Gesichtspunkten befinden müssen, gleichgültig, ob der Kläger sich auf sie berufen hatte und ob sie im erstinstanzlichen Urteil behandelt waren (§ 537 ZPO). Der Einlegung eines Rechtsmittels seitens des Klägers gegen die Ablehnung des von ihm hervorgekehrten tarifrechtlichen Gesichtspunkts bedurfte es nicht. Dem Kläger war mit der Zuerkennung des Hilfsanspruchs alles zuerkannt worden, was er mit der Klage verlangt hatte. Eine Berufung des Klägers wäre daher unzulässig gewesen; denn der Kläger war nicht beschwert, da ihm nichts versagt worden war, was er beantragt hatte. Dem entspricht im übrigen auch die Kostenentscheidung des erstinstanzlichen Urteils, mit der die gesamten Kosten gemäß § 91 ZPO der Beklagten als unterlegenem Teil auferlegt worden sind.

Nun heißt es zwar im Tatbestand des Berufungsurteils bei der Wiedergabe des zweitinstanzlichen Sachvortrages des Klägers (Berufungsbeklagten), er wende sich jetzt nicht mehr dagegen, daß die von ihm ausgeübte Tätigkeit nicht die eines technischen Angestellten sei. Darin kann jedoch nicht die Erklärung gefunden werden, daß der Kläger die tarifrechtliche Anspruchsgrundlage nicht mehr der richterlichen Nachprüfung unterstellen wolle. Es kann daher unerörtert bleiben, ob eine derartige Erklärung der klagenden Partei für das Berufungsgericht bindend gewesen wäre.

Inwieweit der Anspruch des Klägers tarifrechtlich begründet ist, konnte der Senat nicht selbst entscheiden, da es an den hierfür erforderlichen tatsächlichen Feststellungen fehlt. Die Sache mußte daher an die Vorinstanz zurückgewiesen werden. Wenn der Kläger als Leiter der Abteilung Statistik nicht unter die technischen, sondern unter die Büroangestellten fällt, wird im übrigen auch zu prüfen sein, ob ihm etwa der Anspruch auf die Vergütung nach der VergGr. V b TO.A zuzuerkennen ist, die sich, abgesehen von der geringeren Endgrundvergütung, mit der vom Kläger begehrten Vergütung nach der Gruppe V a deckt.

34

1. Der Anspruch auf einen Krankengeldzuschuß nach § 1 ArbKrankhG hängt dem Grunde und der Höhe nach nicht von der tatsächlichen Gewährung des Krankengeldes ab, sondern davon, ob und bejahendenfalls in welcher Höhe der Arbeiter einen Anspruch auf Krankengeld hat. Die Gerichte in Arbeitssachen können und müssen, wenn insoweit Zweifel entstehen, nachprüfen, ob ein Anspruch auf Krankengeld gegeben ist.

2. Der Anspruch auf einen Krankengeldzuschuß hängt nicht davon ab, daß der Arbeiter einen Anspruch auf das gemäß § 182 Abs. 1 Nr. 2 Satz 2 RVO erhöhte Krankengeld hat.

3. Ein Arbeiter, der vor dem Inkrafttreten des ArbKrankhG arbeitsunfähig krank war und dann nach dem Inkrafttreten des Gesetzes wegen des gleichen Leidens erneut arbeitsunfähig wird, hat auch dann den Anspruch auf Krankengeldzuschuß, wenn es sich im arbeitsrechtlichen Sinne um eine Fortsetzungserkrankung handelt. Er muß sich in diesem Falle jedoch auf den Krankengeldzuschuß grundsätzlich anrechnen lassen, was der Arbeitgeber vor dem Inkrafttreten des Gesetzes als Krankengeldzuschuß für die (im arbeitsrechtlichen Sinne) gleiche Erkrankung gewährt hat.

ArbKrankhG §§ 1, 8; RVO § 182.

II. Senat. Urteil vom 5. Mai 1960 i.S. N.St. (Bkl.) w. F. (Kl.)
2 AZR 271/58.

I. Arbeitsgericht Bayreuth (Hof). — II. Landesarbeitsgericht Bayern (Nürnberg).

Der Kläger ist seit Jahren bei der Beklagten als Pflastersteinschläger beschäftigt. In der Zeit vom 27. Dezember 1956 bis zum 9. April 1957 war der Kläger wegen eines Zwölffingerdarmgeschwüres arbeitsunfähig krank.

Am 10.April 1957 nahm er seine Arbeit wieder auf. Der behandelnde Arzt Dr. E. hat der AOK Hof gegenüber erklärt, das Leiden des Klägers habe nach dem 9. April 1957 fortbestanden und es habe auch Behandlungsbedürftigkeit bestanden. Eine ärztliche Behandlung erfolgte jedoch in der Folgezeit bis zum 27. August 1957 nicht. In der Zeit vom 27. Dezember 1956 bis zum 9. April 1957 hatte die Beklagte dem Kläger in Anwendung des Manteltarifvertrages für die Natursteinindustrie vom 29. November 1956 auf die Dauer von sechs Wochen einen Krankengeldzuschuß (KGZ) gewährt in Höhe von insgesamt 89,31 DM.

Am 27. August 1957 wurde der Kläger erneut wegen chronischer Gastritis arbeitsunfähig krank. Die AOK Hof sah dies nicht als einen neuen Versicherungsfall an. Sie gewährte dem Kläger daher nicht das nach § 182 Abs. 1 Nr. 2 Satz 2 RVO auf 65 % erhöhte Krankengeld, sondern nur das normale Krankengeld, welches allerdings nach der Satzung der AOK Hof nach der sechsten Woche der Arbeitsunfähigkeit 60 vom Hundert des Grundlohnes beträgt. Da dem Kläger insgesamt fünf Familienzuschläge zustanden, erhielt er jedoch tatsächlich ein Krankengeld in Höhe von 75 % des Grundlohnes, und zwar einen Tagessatz von 12,50 DM. In der Zeit vom 25. September bis 16. Oktober 1957 wurde der Kläger stationär behandelt und erhielt ein Hausgeld von zunächst 11,56 DM. In der Zeit vom 17. Oktober bis 11. November 1957 erhielt er wieder Krankengeld, und zwar nunmehr — infolge Erhöhung der Versicherungspflichtgrenze und der damit verbundenen Heraufsetzung des Höchstgrundlohnes — nach einem Tagessatz von 16,50 DM.

Mit seiner Klage nimmt der Kläger die Beklagte auf Zahlung eines Krankengeldzuschusses nach dem ArbKrankhG für die Zeit ab 27. August 1957 in Höhe von 203,— DM in Anspruch. Über die rechnerische Höhe des geltend gemachten Betrages besteht zwischen den Parteien kein Streit.

Die Beklagte hat die Auffassung vertreten, zur Zahlung eines KGZ aus mehreren Gründen nicht verpflichtet zu sein. Es sei in Übereinstimmung mit der Krankenkasse davon auszugehen, daß die Arbeitsunfähigkeit des Klägers in der Zeit nach dem 17. August 1957 eine Fortsetzungserkrankung sei. Das ArbKrankhG gebiete aber nur die Gewährung eines KGZ für die ersten sechs Wochen einer Erkrankung. Wenn vor Inkrafttreten des ArbKrankhG diese sechs Wochen bereits abgelaufen seien, brauche der Arbeitgeber nach Inkrafttreten des Gesetzes einen Zuschuß nicht mehr zu zahlen. Das gelte vor allen Dingen hier, weil für die ersten sechs Wochen der Erkrankung bereits ein Krankengeldzuschuß auf Grund des genannten Tarifvertrages gewährt worden sei. Der Anspruch auf Krankengeldzuschuß nach dem ArbKrankhG sei auch seinem Wesen nach von der Gewährung des erhöhten Krankengeldes im Sinne des § 182 Abs. 1 Nr. 2 Satz 2 RVO abhängig. Werde dies nicht gezahlt, so entfalle der Zuschuß.

Das Arbeitsgericht hat die Klage abgewiesen. Es hat sich der letztgenannten Auffassung angeschlossen. In tatsächlicher Hinsicht hat es auf Grund der Auskünfte der AOK Hof in versicherungsrechtlicher Hinsicht eine Fortsetzungserkrankung angenommen. Da dem Kläger somit zutreffend nicht das erhöhte Krankengeld gewährt worden sei, entfalle auch der Anspruch auf einen Zuschuß. Hierbei sei es ohne Bedeutung, daß der Kläger tatsächlich wegen der günstigen Krankengeldsätze der AOK Hof in Verbindung mit den fünf Familienzuschlägen ein Krankengeld nach dem überhaupt möglichen Höchstsatz erhalten habe. Im übrigen sei angesichts der verhältnismäßigen Kürze der zwischenzeitlichen Arbeitsfähigkeit des Klägers auch nach arbeitsrechtlichen Gesichtspunkten von einer Fortsetzungserkrankung auszugehen. Die frühere Gewährung eines tariflichen Krankengeldzuschusses, der hinsichtlich seiner Bezugsdauer und Höhe hinter der Regelung des ArbKrankhG zurückbleibe, sei allerdings ohne Belang.

Mit seiner Berufung hat der Kläger seine gegenteilige Rechtsauffassung weiter verfolgt.

Das Landesarbeitsgericht hat der Klage stattgegeben. Es hat in tatsächlicher Hinsicht dahingestellt gelassen, ob die Erkrankung des Klägers eine Fortsetzungserkrankung oder eine neue selbständige Erkrankung war. In jedem Falle seien die ersten sechs Wochen nach Inkrafttreten des ArbKrankhG zuschußpflichtig. Zur Frage, ob die Gewährung des erhöhten Krankengeldes Anspruchsvoraussetzung eines KGZ nach dem ArbKrankhG ist, hat sich das Landesarbeitsgericht nicht geäußert.

Die Revision der Beklagten hatte Erfolg.

Aus den Gründen:

I. Zwischen den Parteien besteht kein Streit darüber, daß die in § 1 ArbKrankhG genannten Regelvoraussetzungen, nämlich daß der Kläger ein Arbeiter war, daß er arbeitsunfähig krank war, ferner daß ihn an diesem Zustand kein Verschulden traf, daß er ferner einen Anspruch auf Krankengeld hatte und daß sein Arbeitsverhältnis bei demselben Arbeitgeber mindestens vier Wochen ununterbrochen gedauert hatte, gegeben sind.

1. Die Frage, ob die Gewährung des gemäß § 182 Abs. 1 Nr. 2 Satz 2 RVO erhöhten Krankengeldes eine weitere Voraussetzung des Anspruchs auf einen KGZ ist, wird im Schrifttum und in der bisherigen Rechtsprechung der Instanzgerichte unterschiedlich beantwortet (vgl. LAG Kiel in BB 1958, 809; LAG Düsseldorf in BB 1958, 809; LAG Saarbrücken in

BB 1958, 1208; LAG Frankfurt in SAE 1959, 130; LAG Bremen in BB 1959, 992; Pawelke in Anm. zu LAG Hannover in SAE 1959, 135; Beischrift in BB 1958, 310 und 670; Schmatz-Fischwasser, Komm. zum ArbKrankh, 3. Auflage, § 1 Anm. VI c mit weiteren Nachweisen). Zur Lösung dieser Streitfrage ist vorgeschlagen worden (vgl. Köst, Arbeitsrecht, 1960, S. 47; Bischoff in BB 1958, 310 h, 670; Schmatz-Fischwasser, a. a. O.), bei der Anwendung des § 1 ArbKrankhG auf den Krankheitsbegriff Bezug zu nehmen, der in der praktischen Anwendung der RVO von den Trägern der Krankenversicherung insbesondere unter Bezug auf den Erlaß des Reichsarbeitsministers vom 2. November 1943 (AN 1943 S. 485) gebraucht wird; dieser Vorschlag, der auf eine enge Wechselwirkung zwischen dem ArbKrankhG einerseits und der Sozialversicherung, insbesondere der Krankenversicherung, andererseits gestützt wird, zielt darauf ab, eine Fortsetzungserkrankung nicht als Krankheit im Sinne des § 1 ArbKrankhG anzusehen und auf diese Weise sicherzustellen, daß der KGZ nur dann beansprucht werden kann, wenn gleichzeitig das gemäß § 182 Abs. 1 Nr. 2 Satz 2 RVO erhöhte Krankengeld gewährt wird. Dieser Ansicht vermag der Senat nicht zu folgen. Abgesehen davon, daß in der Praxis der Sozialversicherung selbst Streit darüber besteht, ob der Begriff Krankheit im Falle einer Fortsetzungserkrankung gegeben ist oder nicht (vgl. hierzu Peters, Handbuch der Krankenversicherung, § 182 Anm. 1), fehlt es an hinreichenden Anhaltspunkten dafür, daß der Begriff Krankheit in § 1 ArbKrankhG mit einem Begriffsinhalt verknüpft werden sollte, der letztlich auf versicherungsmäßigen Überlegungen (Versicherungsfall) beruht. Vielmehr ist das Gegenteil der Fall. Der Gesetzgeber wollte mit dem Zuschuß des ArbKrankhG letztlich allein im Verhältnis zwischen Arbeiter und Arbeitgeber, also auf arbeitsrechtlichem Gebiet, das Problem behandeln, daß sich dadurch ergibt, daß der Arbeiter infolge eines regelwidrigen Körper- oder Geisteszustandes nicht in der Lage ist, seiner vertragsmäßigen Arbeit nachzukommen. Wenn schließlich ein Gesetz dahin erging, daß die Sicherung des Arbeiters im Krankheitsfalle überwiegend durch Erhöhung des Krankengeldes und zum anderen Teil durch Gewährung eines Arbeitgeberzuschusses erfolgen soll, so rechtfertigt dies noch nicht, den Teil des Gesetzes, der die Rechtsbeziehungen zwischen Arbeiter und Arbeitgeber regelt, mit Begriffsinhalten auszustatten, die dem Gebiet der Sozialversicherung entnommen sind. Es ist zu beachten, daß die Vorschriften über die Verpflichtung des Arbeitgebers zum KGZ in einem eigenen Abschnitt des ArbKrankhG geregelt sind, und daß sich demgegenüber die Bestimmungen über die Erhöhung des Krankengeldes wieder in einem besonderen zweiten Abschnitt finden. Vor allem hat auch der Große

Senat des Bundesarbeitsgerichtes in seiner Entscheidung in Sachen GS 2/59 vom 17. Dezember 1959 (BAG 8, 285 [298]) den arbeitsrechtlichen Charakter des KGZ betont, sei es, daß man in ihm eine Verwirklichung des Rechtsgedankens der personalen Fürsorgepflicht des Arbeitgebers erblickt, sei es, daß der Zuschuß als eine gesetzliche Ergänzung des vom Arbeitgeber an den Arbeiter zu gewährenden Entgeltes gewertet würde.

2. Der Anspruch auf einen Krankengeldzuschuß hat gemäß § 1 Abs. 1 Satz 1 ArbKrankhG lediglich „Leistungen aus der gesetzlichen Kranken- oder Unfallversicherung" zur Voraussetzung. Diese Voraussetzung ist in § 1 Abs. 1 Satz 4 näher dahin bestimmt, daß der Zuschuß bis zu einer Dauer von sechs Wochen für die Tage zu zahlen ist, für die der Arbeiter Kranken- oder Hausgeld aus der gesetzlichen Krankenversicherung oder die entsprechenden Leistungen aus der gesetzlichen Unfallversicherung erhält. Es ist somit nicht von dem seit dem 1. Juli 1957 erhöhten Krankengeld, sondern vom Krankengeld schlechthin die Rede. Auch in § 1 Abs. 1 Satz 2 ArbKrankhG ist lediglich vom Krankengeld und nicht vom erhöhten Krankengeld die Rede. Die in dieser Vorschrift genannten „Zuschläge" sind lediglich die Familienzuschläge. Die Nichtgewährung des erhöhten Krankengeldes stellt auch begrifflich keine Kürzung im Sinne des § 1 Abs. 1 Satz 3 ArbKrankhG dar. Danach sprechen Wortlaut und Fassung des Gesetzes dafür, daß der Anspruch auf KGZ nicht an die Gewährung des erhöhten Krankengeldes geknüpft ist. Hierfür spricht aber auch, daß seiner systematischen Stellung nach § 1 ArbKrankhG alle Anspruchsvoraussetzungen nennt (vgl. BAG 8, 1). Es kann nicht angenommen werden, daß der Gesetzgeber mit der in § 8 normierten Erhöhung des Krankengeldes eine weitere Anspruchsvoraussetzung nennen wollte, zumal § 8 ArbKrankhG selbst in keiner Weise systematisch auf § 1 dieses Gesetzes Bezug hat, vielmehr in einem eigenen Abschnitt seinen Platz findet. Wenn demgegenüber Schmatz — Fischwasser, a. a. O., ausführen, die im ArbKrankhG für die ersten sechs Wochen der Arbeitsunfähigkeit eingeführte Krankengelderhöhung verfolge den Zweck, den Zuschuß des Arbeitgebers in einem bestimmten Rahmen zu halten, dieser Zweck aber nicht erreicht würde, wenn die Beurteilung der Arbeitsunfähigkeit bei Zuschußzahlung und die Zahlung des erhöhten Krankengeldes verschieden wäre, so ist zu betonen, daß primär die Erhöhung des Krankengeldes den Sinn und Zweck hat, einem arbeitsunfähig erkrankten Arbeiter für die Dauer der im Gesetz genannten Frist einen Lebensstandard zu gewähren, der zu einem gewissen Prozentsatz dem Normal-Lebensstandard entspricht, den er vorher durch Erzielung von Arbeitsentgelt erreicht hatte, wie dies überhaupt Sinn und Zweck des ganzen ArbKrankhG ist (vgl. BAG 8, 1).

Es ist zwar zutreffend, daß die Erhöhung des Krankengeldes auch damit motiviert wurde, die Last des Arbeitgebers im Fall einer Erkrankung des Arbeiters zu senken; nur kann dies nach dem eben Gesagten nicht der Zweck des Gesetzes sein, sondern es kann nur eine Modalität sein, um den Zweck des Gesetzes tunlichst mit für den Arbeitgeber geringeren Leistungen zu erreichen.

Auch kann die gegenteilige Ansicht nicht auf die Verwendung des Wortes „Zuschuß" in §§ 1, 3 und 4 ArbKrankhG gestützt werden. Denn selbst wenn die auf dem Arbeitsverhältnis beruhende Leistung des Arbeitgebers nur eine zusätzliche zu der Leistung einer anderen Stelle, nämlich der Krankenversicherung bzw. der Unfallversicherung ist, so ist damit noch nicht gesagt, daß die Leistung auch sonst in jeder Hinsicht von der sozialversicherungsrechtlichen Behandlung des Falles abhängen muß. Die Leistung des Arbeitgebers bleibt auch dann noch immer ein Zuschuß, wenn der Arbeiter nur ein Krankengeld in Höhe von 50 v. H. des Grundlohnes erhält; denn ihrer Höhe nach bleibt selbst dann die Leistung des Arbeitgebers unter den Leistungen der Krankenversicherung zurück. Auch in diesem Falle ist somit immer noch die Krankenversicherung der Träger der Hauptlast.

Aus der Tatsache, daß der Zuschuß auf sechs Wochen befristet ist, daß auch das erhöhte Krankengeld sechs Wochen hindurch gewährt wird und daß die Zuschußzahlung der Zahlung des Krankengeldes folgt, kann kein weitergehender Schluß gezogen werden als eben der, daß der Arbeitgeber nur einen gegenüber dem Krankengeld geringeren Zuschuß zu zahlen hat. Der vom erkennenden Senat in BAG 5, 291, 300 zur Begründung der kalendertägigen Berechnungsweise als dem ArbKrankhG eigentümlich bezeichnete Grundsatz der Akzessorietät des Krankengeldzuschusses kann nicht dafür ins Feld geführt werden, daß der Zuschuß an das erhöhte Krankengeld geknüpft sei. Die Abhängigkeit des KGZ von der Gewährung des Krankengeldes schlechthin bleibt auch dann bestehen, wenn der Anspruch auf KGZ neben dem nicht erhöhten Krankengeld besteht.

3. Der Senat konnte die in 2. behandelte Frage auch nicht deshalb dahingestellt sein lassen, weil der Kläger im vorliegenden Falle unstreitig Krankengeld erhalten und dieses Krankengeld wegen der günstigen Krankengeldsätze der AOK Hof und der Zahl der ihm zustehenden Familienzuschläge ohnehin 75 v.H. des Grundlohnes und somit im Ergebnis den Höchstsatz des § 182 Abs. 1 Nr. 2 Satz 3 RVO erreichte. Denn für die Frage, ob ein Zuschuß vom Arbeitgeber zu zahlen ist und bejahendenfalls, in welcher Höhe er zu zahlen ist, ist nicht bedeutsam die Tatsache, daß der Arbeiter im Einzelfall ein bestimmtes Krankengeld erhalten hat,

mag dies auch rechtsirrtümlich geschehen sein, sondern entscheidend ist vielmehr, ob der Arbeiter einen Anspruch auf Krankengeld hatte, bejahendenfalls, in welcher Höhe. Zwar mag es in der Praxis angängig sein, grundsätzlich als Berechnungsfaktor für den Unterschiedsbetrag das *gewährte* Krankengeld heranzuziehen, dies insbesondere dann, wenn beide Parteien davon ausgehen, daß das Krankengeld in zutreffender Höhe gewährt wurde. Dies ändert aber nichts daran, daß nur das nach Gesetz oder Satzung *richtig* gewährte Krankengeld den Umfang der Arbeitgeberleistung bestimmt. Jede andere Auffassung würde die Leistung des Arbeitgebers von dem Zufall abhängig machen, ob die Krankenkasse den Versicherungsfall rechtlich zutreffend behandelt hat oder nicht. Das Gesetz geht selbst naturgemäß davon aus, daß der Versicherungsfall von der Krankenkasse rechtlich zutreffend behandelt wird. Der Arbeitgeber darf aber nicht nur deshalb einen Zuschuß zu leisten haben, weil die Krankenkasse Krankengeld gezahlt hat, und er darf auch nicht nur deshalb mit einem höheren Zuschuß in Anspruch genommen werden, weil die Krankenkasse ihre Regelleistungen nicht erbracht hat.

Anderenfalls würde der Arbeitgeber allein durch das fehlerhafte Verhalten der Krankenkasse belastet werden, wie er andererseits auch hinsichtlich der ihm obliegenden Leistung keinen Vorteil dadurch erlangen kann, daß die Kasse unrichtigerweise ein zu hohes Krankengeld auszahlt. Ob die Leistungen oder Nichtleistungen der Kasse ordnungsgemäß sind oder nicht, ist dabei der Entscheidung durch die Gerichte in Arbeitssachen nicht entzogen. Sie können und müssen vielmehr in eigener Zuständigkeit über diese Vorfrage entscheiden (vgl. BAG 5, 81). Daß es hierbei zu Divergenzen zwischen Sozialgerichtsbarkeit und Arbeitsgerichtsbarkeit kommen kann, steht dem nicht entgegen, zumal das Verfahrensrecht für derartige Fragen nirgends eine Bindung der Gerichte in Arbeitssachen an die Entscheidung der Sozialgerichte normiert. Jedoch ist, was die Gewährung von Krankengeld schlechthin betrifft, eine fehlerhafte Behandlung des Versicherungsfalles nicht erkennbar. Dahingestellt bleiben konnte — wegen der günstigen Krankengeldsätze der AOK Hof — lediglich die Frage, ob die Krankenkasse in versicherungsrechtlicher Hinsicht zutreffend die erneute Arbeitsunfähigkeit des Klägers im Sinne des Erlasses des RAM vom 2. November 1943 als denselben Versicherungsfall wie zu Anfang des Jahres angesehen hat. Denn eine fehlerhafte Behandlung des Falles blieb insoweit ohne Einfluß auf die Höhe des KGZ.

II. Andererseits jedoch ist die im angefochtenen Urteil vertretene Auffassung, das Inkrafttreten des ArbKrankhG bedeute auch in Fällen einer Fortsetzungserkrankung eine Zäsur und der Arbeitgeber müsse daher auch in solchen Fällen auf jeden Fall zunächst einmal den vollen Krankengeldzuschuß nach diesem Gesetz zahlen, nur dann zutreffend, wenn der Arbeitgeber für die im arbeitsrechtlichen Sinne identische Erkrankung einen Zuschuß nach anderen Bestimmungen noch nicht gezahlt hat. Richtig ist zwar, daß es für die Anwendung des § 1 ArbKrankhG ohne Bedeutung ist, ob der Beginn der Erkrankung vor Inkrafttreten des Gesetzes lag. Die von der Revision vertretene Auffassung, der Arbeitgeber habe den Zuschuß nur für die ersten sechs Wochen einer Erkrankung zu leisten, findet im Gesetz keine Stütze. § 1 Abs. 1 Satz 4 ArbKrankhG befristet seiner Fassung nach den Zuschuß auf eine Dauer von sechs Wochen, ohne jedoch den Beginn des Zuschusses auch an den Beginn der Erkrankung zu knüpfen. Andererseits will das ArbKrankhG, kommt lediglich die in ihm vorgesehene gesetzliche Zuschußregelung zum Zuge, aus Anlaß einer einzigen Erkrankung (im Sinne der arbeitsrechtlichen Beurteilung) keinem Arbeiter höhere Leistungen zukommen lassen, als es selbst normiert. Der ohne sein Verschulden infolge Krankheit an seiner Arbeitsleistung verhinderte Arbeiter hat einen Anspruch auf Zuschuß zu den Leistungen der gesetzlichen Kranken- oder Unfallversicherung, der Zuschuß ist dabei auf die Dauer der Arbeitsunfähigkeit von sechs Wochen zu zahlen. Diese Regelung ist sinnvoll nur, wenn die Dauer des Zuschusses im Hinblick auf dieselbe Erkrankung normiert ist. Dem Willen des Gesetzgebers kann — in Anbetracht des Fehlens von Übergangsbestimmungen — nun allein dadurch zur Geltung verholfen werden, daß im Wege der ergänzenden Rechtsfindung bei der Anwendung des Gesetzes so verfahren wird, wie der Gesetzgeber verfahren wäre, wenn er an den Fall gedacht hätte, daß bei Inkrafttreten des Gesetzes ein Arbeiter an einer Fortsetzungserkrankung im arbeitsrechtlichen Sinne leidet und er für die Fortsetzungserkrankung vom Arbeitgeber bereits Leistungen erhalten hat. In diesem Falle ist es ein Gebot der Gerechtigkeit, die vom Arbeitgeber für die gleiche Erkrankung bereits vor Inkrafttreten des Gesetzes erbrachten Leistungen auf den KGZ nach diesem Gesetz anzurechnen, es sei denn, daß eindeutig erkennbar ist, die frühere Leistung solle unberücksichtigt bleiben, etwa wenn der Arbeitgeber sie aus ganz besonderen Gründen zusätzlich gewährt hatte. Andernfalls würde der an einer Fortsetzungserkrankung leidende Arbeiter infolge des Inkrafttretens des ArbKrankhG besser gestellt werden, als dieses Gesetz ihn stellen wollte. Im vorliegenden Falle handelt es sich hierbei des näheren nicht um eine Anwendung der tariflichen Vorschriften, auf Grund deren die Beklagte für die Zeit vom 27. Dezember 1956 bis zum 9. April 1957 dem Kläger einen Zuschuß zahlte, auch noch nach dem 30. Juni 1957. Nach dem Beschluß des Großen Senates in Sachen

GS 2/59 vom 17. Dezember 1959 (BAG 8, 285 ff.) sind die vor dem 1. Juli 1957 in Kraft getretenen Tarifverträge, die bei unverschuldeter Erkrankung eines krankenversicherungspflichtigen Arbeiters die Entgeltfrage regeln, am 30. Juni 1957 außer Kraft getreten. Es geht vielmehr um die Anrechnung einer Leistung des Arbeitgebers, die er für dieselbe Krankheit bereits erbracht hat.

Das angefochtene Urteil beruht somit auf einer Verletzung des § 1 ArbKrankhG und muß daher aufgehoben werden. Es durfte nicht dahingestellt bleiben, ob der Kläger in der Zeit nach dem 27. August 1957 an einer Fortsetzungserkrankung im arbeitsrechtlichen Sinne litt oder nicht.

Bejaht das Landesarbeitsgericht eine wiederholte Erkrankung an demselben Grundleiden, kommt es dann aber zu der Würdigung, daß praktisch eine Ausheilung anzunehmen ist, weil der Kläger zwischen beiden Erkrankungen in der Lage war, die körperlich schwere Arbeit eines Pflastersteinschlägers auszufüllen, so wäre im arbeitsrechtlichen Sinne eine neue selbständige Erkrankung anzunehmen (vgl. BAG 3, 37 [38]; BAG 4, 111 [113]). Dem Kläger würde in diesem Falle der geltend gemachte Zuschuß ungekürzt zustehen.

Bejaht das Landesarbeitsgericht eine Fortsetzungserkrankung und hält es eine praktische Ausheilung im Sinne des Arbeitslebens nicht für gegeben, steht also die Tätigkeit des Klägers zwischen seinen beiden Arbeitsunfähigkeitszeiträumen unter dem Vorzeichen eines sachwidrigen Arbeitsversuches, so kann dem Kläger der KGZ nicht ungekürzt zugesprochen werden. In diesem Falle kann dem Willen des Gesetzgebers nur dadurch Rechnung getragen werden, daß der Kläger sich anrechnen lassen muß, was der Beklagte für die im Sinne des Arbeitslebens identische Erkrankung, wenn auch aus einem anderen Rechtsgrund, an Leistungen bereits erbracht hat. Nur diese Lösung gewährt dem Kläger die Vorteile des am 1. Juli 1957 in Kraft getretenen Gesetzes, ohne andererseits die Beklagte in einer Weise zu belasten, wie sie der Gesetzgeber nicht gewünscht hat.

35

Eine zwar beschlossene, aber versehentlich vom Arbeitsgericht nicht verkündete Rechtsmittelzulassung kann im Wege des Berichtigungsbeschlusses gemäß § 319 ZPO jedenfalls grundsätzlich nicht nachgeholt werden.

ZPO §§ 319, 321.

II. Senat. Urteil vom 5. Mai 1960 i. S. Fa. S. (Bekl.) w. M. (Kl.) 2 AZR 511/58.

I. Arbeitsgericht Paderborn. — II. Landesarbeitsgericht Hamm/Westf.

Im Termin vom 25. Februar 1958 vor dem Arbeitsgericht erklärten sich beide Parteien mit einer Entscheidung durch den Vorsitzenden allein einverstanden. Nach dem Protokoll verkündete sodann am Schluß der Sitzung der Vorsitzende in Abwesenheit der Parteien folgendes Urteil:

„Die Klägerin wird mit der Klage abgewiesen. Sie trägt die Kosten des Rechtsstreits.

Der Streitwert wird auf 32,19 DM festgesetzt."

Am 11. März 1958 kam die Urteilsurschrift zur Geschäftsstelle. Der Tenor enthält zusätzlich zu dem am 25. Februar 1958 verkündeten Wortlaut noch den Satz: „Der Betrag der Kosten wird wie folgt festgestellt: Gerichtsgebühr 2,— DM". Die Entscheidungsgründe schließen mit dem Satz: „Wegen der grundsätzlichen Bedeutung der hier entschiedenen Frage war die Berufung zuzulassen." Unter der Unterschrift des Vorsitzenden steht folgender

„Berichtigungsbeschluß

Die Berufung wird zugelassen.

Gründe:

Da der Ausspruch der Zulassung der Berufung im Tenor versehentlich unterblieben ist (vgl. Urteilgründe letzter Absatz), war gemäß § 319 ZPO von Amts wegen das Urteil dahin zu ergänzen (vgl. Dersch-Volkmar Komm. z. AGG 6. Aufl. § 61 Anm. 86).

P., 18. 3. 58

gez. Unterschrift."

Auf die Berufung der Klägerin hat das Landesarbeitsgericht die Beklagte nach dem Klageantrag verurteilt. Auf die Revision der Beklagten hat das Bundesarbeitsgericht die Berufung als unzulässig verworfen.

Aus den Gründen:

Das Revisionsgericht hatte von sich aus die Prozeßfortsetzungsbedingungen und damit die Zulässigkeit der Berufung zu prüfen. Die Zulässigkeit der Berufung wiederum hing von der Wirksamkeit des die Berufung zulassenden Beschlusses ab.

I. Da der Beschluß des Arbeitsgerichts ausdrücklich auf § 319 ZPO Bezug nimmt, hatte der Senat zunächst zu prüfen, ob die in dieser Vorschrift genannten Voraussetzungen für eine Berichtigung gegeben waren. Nach § 319 ZPO sind Schreibfehler, Rechnungsfehler „und ähnliche offenbare Unrichtigkeiten", die in dem Urteil vorkommen, von dem Gericht jederzeit zu berichtigen.

Im Schrifttum (Stein-Jonas-Schönke, ZPO, 18. Aufl., § 319 Anm. I 3 und Anm. VII 2) wird die Auffassung vertreten, es könne nach dieser Vorschrift bei jedem Auseinanderfallen von Gewolltem und Erklärtem verfahren werden. Demzufolge könne eine zwar beschlossene, aber versehentlich nicht verkündete Rechtmittelzulassung durch Berichtigungsbeschluß nachgeholt werden. Da nun ein solches Auseinanderfallen von Gewolltem und Erklärtem regelmäßig nach außen nicht erkennbar ist, wird bei dieser Auffassung — was Stein-Jonas-Schönke, a. a. O., ausdrücklich zugeben — das in § 319 ZPO genannte Erfordernis der „offenbaren" Unrichtigkeit bis zur Inhaltslosigkeit abgeschwächt. Auch das Reichsarbeitsgericht hat im Ergebnis diese Auffassung gebilligt, ohne sie indes näher zu begründen und ohne sich mit dem Wortlaut des § 319 ZPO auseinanderzusetzen (RAG 1, 263 [266]; 16, 211 [212]; RAG ARS 1932 Nr. 166; RAG JW 1937, 1185).

Der Senat vermochte sich dieser Auffassung, jedenfalls für den vorliegenden Fall, nicht anzuschließen.

Ein arbeitsgerichtliches Urteil ist, wenn der Streitwert 300,— DM nicht erreicht, mit seiner Verkündung rechtskräftig, wenn nicht gleichzeitig verkündet wird, daß die Berufung zugelassen werde. Findet nach dem Wert des Streitgegenstandes die Berufung nicht statt, so kann sie das Arbeitsgericht im Urteil zulassen, wenn die Rechtssache grundsätzliche Bedeutung hat. Es soll Rechtsmittelklarheit geschaffen werden. Fehlt es an der Zulassung im Urteil, dann ist die Berufung eben nicht zugelassen. Nach der Sitzungsniederschrift ist hier der Urteilstenor hinsichtlich der Berufungsfähigkeit des Urteils in derselben Form verkündet worden, wie er sich auch auf der Urteilsurschrift vorfindet. Da das Urteil in Abwesenheit der Parteien verkündet wurde, erübrigte sich die Mitteilung des wesentlichen Inhalts der Entscheidungsgründe (§ 60 Abs. 2 ArbGG). Daß die Entscheidungsgründe tatsächlich nicht mitgeteilt worden sind, ergibt sich aus der negativen Beweiskraft des Protokolls (BAG 2, 358 [360/361]). Es entspricht auch der Erfahrung, daß im Arbeitsgerichtsprozeß in Abwesenheit der Parteien keine Gründe mitverkündet werden. Gegenteiliges ist übrigens von den Parteien nicht vorgetragen worden. Dann aber war ein rechtskräftiges Urteil in der Welt, ohne daß sich eine insoweit vorliegende Unrichtigkeit aus den Vorgängen bei seiner Verkündung ergab.

Damit unterscheidet sich dieser Fall von jenen anderen Fällen, in welchen die Rechtsmittelzulassung zwar verkündet worden ist, aber dann in der Urteilsurschrift fehlt. Daß in solchen Fällen die Berichtigung der Urteilsurschrift zu erfolgen hat (vgl. RAG ARS 1930 Nr. 32), ist für den hier vorliegenden Fall ohne Bedeutung. Ebenfalls anders kann vielleicht der Fall bei einem Urteil des Landesarbeitsgerichts zu betrachten sein. Bei ihm ist die Rechtskraft zunächst immer in der Schwebe wegen der Möglichkeit einer Divergenzrevision. Erst recht unterscheidet sich der hier vorliegende Fall von dem einer unterlassenen Streitwertfestsetzung. Wird diese nämlich in einem Urteil erster Instanz völlig unterlassen, so bleibt damit offen, ob die Streitwert-Berufung möglich ist; dieserhalb aber soll das Urteil nach § 61 Abs. 2 ArbGG Klarheit schaffen (BAG 1, 8 [9/10]). Wegen dieser Unterschiede ist es nicht gerechtfertigt — wie dies Stein-Jonas-Schönke, a. a. O., tun—, bei der Anwendung des § 319 ZPO in allen vorgenannten Fällen die gleichen Maßstäbe anzulegen. In dem hier vorliegenden Fall, in welchem die Frage der Rechtskraft des ohne Rechtsmittelzulassung verkündeten, nach seinem Streitwert nicht berufungsfähigen Urteils durch den Berichtigungsbeschluß unmittelbar berührt wird, ist im Interesse der Rechtsmittelklarheit § 319 ZPO getreu seinem Wortlaut anzuwenden.

„Offenbar" im Sinne dieser Vorschrift ist aber eine Unrichtigkeit nur dann, wenn sie auch jedem Außenstehenden als solche erkennbar ist, sie sich also entweder aus dem Zusammenhang des Urteils selbst oder, was immerhin in Erwägung gezogen werden kann, wenigstens aus den Vorgängen bei dessen Erlaß und Verkündung ergibt (BGH NJW 1958, 1917). Im vorliegenden Fall lag eine solche, jedem Außenstehenden erkennbare Unrichtigkeit nicht vor. Vielmehr mußte jeder Außenstehende, der bei der Verkündung des Urteils anwesend gewesen wäre, davon ausgehen, daß ein rechtskräftiges Urteil ergangen sei. Allein das verkündete Urteil als Rechtsmittelklarheit schaffender Hoheitsakt ist existent. Der interne Vorgang der Beschlußfassung ist demgegenüber von sekundärer Bedeutung, mag auch hier — anders als bei der Entscheidung BAG 2, 358 — davon ausgegangen werden dürfen, daß die Frage der Zulassung des Rechtsmittels vom Richter vor der Urteilsverkündung erwogen und nicht überhaupt erst später geprüft worden war.

Dem kann nicht entgegengehalten werden, der Widerspruch zwischen Urteilstenor und Urteilsgründen mache offenbar, daß eine Unrichtigkeit vorliege; dies wäre nur dann zutreffend, wenn im Zeitpunkt der Verkündung das vollständig abgesetzte Urteil bereits vorgelegen hätte und die Verkündung unter Bezugnahme auf das schriftlich vorliegende Urteil erfolgt wäre. In einem solchen Falle wäre übrigens ein Berichtigungsbeschluß entbehrlich gewesen, weil auch ohne einen solchen Beschluß der Wille des Gerichts, das Rechtsmittel der Berufung zuzulassen, jedermann nach Einsichtnahme in das mit der Verkündung in Bezug genommene Urteil hinreichend deutlich erkennbar ist. Die Zulassung des

Rechtsmittels braucht nicht notwendig im Urteilstenor zu erfolgen (BAG 2, 358 [363]; BAG AP Nr. 58 zu § 72 ArbGG).

Der Senat schließt sich mit seiner Entscheidung der neueren Rechtsprechung des Bundesgerichtshofs an, wie sie in NJW 1958, 1917 und vorher in BGHZ 20, 188 = LM Nr. 19 zu § 546 ZPO mit zust. Anm. von Johannsen zum Ausdruck gelangt ist. Zutreffend weist der Bundesgerichtshof im letztgenannten Urteil auch darauf hin, daß — im Gegensatz zum Fall des § 320 ZPO — die Berichtigung nach § 319 ZPO auch in anderer Besetzung des Gerichts vorgenommen werden kann, was nur sinnvoll ist bei solchen Unrichtigkeiten, die jedermann erkennbar sind. Zugleich schließt sich der Senat der im Schrifttum gegenüber der zu großzügigen Anwendung des § 319 ZPO geübten Kritik an (vgl. Bull in Rpfleger 1957, 401). Dagegen kann es dahingestellt bleiben, ob es in Fällen wie dem vorliegenden nicht überhaupt schon an der ersten Voraussetzung einer Berichtigung, nämlich an der Unrichtigkeit des Urteils, fehlt (vgl. Wieczorek, ZPO, § 319 Anm. B II d).

II. Das Landesarbeitsgericht hat diesen Beschluß schon deshalb für wirksam angesehen, weil keine Partei ihn angefochten hat. Das ist aber nicht maßgeblich. Der vorliegende Beschluß, mag er sich auch selbst als Berichtigungsbeschluß nach § 319 ZPO bezeichnen, stellt gegenüber dem abgeschlossenen rechtskräftigen Urteil in Wirklichkeit eine Ergänzung des Urteils dar (BAG 2, 358 [362]). Da nach der schon in Ziff. I gewürdigten Bedeutung der Rechtskraft ein rechtskräftig gewordenes Urteil nicht nachträglich in eine nicht-rechtskräftige Entscheidung umgeschaffen werden kann, fehlt es allein schon deswegen an den Voraussetzungen, unter denen eine Urteilsergänzung statthaft ist; somit ist der Beschluß aber unbeachtlich und nicht als Entscheidung nach § 319 ZPO anzusehen (RAG 16, 212 [213]; RAG JW 1931, 1291; RAG ARS 29, 104 mit zust. Anmerkung von Volkmar; BAG 3, 21 [22]; 2, 358 [362]). Die vom Landesarbeitsgericht vertretene Auffassung verkennt schlechthin die Bedeutung eines Urteils als eines den Rechtsstreit entscheidenden und damit Klarheit schaffenden Hoheitsakts. Im übrigen kommt in dem begründenden Satz des Beschlusses deutlich zum Ausdruck, daß das Arbeitsgericht die Entscheidung über die Frage der Rechtsmittelzulassung sehr wohl erwogen hatte, eine Urteilsergänzung im Sinne des § 321 ZPO somit nicht hat vornehmen wollen.

III. Im übrigen hat der Senat auch noch geprüft, ob der vorliegende Beschluß seine Rechtfertigung vielleicht in einer entsprechenden Anwendung des § 321 ZPO finde. Der Gedanke, daß das Urteil mit seiner Verkündung Rechtsmittelklarheit im Sinne einer Verneinung der Berufungsfähigkeit geschaffen hat, hat aber umfassenden Vorrang. § 321 ZPO hat auch allein solche Fälle im Auge, in welchen das Urteil über einen Punkt nichts aussagt, den es hätte zu- oder absprechen müssen. Das ist aber bei der Entscheidung über die Rechtsmittelzulassung nicht der Fall. Ein arbeitsgerichtliches Urteil braucht über die Rechtsmittelzulassung nur dann etwas auszusagen, wenn das Rechtsmittel eröffnet werden soll. Nichtausspruch der Rechtsmittelzulassung bedeutet Nichtzulassung. Eine entsprechende Anwendung des § 321 ZPO wäre danach allenfalls dann in Erwägung zu ziehen, wenn im Urteil die Festsetzung des Streitwertes unterblieben ist. Unter diesen Umständen brauchte nicht weiter darauf eingegangen zu werden, daß eine Ergänzung nach § 321 ZPO einen Antrag der Partei voraussetzt und daß die Ergänzung des Urteils nur durch Urteil, nicht aber durch Beschluß zu geschehen hat (vgl. BAG 2, 358 [362]).

36

Zum Begriff „im Geschäftsbetrieb der Berliner Niederlassung" begründete Verbindlichkeit.

Altbankengesetz Berlin § 7.

I. Senat. Urteil vom 6. Mai 1960 i. S. E. (Kl.) w. D. B. (Bekl.) 1 AZR 525/59.

I. Arbeitsgericht Frankfurt/Main. — II. Landesarbeitsgericht Frankfurt/Main.

Der Kläger war bis zum Jahre 1936 als Prokurist und Mitleiter der Filiale Leipzig der Beklagten tätig. Im Jahre 1936 vereinbarten die Parteien die Versetzung des Klägers in den Ruhestand, „und zwar auf Grund seiner jüdischen Rasse". Dem Kläger wurde zunächst ein Ruhegeld in Höhe von 700,— RM monatlich gezahlt, das jedoch mit Wirkung von Oktober 1938 an auf monatlich 500,— RM herabgesetzt wurde. Anfang 1939 zahlte ihm die Beklagte zur Abgeltung der weiteren Pensionsansprüche einen Betrag von 12 000,— RM. Der Kläger wanderte aus Deutschland aus; er lebt heute in den Vereinigten Staaten von Amerika.

Die Beklagte, die eine Altbank im Sinne des Berliner Altbankengesetzes vom 10. Dezember 1953 ist, hat nach dem Zusammenbruch des Jahres 1945 ihren Sitz von Berlin nach Frankfurt/Main verlegt.

Seit 1950 verhandelte der Kläger mit der Beklagten wegen der Wiedergewährung einer Pension. Diese Verhandlungen führten schließlich zu dem Ergebnis, daß die Beklagte anerkannte, dem Kläger stehe eine laufende Pension von monatlich 700,— DM zu. Hiervon zahlt die Beklagte dem Kläger unwiderruflich die sogenannte „Westquote" mit 25 % des Ruhegehalts von 700,— DM = 175,— DM als von ihr anerkannte rechtliche Verpflichtung. Sie zahlt dem Kläger weiterhin die sogenannte „Westberlin-Quote" mit 54 % = 378,— DM, diese jedoch ohne Anerkennung einer Rechtspflicht und unter dem Vorbehalt des jederzeitigen Widerrufs.

Die Parteien, die Beklagte mit Unterstützung der Bundesrepublik als Streithelferin, streiten über die Frage, ob die Beklagte auch eine Rechtspflicht zur Zahlung der Westberlin-Quote treffe.

Der Kläger hat beantragt festzustellen, daß die Beklagte verpflichtet ist, an den Kläger auf die ihm zustehende monatliche Pension von 700,— DM außer der bestätigten West-Quote von 25 % auch die von der Bankenaufsichtsbehörde bestätigte Westberlin-Quote zu zahlen.

Das Arbeitsgericht hat nach dem Klageantrag erkannt. Das Landesarbeitsgericht hat die Klage abgewiesen.

Die Revision des Klägers ist zurückgewiesen worden.

Aus den Gründen:

Die Entscheidung des Rechtsstreits hängt davon ab, ob es sich bei dem Anspruch des Klägers auf die sogenannte Westberlin-Quote um eine Verbindlichkeit, die im Geschäftsbetrieb der Berliner Niederlassung der Beklagten begründet ist, handelt oder nicht. Nur wenn die Versorgungslast in dem Geschäftsbetrieb der Berliner Niederlassung begründet ist, kann die Beklagte nach dem Berliner Altbankengesetz z. Zt. auf Zahlung in Anspruch genommen werden (§ 7 a. a. O.).

Aus den tatsächlichen Feststellungen des Landesarbeitsgerichts ergibt sich, daß der Kläger 1915 in die Dienste der Rechtsvorgängerin der Beklagten, der D.-Bank, getreten ist. Er war zunächst als Depositenkassen-Vorsteher in Frankfurt/Main tätig. 1918 wurde er Niederlassungsleiter in Aschaffenburg und noch im gleichen Jahr Prokurist und Depositenkassenleiter in Frankfurt/Main. Von Ende 1919 bis April 1921 war er Mitleiter in Gießen. Ab April 1921 war er in der Niederlassung Leipzig tätig, und zwar zunächst als stellvertretender Direktor, ab 1923 als leitender Direktor. Ihm war eine Generalvollmacht für den Bezirk Leipzig erteilt worden. Die Niederlassung Leipzig gehörte zu den bedeutendsten Niederlassungen der Beklagten; ihr waren andere Niederlassungen unterstellt.

Der Kläger schließt aus dieser seiner Stellung im Gesamtunternehmen der Beklagten, daß er Angestellter der Berliner Zentrale und in deren Geschäftsbetrieb tätig gewesen sei. Er habe zu dem Kreis von leitenden Angestellten gehört, der mit der Gesamtleitung des Unternehmens und damit der Zentrale als Berliner Niederlassung in einem besonders engen Vertrauensverhältnis gestanden habe. Dies ergebe sich aus seiner besonders hervorgehobenen Stellung als Leiter der wichtigen Niederlassung

Leipzig. Daß er als Angestellter der Zentrale als Berliner Niederlassung anzusehen sei, folge auch daraus, daß sein Anstellungsvertrag unmittelbar mit Berlin abgeschlossen worden war.

Wie der Senat bereits in BAG 7, 186 ausgeführt hat, ist davon auszugehen, daß nach der Regelung des Altbankengesetzes die Angestellten der Altbanken nur dann die Erfüllung ihnen erteilter Versorgungszusagen verlangen können, wenn die Zusage „im Geschäftsbetrieb der Berliner Niederlassung" begründet ist. Für Verbindlichkeiten, die im Geschäftsbetrieb einer anderen Niederlassung außerhalb der Bundesrepublik begründet sind, können die Altbanken z. Zt. nicht in Anspruch genommen werden. Obwohl also alle Verbindlichkeiten, die von einer Altbank eingegangen sind, dem Gesamtunternehmen als einheitlichem Rechtsträger zur Last fallen, ist die Inanspruchnahme der Altbank z. Zt. davon abhängig, in welcher Niederlassung die Verbindlichkeiten begründet sind. Nach dem Altbankengesetz und auch dem Umstellungs-Ergänzungsgesetz werden dadurch, daß die Verbindlichkeiten der einzelnen Niederlassungen nach verschiedenen rechtlichen Grundsätzen behandelt werden, die einzelnen Niederlassungen der Altbanken, obwohl es sich dabei um Teile eines einheitlichen Gesamtinstituts handelt, zu Trägern eigener Verbindlichkeiten gemacht und insoweit verselbständigt. Die gesetzlichen Regelungen behandeln also die einzelnen Niederlassungen der Altbanken so, als wären sie allein — nicht auch das Gesamtunternehmen — Schuldner der Verbindlichkeiten. Daraus ergibt sich, daß die einzelne Niederlassung nur für die Verbindlichkeiten haftet, die in ihrem eigenen Geschäftsbetrieb begründet sind. Die einzelne Niederlassung haftet also nur für die bei ihr „belegenen" Forderungen.

Als solche verselbständigte Niederlassung kann zwar auch die im Jahre 1945 in Berlin befindliche Hauptniederlassung der beklagten Altbank hinsichtlich bestimmter in ihrem eigenen unmittelbaren Geschäftsbetrieb begründeter Verbindlichkeiten, insbesondere solcher aus von ihr eingegangenen Arbeitsverhältnissen, angesehen werden. Dies gilt jedoch nur insoweit, als die Hauptniederlassung „als Niederlassung", wie auch die anderen Niederlassungen, tätig geworden ist, nicht aber dann, wenn die Hauptniederlassung allein in ihrer Eigenschaft als Führungsstelle des Gesamtunternehmens gehandelt hat. Denn soweit die Hauptniederlassung als Führungsstelle des Gesamtunternehmens tätig geworden ist, hat sie eben nicht wie eine Niederlassung gehandelt, sondern in ihrer Eigenschaft als Kopf des Gesamtunternehmens. Es ist in der Regel davon auszugehen, daß von der Berliner Zentrale für das Gesamtunternehmen eingegangene Verbindlichkeiten eben in der Eigenschaft der Zentrale als Unternehmensleitung begründet sind; von der Zentrale in der Eigenschaft als „Berliner Niederlassung" sind sie nur dann eingegangen, wenn sie sich nicht als Maßnahme der Unternehmensleitung darstellen, sondern mit einem wie dem einer Niederlassung geführten eigenen Geschäftsbetrieb der Zentrale in unmittelbarem Zusammenhang stehen. Letzteres kann hinsichtlich von Versorgungsansprüchen insbesondere dann in Betracht kommen, wenn es sich um Angestellte handelt, die in der Berliner Zentrale selbst tätig waren. Davon sind aber zu scheiden solche Angestellte, die für die Unternehmensleitung außerhalb Berlins tätig waren. Sie waren nicht „im Geschäftsbetrieb der Berliner Niederlassung" tätig, sondern für das Unternehmen außerhalb Berlins.

Unter Zugrundelegung dieser Grundsätze ist nicht im Sinne des Klägers zu werten, daß er seinen Anstellungsvertrag mit Berlin abgeschlossen hatte. Insoweit liegt lediglich eine Maßnahme der Zentrale als Leiterin des Gesamtunternehmens vor. Zu den Führungsaufgaben der Unternehmensleitung gehörte es insbesondere, die einzelnen Niederlassungen mit geeigneten Führungskräften zu besetzen. In der Anstellung solcher Führungskräfte für die einzelnen auswärtigen Niederlassungen liegt deshalb eine echte Aufgabe der Unternehmensleitung, nicht aber eine Tätigkeit der Berliner Zentrale als Berliner Niederlassung. Im Sinne des Altbankenrechts war der Kläger also nicht in der Zentrale als Berliner Niederlassung tätig, sondern er war in Leipzig für das Gesamtunternehmen als Leiter der Niederlassung Leipzig eingesetzt. Dem entspricht auch die Art der Durchführung des Arbeitsverhältnisses mit dem Kläger. Das dem Kläger gewährte Gehalt wurde zu Lasten von Leipzig ausgezahlt. Dort wurde auch die Pension gezahlt, nachdem der Kläger zwangsweise in den Ruhestand versetzt war. Wenn die Pension intern Berlin belastet wurde, so ist das ebenfalls mit Rücksicht auf die Funktion von Berlin als Leitung des Gesamtunternehmens zurückzuführen. Durch diese Belastung wird insbesondere nicht eine Tätigkeit der Berliner Zentrale als Niederlassung Berlin begründet.

Auch ist nicht im Sinne des Klägers zu verwerten, daß es sich bei der Leipziger Niederlassung um eine bedeutende Niederlassung im Gesamtverband des Unternehmens der Beklagten handelte, auch nicht, daß dieser Filiale andere Filialen außerhalb Berlins unterstellt waren. Wenn die Berliner Zentrale dem Kläger solche bedeutenden Aufgaben übertrug und ihm dazu auch eine Generalvollmacht erteilte, so macht sie ihn damit nicht zum Mitglied „ihrer Berliner Niederlassung" als Zentrale, sondern übertrug ihm bedeutende Aufgaben für das Gesamtunternehmen in ihrer Eigenschaft als Führungsstelle dieses Gesamtunternehmens. Es liegen insoweit

Maßnahmen der Unternehmensleitung vor, die zur Übertragung von Zuständigkeiten des Klägers für die Niederlassung Leipzig und die dieser Niederlassung nachgeordneten Filialen auf den Kläger führten. Damit handelte aber Berlin eben als Unternehmensleitung, nicht wie eine in Berlin sitzende Niederlassung der Beklagten.

Daß der Kläger schon vorher in anderen Orten außerhalb Berlins leitende Positionen bei der Beklagten gehabt hat, ist für die Entscheidung der hier maßgebenden Frage unerheblich.

Es ist zwar in besonders liegenden Ausnahmefällen nicht ausgeschlossen, daß der bis 1945 tätige Leiter einer örtlichen Filiale einer Altbank zu einem unmittelbar in Berlin beschäftigten Mitarbeiterstab der Hauptniederlassung Berlin gehören kann. Dies gilt dann, wenn es sich um Angestellte handelt, die von Berlin aus je nach den betrieblichen Bedürfnissen bald hierhin und bald dorthin geschickt wurden, um als Sonderbeauftragte der Zentrale nach den Bedürfnissen des Unternehmers an immer verschiedenen Orten eingesetzt zu werden. In solchen Fällen kann die Berliner Zentrale die Stellung einer Niederlassung im Verhältnis zu diesem Angestellten erhalten, die aus dem unmittelbar bei ihr selbst beschäftigten „Stammpersonal" nach den anfallenden Bedürfnissen Arbeitskräfte zur vorübergehenden Beschäftigung bald hierhin, bald dorthin abstellt. Bei solchen Kräften kann es nicht auf den Zufall abgestellt werden, wo sie bei ihrer örtlich ständig wechselnden Tätigkeit gerade 1945 beschäftigt waren. Angestellte, die bald hier und bald dort tätig sind und zu einer von der Unternehmensleitung selbst in Berlin unterhaltenen Reserve an Spezialkräften gehören, können als Angestellte der wie eine Berliner Niederlassung handelnden Zentrale nach den Umständen des einzelnen Falles angesehen werden.

Ein solcher besonderer Fall liegt aber nach den Tatsachenfeststellungen des Landesarbeitsgerichts hier nicht vor. Es kann auch nicht gesagt werden, daß *jeder* leitende Angestellte als zu der Berliner Zentrale in ihrer Eigenschaft als Berliner Niederlassung gehörend anzusehen sei; das trifft nur für einen bestimmten Kreis leitender Angestellter zu, der in besonders engem Verhältnis, der enger als es gemeinhin bei Niederlassungsleitern der Fall ist, zur Zentrale steht, also der Kreis von besonderen zur Berliner Zentrale als Niederlassung gehörenden Spezialkräften. Aus der Stellung eines Filialleiters mit örtlich begrenzten Vollmachten, der von 1921 bis 1936 ständig außerhalb Berlins eingesetzt war, allein folgt ein besonderes Verhältnis wohl zu der Beklagten als Unternehmensleitung (was nicht ausreicht), nicht aber ein solches, das gerade die Zentrale in ihrer Eigenschaft als Berliner Niederlassung betrifft.

Zwar bedarf jeder leitende Angestellte in einer so verantwortlichen Position, wie sie der Kläger hatte, in besonderem Maße des Vertrauens der Unternehmensleitung. Die daraus sich ergebenden Folgerungen betreffen aber immer nur das Verhältnis der Unternehmensleitung zum Angestellten, nicht aber das Verhältnis der Zentrale als verselbständigter Niederlassung zum Angestellten. Der Kläger gehörte also nicht zu dem Kreis von Angestellten, die in und für die Berliner Zentrale als Berliner Niederlassung tätig waren.

Da der Kläger von 1921 bis 1936 ständig außerhalb Berlins bei der Niederlassung der Beklagten in Leipzig tätig war und er damit wohl in einem besonders engen Verhältnis zur Unternehmensleitung in Berlin stand, nicht aber zu den Angestellten der Berliner Zentrale als einer im Sinne des Altbankengesetzes verselbständigten Niederlassung gehörte, muß die Revision als unbegründet zurückgewiesen werden. Der Kläger steht insoweit nicht anders als die anderen Angestellten der Berliner Altbanken, die außerhalb der Berliner Niederlassung beschäftigt waren; er kann ebenso wie diese anderen Angestellten z. Zt. keine Versorgungsansprüche gegen die Beklagte geltend machen. Er muß sich daher zunächst damit abfinden, daß die Beklagte die Leistungen, die sie nach Ansicht des Klägers auf Grund bestehender Rechtspflicht an ihn zu erbringen hat, nur freiwillig nach Maßgabe der Vereinbarungen aus dem Jahre 1950 zahlt.

37

Jede rechtsuchende Partei darf die ihr vom Gesetz eingeräumte Rechtsmittelfrist voll ausnutzen. Sie darf auch darauf vertrauen, daß die Gerichtsverwaltungen die geeigneten Vorkehrungen treffen, die eine volle Ausnutzung der Rechtsmittelfrist ermöglichen. Für die Zeit nach Dienstschluß muß entweder ein Nachtbriefkasten vorhanden oder die Möglichkeit gegeben sein, einem dazu bereiten und befugten Gerichtsbediensteten die Rechtsmittelschrift ordnungsmäßig zu übergeben. Die Gerichtsverwaltungen handeln pflichtwidrig, wenn sie derartige Vorkehrungen nicht treffen. Fehlt es an den entsprechenden Vorkehrungen, so ist das ein Grund zur Wiedereinsetzung in den vorigen Stand.

ZPO § 232 Abs. 2, § 233; ArbGG § 64 Abs. 2, § 66 Abs. 1.

V. Senat. Urteil vom 6. Mai 1960 i. S. St. (Kl.) w. N. (Bekl.)
5 AZR 586/59.

I. Arbeitsgericht Nürnberg. — II. Landesarbeitsgericht Bayern (Nürnberg).

Das Arbeitsgericht Nürnberg, Nebenstelle Ansbach, hat eine auf 21 700,— DM lautende Zahlungsklage des Klägers mit Urteil vom 5. Juni

1959 abgewiesen. Gegen das am 3. Juli 1959 zugestellte Urteil hat der Kläger durch seinen in Ansbach wohnenden Rechtsanwalt eine am 11. Juli 1959 beim Landesarbeitsgericht Bayern, Sitz Nürnberg, eingegangene Berufung eingelegt. Die vom 24. Juli 1959 datierte Berufungsbegründung ist erst am 27. Juli 1959 beim Landesarbeitsgericht eingegangen. Als dem Prozeßbevollmächtigten des Klägers in der mündlichen Verhandlung vor dem Landesarbeitsgericht vom 8. Oktober 1959 dieses Eingangsdatum vom Gericht bekanntgegeben wurde, beantragte er, ihm wegen Versäumung der Berufungsbegründungsfrist die Wiedereinsetzung in den vorigen Stand zu gewähren. Zur Begründung hat er zu Protokoll des Landesarbeitsgerichts in der mündlichen Verhandlung erklärt, er habe wegen der günstigen Zugverbindung zwischen Ansbach und Nürnberg damit rechnen dürfen, daß der von seiner Kanzleiangestellten am Freitag, dem 24. Juli 1959, spät abends zur Post gebrachte Eilbrief, der die Berufungsbegründungsschrift enthielt, am Samstag, dem 25. Juli 1959, vormittags beim Landesarbeitsgericht eingehen werde. Er hat dann weiter ein Schreiben des Postamtes Ansbach III vom 19. Oktober 1959 vorgelegt, das besagt, der am 24. Juli 1959 bis 22 Uhr eingelieferte Eilbrief hätte bei richtiger postalischer Weiterleitung noch an diesem Tage um 23.53 Uhr über Zug 571 in Nürnberg eingehen müssen und wäre dann in den frühen Vormittagsstunden des 25. Juli 1959 dem Empfänger zugestellt worden. Es müsse, was sich aber einer genauen Feststellung entziehe, angenommen werden, daß der Eilbrief entweder von Ansbach aus postalisch fehlgeleitet oder in Nürnberg nicht sofort der Eilzustellung zugeführt worden sei. Im übrigen hat sich der Kläger zur Begründung seiner Berufung auf die frühere Berufungsbegründungsschrift bezogen.

Das Landesarbeitsgericht hat eine Wiedereinsetzung in den vorigen Stand gegen die Versäumung der Berufungsbegründungsfrist abgelehnt und die Berufung wegen Verspätung der Berufungsbegründung als unzulässig verworfen.

In tatsächlicher Beziehung ist es dabei davon ausgegangen, aus dem Stempel auf dem Eilbrief ergebe sich, daß der am 24. Juli 1959 um 22.00 Uhr in Ansbach abgestempelte Brief zunächst von der Post fehlerhaft in Richtung München geleitet worden und am 25. Juli 1959 zwischen 15.00 Uhr und 16.00 Uhr in Nürnberg eingetroffen sei. Der Nürnberger Eilpostbote habe dann um 16.40 Uhr versucht, den Brief beim Landesarbeitsgericht abzugeben. Das sei daran gescheitert, daß am 25. Juli 1959 beim Landesarbeitsgericht bereits um 12.00 Uhr Dienstschluß gewesen sei.

In rechtlicher Beziehung hat das Landesarbeitsgericht angenommen, bei diesem von ihm festgestellten Sachverhalt beruhe der verspätete Eingang der Berufungsbegründung auf einem geringen Verschulden des Prozeßbevollmächtigten des Klägers, das der Kläger gegen sich gelten lassen müsse und eine Wiedereinsetzung in den vorigen Stand ausschließe. Mit postalischen Fehlleitungen müsse ein sorgfältiger Anwalt immer rechnen. Solche müsse er besonders dann in Rechnung stellen, wenn der letzte Tag der Frist wegen vorzeitigen Behördendienstschlusses praktisch nur ein halber Tag sei. Der Prozeßbevollmächtigte des Klägers habe darum zum mindesten am Samstag, dem 25. Juli 1959, kurz nach Dienstbeginn beim Landesarbeitsgericht fernmündlich anfragen müssen, ob sein Eilbrief auch angekommen sei, da dieser „unter dem qualifizierten Umstand des üblichen Dienstschlusses" am Samstag noch habe präsentiert werden müssen. Wäre die Antwort negativ ausgefallen, so hätte der Prozeßbevollmächtigte noch Gelegenheit gehabt, mit einem Kraftwagen den Schriftsatz nach Nürnberg zu bringen. „Qualifizierte Tatbestände erforderten besondere Vorsichtsmaßregeln"; allein darauf zu vertrauen, die Post werde ohne die geringste Verzögerung den Brief auf dem kürzesten Weg nach Nürnberg befördern, sei pflichtwidrig. Denn der Absender dürfe nur damit rechnen, daß die Post gewisse Fehler relativ kurzfristig ausräume, nicht aber, daß solche Fehler gar nicht vorkommen oder zu keinerlei Verzögerung führen.

Die Revision des Klägers rügt, das Landesarbeitsgericht habe bei seiner Entscheidung über die Wiedereinsetzung in den vorigen Stand nicht dem Umstand Rechnung getragen, daß beim Landesarbeitsgericht Nürnberg nach Dienstschluß fristgebundene Sendungen in Ermangelung geeigneter Vorkehrungen, insbesondere wegen Fehlens eines Nachtbriefkastens, nicht anbringbar seien. Das Bundesarbeitsgericht hat dem Kläger Wiedereinsetzung in den vorigen Stand gegen die Versäumung der Berufungsbegründungsfrist gewährt und im übrigen aufgehoben und zurückverwiesen.

Aus den Gründen:

1. Gemäß § 64 Abs. 2 ArbGG, § 233 Abs. 1 ZPO ist einer Partei gegen die Versäumung der Frist zur Begründung der Berufung auf Antrag Wiedereinsetzung in den vorigen Stand zu erteilen, wenn sie durch einen unabwendbaren Zufall verhindert war, die Frist einzuhalten. Wie das Bundesarbeitsgericht mehrfach und darunter einmal gerade in bezug auf die Verhältnisse beim Landesarbeitsgericht Nürnberg ausgesprochen hat (vgl. AP Nr. 15 zu § 233 ZPO; vgl. im übrigen BAG 2, 116 [118]; AP Nr. 9 zu § 232 ZPO, jeweils mit Nachweisen), darf eine rechtsuchende Partei die ihr vom Gesetz eingeräumten Rechtsmittelfristen voll ausnutzen und dabei darauf vertrauen, daß die Gerichtsverwaltung die geeigneten Vorkehrungen trifft, die eine volle Ausnutzung der Rechtsmittelfristen

ermöglichen. Scheitert eine Fristwahrung an dem Fehlen solcher geeigneten Vorkehrungen, z. B. daran, daß kein Nachtbriefkasten oder keine zur Entgegennahme bereite und befugte Person vorhanden ist, so ist das ein unabwendbarer Zufall im Sinne von § 233 Abs. 1 ZPO und daher die Wiedereinsetzung in den vorigen Stand gegen die Fristversäumung zu erteilen.

2. Aus den tatsächlichen Feststellungen des Landesarbeitsgerichts ist zu entnehmen, daß im vorliegenden Fall der Eilbrief am 25. Juli 1959 gegen 16.40 Uhr durch den Eilpostboten beim Landesarbeitsgericht nicht angebracht werden konnte. Wenn das Landesarbeitsgericht nichts darüber sagt, warum der Eilbrief vom Eilpostboten nicht in den Nachtbriefkasten geworfen oder bei einer empfangsbereiten und empfangsbefugten Person des Gerichts abgegeben worden ist, läßt das als unzweifelhaft erkennen, daß beim Landesarbeitsgericht derartige Vorrichtungen nicht getroffen sind. Das ergibt sich auch aus den Ausführungen des Landesarbeitsgerichts über die „qualifizierten Umstände" des üblichen vorzeitigen Behördendienstschlusses an Samstagen, die anderenfalls nicht verständlich wären. Den eigenen Feststellungen des Landesarbeitsgerichts ist also zu entnehmen, daß die für seine Organisation zuständige Gerichtsverwaltung trotz der mehrfachen eindeutigen Hinweise in der erwähnten Rechtsprechung des Bundesarbeitsgerichts es pflichtwidrig unterlassen hat, den Rechtsuchenden die volle Ausnutzung der Rechtsmittelfristen technisch zu ermöglichen. Das führt für den vorliegenden Fall unter Aufhebung des vorinstanzlichen Urteils zu der dem Revisionsgericht nach § 565 Abs. 3 Ziffer 1 ZPO möglichen Feststellung, daß die Berufungsbegründungsfrist vom Kläger nicht schuldhaft versäumt worden und dem Kläger deshalb die Wiedereinsetzung in den vorigen Stand zu gewähren ist. Denn entscheidend ursächlich für das Mißlingen der Fristwahrung war nicht eine verspätete Absendung der Berufungsbegründungsschrift durch den Prozeßbevollmächtigten des Klägers oder deren postalische und verzögerliche Fehlleitung, sondern das Fehlen der entsprechenden Organisation beim Landesarbeitsgericht für die Entgegennahme der Berufungsbegründungsschrift am Samstagnachmittag zwischen 16.00 und 17.00 Uhr. Wäre sie vorhanden gewesen, wäre die Frist gewahrt worden.

38

1. Bestimmt ein anderer als der gesetzliche Richter einen Verhandlungstermin, so beruht das in diesem Termin ergehende Urteil auf einem Verfahrensmangel, wenn nur die Möglichkeit besteht, daß der Mangel den Inhalt des Urteils beeinflußt hat. Eine solche Möglichkeit ist nicht

auszuschließen, wenn das erkennende Gericht bei fehlerfreier Terminsbestimmung anders besetzt gewesen wäre (BVerfG 4, 412 [416—418]).

2. Ein Rechtsanwalt ist im allgemeinen nicht verpflichtet, interne Vorgänge beim Gericht auf ihre Rechtmäßigkeit zu überprüfen.

Grundgesetz Artikel 101 Abs. 1 Satz 2; GVG § 16 Satz 2; ZPO § 295.

II. Senat. Urteil vom 12. Mai 1960 i. S. Sch. (Kl.) w. Gebr. H. (Bekl.) 2 AZR 559/58.

I. Arbeitsgericht Sigmaringen. — II. Landesarbeitsgericht Baden-Württemberg (Tübingen).

Aus den Gründen:

Das angefochtene Urteil beruht auf einer Verletzung des Grundsatzes, daß niemand seinem gesetzlichen Richter entzogen werden darf (Artikel 101 Abs. 1 Satz 2 GG; § 16 Satz 2 GVG).

In dieser Richtung hat der Kläger in seiner Revisionsbegründung unter anderem behauptet und gerügt, daß Arbeitsgerichtsrat W., obwohl damals seine Bestellung zum Hilfsrichter beim Landesarbeitsgericht Baden-Württemberg bereits abgelaufen gewesen sei, den Verhandlungstermin vom 7. November 1958 aufgehoben und stattdessen den Verhandlungstermin vom 14. November 1958 angesetzt habe, in dem nach streitiger Verhandlung das angefochtene Urteil ergangen ist. Diese Behauptung trifft zu. Nach der vom Senat eingeholten Auskunft des Präsidenten des Landesarbeitsgerichts und nach den Prozeßakten muß folgendes festgestellt werden:

Durch Erlaß des Arbeitsministeriums Baden-Württemberg vom 6. Juni 1958 wurde Arbeitsgerichtsrat W. bis einschließlich 14. Oktober 1958 zum Hilfsrichter beim Landesarbeitsgericht bestellt. Erst durch weiteren Erlaß vom 12. November 1958, der dem Richter am gleichen Tage ausgehändigt worden ist, wurde er, und zwar mit Wirkung von der Zustellung des Erlasses an bis auf weiteres, erneut zum Hilfsrichter bestellt. Dies geschah in der Erwartung, daß Arbeitsgerichtsrat W. demnächst zum Landesarbeitsgerichtsdirektor ernannt und in eine Planstelle beim Landesarbeitsgericht eingewiesen werden würde. Dementsprechend wurde Arbeitsgerichtsrat W. durch Urkunde vom 8. Januar 1959 zum Landesarbeitsgerichtsdirektor ernannt. Hiernach fehlte es aber in der Zeit vom 15. Oktober bis zum 12. November 1958 an einer Grundlage dafür, daß er als Richter beim Landesarbeitsgericht tätig werden konnte. Gleichwohl hat er während dieser Zeit zweimal durch prozeßleitende Verfügung in das Berufungsverfahren eingegriffen. Zuerst hat er am 4. November 1958 den von ihm selbst am 3. Oktober 1958 auf den 7. November 1958 bestimmten Termin zur Fortsetzung der mündlichen Verhandlung aufgehoben. Ferner hat er am 7. November 1958 neuen Verhandlungstermin auf den 14. November 1958 angesetzt. In diesem Termin ist dann unter seinem Vorsitz mündlich verhandelt und das Urteil verkündet worden.

Bei dieser Sachlage kann man zwar nicht ohne weiteres sagen, die entscheidende 2. Kammer des Landesarbeitsgerichts sei am 14. November 1958 mit Arbeitsgerichtsrat W. als Vorsitzenden unvorschriftsmäßig besetzt gewesen und es liege deshalb ein absoluter Revisionsgrund im Sinne von § 551 Nr. 1 ZPO vor. Denn am 14. November 1958 war Arbeitsgerichtsrat W. bereits wieder Hilfsrichter beim Landesarbeitsgericht, und er war, die Rechtswirksamkeit seiner Bestellung vorausgesetzt, daher nicht gehindert, als Vorsitzender der 2. Kammer tätig zu werden. Es fragt sich aber, ob der Umstand, daß er am 4. November und 7. November 1958, ohne Richter beim Landesarbeitsgericht zu sein, in der festgestellten Weise in das Verfahren eingegriffen hat, ein Verfahrensmangel ist, der es notwendig macht, das angefochtene Urteil aufzuheben.

Zu dieser Frage hat das Bundesverfassungsgericht in seiner Entscheidung vom 20. März 1956 (BVerfGE 4, 412) Stellung genommen. Es handelte sich um eine Strafsache, in der ein Vorsitzender einer Strafkammer, der sich für befangen erklärt hatte, seinem Stellvertreter nahegelegt hatte, Hauptverhandlungstermin auf einen bestimmten Tag anzusetzen. Bei seiner Entscheidung über eine Verfassungsbeschwerde des Angeklagten ist das Bundesverfassungsgericht u. a. davon ausgegangen, daß das Verbot, niemand dürfe seinem gesetzlichen Richter entzogen werden, obwohl es zunächst hauptsächlich nur gegen jede Art von Kabinettsjustiz gerichtet gewesen sei, sich im Laufe der Zeit zu einer nicht nur die Gewaltenteilung, sondern die Rechtsstaatlichkeit überhaupt garantierenden Verfassungsnorm entwickelt habe, derart, daß nunmehr seine Schutzfunktion auch darauf gerichtet sei, daß niemand durch Maßnahmen innerhalb der Gerichtsorganisation dem in seiner Sache gesetzlich berufenen Richter entzogen werden dürfe. Eine solche Entziehung liege auch dann vor, wenn ein unzuständiger Richter zwar nicht den Prozeß selbst entscheide, aber die Entscheidung vorbereitende richterliche Handlungen ausübe, insbesondere einen Termin anberaume. Der einer solchen Terminsanberaumung anhaftende Mangel ergreife das in der Sache ergehende Urteil allerdings nur, wenn es auf dem Verfahrensmangel beruhe. Das sei aber schon dann der Fall, wenn nur die Möglichkeit bestehe, daß der Mangel den Inhalt des Urteils beeinflußt hat. Eine solche Möglichkeit sei nicht auszuschließen, wenn das erkennende Gericht bei fehlerfreier Terminsanberaumung vielleicht anders besetzt gewesen wäre.

Dieser Ansicht des Bundesverfassungsgerichts schließt sich der erkennende Senat an. Sie muß wegen ihres rechtsstaatlichen Gehaltes für den Zivilprozeß und damit auch für das Verfahren vor den Arbeitsgerichten ebenso gelten wie für den Strafprozeß.

Im vorliegenden Fall kann kein Zweifel darüber sein, daß der Termin am 14. November 1958, in dem nach streitiger Verhandlung das Urteil erging, von einem anderen als dem hierfür zuständigen gesetzlichen Richter, nämlich einem damals gar nicht zum Landesarbeitsgericht gehörigen Richter, angesetzt worden ist. Es bleibt aber die Frage, ob diese hiernach unkorrekte Terminsbestimmung ursächlich für das Urteil war, genauer gesagt, ob es ausgeschlossen ist, daß ohne die beanstandeten prozeßleitenden Verfügungen des Arbeitsgerichtsrats W. vom 4. November und 7. November 1958 die Kammer des Landesarbeitsgerichts in anderer Besetzung als am 14. November 1958 entschieden hätte und zu einem anderen Urteil gekommen wäre. Dies läßt sich keineswegs ganz ausschließen. Es mag zwar sein, daß, wenn nicht Arbeitsgerichtsrat W. am 4. November 1958 den Termin vom 7. November 1958 aufgehoben hätte, ein anderer, nämlich der als stellvertretende Vorsitzende der 2. Kammer wirklich zuständige Richter, dazu genötigt gewesen wäre, weil er selbst wegen seiner Belastung mit anderen Dienstgeschäften keine Zeit hatte, den Termin abzuhalten, oder auch aus der vernünftigen Überlegung, daß es sachdienlich sei, wenn Arbeitsgerichtsrat W. nach seiner zu erwartenden neuen Bestellung zum Hilfsrichter die von ihm begonnene mündliche Verhandlung und Parteivernehmung fortsetze. Ganz sicher ist dies jedoch nicht. Noch weniger aber läßt sich mit Sicherheit feststellen, daß der stellvertretende Vorsitzende, wenn er den Termin am 7. November 1958 aufgehoben hätte, einen neuen Termin ebenfalls bereits und gerade auf den 14. November 1958 angesetzt hätte. Hätte er ihn aber auf einen späteren Tag angesetzt, dann wäre zwar vermutlich auch Arbeitsgerichtsrat W. Vorsitzender geworden. Aber es hätten dann wahrscheinlich andere Landesarbeitsrichter als Beisitzer mitgewirkt. Bei diesen Ungewißheiten kann nicht ausgeschlossen werden, daß ohne das formell unzulässige Eingreifen des Arbeitsgerichtsrats W. am 4. November und 7. November 1958 ein anderes Urteil ergangen wäre. Damit soll nicht gesagt sein, daß Arbeitsgerichtsrat W. mit seiner formell rechtswidrigen Absetzung des alten und Ansetzung eines neuen Termins eine zu mißbilligende Absicht im Hinblick auf den materiellen Inhalt des Berufungsurteils verfolgte. Vielmehr ist anzunehmen, daß er, wenn auch mit formell unzulässigen Mitteln, danach strebte, den Prozeß schnell und ohne Richterwechsel zu Ende zu führen. Diese gute Absicht kann aber den Verfahrensmangel nicht heilen. Denn sie hebt den dargelegten ursächlichen Zusammenhang zwischen dem Verfahrensmangel und dem angefochtenen Urteil nicht auf.

Der Verfahrensmangel ist schließlich auch nicht dadurch geheilt worden, daß der Prozeßbevollmächtigte des Klägers ihn bei der mündlichen Verhandlung vor dem Landesarbeitsgericht nicht gerügt hat. Denn es kann nicht festgestellt werden, daß der Prozeßbevollmächtigte den der Terminsbestimmung anhaftenden Mangel damals schon kannte oder auch nur kennen mußte (§ 295 ZPO). Aus der Erklärung, die der Prozeßbevollmächtigte vor dem Senat abgegeben hat und die von der Beklagten nicht bestritten worden ist, geht nämlich hervor, daß er sich am 5. oder 6. November 1958 beim Präsidenten des Landesarbeitsgerichts telefonisch über die Aufhebung des Termins am 7. November 1958 beschwert und dabei erfahren hat, Arbeitsgerichtsrat W. sei nicht mehr Hilfsrichter beim Landesarbeitsgericht, seine Ernennung zum Landesarbeitsgerichtsdirektor sei aber zu erwarten. Als der Prozeßbevollmächtigte dann am 8. oder 9. November 1958 die von Arbeitsgerichtsrat W. verfügte Ladung zum neuen Termin am 14. November 1958 erhielt, konnte er annehmen, daß W. inzwischen entweder zum Landesarbeitsgerichtsdirektor ernannt oder erneut zum Hilfsrichter bestellt worden sei. Der Angelegenheit brauchte er nicht weiter nachzugehen. Denn dies von ihm zu erwarten, hieße die an die Sorgfalt eines Rechtsanwalts zu stellenden Anforderungen erheblich überspannen. Ein Rechtsanwalt ist im allgemeinen nicht verpflichtet, ohne zwingenden Anlaß interne Vorgänge beim Gericht auf ihre Rechtmäßigkeit zu überprüfen. Der Prozeßbevollmächtigte durfte sich deshalb darauf verlassen, daß die Bestimmung des neuen Termins in Ordnung war.

Bei dieser Sachlage mußte nicht erörtert werden, ob der hier in Rede stehende Mangel wegen seines Gewichtes für die Rechtsstaatlichkeit nicht vielleicht unverzichtbar ist.

Nach alledem muß das angefochtene Urteil aufgehoben werden, ohne daß auf die weiteren Verfahrensrügen des Klägers und die materielle Rechtslage einzugehen ist. Der Senat hat von der Möglichkeit des § 565 Abs. 1 Satz 2 ZPO Gebrauch gemacht, die Sache an eine andere Kammer des Berufungsgerichts zurückzuverweisen.

39

Die Berichtigung einer Streitwertfestsetzung ist nur insoweit zulässig, als Unrichtigkeiten vorliegen, die aus dem Zusammenhang des Urteils selbst oder zumindest aus den Vorgängen bei Erlaß oder Verkündung des Urteils ohne weiteres erkennbar sind.

ArbGG § 72 Abs. 1 Satz 4; ZPO § 319.
IV. Senat. Urteil vom 19. Mai 1960 i. S. BfA u. A. (Bekl.) w. V. (Kl.)
4 AZR 103/58.

I. Arbeitsgericht Berlin. — II. Landesarbeitsgericht Berlin.

Der Kläger ist seit 1950 bei einem Arbeitsamt in der Arbeitsvermittlung tätig. Ihm obliegt die fachliche Aufsicht über das zur Vermittlungsabteilung gehörende Personal von 76—90 Angestellten, die Überwachung der Anwendung der die Arbeitsvermittlung betreffenden gesetzlichen und sonstigen Vorschriften und Anweisungen, die zentrale Lenkung aller dem Abteilungsbüro zufallenden Sonderaufgaben, die Planung des Außendienstes und die fachliche Unterweisung des ihm unterstellten Personals in Dienstbesprechungen und Schulungsveranstaltungen. Der Kläger, der keine abgeschlossene Hochschulbildung besitzt, erhält Vergütung nach VergGr. IV TO.A.

Der Kläger ist der Ansicht, seine Tätigkeit sei die eines Leiters der Vermittlungsabteilung und erfülle die Merkmale der VergGr. III TO.A. Auch nach dem Gleichbehandlungsgrundsatz habe er Anspruch auf Vergütung nach dieser Gruppe, weil die Leiter der Vermittlung bei den Facharbeitsämtern ebenso wie die Leiter der Berufsberatung bei den regionalen Arbeitsämtern nach VergGr. III TO.A entlohnt würden. Der Kläger hat im ersten Rechtszug einen Teilbetrag der Differenz zwischen den Vergütungen der Vergütungsgruppen IV und III TO.A für die Zeit ab 1. Januar 1954 geltend gemacht und beantragt, die Beklagte zu verurteilen, an den Kläger 300,— DM brutto zu zahlen.

Die Beklagte trägt vor, dem Kläger komme nicht die Stellung eines Leiters der Vermittlungsabteilung zu, da er nur mit der Erwachsenenvermittlung befaßt sei. Seine Tätigkeit entspreche daher nicht den Anforderungen der VergGr. III TO.A. Als Abschnittsleiter der Erwachsenenabteilung könne er sich nicht auf die Eingruppierung der Leiter der Vermittlungsabteilungen bei den Facharbeitsämtern und der Berufsberatungsabteilung berufen, weil es sich dort um eine ganz andere, schwierigere und größere Kenntnisse erfordernde Tätigkeit handele.

Das Arbeitsgericht hat der Klage stattgegeben und den Streitwert auf 300,— DM festgesetzt. Der hiergegen von der Beklagten eingelegten Berufung hat sich der Kläger angeschlossen und nunmehr beantragt,

1. festzustellen, daß der Kläger seit dem 1. Januar 1954 eine Tätigkeit ausübe, die den Merkmalen der VergGr. III TO.A entspreche;

2. die Beklagte zu verurteilen, an den Kläger den Unterschiedsbetrag zwischen den Vergütungen der VergGr. III und IV TO.A seit dem 1. Januar 1954 zu zahlen.

Das Landesarbeitsgericht hat die Berufung der Beklagten zurückgewiesen und auf die Anschlußberufung des Klägers entsprechend dessen im zweiten Rechtszug gestellten Anträgen, beim Antrag Ziff. 2 unter Abzug der vom Arbeitsgericht bereits zugesprochenen 300,— DM, erkannt. Den Streitwert hat das Landesarbeitsgericht im Urteil auf 5000,— DM, in einem Berichtigungsbeschluß dann auf 11 800,— DM festgesetzt.

Die Revision der Beklagten ist als unzulässig verworfen worden.

Aus den Gründen:

Die Revision ist gemäß § 72 Abs. 1 Satz 4 a. a. O. nur statthaft, wenn der vom Arbeitsgericht oder vom Landesarbeitsgericht festgesetzte Wert des Streitgegenstandes den Betrag von 6000,— DM übersteigt (vgl. BAG 6, 149). Das ist nicht der Fall.

Im ersten Rechtszug, in dem der Kläger lediglich einen Teilbetrag der von ihm beanspruchten Differenz zwischen den Vergütungen der Vergütungsgruppen IV und III TO.A in Höhe von 300,— DM verlangt hatte, hat das Arbeitsgericht den Streitwert auch in dieser Höhe festgesetzt. Da der Kläger im Berufungsverfahren jedoch seine Klage erheblich erweitert und neben der Feststellung, daß er eine Tätigkeit nach VergGr. III TO.A ausübe, schlechthin Zahlung der erwähnten Vergütungsdifferenz ab 1. Januar 1954 begehrt hat, war das Landesarbeitsgericht gemäß § 69 Abs. 2 ArbGG gehalten, den Wert des Streitgegenstandes neu festzusetzen. Das ist im angefochtenen Urteil auch geschehen, wo das Berufungsgericht den Streitwert nunmehr mit 5000,— DM beziffert. Diese Wertfestsetzung kann das Revisionsgericht nach der ständigen Rechtsprechung des Bundesarbeitsgerichts nicht nachprüfen und ist selbst dann daran gebunden, wenn es sie für unzutreffend hält (vgl. BAG 1, 8, [9, 10]; 6, 14 [16]; 8, 52 [57]; BAG AP Nr. 3 zu § 9 ArbGG 1953; AP Nr. 18, 22 zu § 69 ArbGG 1953; AP Nr. 59 zu § 72 ArbGG 1953).

An der danach bestehenden Maßgeblichkeit dieser Streitwertsumme für die Statthaftigkeit der Revision im vorliegenden Rechtsstreit ändert sich auch dadurch nichts, daß das Landesarbeitsgericht durch Beschluß den Streitwert gemäß § 319 ZPO auf 11 800,— DM „berichtigt" hat. Zwar ist die Berichtigung einer im Urteil enthaltenen Streitwertfestsetzung nach dieser Vorschrift an sich möglich (vgl. RAG 26, 229; Stein-Jonas-Schönke, ZPO, 18. Aufl., § 319 Anm. VII 2; Dersch-Volkmar, ArbGG, 6. Aufl., § 61 Anm. 32, § 69 Anm. 11; Dietz-Nikisch, ArbGG, § 61 Anm. 20; § 64 Anm. 21). Zulässig ist sie gemäß § 319 ZPO jedoch nur, wenn es sich um Schreibfehler, Rechnungsfehler oder ähnliche offenbare Unrichtigkeiten handelt, wobei stets zu beachten bleibt, daß diese Bestimmung der Bereinigung von Widersprüchen zwischen dem vom Gericht Gewollten und dem tatsächlich Erklärten (vgl. RAG 26, 229; RAG ARS 9, 413; Stein-Jonas-Schönke, a. a. O., § 319 Anm. I 1; Pohle in Anm. zu AP Nr. 1 zu § 319 ZPO = BAG 3, 21 [22]), nicht jedoch der Beseitigung von Fehlern in der Willensbildung dient (vgl. Rosenberg, Lehrbuch des Deutschen Zivilprozeßrechts, 8. Aufl., § 57 I 3 a; Baumbach-Lauterbach, ZPO, 25. Aufl., § 319 Anm 2 A, C). In Betracht kommen demnach jedenfalls bei der Berichtigung einer Streitwertfestsetzung nur solche Unrichtigkeiten, die aus dem Zusammenhang des Urteils selbst oder zumindest aus den Vorgängen bei Erlaß oder Verkündung des Urteils ohne weiteres erkennbar sind (vgl. im übrigen: RGZ 129, 161; 153, 252; RAG ARS 9, 413 [416]; BGHZ 20, 188 [192]; Rosenberg, a. a. O.; Wieczorek, ZPO, § 319 Anm B I; Baumbach-Lauterbach, a. a. O., § 319 Anm. 2 B). Wollte man über diese Grenzen hinaus eine Berichtigung der Streitwertfestsetzung zulassen, so würde dadurch die Möglichkeit, daß ein rechtskräftig scheinendes Urteil doch noch anfechtbar wird, in einem Umfang offen gelassen, der mit den Grundsätzen der Rechtskraft und dem Prinzip der Rechtsmittelklarheit nicht mehr in Einklang steht, weil für die Parteien aus dem Urteil dann nicht mehr mit hinreichender Sicherheit erkennbar sein würde, ob auf Grund des Streitwerts noch ein Rechtsmittel statthaft ist oder nicht.

Das angefochtene Urteil enthält nun lediglich die Streitwertfestsetzung selbst. Ein Hinweis, aus dem entnommen werden könnte, wie das Berufungsgericht die von ihm angenommene Summe errechnet hat, fehlt völlig. Wenn aber deshalb eine Unrichtigkeit des Urteils in diesem Punkt in keiner Weise nach außen in die Entscheidung tritt, kann von einer „offenbaren" Unrichtigkeit auch bei weitester Auslegung dieses Begriffs nicht mehr die Rede sein, weil eben aus dem Urteil selbst nicht erkennbar ist, ob die erfolgte Wertfestsetzung nur der versehentlich unrichtige Ausdruck einer tatsächlich anders gefaßten Entschließung ist. Es ist infolgedessen unbeachtlich, wenn das Landesarbeitsgericht im Berichtigungsbeschluß ausführt, mangels substantiierten Vortrags der Parteien habe es unter Zugrundelegung der tariflichen Bestimmungen angenommen, die dem Kläger zuzubilligende Entgeltdifferenz werde etwa 5000,— DM betragen, während sich nach dem unwidersprochenen Vortrag der Beklagten im Berichtigungsantrag der rechnerische Wert der vom Kläger begehrten Leistung auf ca. 12 000,— DM belaufe. Daher kann auch unerörtert bleiben, ob es sich bei dieser Sachlage überhaupt um einen Rechnungsfehler im Sinne des § 319 ZPO handelt, wie das Landesarbeitsgericht meint.

War aber demnach der Berichtigungsbeschluß unzulässig, so ist das Revisionsgericht nicht an ihn gebunden (vgl. RAG 26, 229; BAG 2, 358

[361]; BAG 3, 21 [22]; BAG AP Nr. 2 zu § 319 ZPO; Stein-Jonas-Schönke, a. a. O., § 319 Anm. VII, N. 52 a; Baumbach-Lauterbach, a. a. O. § 319 Anm. 2 C; Wieczorek, a. a. O., § 319 Anm. E II a; Rosenberg a. a. O). Das Berufungsurteil ist unanfechtbar; denn der vom Landesarbeitsgericht gemäß § 69 Abs. 2 ArbGG im Urteil selbst festgesetzte Wert des Streitgegenstandes erreicht nicht die erforderliche Revisionssumme.

40

1. Bei der Anwendung des ArbKrankhG, insbesondere bei der Berechnung des vom Arbeitgeber zu leistenden Krankengeldzuschusses, kommt es nicht darauf an, in welchem Verhältnis Krankengeld und Arbeitgeberzuschuß zu dem Arbeitsentgelt stehen, das der Arbeiter verdient haben würde, wenn er im Krankheitszeitraum gearbeitet hätte.

2. Ist die wöchentliche Arbeitszeit auf die Tage Montag bis Freitag verteilt (5-Tage-Woche), so erhält der Arbeiter, wenn er im Stundenlohn steht, im Sinne des § 189 RVO für Sonnabend und Sonntag kein Arbeitsentgelt, unbeschadet der Tatsache, daß er von dem an den Tagen Montag bis Freitag verdienten Lohn seinen Lebensunterhalt auch für den Sonnabend und den Sonntag bestreiten muß.

ArbKrankhG § 2, § 1.

II. Senat. Urteil vom 20. Mai 1960 i. S. H. (Bekl.) w. W. (Kl.) 2 AZR 336/58.

I. Arbeitsgericht Mannheim. — II. Landesarbeitsgericht Baden-Württemberg (Mannheim).

Der Kläger ist bei der Beklagten als Schweißer beschäftigt. Er arbeitete in der Woche fünf Tage von Montag bis Freitag. Von Samstag, dem 21. September 1957 bis Sonntag, dem 6. Oktober 1957 = 16 Tage, war er infolge unverschuldeter Krankheit arbeitsunfähig. Sein Nettoarbeitsentgelt während der letzten vier Wochen vor der Krankheit betrug 413,40 DM. Während seiner Krankheit erhielt er als Krankengeld von der Krankenkasse täglich 11,78 DM, insgesamt 188,48 DM.

Mit seiner Klage verlangt der Kläger von der Beklagten pro Kalendertag als Zuschuß zum Krankengeld den Unterschiedsbetrag zwischen $^1/_{28}$ von 90 % (372,06 DM) des Nettoarbeitsentgelts der letzten vier Wochen,

das sind		13,28 DM
und dem täglichen Krankengeld von		11,78 DM
	=	1,50 DM
für 16 Tage, also 16 × 1,50 DM	=	24,– DM.
Er hat beantragt, die Beklagte		
zur Zahlung von		24,– DM
netto zu verurteilen.		

Die Beklagte hat ausgeführt, der Kläger würde nach seinem früheren Durchschnittsverdienst während der Dauer seiner Krankheit ein Nettoeinkommen von 206,— DM gehabt haben. 90 % davon seien 186,— DM. Da er als Krankengeld 188,48 DM

also 2,48 DM

mehr als die ihm nach dem Gesetz vom 26. Juni 1957 zustehenden 90 % (186,— DM) seines Nettoeinkommens erhalten habe, könne er nichts mehr verlangen.

Das Arbeitsgericht hat nach dem Klageantrag erkannt.

Auf die Berufung der Beklagten hat das Landesarbeitsgericht die Klage zu einem Teilbetrag von 6,48 DM abgewiesen mit der Begründung, Sinn und Zweck des ArbKrankhG forderten es, einem erkrankten Arbeiter nicht mehr zukommen zu lassen als die Summe, die er bei Fortsetzung seiner Arbeit verdient hätte.

Die Revision der Beklagten blieb erfolglos, während der Anschlußrevision des Klägers gegen die Abweisung eines Teiles seiner Klage entsprochen wurde.

Aus den Gründen:

A) Die Revision der Beklagten:

I. Zwischen den Parteien besteht kein Streit darüber, daß die Regelvoraussetzungen des § 1 ArbKrankhG gegeben sind. In solchem Falle hat gemäß § 1 Abs. 1 Satz 1 ArbKrankhG der Arbeiter gegen seinen Arbeitgeber einen Anspruch auf Zahlung eines Zuschusses zu den Leistungen aus der gesetzlichen Krankenversicherung. Schon diese grundlegende Bestimmung, die eindeutig ausspricht, daß bei Vorliegen der genannten Voraussetzungen ein Zuschuß zu zahlen ist, spricht dagegen, daß ein Zuschuß dann entfallen soll, wenn bereits durch Zahlung des Krankengeldes der durch die Krankheit ausgefallene Lohnbetrag zu 90 vom Hundert erreicht wird.

§ 1 Abs. 1 Satz 2 ArbKrankhG bestimmt sodann die Höhe dieses Zuschusses als Differenzbetrag zwischen zwei Größen, als welche des näheren in Anwendung und Auslegung des Gesetzes in Frage kommen:

a) 90 % des Nettoarbeitsentgelts im Sinne des § 2 ArbKrankhG,

b) das kalendertägliche Krankengeld.

Zu a): Die vom Kläger insoweit angestellte Durchschnittsberechnung läßt einen Fehler nicht erkennen.

Das von der Beklagten und auch vom angefochtenen Urteil als mit dem Sinn des Gesetzes unvereinbar bezeichnete Ergebnis, daß in diesem

Fall — auf die gesamte Dauer der Erkrankung gesehen — Krankengeld und Krankengeldzuschuß (KGZ) zusammen einen Betrag erreichen, der höher liegt als das sonst erzielte Arbeitsentgelt, ist im vorliegenden Fall darauf zurückzuführen, daß in die 16 Kalendertage der Krankheitsperiode nur 10 ausgefallene Arbeitstage fallen. Das Ergebnis ist also unter anderem auch eine Folge der kalendertägigen Berechnungsmethode. Gleichwohl besteht kein Anlaß, die kalendertägige Berechnungsmethode des KGZ aus diesem Grunde in Zweifel zu ziehen. Sie entspricht allein dem Gesetz (BAG 5, 291; 7, 136; 8, 1). Im Schrifttum sind Beispiele gebildet worden, die zeigen, daß auch bei arbeitstägiger Berechnung erhebliche Schwankungen des KGZ auftreten (vgl. Diekhoff in ArbuR 1957, 302; Schelp-Trieschmann, Das Arbeitsverhältnis im Krankheitsfalle, 1959, S. 138). Es ist denkbar, daß auch bei dieser Methode das von der Revision der Beklagten bekämpfte Ergebnis im Einzelfall eintritt.

Zu b): Das kalendertägliche Krankengeld betrug hier 11,78 DM.

Wie der Senat im Urteil vom 5. Mai 1960 — 2 AZR 271/58 — BAG 9, 197 ff. — ausgesprochen hat, kann es auf die tatsächliche Gewährung des Krankengeldes für die Frage, ob ein Zuschuß vom Arbeitgeber zu zahlen ist und bejahendenfalls, in welcher Höhe er zu zahlen ist, nicht ankommen, weil sonst die Leistungspflicht des Arbeitgebers von dem Zufall abhängig werden würde, ob die Krankenkasse den Versicherungsfall rechtlich zutreffend behandelt hat oder nicht. Da das von der Revision der Beklagten als mit dem ArbKrankhG unvereinbar bezeichnete Ergebnis unter anderem auch darauf zurückzuführen ist, daß das dem Kläger gewährte Krankengeld allein schon höher liegt als 90 % des ausgefallenen Lohnes, war als Vorfrage zu prüfen, ob der Versicherungsfall insoweit von der Krankenkasse unzutreffend behandelt worden ist.

Einer solchen Nachprüfung stand nicht entgegen, daß die Gewährung des Krankengeldes an den Kläger einen begünstigenden Verwaltungsakt darstellt, der nach allgemeinen Grundsätzen nicht frei widerrufen werden kann und für dessen Widerruf es auch im vorliegenden Fall an besonderen gesetzlichen Gründen — wie diese zum Beispiel aufgezählt sind bei Peters, Sautter-Wolff, Komm. z. Sozialgerichtsbarkeit, § 77 Anm. 9 — fehlte. Denn die sich hieraus ergebende rechtskraftähnliche Bindungswirkung gilt nur für die Beteiligten (Krankenkasse und Versicherter), bindet jedoch nicht gegenüber Dritten und in ihrem Falle auch nicht die Gerichte in Arbeitssachen. Andernfalls würde nämlich die Leistungspflicht des Arbeitgebers nach dem ArbKrankhG insoweit von dem Eintritt der Bindungswirkung, auf die der Arbeitgeber selbst keinen Einfluß hat, und dann also doch von einem Zufall abhängig werden.

Im vorliegenden Fall war vor allen Dingen zu prüfen, ob dem Kläger ein Krankengeld bereits für die ersten beiden Tage (Sonnabend und Sonntag) seiner Krankheitsperiode mit Recht gewährt wurde. Die Frage, ob bei der 5-Tage-Woche und bei Eintritt der Arbeitsunfähigkeit am Sonnabend dieser Tag und der folgende Sonntag bereits mit Krankengeld zu belegen sind, ist im Schrifttum der Krankenversicherung umstritten (vgl. Keck, WzS 1957, 338; Mecklenburg, WzS 1958, 46; Gura, WzS 1958, 264; Schnell, WzS 1959, 15; Fischer, DOK 1958, 16; Betriebskrankenkasse 1959, Sp. 431 (Auskunft der Redaktion); Schreier, SozVers. 1958, 352; Frey, BB 1958, 1172, 1175). Soweit ersichtlich, ist die Frage durch die Sozialgerichte bisher nur einmal und zwar dahin entschieden worden, daß in einem solchen Falle das Krankengeld bereits für die ersten beiden Tage der Arbeitsunfähigkeit zu gewähren ist (SG Speyer, Urteil vom 15. Juli 1959, Betriebskrankenkasse 1959, Sp. 415).

Der Senat schließt sich insoweit den Ausführungen von Schreier, a. a. O., an. Da das Krankengeld nach der klaren Vorschrift des § 182 Abs. 1 Nr. 2 RVO vom ersten Tage der Arbeitsunfähigkeit an zu gewähren ist, wenn diese länger als zwei Wochen dauert, und da es für jeden Kalendertag zu gewähren ist, käme eine Versagung des Krankengeldes für diese beiden Tage nur dann in Betracht, wenn die Ruhensvorschrift des § 189 Abs. 1 Satz 1 RVO eingreifen würde. Nach dieser Vorschrift ruht der Anspruch auf Krankengeld, wenn und soweit der Versicherte während der Krankheit Arbeitsentgelt erhält. Der Kläger erhielt jedoch Arbeitsentgelt nur für die geleistete Arbeit, wie es überhaupt ein arbeitsrechtlicher Grundsatz ist, daß Arbeitsentgelt nur für geleistete Arbeit gewährt wird (u. a. Beschluß des Großen Senats vom 17. Dezember 1959, BAG 8, 285 [297]), soweit nicht ein anderes bestimmt ist. Ein anderes kann nur dann angenommen werden, wenn die Woche Lohnbemessungszeitraum war. Der Kläger stand hier aber nicht im Wochenlohn, sondern im Stundenlohn bzw. Akkordlohn. Unter diesen Umständen war für die Anwendung der Ruhensvorschrift des § 189 RVO kein Raum, weil dem Kläger — unbeschadet der Tatsache, daß er von seinem bis Freitag einschließlich verdienten Lohn auch noch den Lebensunterhalt für die folgenden beiden Tage bestreiten mußte — Arbeitsentgelt nicht über den Freitag hinaus und somit nicht während der Krankheit gewährt wurde. Die Lohnersatzfunktion des Krankengeldes sagt aber dann, wenn feststeht, daß für den Sonnabend kein Lohn gezahlt wird, für die Versagung des Krankengeldes nichts aus.

War somit dem Kläger rechtlich zutreffend das Krankengeld bereits für die ersten beiden Tage seiner Arbeitsunfähigkeit gewährt worden, so ergeben sich keine Bedenken gegen die Heranziehung der gewährten 11,78 DM als Berechnungsgröße, zumal keine Anhaltspunkte für eine falsche Berechnung des Grundlohnes bzw. des kalendertäglichen Krankengeldes ersichtlich sind.

Da auch die Differenz zwischen den unter a) und b) genannten Berechnungsgrößen in beiden Vorinstanzen richtig errechnet worden ist, ergeben sich insoweit keine Gesichtspunkte, die eine Versagung oder Kürzung des vom Kläger geltend gemachten Anspruchs rechtfertigen würden.

II. Sowohl das angefochtene Urteil wie auch die Revision der Beklagten stellen demgegenüber eine Kontrollberechnung an, die das unter I gefundene Ergebnis an dem Lohn mißt, den der Kläger an den in die 16 Kalendertage seiner Krankheit hineinfallenden zehn Arbeitstagen verdient haben würde. Indes enthält das ArbKrankhG nicht nur keine Anhaltspunkte für eine derartige Kontrollmöglichkeit. Im Gegenteil: Sowohl der Wortlaut wie die Entstehungsgeschichte des Gesetzes sprechen eindeutig dafür, daß es bei der Anwendung des Gesetzes auf die Höhe des in der Krankheitsperiode ausgefallenen Lohnes in keiner Hinsicht ankommt.

1. § 1 Abs. 1 Satz 2 ArbKrankhG nimmt zwar durch Erwähnung des § 2 ArbKrankhG das Nettoarbeitsentgelt des Arbeiters in Bezug, aber nicht das durch Krankheit ausgefallene, sondern ausschließlich das vor Eintritt der Krankheit (in den letzten Lohnperioden) verdiente Arbeitsentgelt. Die Vorschrift bringt gerade dadurch, daß sie die Höhe des Krankengeldzuschusses u. a. durch das in der Vergangenheit verdiente Entgelt bestimmen läßt, zum Ausdruck, daß die Frage des während der Krankheit entgangenen Entgelts ohne Einfluß sein soll.

2. Die ursprüngliche Fassung des jetzigen § 2 (damaligen § 3) ArbKrankhG sah die Berechnung des KGZ nach dem Lohnbetrag vor, den der Arbeiter verdient haben würde, wenn er nicht krank geworden wäre. Diese Formulierung ist aber nicht Gesetz geworden. Daraus ergibt sich, daß der Gesetzgeber die Möglichkeit einer derartigen Berechnung erwogen und ausdrücklich abgelehnt hat. Das Gesetz beruht demnach nicht nur nicht auf dem Lohnausfallprinzip (BAG 7, 136), sondern lehnt dieses Prinzip für seinen Bereich erkennbar ab.

3. Wenn demgegenüber die Revision der Beklagten meint, der Gesetzgeber habe nicht beabsichtigen können, daß durch starre Anwendung der Berechnungsmethode dem Arbeitnehmer ein Anreiz geboten werde, „seine Krankheitstage günstig einzurichten und auf diese Weise trotz Nichtarbeit mehr als das zu verdienen, was er bei ordnungsmäßiger Arbeitsleistung verdient haben würde“, so verkennt der Senat keineswegs, daß in

einem solchen Falle wie dem vorliegenden tatsächlich ein solcher Anreiz geboten wird. Ihm kann aber der auf den Zuschuß in Anspruch genommene Arbeitgeber dadurch begegnen, wenn er im Prozeß verlangt, daß durch eine entsprechende Beweisaufnahme die Gerichte in Arbeitssachen sich selbst ein Bild davon machen, ob ein Gefälligkeitsattest erteilt und Krankheit nur vorgeschützt war. Solange aber die Tatsache des Eintritts der Arbeitsunfähigkeit am Samstag und das Ende der Arbeitsfähigkeit an einem Sonntag nicht bestritten wird, muß für die Entscheidung des Einzelfalles davon ausgegangen werden, daß der Arbeiter nicht mit den Möglichkeiten des Gesetzes manipuliert hat. Andererseits darf auch nicht verkannt werden, daß das Gesetz bei Arbeit in 5-Tage-Woche insoweit einen Anreiz dazu bieten kann, trotz einer bereits gegebenen Arbeitsunfähigkeit auf jeden Fall noch den letzten Arbeitstag (Freitag) durchzuhalten. Die Revision der Beklagten geht übrigens in tatsächlicher und rechnerischer Hinsicht insoweit fehl, als sie davon spricht, der Kläger habe allein an Krankengeld mehr bekommen, als 90 % seines Nettoeinkommens im Sinne des § 2 ArbKrankhG ausmachten. In Wirklichkeit hält sich nämlich das Krankengeld innerhalb der durch § 182 Abs. 1 Nr. 2 Satz 3 RVO bestimmten Höchstgrenze von 75 % des Grundlohnes. Darüber hinaus ist es in tatsächlicher und rechnerischer Hinsicht nicht richtig, wenn die Revision ausführt, das Krankengeld allein habe dem Kläger hier schon 90 % des Einkommens wie in gesunden Tagen gewährt. Das Einkommen wird hier als wirtschaftliche Lebensgrundlage betrachtet. Die Revision übersieht aber, daß der an zwanzig Arbeitstagen des Berechnungszeitraums erzielte Lohnbetrag den Lebensstandard des Klägers an 28 Kalendertagen prägte, so daß ihm je Kalendertag 14,76 DM zum Verbrauch zur Verfügung standen. 90 vom Hundert dieses Betrages (= 13,28 DM) für die 16 Tage seiner Krankheit ergeben 212,48 DM. Der Kläger hat aber nur 188,48 DM an Krankengeld erhalten.

III. Der Senat hat darüber hinaus den Fall unter dem Gesichtspunkt des Lebens-Standard-Vergleichs, wie er durch § 1 Abs. 1 Satz 2 ArbKrankhG zum Ausdruck gekommen ist, überprüft. In dieser Vorschrift kommt — wie auch global in der Überschrift des Gesetzes — zum Ausdruck, daß der Arbeiter durch dieses Gesetz an kranken Tagen zu einem bestimmten Prozentsatz, nämlich 90 vom Hundert, an den Lebensstandard herangeführt werden soll, wie er ihm in gesunden Tagen durch Erzielung von Arbeitsverdienst zur Verfügung stand. Dieser Gedanke ist, wie auch die Vorgeschichte des Gesetzes zeigt, tragend für das ganze Gesetz (BAG 5, 291; 8, 1; Urteil vom 21. 1. 1960 — 2 AZR 523/58 — AP Nr. 13 zu § 1 ArbKrankhG). Unter diesen Umständen könnte man argumentieren, daß bei Arbeit in der 5-Tage-Woche der von Montag bis Freitag verdiente Lohn auch noch für den darauf folgenden Sonnabend und Sonntag den Lebensunterhalt sichern muß. Werden aber diese beiden Tage mit Krankengeld und Arbeitgeberzuschuß belegt, so erspart der Arbeiter die Aufwendungen für diese beiden Tage in Höhe der erhaltenen Leistungen (13,28 DM täglich). Diese insgesamt 26,58 DM stehen ihm für die 16 Krankheitstage zur Verfügung, verbessern seinen Lebensstandard an jedem der 16 Krankheitstage somit um 1,66 DM und erreichen zusammen mit Krankengeld und Krankengeldzuschuß einen Betrag von 14,94 DM täglich, somit mehr als in gesunden Tagen, an denen nur 14,76 DM täglich verbraucht werden konnten.

Indes sprechen gegen eine solche Einrechnung des „nicht verbrauchten Lohnes" mehrere Gesichtspunkte:

1. Es erscheint unbillig, mit dem Argument des Lebensstandard-Vergleichs den Arbeitgeber von der Pflicht zur Zahlung eines Krankengeldzuschusses in einem solchen Falle zu befreien, obgleich die Gestaltung des Lebensstandards in kranken Tagen maßgebend gerade auch auf den Leistungen der Krankenkasse beruht, diese selbst aber keine Möglichkeit hat, ihre eigenen Leistungen mit einer analogen Begründung zu kürzen. Die gegenwärtige Gestalt der RVO ermöglicht der Krankenkasse nicht einen solchen Vorteilsausgleich, weil die einzige Vorschrift, die insoweit in Betracht kommen könnte, nämlich § 189 RVO — wie bereits ausgeführt —, nicht zum Zuge kommt. Darüber hinaus ist das genannte Lebens-Standard-Prinzip in der RVO selbst nicht verankert, mag auch die Bestimmung eines Krankengeldhöchstsatzes einen ähnlichen Zweck verfolgt haben.

2. Es ist zu berücksichtigen, daß das geltende Krankenversicherungsrecht von jedem Arbeiter erwartet, daß er zwei Krankheitstage hindurch seinen Lebensunterhalt aus ersparten Mitteln und ohne fremde Hilfe bestreiten kann (Karenztage). Da ein Arbeiter im Falle seiner Erkrankung in der Regel nicht wissen kann, ob seine Arbeitsunfähigkeit länger als zwei Wochen dauert, muß er den „nicht verbrauchten Lohn" zunächst zur Bestreitung seines Lebensunterhalts verwenden. Erhält er dann bei einer Dauer der Erkrankung von mehr als zwei Wochen das Krankengeld und den KGZ auch für die ersten beiden Tage seiner Arbeitsunfähigkeit, so muß er diesen Betrag im Prinzip wegen der Möglichkeit einer erneuten anderweitigen, kurzfristig auftretenden Erkrankung zurücklegen.

3. Vor allem aber spricht gegen die Einrechnung des „unverbrauchten Lohnes" die Notwendigkeit, das Gesetz praktikabel zu halten. Wollte man die Einrechnung des „unverbrauchten Lohnes" in dem hier vorliegenden Fall für notwendig ansehen, so müßte das gleiche auch dann gelten, wenn

ein Arbeiter, der in der 5-Tage-Woche arbeitet, einen Tag früher, nämlich am Freitag, arbeitsunfähig wird. In diesem Fall hätte der Arbeiter an den Tagen Montag bis Donnerstag 4/5 des für den Lebensunterhalt am Sonnabend und Sonntag bestimmten Betrages verdient. Um festzustellen, wieviel „unverbrauchten Lohn" der Arbeiter in einem solchen Falle in die Krankheitsperiode einbringt, müßte der kalendertägliche Durchschnittsverdienst mit der Zahl der arbeitsfreien Tage und mit der Zahl der in der letzten Woche erbrachten Arbeitstage multipliziert und das Ergebnis durch die Zahl der wöchentlichen Arbeitstage geteilt werden. Das so gewonnene Ergebnis müßte dann auf die Krankheitstage verteilt und den kalendertäglichen Leistungen an Krankengeld und Krankengeldzuschuß zugeschlagen werden, wenn man sich ein Bild über den Lebens-Standard des Klägers in der Krankheitsperiode machen wollte. Noch viel komplizierter wäre aber die Berechnung bei wöchentlichen wechselnden Verdiensten. In diesem Fall müßte nämlich der kalendertägliche Durchschnittsverdienst der letzten Woche gesondert errechnet und dann erst die soeben genannten Formelrechnungen angeschlossen werden. Dabei darf auch nicht verkannt werden, daß ein exakter Lebens-Standard-Vergleich eine Fülle weiterer Faktoren in Rechnung stellen müßte: Während einerseits innerhalb der Krankheitsperiode erhöhte Aufwendungen für Krankenkost, zusätzliche Medikamente und Pflegeaufwand eintreten können, entfallen andererseits Aufwendungen für die Fahrt zur Arbeitsstätte, auswärtige und zusätzliche Mahlzeiten usw.

Dies legt den Gedanken nahe, daß das ArbKrankhG unter Inkaufnahme sozial-politisch unerwünschter Ergebnisse im Einzelfall in § 1 Abs. 1, Satz 2 ArbKrankhG schlechthin, um das Gesetz praktikabel zu erhalten, formuliert hat, der Krankengeldzuschuß berechne sich in einfacher Weise aus der Differenz der beiden dort genannten Berechnungsgrößen. Hat aber der Gesetzgeber Unebenheiten in Kauf genommen, so ist für eine abändernde Rechtsfindung kein Raum.

B. Aus den obigen Ausführungen ergibt sich zugleich, daß die Anschlußrevision des Klägers begründet ist und dazu führen muß, die Berufung der Beklagten gegen das Urteil des Arbeitsgerichts zurückzuweisen. Das angefochtene Urteil beruht insoweit, als es die Klage zu einem Teilbetrag abgewiesen hat, auf der Anwendung des Lohnausfallprinzips. Sprechen aber Wortlaut und Entstehungsgeschichte des Gesetzes so eindeutig gegen dieses Prinzip, kann es weder zur Begründung einer Beschränkung des KGZ auf 90 % noch auf 100 % des ausgefallenen Lohnes als Begründung herangezogen werden. Die gleiche Auffassung vertreten auch Schmatz-Fischwasser, Komm. zum ArbKrankhG. 3. Aufl., § 2 Anm. III 6.

41

1. Die in § 15 KSchG vorgeschriebene Anzeige des Arbeitgebers beim Arbeitsamt muß nur vor der Entlassung erstattet werden.

Vermindert sich durch Rücknahme von Kündigungen die Zahl der zu Entlassenden derart, daß keine Massen„entlassung" mehr vorliegt, dann bedarf es keiner Anzeige.

2. Das Zurückverweisungsverbot des § 68 ArbGG gilt auch dann, wenn das Arbeitsgericht einer auf Feststellung der Unwirksamkeit einer Kündigung gerichteten Klage zu Unrecht bereits aus § 15 KSchG stattgegeben hat, ohne zu prüfen, ob die Kündigung sozialwidrig war.

ArbGG 1953 § 11; KSchG § 15; ArbGG 1953 § 68; KSchG § 3, § 5.

II. Senat. Urteil vom 25. Mai 1960 i. S. St. (Kl.) w. Fa. E. (Bekl.)
2 AZR 584/57.

I. Arbeitsgericht Ludwigsburg. — II. Landesarbeitsgericht Baden-Württemberg (Stuttgart).

Die Klägerin war seit Februar 1955 als Arbeiterin bei der Beklagten, die eine Brauerei betreibt, beschäftigt. Mit Schreiben vom 11. Februar 1957 kündigte die Beklagte der Klägerin und sechs anderen Arbeiterinnen zum 23. Februar 1957, weil ihre Arbeitskraft nach Anschaffung einer Abfüllmaschine nicht mehr gebraucht werde. Am gleichen Tage nahm die Beklagte zwei von diesen Kündigungen zurück.

Am 1. März 1957 hat die Klägerin auf Feststellung geklagt, daß die ihr gegenüber ausgesprochene Kündigung rechtsunwirksam sei. Sie hat geltend gemacht, es habe sich um eine Massenkündigung im Sinne von § 15 KSchG gehandelt, ohne daß die vorgeschriebene Anzeige beim Arbeitsamt erstattet worden sei. Außerdem hat die Klägerin ihre Klage darauf gestützt, die Kündigung sei sozial ungerechtfertigt.

Das Arbeitsgericht hat festgestellt, daß die Kündigung nichtig sei und das Arbeitsverhältnis nicht aufgelöst habe. Das Landesarbeitsgericht hat dieses Urteil aufgehoben und die Sache zur neuerlichen Verhandlung und Entscheidung an das Arbeitsgericht zurückverwiesen.

Die Revision der Klägerin führte zur Aufhebung und Zurückverweisung.

Aus den Gründen:

1. In erster Linie rügt die Revision, die Berufung der Beklagten gegen das der Klage stattgebende arbeitsrechtliche Urteil sei unzulässig gewesen, weil sie nicht von einem Rechtsanwalt oder einem Vertreter einer Arbeitgebervereinigung eingelegt und begründet worden sei. Diese Rüge dringt nicht durch.

Die Berufungsschrift muß, von dem Fall der ebenfalls zulässigen telegraphischen Einlegung der Berufung abgesehen, von dem Prozeßbevollmächtigten des Berufungsklägers unterzeichnet sein (BAG AP Nr. 2 zu § 519 b ZPO). Dasselbe gilt für die Berufungsbegründung. Im Verfahren vor dem Landesarbeitsgericht konnte nur ein Rechtsanwalt oder ein Vertreter einer Arbeitgebervereinigung Prozeßbevollmächtigter der Beklagten sein (§ 11 Abs. 2 ArbGG). Daß die sozialrechtliche Fachgemeinschaft der Nahrungs- und Genußmittelindustrie in Baden-Württemberg eine solche Arbeitgebervereinigung ist, ist nicht streitig. Aber nicht diese Arbeitgebervereinigung selbst, sondern nur ihre Vertreter, d. h. die von ihr Beauftragten, die dem Verband gegenüber berechtigt sind, den Arbeitsgerichtsprozeß zu führen (Dietz-Nikisch, Arbeitsgerichtsgesetz, § 11 Anm. 61), konnten Prozeßbevollmächtigte sein. Im Berufungsverfahren ist für die Beklagte der Diplom-Volkswirt W. F. aufgetreten. Er und außerdem der Assessor B. waren auch durch Prozeßvollmachten legitimiert. Sowohl die Berufungsschrift als auch die Berufungsbegründung sind von F. unterzeichnet. Allerdings steht unmittelbar über der Unterschrift in Maschinenschrift geschrieben:

„Sozialrechtliche Fachgemeinschaft
der Nahrungs- und Genußmittelindustrie
die Geschäftsführung
J. A."

Das erweckt den irrigen Anschein, als ob nicht der Diplom-Volkswirt F. selbst, sondern der Arbeitgeberverband der Prozeßbevollmächtigte der Beklagten sein sollte und könnte. In Wirklichkeit war jedoch F. selbst Prozeßbevollmächtigter. Das ergibt sich aus dem Rubrum des angefochtenen Urteils und ist vor allem im Tatbestand ausdrücklich festgestellt. Damit steht für das Revisionsgericht diese Stellung des F. schlechthin fest. Hiernach können allein aus der Art der Unterzeichnung der Berufungsschrift und der Berufungsbegründung keine Bedenken gegen die Zulässigkeit der Berufung hergeleitet werden. Das Landesarbeitsgericht konnte beide Schriftstücke zwangslos dahin auslegen, daß die Berufung nicht von der Fachgemeinschaft, sondern von dem Unterzeichner Diplom-Volkswirt F. eingelegt und begründet worden ist.

2. Das Arbeitsgericht hat die Nichtigkeit der Kündigung vom 11. Februar 1957 mit der Begründung angenommen, daß es sich um eine sogenannte Massenkündigung im Sinne vom § 15 Abs. 1 a KSchG gehandelt habe, die dem Arbeitsamt unvorschriftsmäßig nicht vorher angezeigt worden sei. Dabei ist es davon ausgegangen, daß es für den Tatbestand des § 15 Abs. 1 KSchG auf den Zeitpunkt der Kündigung ankomme, also hier

darauf, ob innerhalb von vier Wochen mehr als fünf Arbeitnehmern von der Beklagten gekündigt worden ist. Demgegenüber ist das Landesarbeitsgericht der Meinung, nicht der Zeitpunkt der Kündigung, sondern der Zeitpunkt der Entlassung sei maßgebend, und entlassen worden seien, nachdem zwei Kündigungen zurückgenommen worden waren, nur fünf Arbeitnehmer einschließlich der Klägerin.

Der Ansicht des Landesarbeitsgerichts ist beizutreten. Sie entspricht sowohl dem Wortlaut als auch dem Sinn des Gesetzes. § 15 KSchG stellt es nicht darauf ab, ob der Arbeitgeber mehr als fünf Arbeitnehmern kündigt, sondern darauf, daß er mehr als fünf Arbeitnehmer innerhalb von vier Wochen „entläßt". Nicht vor der Kündigung, sondern vor der tatsächlichen Entlassung hat der Arbeitgeber dem Arbeitsamt schriftliche Anzeige zu erstatten. Damit soll nicht den betroffenen Arbeitnehmern ein über § 1 KSchG hinausgehender individueller Kündigungsschutz gewährt, sondern dem Arbeitsamt aus arbeitsmarktpolitischen Erwägungen die Möglichkeit gegeben werden, zum Zwecke der Entlastung des Arbeitsmarktes Teilstillegungen zu vermeiden oder für die anderweite Unterbringung der zu Entlassenden zu sorgen (vgl. BAG 7, 4 [14]; so auch Hueck, Kündigungsschutzgesetz, 3. Aufl., Anm. 14 zu § 15 ; Herschel-Steinmann, Kündigungsschutzgesetz, 4. Aufl., Anm. 1 zu § 15; Nikisch, Arbeitsrecht, 2. Aufl., § 53 II 3 S. 687). Ein Kündigungsschutz für die Arbeitnehmer ist nur eine mittelbar gegebene Folgewirkung des § 15 KSchG.

Hiernach kann sich die Klägerin zur Begründung ihrer Klage nicht mit Erfolg auf § 15 KSchG berufen.

Die Klage war aber von vornherein ersichtlich nicht nur auf § 15 KSchG, sondern auch auf § 1 KSchG gestützt, d. h. auf eine Sozialwidrigkeit der Kündigung. Die Klägerin hat nämlich bestritten, daß die ihr gegenüber erklärte Kündigung durch die Anschaffung einer Füllmaschine betrieblich bedingt gewesen sei. Das Arbeitsgericht hat diese Frage auch bereits zum Gegenstand einer Beweisaufnahme gemacht. Es hat aber das Ergebnis dieser Beweisaufnahme nicht verwertet, da es die Klage, wie dargelegt zu Unrecht, schon wegen Verletzung von § 15 KSchG für berechtigt hielt. Nachdem sich das Landesarbeitsgericht mit Recht auf den gegenteiligen Standpunkt gestellt hat, hätte es sachlich auf den zweiten Klagegrund — Sozialwidrigkeit — eingehen müssen. Das hat es aber nicht getan, sondern es für notwendig gehalten, die Sache zu diesem Zweck an das Arbeitsgericht zurückzuverweisen.

Für diese Zurückverweisung fehlt es an einer verfahrensrechtlichen Grundlage. Nach § 538 ZPO i. V. m. § 64 Abs. 2 ArbGG ist die Zurückverweisung einer Sache durch das Berufungsgericht grundsätzlich (vgl.

§ 540 ZPO) nur in bestimmten, einzeln aufgezählten Fällen geboten, von denen hier keiner vorliegt. Nach § 539 ZPO kann das Berufungsgericht die Sache außerdem zurückverweisen, wenn das Verfahren des ersten Rechtszuges an einem wesentlichen Mangel leidet. Diese Vorschrift, deren Voraussetzungen übrigens nicht erfüllt wären, ist aber im arbeitsgerichtlichen Berufungsverfahren nicht anwendbar. Denn § 68 ArbGG sagt ausdrücklich, daß die Zurückverweisung wegen eines Mangels im Verfahren des Arbeitsgerichts unzulässig ist.

Das angefochtene Urteil hat den § 68 ArbGG nicht etwa übersehen. Es meint aber, diese Vorschrift sei durch § 3 KSchG abgeändert worden. Aber selbst wenn man nicht darauf abstellen will, daß das Kündigungsschutzgesetz von 1951 vor dem Arbeitsgerichtsgesetz von 1953 erlassen worden ist, kann dem § 3 KSchG nicht der vom Landesarbeitsgericht aufgestellte Rechtssatz entnommen werden, daß „für den allgemeinen Kündigungsschutzstreit der Verlust der ersten arbeitsgerichtlichen Instanz verboten wird." Damit übertreibt das Landesarbeitsgericht die Bedeutung des § 3 KSchG. Nachdem das Kündigungsschutzgesetz in seinem § 1 die materiellen Vorausetzungen des Kündigungsschutzes und in § 2 die Anrufung des Betriebsrats behandelt hat, schreibt es in § 3 nur vor, daß der Kündigungsschutz durch Klage beim Arbeitsgericht geltend gemacht werden muß und innerhalb welcher Frist und in welcher Form dies zu geschehen hat. Die Vorschrift will im Zusammenhang des Gesetzes lediglich etwas über die Erhebung der Kündigungsschutzklage sagen. Zu beachten ist nämlich auch, daß § 4 KSchG eine bestimmte Möglichkeit zur Zulassung verspätet erhobener Klagen gibt, § 5 KSchG in einem näherbezeichneten Fall eine Verlängerung der Anrufungsfrist vorsieht und § 6 KSchG schließlich annimmt, daß die nicht rechtzeitig mit der Kündigungsschutzklage bekämpfte sozial ungerechtfertigte Kündigung von Anfang an als rechtswirksam gilt, wenn sie nicht aus anderen Gründen rechtunwirksam ist.

Möglicherweise hat das Landesarbeitsgericht seine Ansicht auch aus § 5 KSchG herleiten wollen, da dies näher liege. Nach dieser Vorschrift verlängert sich die Drei-Wochen-Frist zur Anrufung des Arbeitsgerichts, wenn ein Arbeitnehmer mit seiner innerhalb dieser Frist erhobenen Klage die Unwirksamkeit der Kündigung zunächst nur auf andere Gründe als den der Sozialwidrigkeit gestützt hat, bis zum Schluß der mündlichen Verhandlung erster Instanz. Bis zu diesem Zeitpunkt kann also ein Arbeitnehmer, der sich gegen eine Kündigung wehrt, etwa weil sie wegen Formmangels, vertraglichen Ausschlusses, Sittenwidrigkeit oder aus anderen Gründen nichtig sei, seine Klage nachträglich auch noch auf Sozialwidrigkeit im Sinne von § 1 KSchG stützen, d. h. sie auf eine Kündigungsschutzklage ausdehnen, sofern er nur die ursprüngliche Klage innerhalb der Drei-Wochen-Frist des § 3 KSchG erhoben hatte. Zu dieser Sondervorschrift wird im Schrifttum teilweise die Ansicht vertreten, wenn in einem solchen Fall das Arbeitsgericht seiner Pflicht aus § 5 Satz 2 KSchG nicht nachgekommen ist, den Kläger auf die Möglichkeit der Klageänderung aufmerksam zu machen, dann könne das Landesarbeitsgericht die Sache wegen dieses Verfahrensmangels trotz § 68 ArbGG nach § 539 ZPO an das Arbeitsgericht zurückverweisen, weil der Kläger sonst die bis zum Schluß der ersten Instanz befristete Möglichkeit der Klageänderung unwiederbringlich verloren hätte (vgl. Herschel-Steinmann, Kündigungsschutzgesetz, 4. Aufl., Anm. 3 zu § 5; Hueck, Kündigungsschutzgesetz, 3. Aufl., Anm. 4 zu § 5, beide mit weiteren Zitaten). Ob diese Ansicht richtig ist, kann dahingestellt bleiben. Denn auch nach ihr soll das in § 68 ArbGG enthaltene Verbot der Zurückverweisung einer Sache durch das Berufungsgericht nur deswegen ausnahmsweise durchbrochen werden können, damit eine rechtzeitig gegenüber einer Kündigung erhobene Klage nicht allein daran scheitert, daß sie infolge der mangelnden Belehrung des Klägers durch das Arbeitsgericht nicht in die Form einer Kündigungsschutzklage gebracht worden ist. Die Funktion des § 5 KSchG soll unter allen Umständen in möglichst weitem Umfang gesichert bleiben. Der vom Landesarbeitsgericht aufgestellte Rechtssatz, daß für eine Kündigungsschutzklage der Verlust des ersten Rechtszuges verboten sei, liegt dieser Ansicht nicht zu Grunde. Er ist dem Kündigungsschutzgesetz fremd und kann insbesondere in keiner Weise aus der auf einen ganz besonderen Einzelfall abgestellten Sondervorschrift des § 5 KSchG hergeleitet werden.

Hiernach war die vom Landesarbeitsgericht ausgesprochene Zurückverweisung der Sache an das Arbeitsgericht unzulässig. Das Landesarbeitsgericht wird im weiteren Verfahren selbst auf § 1 KSchG als Klagegrund eingehen müssen.

Da die gerichtlichen Kosten des Revisionsverfahrens bei verfahrensrechtlich richtiger Behandlung durch das Landesarbeitsgericht nicht entstanden wären, hat der Senat nach § 7 GKG erkannt, daß diese Kosten außer Ansatz bleiben.

42

Dem Betriebsrat steht im allgemeinen bei der Aufstellung eines Produktographen kein Mitbestimmungsrecht zu.

BetrVG § 56 Abs. 1 f.

I. Senat. Beschluß vom 27. Mai 1960 i. S. D. (Antragst.) w. D. (Antragsg.)
1 ABR 11/59.

I. Arbeitsgericht Iserlohn. — II. Landesarbeitsgericht Hamm/W.

I. Die antragstellende Firma, eine Druckerei, stellte in ihrem Betrieb einen Produktographen auf. Hierbei handelt es sich um eine an jeder Druckmaschine angebrachte Apparatur, die die verschiedensten Werte aus dem Lauf und der Bedienung der Druckmaschine, wie Lauf und Stillstand, Taktfolge, Fertigungsmenge, Leerlauf- und Verlustzeiten, Störzeiten, fortlaufend mechanisch registriert und über ein Kabelnetz den Produktions- und Arbeitsablauf auf einem Diagrammträger im Betriebsbüro zentral aufzeigt. Da dieses Registrier- und Kontrollgerät von sich aus nicht imstande ist, die verschiedenen an sich möglichen G r ü n d e eines Stillstehens der Druckmaschinen zu erfassen und weiterzumelden, ist an den Druckmaschinen eine Tastatur angebracht. Der an der Maschine arbeitende Arbeitnehmer kann, wenn die Maschine in ihrem Lauf unterbrochen ist, die auf dem Diagramm in einer Zentrale automatisch erscheinende Fernmeldung des Maschinenstillstandes durch Betätigung einer von mehreren vorhandenen Unterbrechungstasten, also durch eine zusätzliche Meldung, motivieren und erläutern. Zu diesem Zweck sind an den Druckmaschinen fünf Tasten angebracht, die 5 und mehr verschiedene Möglichkeiten der Gründe einer Unterbrechung des Laufes der Druckmaschine vorsehen, wie z. B. Einrichten, Farbwechsel, Fehler an Druckform, kein Auftrag, übrige Hilfszeiten. In der Fertigungszentrale sind mit Hilfe dieser Geräte optisch die Auslastung und Bedienung der einzelnen Maschinen und der Fertigungsstand der Aufträge sowie die Gründe des Stillstandes der Maschine sofort in allen Einzelheiten und nahezu lückenlos erkennbar.

Bei der Aufstellung des Produktographen kam es zu Meinungsverschiedenheiten, insbesondere darüber, ob die Drucker verpflichtet waren, die an ihren Druckmaschinen angebrachten Tasten der ihnen von dem Arbeitgeber erteilten Weisung entsprechend zu bedienen. Es fanden Verhandlungen zwischen der antragstellenden Firma und ihrem Betriebsrat, dem Antragsgegner, statt, zu denen auch die Gewerkschaft und der Arbeitgeberverband hinzugezogen wurden. Hierbei wurde vereinbart, daß über die Frage, ob hinsichtlich der Aufstellung des Produktographen dem Betriebsrat ein obligatorisches Mitbestimmungsrecht im Sinne des § 56 Abs. 1 Buchst. f BetrVG zukomme, eine Klärung im arbeitsgerichtlichen Beschlußverfahren erfolgen solle. Darauf stellte die Firma beim Arbeitsgericht den Antrag festzustellen, daß dem Antragsgegner kein Mitbestimmungsrecht im Sinne des §56 Abs. 1 Buchst. f BetrVG insoweit zusteht, als es die Frage der Einführung und Betätigung des Produktographen im Betrieb der Antragstellerin anbetrifft. Das Arbeitsgericht hat nach dem Antrag der Firma entschieden. Auf die Beschwerde des Betriebsrats hat das Landesarbeitsgericht den Antrag der Firma abgewiesen. Die Rechtsbeschwerde der Firma hatte Erfolg.

II. Die Frage der obligatorischen Mitbestimmung des Betriebsrats in der privaten Wirtschaft ist allein in § 56 BetrVG geregelt. Unter den hier erwähnten Fällen kann nur Buchst. f in Frage kommen, der die Fragen „der Ordnung des Betriebes" und des „Verhaltens der Arbeitnehmer im Betrieb" betrifft. Hierüber besteht unter den Beteiligten Einigkeit. Entgegen der Ansicht des Betriebsrats ist aber die Frage der Aufstellung und Bedienung eines Produktographen nicht eine solche, die die Fragen der Ordnung des Betriebes und des Verhaltens der Arbeitnehmer im Betrieb im Sinne des § 56 Abs. 1 Buchst. f BetrVG betrifft.

Diese gesetzliche Vorschrift umfaßt die Ordnung des Betriebs im eigentlichen Sinne, wie sie bereits in früheren Zeiten, u. a. gemäß den Bestimmungen der Gewerbeordnung, bekannt war. Inhalt einer solchen Arbeitsordnung ist es aber nicht, das gesamte Verhalten eines Arbeitnehmers für die Zeit, in der er sich im Betrieb aufhält, hinsichtlich seiner nach dem Arbeitsverhältnis geschuldeten Arbeitsleistung bis ins einzelne zu regeln. Gegenstand der „Arbeitsordnung" ist nämlich nicht dasjenige, was mit dem eigentlichen Arbeitsvorgang des einzelnen im Betriebe beschäftigten Arbeitnehmers zu tun hat und mit seiner Arbeitsleistung in unmittelbarem Zusammenhang steht. Die Arbeitsordnung umfaßt nicht die arbeitstechnischen Bestimmungen, die den Ablauf der Arbeit des einzelnen Arbeitnehmers selbst gestalten. Diese unternehmerliche und arbeitstechnische Leitung des Betriebes ist vielmehr allein Sache des Arbeitgebers (vgl. Dietz, BetrVG, 3. Aufl., § 56 Anm. 33 a Abs. 1 und 5 mit Zitaten). Eine Mitbestimmung nach § 56 Abs. 1 Buchst. f BetrVG ist nur insoweit gegeben, als es sich um die Ordnung des Betriebes als Gesamtorganismus und um das Verhalten der Arbeitnehmerschaft als eines Ganzen, dessen Teil auch der einzelne Arbeitnehmer ist, handelt. Sie ist insoweit nicht gegeben, als es sich um die nach den Weisungen des Arbeitgebers konkretisierbare Arbeitsleistung des einzelnen Arbeitnehmers handelt.

Diese Auslegung des § 56 Abs. 1 Buchst. f BetrVG ergibt sich aus Sinn und Zweck der Arbeitsordnung. Eine solche Ordnung der Arbeit ist notwendig, um bei dem engen Zusammenleben und Zusammenwirken vieler Menschen in einem Betrieb eine Ordnung aufrechterhalten zu können, die Voraussetzung für ein gedeihliches Funktionieren dieses Betriebes ist. Nur die allgemeinen Vorschriften über die Arbeitsorganisation gehören hierzu, nicht aber die Frage, wie der vom einzelnen Arbeiter zu erledigende Arbeitsvorgang selbst im einzelnen zu gestalten ist. Vielmehr geht es hier um Fragen, die sich aus der Zusammenballung einer Anzahl von Menschen zwangsläufig ergeben (so auch Hueck-Nipperdey, Lehrbuch des Arbeitsrechts, 6. Aufl., Bd. 2, S. 829) und die deshalb eine Regelung durch allgemein gültige Bestimmungen erfordern. Es geht also nur um die allgemeinen Fragen der Ordnung des Betriebs und des Verhaltens der Arbeitnehmer in diesem (so auch BT-Drucks., 1. Wahlperiode, Nr. 3585, S. 11). Die betriebliche Ordnung oder Arbeitsordnung im Sinne des § 56 Abs. 1 Buchst. f a.a.O. umfaßt daher nur allgemeingültige, für alle Arbeitnehmer oder doch für Gruppen von ihnen verbindliche Verhaltensregeln, ohne die nicht gewährleistet werden kann, daß das betriebliche Leben möglichst reibungslos abläuft. Im Gegensatz dazu stehen solche Anordnungen, die sich auf den einzelnen Arbeitsplatz oder auf einzelne Arbeitsplätze beschränken und die Art und Weise der Ausführung der jeweiligen an diesen Arbeitsplätzen zu verrichtenden Arbeit regeln. Auf dem letztgenannten Gebiet ist allein maßgeblich das arbeitsvertragliche, die geschuldete Arbeitsleistung näher bestimmende Weisungsrecht des Arbeitgebers, ohne daß eine Mitbestimmung des Betriebsrats hierbei in Betracht käme.

Es ergibt sich hieraus, daß im vorliegenden Fall ein Mitbestimmungsrecht des Betriebsrats nicht besteht. Ob ein Produktograph eingeführt und im Betrieb angewendet werden kann und weiter bestimmt werden kann, daß ein Drucker an seiner Maschine angebrachte Meldetasten zu bedienen hat, sind Fragen, deren Entscheidung allein dem Arbeitgeber kraft des ihm zustehenden Weisungsrechts obliegt. Denn hierbei handelt es sich um den Arbeitsablauf und die Arbeitsleistung eines einzelnen Arbeitnehmers oder mehrere Arbeitnehmer bei der ihnen besonders zugewiesenen Arbeitsverrichtung. Die Arbeitsverrichtung des einzelnen Arbeitnehmers ist weisungsbstimmt, und sie kann konkretisiert werden durch das Weisungsrecht des Arbeitgebers. Dieses Recht umfaßt auch die Befugnis, vom Arbeitnehmer beim Ausfall oder Stillstand einzelner Maschinen eine Auskunft darüber zu verlangen, aus welchen Gründen die Maschine, die der betreffende Arbeitnehmer bedient, zu einer bestimmten Zeit stillgestanden hat. Ob eine solche danach geschuldete Auskunft mündlich zu erteilen ist oder wie hier auf mechanischem Wege, d. h. durch Betätigen einer Taste, ob sie nur auf ausdrückliche Frage des Arbeitgebers oder auch ohne eine solche im Einzelfall gestellte Frage durch den Arbeitnehmer von sich aus zu erteilen ist, spielt für das rechtliche Ergebnis keine Rolle. Der Unterschied zwischen der bisher üblichen Methode der Ausübung des Auskunftrechts und dem hier angewandten Verfahren besteht lediglich darin, daß hier die Auskunft des Arbeitnehmers nicht erst auf Verlangen erteilt wird, sondern automatisch vorweg auf Grund einer im voraus erteilten Weisung erteilt werden muß, bevor der Arbeitgeber im Einzelfall ein solches Verlangen gestellt hat. Das aber ist im Rahmen des Einzelarbeitsverhältnisses zulässig und bedenkenfrei. Wie die Übermittlung der Nachricht im einzelnen Falle erfolgt, ist rechtlich ebenfalls ohne Bedeutung.

Es handelt sich in Wirklichkeit im vorliegenden Falle nur um die Kontrolle des Laufs der Maschine und damit allerdings auch um die Kontrolle des Arbeitsablaufs bei dem einzelnen an der Maschine beschäftigten Arbeitnehmer. Dieser Arbeitnehmer ist jedoch — wie bereits ausgeführt — ohnehin auf Grund des Arbeitsverhältnisses verpflichtet, seinem Arbeitgeber auf dessen Verlangen, das auch im voraus ausgesprochen werden kann, von den Gründen des Stillstands der Maschine Nachricht zu geben. Es ist deshalb keine unbillige Forderung des Arbeitgebers, wenn er die Bedienung der Drucktasten durch den Arbeitnehmer verlangt, um auf diese Weise eine Benachrichtigung durch mündliche Erklärung oder durch die bisher üblichen Arbeitszettel zu ersparen. Ein solches Verfahren zu unterbinden oder seine Einführung von der Mitbestimmung des Betriebsrats abhängig zu machen, würde bedeuten, dem technischen Fortschritt in den Arm zu fallen. Ist aber bei dem bisher üblichen Verfahren der Kontrolle des Arbeitsvorgangs ein Mitbestimmungsrecht nicht gegeben gewesen, so kann ein solches auch im vorliegenden Fall nicht gewährt werden.

Der Senat hat im Streitfall nicht zu entscheiden, ob ein Mitbestimmungsrecht für d e n Fall einzuräumen ist, daß eine Kontrollmaschine wie der Produktograph benutzt wird, um die Entlohnung des einzelnen Arbeitnehmers festzustellen, daß also die Entlohnung abhängig ist von den Ergebnissen, die der Produktograph aufweist. Einer Erörterung dieser Frage bedarf es hier nicht, da es unstreitig ist, daß die durch den Produktographen gelieferten Ergebnisse im Betriebe der Antragstellerin keinerlei Einfluß auf die Lohnhöhe der betreffenden Arbeitnehmer haben. Weiterhin hat der Senat nicht zu entscheiden die Frage, ob Rechte des einzelnen Arbeitnehmers oder des Betriebsrats dann begründet wären, wenn die Maschine benutzt würde, um zu einem von der Rechtsordnung nicht zu billigenden Antreibersystem zu kommen. Auch in dieser Richtung ist im vorliegenden Verfahren nichts vorgetragen worden. Die Antragstellerin hat im Gegenteil unwidersprochen betont, daß die Aufzeichnungen des Geräts mit der Leistung des einzelnen Arbeitnehmers, der an der Maschine beschäftigt ist, in keinerlei Zusammenhang ständen. Auch dem ist der Betriebsrat nicht mit substantiierten Behauptungen entgegentreten.

Der Senat hat schließlich die Frage geprüft, ob die Einführung des Produktographen gegen Grundrechte der Verfassung verstößt, insbesondere den Persönlichkeitsschutz, den das Grundgesetz allen Menschen gewährt.

Der Betriebsrat, der lediglich ein Mitbestimmungsrecht an der Einführung des Produktographen für sich in Anspruch nimmt, scheint eine solche Auffassung zwar selbst nicht zu vertreten; denn andernfalls müßte seine Einlassung im Verfahren eine andere sein. Jedoch war diese Frage von Amts wegen zu prüfen. Sie war jedoch zu verneinen. Wie schon betont, sind Kontrollmittel und Kontrollfunktionen im Arbeitsleben allgemein üblich. Wer sich in ein Arbeitsverhältnis begibt, unterwirft sich damit auch insoweit einer Kontrolle durch den Arbeitgeber. In welcher Weise eine solche Kontrolle ausgeübt wird, ist letzten Endes dem Arbeitgeber kraft seines im Rahmen der Rechtsordnung auszuübenden Weisungsrechts hinsichtlich der Ausführung der Arbeitsleistung selbst überlassen. In Frage kommt etwa die direkte Beaufsichtigung durch einen Vorgesetzten, die Kontrolle dadurch, daß vom Arbeitnehmer Arbeitszettel ausgefüllt werden müssen, wobei davon auszugehen ist, daß dieser sie kraft seiner Treuepflicht richtig auszufüllen hat, aber auch die Überwachung durch Begründung einer arbeitsvertraglichen Pflicht, den Stillstand einer Maschine und die Gründe hierfür durch Betätigung einer automatischen Meldeanlage (hier der an den Druckmaschinen angebrachten Tasten) dem Arbeitgeber zu melden. Auch im letzteren Falle liegt ein Verstoß gegen die Würde des Menschen und die freie Entfaltung der Persönlichkeit unter den im vorliegenden Falle gegebenen Umständen nicht vor.

Scheidet schon aus all diesen Gründen ein Mitbestimmungsrecht des Betriebsrats aus, so kommt es nicht mehr darauf an, ob die von den Beteiligten herangezogenen Tarifverträge bereits eine tarifliche Regelung über Kontrollbefugnisse des Arbeitgebers enthalten, so daß gemäß §§ 56 Abs. 1 erster Halbabsatz, 59 BetrVG für eine betriebliche Regelung dieser Frage kein Raum mehr wäre.

43

1. Der Arbeitgeber hat auch bei Eigenschaden, der dem Arbeitnehmer infolge seiner fehlsamen Verrichtung gefahrengeneigter Arbeit entstanden ist, gegebenenfalls dem Arbeitnehmer gegenüber eine Freistellungspflicht.

2. Zu den arbeitsvertraglichen Hauptpflichten eines angestellten Kraftfahrers gehört die unbedingte Einhaltung der Verkehrsvorschriften.

3. Zur Abgrenzung zwischen grober und leichter Fahrlässigkeit bei einem vom angestellten Kraftfahrer infolge seines Verstoßes gegen Straßenverkehrsvorschriften entstandenen Verkehrsunfalls.

4. Das Revisionsgericht kann bei einer diesbezgl. verfehlten Betrachtung des Berufungsgerichts die Wertung, ob grobe oder leichte Fahrlässig-

keit vorliegt, dann selbst vornehmen, wenn die Feststellungen des Berufungsgerichts ein abgeschlossenes Tatsachenbild ergeben.

5. Die Zusage des Arbeitgebers, den Arbeitnehmer von den Kosten eines Strafverfahrens (Verkehrsunfalls) freizustellen, ist rechtlich zulässig.

BGB § 611 Haftung des Arbeitnehmers; BGB § 157; BGB § 276; ZPO § 550; StGB § 257.

II. Senat. Urteil vom 28. Mai 1960 i. S. K. (Bekl.) w. B. (Kl.) 2 AZR 548/59.

I. Arbeitsgericht Stuttgart. — II. Landesarbeitsgericht Baden-Württemberg (Stuttgart).

Der Kläger war vom 1. Mai 1957 bis 14. Mai 1959 Omnibusfahrer bei der Beklagten. Am 5. Juni 1958 gegen 19 Uhr hatte er mit einem Reiseomnibus der Beklagten einen Verkehrsunfall. Er war, um einer Gruppe ihm auf seiner Fahrbahn entgegenkommender Fußgängerinnen auszuweichen, auf die linke Fahrbahnseite hinübergewechselt, und zwar kurz vor der sichthindernden Kuppe der ansteigenden Straße und so, daß er bis auf 1 m an den linken Straßenrand herangeriet. In diesem Zeitpunkt kamen kurz hintereinander zwei Motorradfahrer über die Anhöhe herunter; dem ersten gelang es, unter Herabminderung seiner Geschwindigkeit noch zwischen Straße und Omnibus hindurchzukommen, der zweite Fahrer bremste ab, stürzte und erlitt dabei — allerdings geringfügigen — Körper- und Sachschaden.

Wegen dieses Verkehrsunfalls erging gegen den Kläger ein Strafbefehl über 100 DM, gegen den er Einspruch einlegte. In der Hauptverhandlung, in der sich der Verletzte dem Verfahren als Nebenkläger anschloß und sich durch einen Rechtsanwalt vertreten ließ, blieb es bei der Geldstrafe in Höhe von 100 DM. Nur sind die dem Beklagten auferlegten Gerichtskosten, die im Strafbefehl noch auf 5 DM bemessen waren, inzwischen auf 122,70 DM angewachsen. Außerdem muß der Kläger noch die auf 288,08 DM gegen ihn festgesetzten Kosten des Nebenklägers tragen.

Diese Nebenklagekosten von 288,08 DM verlangt der Kläger mit der Klage von der Beklagten ersetzt. Diese müsse ihn, da sie ihn zu einer gefahrengeneigten Arbeit angestellt habe, von den schädlichen Folgen dieser Arbeit freistellen. Außerdem habe die Beklagte ihm Rechtsschutz zugesichert und ihn veranlaßt, gegen den Strafbefehl Einspruch einzulegen.

Die Vorinstanzen haben der Klage stattgegeben. Die Revision der Beklagten führte zur Aufhebung und Zurückverweisung.

Aus den Gründen:

Zutreffend ist der Ausgangspunkt des landesarbeitsgerichtlichen Urteils. Wie der Senat in seinem Urteil vom 19. März 1959 (BAG 7, 290) entschieden hat, kann ein vertragsgemäß zu sogenannter gefahrengeneigter Arbeit eingesetzter Arbeitnehmer unter gewissen Voraussetzungen und unter gewissen Umständen von seinem Arbeitgeber die Freistellung von Verbindlichkeiten fordern, die sich aus der besonderen Gefahr der ihm übertragenen Arbeit ergeben haben. Bei grober Fahrlässigkeit kann er in aller Regel keine Freistellung fordern — bei Vorsatz scheidet eine Freistellung von vornherein aus —, bei leichter Fahrlässigkeit ist in aller Regel der Schaden unter Berücksichtigung von Schadensanlaß und Schadensfolgen nach Billigkeits- und Zumutbarkeitserwägungen zu verteilen. Bei leichtester — geringer — Fahrlässigkeit des Arbeitnehmers ist der Schaden in aller Regel ganz vom Arbeitgeber zu tragen. Der Senat hatte diese Grundsätze ausgesprochen für den Fall, daß dem Arbeitgeber aus einer Fehlleistung des Arbeitnehmers ein Schaden erwächst. Sie müssen aber auch gelten, wenn der Arbeitnehmer aus der sich in Vollzug seines Arbeitsverhältnisses ereignenden Fehlleistung selbst eine Schlechterstellung in seinem Vermögen erfährt. Tragender Ausgangspunkt für das vom Senat gewonnene Ergebnis ist der Gedanke, daß es bei der mit besonderer Gefahr behafteten Arbeit die Fürsorgepflicht des Arbeitgebers gebietet, den Arbeitnehmer, der bei den im Interesse des Arbeitgebers erbrachten gefahrengeneigten Arbeiten einmal versagt, in zumutbarem Maße, nämlich unter Abwägung des rechtswidrigen und schuldhaften Verhaltens des Arbeitnehmers auf der einen und der auf den Arbeitgeber zurückgehenden schuldlosen Veranlassung auf der anderen Seite, vor den Folgen eines solchen Versagens zu bewahren (BAG 7, 290 [299]). Die personale Struktur des Arbeitsverhältnisses, die zu jener Abwägung führt und sie notwendig macht, würde verleugnet, wenn der Arbeitgeber sich bei dem Eigenschaden des Arbeitnehmers, der infolge einer fehlsamen Verrichtung gefahrengeneigter Arbeit entstanden ist, von vornherein und in jedem Falle nicht zu beteiligen brauchte.

Das Landesarbeitsgericht hat gemeint, hier eine grobe Fahrlässigkeit des Klägers verneinen zu können; es hat leichte Fahrlässigkeit angenommen und ist somit zu einer Verteilung des Schadens gekommen, indem es die Gerichtskosten in Höhe von 122,70 DM vom Kläger, die Kosten der Nebenklage von der Beklagten getragen wissen will.

Mit Recht beanstandet die Revision diese Wertung des Landesarbeitsgerichts.

Zwar ist dem Landesarbeitsgericht darin beizupflichten, daß die erste Ursache für den Unfall durch die Fußgängerinnen gesetzt wurde, die auf der Landstraße nebeneinander gingen und dem Omnibus nicht Platz machten. Dadurch entstand für den Kläger, wie das Landesarbeitsgericht hervorhebt, eine schwierige Verkehrssituation, zumal er auf ansteigender und somit hinsichtlich des Gegenverkehrs unübersichtlicher Straße fuhr. Er stand vor der Wahl, entweder durch Abstoppen die Fußgängerinnen zu veranlassen, seine Fahrbahn freizumachen, oder die Fahrbahn des Gegenverkehrs zu benutzen.

Dem Landesarbeitsgericht kann aber nicht gefolgt werden, wenn es anschließend ausführt, der Kläger habe bei der Wahl zwischen Abstoppen oder Überwechseln auf die linke Fahrbahnseite die wirtschaftliche Überlegung eines möglichst sparsamen Brennstoffverbrauchs anstellen dürfen und es sei ihm nur vorzuwerfen, bei der Unübersichtlichkeit der Straße „im rationellen Fahren etwas zu weit gegangen" zu sein. Der Kläger hat eindeutig und ohne die Möglichkeit zu haben, eine Abmilderung in Anspruch nehmen zu können, gegen seine arbeitsvertraglichen Pflichten verstoßen; man kann also nicht, wie es das Landesarbeitsgericht offensichtlich will, sagen, weil er im Interesse der Beklagten gehandelt habe, müsse er in einem gewissen Umfang von dieser freigestellt werden. Zu den arbeitsvertraglichen Pflichten eines angestellten Kraftfahrers gehört nicht nur das rationelle Fahren, sondern vorab das Einhalten der Verkehrsvorschriften und zwar als Haupt-, nicht etwa nur als Nebenverpflichtung. Der Arbeitgeber, der den Kraftfahrer zum Fahren einsetzt, hat ein unbedingtes Interesse daran, daß sich derselbe völlig verkehrsgerecht verhält. Das Fahren darf sich von der Rechtsordnung her im Interesse aller Verkehrsteilnehmer nur unter strenger Beachtung der Straßenverkehrsvorschriften vollziehen. Wollte der Arbeitgeber hier nachgeben, würde er selbst Gefahr laufen, insbesondere bei schwereren Fällen, als Mittäter zur Verantwortung gezogen zu werden, und ferner müßte sein Unternehmen empfindlich leiden, es käme vielleicht sogar zur Schließung oder zum Ruin desselben. Ebenso hat auch der Kraftfahrer wegen der bei Nichtbeachtung der Straßenverkehrsvorschriften sonst für ihn eintretenden Folgen die Zielrichtung, auch vom Arbeitsvertrag her entsprechend gebunden zu sein. Wenn die Verpflichtung zu rationeller Fahrweise in Widerstreit mit der Verpflichtung zur Einhaltung der Straßenverkehrsvorschriften gerät, so geht die Pflicht zur Einhaltung der Straßenverkehrsvorschriften unbedingt vor.

Wenn sich nun hier, wie das Landesarbeitsgericht ausführt, der Kläger entschließen mußte, ob er abstoppen und dadurch etwas mehr Brennstoff verbrauchen oder ob er in zügiger, also brennstoffsparender Fahrt auf die linke Fahrbahnseite hinüberwechseln sollte, so mußte er sich unbedingt für das Abstoppen entscheiden; denn gemäß § 8 Abs. 2 Satz 3 StVO haben die Fahrer aller Fahrzeuge auf unübersichtlichen Strecken die selbstverständliche Pflicht, die äußerste rechte Fahrbahn einzuhalten. Gegen diese Vorschrift hat der Kläger verstoßen, indem er kurz vor der Straßenkuppe, als er den Gegenverkehr überhaupt nicht beobachten konnte, nicht nur nicht die äußerste rechte Fahrbahn eingehalten, sondern sogar auf die linke Fahrbahn hinübergewechselt ist. Das war eine grobe Verletzung der Straßenverkehrsvorschriften.

Der Kläger hat somit einen wesentlich gewichtigeren Verstoß begangen, als das Landesarbeitsgericht angenommen hat.

Bei der Frage, ob und inwieweit das Revisionsgericht die Verschuldenswertung des Berufungsgerichts nachprüfen kann, ist von den Grundsätzen auszugehen, die der Senat in seiner oben schon angeführten Entscheidung vom 19. März 1959 (BAG 7, 290) entwickelt hat. Hiernach ist, da es sich bei dem Begriff der Fahrlässigkeit wie bei dem der groben Fahrlässigkeit um Rechtsbegriffe handelt, das Revisionsgericht berechtigt, den vom Tatsachenrichter festgestellten Sachverhalt anders, als dieser es getan hat, zu werten. Jedoch besteht bei der Abgrenzung zwischen grober und leichter Fahrlässigkeit ein gewisser Beurteilungsspielraum für den Tatsachenrichter, der dem Revisionsgericht dieserhalb nur eine beschränkte Nachprüfung ermöglicht. Er darf nur nachprüfen, ob der Tatsachenrichter bei der Subsumtion gegen Rechtsvorschriften, gegen allgemein anerkannte Bewertungsmaßstäbe, gegen Denkgesetze oder allgemeine Erfahrungssätze verstoßen hat, insbesondere wenn er bei der Bewertung offensichtlich fehlerhaft verfahren ist, etwa einzelne zu Gunsten oder zu Lasten des Schädigers sprechende Gesichtspunkte und die von ihm geltend gemachten Umstände unzureichend berücksichtigt hat (BAG 7, 290 [301/302]).

Derartige Fehler sind nun hier dem Landesarbeitsgericht unterlaufen. Es hat die durchschlagende Tragweite der maßgeblichen Bestimmung des § 8 Abs. 2 Satz 3 StVO nicht gesehen und hat es verabsäumt, hieran das konkrete Verhalten des Klägers zu messen.

Die weitere Frage, ob der Senat die hiernach fehlerhafte Wertung des Landesarbeitsgerichts durch seine eigene ersetzen darf, ist nach ähnlichen Überlegungen zu beantworten, wie sie das Bundesarbeitsgericht für die Auslegung von Willenserklärungen angestellt hat. Wie bei diesen unter Umständen das Revisionsgericht zu eigenständiger Auslegung befugt ist, wenn nämlich die auszulegende Willenserklärung fest umrissen und in gleicher Geschlossenheit dem Berufungsgericht und dem Revisionsgericht vorliegt (vgl. BAG AP Nr. 6 zu § 550 ZPO; BAG 6, 321 [345]), so kann das Revisionsgericht die Wertung, ob grobe oder leichte Fahrlässigkeit vorliegt, dann selbst vornehmen, wenn die Feststellungen des Berufungsgerichts ein abgeschlossenes Tatsachenbild ergeben.

Diese Voraussetzungen sind hier erfüllt. Der Unfallhergang selbst ist dem im wesentlichen unstreitigen Sachvortrag der Parteien entsprechend vom Landesarbeitsgericht festgestellt worden und bietet sich dem Beurteiler als ein in jeder Hinsicht abgeschlossenes Bild dar.

Bei der vom Senat selbst zu beurteilenden Frage, ob das Verschulden des Klägers als grobe oder leichte Fahrlässigkeit anzusehen ist, ist der Senat den vom Reichsgericht entwickelten und von der Rechtsprechung allgemein anerkannten Unterscheidungsgrundsätzen gefolgt. Hiernach liegt grobe Fahrlässigkeit vor, wenn die verkehrserforderliche Sorgfalt in besonders schwerem Maße verletzt wird (RGZ 141, 131), wenn das nicht beobachtet wird, was im gegebenen Falle jedem einleuchten mußte (RGZ 163, 106), und wenn schon einfachste, ganz naheliegende Überlegungen nicht angestellt wurden (vgl. BGHZ 10, 14 [16/17]). Unter Zugrundelegung dieser Unterscheidungsmerkmale mußte hier eine grobe Fahrlässigkeit des Klägers angenommen werden; denn er hat die einfache Straßenverkehrsregel, nicht zum Überholen und Ausweichen auf die linke Fahrbahn hinüberzuwechseln, wenn die Übersicht auf entgegenkommende Fahrzeuge fehlt, verletzt. Er hat, als ihm die Bergkuppe der ansteigenden Straße die Sicht auf den Gegenverkehr nahm, mit seinem Omnibus die linke Fahrbahnseite in Anspruch genommen und zwar in weitem, diese Fahrbahnhälfte fast gänzlich sperrenden Umfang. Gerade von einem Berufskraftfahrer, wie es der Kläger war, ist zu verlangen, daß er die Sicherheit des Straßenverkehrs als oberstes Gebot behandelt, zumal die Einhaltung der Straßenverkehrsvorschriften zu seinen arbeitsvertraglichen Pflichten gehört. Die Notwendigkeit der unbedingten Beachtung der Straßenverkehrsvorschriften sieht jeder Kraftfahrer oder muß sie doch, unbeschadet aller etwaigen sonstigen Bindung an den Arbeitgeber, sehen. Jeder Kraftfahrer weiß, daß gerade durch Überholungsvorgänge an unübersichtlichen Strecken leicht Unfälle entstehen. Hier hatte der Kläger dem Gegenverkehr, den er wegen der ansteigenden Straße gar nicht beobachten konnte, nur einen knappen Meter gelassen. Wären dem Kläger nicht nur, wie geschehen, Motorräder, sondern — womit er wegen der Unübersichtlichkeit der Fahrbahn ebenso hätte rechnen müssen — Kraftwagen entgegengekommen, so wäre aller Voraussicht nach ein erheblich höherer Personen- und Sachschaden entstanden. Daß die Fußgängerinnen durch ihr

Nebeneinander- statt Hintereinandergehen sich ebenfalls grob verkehrswidrig verhalten haben, entlastet den Kläger nicht; er hat eben auf dieses verkehrswidrige Verhalten vollkommen falsch reagiert. Er hätte die Fußgängerinnen durch Hupen und Herabmindern seiner Geschwindigkeit zum Freimachen seiner Fahrbahnseite veranlassen oder schließlich halten müssen. Dabei ist auch noch zu bedenken, daß es sich bei der entgegenkommenden Fußgängerinnengruppe nicht um ein plötzlich, unerwartet und schnell aufgetauchtes Hindernis gehandelt hat und ferner, daß dem Kläger, da er auf ansteigender Straße fuhr, eine Herabminderung seiner Geschwindigkeit leicht möglich gewesen wäre. Als langjähriger Kraftfahrer wußte der Kläger oder mußte er doch wissen, welche Gefahren sein die linke Straßenseite völlig einnehmender Omnibus für entgegenkommende, seiner Beobachtung durch die Bergkuppe entzogene Fahrzeuge bilden konnte. Wenn er trotzdem, ohne diese Überlegungen anzustellen, oder unter Hinwegsetzung über diese Überlegungen entgegen der Vorschrift des § 8 Abs. 2 Satz 3 StVO die linke Fahrbahn fast vollständig sperrte, so war das grob fahrlässig.

Der Kläger hat somit keinen aus der allgemeinen arbeitsvertraglichen Fürsorgepflicht abzuleitenden Freistellungsanspruch gegen die Beklagte.

Die sich nach dieser Verneinung ergebende Frage, ob etwa der Kläger auf Grund besonderer Zusage der Beklagten einen solchen Anspruch hat, ist vom Landesarbeitsgericht — von seinem irrigen Rechtsstandpunkt aus folgerichtig — nicht geprüft worden. Sie muß nunmehr aber beantwortet werden.

Eine solche Zusage ist nicht etwa rechtlich unzulässig. Es wäre zwar eine strafbare Begünstigung, wenn der Arbeitgeber dem Arbeitnehmer die Freistellung von Geldstrafen zusagte (§ 257 StGB); die Freistellung von Gerichts- und Nebenklagekosten kann aber wegen des insbesondere bei der Strafzuerkennung zum Ausdruck kommenden Unterschiedes zwischen Strafe einerseits und Kosten andererseits rechtswirksam zugesagt werden, wie es auch ohne weiteres den Versicherungs-Gesellschaften erlaubt ist, hinsichtlich der Kosten eines Strafverfahrens einschließlich der Nebenklagekosten Versicherungsschutz zu gewähren (vgl. etwa Becker, DAR 1956, 321).

In der bloßen Erteilung des Rats, Einspruch gegen den Strafbefehl einzulegen, würde noch keine Zusage des Inhabers der Beklagten liegen, die durch Einspruch entstehenden Kosten selbst zu tragen. Eine solche Zusage müßte schon eindeutiger erfolgt sein. Sie könnte möglicherweise als gegeben angesehen werden, wenn der Inhaber der Beklagten dem Kläger versprochen hätte, ihm durch seine Rechtsschutzversicherung einen Rechtsanwalt für die Strafverhandlung zu stellen. In einem solchen Versprechen könnte man vielleicht die Zusage sehen, ihm den vollen Rechtsschutz zukommen zu lassen, den die Versicherungs-Gesellschaft auf Grund der mit der Beklagten abgeschlossenen Rechtsschutzversicherung dieser schuldet, wenn er nach dem Versicherungsvertrag nur auch die hier fraglichen Kosten umfaßt.

Das Landesarbeitsgericht hat nun die Behauptung des Klägers, ihm sei von der Beklagten Rechtsschutz zugesichert worden, im Tatbestand angeführt. Es hat zu dieser Behauptung des Klägers beweiseshalber den Inhaber der Beklagten gehört; es fehlt aber jede eine Beurteilung ermöglichende Feststellung und Würdigung des Beweisergebnisses. Da das Beweisergebnis tatsächlich zu würdigen Aufgabe des Tatsachenrichters ist (§ 286 ZPO), ist das Revisionsgericht nicht in der Lage, etwa die bei den Akten befindliche Aussage des Inhabers der Beklagten selbst zu würdigen, zumal die Möglichkeit offen ist, daß das Landesarbeitsgericht, wenn es die Entscheidung rechtlich auf die Frage des zugesicherten Rechtsschutzes abgestellt hätte, weitere Beweisanträge, etwa solche auf Vernehmung des Klägers, seiner Ehefrau, der Betriebsstenotypistin oder auf Einholung einer Auskunft bei der Versicherungs-Gesellschaft der Beklagten über den Umfang der von der Beklagten abgeschlossenen Rechtsschutz-Versicherung angeregt und dann eine entsprechend umfassendere Beweisaufnahme durchgeführt hätte.

44

Wenn ein Arbeitnehmer sich bei Entgegennahme einer vom Arbeitgeber freiwillig gewährten Weihnachtsgratifikation zu deren Rückzahlung für den Fall seiner Kündigung vor dem 1. April des folgenden Jahres verpflichtet, so liegt darin keine mit § 67 HGB unvereinbare Kündigungserschwerung.

BGB § 611 Gratifikation, §§ 134, 138, 139; HGB § 67 Abs. 1 und Abs. 4; ArbGG § 45 Abs. 2.

V. Senat. Urteil vom 31. Mai 1960 i. S. Fa. D. (Bekl.) w. M. (Kl.) 5 AZR 505/58.

I. Arbeitsgericht Hamburg. — II. Landesarbeitsgericht Hamburg.

1. Die Klägerin, die schon in der Zeit vom 1. November 1938 bis Anfang 1943 bei der Beklagten längere Zeit beschäftigt gewesen war, war in der Zeit vom 1. März 1949 bis zum 31. März 1958 bei der Beklagten erneut als deutsch-spanische Stenotypistin und als Fakturistin tätig. Ihr Arbeitsvertragsverhältnis endete auf Grund einer von ihr mit Schreiben vom 14. Februar 1958 fristgerecht erklärten Kündigung.

In einem Rundschreiben Nr. 295 vom 19. November 1957 hatte die Beklagte ihren Arbeitnehmern mitgeteilt, aus Anlaß des bevorstehenden Weihnachtsfestes werde sie Weihnachtsgratifikationen in Höhe eines Monatsgehalts zahlen. In dem Rundschreiben heißt es wörtlich:

„Die Gratifikation wird unter der Voraussetzung gegeben, daß diejenigen Firmenangehörigen, die bis zum 1. April 1958 das Vertragsverhältnis kündigen, sich zur Rückzahlung der erhaltenen Weihnachtsgratifikation verpflichten.

Wie in den Vorjahren so wird auch diesmal ausdrücklich darauf hingewiesen, daß es sich um eine einmalige, freiwillige Leistung handelt, aus der keine Rechtsansprüche für spätere Jahre — sei es dem Grund oder der Höhe nach — abzuleiten sind."

Der Klägerin wurde daraufhin eine Weihnachtsgratifikation von 346,23 DM netto ausgezahlt, nachdem sie am 22. November 1957 folgenden Revers unterschrieben hatte:

„Ich bestätige hiermit, von der Firma D. & Co. als Vorschuß auf die Weihnachtsgratifikation gemäß Rundschreiben Nr. 295, dessen Inhalt mir bekannt ist und dessen Bedingungen ich anerkenne,

DM 345,–

erhalten zu haben."

Als die Klägerin dann mit Schreiben vom 14. Februar 1958 ihr Arbeitsvertragsverhältnis zum 31. März 1958 kündigte, machte die Beklagte geltend, die Klägerin müsse die erhaltene Gratifikation zurückzahlen. Sie behielt von dem Februar- und Märzgehalt der Klägerin insgesamt 162,40 DM netto ein.

Die Klägerin hat Zahlung dieses Betrages von der Beklagten verlangt. Sie hat behauptet, ihr sei bei der Einstellung ein 13. Monatsgehalt von der Beklagten zugesagt worden. Sie hat die Ansicht vertreten, deshalb habe sie den erwähnten Revers vom 22. November 1957 als für sie unverbindlich betrachten und unbedenklich unterschreiben können, ohne damit auf Grund ihrer späteren Kündigung zur Zurückzahlung des erhaltenen Geldes verpflichtet zu sein. Die Beklagte hat demgegenüber Klageabweisung und im Wege der Widerklage von der Klägerin Zahlung der restlichen Gratifikation im Betrage von 183,83 DM verlangt. Sie hat bestritten, der Klägerin ein 13. Monatsgehalt zugesagt zu haben. Sie hat die Ansicht vertreten, die Klägerin müsse wegen ihrer vor dem 1. April 1958 erfolgten Kündigung ihres Arbeitsvertragsverhältnisses auf Grund des von ihr unterschriebenen Reverses die erhaltene Gratifikation zurückzahlen.

In den Vorinstanzen ist die Beklagte unterlegen. Die Revision der Beklagten hatte Erfolg.

Aus den Gründen:

1. Die von der Klägerin mit dem Revers vom 22. November 1957 eingegangene Verpflichtung, im Falle einer von ihrer Seite vor dem 1. April 1958 geschehenen Kündigung die Gratifikation zurückzuzahlen, hat das Landesarbeitsgericht als ungültig bezeichnet. Zur Begründung hat es ausgeführt, die Absprache vom 22. November 1957 habe für die Klägerin zu einer Kündigungserschwerung geführt. Eine solche sei aber wegen der durch § 67 Abs. 1 HGB für das Arbeitsvertragsverhältnis der Parteien gebotenen Gleichheit der Kündigungsfristen unstatthaft. Daher sei die Absprache vom 22. November 1957 nach § 67 Abs. 4 HGB unwirksam, ohne daß diese Unwirksamkeit „in Beihalt des § 139 BGB die Gültigkeit und Wirksamkeit der Vereinbarung über die Zahlung der Weihnachtsgratifikation berühre."

Dieser Begründung des Landesarbeitsgerichts, wie sie auch von Hueck in der Anmerkung zu BAG AP Nr. 1 zu § 611 BGB Gratifikation = BAG 1, 36 ff. angedeutet, aber in dem von Hueck bearbeiteten Teil des Lehrbuchs des Arbeitsrechts von Hueck-Nipperdey, 6. Aufl., Bd. 1, 1959, insbesondere in § 57 VI 3 S. 516, in dieser Form nicht wiederholt worden ist, kann nicht beigetreten werden. Nikisch, ArbR, 1. Aufl. (1951), S. 210, den das Landesarbeitsgericht für seine Ansicht zitiert, äußert sich zu einem Fall wie dem vorliegenden ebensowenig wie in seiner 2. Aufl. (1955) S. 585 zu Fußnoten 38, 38 a.

Richtig ist nur der allgemeine Ausgangspunkt des Landesarbeitsgerichts. Die von § 67 Abs. 1 HGB für die Arbeitsvertragsverhältnisse von kaufmännischen Angestellten vorgeschriebene Gleichheit der Kündigungsfristen darf nicht durch eine Abrede umgangen werden, die für den Fall einer Kündigung durch den Arbeitnehmer für diesen einen einseitigen Vermögensnachteil vorsieht (vgl. statt aller: BAG 2, 322 [325, 326]; vgl. auch die weiteren Nachweise bei Hueck-Nipperdey, Lehrbuch des Arbeitsrechts, 6. Aufl., Bd. 1, 1959, § 57 VI 3, S. 516; Staudinger-Nipperdey, Der Dienstvertrag, 11. Aufl., 1958, Vorbem. 86 vor § 620 BGB; Nikisch, Arbeitsrecht, 2. Aufl., 1955, S. 585 zu Fußnoten 38, 38 a; Landmann-Rohmer-Eyermann-Fröhler, GewO, 11. Aufl., Bd. 2, 1956, § 122 Anm. 3; Molitor, Die Kündigung, 2. Aufl., 1951, S. 170 Fußnote 43).

Im vorliegenden Fall kann jedoch von der Vereinbarung eines einseitigen Vermögens*nachteiles* für die Klägerin aus Anlaß ihrer Kündigung zum 31. März 1958 keine Rede sein. Ein solcher Vermögensnachteil würde vorliegen, wenn aus Anlaß ihrer Kündigung die Klägerin von ihrem Vermögen hätte etwas opfern müssen, was ihr ohne entsprechende Absprache als Vermögen verblieben wäre und die Beklagte nicht hätte in Anspruch nehmen können (z. B. Zahlung einer Konventionalstrafe, Lohnkürzung, Rückzahlung von Urlaubsgeld und dergleichen). Hier ist aber die besondere Situation gegeben, daß ohne die Absprache vom 22. November 1957 die Klägerin die von der Beklagten freiwillig gewährte und daher von ihr nicht geschuldete Gratifikation gar nicht erhalten hätte und ihr nur zugemutet wird, das herauszugeben, was sie nur behalten soll, wenn sie die getroffene Absprache einhält. Das ist für die Klägerin kein einseitiger Vermögensnachteil aus Anlaß ihrer Kündigung, sondern nur die Rückgängigmachung eines Vermögensvorteils, auf dessen Erhalten sie keinen und auf dessen Behalten sie nur einen auflösend bedingten Anspruch hatte. Das ergibt sich im einzelnen aus folgendem:

Wie aus den in dem Rundschreiben vom 19. November 1957 erwähnten früheren Vorbehalten der Beklagten zu entnehmen ist, war diese im Jahre 1957 ihren Arbeitnehmern gegenüber nicht verpflichtet, eine Weihnachtsgratifikation zu zahlen (vgl. BAG AP Nr. 4 und Nr. 7 zu § 611 BGB Gratifikation). Die von der Klägerin behauptete Absprache, ihr sei von der Beklagten bei der Einstellung ein 13. Monatsgehalt zugesagt worden, hat hier außer Betracht zu bleiben, weil das Landesarbeitsgericht keine Feststellungen darüber getroffen hat, ob diese Behauptung der Klägerin zutraf oder nicht. Es hat diese Frage ausdrücklich dahinstehen lassen und ist nur davon ausgegangen, daß die Beklagte der Klägerin für Weihnachten 1957 eine Gratifikation gewährt hat, zu der sie an sich nicht verpflichtet war, und daß die Klägerin sich aus Anlaß des Emfanges dieser freiwilligen Gratifikation der Beklagten nach näherer Maßgabe des Reverses vom 22. November 1957 zur Rückzahlung verpflichtet hat. Der Umstand, daß die Beklagte eine freiwillige Gratifikation gewährt hat, ist aber bei dem wirtschaftlichen Austauschverhältnis, in dem Arbeitnehmer und Arbeitgeber zueinander stehen (vgl. Großer Senat des Bundesarbeitsgerichts vom 17. Dezember 1959—GS 2/59—BAG 8, 285 [297] = AP Nr. 21[6R] zu § 616 BGB mit Anm. von Hueck unter Nr. 22 Ziffer 3), geradezu entscheidend für die Frage, ob die Klägerin mit dem Revers vom 22. November 1957 für den Fall einer Kündigung vor dem 1. April 1958 einen einseitigen Vermögensnachteil übernommen hat. Da die Beklagte nicht zur Zahlung einer Weihnachtsgratifikation verpflichtet war, bedeutete es, was das Landesarbeitsgericht völlig übersieht, für die Klägerin zunächst einmal einen ganz eindeutigen, zahlenmäßig genau meßbaren Vorteil, wenn ihr die Beklagte — ohne Rechtspflicht — als Gratifikation den nicht unerheblichen Betrag von 345,— DM zukommen ließ. Der Nachteil, den sie dafür in Kauf nahm, wog demgegenüber im vorliegenden Fall wenig. Als die Klägerin am 22. November 1957 die Gratifikation in Höhe von 345,— DM in Empfang nahm, konnte sie, für die nach den Feststellungen des Landesarbeitsgerichts die gesetzliche Kündigungsfrist des § 66 HGB galt, ihr Arbeitsverhältnis frühestens mit Sechswochenfrist zum Ende des folgenden Vierteljahres, also frühestens zum 31. März 1958 kündigen. Wenn sie sich unter diesen Umständen zur Zurückzahlung der Gratifikation in Höhe von 345,— DM für den Fall einer Kündigung vor dem 1. April 1958 verpflichtete, so ist das wirtschaftlich gesehen nichts anderes als der Verkauf einer einzigen Kündigungsgelegenheit, nämlich derjenigen zum 31. März 1958, zu einem Preise von 345,— DM. Wenn die Klägerin dann trotzdem vor dem 1. April 1958 kündigte, was ihr ja unbenommen blieb, und sie die Gratifikation aber trotzdem behalten will, so handelt sie ebenso unrecht wie ein Verkäufer, der von einem Kaufvertrag zurücktritt und den erhaltenen Kaufpreis dennoch nicht zurückgeben will. Soweit sich die Klägerin in dem Revers vom 22. November 1957 verpflichtete, im Falle einer zum 31. März 1958 erfolgenden Kündigung die Gratifikation zurückzuzahlen, so wird ihr damit kein Vermögensopfer aus Anlaß einer Kündigung und keine mit § 67 Abs. 1 HGB unvereinbare Kündigungserschwerung in dem oben erörterten Sinne zugemutet; ihr wird vielmehr nur zugemutet, auf den Vermögensvorteil zu verzichten, den sie von der Beklagten nicht erhalten hätte, wenn sie sich nicht entsprechend dem Revers vom 22. November 1957 verpflichtet hätte. Auch der für die Klägerin beschwerliche Umstand, daß sie das als Weihnachtsgratifikation erhaltene Geld möglicherweise inzwischen ausgegeben hat und es immer mißlich ist, wenn man verausgabtes Geld erstatten muß, rechtfertigt keine andere Beurteilung. Der mit § 67 Abs. 1 HGB gewollten Gleichheit der Kündigungs*fristen* entspricht seit langem nicht mehr die Gleichheit der beiderseitigen Kündigungs*möglichkeiten*. Die Klägerin genoß den Kündigungsschutz nach dem Kündigungsschutzgesetz ebenso wie den nach dem Angestelltenkündigungsschutzgesetz vom 9. Juli 1926. Unter diesen Umständen kommt dem mit § 67 Abs. 1 HGB verfolgten Ziel der Gleichheit der Kündigungs*fristen* nur noch eine untergeordnete Schutzfunktion für die Klägerin zu; diese ist jedenfalls nicht so gewichtig, daß sie es erfordert, vor ihr eine vertragliche Absprache der hier in Rede stehenden Art schlechthin weichen zu lassen. Erwägungen in der gegenteiligen Richtung müßten dazu führen, daß einerseits Arbeitgeber freiwillige und höhenmäßig oft erhebliche Aufwendungen machen und daß aber andererseits Arbeitnehmer die bei Entgegennahme solcher Aufwendungen getroffenen vertraglichen Absprachen sanktionslos brechen könnten. Es bedarf keiner weiteren Ausführungen darüber, daß derartigen Erscheinungen in einem pflichtgebundenen Arbeitsvertragsverhältnis keinerlei Raum gegeben werden darf. Der Arbeitnehmer, der glaubt, ihm sei es aus Konjunkturgründen mehr wert, jederzeit kündigen zu können, ohne aus solchem Anlaß Gratifikationsrückzahlungen befürchten zu müssen, muß es unterlassen, solche mit Rückzahlungspflichten belastete Gratifikationen anzunehmen. Es bedeutet keine Überforderung an einen Arbeitnehmer, wenn an sein Redlichkeitsverhalten derartige Anforderungen gestellt werden. Dieser Auffassung entspricht es übrigens, daß in einem ähnlich liegenden Fall, nämlich der Rückzahlungspflicht des Arbeitnehmers bezüglich eines auf Grund des Zwölftelungsprinzips zuviel erhaltenen Urlaubsentgelts, der Erste Senat des Bundesarbeitsgerichts es ebenfalls abgelehnt hat, darin eine Kündigungserschwerung der hier erörterten Art zu sehen (vgl. Urteil des Ersten Senates des Bundesarbeitsgerichts vom 27. November 1959 — 1 AZR 355/57 — BAG 8, 239 [245] = AP Nr. 55 zu § 611 BGB Urlaubsrecht mit Anm. von Dersch).

Damit ist naturgemäß nicht die Möglichkeit eröffnet, aus Anlaß einer freiwilligen Gratifikation einen Gratifikationsempfänger für unbestimmte oder ungebührlich lange Zeit der Rückzahlungspflicht für den Fall einer demnächstigen Kündigung zu unterwerfen. Eine mit § 67 Abs. 2 HGB unvereinbare Kündigungserschwerung müßte durchaus in Betracht gezogen werden, wenn die Rückzahlungsverpflichtung für eine unangemessen lange Zeit ausgedehnt würde. Wann ein solcher Fall infrage kommt, läßt sich nur unter Berücksichtigung des Einzelfalles entscheiden, wobei vor allem eine Rolle spielen wird, was der Arbeitgeber an Gratifikation höhenmäßig gewährt und was andererseits dem Arbeitnehmer an Verzicht auf Kündigungsmöglichkeiten angesonnen wird. Im vorliegenden Fall steht aber nur in Rede die Gewährung einer Gratifikation in Höhe eines Monatsgehalts von rd. 350,— DM netto einerseits und der Verzicht auf e i n e Kündigungsmöglichkeit — nämlich der vom 15. Februar 1958 zum 31. März 1958 — andererseits. Ein inadäquates Verhältnis zwischen den beiderseitigen in Austausch gesetzten Leistungen ist nicht zu erkennen.

Zusammengefaßt ergibt sich somit, daß im vorliegenden Fall keine mit § 67 Abs. 1 HGB unvereinbare Kündigungserschwerung anzunehmen und daher die Reversabsprache vom 22. November 1957 nicht nach § 67 Abs. 4 HGB unwirksam ist.

2. Unter Berufung auf das bereits erwähnte Urteil des Zweiten Senates des Bundesarbeitsgerichts vom 29. Juni 1954 — BAG 1, 36 [41] = AP

Nr. 1 zu § 611 BGB Gratifikation mit Anm. von Hueck — hat das Landesarbeitsgericht außerdem Zweifel geäußert, ob es überhaupt mit dem Wesen einer Gratifikation zu vereinbaren ist, an ihre Gewährung Rückzahlungspflichten der hier in Betracht kommenden Art zu knüpfen. Es ist nicht zu verkennen, daß der Zweite Senat a. a. O., ohne daß das allerdings für die damalige Entscheidung notwendig war, in diesem Sinne umfassend zu verstehen sein könnte. Demgegenüber hat aber bereits Hueck in der Besprechung des Urteils in Anmerkung AP Nr. 1 zu § 611 BGB Gratifikation mit Recht darauf hingewiesen, daß jedenfalls eine ausdrückliche Absprache der hier in Betracht kommenden Art nicht schlechthin an dem „Wesen der Gratifikation" scheitern kann. Denn wenn es, wie hier, einem Arbeitgeber freisteht, ob er überhaupt eine Gratifikation zahlt, dann steht es ihm nach dem Grundsatz der Vertragsfreiheit und damit in den Grenzen der §§ 134, 138 BGB auch frei, einen entsprechenden Rückzahlungsvorbehalt zu vereinbaren (ebenso LAG Düsseldorf, Urteil vom 3. März 1954 — (4) 3 Sa 161/53 — Betrieb 1954, S. 888; ähnlich auch Gros, AR-Blattei, Gratifikationen, Entscheidungen 1). Der etwaigen gegenteiligen Ansicht des Zweiten Senats ist also nicht zu folgen. Einer Anrufung des Großen Senates durch den erkennenden Senat bedarf es dieserhalb nicht, weil die seinerzeitige Äußerung des Zweiten Senats insoweit nicht „Gegenstand" der Entscheidung des Zweiten Senats im Sinne von 45 Abs. 2 ArbGG war; über eine ausdrückliche Rückzahlungsabsprache hatte der Zweite Senat seinerzeit nicht zu befinden. Hinzukommt, daß der erkennende Senat jetzt ausschließlich für Gratifikationsfragen zuständig ist, was ihn in jedem Fall einer Anrufung des Großen Senates entheben würde (vgl. statt aller: BAG 7, 186 [192]).

3. Ergeben sich somit keine rechtlichen Gültigkeitsbedenken gegen die Reversabsprache vom 22. November 1957, so führt das zur Aufhebung des auf einer gegenteiligen Annahme beruhenden und für die Beklagte ungünstigen Urteils der Vorinstanz. Eine Entscheidung in der Sache selbst kann aber der Senat noch nicht treffen, weil bisher Feststellungen des Landesarbeitsgerichts darüber fehlen, ob der Klägerin ein 13. Monatsgehalt kraft einer bei Wiedereinstellung getroffenen vertraglichen Absprache zusteht, wie sie das behauptet hatte. Würde das zutreffen, was das Landesarbeitsgericht noch zu klären haben wird, so würde sich das hier streitige Rückforderungsbegehren der Beklagten aus einem anderen Grunde ganz oder teilweise zu ihren Ungunsten erledigen.

45

1. Auf DO-Angestellte der Allgemeinen Ortskrankenkassen findet die TO.A keine Anwendung.

2. Eine Dienstordnung, die auf Grund der RVO erlassen wird, ist zu unterscheiden von Dienstordnungen, die auf § 16 AOGÖ beruhen.

3. Gegen die Fortgeltung der §§ 351 ff. RVO bestehen keine verfassungsrechtlichen Bedenken.

4. DO-Angestellte erhalten keine Vergütung nach Tätigkeitsmerkmalen, sondern werden aus der Stelle des Stellenplans besoldet, in die sie eingewiesen worden sind.

5. Der Stellenplan ist ein wesentlicher Bestandteil der Dienstordnung, der sich der Angestellte durch schriftlichen Vertrag unterstellt hat.

6. Der Stellenplan selbst braucht über die dienstlichen Aufgabenkreise der DO-Angestellten keine Auskunft zu geben.

7. Mangels besonderer Dienstordnungsbestimmungen oder zulässiger vertraglicher Abmachungen hat ein DO-Angestellter keinen Anspruch auf Beförderung.

BGB § 611; RVO §§ 351, 352, 353, 354 Abs. 1, 355, 357 Abs. 3; Dienstordnung der Allgemeinen Ortskrankenkasse Mittelfranken (Nürnberg) vom 30. Juni 1942; AOGÖ § 16; TO.A § 1 Abs. 3 Buchst. p; GG Art. 9 Abs. 3.

IV. Senat. Urteil vom 1. Juni 1960 i. S. M. (Kl.) w. AOK (Bekl.) 4 AZR 528/58.

I. Arbeitsgericht Nürnberg. — II. Landesarbeitsgericht Bayern (Nürnberg).

Der Kläger, der nach Kriegsende zunächst als Tarifangestellter bei der Beklagten eingestellt worden war, wurde nach Ablegung der Anstellungsprüfung für den mittleren Dienst im Jahre 1947 durch Dienstvertrag vom 1. Juli 1949 mit Wirkung ab 1. Oktober 1947 als Verwaltungsassistent der Reichsbesoldungsgruppe A 8 a dienstordnungsmäßig angestellt und dem Recht der Dienstordnung der Allgemeinen Ortskrankenkasse unterstellt. Der Kläger wurde als Leiter der Maschinenbuchhaltung beschäftigt. Durch I. Nachtrag zum Dienstvertrag wurde er mit Wirkung ab 1. Oktober 1948 zum Verwaltungssekretär der Reichsbesoldungsgruppe A 7 a und, nachdem er am 21. Dezember 1948 die Anstellungsprüfung für den gehobenen Dienst abgelegt hatte, durch II. Nachtrag zum Dienstvertrag vom 19. Juli 1952 mit Wirkung vom 1. Mai 1950 zum Verwaltungsinspektor der Gruppe A 4 c 2 Reichsbesoldungsordnung befördert. Mit III. Nachtrag zum Dienstvertrag vom 30. Dezember 1954 erfolgte seine Beförderung zum gehobenen Verwaltungsinspektor ab 1. Dezember 1954 (Besoldungsgruppe A 4 c 1) und durch IV. Nachtrag vom 1. Dezember 1956 zum Verwaltungsoberinspektor ab 1. Dezember 1956 (Besoldungsgruppe A 4 b 1 der Bayer. Besoldungsordnung).

Der Kläger ist der Ansicht, die Beklagte sei verpflichtet gewesen, ihn bereits ab 1. Januar 1949 in die Besoldungsgruppe eines Inspektors und ab 1. Januar 1950 in die eines Oberinspektors einzuweisen. Für die Beförderung komme es nach der Dienstordnung der Beklagten allein auf die Tätigkeit und die bestandene Prüfung an. Er habe von Anfang an den Aufgabenkreis eines Oberinspektors wahrgnommen. Nach Ablegung der jeweiligen Prüfungen sei es daher Pflicht der Beklagten gewesen, ihn unverzüglich zu befördern. Freie Planstellen seien jeweils verfügbar gewesen.

Der Kläger hat beantragt festzustellen, daß die Beklagte verpflichtet sei, ihn ab 1. Januar 1955 nach Besoldungsgruppe A 4 b 1 der Bayer. Besoldungsordnung, 3. Dienstaltersstufe, und ab 1. Januar 1956 nach Besoldungsgruppe A 4 b 1, 4. Dienstaltersstufe, zu bezahlen.

Die Beklagte hat ausgeführt, es sei zwar richtig, daß in dem vom Kläger genannten Zeitraum mehrere freie Oberinspektorenstellen vorhanden gewesen seien. Die vom Kläger innegehabte Stelle sei aber nicht als die eines Oberinspektors bewertet worden; der Kläger sei seinerzeit nicht Abteilungsleiter gewesen; die Maschinenbuchhaltung sei eine Unterabteilung der Abteilung Beitragseinzug. Der Kläger habe im übrigen als Dienstordnungsangestellter keinen Anspruch, nach Tätigkeitsmerkmalen besoldet zu werden, wie das bei TO.A-Angestellten der Fall sei. Vielmehr seien auf Dienstordnungsangestellte beamtenrechtliche Beförderungsgrundsätze anzuwenden. Ein Beamter habe aber regelmäßig keinen Anspruch, befördert zu werden.

Der Kläger ist in allen Instanzen unterlegen.

Aus den Gründen:

Nach dem Dienstvertrag der Parteien vom 1. Juli 1949 in Verbindung mit den für den hier strittigen Zeitraum maßgebenden Vertrags-Nachträgen III und IV war die Beklagte gem. § 611 BGB verpflichtet, die Dienste des Klägers ab 1. Dezember 1954 aus einer Planstelle der Besoldungsgruppe A 4 c 1 (geh. Inspektor) und ab 1. Dezember 1956 mit einem Besoldungsdienstalter vom selben Tag aus einer solchen der Besoldungsgruppe A 4 b 1 (Oberinspektor) zu vergüten. Dies ist unstreitig geschehen. Der Kläger hat die von der Beklagten vertraglich geschuldete Vergütung erhalten; einen vertraglichen Anspruch auf Vergütung, wie im Klagantrag begehrt, hat der Kläger nicht.

Zu Unrecht rügt die Revision eine Verletzung des § 3 Abs. 1 der DO der Beklagten durch das angefochtene Urteil. Sie meint, aus dieser Vorschrift ergebe sich zwingend, daß der Kläger immer einen Mindestanspruch auf die Besoldung habe, die seinen Tätigkeitsmerkmalen entspreche. Das ist jedoch irrig.

Zwar sind vertragliche Abmachungen, die der DO zuwiderlaufen, nichtig (§ 357 Abs. 3 RVO) mit der Folge, daß an die Stelle der nichtigen Vertragsbestimmungen in der Regel die entsprechenden DO-Bestimmungen treten. § 3 Abs. 1 DO widerspricht aber nicht dem Dienstvertrag der Parteien; er besagt über Grund und Höhe der Besoldung unmittelbar nichts.

Diese Bestimmung, die revisibles Recht enthält (§ 73 ArbGG; BAG 7, 250 [252]), schreibt vor, daß „die Angestellten nach ihrem dienstlichen Aufgabenkreis in eine Gruppe des einen Bestandteil der Dienstordnung bildenden Stellenplans (Anhang) eingewiesen" werden. Zunächst ist darauf hinzuweisen, daß die Fassung der Vorschrift nicht ganz genau ist, wenn sie von einer „Gruppe" spricht, in die der Angestellte eingewiesen wird. In Wahrheit wird nämlich der Angestellte in eine freie Stelle des Stellenplans eingewiesen, wie aus dem Zusammenhang des § 3 Abs. 1 DO mit § 1 [„die DO gilt für die Angestellten, welche . . . . eine im Stellenplan (§ 3) vorgesehene Stelle innehaben"] und § 4 [„eine freie Stelle einer höheren Besoldungsgruppe"] ersichtlich ist. Wenn diese Einweisung nach dem dienstlichen Aufgabenkreis des Angestellten erfolgen soll, so besagt das lediglich, daß für den Angestellten grundsätzlich nur eine solche Stelle in Frage kommen kann, die der vertraglich vereinbarten Dienstbezeichnung und Besoldungsgruppe (§ 2 Abs. 4 DO) entspricht.

Nun meint zwar der Kläger, weil sein Aufgabenbereich als Leiter der Maschinenbuchhaltung vor und nach seiner Ernennung zum Oberinspektor derselbe geblieben sei, habe er unverzüglich nach Ablegung der erforderlichen Prüfung zum Oberinpektor ernannt werden müssen, zumal freie Planstellen vorhanden gewesen seien. Zunächst fehlt es jedoch an jeglichen, dem Kläger obliegenden substantiierten Darlegungen darüber, inwiefern seine Tätigkeit immer die eines Oberinspektors bei der Beklagten gewesen sei, obwohl die Beklagte ihrerseits eingehend dargelegt hat, daß zwar für ihre Abteilungsleiter Oberinspektorenstellen vorgesehen sind, der Kläger aber bisher kein Abteilungsleiter war. Davon abgesehen liegt der Meinung des Klägers der Irrtum zugrunde, der Stellenplan und damit die DO selbst müßten die dienstlichen Aufgabenkreise der Angestellten für die einzelnen Besoldungsgruppen in der Weise angeben, wie beispielsweise die Anl. 1 zur TO.A in den einzelnen Vergütungsgruppen Tätigkeitsmerkmale enthalte, nach denen der Angestellte jeweils zu vergüten sei.

In Wahrheit braucht aber der Stellenplan über den dienstlichen Aufgabenkreis, nämlich was z. B. ein Inspektor bei der Beklagten zu tun hat, gar nichts auszusagen. Außerdem darf der Begriff des dienstlichen Aufgabenkreises nicht mit den Tätigkeitsmerkmalen der Vergütungsgruppen der Anl. 1 zur TO.A indentifiziert werden mit dem Schluß, auch der DO-Angestellte sei nach Tätigkeitsmerkmalen zu besolden.

§ 3 Abs. 1 DO selbst sagt darüber, ob der Stellenplan Auskunft über die dienstlichen Aufgabenkreise geben müsse, ersichtlich nichts. Diese Folgerung kann auch nicht aus § 353 Abs. 1 Satz 1 RVO gezogen werden, wo bestimmt ist:

„Die Dienstordnung enthält einen Besoldungsplan". Der Besoldungsplan — das Wort kommt in der DO der Beklagten nicht vor, auch nicht in ihrem Stellenplan — ist nicht etwa ein „Mehr" gegenüber dem Stellenplan; vielmehr ist er im Stellenplan enthalten. Durch den Besoldungsplan sollen die Gehälter der Angestellten ohne Spielraum nach oben oder unten summenmäßig bestimmt werden, damit der Besoldungsaufwand zu übersehen ist, und im Interesse der Versicherten u. a. auch die Personalunkosten in gewissen Grenzen gehalten werden (RGZ 117, 415). Die Nennung des dienstlichen Aufgabenkreises, d. h. der dem DO-Angestellten im einzelnen jeweils obliegenden Tätigkeit im Besoldungsplan selbst ist hierfür nicht erforderlich und ohne Bedeutung. Weil aber die Besoldungsgruppen für die Angestellten normalerweise verschieden sind, muß der Besoldungsplan zwangsläufig zu einem Stellenplan (manchmal auch „Stellen- und Besoldungsplan" genannt) ausgeweitet werden, der über die genaue Zahl der Stellen jeder Besoldungsgruppe Auskunft gibt, im übrigen vielfach die Dienstbezeichnungen enthält und, wie im vorliegenden Fall, in mehr oder minder deutlichen Umrissen den oder die Aufgabenkreise z. B. eines Oberinspektors, geh. Inspektors oder Inspektors angeben kann, aber nicht muß (vgl. hierzu Kastner-Immand, Das Personalrecht der Krankenkassen, Gruppe I, K § 353 RVO, Anm. 1). Was der Kläger in Wahrheit erwartet, ist ein Organisationsplan als Bestandteil des Stellenplans. Weder die RVO noch die DO schreiben jedoch einen solchen vor.

Zu Unrecht verweist demgegenüber die Revision auf das Urteil des Senats vom 19. Februar 1959 in BAG 7, 250 ff. Dort ist nicht ausgeführt worden, ein Gruppen- oder Organisationsplan, der im einzelnen die dienstlichen Aufgabenkreise bestimmten Besoldungsgruppen zuordnet, sei ein notwendiger Bestandteil des Stellenplans. Die Revision übersieht, daß einmal der Leitsatz 1, der allerdings zu weit gefaßt ist, nicht Bestandteil des Urteils ist, zum anderen damals ein Fall der Überführung einer Angestellten aus dem TO.A = in das DO-Verhältnis gemäß besonderen Vorschriften zu entscheiden war, wobei nur in diesem Zusammenhang der konkrete Gruppenplan von Bedeutung war.

Im übrigen verkennt die Revision, daß der Begriff des dienstlichen Aufgabenkreises im Sinne des § 3 Abs. 1 DO lediglich darauf abstellt, ob, je nach dem, wie eine Behörde organisiert ist, gewisse Aufgaben üblicherweise von bestimmten Kategorien DO-Angestellter wahrgenommen werden, wobei sich erfahrungsgemäß die Aufgabenkreise überschneiden und u. U. selbst für verschiedene Kategorien (z. B. Inspektoren oder gehobenen Inspektoren) auch decken können.

Wie Fälle, in denen z. B. ein Oberinspektor (frühere Besoldungsgruppe A 4 b 1) dem üblichen dienstlichen Aufgabenkreis von Oberinspektoren zuwider in eine freie Planstelle eines Kanzleiassistenten (früher A 9) eingewiesen und dementsprechend besoldet wird, zu beurteilen wären, bedarf hier keiner Erörterung, weil ein solcher Fall nicht zur Entscheidung steht.

Die Revision verkennt den Unterschied zwischen den DO-Angestellten der Beklagten und TO.A-Angestellten. Erstere fallen unter keinen Tarif; insbesondere findet die TO.A auf sie keine Anwendung (vgl. § 1 Abs. 3 Buchst. p TO.A). Die DO enthält aber im Gegensatz zur Anl. 1 zur TO.A keine Vergütungsgruppen mit Tätigkeitsmerkmalen, durch die die vom Dienstherrn geschuldete tarifliche Mindestvergütung jeweils unmittelbar und zwingend bestimmt wird. Die Besoldungsvorschriften der DO sind vielmehr ersichtlich auch dort, wo es an einer ausdrücklichen Bezugnahme fehlt, denen für Beamte nachgebildet. Begriffe wie „Besoldungsgruppe", „Besoldungsdienstalter", „Dienstbezüge" u. ä. weisen darauf hin. Die Gruppen der Besoldungsordnungen kennen nun aber keine Tätigkeitsmerkmale, so daß sich der Anspruch eines DO-Angestellten, wie ein TO.A-Angestellter nach Tätigkeitsmerkmalen besoldet zu werden, als gegenstandslos erweist. Der Vergütungsanspruch eines DO-Angestellten der Beklagten bestimmt sich niemals nach dem, was er tut, sondern nach der Stelle der Besoldungsgruppe des Stellenplans, die er inne hat (§ 1 DO). Daher liegt ein weiterer entscheidender Unterschied zwischen einem DO-Angstellten und einem TO.A-Angestellten darin, daß für die Einreihung des letzteren in eine Vergütungsgruppe der Stellenplan als interne Angelegenheit der Behörde grundsätzlich ohne Bedeutung ist, während umgekehrt beim DO-Angestellten der Stellenplan selbst Bestandteil der DO ist, der sich der Angestellte durch Vertrag unterstellt hat.

Inwiefern das grundlegenden Prinzipien des Arbeitsrechts widersprechen soll, wie die Revision meint, ist nicht verständlich. Es gibt keinen das gesamte Arbeitsrecht oder auch nur das Tarifrecht — das hier aber gar nicht interessiert — beherrschenden und zwingenden Rechtssatz, daß Arbeitnehmer immer und überall primär nach Tätigkeitsmerkmalen zu vergüten seien.

Auf Grund des Art. 9 Abs. 3 GG bestehen entgegen der Ansicht der Revision keine Bedenken gegen die Fortgeltung der §§ 351 ff. RVO, insoweit sie zur Setzung von Arbeitsbedingungen durch Dienstordnungen ermächtigen. Denn es wird hierdurch den Dienstordnungsangestellten das Koalitionsrecht nicht genommen oder auch nur geschmälert; selbstverständlich können auch für DO-Angestellte Tarifverträge abgeschlossen werden, wobei lediglich die Frage auftaucht, welche Normen im Kollisionsfall den Vorrang haben, die der DO oder des TV (vgl. RGZ a.a.O.). Doch bedarf es hierüber keiner weiteren Erörterung, weil Tarifnormen, die hier mit den infrage kommenden DO-Bestimmungen kollidieren könnten, auf das Dienstverhältnis der Parteien keine Anwendung finden.

Schließlich ist die Ansicht der Revision unrichtig, die Vorschriften der RVO über die Ausgestaltung der DO hätten nur noch Geltung, soweit sie nicht mit § 16 AOGÖ in Widerspruch stünden. Abgesehen davon, daß nicht ersichtlich ist, inwiefern die hier anzuwendende DO mit dieser nicht mehr in Kraft befindlichen Gesetzesbestimmung in Widerspruch steht, übersieht die Revision, daß eine auf Grund der RVO erlassene DO mit dem AOGÖ nichts zu tun hat. Die Dienstanordnungen, die gem. § 16 AOGÖ früher erlassen werden konnten, stimmen mit einer DO nach der RVO im wesentlichen nur im Namen, nicht aber in der Sache überein. Letztere Dienstordnung gehört dem öffentlichen Recht an; sie wird nicht nach dem sog. Führerprinzip erlassen, wie dies bei der Dienstordnung nach dem AOGÖ, die dem Privatrecht angehörende Betriebs- oder Verwaltungssatzung ist, der Fall war; vielmehr kommt die DO kraft eines der Krankenkasse eingeräumten Gesetzgebungsrechts nach Anhörung der volljährigen Angestellten durch den Kassenvorstand und nach Befinden durch einen hoheitsrechtlichen Akt der über der Krankenkasse stehenden Genehmigungsbehörde zustande (vgl. §§ 351 Abs. 1, 352, 355 RVO; RAG, Urteil v. 21. 9. 1929 in EuM Bd. 25, S. 554; BAG AP a. a. O.).

In Wahrheit läuft das Begehren des Klägers auf eine vorzeitige Beförderung hinaus. Er will erreichen, daß die Beklagte ihn so behandelt, als ob er zu einem früheren, dem von ihm für richtig erachteten Zeitpunkt zum Oberinspektor befördert worden wäre. Einen solchen Anspruch hat der Kläger jedoch nicht.

Gemäß § 353 Abs. 2 RVO regelt die DO, unter welchen Voraussetzungen Beförderung, d. h. hier der Übertritt von einer Besoldungsgruppe in eine andere mit höherem Endgrundgehalt, stattfindet, nicht etwa stattfinden muß, wie die Revision zu meinen scheint. § 4 Abs. 1 DO bestimmt, daß „eine freie Stelle einer höheren Besoldungsgruppe einem Angestellten nur übertragen werden kann, wenn er den Befähigungsnachweis erbracht hat". Liegen diese Voraussetzungen nicht vor, darf keine Beförderung stattfinden. Hingegen ist weder in dieser DO-Vorschrift noch auch vertraglich bestimmt, unter welchen Voraussetzungen, sofern die gesetzlichen und dienstordnungsmäßigen Bedingungen erfüllt sind, der Kläger überhaupt eine Beförderung und noch dazu zu einem bestimmten Zeitpunkt beanspruchen kann. Vielmehr hat der Kläger wie jeder DO-Angestellte der Beklagten mangels besonderer, im schriftlichen Vertrag festgelegter Zusage (§ 2 DO) ebensowenig einen Rechtsanspruch auf Beförderung wie ein Beamter. Ob und zu welchem Zeitpunkt ein DO-Angestellter der Beklagten befördert wird, liegt grundsätzlich im Ermessen ihres Vorstandes. Hieraus folgt, daß entgegen der Ansicht der Revision die Klage auch unter dem Gesichtspunkt einer Fürsorgepflichtverletzung, nämlich einer rechtswidrigen und schuldhaften Unterlassung der Beförderung, keinen Erfolg haben kann.

46

1. Eine allseitige Interessenabwägung im Sinne der ständigen Rechtsprechung des Bundesarbeitsgerichts ist nicht nur bei der fristlosen Kündigung von Arbeitsverhältnissen notwendig, sondern auch bei fristloser Kündigung von Dienstverträgen, die keine Arbeitsverhältnisse begründen, aber die Arbeitskraft des Verpflichteten überwiegend in Anspruch nehmen.

2. Die Durchschlagskraft eines wichtigen Grundes zur außerordentlichen fristlosen Kündigung seitens des Dienstherrn wird nicht dadurch gemindert, daß ihm jeder Grund recht gewesen wäre, um das Vertragsverhältnis mit dem Dienstnehmer zu beenden.

3. Verlangt ein Dienstverpflichteter in besonderer Vertrauensstellung Ersatz von Spesen, die ihm gar nicht entstanden sind, so kann dies ein Grund zu seiner fristlosen Entlassung sein, auch wenn es sich um einen einmaligen Vorfall und um einen geringen Betrag handelt.

ZPO § 554; ZPO § 528; ArbGG § 64 Abs. 2; BGB § 626; ZPO § 448; ZPO § 286.

II. Senat. Urteil vom 2. Juni 1960 i. S. R. (Kl.) w. Th. (Bekl.) 2 AZR 91/58.

I. Arbeitsgericht Celle. — II. Landesarbeitsgericht Hannover.

Der Kläger trat am 1. Januar 1956 als wissenschaftlicher Mitarbeiter und Berater in den Dienst des Beklagten. Nach dem Bestätigungsschreiben des Klägers vom 15. Dezember 1955 sollte der Vertrag zunächst fünf Jahre dauern. Der Kläger sollte mindestens zwei Drittel seiner Arbeitskraft für den Beklagten verwenden, seine bisherige Lehr- und Fachtätigkeit weiter ausüben, aber dem Beklagten keine unmittelbare Konkurrenz machen dürfen. Er sollte ein Fixum von zunächst monatlich 1500 DM bekommen, das sich bei entsprechender Steigerung des Umsatzes auf bis 3000 DM erhöhen, ggfs. auch in eine 50%ige Beteiligung des Klägers am Geschäft des Beklagten umgewandelt werden sollte. Außer dem Fixum sollten dem Kläger seine Reisekosten auf der Basis von Vertrauensspesen ersetzt werden. In dem Bestätigungsschreiben steht ferner, daß der Kläger im internen Betrieb des Beklagten Weisungs- und Entscheidungsbefugnis haben sollte, sich aber bei wichtigen Angelegenheiten mit dem Beklagten abstimmen müsse. Es kam bald zu sachlichen und persönlichen Meinungsverschiedenheiten zwischen den Parteien, die sich im Laufe des Jahres so verstärkten, daß der Beklagte den Kläger am 28. November 1956 fristlos entließ, und zwar vor allem deshalb, weil er glaubte, daß der Kläger hinter seinem Rücken gegen ihn arbeitete und ihn verdrängen wollte.

Der Kläger verwahrt sich gegen seine Entlassung. Er hat auf Nachzahlung von Gehalt und Ersatz von Spesen geklagt. Das Arbeitsgericht hat den Beklagten zur Zahlung von 8085,33 DM nebst Zinsen verurteilt und die weitere Klage abgewiesen. Gegen dieses Urteil haben der Beklagte Berufung und der Kläger Anschlußberufung eingelegt. Der Kläger hat seine Klage im Berufungsverfahren erweitert und zuletzt beantragt, den Beklagten über den zuerkannten Betrag hinaus zur Zahlung von weiteren 3996,02 DM nebst Zinsen zu verurteilen, und ferner zur Zahlung von monatlich 1500 DM Gehalt für die Zeit von Dezember 1956 bis November 1957. Das Landesarbeitsgericht hat auf die Berufungen beider Parteien das arbeitsgerichtliche Urteil geändert. Es hat den Beklagten nur zur Zahlung von 3713,84 DM nebst 10% Zinsen seit dem 1. Dezember 1956 verurteilt und den Kläger mit seiner Mehrforderung abgewiesen.

Die Revision des Klägers blieb erfolglos.

Aus den Gründen:

I. Soweit der Kläger weiterhin auch 145,66 DM Spesen verlangt, die ihm das Landesarbeitsgericht als nicht erstattungsfähig aberkannt hat, ist die Revision unzulässig, weil es in diesem Umfang an einer den Vorschriften des § 554 ZPO entsprechenden Revisionsbegründung fehlt. Eine solche besondere Begründung wäre notwendig gewesen, insofern es sich bei dem Spesenanspruch um einen selbständigen Teil des Klageanspruchs handelt, der von dem Gehaltsanspruch unabhängig ist (BAG 2, 58).

II. Das Vertragsverhältnis zwischen den Parteien war kein Arbeitsvertrag, sondern nur ein einfacher Dienstvertrag, da der Kläger nach dem Inhalt des Vertrages vom Beklagten weitgehend unabhängig war. Ob der Kläger gleichwohl als eine arbeitnehmerähnliche Person im Sinne von § 5 ArbGG anzusehen ist, kann dahingestellt bleiben. Denn das Revisionsgericht kann, ebensowenig wie das Berufungsgericht dies konnte, nicht mehr in eine Prüfung der sachlichen Zuständigkeit der Arbeitsgerichte eintreten, nachdem der Beklagte sich im ersten Rechtszug auf die Klage eingelassen hat, ohne die sachliche Unzuständigkeit der Arbeitsgerichtsbarkeit geltend zu machen (§ 528 Satz 2 ZPO i.V.m. § 64 Abs. 2 ArbGG).

III. Hiernach hängt die Entscheidung über die nur noch strittigen Gehaltsansprüche des Klägers für die Zeit nach seiner fristlosen Entlassung davon ab, ob diese Entlassung berechtigt war, d. h. ob der Beklagte einen wichtigen Grund im Sinne von § 626 BGB zur fristlosen Kündigung hatte.

1. Als wichtige Kündigungsgründe hat das Landesarbeitsgericht anerkannt, daß der Kläger eine unberechtigte Spesenforderung von 27 DM geltend gemacht und damit den Beklagten zu täuschen versucht habe, daß er mit den Zeugen T. und Dr. H. hinter dem Rücken des Beklagten über die Gründung einer neuen Firma gesprochen und daß er sich insbesondere gegenüber dem Zeugen T. vielfach negativ über seine Zusammenarbeit mit dem Beklagten geäußert habe. Das Landesarbeitsgericht meint, daß jeder dieser drei Gründe für sich allein schon ausreiche, um für den Beklagten die Weiterbeschäftigung des Klägers bis zum Ablauf der fünfjährigen Vertragszeit unzumutbar zu machen.

2. Die Ausführungen, mit denen das Landesarbeitsgericht seine Ansicht von der Berechtigung der fristlosen Entlassung des Klägers begründet, können im Revisionsverfahren nur beschränkt nachgeprüft werden. Nicht nachprüfbar sind, von zulässigen Verfahrensrügen abgesehen, tatsächliche Feststellungen und deren auf tatsächlichem Gebiet liegende Würdigung. Nachprüfbar sind Rechtsverstöße. Zu ihnen gehören auch Verletzungen der Denkgesetze, insbesondere innere Widersprüche im Urteil, und die Verkennung allgemeiner Erfahrungssätze oder, was auf dasselbe hinausläuft, die Annahme von Erfahrungssätzen, die es in Wirklichkeit nicht gibt. Bei Streit über die Berechtigung einer fristlosen Kündigung ist das Gesetz auch dann verletzt, wenn das Berufungsgericht den unbestimmten Rechtsbegriff des wichtigen Grundes verkannt hat. Ein wichtiger Grund liegt allgemein gesehen dann vor, wenn dem Kündigenden nicht zugemutet werden kann, das Vertragsverhältnis bis zum Ablauf der Zeit fortzusetzen, für die es eingegangen worden ist. Zur Entscheidung darüber, ob dies zumutbar ist, ist eine alle we-

sentlichen Umstände umfassende Abwägung der Interessen beider Teile notwendig. Fehlt es an einer solchen Interessenabwägung oder ist sie unvollständig, dann hat das Berufungsgericht den Rechtsbegriff des wichtigen Grundes verkannt und das Urteil beruht auf einem Rechtsirrtum. Hat das Berufungsgericht aber unter Berücksichtigung aller wesentlichen Umstände wegen eines bestimmten Verhaltens eines Arbeitnehmers die Fortsetzung des Vertragsverhältnisses in vertretbarer Weise für unzumutbar gehalten, dann kann das Revisionsgericht dies nicht beanstanden. Der Begriff des wichtigen Grundes enthält als unbestimmter Rechtsbegriff einen bestimmten Beurteilungsspielraum, dessen Überschreitung erst zu einem Rechtsfehler führt.

3. Diese Grundsätze entsprechen der ständigen Rechtsprechung des Senats (vgl. BAG 2, 207; 2, 214). Sie sind zwar in solchen Fällen entwickelt worden, in denen nicht wie hier die außerordentliche fristlose Entlassung aus einem freien Diensverhältnis, sondern die Beendigung eines Arbeitsverhältnisses zu berurteilen war. Aber sie müssen auch hier gelten, da in beiden Fällen der Begriff des wichtigen Grundes im Sinne von § 626 BGB maßgebend ist. Wenn der Beklagte, etwa im Hinblick auf § 627 BGB, meint, bei einem freien Dienstverhältnis wie dem des Klägers bedürfe es keiner so eindringlichen Interessenabwägung wie bei einem Arbeitsverhältnis, vor allem keiner so weitgehenden Rücksicht auf die Interessen des Dienstverpflichteten an der Fortsetzung des Vertrages, so kann dem in dieser Art nicht zugestimmt werden. Ob ein wichtiger Grund vorliegt oder nicht, bestimmt sich immer nur auf Grund einer allseitigen Interessenabwägung, und es kann das auch in keinem Falle anders sein, weil es stets darum geht, ob das Vertragsverhältnis plötzlich und unvorhergesehen, eben in außerordentlicher Weise, durch eine außerordentliche Kündigung aufgelöst werden kann. Nicht die Art der Interessenabwägung ist bei dem hier in Rede stehenden freien Dienstvertrag eine andere, sondern nur die Interessenlage kann anders sein, nämlich dann, wenn das Dienstverhältnis für den Dienstverpflichteten nicht die materielle Grundlage seines Daseins bedeutete. Da der Kläger immerhin mit zwei Dritteln seiner Arbeitskraft vertraglich an den Beklagten gebunden war und demzufolge seinen Lebensunterhalt überwiegend aus seinen Dienstleistungen für den Beklagten bezog, bestehen keine durchgreifenden Bedenken dagegen, die oben herausgestellten Grundsätze zu Gunsten des Klägers auch im vorliegenden Fall anzuwenden.

IV. Die Revision rügt in erster Linie, das Landesarbeitsgericht sei zu Unrecht auf die unter Beweis gestellte Behauptung des Klägers nicht eingegangen, daß der Beklagte es systematisch darauf angelegt habe, einen

Grund für die Entlassung des Klägers zu finden. Er habe nämlich wiederholt geäußert, er wolle die ganze geophysikalische Abteilung seines Betriebes auflösen, allen in dieser Abteilung Beschäftigten kündigen, sie aber später wieder einstellen, jedoch mit Ausnahme des Klägers. Diesen Beweisantritt hat das Landesarbeitsgericht durch Verfügung seines Vorsitzenden vom 17. Oktober 1957 ohne Begründung zurückgewiesen, und es ist in den Entscheidungsgründen des angefochtenen Urteils auf diesen Punkt nicht eingegangen.

Die dagegen gerichtete Revisionsrüge ist unbegründet, weil es auf den Beweisantritt nicht ankommt. Hatte der Beklagte in Wirklichkeit keine wichtigen Gründe, um den Kläger fristlos zu entlassen, dann mußte auch sein Suchen nach solchen Gründen vergeblich bleiben. Brachte er Scheingründe vor, dann hätten sie sich bei richtiger Beurteilung durch das Gericht als haltlos herausgestellt. Hatte er aber wichtige Gründe, und das Landesarbeitsgericht hat dies bejaht, dann wird das Gewicht dieser Gründe nicht dadurch gemindert, daß dem Beklagten jeder Grund recht gewesen wäre, um den Kläger loszuwerden. Anscheinend will der Kläger sagen, der Beklagte sei kein rechtlich denkender und handelnder Dienstherr gewesen und er könne deshalb auch nicht verlangen, daß seine Kündigungsgründe wie bei einem solchen Arbeitgeber gewürdigt werden. Eine derart subjektivierte Betrachtungsweise läßt sich jedoch nicht rechtfertigen. Wenn eine, sei es auch nur kurzfristige, Fortsetzung des Vertragsverhältnisses für den Dienstherrn wirklich unzumutbar ist, muß er aus wichtigem Grunde kündigen können; anderenfalls würde er an ein für ihn nicht mehr tragbares Verhältnis zu einem Dritten gebunden. Treuwidrigkeiten beider Teile dürfen nicht einfach gegeneinander aufgerechnet werden, mögen sie auch jedenfalls im Falle der Kündigung aus wichtigem Grunde bei der Abwägung der beiderseitigen Interessen gegebenenfalls zu berücksichtigen sein. Vertragsverletzungen des Dienstherrn entbinden den Dienstverpflichteten nicht ohne weiteres davon, seinerseits vertragstreu zu bleiben, solange das Dienstverhältnis besteht, sondern geben ihm nur das Recht, Vertragserfüllung oder unter Umständen Schadenersatz zu verlangen oder vielleicht auch selbst und unter Umständen aus wichtigem Grunde zu kündigen.

V. Hiernach bleibt zu den drei vom Landesarbeitsgericht als berechtigt anerkannten Kündigungsgründen folgendes zu sagen:

1. In der festgestellten Tatsache, daß der Kläger aus Anlaß einer Übernachtung bei dem Zeugen Dr. H. 27 DM Spesen für sich und den Zeugen T. angefordert hat, die ihm nicht entstanden waren, konnte das Landesarbeitsgericht ohne Rechtsverstoß einen wichtigen Grund erblicken,

der den Beklagten bei Abwägung aller Umstände zur fristlosen Kündigung berechtigte. Daß der Kläger nach seinem Vertrag Ersatz seiner Reisespesen „auf Basis von Vertrauensspesen" verlangen konnte, befreite ihn vielleicht von der Pflicht, alle Ausgaben einzeln zu belegen, berechtigte ihn aber nicht, Spesen zu verlangen, die tatsächlich nicht entstanden waren. Das Berufungsgericht konnte diese — wenn auch nur einmalige — Unkorrektheit des Klägers, der eine besonders hervorgehobene leitende Vertrauensstellung inne hatte, im Rahmen des Beurteilungsspielraumes des wichtigen Grundes dahin würdigen, daß dadurch das zur Fortsetzung des fünfjährigen Vertrages notwendige Vertrauen des Beklagten zum Kläger bereits nachhaltig erschüttert war. Der Kläger kann sich mit Rücksicht auf seine besondere Vertrauensstellung zu seiner Entschuldigung auch nicht darauf berufen, daß, wie gerichtsbekannt ist, mit der Berechnung von Spesen vielfach Mißbrauch getrieben wird. Denn diese Mißbräuche können nicht dazu herhalten, Recht zu bilden. Daß die individuelle Schuld des Klägers im vorliegenden Fall gering und im Hinblick auf das eigene Verhalten des Beklagten verzeihlich sein mag, kann gegenüber der Unkorrektheit, begangen in einer besonderen und maßgeblichen Vertrauensstellung, nichts ändern.

2. Einen weiteren selbständigen wichtigen Kündigungsgrund hat das Landesarbeitsgericht darin gefunden, daß der Kläger hinter dem Rücken des Beklagten mit den Zeugen T. und Dr. H. über die Gründung einer neuen Firma gesprochen hat, die auf geophysikalischem Gebiet tätig werden sollte, also auf demselben Gebiet, auf dem der Beklagte arbeitete. Die Angriffe der Revision gegen die Feststellung des Landesarbeitsgerichts können nicht durchdringen. Sie richten sich in erster Linie dagegen, daß das Landesarbeitsgericht diese beiden Zeugen, insbesondere den Zeugen T., der die angeblichen Äußerungen des Klägers nachher dem Beklagten hinterbracht hat, für glaubwürdig gehalten hat. Das ist aber ein im Revisionsverfahren unzulässiger Angriff gegen die dem Tatsachengericht vorbehaltene Beweiswürdigung.

Wenn die Revision in diesem Zusammenhang meint, das Landesarbeitsgericht hätte wenigstens von der durch § 448 ZPO gegebenen Möglichkeit Gebrauch machen müssen, den Kläger als Partei zum Zwecke des Beweises zu vernehmen, so geht auch diese Verfahrensrüge fehl. Nachdem das Landesarbeitsgericht, wie aus seinem Urteil hervorgeht, bereits durch die beiden Aussagen von der Wahrheit der bekundeten Tatsachen überzeugt war, brauchte es eine Parteivernehmung des Klägers, deren Notwendigkeit in dem zwar nicht freien, aber pflichtmäßigen Ermessen des Gerichts lag, nicht in Erwägung zu ziehen. Für einen Ermessensmißbrauch liegt kein Anhalt vor. Das Berufungsgericht konnte dem Zeugen T., der einen sachlichen und gewissenhaften Eindruck gemacht hat, Glauben schenken, obwohl er angeblich den Kläger beim Beklagten angeschwärzt, damit seinen eigenen Standpunkt gewechselt und möglicherweise gegenüber dem Kläger unfair gehandelt hat.

47

1. Welche Tätigkeit bei einem aus verschiedenen, tariflich nicht gleich zu bewertenden Einzeltätigkeiten zusammengesetzten Aufgabenbereich eines Angestellten überwiegt, ist im Rahmen der TO.A in der Regel nach der für die einzelne Tätigkeit aufgewandten Zeit zu beurteilen.

2. Je nach den Umständen können einzelne Tätigkeiten gemeinsam mit einer höherwertigen Tätigkeit bewertet werden, sofern auf Grund eines unmittelbaren, inneren Zusammenhangs zwischen diesen Tätigkeiten die geringer zu bewertende Arbeit letztlich ein Teilstück der höherwertigen Aufgabe darstellt.

TO.A § 3 Abs. 2 Satz 1, Anlage 1, VergGr. VI b (Arbeitsvermittlerin).

IV. Senat. Urteil vom 8. Juni 1960 i. S. BfA (Bekl.) w. Th. (Kl.) 4 AZR 38/59.

I. Arbeitsgericht Hamm/Westf. — II. Landesarbeitsgericht Hamm/Westf.

Die Klägerin ist seit dem 15. April 1960 bei einem Arbeitsamt der Beklagten beschäftigt. Am 1. November 1956 wurde sie zu einer Nebenstelle dieses Arbeitsamts in W. zur Erledigung der dort in der weiblichen Vermittlung anfallenden Arbeiten abgeordnet. Neben dieser nur tageweisen Verwendung war die Klägerin zunächst weiterhin im Hauptamt in A. tätig. Seit ihrer endgültigen Versetzung nach W. am 1. April 1957 versieht sie dort die Aufgaben einer Vermittlerin für weibliche Arbeitskräfte. Daneben erledigt sie den gesamten in der weiblichen Vermittlung anfallenden Schriftwechsel und verrichtet auch die in anderen Vermittlungen von Hilfsvermittlerinnen und Karteikräften ausgeübten Tätigkeiten. Außerdem obliegen ihr die Bedienung der Fernsprechvermittlung der Nebenstelle, die Führung der Portokasse und der Postversand.

Die Klägerin, die nach VergGr. VII TO.A bezahlt wird, ist der Auffassung, ihr stehe Vergütung nach VergGr. VI b TO.A zu. Sie trägt vor, sie führe als Vermittlerin für sämtliche Frauenberufe selbständig alle Arbeiten aus, die nach der Geschäftsverteilung in den Vermittlungsstellen des Arbeitsamts A. zu dem von der Beklagten selbst mit VergGr. VI b TO.A bewerteten Aufgabenbereich einer selbständigen Vermittlerin gehörten. Für die Einordnung ihrer Gesamttätigkeit sei nicht der Umfang der Einzelaufgaben, sondern deren Wert maßgebend. Wenn auch mangels ausreichenden Arbeitsanfalls die reine Vermittlertätigkeit nicht überwiege, so gebe diese doch ihrer Arbeit das Gepräge. Gerade bei einer kleinen Nebenstelle werde zudem ein höheres Maß von Fachkenntnissen und an Selbständigkeit von einer Vermittlerin verlangt als im Hauptamt.

Die Klägerin macht den der Höhe nach unstreitigen Unterschiedsbetrag von monatlich 63,— DM zwischen den Vergütungen nach den Vergütungsgruppen VII und VI b TO.A für die Zeit vom 1. November 1956 bis 30. Mai 1957 geltend.

Die Beklagte weist darauf hin, die Klägerin arbeite in der Nebenstelle W. nicht selbständig, sondern unter der dauernden Kontrolle und Aufsicht des Nebenstellenleiters. Außerdem machten die mit VergGr. VI b TO.A zu bewertenden echten Vermittlungsaufgaben nur etwa 30 % der Gesamttätigkeit der Klägerin aus. Sie habe daher überwiegend Arbeiten einer Hilfsvermittlerin sowie reine Schreib- und Karteiarbeiten zu verrichten, die nach VergGr. VII bzw. VIII TO.A zu vergüten seien.

Das Arbeitsgericht hat die Klage abgewiesen, das Landesarbeitsgericht hat die Beklagte zur Zahlung von 126,— DM verurteilt und im übrigen die Berufung zurückgewiesen. Die Revision der Beklagten führte zur Aufhebung und Zurückverweisung.

Aus den Gründen:

Die VergGr. VI b TO.A fordert für Angestellte im Bürodienst außer gründlichen vielseitigen Fachkenntnissen auf dem Gebiet der Verwaltung, bei der sie beschäftigt sind, selbständige Leistungen. Daß die Klägerin solche Fachkenntnisse besitzt und zur Erledigung ihrer Aufgaben als Vermittlerin für weibliche Arbeitskräfte bei der Nebenstelle des Arbeitsamts A. in W. benötigt, ist zwischen den Parteien nicht streitig. Ohne Rechtsirrtum nimmt das Landesarbeitsgericht aber auch „selbständige Leistungen" der Klägerin i. S. der genannten Vergütungsgruppe an. Es führt aus, die Beklagte selbst habe der Klägerin die Vermittlungstätigkeit bei der Nebenstelle W. verantwortlich übertragen. Zwar habe der Nebenstellenleiter die allgemeine Dienstaufsicht ausgeübt und in Einzelfällen auch mit der Klägerin Rücksprache genommen, im übrigen aber habe die Klägerin ihre Dienstgeschäfte nach eigener Beurteilung und Entschließung wahrgenommen und die ausgehende Post dem Nebenstellenleiter unterschriftsreif vorgelegt. Wenn das Berufungsgericht auf Grund dessen das in Rede stehende Tätigkeitsmerkmal bejaht, so befindet es sich in Übereinstimmung mit der Rechtsprechung des Senats (vgl. BAG AP Nr. 29 zu § 3 TO.A und BAG 7, 182, [184]). Insoweit hat die Revision auch keine Beanstandungen vorgebracht.

Nicht frei von Bedenken ist es jedoch, wenn das Landesarbeitsgericht meint, die Klägerin übe diese nach VergGr. VI b TO.A zu vergütende Tätigkeit einer selbständigen Vermittlerin für weibliche Arbeitskräfte überwiegend aus. Nach den Feststellungen des angefochtenen Urteils sind der Klägerin, weil sie von den eigentlichen Vermittlungsaufgaben nur zu etwa 35 % ihrer Gesamttätigkeit in Anspruch genommen wird, auch die in den größeren Vermittlungsstellen des Hauptamts A. organisatorisch von der eigentlichen Vermittlungstätigkeit getrennten Aufgaben einer Hilfsvermittlerin der VergGr. VII TO.A mit etwa 9,5 % und die Arbeiten einer Schreib- und Karteikraft der VergGr. VIII TO.A mit etwa 45,5 % Arbeitsanteil übertragen worden. Außerdem versieht sie die Postabfertigung, die Bedienung des Telefons und die Führung der Portokasse.

Welche Tätigkeit bei einem aus verschiedenen, tariflich nicht gleich zu bewertenden Einzeltätigkeiten zusammengesetzten Aufgabenbereich eines Angestellten überwiegt und daher gemäß § 3 Abs. 2 Satz 1 TO.A die dem Angestellten zukommende Vergütungsgruppe bestimmt, ist grundsätzlich, wenn auch nicht ausschließlich, nach der für die einzelnen Tätigkeiten aufgewandten Zeit zu beurteilen. Das gilt nicht nur dann, wenn es sich um Einzeltätigkeiten handelt, die sachlich in keinerlei Beziehung zueinander stehen, wie es z. B. hier bei der Postabfertigung, der Führung der Portokasse und der Telefonbedienung sowohl untereinander wie im Verhältnis zur Vermittlungstätigkeit der Klägerin der Fall ist, sondern auch dann, wenn ein solcher Zusammenhang besteht. Aus diesem Grundsatz ist aber nicht zu folgern, wie die Revision anscheinend glaubt, daß in allen Fällen eines sachlichen Zusammenhangs der in Betracht kommenden Einzeltätigkeiten nun jede gesondert auf ihre Wertigkeit zu untersuchen ist. Vielmehr kann je nach den Umständen auch eine Zusammenfassung erfolgen, insbesondere können einzelne Tätigkeiten ohne selbständige Bewertung einer höherwertigen Tätigkeit zugeschlagen werden, wenn diese der Gesamtarbeit das Gepräge gibt (vgl. BAG 7, 125 [131]). Ob das der Fall ist, hängt maßgeblich von dem Verhältnis der höherwertigen zu der geringer zu bewertenden Einzeltätigkeit ab. Daß eine Gesamttätigkeit durch eine tariflich höher bewertete Aufgabe das Gepräge erhält, kann nämlich im Rahmen des § 3 Abs. 2 Satz 1 TO.A nur dort angenommen werden, wo auf Grund eines unmittelbaren inneren Zusammenhangs die an sich geringer zu bewertende Arbeit als der höchstwertigen ein- und untergeordnet erscheint, insbesondere also in Fällen, in denen sie unmittelbar deren Vorbereitung oder Ausführung dient und damit letztlich ein unselbständiges Teilstück der höherwertigen Aufgabe darstellt. Sind diese Voraussetzungen gegeben, so sind solche

Arbeiten eines Angestellten seiner Haupttätigkeit zuzurechnen und zusammen mit dieser zu bewerten.

Die Vorstellung des Arbeitgebers oder beider Arbeitsvertragsparteien über den Schwerpunkt der Arbeit sind demnach für die Feststellung der überwiegenden Tätigkeit eines Angestellten unerheblich. Infolgedessen kann eine aus verschiedenen Einzeltätigkeiten bestehende Arbeit auch nicht allein deshalb durch eine bestimmte Aufgabe ihr Gepräge erhalten, weil der Arbeitgeber auf ihre Erfüllung besonderes Gewicht legt und er sie dem Angestellten wegen bestimmter Fähigkeiten und Leistungen zugewiesen hat, obwohl sie diesen bei weitem nicht voll in Anspruch nimmt, wie das Landesarbeitsgericht in Erwägung zieht. Das hat das Bundesarbeitsgericht in dem vom Berufungsgericht angeführten Urteil vom 27. März 1956 (BAG AP Nr. 12 zu § 3 TO.A) auch nicht zum Ausdruck gebracht. Diese Entscheidung befaßt sich vielmehr lediglich mit der hier nicht in Betracht kommenden Frage, ob unter bestimmten Umständen auf die Feststellung des Merkmals einer einer abgeschlossenen Hochschulbildung entsprechenden Tätigkeit i. S. der VergGr. III TO.A verzichtet werden kann.

Hingegen besteht im Gegensatz zur Ansicht der Revision insoweit kein Anlaß zur Beanstandung, wie sich aus dem oben Gesagten ergibt, als das Landesarbeitsgericht nicht ein quantitatives Überwiegen der nach VergGr. VI b TO.A zu beurteilenden eigentlichen Vermittlungstätigkeit für sich allein fordert, sondern es für ausreichend hält, wenn diese durch Einschluß anderer Arbeiten zur überwiegenden Tätigkeit wird.

Ohne revisiblen Rechtsverstoß sieht das Berufungsgericht solche Arbeiten in den von der Klägerin mit zu versehenden Aufgaben einer Hilfsvermittlerin, die sich nach den Feststellungen des angefochtenen Urteils entsprechend dem Buchstaben C der Richtlinien über die Geschäftsverteilung in den Vermittlungsstellen des Arbeitsamts A. z. B. auf das Ausstellen von Melde-, Ersatz- oder Anschlußkarten, die Entgegennahme der Kontrollkarten, die Bestandsprüfung, die Eintragung von Bearbeitungsvermerken, die Führung und Ergänzung der Auftragsnachweisung und andere vermittlungstechnische, in unmittelbarem inneren Zusammenhang mit den eigentlichen Vermittlungsaufgaben der Klägerin stehende Arbeiten erstrecken.

Das angefochtene Urteil läßt jedoch eine rechtliche Nachprüfung nicht zu, ob und inwieweit diese Voraussetzungen für eine gemeinsame Bewertung mit der Vermittlungstätigkeit auch für die von der Klägerin verrichteten Kartei- und Schreibarbeiten gegeben sind, wie das Berufungsgericht annimmt. Um welche Arbeiten es sich dabei im einzelnen handelt, hat das Landesarbeitsgericht nicht festgestellt. Nicht alle Kartei- und Schreibarbeiten aber, die in einer Vermittlungsstelle anfallen, sind für die eigentliche Vermittlungstätigkeit unmittelbar von Bedeutung. Das gilt insbesondere für solche Karteiarbeiten, die lediglich darin bestehen, die Kartei als Teil der Arbeitsorganisation, z. B. durch Einordnen der Karten nach Ein- und Ausgängen, auf dem Laufenden zu halten. Das Gleiche ist bei Schreibarbeiten der Fall, die sich auf keine konkrete Vermittlungsaufgabe beziehen, sondern zum allgemeinen Schriftverkehr der Vermittlungsstelle eines Arbeitsamts gehören. Insoweit ist eine selbständige Bewertung der Tätigkeiten am Platze. Hingegen sind Kartei- und Schreibarbeiten der Vermittlungstätigkeit zuzurechnen, soweit die Klägerin etwa Zwischenergebnisse ihrer Arbeit als Vermittlerin festhält, z. B. in eine Karteikarte Vermerke über die körperliche und geistige Eignung einer arbeitsuchenden Person oder über die Einzelheiten einer in einem Betrieb vorgenommenen Vermittlung einträgt, soweit das nicht bereits zu den Aufgaben der Hilfsvermittlerin gehört. Als Vermittlungstätigkeit ist es weiter zu werten, wenn die Klägerin ihre Berichte und sonstigen Arbeitsergebnisse selbst auf der Maschine schreibt, weil eine Schreibkraft nicht zur Verfügung steht. Auch vordruckmäßige Anfragen und Antworten können schließlich zur Vermittlungstätigkeit gehören, wenn ihnen ein bestimmter Vermittlungsvorgang zu Grunde liegt.

48

1. Auch bei der Auslegung von Klageanträgen ist der wirkliche Wille des Klägers zu erforschen und nicht an dem buchstäblichen Sinn des Ausdrucks zu haften.

2. Eine Leistungsklage verlangt einen bestimmten Antrag, dessen Fehlen auch vom Revisionsgericht von Amts wegen zu beachten ist.

ZPO § 253 Abs. 2 Ziff. 2; BGB § 133.

IV. Senat. Urteil vom 8. Juni 1960 i. S. L. N.-W. (Bekl.) w. Sch. (Kl.) 4 AZR 132/59.

I. Arbeitsgericht Düsseldorf — II. Landesarbeitsgericht Düsseldorf

Der Kläger ist als Verwaltungsangestellter bei einem Finanzamt tätig und erhält Vergütung nach VergGr. VII TO.A.

Durch Urteil vom 5. September 1957 hat das Landesarbeitsgericht Düsseldorf — (7) 3 Sa 301/56 — festgestellt, daß der Beklagte verpflichtet ist, dem Kläger ab 1. Januar 1954 Vergütung nach VergGr. VI b TO.A zu gewähren. Die Revision des Beklagten hiergegen hat das Bundesarbeitsgericht durch Beschluß vom 4. März 1958 als unzulässig verworfen.

Der Beklagte hat dem Kläger daraufhin den Unterschiedsbetrag zwischen den Vergütungen der Vergütungsgruppe VII und VI b TO.A für die Zeit vom 1. Januar 1954 bis 31. März 1957 nachgezahlt und ihm am 28. April 1958 durch den Vorsteher des Finanzamts N. mitgeteilt, daß er ab 1. April 1957 nur die Vergütung nach VergGr. VII TO.A erhalte.

Der Kläger trägt vor, in der Erklärung des Finanzamtsvorstehers vom 28. April 1958 sei eine Änderungskündigung zu erblicken. Diese sei mangels der erforderlichen ministeriellen Zustimmung und der Anhörung des Betriebsrates sowie auch deshalb unwirksam, weil sie nicht rückwirkend ausgesprochen werden könne. Der Kläger habe daher auf Grund der rechtskräftigen Feststellung des Urteils vom 5. September 1957 auch weiterhin Anspruch auf Vergütung nach VergGr. VI b TO.A. Der Kläger hat beantragt,

1. festzustellen, daß die Änderungskündigung vom 28. April 1958 rechtsunwirksam sei;

2. das beklagte Land zu verurteilen, dem Kläger auch über den 1. April 1957 hinaus Vergütung nach VergGr. VI b TO.A zu zahlen.

Der Beklagte macht geltend, eine Änderungskündigung habe nicht vorgelegen. Im übrigen brauche der Beklagte trotz des rechtskräftigen Urteils vom 5. September 1957 Vergütung nach VergGr. VI b TO.A nur solange zu zahlen, wie der Kläger eine Tätigkeit nach dieser Gruppe ausübe. Einer Änderungskündigung bedürfe es dazu nicht. Seit dem 1. April 1957 sei der Kläger im Zuge organisatorischer Veränderungen einem anderen Veranlagungsbezirk des Finanzamtes N. zugewiesen und verrichte nur Arbeiten nach VergGr. VII TO.A.

Das Arbeitsgericht hat der Klage stattgegeben, das Landesarbeitsgericht hat sie durch Urteil vom 16. Januar 1959 abgewiesen, soweit der Kläger Feststellung der Unwirksamkeit der Änderungskündigung vom 28. April 1958 beantragt hatte. Im übrigen hat es die Berufung des Beklagten zurückgewiesen.

Auf die Revision der Beklagten hat das Bundesarbeitsgericht die Klage als unzulässig abgewiesen.

Aus den Gründen:

Mit dem in der Revisionsinstanz allein noch zur Entscheidung stehenden Klageantrag verlangt der Kläger, den Beklagten zu verurteilen, an ihn auch über den 1. April 1957 hinaus Vergütung nach VergGr. VI b

TO.A zu zahlen. Daß der Kläger mit diesem Antrag tatsächlich auch eine Leistungsklage und nicht eine nur unrichtig formulierte Feststellungsklage erhoben hat, ergibt eine nach Maßgabe des § 133 BGB vorzunehmende Auslegung des Antrags.

Der Kläger hat nämlich den in Rede stehenden Antrag erstmalig in der mündlichen Verhandlung vom 2. September 1958 vor dem Arbeitsgericht im Zusammenhang mit seinem Antrag auf Feststellung der Unwirksamkeit der nach seiner Meinung ihm gegenüber ausgesprochenen Änderungskündigung vom 28. April 1958 gestellt. Schon diese Verbindung beider Anträge ist ein Anzeichen dafür, daß der Kläger den Wortlaut des auf Verurteilung des Beklagten gerichteten Antrags bewußt so gewählt hat. Denn es ist vielfach üblich, gleichzeitig mit dem Antrag auf Feststellung der Unwirksamkeit einer Kündigung Fortzahlung der Entlohnung in der bisherigen Höhe zu verlangen. Hinzukommt, daß den Parteien und dem Gericht das Urteil der 7. Kammer des Landesarbeitsgerichts vom 5. September 1957 aus dem Vorprozeß bekannt war. Damals schon hatte der Kläger auf seine Feststellungsklage hin ein zusprechendes, rechtskräftig gewordenes Feststellungsurteil dahin erhalten, daß ihm seit dem 1. April 1954, also über den 1. April 1957 hinaus, Gehalt nach VergGr. VI b TO.A zu zahlen war. Dementsprechend hat das Berufungsgericht den hier zu beurteilenden Antrag des Klägers, bei dem dieser auch im zweiten Rechtszug neben seinem Antrag auf Feststellung der Unwirksamkeit der Änderungskündigung verblieben ist, als Leistungsantrag angesehen, ohne daß der Kläger Einwendungen erhoben hat; für eine neuerliche Feststellungsklage über denselben Streitgegenstand bestand auch angesichts des rechtskräftigen Feststellungsurteils aus dem Vorprozeß für den Kläger kein Anlaß. Im Tatbestand des angefochtenen Urteils weist überdies das Berufungsgericht auch darauf hin, der Kläger verlange außer der Feststellung der Unwirksamkeit der Kündigung Weiterzahlung der Bezüge nach VergGr. VI b TO.A und stelle deshalb den Leistungsantrag. In bezug auf diesen führt es dann in den Gründen weiter aus, er sei auch im Hinblick auf das rechtskräftige Urteil vom 5. September 1957 zulässig, weil der Kläger mit seinem Verlangen auf Verurteilung des Beklagten zur Zahlung einen Leistungsanspruch geltend mache, während er im Vorprozeß auf Feststellung geklagt und ein entsprechendes Urteil erhalten habe. Aus alle dem folgt, daß der Kläger mit dem zur Entscheidung stehenden Antrag nach seinem Gesamtverhalten im Prozeß erklärt hat, eine Leistungsklage erheben zu wollen.

Das Berufungsgericht hat aber nicht geprüft, ob diese Leistungsklage in der Form, wie sie vorliegt, den Erfordernissen des § 253 Abs. 2 ZPO entspricht. Diese Vorschrift verlangt in Ziffer 2 einen bestimmten Antrag, dessen Fehlen auch vom Revisionsgericht von Amts wegen zu beachten ist (vgl. BGH, ZZP 71, 478; BGHZ 11, 194 ff.). Einen solchen Antrag enthält die Leistungsklage im vorliegenden Fall nicht.

Wenn nämlich der Kläger Verurteilung des Beklagten zur Zahlung der Vergütung nach VergGr. VI b TO.A erstrebt, so richtet sich sein Antrag inhaltlich auf eine Geldleistung, die grundsätzlich ziffernmäßig anzugeben ist (vgl. Stein-Jonas-Schönke, ZPO, 18. Aufl., § 253 Anm. III 2 a; Baumbach-Lauterbach, ZPO, 25. Aufl., § 253 Anm. 5 B). Zwar genügt es für die in § 253 Abs. 2 Ziff. 2 ZPO vorausgesetzte Bestimmtheit des Antrags auch, daß darin die verlangte Geldleistung in einer Weise gekennzeichnet ist, die jederzeit eine genaue ziffernmäßige Berechnung ermöglicht (vgl. Stein-Jonas-Schönke, a. a. O.; Baumbach-Lauterbach, a. a. O.). Dazu reicht aber die vom Kläger lediglich genannte VergGr. VI b TO.A um so weniger aus, als der Kläger in Wahrheit nicht einmal Vergütung nach dieser, sondern nur die Differenz zwischen der erhaltenen Vergütung nach VergGr. VII TO.A und derjenigen nach der beanspruchten VergGr. VI b TO.A begehrt, wie aus seinem Vorbringen zu entnehmen ist.

Eine Bezifferung des Klagantrags kann der Kläger in der Revisionsinstanz auch nicht mehr nachholen. Da er nämlich seinen Vortrag in den Tatsacheninstanzen darauf beschränkt hat darzulegen, daß und warum der Beklagte zur Weiterzahlung der Vergütung nach VergGr. VI b TO.A über den 1. April 1957 hinaus verpflichtet sei, müßte er, wenn er seinem Leistungsantrag Bestimmtheit oder auch nur Bestimmbarkeit verleihen wollte, Angaben über die bisherige Vergütung nach VergGr. VII TO.A, über Alter, Familienstand, die in Betracht kommende Ortsklasse u. ä. machen, also neue Tatsachen über die Berechnungsgrundlagen seines Anspruchs vortragen, zu denen der Beklagte wiederum auch in tatsächlicher Hinsicht Stellung nehmen müßte. Das ist aber nicht möglich, weil in der Revisionsinstanz grundsätzlich neue Tatsachen weder vorgetragen noch berücksichtigt werden dürfen (vgl. Stein-Jonas-Schönke, a. a. O., § 561 Anm. II 1 b; Wieczorek, ZPO, § 268 Anm. A IV b 1).

Da der Antrag des Klägers demnach an dem nicht mehr behebbaren Mangel der erforderlichen Bestimmtheit leidet und auf diesen Mangel auch nicht verzichtet werden kann (vgl. BGH, ZZP 71, 478; BGHZ 22, 254), war die erhobene Leistungsklage unzulässig.

49

Bei der Berechnung des durchschnittlichen Arbeitsverdienstes gemäß § 2 ArbKrankhG bleiben Kalendertage unberücksichtigt, an denen der

Arbeiter innerhalb des Berechnungszeitraumes ausnahmsweise unbezahlten Urlaub hatte.

ArbKrankhG §§ 1, 2.

II. Senat. Urteil vom 10. Juni 1960 i. S. Fa. W. (Bekl.) w. B. (Kl.) 2 AZR 422/59.

I. Arbeitsgericht Detmold. — II. Landesarbeitsgericht Hamm/Westf.

Der Kläger ist seit 1949 bei der Beklagten als Laborgehilfe im Akkordlohn beschäftigt. Vom 18. August bis zum 21. Oktober 1958 war er arbeitsunfähig krank; er erhielt von der Krankenkasse ein tägliches Krankengeld von 6,54 DM.

Vom 23. Juni bis zum 5. Juli 1958 hatte der Kläger bezahlten Urlaub; daran anschließend hatte er bis zum 19. Juli 1958 unbezahlten Urlaub. An den weiteren Arbeitstagen vom 21. bis 31. Juli 1958 erzielte er ein Nettoarbeitsentgelt von 193,63 DM.

Der Kläger begehrt von der Beklagten einen Krankengeldzuschuß gemäß § 1 ArbKrankhG, dessen Höhe er auf 144,90 DM berechnet, wobei er das im Juli erzielte Entgelt auf 17 Kalendertage verteilt wissen möchte.

Nach Auffassung der Beklagten kommt eine Anwendung des oben genannten Divisors 17 nicht in Betracht, weil die durch unbezahlten Urlaub entstandenen Fehltage nicht abzuziehen seien. Die Beklagte will den Divisor 31 anwenden. Ein Anspruch auf einen Krankengeldzuschuß (KGZ) bestehe nach dieser Berechnung nicht.

Das Arbeitsgericht hat die Klage abgewiesen mit der Begründung, Fehltage im Berechnungszeitraum, die in die Sphäre des Arbeitnehmers fallen, könnten nicht bei der Teilungszahl abgezogen werden. Der Kläger habe, indem er unbezahlten Urlaub nahm, bewußt auf die Einkünfte verzichtet.

Das Landesarbeitsgericht hat dem Klageantrag entsprochen. Die Revision der Beklagten blieb erfolglos.

Aus den Gründen:

I. Über das Vorliegen der Regelvoraussetzungen des § 1 ArbKrankhG besteht zwischen den Parteien kein Streit. Für diesen Fall hat der Senat in BAG 8, 1 ausgesprochen, daß ein Anspruch auf KGZ gemäß § 1 ArbKrankhG gegeben ist. Die Auslegung des § 2 könne grundsätzlich nicht dazu führen, daß der Anspruch versagt werden muß. Nach der Systematik des Gesetzes erschöpfe sich die Bedeutung des § 2 ArbKrankhG in der Berechnung des in § 1 begründeten Anspruchs.

Die Revision hält diese (als „Anspruchstheorie" bezeichneten) Ausführungen des Senats im oben genannten Urteil für unzutreffend. Sie meint, es gebe auf den verschiedensten Rechtsgebieten Bestimmungen, die den Grund eines Anspruchs, und solche, die die Höhe eines Anspruchs behandeln. Im Schadensersatzrecht sei es zum Beispiel nichts Ungewöhnliches, daß die Berechnung des Anspruchs zu seiner Versagung führt, wenn nämlich zwar der Grund, nicht aber der Schaden nachgewiesen sei. Es seien durchaus Fälle denkbar, in denen § 2 ArbKrankhG zu einer Versagung des KGZ führen muß, so z. B. wenn bei geringer Arbeitszeit oder bei schlechten Akkord- oder Prämienergebnissen der Arbeitsverdienst im Berechnungszeitraum ungewöhnlich niedrig sei; dann könne das Krankengeld unter Umständen bereits 90 Prozent des Nettoarbeitsentgelts erreichen, so daß die Berechnung des Krankengeldzuschusses zu keinem positiven Ergebnis führt. Auch widerlege das Bundesarbeitsgericht seine Begründung selbst, wenn es im gleichen Urteil ausgeführt habe, daß Bummeltage und sonstige verschuldete Fehltage im Berechnungszeitraum anspruchsmindernd seien. Zumindest in diesen Fällen könne ein Arbeiter, dessen Anspruch dem Grunde nach besteht, leer ausgehen, weil die Berechnung zu keinem positiven Ergebnis führt.

Diese Ausführungen der Revision beruhen zum Teil auf einem Mißverstehen des oben genannten Urteils, zum anderen Teil sind sie dogmatisch nicht haltbar.

Die Revision verquickt nämlich in unrichtiger Weise die Berechnung des KGZ nach § 1 Abs. 1 Satz 2 mit der in § 2 ArbKrankhG vorgeschriebenen Berechnung des durchschnittlichen Arbeitsverdienstes. Der Senat hat im oben genannten Urteil nicht aussprechen wollen und auch nicht ausgesprochen, daß jeder schuldlos erkrankte Arbeiter nach vierwöchiger Dauer des Arbeitsverhältnisses vom Arbeitgeber auf jeden Fall einen Geldbetrag erhalten müsse, wenn er Anspruch auf Krankengeld hat. Das steht nicht in § 1 ArbKrankhG. Vielmehr ist dort bestimmt, daß der Arbeiter, wenn die genannten Regelvoraussetzungen gegeben sind, einen Anspruch darauf hat, vom Arbeitgeber im Wege des Zuschusses zum Krankengeld zu 90 Prozent so gestellt zu werden, wie er vor der Erkrankung infolge Erzielung von Arbeitsverdienst gestanden hatte. Sinn und Zweck des Gesetzes ist es, dem Arbeiter in kranken Tagen 90 Prozent desjenigen Normal-Lebensstandards zu gewähren, den er in gesunden Tagen durch seine Arbeitskraft sich selbst zu verschaffen pflegt. Ergibt sich bei einer auf diesen Sinn des Gesetzes Bedacht nehmenden fairen Berechnung des durchschnittlichen Arbeitsverdienstes, daß 90 Prozent des normalen Lebensstandards des Arbeiters ausnahmsweise bereits durch das

Krankengeld gedeckt sind, so entfällt schon gemäß § 1 ArbKrankhG eine Zuchußpflicht des Arbeitgebers. Das beruht dann aber nicht auf der Anwendung des § 2 ArbKrankhG.

Andererseits — und darauf kam es dem Senat im oben genannten Urteil entscheidend an — haben sich die Anwendung und Auslegung des § 2 ArbKrankhG dem in § 1 normierten Grundsatz, daß der Arbeiter in kranken Tagen 90 Prozent seines Normal-Lebensstandards behalten muß, unterzuordnen und anzupassen. Jede Anwendung des § 2 ArbKrankhG ist fehlerhaft, die nicht dazu führt, den Normal-Lebensstandard des Arbeiters, wie er sich durch Erzielung von Arbeitsentgelt zu gestalten pflegt, in einer mit der allgemeinen Anschauung des Arbeitslebens übereinstimmenden Weise festzustellen. Jede Anwendung des § 2 ArbKrankhG, die sich darauf beschränkt, schematisch das arithmetische Mittel aus einem zufälligen, außergewöhnlichen Zustand, wie er im Berechnungszeitraum herrschte, zu ziehen, verletzt den in § 1 normierten Grundgedanken des Gesetzes. Von der Ansicht abzuweichen, daß § 1 ArbKrankhG zugleich einen Auslegungsmaßstab für § 2 ArbKrankhG enthält, besteht kein Anlaß.

Dem widerspricht es auch nicht, wenn der Senat unter Ziffer 6 der Entscheidungsgründe des oben genannten Urteils ausgesprochen hat, vom Arbeiter selbst verschuldete Fehltage (Bummeltage) könnten bei der Berechnung des durchschnittlichen Arbeitsverdienstes nicht unberücksichtigt bleiben. Der Senat hat deutlich zum Ausdruck gebracht, daß es sich insoweit weder um ein Problem der Berechnung des Durchschnittsverdienstes, noch um ein Problem der Berechnung des Krankengeldzuschusses, sondern allein darum handelt, daß es mit den Grundsätzen von Treu und Glauben im Rechtsverkehr nicht vereinbar ist, aus einer durch Vertragsuntreue gewonnenen Rechtsposition Vorteile für sich abzuleiten. Es handelt sich in einem solchen Fall um eine Beschränkung des aus § 1 ArbKrankhG fließenden Anspruchs durch den das ganze Rechtsleben beherrschenden § 242 BGB. Hiervon abgesehen kann aber bei Bummeltagen, die nicht nur einmalig innerhalb des Berechnungszeitraumes vorgekommen sind und somit in ständiger Wiederkehr den Normal-Lebensstandard des Arbeiters prägten, die schematische Anwendung des § 2 ArbKrankhG bei der Errechnung des arithmetischen Mittels durchaus zu einer mit dem Grundgedanken des § 1 ArbKrankhG zu vereinbarenden Versagung des Krankengeldzuschusses führen. Auch von diesem Gesichtspunkt aus ist ein Widerspruch zu den Ausführungen des Senats im oben genannten Urteil nicht erkennbar.

II. Fordert man aber eine Anwendung des § 2 ArbKrankhG, die dem in § 1 normierten Grundgedanken, wie er oben unter I. ausgesprochen ist, entspricht, so kommt man notwendigerweise zu dem Ergebnis, daß mit der reinen Wortlautanwendung des § 2 eine gerechte Ermittlung des Normal-Lebensstandards eines Arbeiters nur in denjenigen Fällen möglich ist, in denen der Berechnungszeitraum frei ist von Ereignissen, die aus dem normalen Rahmen des Beschäftigungsbildes herausfallen (Extremfälle). § 2 denkt nur an den Normalfall. Eine solche Vorschrift lediglich ihrem Wortlaut nach auch auf Ausnahmefälle anzuwenden, für die sie nicht paßt, ist insbesondere im Arbeitsrecht nicht angängig. Man kann im Arbeitsrecht nicht von einer gesetzlichen Bestimmung verlangen, daß sie jeden im vielfältigen praktischen Leben denkbaren Fall ausdrücklich regelt. Weite Gebiete des Arbeitsrechts sind entweder überhaupt nicht (Betriebsrisiko, Grenzen des Arbeitskampfes) oder nur unvollkommen (Tarifrecht, Fürsorge- und Treuepflicht) geregelt. Perfektionistische Normen sind im Arbeitsrecht nicht üblich und auch im Hinblick auf die Vielfältigkeit der Formen des Arbeitslebens und deren Fortschritt nicht angebracht. Vielmehr begnügt sich der Gesetzgeber gerade im Arbeitsrecht häufig mit der Normierung des Regelfalles. Dann ist es Aufgabe der Arbeitgeber und Arbeitnehmer, die auf den Normalfall zugeschnittenen Normen sinngemäß anzuwenden, wenn Extremfälle eintreten. Im Streitfalle muß der Richter dafür sorgen, daß dem Sinn des Gesetzes entsprechend verfahren wird. Wenn, wie die Beklagte in ihrer Klagerwiderung zugibt, die von ihr angewendete Berechnung des durchschnittlichen Arbeitsentgelts im Einzelfall zu harten und unsinnigen Ergebnissen führt, so spricht schon dies dafür, daß sie das Gesetz eben nicht so ausgelegt hat, wie dies in einem sozialen Rechtsstaat allgemein bei der Anwendung eines Gesetzes geboten ist, besonders aber bei der Anwendung eines Gesetzes, welches den erkrankten Arbeiter wirtschaftlich in die Lage versetzen soll, eine Krankheit wirklich ausheilen zu können und seine Gesundheit und Arbeitskraft wieder herzustellen.

Aus diesem Grunde ist an dem Grundsatz, daß Fehltage im Berechnungszeitraum bei der Berechnung des durchschnittlichen Arbeitsverdienstes nicht berücksichtigt werden dürfen, festzuhalten.

Wenn die Revision demgegenüber darauf hinweist, nach Zeiten hoher Überstunden sei eine auffällige Steigerung der Krankheitsfälle festzustellen, die Gewerkschaften weigerten sich in diesen Fällen jedoch, eine einschränkende Auslegung des Gesetzes anzuerkennen, so spricht dies nicht gegen die hier vertretenen Grundsätze für die Anwendung des § 2 ArbKrankhG. Der Senat braucht sich zu diesen Fällen hier nicht zu äußern. Es sei aber darauf hingewiesen, daß das ArbKrankhG einen Anspruch auf KGZ nicht in Fällen einer vorgeschützten Krankheit, sondern

Hier jedoch ist auf den ersten Blick — in Anbetracht des Ausnahmecharakters eines zweiwöchigen unbezahlten Urlaubes — zu erkennen, daß die im Berechnungszeitraum vom Kläger erzielten 193,63 DM netto von seinem Normalverdienst, der unstreitig 2,10 DM je Stunde betrug, wesentlich abwich. Dann aber entspricht es dem Erfordernis der Praktikabilität des Gesetzes (wie der Senat bereits im oben genannten Urteil ausgeführt hat), von einer umständlichen Rückrechnung abzusehen, sondern vom Normaldivisor, der übrigens in Anlehnung an § 180 RVO (BAG 5, 291 [295]) nicht — wie beide Parteien meinen — 31, sondern 30 beträgt, die Fehltage abzusetzen.

IV. Die Revision glaubt nun, aus den Ausführungen des Senats in BAG 8, 16 entnehmen zu können, daß hier die Fehltage vom Normaldivisor deshalb nicht abzusetzen seien, weil — im Gegensatz zu jenem Fall, in welchem der Arbeiter sich zu einem Lehrgang der Gewerkschaft hatte beurlauben lassen — der Kläger hier für seinen unbezahlten Urlaub keinen besonderen Grund hatte als eben den, seinen gesetzlichen Urlaub mit Zustimmung des Arbeitgebers zu verlängern.

Indes ist dieser von der Revision gezogene Umkehrschluß deshalb nicht gerechtfertigt, weil der Senat in seinem Urteil vom 20. Mai 1959 den Fall einer schlichten Werksbeurlaubung nicht zu entscheiden brauchte und bewußt offen gelassen hat. In negativer Abgrenzung hatte der Senat mit der Inbezugnahme des Urteils BAG 8, 1 ff. vom gleichen Tage lediglich aussprechen wollen, daß Fehltage, die „der Arbeiter selbst verschuldet hat oder für die er sonst einstehen muß", nicht unberücksichtigt bleiben können, wobei insoweit der Gesichtspunkt der durch Vertragsuntreue gewonnenen Rechtsposition maßgeblich für die Entscheidung war.

Jede Werksbeurlaubung bedeutet normalerweise für den Arbeitgeber betriebswirtschaftlich einen Verlust, weil ein leerstehender Arbeitsplatz sich nicht amortisiert. Aus diesem Grunde ist der Arbeitgeber im allgemeinen nur dann bereit, einem Antrag auf unbezahlten Urlaub zuzustimmen, wenn er davon überzeugt ist, daß für diesen Urlaub dringende oder mindestens berechtigte, verständliche und vernünftige Gründe vorliegen. So können insbesondere gesteigerte Erholungsbedürftigkeit oder Erfüllung familiärer Pflichten als typische Gründe für eine Verlängerung des regelmäßigen Urlaubs angesehen werden. Demnach wird der unbezahlte Urlaub normalerweise nicht als ein Fall der mutwilligen, niemals aber als ein Fall der einseitigen Senkung des Lebensstandards angesehen werden können. Dann aber ist nicht einzusehen, weshalb der Arbeiter im Falle der unvorhersehbaren Erkrankung sich mit einem gegenüber dem in § 1 ArbKrankhG genannten, empfindlich gesenkten Lebensstandard in

nur in Fällen einer tatsächlichen Arbeitsunfähigkeit gewährt, daß nach der Lebenserfahrung eine echte Krankheit häufig die Folge übermäßiger Anstrengung ist, und daß schließlich, wenn im Berechnungszeitraum wirklich extrem hohe Verdienste angefallen sind, die — auf längere Sicht gesehen — in keinem angemessenen Verhältnis zum Normal-Lebensstandard des Arbeiters stehen (so daß unsinnig hohe Krankengeldzuschüsse anfallen würden), eine einschränkende Anwendung des § 2 ArbKrankhG im Streitfall von den Gerichten in Arbeitssachen durchaus möglich ist.

Wenn schließlich die Revision darauf hinweist, daß eine ergänzende Auslegung des Gesetzes dann auch für die Fälle eines ungewöhnlich niedrigen Verdienstes während der Krankheitszeit (z. B. bei Kurzarbeit) erforderlich erscheine, verkennt sie, daß das Gesetz, wie der Senat bereits wiederholt ausgeführt hat (BAG 7, 136; 8, 1), nicht das Lohnausfallprinzip verwirklichen will, es demnach auf die Frage, welcher Betrag vom Arbeiter verdient worden wäre, wenn er nicht erkrankt wäre, bei der Anwendung des Gesetzes nicht ankommen kann.

III. In tatsächlicher Hinsicht muß im vorliegenden Fall davon ausgegangen werden, daß der Kläger nur innerhalb des Berechnungszeitraumes, nicht aber in regelmäßiger Wiederkehr um unbezahlten Urlaub nachgesucht hat. Denn unbezahlter Urlaub ist bei einem ständigen Arbeitsverhältnis eine Ausnahmeerscheinung. Daß der Kläger regelmäßig oder öfter unbezahlten Zusatzurlaub genommen hat, hat die Beklagte nicht behauptet. Deshalb braucht die Frage, ob der in § 2 ArbKrankhG genannte Berechnungszeitraum von vier Wochen oder einem Monat zur Gewinnung eines vernünftigen Ergebnisses bei der Feststellung des Durchschnittsverdienstes ausgedehnt werden muß, nicht entschieden zu werden. Ausgeschlossen erscheint nämlich eine solche Ausdehnung (auf einen Zeitraum von 13 Wochen etwa) im Ausnahmefall nicht. Die Wahl des verhältnismäßig kurzen Berechnungszeitraumes erfolgte naturgemäß nicht deshalb, um die Höhe des KGZ von Zufälligkeiten abhängig zu machen. Im Gegenteil: Sinn und Zweck des Gesetzes, welches seinerseits vor dem Zufall der schuldlosen Erkrankung Schutz gewähren will, gebieten es, solche Zufälligkeiten auszuschalten. Demnach kann der verhältnismäßig kurze Berechnungszeitraum des § 2 ArbKrankhG nur deshalb gewählt worden sein, um die Anwendung des Gesetzes zu erleichtern und ein umfangreiches Rechenwerk zu ersparen. Eine solche Ausdehnung des Berechnungszeitraumes wäre aber nur dann geboten, wenn nicht eindeutig und auf den ersten Blick festgestellt werden kann, ob der innerhalb des kurzen Berechnungszeitraumes vom Arbeiter erzielte Verdienst wesentlich von seinem Normalverdienst abweicht.

kranken Tagen soll begnügen müssen. Eine andere Beurteilung käme nur dann in Betracht, wenn ein Arbeiter in Ausnutzung des gegenwärtigen Mangels an Arbeitskräften einen unbezahlten Urlaub in ständiger Wiederkehr — auch außerhalb des Berechnungszeitraumes — erzwingt. Daß ein solcher Fall hier gegeben sei, ist aber, wie schon gesagt, von der Beklagten nicht vorgetragen worden.

In allen anderen Fällen ist daher bei der Behandlung von Fehltagen darauf abzustellen, ob der Arbeiter der Arbeit berechtigt fernblieb. Dieser — vom Schuldelement gelöste — Begriff, der auch im Urlaubsrecht verwendet wird (BAG 3, 99), ist in der betrieblichen Praxis auch nicht schwierig zu handhaben.

Dem angefochtenen Urteil war daher im wesentlichen zuzustimmen. Dem Kläger steht ein KGZ in folgender Höhe zu:

Nettoverdienst im Juli		193,63 DM
Normaldivisor	30	
abzüglich unbezahlte Urlaubstage	14	
Divisor hier	16	
Kalendertäglicher Nettoverdienst (193,63 : 16)		12,10 DM
90 % hiervon		10,89 DM
Krankengeld		6,54 DM
Differenzbetrag		4,35 DM
KGZ für 42 Tage (4,35 × 42)		182,70 DM.

Da der Kläger nur 144,90 DM geltend gemacht hat, konnte ihm auch nur dieser Betrag zugesprochen werden.

50

Bei wiederholter Erkrankung an demselben, medizinisch nicht ausgeheilten Grundleiden hat der Arbeiter, wenn nicht besondere Umstände eine andere Beurteilung rechtfertigen, gegen den Arbeitgeber einen erneuten Anspruch auf Gewährung eines Krankengeldzuschusses nach dem ArbKrankhG, wenn er nach der früheren Erkrankung länger als sechs Monate voll gearbeitet hat.

ArbKrankhG § 1; HGB § 63; GewO § 133 c Abs. 2.

II. Senat. Urteil vom 23. Juni 1960 i. S. Fa. E. N. (Bekl.) w. K. (Kl.)
2 AZR 164/59.

I. Abeitsgericht Nürnberg — II. Landesarbeitsgericht Bayern (Nürnberg)

Der Kläger ist als Arbeiter bei der Beklagten beschäftigt. In der Zeit vom 10. August 1957 bis zum 6. Oktober 1957 war er arbeitsunfähig krank und erhielt von der Beklagten einen Krankengeldzuschuß (KGZ) nach dem ArbKrankhG.

In der Zeit vom 29. April bis 11. Mai 1958 war der Kläger erneut krank, und zwar wiederum wegen Magenblutungen. Die Allgemeine Ortskrankenkasse Nürnberg sah diese Erkrankung als Fortsetzungsleiden an und gewährte dem Kläger ein Krankengeld in Höhe von 50 Prozent des Grundlohnes. In der Zeit zwischen den beiden Erkrankungen hat der Kläger voll gearbeitet.

Mit seiner Klage begehrt der Kläger die Zahlung eines KGZ in Höhe von 60,61 DM.

Die Beklagte hat die Ansicht vertreten, zur Zahlung eines KGZ schon deshalb nicht verpflichtet zu sein, weil die Gewährung des auf 65 Prozent des Grundlohnes erhöhten Krankengeldes Anspruchsvoraussetzung sei. Selbst wenn dies nicht der Fall sei, gebiete aber das ArbKrankhG eine Zuschußzahlung wegen ein und derselben Krankheit nur für die Dauer von sechs Wochen. Sowohl im sozialversicherungsrechtlichen wie im arbeitsrechtlichen Sinne bilde die Erkrankung vom Frühjahr 1958 eine Einheit mit der früheren Erkrankung.

Das Arbeitsgericht hat die Beklagte antragsgemäß verurteilt. Es hat die Gewährung des erhöhten Krankengeldes nicht als Anspruchsvoraussetzung für einen KGZ nach dem ArbKrankhG angesehen und — in Anknüpfung an das Urteil des Bundesarbeitsgerichts vom 7. Mai 1956 (BAG 3, 37) — eine praktische Ausheilung der früheren Erkrankung im Sinne des Arbeitslebens angenommen, weil der Kläger in der Zwischenzeit länger als sechs Monate voll gearbeitet hat.

Berufung und Revision der Beklagten blieben erfolglos.

Aus den Gründen:

I. Zwischen den Parteien besteht Streit weder darüber, daß beim Kläger für die Zeit vom 29. April bis 11. Mai 1958 die in § 1 ArbKrankhG genannten Regelvorausetzungen für den Anspruch auf einen KGZ gegeben sind, noch über die Höhe des vom Kläger geltend gemachten Betrages.

Daß die Gewährung des erhöhten Krankengeldes nicht eine weitere Anspruchsvoraussetzung ist, hat der Senat im Urteil vom 5. Mai 1960 — 2 AZR 271/58 — BAG 9, 197 ff. — bereits ausgesprochen. Die Revision der Beklagten bringt insoweit für ihre Rechtsauffassung keine weiteren Argumente, so daß es genügt, auf jenes Urteil Bezug zu nehmen. Danach kommt es für den Anspruch auf einen KGZ nach § 1 ArbKrankhG grundsätzlich nicht darauf an, ob es sich bei der zu bezuschussenden Erkrankung um eine Fortsetzungserkrankung im sozialversicherungsrechtlichen Sinne handelte oder nicht. Wollte man diese Auffassung vertreten, so würde das dazu führen, daß eine ihrer Natur nach aus der Fürsorgepflicht des Arbeitgebers herrührende Leistung (siehe auch die Entscheidung des Großen Senats, BAG 8, 285 [298]) von Gesichtspunkten außerhalb des Arbeitsverhältnisses abhängig werden würde. Eine lediglich sozialversicherungsrechtliche Betrachtungsweise würde nämlich versicherungsmathematische Gedankengänge zum Maßstab einer Interessenabwägung zwischen Arbeitgeber und Arbeiter machen. Aus diesem Grunde rügt die Revision zu Unrecht, das Landesarbeitsgericht hätte aufklären müssen, ob der Kläger in der Zeit zwischen seinen beiden Erkrankungen mindestens objektiv behandlungsbedürftig war oder nicht. Von einer solchen Behandlungsbedürftigkeit hängt lediglich die sozialversicherungsrechtliche Qualifikation beider Erkrankungen als einer einzigen Fortsetzungserkrankung ab. Darauf und also auf die Gewährung des erhöhten Krankengeldes kommt es aber für die Verpflichtung des Arbeitgebers zum KGZ gerade nicht an. Es kann vielmehr zu Gunsten der Beklagten unterstellt werden, daß die Krankenkasse nach ihrer Erfahrung in diesen Angelegenheiten den Versicherungsfall zutreffend behandelt hat, insbesondere liegen Anzeichen für eine Fehlbewertung nicht vor.

II. Bei seinen weiteren Ausführungen geht das angefochtene Urteil davon aus, daß die hier streitige Erkrankung deshalb eintrat, weil die Magenkrankheit des Klägers im medizinischen Sinne (Grundleiden) noch nicht voll ausgeheilt war, daß aber gleichwohl die fragliche Erkrankung im arbeitsrechtlichen Sinne nicht als Fortsetzungserkrankung, sondern als eine neue und deswegen zur Zahlung des KGZ führende Krankheit anzusehen sei, weil der Kläger in der Zwischenzeit längere Zeit voll gearbeitet hat. Das unterliegt in rechtlicher Hinsicht keinen Bedenken.

III. Nicht beizutreten ist allerdings der vom Kläger vertretenen Auffassung, daß ein KGZ gemäß § 1 ArbKrankhG in jedem Arbeitsunfähigkeitsfalle, sofern dieser nur durch Krankheit hervorgerufen ist, zu gewähren sei. Diese Auffassung würde einerseits zur Folge haben, daß der Arbeitgeber erneut für die Dauer von sechs Wochen einen KGZ zahlen müßte, wenn ein von einer Krankheit genesener Arbeiter bereits nach einigen Tagen voller Arbeitsfähigkeit einen Rückfall erleiden würde.

Andererseits würde diese Auffassung dazu führen, daß ein Arbeiter, der vor seiner völligen Genesung an einer völlig neuen Erkrankung erkrankt und nunmehr längere Zeit weiterhin arbeitsunfähig bleibt, den KGZ nur für die Dauer von insgesamt sechs Wochen erhalten könnte. Zuzugeben ist dieser Auffassung, daß § 1 Abs. 1 Satz 1 ArbKrankhG nur davon spricht, daß ein Arbeiter infolge „Krankheit" an seiner Arbeitsleistung verhindert sein muß, daß dagegen nicht davon gesprochen wird, daß ein Arbeiter infolge „einer" Krankheit an seiner Arbeitsleistung verhindert ist. Jedoch ist der Auffassung des Klägers entgegen zu halten, daß das ArbKrankhG es nicht auf den Arbeitsunfähigkeitsfall als solchen abstellt, sondern nur auf Arbeitsunfähigkeitsfälle, die eben infolge Krankheit eintreten. Mehrere Gründe sprechen dabei durchschlagend dafür, daß der Gesetzgeber den Krankengeldzuschuß für Arbeitsunfähigkeitsfälle gewähren wollte, die infolge „einer" Krankheit auftreten.

1. Hierfür spricht zunächst § 1 Abs. 1 Satz 4 ArbKrankhG. Dort wird bestimmt, daß der Arbeitgeber den Zuschuß bis zu einer Dauer der Arbeitsunfähigkeit von sechs Wochen zu zahlen hat. Diese Befristung der Arbeitgeberleistung, die der Entlastung des Arbeitgebers dienen soll, ist nur dann sinnvoll, wenn der mißglückte Arbeitsversuch eines Arbeiters nicht erneut die Zuschußpflicht für die Dauer von sechs Wochen auslöst.

2. Systematisch gehört das ArbKrankhG in seiner Gesamtheit zu dem Komplex von Vorschriften, welche dem Schutz des Arbeitnehmers vor den Zufällen und Schicksalsereignissen des Arbeitslebens dienen sollen. Hierbei ist aber nicht der Eintritt der Arbeitsunfähigkeit schlechthin als Zufall und Schicksalsereignis anzusehen, vor welchem der Arbeiter geschützt werden soll, sondern vielmehr die Krankheit ist es, die für den davon betroffenen Arbeiter einen Zufall und Schicksalsschlag bedeutet, welcher es notwendig macht, ihn wirtschaftlich zu sichern. Die Arbeitsunfähigkeit als solche steht nicht abstrakt im Raume, sondern ist bedingt durch das sie auslösende Ereignis. An das betreffende Ereignis knüpfen alle jene dem Schutz und der Hilfe für den Arbeiter dienenden Regelungen an. Damit stellt aber jede neue Erkrankung einen neuen Zufall, eine sich in einzelnen Schüben entwickelnde und wiederholt zur Arbeitsunfähigkeit führende Krankheit dagegen an sich nur einen einzigen Zufall dar.

3. Das ArbKrankhG ist vor dem sozial-politischen Hintergrund der bereits bestehenden gesetzlichen Regelungen über die Fortzahlung des Lohnes in Krankheitsfällen ergangen (§ 63 HGB; § 133 c Abs. 2 GewO). Zu diesen älteren Gesetzen bestand aber im Zeitpunkt des Erlasses des ArbKrankhG eine seit Jahrzehnten verhältnismäßig gefestigte Rechtsprechung dahin, daß der Arbeitnehmer im Falle wiederholter Erkrankungen an demselben Grundleiden nur unter hinzukommenden weiteren Um-

ständen, die die abermalige Erkrankung als neue Krankheit erscheinen lassen, einen erneuten Anspruch auf die Arbeitgeberleistungen hatte. Mit dem ArbKrankhG war beabsichtigt, den Arbeitern im Krankheitsfalle eine der Rechtstellung der Handlungsgehilfen bzw. gewerblichen Angestellten zwar nicht voll vergleichbare, aber doch angenäherte Rechtsstellung zu gewähren. Anhaltspunkte dafür, daß der Arbeiter bei wiederholter Erkrankung an demselben Grundleiden insoweit besser gestellt werden sollte, sind nicht ersichtlich.

4. Der KGZ stellt eine auf der arbeitgeberischen Fürsorgepflicht beruhende Leistung dar. Die Fürsorgepflicht gebietet es aber, dem von einem Unglücksfall betroffenen Arbeitnehmer zu helfen, auch dem Arbeitnehmer, der von wiederholten, unter dem Gesichtspunkt der Fürsorgepflicht für sich dastehenden Unglücksfällen getroffen wird, wiederholt zu helfen, allerdings in jedem einzelnen Unglücksfall nach Höhe und Dauer nur in dem vom Gesetz näher festgelegten Umfang.

IV. Die vorgenannten Gesichtspunkte, vor allem die zu Ziffer 2, 3 und 4 genannten, rechtfertigen es zugleich, zur Beurteilung der Frage, wann eine wiederholte Erkrankung an demselben medizinisch nicht ausgeheilten Grundleiden den KGZ erneut auslöst, auf die Erkenntnisse Bezug zu nehmen, die in der Rechtsprechung zu § 63 HGB bzw. § 133 c Abs. 2 GewO entwickelt worden sind. Auch dort geht das Gesetz davon aus, daß der Arbeitgeber wegen ein und derselben Krankheit des Arbeitnehmers nur einmal, bei verschiedenen Krankheiten dagegen wiederholt zur Leistung verpflichtet ist. Dabei wird insbesondere auch sowohl im HGB wie im ArbKrankhG das Problem der wiederholten Erkrankung an demselben, medizinisch noch nicht ausgeheilten Grundleiden nicht ausdrücklich behandelt. Es ist danach rechtlich nicht zu beanstanden, wenn sich das angefochtene Urteil bei seiner Entscheidung auf die Erkenntnisse des Bundesarbeitsgerichts zu § 63 HGB (BAG 3, 37) stützt.

Übernimmt man die zu § 63 HGB entwickelten Grundsätze, so scheidet sowohl die sozialversicherungsrechtliche wie auch die rein medizinische Betrachtungsweise aus. Entscheidend ist vielmehr allein die Interessenabwägung zwischen Arbeitgeber und Arbeiter. Allerdings ist das Urteil BAG 3, 37 bisweilen zu der von ihm angestellten Interessenabwägung mißverstanden worden.

Der Senat hat in der genannten Entscheidung ausgeführt, eine Ausheilung sei desto eher anzunehmen, je länger der Handlungsgehilfe zwischenzeitlich seine Dienste verrichtet hat. Dieser Satz ist bisweilen so verstanden worden, als habe der Senat die Dauer der zwischenzeitlichen Tätigkeit als Indiz für eine medizinische Ausheilung des Grundleidens angesehen. Ein solches Indiz sei aber widerlegbar. Bestehe in der Zwischenzeit Behandlungsbedürftigkeit, so könne von einer Ausheilung nicht gesprochen werden (vgl. Urteil des LAG Baden-Württemberg, Außenkammer Mannheim, vom 12. Februar 1959 — VII Sa 117/58 —). Auch Schelp-Trieschmann (Das Arbeitsverhältnis im Krankheitsfalle, 1958, S. 172) haben das Urteil offensichtlich so verstanden, denn sie rügen, der vom Senat verwendete Begriff der relativen oder praktischen „Ausheilung" sei mißverständlich, und sie setzen sich dafür ein, schlechthin einen längeren Zeitraum voller Arbeitsfähigkeit als ausreichend für die Auslösung eines neuen Zahlungsanspruchs anzusehen.

In Wirklichkeit hat der Senat dem ganzen Zusammenhang nach eindeutig ausgesprochen, daß es auf die Ausheilung im medizinischen Sinne in keiner Weise ankommt. Maßgeblich ist vielmehr, daß der Zustand des Arbeitnehmers sich so gebessert hat, daß er für längere Zeit voll arbeitsfähig war. Bereits dann werden die Belange des Arbeitgebers nicht mehr berührt. Ein längerer, von Krankheit ungestörter Verlauf des Arbeitsverhältnisses rechtfertigt es, vom medizinischen Heilungsprozeß abzusehen. Eine den Anforderungen des Arbeitslebens in der Praxis genügende Entwicklung des Beschäftigungsbildes gebietet es, den erneuten Eintritt der Arbeitsunfähigkeit als ein neues „Unglück" im Sinne des Gesetzes anzusehen. In diesem letztgenannten Sinne ist das Urteil auch von Hueck in seiner Anmerkung zu AP Nr. 2 zu § 63 HGB verstanden worden.

Auch das angefochtene Urteil hat zutreffend von der Frage der medizinischen Ausheilung abgesehen und es nur auf die Frage abgestellt, ob der Zeitraum zwischen den beiden Erkrankungen eine längere Zeit im Sinne der genannten Erkenntnisse ist. Hierzu führt das angefochtene Urteil aus, eine Zeitspanne von sechs Monaten könne im Arbeitsleben als längere Zeit angesehen werden. Die Wartezeit für den vollen Urlaubsanspruch betrage in den Urlaubsgesetzen und in Tarifverträgen gewöhnlich sechs Monate. Die Anwendung des Kündigungsschutzgesetzes setze nach sechsmonatiger Beschäftigungsdauer ein. Die längste gesetzliche Kündigungsfrist in § 2 des Gesetzes über die Fristen für die Kündigung von Angestellten vom 9. Juli 1926 sowie für die Kündigung von Angestellten im öffentlichen Dienst nach § 16 TO.A betrage sechs Monate. Aus diesen Beispielen ergebe sich, daß in Fällen, in denen aus verschiedensten Erwägungen eine längere Zeit präzis zu umschreiben gewesen sei, keine längere Zeitspanne gewählt wurde.

Diese Ausführungen sind voll nachprüfbar, halten aber einer Nachprüfung stand. Wenn der Senat in BAG 3, 37 erkannt hat, daß die „längere Zeit" einer vollen Arbeitsfähigkeit zwischen den beiden Erkrankungen nicht als Indiz für eine medizinische Ausheilung, sondern lediglich als Maßstab für eine Interessenabgrenzung zwischen Arbeitgeber und Arbeiter anzusehen ist, dann handelt es sich bei der Wertung, ob im gegebenen Einzelfall eine „längere Zeit“ zwischen den beiden Erkrankungen zurückgelegt wurde oder nicht, nicht um eine — der Beurteilung durch das Revisionsgericht entzogene — Tatsachenfrage, sondern um eine Rechtsfrage. Die „längere Zeit“ soll rechtlich ordnen, sie hat eine dem Begriff der Wartezeit entsprechende Funktion. Wenn das Landesarbeitsgericht die Dauer dieser Wartezeit in rechtsanaloger Anwendung der genannten Vorschriften auf sechs Monate festgelegt hat, so sind hiergegen rechtliche Bedenken nicht zu erheben. Die im Urlaubsrecht allgemein gültige Wartezeit von sechs Monaten beruht auf dem Gedanken, daß generell der Arbeitgeber von der Beschäftigung eines Arbeitnehmers einen bestimmten betriebswirtschaftlichen Nutzen erzielt, der es rechtfertigt, ihm die Lasten eines vollen Urlaubsanspruchs anzusinnen. Vor allem diese Gesichtspunkte gelten auch hier. Es ist danach gerechtfertigt, den Zufall einer erneuten Erkrankung an demselben Grundleiden und die damit verbundene Leistungspflicht des Arbeitgebers in eine jedenfalls im Regelfall feste Beziehung zur Dauer des durch Krankheit ungestört verlaufenen Arbeitsverhältnisses zu setzen. Ein Zeitraum von sechs Monaten genügt auch völlig, um diejenigen Fälle auszuschließen, in denen der Arbeiter einen sachwidrigen Arbeitsversuch unternimmt. Denn ein solcher Versuch würde bei objektiv bestehender Arbeitsunfähigkeit regelmäßig früher zur Arbeitsunfähigkeit infolge gesundheitlichen Zusammenbruchs führen. Es ist zwar denkbar, daß besondere Umstände des Einzelfalles eine andere Beurteilung rechtfertigen könnten, so z. B., wenn der Arbeiter seine volle Arbeitsleistung sechs Monate hindurch nur deshalb hat erbringen können, weil er sich unter erheblichem gesundheitlichen Substanzverlust künstlich durch stark wirkende Arzneien aufrecht erhalten hat. Andererseits erscheint es dann auch nicht ausgeschlossen, daß bei einer für den Arbeiter besonders schweren körperlichen Arbeit, die zugleich für den Arbeitgeber mit besonderem Nutzen verbunden war, bereits ein kürzerer Zeitraum als die genannten sechs Monate als ausreichend angesehen werden könnte. Hierzu braucht jedoch im vorliegenden Falle nicht abschließend Stellung genommen zu werden, weil für solche besonderen Umstände von keiner Seite etwas dargetan worden ist.

51

1. Das Zeugnis soll einerseits dem Arbeitnehmer als Unterlage für eine neue Bewerbung dienen, andererseits einen Dritten, der die Einstellung des Zeugnisinhabers erwägt, unterrichten. Es muß alle wesentlichen

Tatsachen und Bewertungen enthalten, die für die Gesamtbeurteilung des Arbeitnehmers von Bedeutung und für den Dritten von Interesse sind. Einmalige Vorfälle oder Umstände, die für den Arbeitnehmer, seine Führung und Leistung nicht charakteristisch sind — seien sie für ihn vorteilhaft oder nachteilig —, gehören nicht in das Zeugnis. Weder Wortwahl noch Satzstellung noch Auslassungen dürfen dazu führen, daß bei Dritten der Wahrheit nicht entsprechende Vorstellungen entstehen.

2. Der Arbeitgeber ist für die Tatsachen beweispflichtig, die der Zeugniserteilung und der darin enthaltenen Bewertung zu Grunde liegen.

3. Das Zeugnis ist ein einheitliches Ganzes; seine Teile können nicht ohne Gefahr der Sinnentstellung auseinander gerissen werden. Daher sind die Gerichte befugt, gegebenenfalls das gesamte Zeugnis zu überprüfen und unter Umständen selbst neu zu formulieren.

HGB § 73 Abs. 1.

V. Senat. Urteil vom 23. Juni 1960 i. S. T. (Kl.) w. B. (Bekl.)
5 AZR 560/58.

I. Arbeitsgericht Herne. — II. Landesarbeitsgericht Hamm/Westf.

Der Kläger war seit 1954 auf Grund eines schriftlichen Vertrages als Vertreter beim Beklagten eingestellt. Dieser betreibt eine Großhandlung in Bauindustrie-Bedarf. Das Arbeitsverhältnis endete auf Wunsch des Klägers am 31. März 1958.

Am 31. März 1958 erteilte der Beklagte dem Kläger ein Zeugnis mit folgendem Wortlaut:

„Zeugnis

Herr G. T., geb. am 19. Januar 1924, wohnhaft in W., war vom 1. Juli 1954 bis zum 1. April 1958 in meinem Betrieb als Vertreter tätig.

Herr T. hat sich Mühe gegeben, die ihm übertragenen Arbeiten zu meiner Zufriedenheit zu erledigen.

Ich wünsche Herrn T. für die Zukunft alles Gute.

Herne, den 31. März 1958

gez. C. B."

Der Kläger ist der Ansicht, der Zeugniswortlaut bringe in verschleierter Form zum Ausdruck, er habe sich zwar bemüht, die ihm übertragenen Arbeiten zur Zufriedenheit des Beklagten zu erledigen, jedoch seien die Leistungen nicht befriedigend gewesen; außerdem fehle eine Angabe über Führung und Leistung sowie die Mitteilung des Auflösungsgrundes des Beschäftigungsverhältnisses. Er hat in erster Instanz beantragt,

1. den Absatz 2 in dem am 31. 3. 1958 erteilten Zeugnis zu streichen und statt dessen einzufügen:

„Herr T. hat die ihm übertragenen Arbeiten zu meiner Zufriedenheit erledigt. Er war pünktlich, ehrlich und fleißig. Er verläßt unseren Betrieb am 31. 3. 1958 auf eigenen Wunsch."

2. Im Weigerungsfalle den Beklagten zu verurteilen, eine Entschädigung an den Kläger in Höhe von 500,– DM netto zu zahlen.

Der Beklagte ist der Ansicht, zur Zeugnisänderung sei er nicht verpflichtet; das Zeugnis sei wahr und vollständig, denn er sei tatsächlich mit den Leistungen des Klägers unzufrieden gewesen; der Kläger habe die Forderungen des Beklagten so säumig eingezogen, daß erhebliche Zinsverluste entstanden seien; die Aufnahme des Auflösungsgrundes in das Zeugnis könne der Kläger nicht verlangen.

Das Arbeitsgericht hat durch Teilurteil entschieden:

„Der Beklagte wird weiter verurteilt, das dem Kläger am 31. 3. 1958 ausgestellte Zeugnis binnen einer Frist von zwei Wochen nach Rechtskraft des Urteils dahingehend zu berichtigen, daß der zweite Absatz in Wegfall kommt und statt dessen eingefügt wird:

„Herr T. hat die ihm übertragenen Arbeiten zu meiner Zufriedenheit erledigt. Er war pünktlich, ehrlich und fleißig. Er verläßt meinen Betrieb am 31. 3. 1958 auf eigenen Wunsch."

Kommt der Beklagte dieser Verpflichtung nicht fristgerecht nach, so hat er eine Entschädigung in Höhe von 300,– DM an den Kläger zu zahlen."

Der Beklagte hat nach Erlaß dieses Urteils dem Kläger ein neues Zeugnis ausgestellt, in dem der Satz enthalten ist:

„Er war pünktlich, ehrlich und fleißig."

Gegen dieses Urteil des Arbeitsgerichts hat der Beklagte Berufung eingelegt, soweit er verurteilt ist, das Zeugnis des Klägers dahin zu berichtigen, daß der Kläger die ihm übertragene Arbeit zur Zufriedenheit des Beklagten erledigt hat und den Betrieb des Beklagten am 31. März 1958 auf eigenen Wunsch verläßt.

Das Landesarbeitsgericht hat auf die Berufung des Beklagten das Teilurteil des Arbeitsgerichts dahin abgeändert, daß der Beklagte

nicht gehalten ist, den Satz „Er verläßt meinen Betrieb am 31. 3. 1958 auf eigenen Wunsch" in das Zeugnis aufzunehmen.

Gegen dieses Urteil des Landesarbeitsgerichst hat der Kläger Revision eingelegt mit dem Ziel, auch die Aufnahme des Auflösungsgrundes in das Zeugnis zu erreichen. Der Beklagte hat Revision eingelegt, um Abweisung der Klage zu erreichen, soweit er unterlegen ist. Das Bundesarbeitsgericht hat auf die beiderseitigen Revisionen hin aufgehoben und zurückverwiesen.

Aus den Gründen:

1. Der Anspruch des Klägers auf ein Zeugnis über seine Tätigkeit beim Beklagten ergibt sich aus § 73 Abs. 1 HGB. Danach kann der Handlungsgehilfe bei der Beendigung des Dienstverhältnisses ein schriftliches Zeugnis über die Art und Dauer der Beschäftigung fordern; das Zeugnis ist auf Verlangen des Handlungsgehilfen auch auf die Führung und Leistung auszudehnen.

Welchen Inhalt im einzelnen das vom Arbeitgeber zu erteilende Zeugnis haben muß, ergibt sich aus der zweiseitigen Zielsetzung des Zeugnisses. Es soll einerseits dem Arbeitnehmer als Unterlage für eine neue Bewerbung dienen; seine Belange sind gefährdet, wenn er unterbewertet wird. Andererseits soll das Zeugnis zur Unterrichtung eines Dritten dienen, der die Einstellung des Zeugnisinhabers erwägt; seine Belange sind gefährdet, wenn der Arbeitnehmer überbewertet wird. Aus dem notwendigen Ausgleich dieser sich möglicherweise widerstrebenden Interessen ergibt sich deshalb als oberster Grundsatz der Zeugniserteilung: Das Zeugnis muß wahr sein. Dieser alle Fragen des Zeugnisrechts beherrschende Grundsatz der Zeugniswahrheit bedingt folgende weitere Maßstäbe über den Inhalt eines Zeugnisses: Das Zeugnis muß alle wesentlichen Tatsachen und Bewertungen enthalten, die für die Gesamtbeurteilung des Arbeitnehmers von Bedeutung sind. Das schließt aus, daß der Arbeitgeber einmalige Vorfälle oder Umstände, die für den Arbeitnehmer, seine Führung und Leistung nicht charakteristisch sind — seien sie für den Arbeitnehmer vorteilhaft oder nachteilig —, aufnehmen oder verallgemeinern darf; solche Umstände muß er vielmehr gegenüber dem Gesamtbild abwägen. Die zweite Zielsetzung des Zeugnisses — Unterrichtung eines Dritten — geht jedoch nur so weit, wie es das Interesse des Dritten verlangt. Der Arbeitgeber darf und muß daher wahre Tatsachen und Beurteilungen nur insoweit in das Zeugnis aufnehmen, als ein künftiger Arbeitgeber hieran ein berechtigtes und verständiges Interesse haben kann. Weil das Zeugnis als Mitteilung an Dritte bestimmt ist und wahr sein muß, darf es vor allem infolge des gewählten Ausdruckes oder der gewählten Satzstellung nicht zu Irrtümern oder Mehrdeutigkeiten bei Dritten führen; solche Irrtümer und Mehrdeutigkeiten können z. B. dann entstehen, wenn üblicherweise nach der Verkehrssitte aufgenommene Sätze ausgelassen werden; in solchen Fällen führt die Auslassung bei Dritten regelmäßig zu unberechtigten, unwahren und für den Arbeitnehmer negativen Schlüssen. Damit würden Sinn und Zweck des Zeugnisses hinfällig werden. Aus den gleichen Gründen kann das Zeugnis in der Regel auch nur im Zusammenhang seines gesamten Inhaltes verstanden werden; die einzelnen, vom Arbeitgeber zu beurteilenden Qualifikationen des Arbeitnehmers sind so eng miteinander verflochten, daß die eine nicht ohne die Beziehung und den Zusammenhang zur anderen betrachtet werden kann.

2. An diesen Maßstäben gemessen erweckt der im Zeugnis des Beklagten enthaltene Satz: „Herr T. hat sich Mühe gegeben, die ihm übertragenen Arbeiten zu meiner Zufriedenheit zu erledigen." den Eindruck, die Leistungen des Klägers hätten den Beklagten in Wahrheit nicht zufriedenzustellen vermocht, obschon sich der Kläger Mühe gegeben habe. Dieser Eindruck wird noch verstärkt durch den nachfolgenden Satz: „Er war pünktlich, ehrlich und fleißig". Ein verständig beurteilender Zeugnisleser muß daher annehmen, die Leistungen des Klägers seien trotz redlichen Bemühens nicht zufriedenstellend, d. h. nicht ordnungsgemäß gewesen.

In dieser Formulierung des Zeugnisses liegt eine negative Aussage über die Leistungen des Klägers. Der Beklagte hat insoweit unter Beweisantritt behauptet, er habe auch Grund zu dieser negativen Aussage gehabt; der Kläger habe nämlich die Außenstände nicht pflichtgemäß eingezogen. Der Kläger hat diese Behauptung bestritten. Das Landesarbeitsgericht hat jedoch zu dieser vom Kläger bestrittenen Behauptung keine Tatsachen festgestellt; es hat versäumt, den dazu vom Beklagten angebotenen Beweis zu erheben. Darin liegt ein Verfahrensfehler nach § 286 ZPO, den die Revision des Beklagten auch formgerecht gerügt hat. Das Revisionsgericht ist selbst nicht in der Lage, die entscheidenden tatsächlichen Feststellungen anzustellen. Das angefochtene Urteil mußte schon deshalb, soweit es sich über diesen Teil des Zeugnisses verhält, aufgehoben und die Sache zur anderweiten Verhandlung und Entscheidung an das Landesarbeitsgericht zurückverwiesen werden.

3. Der Kläger hat weiter verlangt, in das Zeugnis aufzunehmen, er sei auf eigenen Wunsch aus dem Dienst des Beklagten ausgeschieden.

Gegen die Aufnahme einer solchen Bemerkung in ein Zeugnis bestehen grundsätzlich keine Bedenken. Diese Angabe ist für den Arbeitnehmer bei zukünftigen Bewerbungen erfahrungsgemäß von besonderer Bedeutung. Die Aufnahme des Auflösungsgrundes in das Zeugnis stellt für den Arbeitgeber, falls der Arbeitnehmer selbst gekündigt hat, unter dem Gesichtspunkt der nachwirkenden Fürsorgepflicht normalerweise keine unzumutbare Belastung dar. Andererseits kann nach dem Grundsatz der Wahrheitspflicht eines Zeugnisses auch der Arbeitgeber berechtigt oder sogar verpflichtet sein, eine von ihm ausgesprochene Kündigung im Zeugnis zum Ausdruck zu bringen (z. B. bei Kündigung wegen Betriebsstillegung oder wegen Arbeitsmangels). Diese Frage, die jedoch weitgehend von den Gegebenheiten des Einzelfalles abhängig ist, braucht hier nicht näher erörtert zu werden; zwischen den Parteien ist unstreitig, daß der Kläger selbst gekündigt hat.

4. Der in Ziffer 2. dieser Entscheidungsgründe aufgezeichnete Mangel des angefochtenen Urteils hinsichtlich der Leistungsbewertung des Klägers führt nun zur vollständigen Aufhebung des vorinstanzlichen Urteils, soweit es sich über das Zeugnis verhält, und zur Zurückverweisung an das Landesarbeitsgericht. Das folgt aus dem bereits oben ausgeführten Grundsatz, daß das Zeugnis ein einheitliches Ganzes ist. Es darf daher, wenn es seine Funktion erfüllen soll, nicht ohne die Gefahr seiner Sinnentstellung auseinandergerissen werden. Die einzelnen Bewertungsfaktoren stehen in so enger Wechselbeziehung zueinander, daß ihre Trennung den inneren verständigen Zusammenhang und den Gesamtcharakter des Zeugnisses möglicherweise zerstören würde.

Es ist deshalb Aufgabe des Landesarbeitsgerichts, die Leistungen des Klägers festzustellen, sie nach objektiven Maßstäben zu bewerten und gegebenenfalls ein Zeugnis neu zu formulieren. Das ergibt sich aus folgender Überlegung: Wenn die Gerichte befugt sind, über die Berechtigung des Zeugnisanspruches zu entscheiden, so müssen sie auch berechtigt sein, die Wahrheit oder Unwahrheit von Tatsachen, die im Zeugnis genannt werden, festzustellen und zugleich auch im Hinblick auf die aus diesen Tatsachen zu ziehenden objektiven Folgerungen eine selbständige Bewertung der Faktoren vorzunehmen. Dann aber müssen die Gerichte auch befugt sein, die ihnen zutreffend erscheinende Zeugnisformulierung selbst zu wählen und in einem Urteil auszusprechen. Nur auf diese Weise wird ein Streit über den Inhalt eines Zeugnisses abschließend im Erkenntnisverfahren entschieden. Inhalt und Umfang der Verpflichtung des Arbeitgebers zur Ausstellung eines bestimmten Zeugnisses stehen dann klar und eindeutig fest. Damit wird zugleich vermieden, daß im Zwangsvollstreckungsverfahren nach § 61 Abs. 4 ArbGG, §§ 887, 888 ZPO nochmals über den Inhalt und den Wortlaut des Zeugnisses gestritten wird. Es ist in letzterem Verfahren dann nur noch zu erzwingen, daß der Arbeitgeber das ihm im erkennenden Teil des Urteils genau und klar vorgeschriebene Zeugnis auch fristgerecht ausstellt.

5 a) Kommt das Landesarbeitsgericht nach erneuter Verhandlung und Beweisaufnahme zu der Überzeugung von der Wahrheit der Behauptung des Beklagten, die Leistungen des Klägers seien trotz redlichen Bemühens nicht zufriedenstellend, d. h. nicht ordnungsgemäß gewesen, so ist die Klage bezüglich des in Ziffer 2. dieser Entscheidungsgründe erörterten Zeugnissatzes unbegründet.

b) Gelangt das Landesarbeitsgericht zur gegenteiligen Überzeugung, so ist die Klage begründet. Das Landesarbeitsgericht wird dann nach Maßgabe der in Ziffer 4. aufgestellten Regeln verfahren müssen.

c) Das gleiche wie zu b) gilt, wenn das Landesarbeitsgericht zu einem non liquet kommen sollte. Denn für seine Behauptung, er habe Grund zu der von ihm ausgesprochenen Beurteilung des Klägers gehabt und damit seine Zeugnispflicht ordnungsgemäß erfüllt, ist der Beklagte beweispflichtig, und zwar aus folgenden Gründen:

Die wohl überwiegende Meinung in Schrifttum und Rechtsprechung ist allerdings der Ansicht, für die Unrichtigkeit des Zeugnisses sei der Arbeitnehmer beweispflichtig, wenn er eine Zeugnisänderung verlange (Staudinger-Nipperdey, BGB, 11. Aufl., 1958, § 630 Anm. 30; Palandt, BGB, 19. Aufl., 1960, § 630 Anm. 3; Schlegelberger-Schröder, HGB, 3. Aufl., 1955, § 73 Anm. 9 b; Würdinger in RGR-Komm. zum HGB, 2. Aufl., 1953, § 73 Anm. 6 und 8; Hueck-Nipperdey, Lehrbuch des Arbeitsrechts, 6. Aufl., 1. Bd. S. 423; Denecke, Der Dienstvertrag, 1959, BGB, § 630 Anm. 4; Soergel, BGB, 8. Aufl., 1952, § 630 Anm. 7; Bulla in Arbeitsrechts-Blattei, Zeugnis, Entsch. 1, Anmerkung zu einem Urteil des Landesarbeitsgerichts Frankfurt; RG in Recht 02, 482, Nr. 2199; KG in OLGR 12, 418; 33, 334; OLG Hamburg in OLGR 5, 269 [270]). Soweit zu dieser Ansicht überhaupt eine Begründung angegeben wird — ein Teil des genannten Schrifttums bezieht sich ohne eigene Begründung auf die jeweils älteren Stimmen —, weicht sie von den allgemeinen Grundsätzen der Behauptungs- und Beweislastverteilung ab und vermag sie in sich nicht zu überzeugen.

Im wesentlichen wird die Begründung vertreten, der Zeugnisaussteller könne oft nicht beweisen, was er seiner ganz persönlichen Überzeugung gemäß angeben müsse. Diese von der möglichen Beweisnot des Arbeitgebers ausgehende Begründung ist deshalb nicht stichhaltig, weil einmal die Beweisnot nicht schon eine Beweislastverschiebung bedeutet, und zum anderen der Arbeitnehmer, insbesondere bei für ihn nachteiligen Angaben im Zeugnis, in weitaus größere Beweisnot geraten muß, wenn er das Nichtvorhandensein der vom Arbeitgeber im Zeugnis behaupteten Tatsachen und Bewertungen beweisen soll. Denn wie sollte z. B. ein Arbeitnehmer, dessen Arbeitgeber im Zeugnis die Beurteilung abgegeben hat, der Arbeitnehmer habe sich als schwieriger Untergebener erwiesen, den Beweis führen, er sei in Wahrheit kein schwieriger Untergebener gewesen.

Eine andere Begründung für die genannte allgemeine Meinung geht von dem sogenannten Berichtigungsanspruch aus; wer Berichtigung verlange, müsse die Voraussetzungen dafür beweisen. Diese Ansicht verkennt, daß das Gesetz keinen Zeugnis-Berichtigungsanspruch kennt. Wenn der Arbeitnehmer ein anders gefaßtes Zeugnis verlangt, so macht er in Wahrheit einen Erfüllungsanspruch auf Erteilung eines richtigen Zeugnisses geltend. Der Arbeitnehmer verneint, daß sein Anspruch auf Zeugniserteilung ordnungsgemäß erfüllt sei; deshalb macht er ihn im Wege der Klage geltend. Der Arbeitgeber wendet demgegenüber ein, das erteilte Zeugnis sei inhaltlich richtig und er habe demgemäß ordnungsgemäß erfüllt. Für die ordnungsgemäße Erfüllung ist aber der Schuldner beweispflichtig. Daß der Schuldner die Erfüllung der ihm obliegenden Pflichten zu beweisen hat, mag er Kläger oder Beklagter sein, ist ein seit jeher selbstverständlicher Grundsatz der Beweislastverteilung (Rosenberg, Die Beweislast, 4. Aufl., 1956, S. 342; vgl. auch Palandt, BGB, 19. Aufl., 1960, § 345 Anm. 1, § 363 Anm. 1 bis 3; RGR-Komm. BGB, 10. Aufl., § 362 Anm. 5; Staudinger, BGB, 9. Aufl., § 363 Anm. 1; Siebert-Reimer-Schmidt, BGB, 1959, § 362 Anm. 11; Erman, BGB, 2. Aufl., 1958, § 362 Anm. 6; Motive zum BGB, Bd. I S. 382/383).

52

1. Die in einer tariflichen Verfallklausel für die Geltendmachung von Ansprüchen vorgeschriebene Schriftform wird auch durch eine Klageschrift gewahrt. Dies gilt selbst dann, wenn die Verfallklausel wie im Falle des § 9 RTV Bau bestimmt, daß die Ansprüche zunächst schriftlich zu erheben sind, und für den Fall, daß der Gegner den Anspruch ablehnt oder sich innerhalb einer bestimmten Frist nicht erklärt, gerichtliche Geltendmachung erfolgen muß.

2. Beginnt eine tarifliche Ausschlußfrist mit der Fälligkeit des Anspruchs, hängt seine Geltendmachung im Sinne einer näheren Aufgliederung nach Grund und Höhe aber davon ab, daß der andere Vertragsteil seiner vertraglichen Pflicht zur Erteilung einer Abrechnung genügt, und wird die Erfüllung dieser Pflicht verzögert, so ist für den Beginn der Ausschlußfrist die Erteilung der Abrechnung maßgebend. Dies gilt sowohl für den Restlohnanspruch eines Akkordarbeiters, der stets nur Abschlagzahlungen erhalten hat, als auch für den Anspruch auf das in Form von

Urlaubsmarken zahlbare Urlaubsgeld, das seinerseits von der Höhe des Lohnes abhängig ist.

TVG § 4 (Ausschlußfristen); Bundesrahmentarifvertrag für das Baugewerbe (gewerbl. Arbeitnehmer) vom 6. Juli 1956 (RTV Bau) § 9, § 5 Nr. 8 b; BGB § 126; ZPO §§ 93, 130, 253.

1. Senat. Urteil vom 24. Juni 1960 i. S. B. (Bekl.) w. Sch. (Kl.) 1 AZR 29/58.

I. Arbeitsgericht Würzburg — II. Landesarbeitsgericht Bayern (Nürnberg)

Der Streit der Parteien geht darum, ob die nach Grund und Höhe nicht mehr streitigen Ansprüche des Klägers gemäß § 9 des seit dem 1. Oktober 1956 allgemeinverbindlichen Bundesrahmentarifvertrags für das Baugewerbe (gewerbliche Arbeitnehmer) vom 6. Juli 1956 (RTV Bau) verfallen sind. Der Kläger war vom 3. September bis 24. November 1956 bei der Beklagten als Bauarbeiter im Akkord beschäftigt. An diesem Tag hat er das Arbeitsverhältnis fristlos gelöst, weil, wie er angibt, die Beklagte ihm keine Lohnabrechnungen erteilt hätte. Der Kläger erhielt am 30. November 1956 zum ersten Mal eine Abrechnung für die Gesamtdauer des Arbeitsverhältnisses. Bis dahin hatte die Beklagte stets nur Vorschüsse gezahlt.

Am 24. Januar 1957 reichte der Kläger bei dem örtlich unzuständigen Arbeitsgericht D. die vorliegende Klage ein, die nach Verweisung an das zuständige Arbeitsgericht durch dieses am 30. Januar 1957 der Beklagten zugestellt wurde. Der Kläger fordert Zahlung des Unterschiedsbetrages zwischen dem vereinbarten und dem tatsächlich gezahlten (niedrigeren) Akkordlohn in Höhe von 243,63 DM, Aushändigung seiner Urlaubskarte mit geklebten Marken im Betrag von 38,80 DM und für den Fall, daß die Beklagte die Urlaubskarte innerhalb von acht Tagen nicht herausgibt, die Zahlung von 38,80 DM.

Die Beklagte ist in allen Instanzen unterlegen.

Aus den Gründen:

Die Ansprüche des Klägers sind nicht gemäß § 9 RTV Bau verfallen.

1. Um die Ausschlußfrist des § 9 RTV Bau zu wahren, ist einmal erforderlich, daß der Gläubiger seine Ansprüche (innerhalb bestimmter Fristen) gegenüber dem anderen Vertragsteil *schriftlich* und, falls dies nicht zum Erfolg führt, (innerhalb einer weiteren Frist) *gerichtlich* geltend macht. Als Geltendmachung kommt hier allein die Erhebung der Klage in Betracht. Die Beklagte meint dazu, die Klageerhebung könne nicht an die Stelle der schriftlichen Geltendmachung treten, weil

diese zur Vermeidung von Prozessen stets der gerichtlichen Geltendmachung vorausgehen müssen. Dem kann sich der Senat nicht anschließen,

Die in § 9 RTV Bau bestimmte Schriftform kann nur als Gegenstück zur mündlichen Geltendmachung verstanden werden. Die Schriftform soll der Rechtsklarheit dienen. Der Schuldner soll sich darauf einrichten können, daß er nicht mehr in Anspruch genommen werden kann, wenn der Gläubiger sich nicht schriftlich innerhalb der Ausschlußfrist an ihn gewandt hat.

Eine Klageschrift erfüllt eindeutig die Erfordernisse der Schriftform, die auch im Rahmen des § 9 RTV Bau im Sinne des § 126 BGB zu verstehen ist. Die Klageschrift muß schriftlich abgefaßt und unterschrieben sein (§ 253 in Verbindung mit § 130 ZPO). Ob es im Einzelfall zweckmäßig ist, ohne vorherige schriftliche Aufforderung sofort Klage zu erheben, kann nichts daran ändern, daß die Zustellung einer Klage sogar in besonders eindringlicher Weise die Erfordernisse der schriftlichen Geltendmachung erfüllt. Die Frage des Kostenrisikos, das der Gläubiger in einem solchen Fall auf Grund des § 93 ZPO auf sich nimmt, muß dabei außer Betracht bleiben.

An diesem Ergebnis ändert sich auch nichts dadurch, daß in § 9 RTV Bau vorgesehen ist, daß der Gläubiger zur Vermeidung des Verlustes seiner Ansprüche g e r i c h t l i c h vorgehen muß, wenn der Schuldner auf die s c h r i f t l i c h e Geltendmachung hin entweder die Ansprüche ablehnt oder innerhalb von zwei Wochen keine Erklärung abgibt. Auch diese Regelung dient einer baldigen abschließenden Klarstellung der Rechtsbeziehungen. Sie läßt aber keinen Schluß darauf zu, daß die zunächst notwendige schriftliche Geltendmachung zwar durch jedes andere Schriftstück, nicht aber durch eine Klageschrift erfolgen kann. Eine zwingende Notwendigkeit, zunächst die Erhebung einer Klage zu unterlassen, läßt sich weder aus § 9 RTV Bau noch im vorliegenden Fall etwa aus dem Gesichtspunkt der Treuepflicht des Klägers gegenüber der Beklagten herleiten, da mit der Beendigung des Arbeitsverhältnisses solche Bindungen jedenfalls aufgehört hatten.

2. Mit der durch die Zustellung am 30. Januar 1957 erfolgten Klageerhebung hat der Kläger die Ausschlußfrist von zwei Monaten gewahrt. Die Frist beginnt mit der F ä l l i g k e i t des Anspruches. Dazu bestimmt § 5 Nr. 8 b RTV Bau für Arbeiten im Leistungslohn (Akkord), daß wöchentlich eine Abschlagzahlung mindestens in Höhe des Brutto-Tarifstundenlohnes zu leisten ist und die endgültige Abrechnung spätestens innerhalb von zwei Wochen nach Fertigstellung der Arbeit zu erfolgen

hat, es sei denn, daß es sich um (hier nicht geleistete) Arbeiten von mehrmonatiger Dauer handelt.

Die Parteien streiten nicht um die Abschlagzahlungen, die der Kläger erhalten hat, sondern — neben der Urlaubskarte — um den restlichen Lohnanspruch aus der Abrechnung der jeweiligen Arbeit. Dessen Fälligkeit ist nicht ausdrücklich geregelt. Daraus, daß die endgültige Abrechnung spätestens innerhalb von zwei Wochen nach Fertigstellung der Arbeit zu erteilen ist, muß aber entnommen werden, daß damit zugleich der restliche Lohnanspruch, der sich aus der Abrechnung ergibt, fällig wird.

Für den vorliegenden Fall würde das bedeuten, daß alle Ansprüche des Klägers aus Arbeiten, die länger als zwei Wochen vor dem 30. November 1956 (das sind zwei Monate vor der am 30. Januar 1957 erfolgten Klageerhebung) fertiggestellt waren, unter die Ausschlußfrist fallen würden. Nun wird gerade für die Geltendmachung im Sinne des § 9 RTV Bau verlangt, daß die Forderung genau spezifiziert wird; es müssen Grund und Höhe des Anspruches dargetan werden (vgl. die von den Arbeitgebertarifparteien kommentierte Ausgabe des RTV Bau § 9 Anm. 10 S. 328 ff.). Eine solche Geltendmachung ist aber jedenfalls bei Arbeiten im Akkord nur möglich, wenn der Arbeitgeber zunächst einmal seiner tariflichen Abrechnungspflicht nachgekommen ist. Erst aus der Abrechnung kann der Arbeiter ersehen, ob er den ihm zustehenden Lohn erhalten hat.

Verzögert der Arbeitgeber die Abrechnung, dann wird zwar nicht die Fälligkeit des Anspruches hinausgeschoben, wohl aber handelt der Arbeitgeber rechtsmißbräuchlich, wenn seine eigene Vertragsverletzung, die die rechtzeitige Geltendmachung von Ansprüchen durch den Arbeiter verhindert, dazu führt, daß der Arbeiter in der Ausschlußfrist verkürzt wird oder sie gar verliert und der Arbeitgeber sich dennoch auf die Verfallklausel beruft (vgl. Palandt, BGB, 18. Aufl., § 162 Anm. 3). Im praktischen Ergebnis wird in solchen Fällen die tarifliche Ausschlußfrist nicht mit dem Tag der Fälligkeit des Anspruches, sondern erst an dem Tag in Lauf gesetzt, an dem der Arbeiter die endgültige Abrechnung erhält (so auch LAG Stuttgart vom 27. Januar 1960 in BB 1960, 520 = Betr. 1960, 327).

Dieser Tag war hier nach den vom Landesarbeitsgericht in Bezug genommenen tatsächlichen Feststellungen des Arbeitsgerichts der 30. November 1956. Dieser Tag ist aber nicht nur für den Beginn der Ausschlußfrist hinsichtlich der Restlohnansprüche, sondern auch hinsichtlich des Anspruches auf Herausgabe der Urlaubskarte maßgebend. Dem Kläger geht es dabei in erster Linie darum, daß sein in Form von Urlaubsmarken zahlbares Urlaubsgeld sichergestellt ist. Dessen Höhe, die sich gemäß § 5 der hier anzuwendenden tariflichen Urlaubsregelung für das Baugewerbe in Bayern vom 31. August 1950 nach einem Prozentsatz des während des Arbeitsverhältnisses verdienten Bruttolohnes richtet, ist aber wiederum von der Lohnabrechnung durch die Beklagte abhängig, so daß auch insoweit die Ausschlußfrist am 30. November 1956 begonnen hat.

53

1. Das in § 8 Abs. 1, Abs. 2 c MuSchG enthaltene Verbot der Mehrarbeit für werdende und stillende Mütter gilt sowohl bei einer Arbeitszeit von mehr als 8½ Stunden täglich als auch bei einer Gesamtarbeitszeit (einschließlich der Sonntagsarbeit) von mehr als 96 Stunden in der Doppelwoche. Schon bei Überschreitung einer dieser Grenzen liegt verbotene Mehrarbeit vor.

2. Lehnt der Arbeitgeber eine Arbeitsleistung ab, die einem gesetzlichen Beschäftigungsverbot unterliegt, dann kommt er nicht in Annahmeverzug. Eine werdende Mutter, die verbotene Mehrarbeit vergeblich anbietet, hat aus § 615 BGB keinen Anspruch auf Zahlung des Arbeitsentgelts.

3. Aus § 10 MuSchG ist der Arbeitgeber zur Weitergewährung des Arbeitsentgeltes nur in den Fällen der dort im einzelnen genannten Beschäftigungsverbote verpflichtet. Auf andere Beschäftigungsverbote, insbesondere auf das Mehrarbeitsverbot des § 8 MuSchG, ist § 10 MuSchG auch nicht entsprechend anwendbar.

4. Im Falle eines Beschäftigungsverbots im Sinne des § 8 MuSchG ist § 616 BGB nicht anwendbar. Die Ursache der Arbeitsverhinderung liegt hier nicht in der Person der Arbeitnehmerin, sondern beruht auf der Arbeitszeiteinteilung des Betriebs.

MuSchG §§ 8, 10; BGB §§ 297, 323, 615, 616; AZO §§ 3, 4; GG Art. 6.

I. Senat. Urteil vom 24. 6. 1960 i. S. Sch. (Kl.)
w. V. K. V. F. KG. (Bekl.) 1 AZR 96/58.

I. Arbeitsgericht Stade. — II. Landesarbeitsgericht Hannover

Im Juni 1957 war im Betrieb der Beklagten die Arbeitszeit mit täglich 9½ Stunden auf die Tage von Montag bis Freitag verteilt; der Samstag war arbeitsfrei. Auch die als Arbeiterin beschäftigte Klägerin teilte zunächst diese Arbeitszeit. Als der Beklagten bekannt wurde, daß die Klägerin in anderen Umständen war, ließ sie die Klägerin vom 21. August

1957 an gegen ihren Willen nur noch 8½ Stunden täglich arbeiten und entlohnte sie auch nur für diese Arbeitszeit.

Die Klägerin hält diese Lohnkürzung für unberechtigt und fordert mit der Klage Zahlung des Lohnausfalls für täglich eine Stunde seit dem 21. August 1957 für insgesamt 53 Stunden im Gesamtbetrag von 50,35 DM.

Das Arbeitsgericht hat die Klage abgewiesen. Das Landesarbeitsgericht hat ihr in Höhe des Lohnausfalles für neun Tage mit 8,55 DM stattgegeben. Die Revision der Klägerin ist zurückgewiesen worden, die Revision der Beklagten hatte Erfolg.

Aus den Gründen:

1. Obwohl die Klägerin nach den Feststellungen des Landesarbeitsgerichts ihre Arbeitsleistung über die Zeit von täglich 8½ Stunden hinaus angeboten hat, ist ein Annahmeverzug der Beklagten im Sinne des § 615 BGB nicht eingetreten und ein Lohnfortzahlungsanspruch auf Grund dieser Vorschrift nicht entstanden.

a) Nach § 297 BGB, der die Voraussetzungen des Gläubigerverzugs auch für die Fälle des § 615 BGB regelt, kommt der Gläubiger (Arbeitgeber) nicht in Verzug, wenn der Schuldner (Arbeitnehmer) zur Zeit des Angebots außerstande ist, die Leistung zu bewirken. Diese Voraussetzung ist erfüllt, wenn die angebotene Arbeit deshalb nicht geleistet werden darf, weil ein gesetzliches Beschäftigungsverbot besteht.

Die arbeitsrechtlichen Beschäftigungsverbote, insbesondere auch die des Mutterschutzgesetzes, richten sich gegen beide Parteien des Arbeitsvertrags, auch wenn bei Verstößen nur der Arbeitgeber strafrechtlich verantwortlich ist. Das folgt aus dem Zweck der Arbeitsschutzvorschriften, die Leistung verbotener Arbeit schlechthin zu verhindern. Ist es aber der im Arbeitsverhältnis stehenden werdenden Mutter untersagt, eine nach dem Gesetz verbotene Arbeit zu leisten, und tritt das Verbot erst im Laufe des Arbeitsverhältnisses ein (vgl. zum Fall eines bereits bei Beginn des Arbeitsverhältnisses eingreifenden Beschäftigungsverbots BAG 3, 309), dann liegt ein durch § 297 BGB erfaßter Fall der nachfolgenden Unmöglichkeit der Leistung vor (vgl. Soergel-Siebert, BGB, 9. Aufl., § 297 Anm. 2). Der Arbeitgeber, der die angebotenen Dienste ablehnt, kommt nicht in Annahmeverzug (Hueck-Nipperdey, Lehrb. d. ArbR, 6. Aufl., Bd. 1 S. 199). Der Arbeitnehmerin steht, da keine der Parteien die Unmöglichkeit zu vertreten hat, gemäß § 323 BGB ein Lohnanspruch insoweit nicht zu, wie das Beschäftigungsverbot reicht.

b) Für die Klägerin hat im vorliegenden Fall das Beschäftigungsverbot des § 8 Abs. 1, Abs. 2c des MuSchG bestanden, weil die volle betriebliche Arbeitszeit, für die sie entlohnt werden will, über 8½ Stunden täglich hinausgegangen ist. Diese Vorschrift verbietet die Beschäftigung werdender Mütter mit Mehrarbeit. Dabei wird unter Mehrarbeit jede Arbeit verstanden, „die über 8½ Stunden täglich und 96 Stunden in der Doppelwoche hinaus geleistet wird"; in die Doppelwoche werden die Sonntage eingerechnet.

Die Klägerin ist zu Unrecht der Ansicht, daß sie mit der über 8½ Stunden täglich hinausgehenden Arbeit keine Mehrarbeit im Sinne des § 8 MuSchG geleistet haben würde, da die volle betriebliche Arbeitszeit von 9½ Stunden an fünf Wochentagen die Höchstgrenze von 96 Stunden in der Doppelwoche nicht überschreite. Schon aus dem Wortlaut des § 8 Abs. 2 c MuSchG ist zu entnehmen, daß in den beiden dort genannten und durch das Wort „und" verbundenen Fällen Mehrarbeit vorliegt, nämlich sowohl bei Arbeit von mehr als 8½ Stunden täglich als auch bei Arbeit von mehr als 96 Stunden in der Doppelwoche. Daß der Gesetzgeber zwei auf verschiedenen Berechnungsarten beruhende Fälle hat erfassen wollen, ergibt sich aus dem nur für den zweiten Fall geltenden Zusatz, daß bei der Berechnung für die Doppelwoche die Sonntagsarbeit, die bei der allgemeinen Regelung nach der Arbeitszeitordnung für die Frage der Mehrarbeit ohne Bedeutung ist, hier einbezogen werden muß.

Auch aus dem Sinn der gesetzlichen Regelung folgt, daß die Mehrarbeit werdender und stillender Mütter unter zwei Gesichtspunkten verboten sein soll, nämlich sowohl im Hinblick auf die tägliche Arbeitszeit als auch im Hinblick auf die Gesamtarbeitszeit innerhalb einer Doppelwoche. Solche Frauen sollen vor einer zeitlichen Überbeanspruchung im Arbeitsverhältnis geschützt werden. Würde nur auf die zeitliche Belastung in der Doppelwoche abgestellt, worauf im Ergebnis die Auffassung der Klägerin hinausläuft, dann müßte eine tägliche Arbeitszeit bis zu zehn Stunden (vgl. § 17 Abs. 2 AZO) als zulässig angesehen werden, die allerdings, um nicht die 96-Stunden-Grenze zu überschreiten, nicht an jedem Wochentag geleistet werden dürfte. Das Gesetz nennt aber gerade eine Begrenzung auch der täglichen Arbeitszeit auf 8½ Stunden. Diese Bestimmung wäre überflüssig, wenn die Ansicht der Klägerin zutreffen würde.

Zusammenfassend ist festzustellen, daß das Mehrarbeitsverbot des § 8 MuSchG einen doppelten Inhalt hat: Einmal darf die werdende oder stillende Mutter arbeitstäglich nicht länger als 8½ Stunden beschäftigt werden. Wird diese Grenze überschritten, dann liegt bereits verbotene Mehrarbeit vor, ohne daß es auf die Gesamtarbeitszeit in der Doppelwoche ankommt. Dieser Fall ist hier gegeben. Außerdem darf die gesamte

Arbeitszeit in der Doppelwoche nicht mehr als 96 Stunden betragen. Wird also die Arbeitnehmerin zwar arbeitstäglich innerhalb der 8½-Stunden-Grenze beschäftigt, dann kann dennoch verbotene Mehrarbeit vorliegen, wenn innerhalb von zwei Wochen mehr als 96 Stunden gearbeitet werden (ebenso Bulla, MuSchG, § 8 Anm. 13—15; Gröninger, MuSchG, § 8 Anm. 2; mit abw. Begründung, aber gleichem Ergebnis Köst, MuSchG, § 8 Anm. 5 a).

Daß das Gesetz diese beiden Möglichkeiten als selbständig nebeneinanderstehend in der Weise regelt, daß in jedem der beiden Fälle für sich betrachtet verbotene Mehrarbeit vorliegt, beruht auf der Erwägung, daß den Betrieben auch bei Beschäftigung werdender und stillender Mütter im Rahmen des Schutzgedankens ermöglicht werden soll, eine nach § 4 AZO zulässige anderweitige Verteilung der Wochenarbeitszeit durchzuführen. Nur daraus läßt sich überhaupt erklären, daß einmal eine tägliche Arbeitszeit von mehr als 8 Stunden (§ 3 AZO) bis zu 8½ Stunden zugelassen und daß andererseits eine Höchstgrenze der Arbeitszeit — bezogen auf die Doppelwoche — festgelegt wird.

Es ist deshalb nicht richtig, wenn die Klägerin meint, daß im Jahre 1952 bei Erlaß des Mutterschutzgesetzes die Tarifparteien noch nicht zur Änderung der Arbeitszeit zwecks Erreichung eines verlängerten Wochenendes übergegangen seien; der Gesetzgeber habe nur den Fall der anderweitigen Verteilung der vollen Wochenarbeitszeit von 48 Stunden gemäß § 4 AZO im Rahmen der Sechs-Tage-Woche berücksichtigt, weshalb die im Betrieb der Beklagten vorgenommene Verteilung der Wochenarbeitszeit auf fünf Tage nicht unzulässig sein könne. Die Klägerin verkennt dabei, daß auch schon im Jahre 1952 durch § 4 AZO die rechtliche Möglichkeit zur Einführung des freien Samstags gegeben war und die in § 8 Abs. 2 c MuSchG genannte tägliche Höchstarbeitszeit von 8½ Stunden praktisch vor allem bei einer anderweitigen Verteilung der Wochenarbeitszeit gemäß § 4 AZO in Betracht kommt.

2. Auch aus § 10 MuSchG, der die Lohnfortzahlung an werdende Mütter bei Beschäftigungsverboten regelt, läßt sich der Klageanspruch nicht herleiten. Die Vorinstanzen und die beiden Parteien gehen zutreffend davon aus, daß eine unmittelbare Anwendung des § 10 MuSchG ausscheidet, weil das hier vorliegende Beschäftigungsverbot des § 8 MuSchG nicht erwähnt ist.

Eine entsprechende Anwendung dieser Vorschrift ist entgegen der Ansicht der Klägerin nicht möglich. Die Klägerin meint, § 10 MuSchG enthalte insofern eine Lücke, als dort übersehen worden sei, die Beschäftigungsverbote des § 8 MuSchG, bei denen ähnliche Voraussetzungen wie bei den in § 10 MuSchG ausdrücklich genannten Verboten vorlägen, in die Regelung einzubeziehen.

a) Gegen die Auffassung der Klägerin spricht einmal der Wortlaut des § 10 MuSchG. Das Arbeitsentgelt ist nur bei den im einzelnen genau bezeichneten Fällen von Beschäftigungsverboten weiterzugewähren. Da es dem Gesetzgeber bekannt gewesen ist, daß eine Reihe weiterer Beschäftigungsverbote im Mutterschutzgesetz niedergelegt sind, kann aus der Einzelaufzählung in § 10 Abs. 1 MuSchG nur geschlossen werden, daß eine abschließende Aufzählung gemeint ist und daß in allen anderen Fällen, darunter auch denen des § 8 MuSchG, eine Pflicht zur Weiterzahlung des Arbeitsentgeltes nach dem Mutterschutzgesetz nicht bestehen soll (ebenso Bulla, MuSchG, § 10 Anm. 10, 20, 21; Köst, MuSchG, § 10 Anm. 2; Aye, MuSchG, § 10 zu II; LAG Frankfurt a. M. in SAE 55 Nr. 73 m. zust. Anm. v. Bulla).

b) Auch der Sinn der gesetzlichen Regelung führt zu diesem Ergebnis. Zwar verfolgt das Mutterschutzgesetz den Grundsatz, daß der gesetzliche Gesundheitsschutz nicht zu Verdienstminderungen führen darf. Dieser Grundsatz wird aber nicht uneingeschränkt zu Lasten der Arbeitgeber durchgeführt. Schon bei der Frage, wer die materiellen Lasten tragen soll, werden Unterscheidungen gemacht. Durch die Zubilligung von Wochen- und Stillgeld aus der gesetzlichen Krankenversicherung und aus Bundesmitteln (§§ 13, 14 MuSchG) wird ein Teil der Lasten der Allgemeinheit auferlegt. Außerhalb der Wochen- und Stillgeldregelung ist die materielle Belastung aus den Beschäftigungsverboten weitgehend, aber keineswegs in vollem Umfang vom Arbeitgeber zu tragen.

Wird aber dem Arbeitgeber eine Verpflichtung auferlegt, die mit Rücksicht auf den durch die Beschäftigungsverbote verfolgten Zweck an sich von der Allgemeinheit erfüllt werden müßte (vgl. dazu Art. 6 Abs. 4 GG), so dürfen die Vorschriten über die Pflicht zur Lohnfortzahlung bei Beschäftigungsverboten jedenfalls nicht ausdehnend ausgelegt werden. Der Arbeitgeber soll nach dem erkennbaren Willen des Gesetzgebers nur herangezogen werden, soweit es ihm zumutbar ist. Als solche Fälle sieht der Gesetzgeber lediglich die in § 10 Abs. 1 MuSchG genannten Beschäftigungsverbote an.

Demgegenüber handelt es sich im Falle der Mehrarbeit in der Regel um eine zusätzliche Arbeitsleistung. Der Wegfall des dafür zu erzielenden Arbeitsentgelt berührt die Belange der Arbeitnehmerin im allgemeinen nur geringfügig, da ihr mit dem Lohn für die erlaubte Arbeitszeit immer noch das für die Lebensführung notwendige Einkommen verbleibt. Die Weiterzahlung des Mehrarbeitsverdienstes ist somit im Sinne des vorerwähnten gesetzlichen Grundgedankens nicht erforderlich und wird deshalb dem Arbeitgeber nicht zugemutet (ebenso Bulla, a. a. O., § 8 Anm. 59; für das Mutterschutzgesetz vom 17. Mai 1942: Erlaß des Generalbevollmächtigten für den Arbeitseinsatz vom 24. Oktober 1942, RABl. III S. 335, sowie Schmidt-Bauer, MuSchG 1942, § 4 Anm. 6).

Ob nach allgemeinen Grundsätzen (§ 242 BGB) etwas anderes für den Fall gilt, daß der Arbeitgeber trotz des arbeitsfreien Samstags einen Teil der Belegschaft an diesem Tag beschäftigt und dabei auch für die werdende Mutter Arbeitsgelegenheit wäre, der Arbeitgeber aber es ablehnt, daß die werdende Mutter an diesem Tag ihre an den übrigen Wochentagen ausfallende Arbeitszeit nachholt, ist hier nicht zu entscheiden. Nach den Feststellungen des Landesarbeitsgerichts wurde im Betrieb der Beklagten in der hier in Betracht kommenden Zeit von Montag bis Freitag gearbeitet. Daß auch am Samstag gearbeitet worden ist und daß an diesem Tage eine Beschäftigung der Klägerin möglich gewesen wäre, ist nicht festgestellt. Es ist deshalb davon auszugehen, daß nur an den ersten fünf Wochentagen eine Beschäftigung der Klägerin möglich gewesen ist.

c) Die hier vertretene Ansicht wird durch die Entwicklungsgeschichte des Mutterschutzgesetzes bestätigt. Sein Vorläufer, das Mutterschutzgesetz vom 17. Mai 1942, sah bereits in seinem § 2 — wenn auch in geringerem Umfang als das heutige Gesetz — die Entgeltzahlung bei einzelnen Beschäftigungsverboten, nicht aber bei dem bereits damals geltenden Mehrarbeitsverbot vor (vgl. dazu den o. a. Erlaß des Generalbevollm. f. d. Arbeitseinsatz vom 24. Oktober 1942 sowie Schmidt-Bauer a. a. O.). Wenn das neue Mutterschutzgesetz, das keine völlige Neuschöpfung, sondern eine Fortentwicklung des schon seit 1927 in Deutschland gesetzlich anerkannten Mutterschutzes darstellt, von der bisherigen Gesetzgebung ausgehend es unterlassen hat, andere als die einzeln genannten Beschäftigungsverbote in die Vorschrift des § 10 einzubeziehen, so ist daraus zu schließen, daß hinsichtlich des hier in Rede stehenden Mehrarbeitsverbots an der bisherigen Rechtslage nichts geändert werden sollte.

d) Daß § 10 MuSchG hinsichtlich der Beschäftigungsverbote des § 8 MuSchG keine Lücke aufweist und daß in diesen Fällen auf Grund des Mutterschutzgesetzes kein Anspruch auf Lohnfortzahlung gegeben ist, entspricht schließlich auch der weit überwiegenden Auffassung in Rechtsprechung und Schrifttum (vgl. LAG Frankfurt a. M. in SAE 55 Nr. 73; Bulla, a. a. O. § 8 Anm. 56, 59 bis 63, § 10 Anm. 20, 21; ders. in Anm. zu SAE 55 Nr. 73; Köst, a. a. O., Vorbem. 17 vor § 3, § 8 Anm. 23,

§ 10 Anm. 2; Rappenecker in Betrieb 1955, 872; Endemann in Anm. zu AP 54 Nr. 16; dagegen Mayr in ArbuR 1953, 304; Schulte-Langforth in BABl. 1954, 85; zum Nachtarbeitsverbot LAG Stuttgart in AP 54 Nr. 16, dazu aber ablehnend Bulla, MuSchG, § 8 Anm. 63, ders. in Anm. zu SAE 53 Nr. 52, Endemann in ArbuR 1953, 271, ders. in Anm. zu AP 54 Nr. 16).

Dem steht die Bestimmung des Art. 6 Abs. 4 GG nicht entgegen, der allein von einem Anspruch der Mütter auf den Schutz der Gemeinschaft, nicht aber von materiellen Ansprüchen gegen die Arbeitgeber handelt. Ebensowenig wird die bisherige Rechtsprechung des Bundesarbeitsgerichts zum Mutterschutzgesetz berührt. Weder im Beschluß des Großen Senats vom 26. April 1956 (BAG 3, 66) noch in den Urteilen vom 14. Oktober 1954 (BAG 1, 140) und vom 5. März 1957 (AP Nr. 1 zu § 10 MuSchG) ist der Grundsatz aufgestellt, daß der Arbeitgeber stets den Lohnausfall ersetzen müsse, der einer werdenden Mutter infolge eines Beschäftigungsverbots entsteht. Alle Entscheidungen machen insoweit Einschränkungen. Mit dem hier behandelten Mehrarbeitsverbot des § 8 MuSchG hat sich das Bundesarbeitsgericht bisher überhaupt nicht befaßt.

3. Entgegen der Ansicht des Landesarbeitsgerichts ist § 616 Abs. 1 BGB im vorliegenden Fall nicht anwendbar. Nach dieser Vorschrift behält der Arbeiter den Lohnanspruch, wenn er für eine verhältnismäßig nicht erhebliche Zeit durch einen in seiner Person liegenden Grund ohne sein Verschulden an der Dienstleistung verhindert wird. Hier fehlt es an zweien dieser Voraussetzungen.

a) Im Falle eines Beschäftigungsverbots im Sinne des § 8 MuSchG (Verbot der Mehr-, Nacht- und Sonntagsarbeit) liegt die Ursache der Arbeitsverhinderung nicht in der Person der Arbeitnehmerin, sondern beruht auf der Eigenart, nämlich der Arbeitszeiteinteilung, des Betriebs. Für solche Fälle scheidet die Anwendung des § 616 BGB aus (ebenso Bulla in Betrieb 1953, 762; Rappenecker in Betrieb 1955, 872; Köst, MuSchG, Vorbem. 22 vor § 3).

b) Ist der Arbeitnehmer für eine verhältnismäßig erhebliche Zeit an der Dienstleistung verhindert, so steht ihm aus § 616 Abs. 1 BGB ein Fortzahlungsanspruch überhaupt nicht zu, auch nicht für eine verhältnismäßig nicht erhebliche Zeit (BAG, Großer Senat, vom 18. Dezember 1959 — BAG 8, 314 ff. = AP Nr. 22 zu § 616 BGB). Die Klageforderung umfaßt einen Zeitraum von 53 Arbeitstagen und geht schon damit erheblich über die für Angestellte nach § 616 Abs. 2 BGB geltende Höchstgrenze von 42 Kalendertagen hinaus. Dieser Zeitraum kann nicht mehr als verhältnismäßig nicht erheblich im Sinne des § 616 Abs. 1 BGB angesehen werden. Damit entfällt auch für den vom Landesarbeitsgericht anerkannten Zeitraum von neun Tagen der Anspruch auf Fortzahlung des Lohnes.

54

Bei den Personen des Kapitels II des Regelungsgesetzes ist der Zeitpunkt der tatsächlichen Beendigung des Dienstverhältnisses anstelle des 8. Mai 1945 hinsichtlich aller statusrechtlichen Wirkungen des Regelungsgesetzes zu setzen.

Regelungsgesetz §§ 62, 63, 52; 3. DVO z. RegG § 2 Nr. 1.

III. Senat. Urteil vom 28. Juni 1960 i. S. St. F. (Bekl.) w. D. (Kl.) 3 AZR 295/57.

I. Arbeitsgericht Frankfurt/Main. — II. Landesarbeitsgericht Frankfurt/Main.

Aus den Gründen:

... Nach § 52 Regelungsgesetz i. d. F. der Bekanntmachung vom 1. 9. 1953 (BGBl. I S. 1287) sowie nach § 2 Nr. 1 der 3. DVO i. d. F. vom 10. 6. 1955 (BGBl. I S. 283), ferner nach § 52 Abs. 2 Regelungsgesetz i. d. F. der Bekanntmachung vom 11. 9. 1957 (BGBl. I S. 1296) ist übereinstimmend gesagt, daß für den vertraglichen Anspruch auf Versorgung nach beamtenrechtlichen Grundsätzen der 8. Mai 1945 maßgebend sein soll. Nun ist für die Feststellung des Status nach den §§ 5, 6 und 52 Regelungsgesetz streitig, ob hinsichtlich der unter §§ 62, 63 Regelungsgesetz fallenden Personen der 8. Mai 1945 zugrundezulegen ist oder der Tag der tatsächlichen Entfernung vom Arbeitsplatz. Für die letztere Annahme wird die in §§ 62, 63 Regelungsgesetz vorgesehene „entsprechende" Anwendung angeführt. Gegen sie spricht die einheitliche Behandlung des unter Art. 131 GG fallenden Personenkreises. Anders (Gesetz zur Regelung der Rechtsverhältnisse der unter Artikel 131 GG fallenden Personen, 3. Aufl., Anm. 8 zu § 62) weist darauf hin, daß das Stadium des Ruhens der Rechte und Pflichten bei dem Personenkreis des Kapitels II nicht wie bei den Verdrängten mit der Kapitulation, sondern mit der Entfernung vom Amt oder Arbeitsplatz begann. Er meint, daß diese grundlegende Verschiedenheit es rechtfertige, den Zeitpunkt der Entfernung hinsichtlich aller statusrechtlichen Wirkungen des Gesetzes an die Stelle des 8. Mai 1945 treten zu lassen. Er fügt hinzu, daß dieser Ansicht auch das Urteil des Ersten Senats des Bundesverfassungsgerichts vom 17. 12. 1953 (BVerfGE Bd. 3, S. 187, 202) zustimme. Die Revision meint, daß aus der Entscheidung des Bundesverfassungsgerichts eine solche Zustimmung nicht zu entnehmen sei. Außerdem verweist sie auf ein Urteil des Ersten Senats des Hessischen Verwaltungsgerichtshofs vom 30. 1. 1958 — OS I 81/55 —, in dem ausdrücklich auch für das Kapitel II der 8. Mai 1945 als maßgebend bezeichnet wird. Der Senat schließt sich der Ansicht von Anders an. Das Urteil des Bundesverfassungsgerichts stimmt auch der Ansicht von Anders zu. Es wird dort gesagt, daß Forderungen zwischen dem 8. Mai und dem Tage der Entlassung durch das Regelungsgesetz nicht enteignet sein können, weil eine sinnvolle „entsprechende" Anwendung der einschlägigen Vorschriften des Kapitels I des Gesetzes ergibt, daß Gehaltsansprüche aus einem über den 8. Mai 1945 hinaus tatsächlich fortgesetzten Arbeitsverhältnis durch § 77 Abs. 1 Satz 1, § 63 Abs. 1, § 52 Regelungsgesetz nicht berührt werden. Das Bundesverfassungsgericht ist zu dieser Ausführung deshalb gelangt, weil es grundsätzlich annimmt, daß sich aus § 52 in Verbindung mit § 63 Abs. 1 Regelungsgesetz ergäbe, daß das Arbeitsverhältnis der kündbaren versorgungsberechtigten Angestellten als mit dem Ablauf des 8. Mai 1945 durch Kündigung beendet gilt. Wenn der Stichtag des 8. Mai 1945 in wörtlicher Auslegung des Regelungsgesetzes auch für das Kapitel II als maßgebend angesehen würde, würden die Fortdauer des Dienstverhältnisses über den 8. Mai 1945 hinaus und die sich hieraus ergebenden Rechte der Arbeitnehmer unberücksichtigt bleiben. Das Bundesverfassungsgericht vermeidet das mit Recht und weist in diesem Zusammenhang auf eine sinnvolle entsprechende Anwendung der einschlägigen Vorschriften des Kapitels I hin. ...

2. ...

55

1. Ein Anspruch auf die tarifliche Mindestvergütung nach den Vergütungsgruppen der Anl. 1 zur TO.A setzt in jedem Fall voraus, daß die Tätigkeitsmerkmale, an die der Tarif den Anspruch knüpft, tatsächlich erfüllt sind.

2. Die sog. „akademische Berufsberatung" beim Arbeitsamt stellt, sofern nicht besondere Umstände im Einzelfall eine andere Beurteilung rechtfertigen, keine einer abgeschlossenen Hochschulbildung entsprechende Tätigkeit i. S. der VergGr. III TO.A dar.

ZPO § 322; TVG § 4; TO.A Anlage 1, VergGr. III (akademischer Berufsberater).

IV. Senat. Urteil vom 29. Juni 1960 i. S. M. (Kl.) w. BfA (Bekl.) 4 AZR 121/59.

I. Arbeitsgericht Minden/Westf. — II. Landesarbeitsgericht Hamm/Westf.

Der Kläger, der Philologie studiert und den Doktorgrad erworben hat, ist seit 1957 Leiter der Berufsberatung bei einem Arbeitsamt. Dort sind drei männliche und drei weibliche Berufsberater als Fachkräfte, drei technische Angestellte und eine Stenotypistin in der Berufsberatung tätig. Dem Kläger obliegt die Bearbeitung der schwierigeren Aufgaben der Berufsberatung, wie u. a. die Zusammenarbeit mit Behörden, Betrieben, Schulen, der Elternschaft usw., schwierige Einzelberatungen, die Lehrstellenvermittlung bei Abgängen aus Handels- und höheren Schulen, die Beratung der Abiturienten aus dem gesamten Arbeitsamtsbezirk sowie die Schulung und Fortbildung des in der Berufsberatung tätigen Personals. Der Kläger erhält Vergütung nach VergGr. IV TO.A.

Der Kläger erhob 1956 mit der Begründung, ihm stehe Vergütung nach VergGr. III TO.A zu, Klage mit dem Antrag, die Beklagte zur Zahlung der Aufrückungszulage von 35,— DM monatlich für die Zeit vom 1. Januar bis 31. Dezember 1954 im Gesamtbetrage von 420,— DM zu verurteilen.

Das Arbeitsgericht und Landesarbeitsgericht gaben dem Klageantrag statt. Das Urteil ist rechtskräftig.

Der Kläger trägt nunmehr vor, eine seiner wesentlichen Aufgaben sei die Berufsberatung der Abiturienten und Absolventen der höheren Lehranstalten des Arbeitsamtsbezirks. Diese sei nach VergGr. III TO.A zu bewerten. Wenn sie im Rahmen seiner Gesamttätigkeit auch nicht überwiege, so gebe sie ihr doch das Gepräge. Die Beklagte sei auch bestrebt, bei der Abiturientenberatung nur noch Akademiker zu verwenden, die sie in der Mehrzahl nach VergGr. III TO.A bezahle. Mit Rücksicht auf die Abiturientenberatung sei ihm im Vorprozeß rechtskräftig ebenfalls Vergütung nach dieser Gruppe zuerkannt worden. Die Beklagte schulde ihm daher die Unterschiedsbeträge zwischen den Vergütungen der Vergütungsgruppen IV und III TO.A, die er für die Zeit von 1954 bis 30. April 1958 verlange. Der Kläger hat beantragt, die Beklagte zu verurteilen, an ihn 12 437,— DM zu zahlen.

Die Beklagte hat um Abweisung der Klage gebeten. Sie macht geltend, auf Grund des Urteils im Vorprozeß stehe keineswegs rechtskräftig fest, daß der Kläger nach VergGr. III TO.A zu bezahlen sei, weil sich die Rechtskraft des Urteils nur auf die eingeklagte Forderung erstrecke. Daher greife gegenüber den aus dem Jahre 1954 geltend gemachten Restbeträgen die Einrede der Verjährung durch. Tatsächlich habe der Kläger auch keinen Anspruch auf Vergütung nach der von ihm begehrten Gruppe. Denn die Abiturientenberatung müsse nicht notwendig von Akademikern durchgeführt werden. Zudem sei diese Tätigkeit des Klägers nicht überwiegend.

Das Arbeitsgericht hat dem Klageantrag entsprechend erkannt. Auf die Berufung der Beklagten hat das Landesarbeitsgericht die Klage abgewiesen.

Die Revision des Klägers blieb erfolglos.

Aus den Gründen:

Zutreffend geht das Berufungsgericht davon aus, daß die Rechtskraft des Urteil des Landesarbeitsgerichts vom 24. September 1957 im Vorprozeß, durch das dem Kläger die von ihm als Teilbetrag der Differenz zwischen den Vergütungen der Vergütungsgruppen IV und III TO.A für die Zeit vom 1. Januar bis 31. Dezember 1954 geforderten 420,— DM zugesprochen worden sind, der Klage nicht entgegensteht. Denn nach § 322 Abs. 1 ZPO sind Urteile nur insoweit der Rechtskraft fähig, als über den durch die Klage erhobenen Anspruch entschieden ist. Diese Entscheidung hat bei Leistungsklagen die Feststellung des Bestehens oder Nichtbestehens des Anspruchs auf die mit dem Klageantrag begehrte Leistung zum Inhalt. Bei einer Teilklage wie bei dem in Rede stehenden Vorprozeß beschränkt sich also die Rechtskraft des Urteils auf den im Klageantrag geltend gemachten Betrag des Anspruchs (vgl. Stein-Jonas-Schönke, ZPO, 18. Aufl., § 322 Anm. V 2 c; Rosenberg, Lehrbuch des Deutschen Zivilprozeßrechts, 8. Aufl., § 150 I 3 a). Dem Kläger ist es demnach nicht verwehrt, weitere Ansprüche aus demselben Sachverhalt gegen die Beklagte zu erheben, wie es im vorliegenden Rechtsstreit geschieht.

Es ist aber irrig, wenn der Kläger glaubt, er könne sich auf das Urteil vom 24. September 1957 dafür berufen, daß die Verpflichtung der Beklagten, ihm Vergütung nach VergGr. III TO.A zu zahlen, rechtskräftig feststehe. Denn rechtskräftig geworden ist nur die Entscheidung über den Anspruch, den der Kläger erhoben hatte, d. h. der vom Gericht aus dem vorgelegten Sachverhalt gezogene und im Urteil ausgesprochene Schluß auf das Bestehen des vom Kläger geltend gemachten Anspruchs auf Zahlung des begehrten Betrages. Demnach erfaßt die Rechtskraft des Urteils vom 24. September 1957 vor allem nicht die Feststellung des ihm zugrundeliegenden praejudiziellen Rechtsverhältnisses, nämlich der Verpflichtung der Beklagten, dem Kläger Vergütung nach VergGr. III TO.A zu gewähren (vgl. Stein-Jonas-Schönke, a. a. O., § 322 Anm. V 2 a; Wieczorek, ZPO, § 322 Anm. E IV b 1; Rosenberg, a. a. O., § 150 II 1).

Daß eine solche Verpflichtung der Beklagten nicht besteht, hat das angefochtene Urteil im Ergebnis zutreffend verneint.

Die Tätigkeitsmerkmale der vom Kläger beanspruchten VergGr. III TO.A, 1. Fallgruppe, erfordern einen wissenschaftlichen oder technischen Angestellten mit abgeschlossener Hochschulbildung und entsprechender Tätigkeit.

Zwar ist der Kläger, der Philologie studiert hat und zum Dr. phil. promoviert worden ist, wissenschaftlicher Angestellter mit abgeschlossener Hochschulbildung. Denn die erfolgreiche Ablegung eines Staatsexamens wird zur Erfüllung dieses Tätigkeitsmerkmals nicht verlangt.

Entgegen der Ansicht der Revision übt der Kläger aber keine seiner Hochschulbildung entsprechende Tätigkeit aus. Nach der Rechtsprechung des Senats (vgl. BAG 7, 125 [130]) setzt nämlich eine einer abgeschlossenen Hochschulbildung entsprechende Tätigkeit voraus, daß sie ein Wissen und Können erfordert, wie es normalerweise gerade durch diese vom Angestellten erworbene Hochschulbildung vermittelt wird.

Nach den Feststellungen des Berufungsgerichts obliegen dem Kläger als Leiter der Berufsberatung beim Arbeitsamt vor allem die Zusammenarbeit der Berufsberatung mit Behörden, Betrieben, Schulen, der Elternschaft usw., die Lehrstellenvermittlung bei Abgängen aus Handels- und höheren Schulen, schwierige Einzelberatungen und insbesondere auch die Betreuung der Abiturienten aus dem Arbeitsamtsbezirk. Letztere, die der Kläger als eine seiner wesentlichen Aufgaben ansieht, macht nach seiner eigenen Darstellung nur etwa 30 % seiner Gesamttätigkeit aus.

Daß diese Gesamttätigkeit schon eine „entsprechende" Tätigkeit in dem oben erörterten Sinne sei, hat der Kläger selbst nicht behauptet. Das kann aber auch für die Abiturientenberatung allein nicht eingeräumt werden. Gleichviel, wie diese sich anhand einschlägigen, von der Behörde zur Verfügung gestellten Informationsmaterials vollzieht, sei es durch Unterrichtung über die verschiedenartigsten kaufmännischen, technischen, wissenschaftlichen oder sonstigen Berufe und deren Aussichten oder über den hierbei einzuschlagenden Weg, sei es durch Vorschläge hinsichtlich des zu wählenden Berufs oder in anderen Formen, jedenfalls erfordert die von der Beklagten so bezeichnete „akademische Berufsberatung", selbst wenn sie, was beim Kläger nicht einmal der Fall ist, auch Studenten und ausgebildete Akademiker umfaßt, regelmäßig nicht das Wissen und Können, das normalerweise gerade durch ein sprachwissenschaftliches mit der Promotion zum Dr. phil.

abgeschlossenes Studium erworben wird, dem sich der Kläger gewidmet hat.

Zu Unrecht macht die Revision unter Hinweis auf das Urteil des Bundesarbeitsgerichts vom 27. März 1956 (AP Nr. 12 zu § 3 TO.A) geltend, im vorliegenden Fall komme es auf die Erfüllung des Merkmals einer „entsprechenden" Tätigkeit nicht an. In dem Urteil, durch das ein Rechtsstreit entschieden wurde, der gleichfalls einen mit der sogenannten akademischen Berufsberatung betrauten Angestellten mit abgeschlossener Hochschulbildung betraf, läßt es das Bundesarbeitsgericht dahingestellt, ob der Angestellte eine dieser Hochschulbildung entsprechende Tätigkeit ausübte. Es hat dort zum Ausdruck gebracht, die Berufung der (damaligen und jetzigen) Beklagten auf das Fehlen dieses Tätigkeitsmerkmals widerspreche Treu und Glauben, weil sie im Bereich eines Landesarbeitsamts nicht akademisch vorgebildeten Berufsberatern die Befugnis zur Akademikerberatung entzogen habe und diese nur durch akademisch gebildete Angestellte wahrnehmen lasse und dadurch ausdrücklich kundgetan habe, daß sie mit dieser Tätigkeit allein Arbeitnehmer mit Hochschulbildung und diese auch nur wegen dieser Vorbildung beschäftigen wolle. Das Bundesarbeitsgericht hat also in dieser Entscheidung keineswegs ausgesprochen, auf die Feststellung des Merkmals einer der abgeschlossenen Hochschulbildung entsprechenden Tätigkeit könne mit Rücksicht auf die Grundsätze von Treu und Glauben generell verzichtet werden, wenn ein wissenschaftlicher Angestellter mit einer solchen Vorbildung in der sogenannten akademischen Berufsberatung beschäftigt werde, wie der Kläger anscheinend glaubt.

Es kann jedoch unerörtert bleiben, ob der Sachverhalt im vorliegenden Fall mit dem dem Urteil vom 27. März 1956 zugrundeliegenden Sachverhalt zu vergleichen ist und deshalb die Anwendung der Grundsätze dieser Entscheidung rechtfertigt, was das Landesarbeitsgericht verneint, die Revision jedoch bejaht. Denn an der in diesem Urteil zum Ausdruck gekommenen Rechtsauffassung vermag der Senat nicht festzuhalten.

Das Bestehen eines tariflichen Mindestanspruchs, wie ihn der Kläger geltend macht, hat nämlich zur Voraussetzung, daß die Tätigkeitsmerkmale, an die die TO.A den Anspruch knüpft, tatsächlich erfüllt sind. Denn durch die Tätigkeitsmerkmale der Vergütungsgruppen der Anlage 1 zur TO.A wird nämlich die Mindestvergütung als Gegenleistung des Arbeitgebers unmittelbar bestimmt (§ 3 Abs. 1 TO.A; vgl. dazu Hueck-Nipperdey, Lehrbuch des Arbeitsrechts, 6. Aufl., Zweiter Band, § 26 V 4 c, S. 367). Erst mit der Erfüllung der Tätigkeitsmerkmale, deren Nachweis grundsätzlich dem Arbeitnehmer obliegt, vollzieht sich daher die Eingruppierung des Arbeitnehmers; erst dann ist also der tarifliche Vergütungsanspruch entstanden. Infolgedessen kann, sofern ein Tätigkeitsmerkmal in Wahrheit nicht vorliegt, ein tariflicher Mindestanspruch nicht entstehen. Die Berufung des Arbeitgebers auf das Fehlen eines von der Tarifnorm geforderten Merkmals kann in diesem Zusammenhang gar nicht gegen Treu und Glauben verstoßen. Gleichviel wie der Arbeitgeber sich verhält, er braucht sich, wenn der Arbeitnehmer einen tariflichen Mindestanspruch geltend macht, nie so behandeln zu lassen, als ob ein in Wahrheit nicht vorhandenes Tätigkeitsmerkmal gegeben wäre. Ob bei einem gegen Treu und Glauben verstoßenden Verhalten des Arbeitgebers unter Umständen ein Anspruch in Höhe des tariflichen Vergütungsanspruchs aus anderen rechtlichen Gesichtspunkten, etwa dem eines einzelvertraglichen Erfüllungs- oder eines Schadenersatzanspruchs wegen Verschuldens bei Vertragsschluß oder wegen Verletzung der Fürsorgepflicht, gegeben sein kann, braucht hier nicht entschieden zu werden; denn dafür ergibt sich aus den Feststellungen des angefochtenen Urteils kein Anhalt. Insbesondere konnte der Kläger nicht damit rechnen, daß ihm die Beklagte eine Vergütung nach der VergGr. III TO.A einzelvertraglich gewähren werde.

56

Dienstordnungs-Angestellte einer Allgemeinen Ortskrankenkasse, die zum Geschäftsführer im Sinne des unten genannten Selbstverwaltungsgesetzes gewählt sind, sind gemäß § 5 Abs. 1 Satz 3 ArbGG nicht Arbeitnehmer im Sinne des Arbeitsgerichtsgesetzes.

ArbGG § 5 Abs. 1 Satz 3; BGB § 611 Dienstordnungs-Angestellte; Gesetz über die Selbstverwaltung und über Änderungen von Vorschriften auf dem Gebiet der Sozialversicherung (Selbstverwaltungsgesetz) in der Fassung vom 13. August 1952 — BGBl. I, 427 ff., 664 — § 6 Abs. 1, § 8 Abs. 4; ArbGG § 2 Zuständigkeitsprüfung.

V. Senat. Urteil vom 30. Juni 1960 i. S. AOK H. (Bekl.) w. P. (Kl.) 5 AZR 404/59.

I. Arbeitsgericht Herne. — II. Landesarbeitsgericht Hamm/Westf.

Der Kläger wurde am 1. Juni 1953 zum Geschäftsführer der beklagten Allgemeinen Ortskrankenkasse (AOK) gewählt, unter Zugrundelegung der Dienstordnung (DO) der Beklagten durch schriftlichen Vertrag mit dem Titel „Verwaltungsdirektor" angestellt und in die Gruppe A 3 b

RBO des Stellenplans der DO eingewiesen. Vorher hatte er seit dem 12. Oktober 1945 als stellvertretender Leiter die Geschäfte des entlassenen Leiters der Beklagten geführt, wobei er Besoldung nach Gruppe A 4 b RBO erhielt. Aus diesem Grunde bewilligte ihm der Vorstand der Beklagten am 13. September 1954 ein Besoldungsdienstalter (BDA) vom 1. Januar 1946. Der Kläger verpflichtete sich aus diesem Anlaß jedoch, falls der Vorstand hierfür haftbar gemacht werde, die überzahlten Bezüge zurückzuzahlen; er behielt sich aber vor, in diesem Fall seine Ansprüche wegen verspäteter Anstellung als Geschäftsführer gerichtlich einzuklagen. Später wurde der Vorstand der Beklagten von der Aufsichtsbehörde gerügt, worauf er den Kläger zur Zurückzahlung der überhobenen Bezüge in Höhe von 2948,96 DM aufforderte.

Der Kläger ist der Ansicht, die Beklagte habe ihm wegen seiner Tätigkeit schon seit dem 12. Oktober 1945 eine Vergütung nach der Besoldungsgruppe A 3 b RBO gewähren müssen, so daß sich auch sein BDA ab 1. Januar 1946 errechne. Die jetzt von der Beklagten zurückverlangten Bezüge habe er daher zu Recht erhalten. Er hat beantragt, festzustellen,

1. daß er mit Wirkung vom 12. Oktober 1945 Anspruch auf die Vergütung nach Besoldungsgruppe A 3 b RBO hat, und

2. daß er nicht verpflichtet ist, die ihm zur Rückzahlung aufgegebenen Beträge als angebliche Gehaltsüberzahlung zurückzuerstatten.

Die Beklagte hat Klageabweisung beantragt und in erster Linie gerügt, für die verfolgten Klageansprüche seien die Gerichte für Arbeitssachen sachlich nicht zuständig. Nach dem Gesetz über die Selbstverwaltung und über Änderungen von Vorschriften auf dem Gebiet der Sozialversicherung (Selbstverwaltungsgesetz) in der Fassung vom 13. August 1952 — BGBl. I, 427 ff., 664 — (künftig: SVG) sei der Kläger als Mitglied des Vertretungsorgans der Beklagten zu deren Vertretung berufen und daher gemäß § 5 Abs. 1 Satz 3 ArbGG nicht Arbeitnehmer im Sinne des ArbGG.

Das Arbeitsgericht hat nach abgesonderter Verhandlung die Klage wegen sachlicher Unzuständigkeit der Gerichte für Arbeitssachen als unzulässig abgewiesen; das Landesarbeitsgericht hat dagegen die von der Beklagten erhobene prozeßhindernde Einrede der sachlichen Unzuständigkeit der Gerichte für Arbeitssachen verworfen. Die Revision der Beklagten hatte Erfolg.

Aus den Gründen:

1. Für die Frage, ob es sich im vorliegenden Fall um eine zur sachlichen Zuständigkeit der Gerichte für Arbeitssachen gehörende Strei-

tigkeit zwischen einem Arbeitnehmer und Arbeitgeber im Sinne von § 2 Abs. 1 Ziffer 2 ArbGG handelt, ist entscheidend, ob der Kläger trotz § 5 Abs. 1 Satz 3 ArbGG als Arbeitnehmer im Sinne des ArbGG angesehen werden kann. Würde das zutreffen, dann würde die arbeitsgerichtliche Zuständigkeit im übrigen nicht zweifelhaft sein können, weil nach nunmehr ständiger Rechtsprechung des Bundesarbeitsgerichts Streitigkeiten von DO-Angestellten — das ist der Kläger — mit ihrem Dienstherrn zur Zuständigkeit der Gerichte für Arbeitssachen gehören (vgl. statt aller: BAG AP Nr. 9 zu § 611 BGB Dienstordnungs-Angestellte mit weiteren Nachweisungen).

Nach § 5 Abs. 1 Satz 3 ArbGG gelten nicht als Arbeitnehmer im Sinne des ArbGG die Personen, die in Betrieben einer juristischen Person kraft Gesetzes oder Satzung allein oder als Mitglieder des Vertretungsorgans zur Vertretung der juristischen Personen berufen sind. Der soziologische Grund dieser Vorschrift besteht darin, daß solche Personen in dieser Eigenschaft Arbeitgeber- und Unternehmerfunktionen wahrzunehmen haben und sie deshalb jedenfalls nicht als Arbeitnehmer im Sinne des ArbGG gelten sollen (Dersch-Volkmar, ArbGG, 6. Aufl., 1955, § 5 Bem. 84).

Seit seiner am 1. Juni 1953 erfolgten Wahl und Anstellung als Geschäftsführer der Beklagten war der Kläger kraft Gesetzes zur Vertretung der Beklagten berufen. Das folgt aus § 6 Abs. 1 in Verbindung mit § 8 Abs. 4 SVG:

a) Nach § 6 Abs. 1 SVG wird die AOK als eine juristische Person des öffentlichen Rechts (§ 4 RVO) und als ein Träger der Sozialversicherung (§ 3 Abs. 1 RVO; § 1 SVG) von ihrem Vorstand gerichtlich und außergerichtlich vertreten. § 6 Abs. 1 SVG bestimmt jedoch, daß diese Vertretung durch den Vorstand „unbeschadet des § 8 Abs. 4 SVG" gegeben sei. § 8 Abs. 4 SVG wiederum bestimmt in Satz 1 Halbsatz 1, daß der Geschäftsführer — und im Behinderungsfall sein Stellvertreter — sowie die Mitglieder der Geschäftsführung hauptamtlich die laufenden Verwaltungsgeschäfte des Versicherungsträgers zu führen haben. Halbsatz 2 von Satz 1 sowie Satz 2 in § 8 Abs. 4 SVG fahren dann wörtlich fort: „ insoweit vertreten sie den Versicherungsträger gerichtlich und außergerichtlich. Beschränkungen der laufenden Geschäftsführung sowie der gerichtlichen und außergerichtlichen Vertretung durch den Vorstand sind Dritten gegenüber nur wirksam, wenn sie sich aus der Satzung ergeben".

b) Damit ist bereits vom Gesetz die Vertretung einer AOK dergestalt geregelt, daß sie kraft Gesetzes z w e i Vertretungsorgane hat, nämlich als ein umfassendes Vertretungsorgan den Vorstand (§ 6 Abs. 1 SVG) und „unbeschadet“ dessen (§ 6 Abs. 1 SVG) den Geschäftsführer, im Behinderungsfall seinen Stellvertreter, sowie die Mitglieder der Geschäftsführung speziell für die laufenden Verwaltungsgeschäfte der AOK. Diese somit doppelten vertretungsberechtigten Organe der AOK sind vom Gesetzgeber sogar bewußt geschaffen worden, weil damit der Vorstand entlastet und in die Lage versetzt werden sollte, sich um Grundsatzfragen zu kümmern und sich von dem Alltagswerk der umfangreichen laufenden Geschäfte einer AOK freizuhalten (vgl. Eckert-Schraft, Kommentar zum Selbstverwaltungsrecht, Bd. 2, Erläuterungen II zu § 6 SVG; vgl. auch Brackmann, Handbuch der Sozialversicherung, 1.–6. Aufl., 1959, Bd. I, S. 156 l, 156 m; vgl. weiter Landesarbeitsgericht Frankfurt, Urteil vom 28. Februar 1956 — IV LA 281/55 — abgedruckt in DOK 1956 S. 515 und bei Kastner-Immand, Das Personalrecht der Krankenkassen, Bd. 2, B 66 ff., jeweils mit Nachweisen).

c) Soweit gegenüber diesem Ergebnis das Landesarbeitsgericht Bedenken daraus herleitet, daß gemäß § 8 Abs. 3 SVG der Geschäftsführer — im Behinderungsfall sein Stellvertreter — sowie die Mitglieder der Geschäftsführung dem Vorstand nur mit beratender Stimme angehören, sind diese Erwägungen nicht stichhaltig. Denn der Umstand, daß der Geschäftsführer dem Vorstand nur mit beratender Stimme angehört, läßt die auf Gesetz (§ 8 Abs. 4 Satz 1 Halbsatz 2 SVG) beruhende, eigene Vertretungsmacht des Geschäftsführers unberührt. Soweit das Landesarbeitsgericht weiter erwägt, die in § 8 Abs. 4 Satz 1 Halbsatz 2 SVG geregelte Vertretungsmacht des Geschäftsführers reiche für dessen Zuordnung zu dem Bereich des § 5 Abs. 1 Satz 3 ArbGG deshalb nicht aus, weil neben ihm der Vorstand die AOK kraft Gesetzes vertreten kann, weil die Vertretungsmacht des Geschäftsführers schon nach § 8 Abs. 4 Satz 1 Halbsatz 2 SVG gegenständlich auf den Bereich der laufenden Verwaltungsgeschäfte beschränkt ist und nach § 8 Abs. 4 Satz 2 SVG durch Satzung mit Außenwirkung noch weiter beschränkt werden kann, ist das nicht frei von einer fehlerhaften Betrachtung des § 5 Abs. 1 Satz 3 ArbGG. Diese Vorschrift stellt es einmal nicht darauf ab, daß jemand kraft Gesetzes allein und ausschließlich vertretungsberechtigt sein müsse. Das ergibt sich klar daraus, daß das Gesetz darauf abhebt, ob jemand allein oder als Mitglied eines Vertretungsorgans — also als Mitglied einer Mehrheit — kraft Gesetzes vertretungsberechtigt ist (vgl. Dersch-Volkmar, a. a. O., § 5 Bem. 103). § 5 Abs. 3 Satz 1 ArbGG stellt es aber auch nicht darauf ab, in welchem Umfang jemand kraft Gesetzes vertretungsberechtigt ist, sondern läßt die Tatsache, daß jemand kraft

Gesetzes allein oder zusammen mit anderen eine juristische Person vertreten kann, genügen.

d) Ergibt sich somit, daß der Kläger, seit er zum Geschäftsführer gewählt und als solcher angestellt ist, zu dem in § 5 Abs. 1 Satz 3 ArbGG genannten Personenkreis gehört und daher insoweit nicht Arbeitnehmer im Sinne des § 2 Abs. 1 Ziffer 2 ArbGG ist, so führt das für seinen Klageantrag zu 2 zu einer sachlichen Unzuständigkeit der Gerichte für Arbeitssachen. Denn wenn mit diesem der Kläger eine Klarstellung darüber erstrebt, ob er die erhaltenen Bezüge zurückzahlen müsse, so wird damit über einen Sachverhalt gestritten, der sich während der Zeit ergeben hat, als der Kläger Geschäftsführer war. Für diesen Streit sind daher die ordentlichen Gerichte zuständig, an die der Rechtsstreit entsprechend dem vom Kläger gestellten Hilfsantrag unter Aufhebung der vorinstanzlichen Entscheidungen gemäß § 48 Abs. 1 ArbGG, § 276 Abs. 1 ZPO durch Urteil (vgl. Stein-Jonas, ZPO, 18. Aufl., § 276 Anm. VII zu N. 29 und N. 31 mit weiteren Nachweisen) zu verweisen ist.

2. a) Soweit der Kläger mit seinem Klageantrag zu 1 Feststellung dahin begehrt, daß ihm schon für die Zeit vom Oktober 1945 bis 31. Mai 1953 ein Anspruch für die Vergütung nach Besoldungsgruppe A 3 b RBO deshalb zugestanden habe, weil er in dieser Zeit die Geschäfte eines Geschäftsführers wegen Vakanz der Geschäftsführerstelle wahrgenommen habe, sind die Gerichte für Arbeitssachen nur dann ausgeschlossen, wenn der Kläger auch für diese Zeit gesetzlicher Vertreter der Beklagten im Sinne von § 5 Abs. 1 Satz 3 ArbGG war. Der Umstand, daß er nach dem soeben zu Ziffer 1 dieser Entscheidungsgründe Ausgeführten für die Zeit ab und nach dem 1. Juni 1953 gesetzlicher Vertreter der Beklagten im Sinne des § 5 Abs. 1 Satz 3 ArbGG war, führt nicht zu der Annahme, daß vorher begründete Ansprüche des Klägers dadurch der Arbeitsgerichtsbarkeit entzogen werden, daß der Kläger später gesetzlicher Vertreter der Beklagten im Sinne von § 5 Abs. 1 Satz 3 ArbGG wurde.

b) Maßgeblich dafür, ob der Kläger vor dem 1. Juni 1953, also für die zu dem Klageantrag zu 1 interessierende Zeit, gesetzlicher Vertreter der Beklagten war, ist auch nicht, was der Kläger in dieser Beziehung als seine Rechtsansicht geltend macht oder in tatsächlicher Beziehung behauptet. Wollte man hierauf abstellen, so wäre damit eine Zuständigkeitserschleichung durch Aufstellen von unrichtigen Tatsachen- und Rechtsbehauptungen möglich. Maßgeblich ist lediglich, ob der Kläger in dieser Zeit vom 12. Oktober 1945 bis 31. Mai 1953 ebenfalls gesetzlicher Vertreter der Beklagten im Sinne von § 5 Abs. 1 Satz 3 ArbGG tatsächlich w a r o d e r n i c h t. Insoweit ist auf BAG 6, 160 ff. [163] zu verweisen. Der Zweite Senat hat seine von BAG 6, 160 abweichende anderweitige Meinung inzwischen aufgegeben. Die Entscheidung des Dritten Senates vom 8. Dezember 1959 – 3 AZR 323/56 – AP Nr. 18 zu § 2 ArbGG 1953 Zuständigkeitsprüfung — ist davon nicht abgewichen.

c) Ob der Kläger für die Zeit vom 12. Oktober 1945 bis 31. Mai 1953 die Stellung eines gesetzlichen Vertreters im Sinne von § 5 Abs. 1 Satz 3 ArbGG hatte, ist aus den Feststellungen des Landesarbeitsgerichts nicht zu entnehmen. Sie ergibt sich auch nicht ohne weiteres für diese Zeit ebenso aus dem Gesetz, wie das nach dem oben zu Ziffer 1 dieser Entscheidungsgründe Ausgeführten für die Zeit n a c h dem 1. Juni 1953 der Fall ist. Das ergibt sich aus folgendem:

d) Die in Ziffer 1 dieser Entscheidungsgründe beschriebene Stellung als gesetzlicher Vertreter erhielten die Geschäftsführer einer AOK erstmalig durch das Gesetz über die Selbstverwaltung und über Änderungen von Vorschriften auf dem Gebiet der Sozialversicherung vom 22. Februar 1951 — BGBl. I S. 124 (SVG 1951) —, dessen §§ 6 Abs. 1 und 8 Abs. 3 wörtlich mit den §§ 6 Abs. 1, 8 Abs. 4 SVG 1952 übereinstimmten. Hieraus kann für oder gegen den Kläger aber nicht entnommen werden, daß er schon ab dem Inkrafttreten des SVG 1951 und damit vor dem 1. Juni 1953 die Stellung eines gesetzlichen Vertreters der Beklagten hatte. Denn er hat nicht vorgetragen, daß er unter der Geltung des SVG 1951, wie aber nach dessen § 8 Abs. 1 Ziff. a erforderlich, dazu vom Vorstand „gewählt" worden war.

e) Für die Zeit vor dem Inkrafttreten des SVG 1951 konnte gemäß § 12 Abs. 1 der Fünften Verordnung zum Aufbau der Sozialversicherung vom 21. Dezember 1934 — RGBl. I, 1274 — die in ihren wesentlichen Teilen erst durch § 18 Abs. 3 Nr. 3 SVG 1951 außer Kraft gesetzt wurde — die S a t z u n g des Versicherungsträgers bestimmen, „daß die Besorgung laufender Geschäfte des Leiters einem oder mehreren Stellvertretern oder leitenden Beamten übertragen wird". Ein solcher „satzungsgemäßer" Geschäftsleiter hatte die Stellung eines gesetzlichen Vertreters im Sinne von § 5 Abs. 1 Satz 3 ArbGG (vgl. auch Brackmann, Handbuch der Krankenversicherung, Band I Blatt 156 g). Würde der Kläger somit kraft einer nach § 12 Abs. 1 a. a. O. möglichen Satzung in der Zeit vom 12. Oktober 1945 bis 31. Mai 1953 Vertretungsberechtigter der Beklagten gewesen sein, so wäre er gemäß § 5 Abs. 1 Satz 3 ArbGG nicht als Arbeitnehmer i. S. des ArbGG anzusehen, und für den Klageantrag zu 1 wäre die Zuständigkeit der Gerichte für Arbeitssachen nicht gegeben. Würde es dagegen an einer auf der Satzung der Beklagten begründeten Vertreterstellung des Klägers für diese Zeit fehlen, so wäre der Kläger als Dienstordnungsangestellter auch als Arbeitnehmer im Sinne des ArbGG anzusehen, und es wären für den Klageantrag zu 1 die Gerichte für Arbeitssachen zuständig (vgl. BAG AP Nr. 9 zu § 611 BGB Dienstordnungs-Angestellte).

f) Da das Revisionsgericht wegen Fehlens geeigneter Feststellungen durch das Landesarbeitsgericht die Frage, ob der Kläger vor dem 1. Juni 1953 gesetzlicher Vertreter auf Grund einer nach § 12 Abs. 1 a.a.O. möglichen Satzung der Beklagten war oder nicht, selbst nicht prüfen kann, ist insoweit das angefochtene Urteil zwecks Nachholung dieser Prüfung gemäß §§ 549 Abs. 1, 550, 564 Abs. 1, 565 Abs. 1, Abs. 3 Ziffer 1 ZPO aufzuheben und der Rechtsstreit insoweit zur anderweiten Verhandlung und Entscheidung an die Vorinstanz zurückzuverweisen.

57

1. Der Streit über die Wirksamkeit eines wegen Dissenses angegriffenen und wegen Irrtums angefochtenen Prozeßvergleichs ist auch dann in demselben Verfahren und nicht in einem neuen Prozeß auszutragen, wenn der Vergleich vor dem Revisionsgericht geschlossen worden ist.

2. Auch die unbewußte Unkenntnis des wirklichen Sachverhalts kann ein Irrtum im Sinne von § 119 BGB sein.

3. Ein Zwischenurteil kann auch im Revisionsverfahren ergehen.

ZPO § 794; BGB §§ 154, 118, 119; ZPO § 303.

II. Senat. Urteil vom 14. 7. 1960 i. S. E. (Kl.) w. Rh.-N. GmbH (Bekl.) 2 AZR 152/60.

I. Arbeitsgericht Aachen. — II. Landesarbeitsgericht Düsseldorf (Köln).

Der Kläger war seit Oktober 1955 bei der Beklagten als Abteilungsleiter tätig. Nachdem ihm die Beklagte zum 30. September 1956 gekündigt hatte, hat er auf Feststellung geklagt, daß sein Arbeitsverhältnis durch diese Kündigung nicht aufgelöst worden sei, und außerdem Zahlung eines Monatsgehalts verlangt. Das Arbeitsgericht hat der Klage stattgegeben, das Landesarbeitsgericht hat sie abgewiesen. Im Revisionsverfahren haben die Parteien am 25. Februar 1960 vor dem Bundesarbeitsgericht einen Vergleich geschlossen, nach dessen Ziffer 1 das Arbeitsverhältnis beendet ist und dessen Ziffer 2 lautet:

„Die Beklagte verpflichtet sich, an den Kläger zur Abgeltung aller etwaigen gegenseitigen Ansprüche noch 3000 DM als Abfindung (§§ 7, 8 KSchG) zu zahlen."

Der Prozeßbevollmächtigte der Beklagten hat diesen Vergleich mit Schreiben vom 1. März 1960 an den Prozeßbevollmächtigten des Klägers wegen Irrtums bei Abschluß des Vergleichs angefochten, sofern der Vergleich nicht ohnehin wegen Dissenses nichtig sei. Die Beklagte beantragt, das Verfahren fortzusetzen und trägt dazu vor:

Um die Zwangsvollstreckung aus dem arbeitsgerichtlichen Urteil und weitere Zahlungsklagen zu vermeiden, habe sie an den Kläger von Oktober 1956 bis Februar 1957 Beträge von monatlich rund 1100 DM zuzüglich Kindergeld und Weihnachtsgratifikation, insgesamt 6054,60 DM, unter Vorbehalt gezahlt. Auf die Anregung des Senats, sich zu vergleichen, habe sie ihrem Prozeßbevollmächtigten am 11. Februar 1960 mitgeteilt, sie sei vergleichsbereit; nach dem Urteil erster Instanz seien 6054,60 DM zu zahlen gewesen, vielleicht könne man sich auf die Hälfte einigen.

Hieraus habe ihr Prozeßbevollmächtigter den Schluß gezogen, er dürfe bis zur Höhe von 3000 DM einen Vergleich abschließen, habe aber nicht davon Kenntnis genommen, daß bereits 6054,60 DM gezahlt gewesen seien. Er habe nämlich in seinen Handakten ihr Schreiben an den Prozeßbevollmächtigten erster Instanz übersehen, das den Hinweis enthalte, diese Beträge seien unter Vorbehalt gezahlt und vom Kläger zurückzuverlangen. Bei Abschluß des Vergleichs habe ihr Prozeßbevollmächtigter nichts anderes erklärt und gewollt, als daß der Kläger die als Vergleichssumme vereinbarten 3000 DM als einzigen Betrag seit seinem tatsächlichen Ausscheiden erhalten solle, nicht jedoch zusätzlich zu den bereits gezahlten 6054,60 DM.

Der Kläger erwidert, er und sein Prozeßbevollmächtigter seien beim Abschluß des Vergleichs selbstverständlich davon ausgegangen, daß die geleisteten Zahlungen auch dem Prozeßbevollmächtigten der Beklagten bekannt waren. Die Unkenntnis des Prozeßbevollmächtigten der Beklagten habe allenfalls einen Motivirrtum zur Folge gehabt, nicht aber einen die Anfechtung nach § 119 Abs. 1 BGB begründenden Inhaltsirrtum. Deshalb sei der Vergleich wirksam und habe den Rechtsstreit beendet.

Das Bundesarbeitsgericht hat durch Zwischenurteil die Unwirksamkeit des Prozeßvergleichs festgestellt.

Aus den Gründen:

Der Antrag der Beklagten ist zulässig und sachlich begründet.

I. Wie das Bundesarbeitsgericht bereits in seinen Urteilen AP Nr. 1 zu § 794 ZPO, BAG 3, 43 [44], BAG 4, 84 [85] und BAG 8, 228

[231] ausgeführt hat, ist der Streit über die Wirksamkeit eines Prozeßvergleichs grundsätzlich in demselben Verfahren und nicht in einem neuen Prozeß auszutragen. Der Senat hält an dieser Rechtsprechung auch für den vorliegenden Fall fest, bei dem die Unwirksamkeit des Vergleichs und damit das Fehlen seiner prozeßbeendigenden Wirkung auf Dissens und Irrtumsanfechtung gestützt wird. Auch in diesem Falle ist die materiell-rechtliche Seite des Prozeßvergleichs von vornherein unwirksam, oder sie wird später hinfällig, so daß auch die prozessuale Seite und damit der gesamte Vergleich als Prozeßvergleich schlechthin wirkungslos ist.

Während die bisher vom Bundesarbeitsgericht entschiedenen Fälle solche Prozeßvergleiche betrafen, die vor einer Tatsacheninstanz geschlossen worden sind, wird hier die Unwirksamkeit eines vor dem Revisionsgericht abgeschlossenen Vergleichs geltend gemacht. Der Senat ist der Auffassung, daß die in den oben genannten Entscheidungen des Bundesarbeitsgerichts aufgestellten Grundsätze auch für diesen Fall gelten und das Revisionsgericht selbst über die Unwirksamkeit des vor ihm abgeschlossenen Prozeßvergleichs zu entscheiden hat. In der Rechtslehre wird zwar darauf hingewiesen, daß dadurch das Revisionsgericht unter Umständen zu umfangreichen tatsächlichen Feststellungen und Beweiserhebungen genötigt werde, was seiner Stellung widerspreche (Nikisch, Zivilprozeßrecht, 2. Aufl., § 70 IV 2; RGR Komm., BGB, 11. Aufl., § 779 Anm. 46). Der Senat hält jedoch dieses Argument nicht für durchschlagend. Das Revisionsgericht muß sich nämlich auch sonst mit Tatsachen befassen und dann unter Umständen auch Beweis erheben, etwa wenn das Vorliegen der Prozeßvoraussetzungen nachzuprüfen ist, die Rechtzeitigkeit der Rechtsmitteleinlegung oder die Rüge einer Verletzung von Verfahrensvorschriften. Außerdem ist auf §§ 302 Abs. 4 Satz 4, 600 Abs. 2, 717 Abs. 2 und 3 ZPO zu verweisen; in diesen Fällen muß das Revisionsgericht ebenfalls tatsächliche Feststellungen treffen und erforderlichenfalls Beweis erheben, wenn derartige Schadensersatz- und Bereicherungsansprüche erst in der Revisionsinstanz geltend gemacht werden. Abgesehen davon ist die eigene Entscheidung durch das Revisionsgericht aus prozeßökonomischen Gründen geboten. Dieses Gericht kann die Wirksamkeit eines vor ihm abgeschlossenen Vergleichs aus tatsächlichen Gründen besser beurteilen als jedes andere Gericht. Demgegenüber kann und muß in Kauf genommen werden, daß den Parteien nur eine, aber immerhin die höchste Instanz für den Streit über die Wirksamkeit des Vergleichs zur Verfügung steht (vgl. auch BGHZ 28, 171 [174 bis 176]; Esser, Das deutsche Privatrecht in der Mitte des 20. Jahrhunderts (Festschrift für Heinrich Lehmann) 1956, S. 735/736; Bonin, Der Prozeßvergleich 1957, S. 108).

II. Der Vergleich ist materiell-rechtlich unwirksam und hat deshalb den Rechtsstreit nicht beendet.

1. Der Vergleich ist zwar nicht wegen versteckten Dissenses nichtig. Denn er ist objektiv eindeutig. Das gilt auch für die Zahlungsverpflichtung in Ziffer 2 des Vergleichs. Nach dem Wortlaut dieser Bestimmung werden damit alle gegenseitigen Ansprüche abgegolten, so daß etwa bereits erfolgte Zahlungen darin in Bezug genommen sind und deshalb auch die schon gezahlten 6054,60 DM erfaßt werden. Die Kennzeichnung der Vergleichssumme als „Abfindung“ läßt nicht — wie die Beklagte meint — den Schluß zu, daß die Zahlungsverpflichtung zeitlich nicht auf den Vergleichsabschluß, sondern auf den Zeitpunkt des tatsächlichen Ausscheidens des Klägers bezogen sei, weil eine Abfindung in notwendigem Zusammenhang mit dem Ausscheiden des Arbeitnehmers stehe. Es ist nämlich auch vor dem Bundesarbeitsgericht noch streitig geblieben, wann das Arbeitsverhältnis beendet worden ist. Die Bezeichnung als „Abfindung“ bietet deshalb keinen Anhalt dafür, daß nach dem erkennbaren Willen des Prozeßbevollmächtigten der Beklagten vom tatsächlichen Ausscheiden des Klägers an nur noch die im Vergleich vereinbarte Abfindung geschuldet sein sollte, während spätere Zahlungen hierauf zu verrechnen waren. Schließlich läßt das Wort „noch“ in Ziffer 2 keine derartige Rückdatierung der Verpflichtung der Beklagten zu, sondern kann nach dem gesamten Inhalt des Vergleichs gerade nur auf den Zeitpunkt des Vergleichsabschlusses bezogen werden. Auch die Begleitumstände des Vergleichsabschlusses, insbesondere das Gesamtverhalten der Parteien in der Vergleichsverhandlung vor dem Senat, gebieten keinen derartigen Schluß. Der Prozeßbevollmächtigte der Beklagten hat nicht in einer für den Vertragsgegner erkennbaren Weise zum Ausdruck gebracht, daß Zahlungen nach dem tatsächlichen Ausscheiden des Klägers bei der in Ziffer 2 des Vergleichs vorgesehenen Abgeltung der gegenseitigen Ansprüche mitberücksichtigt werden sollten. Abgesehen davon, daß ein derartiger Wille des Prozeßbevollmächtigten der Beklagten schon deswegen nicht vorgelegen hat, weil ihm diese Zahlungen unbekannt geblieben waren, sind sie auch weder in der Vergleichsverhandlung selbst noch in den während des Berufungs- und des Revisionsverfahrens gewechselten Schriftsätzen der Parteien oder den Verfügungen des Berichterstatters des Senats erwähnt worden.

2. Der Vergleich ist aber infolge der unverzüglich erklärten Anfechtung nichtig. Da der Prozeßvergleich wegen seiner Doppelnatur

nun einmal zugleich ein materiell-rechtliches Rechtsgeschäft ist, kann er eben auch wegen eines Willensmangels angefochten werden.

Das Anfechtungsrecht der Beklagten ergibt sich aus § 119 Abs. 1 Satz 1 BGB erste Alternative, wonach eine Willenserklärung dann angefochten werden kann, wenn der Erklärende über den Inhalt seiner Erklärung irrt, also über die Bedeutung, die ihr objektiv unter den gegebenen Umständen, also dem wirklichen Sachverhalt nach, zukommt. Der Senat ist zu der Überzeugung gelangt, daß der Prozeßbevollmächtigte der Beklagten bei Abschluß des Vergleichs über die Tragweite seiner Willenserklärung im Irrtum war und diese irrige Vorstellung auch Inhalt seiner Erklärung geworden ist und nicht nur Beweggrund seiner Erklärung war. Nach dem für die Auslegung des Vergleichs maßgebenden objektiven Inhalt seiner Erklärung wurde seine Partei zur Zahlung von weiteren 3000 DM nach Vergleichsschluß verpflichtet, obgleich sie bereits vor dem Vergleich 6054,60 DM gezahlt hatte, so daß dem Kläger seit dessen tatsächlichem Ausscheiden über 9000 DM zukommen sollten. Über diese Tragweite seiner Erklärung befand sich der Prozeßbevollmächtigte der Beklagten, auf dessen Person es nach § 166 Abs. 1 BGB allein ankommt, im Irrtum, weil er nicht wußte, daß der Kläger bereits 6054,60 DM erhalten hatte. Daß er dem Kläger keinesfalls insgesamt über 9000 DM zukommen lassen wollte, ergibt sich zweifelsfrei aus der dem Senat vorgelegten Korrespondenz zwischen ihm und seiner Mandantin. Noch drei Tage vor Vergleichsabschluß hat er einen Vergleich mit einer Abfindung von 6000 DM für unangemessen hoch gehalten und von einem Vergleich abgeraten. Diese Korrespondenz zwingt zu dem Schluß, daß er im Vergleichstermin dem Kläger nur 3000 DM insgesamt seit dessen tatsächlichem Ausscheiden zukommen lassen wollte. Wenn er dann einen Vergleich dahin abschloß, daß zur Abgeltung aller gegenseitigen Ansprüche „noch" 3000 DM zu zahlen waren, so beruhte das auf einem Irrtum über den objektiven Inhalt des Vergleichs und seine Tragweite. Hierzu gehört nämlich, wie schon oben unter 1 gesagt, nicht nur die Verpflichtung der Beklagten, noch 3000 DM zu zahlen, sondern auch ihr Verzicht auf Rückforderung der bereits gezahlten 6054,60 DM, von denen der Prozeßbevollmächtigte der Beklagten nichts wußte. Sein Irrtum war auch dann kein bloßer Motivirrtum, wenn er, wie anzunehmen ist, an die Möglichkeit, daß bereits Zahlungen geleistet sein könnten, überhaupt nicht gedacht hat. Denn eine Lücke in seinen Vorstellungen muß ebenso bewertet werden, wie falsche Vorstellungen zu bewerten sind. Auch die unbewußte Unkenntnis des wirklichen Sachverhaltes ist ein Irrtum (RGR Komm., BGB, § 119 Anm. 1).

Daß der Prozeßbevollmächtigte der Beklagten bei Kenntnis der unter Vorbehalt bereits geleisteten Zahlungen und bei verständiger Würdigung des Falles den Vergleich nicht geschlossen hätte, muß bei dem Inhalt seines Schreibens an seine Mandantin drei Tage vor Vergleichsabschluß angenommen werden.

III. Da es sich bei der Frage der Wirksamkeit des Prozeßvergleichs um einen den Fortgang des Verfahrens betreffenden Streit handelt, also um einen Zwischenstreit im Sinne des § 303 ZPO, konnte darüber durch Zwischenurteil entschieden werden. Der Zweck des Zwischenurteils, bestimmte entscheidungsreife Fragen u. a. im Interesse der Prozeßübersichtlichkeit vorab entscheiden zu können, ist auch in der Revisionsinstanz gegeben.

58

Die Behörde eines Landes kann sich nicht rechtswirksam durch Vertrag mit einem bei ihr ausgeschiedenen Arbeitnehmer verpflichten, Bundes- oder Landesbehörden keine Auskünfte über den ausgeschiedenen Arbeitnehmer zu geben, solchen Behörden auch die Personalakten des Arbeitnehmers nicht zugänglich zu machen.

GG Art. 35; BGB §§ 630, 306.

I. Senat. Urteil vom 15. 7. 1960 i. S. L. H. (Bekl.) w. L. (Kl.)
1 AZR 496/58.

I. Arbeitsgericht Wiesbaden. — II. Landesarbeitsgericht Frankfurt am Main.

Die Klägerin war bis zum 31. August 1952 bei verschiedenen Dienststellen des beklagten Landes als Verwaltungsangestellte tätig. In die über die Klägerin von der Beklagten geführten Personalakten wurden Vorgänge aufgenommen, die Vorwürfe einer Mitangestellten, ungünstige Beurteilungen eines ihrer Abteilungsleiter und Mitteilungen über die von diesem eingezogenen ungünstigen Auskünfte früherer Arbeitgeber der Klägerin enthalten.

Die Klägerin war anschließend bei anderen Arbeitgebern beschäftigt. So wurde sie am 1. November 1952 bei einer Behörde probeweise eingestellt, von dieser jedoch als bald wieder entlassen. Die Klägerin führte diese Entlassung darauf zurück, daß der Behörde von dem beklagten Land ungünstige Auskünfte erteilt worden seien. Sie nahm daraufhin das beklagte Land vor dem Arbeitsgericht Wiesbaden auf Schadenersatz in Anspruch. Im Termin vom 26. Februar 1953 erklärte der Vertreter des beklagten Landes, dieses würde in Zukunft Auskünfte über den Rahmen des der Klägerin erteilten Zeugnisses hinaus nicht geben. Daraufhin nahm die Klägerin die Klage zurück.

Als die Klägerin sich später bei einem Bundesministerium um Einstellung bewarb, übersandte das beklagte Land dem Bundesministerium die Personalakten der Klägerin. Die Bewerbung der Klägerin bei dem Bundesministerium blieb erfolglos.

Die Parteien streiten darüber, ob die Klägerin auf Grund der Erklärungen, die der Vertreter des beklagten Landes in dem Termin vor dem Arbeitsgericht Wiesbaden am 26. Februar 1953 abgegeben hat, verlangen kann, daß das beklagte Land auch an Bundes- und Landesbehörden keine Auskünfte über den Inhalt des erteilten Zeugnisses erteilen und auch solchen Behörden die Personalakten nicht zugänglich machen darf.

Das Arbeitsgericht hat die Klage abgewiesen, das Landesarbeitsgericht hat ihr entsprochen. Das Bundesarbeitsgericht hat das erstinstanzliche Urteil wiederhergestellt.

Aus den Gründen:

I—III...

IV...

Auch wenn man unterstellt, daß das beklagte Land in dem Termin vom 26. Februar 1953 die Verpflichtung übernommen hat, auch Bundes- und Landesbehörden über die Klägerin keine Auskünfte über den Inhalt des erteilten Zeugnisses hinaus zu erteilen und auch solchen Behörden die Personalakten nicht zuzuleiten, kann die Klage keinen Erfolg haben. Denn auch wenn das beklagte Land eine so weitgehende Verpflichtung der Klägerin gegenüber übernommen haben sollte, könnte die Klägerin aus dieser Vereinbarung gleichwohl nicht das Recht herleiten, daß auch Bundes- und Landesbehörden derartige Auskünfte nicht erteilt werden dürfen. Wenn das Land eine solche Verpflichtung eingegangen sein sollte, wäre der Vertrag, durch den diese Verpflichtung begründet ist, nach den Grundsätzen des § 306 BGB nichtig, die Klägerin könnte Erfüllung dieses Vertrages nicht verlangen.

Dies folgt daraus, daß das beklagte Land sich seinen Verpflichtungen aus dem Grundgesetz durch einen privatrechtlichen Vertrag mit einem früheren Arbeitnehmer nicht entziehen kann.

1. Nach Art. 35 GG „leisten sich alle Behörden des Bundes und der Länder gegenseitig Rechts- und Amtshilfe". Diese Vorschrift trifft mit der Kraft der Verfassung die für die Behörden von Bund und Länder bindende allgemeine Anordnung, daß sie sich sowohl im Verhältnis Bund und Länder wie im Verhältnis der Länder untereinander gegenseitig Rechts-

und Amtshilfe zu leisten haben (vgl. von Mangoldt-Klein, Das Bonner Grundgesetz, 2. Aufl., Art. 35, Anm. III 2; Maunz-Dürig, Grundgesetz, Art. 35, Anm. 1 f.). Damit stellt das Grundgesetz eindeutig klar, daß eine allgemeine Amtshilfepflicht zwischen den Bundes- und den Landesbehörden besteht. Unter Rechts- und Amtshilfe ist der Beistand zu verstehen, den auf Ersuchen die eine Behörde der anderen zur Durchführung ihrer öffentlichen Aufgaben leistet und nach Art. 35 GG zu leisten hat (vgl. auch Hamann, Das Grundgesetz, Erläuterungen zu Art. 35). Diese Regelung gibt also der ersuchenden Behörde, mag diese eine Behörde des Bundes oder die Behörde eines Landes sein, einen öffentlich-rechtlichen Anspruch gegen die ersuchte Behörde, ihr Amts- und Rechtshilfe zu leisten; der ersuchten Behörde liegt eine entsprechende öffentlich-rechtliche Verpflichtung ob. Diese gegenseitige Beistandspflicht gilt überall dort, wo eine Behörde ihre Aufgabe sachgemäß nur mit Hilfe einer anderen Behörde erfüllen kann, die zur Beistandsleistung in der Lage ist (vgl. Peters, Lehrbuch der Verwaltung 1949, S. 59). Auch Forsthoff (Lehrbuch des Verwaltungsrechts, 7. Aufl., 1958, S. 91) vertritt die Ansicht, daß es eine allgemeine behördliche Beistandspflicht gebe, die in unselbständigen, zwischen den Behörden stattfindenden Handlungen bestehe. Dahin sei zu rechnen die Erteilung von Auskünften, weiter die Gewährung von Akteneinsicht u. ä. Auch nach Forsthoff ist die Gewährung derartiger Hilfen eine Verpflichtung aller Behörden, die in Art. 35 GG einen gesetzlichen Ausdruck gefunden habe.

2. Peters, a. a. O., führt zwar aus, die ersuchte Behörde müsse rechtlich zur Amtshilfe in der Lage sein. Dem ist im Grundsatz beizutreten. Damit könnte hier die Frage auftauchen, ob das beklagte Land einem Amtshilfeersuchen einer Bundes- oder Landesbehörde entgegenhalten könnte, es sei rechtlich nicht mehr zu der begehrten Amtshilfe in der Lage, weil es sich der Klägerin gegenüber durch privatrechtliche Vereinbarung gebunden habe, keine Amtshilfe zu leisten.

Ob eine ersuchte Behörde rechtlich zu der erbetenen Amtshilfe in der Lage ist, richtet sich aber allein danach, ob ihr nach den für ihre Arbeit, ihre Tätigkeit und ihre Zuständigkeit maßgebenden öffentlich-rechtlichen Normen die Erfüllung des Amtshilfeersuchens möglich ist. Durch die Verpflichtung zur Amtshilfe nach Art. 35 GG werden die öffentlich-rechtlichen Befugnisse der ersuchten Behörde zwar nicht erweitert (vgl. Maunz-Dürig, Grundgesetz, Art. 35, Anm. 1), sodaß also eine um Amtshilfe ersuchte Behörde nicht durch das Amtshilfeersuchen Zuständigkeiten und Befugnisse erhält, die ihr sonst nicht zuständen. Öffentlich-rechtliche Normen stehen aber einer Auskunftserteilung über einen früheren Bediensteten durch eine Behörde, die diesen Bediensteten, der sich jetzt bei einer zur Amtshilfe berechtigten Bundesbehörde um einen Arbeitsplatz bewirbt, früher beschäftigt hat, nicht entgegen; sie kann vielmehr — wie jeder Arbeitgeber — grundsätzlich auch gegen den Willen ihres früheren Bediensteten Auskünfte über diesen an einen potentiellen späteren Arbeitgeber und damit auch an eine Bundesbehörde, bei der sich der Bedienstete um einen Arbeitsplatz beworben hat, erteilen. Damit ist ihr die Gewährung der erbetenen Amtshilfe durch die Erteilung von Auskünften und die Übersendung der Personalakten n i c h t rechtlich unmöglich.

Von der danach für das zur Amtshilfe verpflichtete Land möglichen Erfüllung seiner aus dem Grundgesetz folgenden Pflichten kann sich ein Land nicht dadurch befreien, daß es durch einen privatrechtlichen Vertrag mit einem einzelnen Staatsbürger vereinbart, es werde eine ihm rechtlich mögliche Amtshilfe, zu der es verpflichtet ist, n i c h t leisten. Denn Art. 35 GG regelt im Interesse des Staatsganzen und damit aller Staatsbürger die P f l i c h t zur Amts- und Rechtshilfe und will damit ein reibungsloses Arbeiten aller Bundes- und Landesbehörden zum gemeinen Besten gewährleisten. Im Hinblick auf die in der Bundesrepublik bestehende Teilung der Staatsaufgaben zwischen Bundes- und Landesbehörden soll jede Bundesbehörde jede Landesbehörde und jede Landesbehörde jede Bundesbehörde bei der Erledigung der ihr zugewiesenen öffentlichen Aufgaben unterstützen. Der mit der Amtshilferegelung erstrebte Erfolg, trotz der Teilung der gesamten Staatsaufgaben unter Bundes- und Landesbehörden eine sinnvolle und reibungslose Arbeit aller Behörden, mögen sie Bundes- oder Landesbehörden sein, zu gewährleisten, würde vereitelt werden, wenn sich eine der nach öffentlich-rechtlicher Norm zur Amtshilfe verpflichteten Behörden der Erfüllung dieser Pflicht dadurch entziehen könnte, daß sie sich selbst die Möglichkeit zur Erfüllung dieser im öffentlichen Interesse zum Nutzen des Staates und aller seiner Bürger gegebenen Pflicht dadurch nehmen könnte, daß sie mit einem einzelnen Bürger vereinbart, sie werde die nach öffentlich-rechtlicher Norm geschuldete Amtshilfe nicht leisten. Damit würde diese Behörde zu Lasten des gesamten Gemeinwesens und damit zum Nachteil aller Staatsbürger, auch zu Lasten der zur Amtshilfe berechtigten anderen Behörden, im Interesse eines einzelnen Staatsbürgers das Gemeinwohl zurücksetzen. Das aber widerspricht eindeutig der in Art. 35 GG verankerten Pflicht einer jeden Behörde, die anderen Behörden bei der Erfüllung der diesen obliegenden öffentlichen Aufgaben zum Nutzen des Staatsganzen zu unterstützen.

3. Um die Unterstützung bei der Durchführung öffentlicher Aufgaben handelt es sich aber auch dann, wenn Ziel der erbetenen Amtshilfe ist, die ersuchende Behörde bei ihrer Personalbesetzung zu unterstützen. Der Senat vermag der Ansicht des Landesarbeitsgerichts nicht beizutreten, daß es sich bei der Funktion des Bundes oder der Länder hinsichtlich der Einstellung von Personal lediglich um das Verhältnis Arbeitgeber — Arbeitnehmer und damit um eine rein fiskalische Funktion handele, bei der eine Sonderstellung des öffentlichen Arbeitgebers nach Art. 35 GG nicht begründet sei. Bei der Personalbesetzung einer Behörde kann nicht zwischen der Funktion dieser Behörde als Hoheitsträger und ihrer Funktion als Arbeitgeber unterschieden werden. Jede Behörde des Bundes oder eines Landes, die öffentliche Aufgaben im Interesse des Staats und seiner Bürger zu erfüllen hat, kann dies nur dann tun, wenn sie mit entsprechendem geeignetem Personal besetzt ist. Die Personalbesetzung dient also unmittelbar dazu, daß die Behörde ihre Aufgabe als Träger öffentlich-rechtlicher Funktionen erfüllen kann. Wenn eine Behörde um Amtshilfe bei der Besetzung ihrer Stellen durch geeignete Bewerber ersucht, handelt sie sonach unmittelbar im Rahmen der ihr zugewiesenen öffentlichen Aufgaben und zur Bewältigung eben dieser Aufgaben. Auch dabei unterstützt zu werden, hat sie auf Grund des Art. 35 GG einen öffentlich-rechtlichen Anspruch gegen die ersuchte Behörde. Auch dieses Recht kann der ersuchenden Behörde nicht dadurch genommen werden, daß die ersuchte Behörde sich einem Dritten gegenüber privatrechtlich gebunden hat, einen kraft öffentlich-rechtlicher Norm geschuldeten Beistand nicht zu leisten. Einer privatrechtlichen Pflicht gegenüber, die die ersuchte Behörde in Verkennung der ihr durch Art. 35 GG auferlegten öffentlich-rechtlichen Verpflichtung übernommen hat, wirkt die öffentlich-rechtliche unabdingbare Aufgabe und Pflicht der Behörde allen Bürgern gegenüber schwerer.

4. Der Senat kann dem Landesarbeitsgericht auch nicht folgen, wenn es insoweit von einem Ermessensspielraum der ersuchten Behörde spricht. Es kann insbesondere nicht darauf abgestellt werden, ob es sich um die Besetzung eines wichtigen oder weniger wichtigen Arbeitsplatzes handelt. Wird von einer Behörde, die nach Art. 35 GG Amtshilfe für ihre Personalauswahl beanspruchen kann, eine solche Amtshilfe erbeten, so hat die ersuchende Behörde den uneingeschränkten Anspruch auf Erteilung der erbetenen Auskunft, die ersuchte Behörde die uneingschränkte Pflicht zur wahrheitsgemäßen Auskunfterteilung. Das gilt bei der Unterstützung in der Personalauswahl für jeden Arbeitsplatz. Es kann insoweit auch nicht zwischen Arbeitsplätzen für Beamte und solchen für Angestellte

unterschieden werden. Werden konkret Personalakten angefordert, die die ersuchende Behörde in die Lage versetzen, ihre Aufgaben sachdienlich durch Auswahl geeigneten Personals zu erfüllen, so sind die zu diesem Zweck von der ersuchenden Behörde benötigten Akten zu übersenden.

5. Es ist auch unrichtig, wenn das Landesarbeitsgericht seine Entscheidung darauf stützt, daß dem Arbeitnehmer dann, wenn seine Personalakten auf Grund des Art. 35 GG der ersuchenden Behörde, die auf die Vorlegung dieser Personalakten einen öffentlich-rechtlichen Anspruch hat, übersandt würden, lebenslang eine ungünstige Beurteilung anhinge. Daß berechtigte in den Personalakten niedergelegte für den Arbeitnehmer des öffentlichen Dienstes ungünstige Umstände diesem lebenslang anhängen könnten (wobei aber die ersuchende Behörde immer prüfen kann, ob etwa lang zurückliegende Vorfälle noch ihre Entschließungen beeinflussen können), liegt im Wesen des öffentlichen Dienstes und seiner Sonderstellung im öffentlichen Leben begründet. Alle Staatsbürger haben ein berechtigtes Interesse darin, daß die Behörden, die sie schließlich auch mit ihren Steuermitteln tragen, mit geeignetem Personal besetzt werden. Demgegenüber muß das Interesse des einzelnen Bürgers, der bei einer Behörde beschäftigt ist oder war, an der Geheimhaltung eines ihm ungünstigen, aber zutreffenden Inhalts seiner Personalakten zurücktreten. Soweit es sich aber um unrichtig dargestellte Vorgänge oder unberechtigte ungünstige Beurteilungen in den Personalakten handelt, ist der Weg, den Bediensteten der Behörde vor den Folgen der Auskunftserteilung und der Übersendung der Personalakten zu schützen, nicht der, die Übersendung der Akten und die Erteilung von Auskünften auszuschließen, sondern der, die unberechtigten Werturteile und unrichtig dargestellten Vorgänge aus den Akten entfernen zu lassen und auf Berichtigung der Personalakten zu klagen. Die Möglichkeit, sich über den Inhalt seiner Personalakten zu vergewissern, gibt dem Bediensteten des öffentlichen Dienstes sein Recht auf Einsicht in die Personalakten.

6. Damit ist festzustellen, daß das beklagte Land eine Verpflichtung, auch Bundes- und Landesbehörden keine Auskünfte über den Inhalt des erteilten Zeugnisses hinaus zu erteilen und auch solchen Behörden die Personalakten nicht zu übersenden, rechtswirksam nicht übernehmen konnte. Der mit der Klägerin geschlossene Vertrag, den das Landesarbeitsgericht als mit diesem Inhalt geschlossen ansieht, wäre nach § 306 BGB nichtig, weil er auf eine von Anfang an unmögliche, und zwar rechtlich unmögliche Leistung gerichtet ist. Denn trotz eines solchen Vertrages müßte das beklagte Land seine öffentlich-rechtlichen Pflichten aus Art. 35 GG erfüllen. Erfüllung dieses Vertrages kann die Klägerin

sonach nicht verlangen. Um einen Erfüllungsanspruch handelt es sich aber, wenn die Klägerin begehrt, daß dem beklagten Land verboten werden solle, Auskünfte über den Inhalt des erteilten Zeugnisses hinaus an Bundes- und Landesbehörden zu erteilen, und dem beklagten Land auch verboten sein soll, Bundes- und Landesbehörden die Personalakten zugänglich zu machen.

59

Der Arbeitnehmer kann [außerhalb des Geltungsbereichs des KSchG] das Recht verwirken, sich auf die Unwirksamkeit einer ihm gegenüber ausgesprochenen außerordentlichen Kündigung zu berufen.

BGB § 626.

I. Senat. Urteil vom 15. Juli 1960 i. S. B. (Kl.) w. F-W-St. (Bekl.) 1 AZR 191/59.

I. Arbeitsgericht München. — II. Landesarbeitsgericht Bayern.

Der 1892 geborene Kläger trat 1927 als Brauführer in die Dienste der Beklagten, die eine Brauerei in der Rechtsform einer Stiftung des privaten Rechts betreibt. Am 1. Januar 1933 wurde er dort Stiftungs-Braumeister. Seine Vergütung richtete sich nach der BesGr. A 3 b.

Nach einer am 1. Oktober 1918 zur Regelung der Dienst- und Gehaltsverhältnisse der Stiftungsbeamten von der Beklagten erlassenen Satzung sollen die leitenden Angestellten der Beklagten im Alter nach beamtenrechtsähnlichen Grundsätzen versorgt werden. Ein „Stiftungsbeamter" verliert jedoch dann die Versorgungsanwartschaft, wenn er vor Eintritt der Pensionsreife aus dem Dienstverhältnis zu der Beklagten ausscheidet. Zu den so berechtigten Stiftungsbeamten gehörte mit Wirkung vom 1. Juni 1928 auch der Kläger.

Auf Grund eines Beschlusses des Aufsichtsrats der Beklagten vom 27. August 1942 wurde dem Kläger durch außerordentliche Kündigung wegen ihm vorgeworfener dienstlicher Verfehlungen das Arbeitsverhältnis am 7. September 1942 gekündigt. Gegen diese außerordentliche Kündigung wandte sich alsbald der Kläger durch eine vor dem Arbeitsgericht erhobene Klage. Das Arbeitsgericht entschied jedoch über diesen Rechtsstreit nicht, setzte ihn vielmehr wegen der Kriegszeit aus. Im Sommer 1945 hat der Kläger diese Klage zurückgenommen.

Als am 18. April 1945 der Braumeister der Beklagten bei einem Bombenangriff getötet wurde, wandte sich der Landrat des Kreises E., der gleichzeitig Aufsichtsratsvorsitzender der Beklagten war, an den

Kläger mit der Bitte, er solle die Leitung der Brauerei wieder übernehmen. Dies tat der Kläger; er schied jedoch im Oktober 1945 wegen seiner Zugehörigkeit zur NSDAP auf Grund einer Anordnung der Militärregierung durch außerordentliche Kündigung seitens der Beklagten wieder aus.

Seit 1948 begehrte der Kläger wiederholt seine Wiedereinstellung oder wenigstens seine Versetzung in den Ruhestand oder doch Anerkennung seiner Rechte auf Ruhegehalt. Mit derartigen Bitten trat der Kläger noch in den Jahren 1952 und 1953 an die Beklagte heran. So drohte er am 19. Juni 1952 eine Klage vor dem Arbeitsgericht an; die Beklagte erwiderte ihm mit Schreiben vom 11. August 1952, daß der Kläger ihre ablehnende Entscheidung als endgültig betrachten solle, es bleibe dem Kläger unbenommen, sich nun anderer ihm geeignet erscheinender Rechtsmittel zu bedienen. Auch als sich der Allgemeine Beamtenschutzbund mit Schreiben vom 14. Dezember 1952 zugunsten des Klägers einsetzte, lehnte die Beklagte mit Schreiben vom 18. Dezember 1952 die Anerkennung von Rechtsansprüchen des Klägers ab. Letztmalig wandte sich der Kläger mit Schreiben vom 2. Dezember 1953 wegen der Anerkennung seiner Versorgungsansprüche an die Beklagte, die daraufhin wiederum mit Schreiben vom 31. Dezember 1953 die Anerkennung solcher Ansprüche ablehnte.

Der Kläger war im Jahre 1952 ein Arbeitsverhältnis mit einer anderen Brauerei in Bad Tölz eingegangen.

Nachdem der Kläger im Jahre 1957 das 65. Lebensjahr erreicht hatte und in den Ruhestand getreten war, hat er mit der vorliegenden Klage die Beklagte auf Zahlung von Versorgungsbezügen in Anspruch genommen.

Er hat vorgetragen, die ihm gegenüber im Jahre 1942 ausgesprochene außerordentliche Kündigung sei rechtsunwirksam gewesen, da ein sie rechtfertigender Grund nicht vorgelegen habe. Auch habe für diese Kündigung die erforderliche Genehmigung der Regierung von Oberbayern nicht vorgelegen. Jedenfalls aber sei diese Kündigung dadurch überholt, daß er im April 1945 mit den alten Rechten und Pflichten von der Beklagten wieder eingestellt worden sei. Damit habe er seine Rechte als Stiftungsbraumeister noch gehabt, als er im Herbst 1945 auf Anordnung der Militärregierung wegen seiner Parteizugehörigkeit entlassen worden sei. Auch diese Entlassung sei rechtsunwirksam, da er im Jahre 1945 nicht mehr im Wege einer ordentlichen Kündigung im Hinblick auf seine mehr als 10jährige Dienstzeit bei der Beklagten habe entlassen werden können. Eine politische Belastung sei aber kein Grund für eine außerordentliche Kündigung. Jedenfalls müsse ihm die Beklagte in entsprechender Anwendung der Regelungen des Gesetzes zu Art. 131 GG jetzt nach seinem Übertritt in den Ruhestand Versorgungsbezüge zahlen.

Der Kläger hat deshalb beantragt festzustellen, daß die Beklagte schuldig sei, ihm ab April 1957 Versorgungsbezüge nach der BesGr. A 3 b unter Zugrundelegung eines Besoldungsdienstalters vom 1. Januar 1932 zu zahlen.

Aus den Gründen:

I. Dem Kläger könnte der Versorgungsanspruch, den er mit der vorliegenden Feststellungsklage geltend macht, dann zustehen, wenn er bis zum 20. Oktober 1945, dem Tage, an dem er auf Veranlassung der Militärregierung im Wege einer außerordentlichen Kündigung aus dem Arbeitsverhältnis ausgeschieden ist, den Status eines versorgungsberechtigten Stiftungsbeamten der Beklagten gehabt hätte. Dies wäre dann der Fall, wenn entweder die im Jahre 1942 ihm gegenüber ausgesprochene außerordentliche Kündigung wegen Mangels eines sie rechtfertigenden wichtigen Grundes nicht zur Beendigung des Arbeitsverhältnisses geführt hätte oder wenn der Kläger im Jahre 1945 rechtswirksam wieder in die Rechte eines versorgungsberechtigten Stiftungsbeamten eingesetzt worden wäre.

II. Das Landesarbeitsgericht läßt es dahingestellt, ob die dem Kläger gegenüber im Jahre 1942 ausgesprochene außerordentliche Kündigung rechtswirksam war. Auf alle Fälle habe der Kläger dadurch mit Wirkung vom 1. November 1942 die Rechtsstellung eines Stiftungsbeamten verloren, daß die Parteien später übereingekommen seien, das Arbeitsverhältnis des Klägers als zum 1. November 1942 einverständlich gelöst zu betrachten. Dieses Einverständnis schließt das Landesarbeitsgericht daraus, daß der Kläger im Jahre 1949 von der Beklagten ein Zeugnis erbeten habe, nach dem er 1942 auf eigenen Wunsch ausgeschieden sei. Ein solches Zeugnis habe die Beklagte dem Kläger im Jahre 1951 erteilt. Mit der widerspruchslosen Hinnahme dieses Zeugnisses sei das Arbeitsverhältnis einverständlich zum 1. November 1942 gelöst worden.

Mit Recht macht die Revision insoweit geltend, daß diese Auslegung des Landesarbeitsgerichts gegen die Lebenserfahrung verstößt und auch wesentlichen Auslegungsstoff außer acht läßt.

1. Gegen die Lebenserfahrung verstößt es, aus der Annahme eines Zeugnisses mit einem von dem Arbeitnehmer gewünschten Inhalt nach Ausspruch einer außerordentlichen Kündigung, über deren Wirksamkeit die Parteien des Arbeitsverhältnisses streiten, allein darauf zu schließen, daß

der Arbeitnehmer ihm zustehende Versorgungsansprüche habe aufgeben wollen und sich auch mit der seiner bis dahin ständig geäußerten Ansicht nach unwirksamen außerordentlichen Kündigung habe abfinden wollen. Auf ein Zeugnis war der Kläger angewiesen, wenn er — er war im Jahre 1949 erst 57 Jahre alt und noch berufsfähig — seine Arbeitskraft weiter beruflich ausnutzen wollte; daß er dabei Wert darauf legte, die Tatsache einer ihm gegenüber ausgesprochenen außerordentlichen Kündigung im Jahre 1942 möge in dem Zeugnis nicht angegeben werden, vielmehr solle von einem Ausscheiden auf eigenen Wunsch gesprochen werden, folgt aus seinem Bestreben, in seinen Bewerbungen um einen anderen Arbeitsplatz nicht durch ein Zeugnis ungünstigen Inhalts behindert zu werden. Aus diesem Vorgang auf das Einverständnis zu einer rückwirkenden vertraglichen Beendigung des Arbeitsplatzes unter Aufgabe der bisher vom Kläger vertretenen Ansicht über die Unwirksamkeit der Kündigung zu schließen, widerspricht der Lebenserfahrung.

2. Wesentlichen Auslegungsstoff hat das Landesarbeitsgericht bei seiner Wertung in dieser Frage insofern außer acht gelassen, als es selbst in seinem Tatbestand erwähnt, der Kläger habe bis 1953 immer wieder auf Anerkennung seiner Versorgungsrechte und auch zunächst auf Wiedereinstellung gedrungen. Wie sich das mit der Wertung des Landesarbeitsgerichts verträgt, der Kläger habe durch das Fordern des Zeugnisses im Jahre 1949 und dessen widerspruchslose Annahme im Jahre 1951 eine einverständliche Aufhebung des Arbeitsverhältnisses unter Verzicht auf die Rechte aus diesem Arbeitsverhältnis zum 1. November 1942 herbeigeführt, ist schlechterdings unerfindlich. In dieser Wertung des Landesarbeitsgerichts liegt ein grober Verstoß gegen den Grundsatz, daß die Beweiswürdigung vollständig sein muß.

Zusammenfassend ist insoweit festzustellen, daß die Annahme des Landesarbeitgerichts, der Kläger habe durch Forderung und Annahme des Zeugnisses sich mit einer einverständlichen Beendigung des Arbeitsverhältnisses zum 1. November 1942 unter Aufgabe aller ihm aus diesem Arbeitsverhältnis zustehenden Rechte abgefunden, seine Entscheidung nicht trägt.

III. Gleichwohl bedarf es aber einer Aufhebung der Entscheidung des Landesarbeitsgerichts aus diesem Rechtsgrunde nicht, denn das angefochtene Urteil erweist sich aus anderen Gründen im Ergebnis als zutreffend. Der Kläger kann sich nämlich heute nicht mehr gegen die Rechtswirksamkeit der außerordentlichen Kündigung aus dem Jahre 1942 wenden.

1. Eine außerordentliche Kündigung ist als solche nur dann rechtswirksam, wenn der zu ihrer Rechtfertigung herangezogene Grund wirklich wichtig ist. Es müssen also Gründe vorliegen, die dem Kündigenden die Fortsetzung des Arbeitsverhältnisses mit dem Gekündigten unzumutbar machen. Liegen solche Gründe nicht vor, so entfaltet eine ausgesprochene außerordentliche Kündigung nicht die Rechtswirkungen einer Kündigung, sie beendet das Arbeitsverhältnis nicht. Eine außerordentliche Kündigung wurde im Jahre 1942 (vor Inkrafttreten des Kündigungsschutzgesetzes) auch nicht dadurch wirksam, daß der Gekündigte sich nicht durch Klage oder auf andere Weise gegen die Kündigung wandte.

2. Gleichwohl kann aber die Tatsache, daß der Gekündigte die Kündigung nicht angreift, dann, wenn das Arbeitsverhältnis auf Grund dieser Kündigung tatsächlich beendet wird, zur Folge haben, daß es auch rechtlich sein Ende findet. Der Gekündigte verwirkt nämlich dann das Recht, sich gegen die Kündigung zu wenden und die Rechte aus dem Arbeitsverhältnis geltend zu machen, wenn er sich jahrelang so verhält, daß der Kündigende nicht mehr damit zu rechnen braucht, der Gekündigte werde die Kündigung angreifen. Der Gekündigte kann also auch nach einer ausgesprochenen außerordentlichen Kündigung, für die ein wichtiger Grund nicht vorlag, das Recht verwirken, unter Berufung auf die Unwirksamkeit einer solchen Kündigung angeblich fortbestehende vertragliche Rechte geltend zu machen.

3. Hier steht nun fest, daß der Kläger zunächst nach dem Ausspruch der Kündigung die Arbeitsgerichte angerufen hat, die aber das Verfahren aus kriegsbedingten Gründen ausgesetzt haben. Im Jahre 1945 hat dann der Kläger die von ihm erhobene Klage zurückgenommen und sie auch später nicht wieder anhängig gemacht. Mit gerichtlichen Schritten gegen die Beklagte, die ständig das Bestehen arbeitsvertraglicher Ansprüche des Klägers bestritten hat, hat der Kläger bis zu dieser im August 1957 erhobenen Klage gewartet. Er hat zwar bis in das Jahr 1953 der Beklagten gegenüber unter Androhung von Klagen und weiteren Schritten auf seinen ihm angeblich zustehenden Rechten bestanden. Die Beklagte hat aber ständig diese Rechte des Klägers bestritten, sich auf die ihrer Ansicht nach gegebene Rechtswirksamkeit der außerordentlichen Kündigung aus dem Jahre 1942 berufen und insbesondere dem Kläger anheimgestellt, die von ihm angedrohten Schritte einzuleiten. Das hat der Kläger jedoch nicht getan, sondern Klage erst im August 1957 erhoben.

a) Es mag zugunsten des Klägers davon ausgegangen werden, daß er bis zum Jahre 1952 mit der Einleitung gerichtlicher Schritte gegen die Beklagte ohne Rechtsnachteile warten durfte, zumal der Kläger damals bei seinen Entscheidungen in Rechnung stellen mußte, daß die Beklagte ihm widerruflich bis zur Erlangung eines neuen Arbeitsplatzes eine Unterstützung gewährte. Wenn er also bis dahin von der Einleitung gerichtlicher Schritte Abstand nahm, so ist das immerhin verständlich. Nachdem aber der Kläger im Jahre 1952 eine andere Stellung gefunden hatte und auf das Entgegenkommen der Beklagten nicht mehr angewiesen war, mußte er nunmehr, wenn er wirklich auf seinen von ihm in Anspruch genommenen Rechten beharren wollte, diese Rechte auch gerichtlich geltend machen. Dies folgt schon daraus, daß es der Beklagten jetzt in der erst 15 Jahre nach Ausspruch der außerordentlichen Kündigung erhobenen Klage nicht mehr zugemutet werden kann, den ihr an sich obliegenden Beweis dafür zu führen, daß im Jahre 1942 tatsächlich wichtige Gründe für eine dem Kläger gegenüber ausgesprochene außerordentliche Kündigung gegeben waren. Aus dem Sachverhalt ist keineswegs ersichtlich, daß solche Gründe im Jahre 1942 nicht vorgelegen hätten. Die Beklagte hat vielmehr immer in den Verhandlungen mit dem Kläger bis zum Jahre 1953 und auch in diesem Rechtsstreit daran festgehalten, daß solche Gründe im Jahre 1942 tatsächlich gegeben waren, daß also die damals ausgesprochene außerordentliche Kündigung wirksam gewesen sei und das Arbeitsverhältnis beendet habe. Wenn der Kläger unter Vernachlässigung der ihm gegebenen Möglichkeiten in den Jahren von 1952 bis 1957 der Beklagten dadurch, daß er erst im Jahre 1957 die Klage erhob, die Beweisführung so erschwerte, kann er jetzt nicht mehr geltend machen, ein Grund für eine außerordentliche Kündigung sei im Jahre 1942 nicht gegeben gewesen. In diesem Zusammenhang ist auch die Zeugnisfrage zu Lasten des Klägers zu werten. Wenn daraus auch nicht auf eine einverständliche Beendigung des Arbeitsverhältnisses zum 1. November 1942 geschlossen werden kann, so mußte doch dieses Verhalten des Klägers in der Beklagten die Überzeugung bestärken, daß der Kläger die Wirksamkeit der Kündigung von 1942 nicht mehr erörtern wollte, nachdem er im Jahre 1951 dieses Zeugnis angenommen und sich trotz der eindeutigen und unmißverständlichen Ablehnung aller Ansprüche durch die Beklagte bis zum Jahre 1957 nicht zur Erhebung einer Klage entschlossen hatte. In diesem Rahmen kann die Zeugnisfrage unterstützend zu Lasten des Klägers gewertet werden.

b) Der Annahme, daß der Kläger durch seine Untätigkeit in den Jahren von 1952 bis 1957 das Recht verwirkt hat, sich auf eine Unwirksamkeit der außerordentlichen Kündigung des Jahres 1942 zu berufen, kann auch nicht entgegengehalten werden, die Beklagte habe, als der Kläger sich bis 1953 immer wieder des Bestehens von Versorgungsansprüchen berühmte, ihrerseits gegen den Kläger negative Feststellungsklage erheben können und in einer solchen Klage einen ihr obliegenden Beweis für die Wirksamkeit der Kündigung führen können. Das scheitert daran, daß es der Kläger war, der gegen die Beklagte von dieser eindeutig abgelehnte Ansprüche erheben zu können glaubte. Unter diesen Umständen war es Sache des Klägers, auf gerichtliche Klarstellung seiner Ansprüche zu dringen. Der Beklagten kann nicht entgegengehalten werden, daß sie es unterlassen hat, ihrerseits Klage zu erheben.

c) Es ist zwar nicht auszuschließen, daß der Kläger von der Weiterverfolgung seiner im Jahre 1942 gegen die Wirksamkeit der außerordentlichen Kündigung erhobenen Klage im Jahre 1945 deshalb Abstand genommen hat, weil er glaubte, in seine alten Rechte einschließlich der Versorgungsrechte wieder eingesetzt zu sein, und deshalb die Klage als erledigt angesehen hat. Auf diesen an sich möglichen Beweggrund für das Verhalten des Klägers im Jahre 1945 ist es aber nicht abzustellen, denn entscheidend ist nicht der Beweggrund des Klägers für sein Verhalten, sondern das Verhalten des Klägers als solches. Insbesondere mußte aber der Kläger, als die Beklagte jedenfalls von 1952 an ganz eindeutig das Bestehen von Versorgungsansprüchen des Klägers in Abrede stellte, nunmehr erneut auf Feststellung der Unwirksamkeit der im Jahre 1942 ausgesprochenen außerordentlichen Kündigung klagen.

Damit ist also festzustellen, daß der Kläger sich heute nicht mehr gegen die Rechtswirksamkeit der im Jahre 1942 ausgesprochenen außerordentlichen Kündigung wenden kann. Von der Rechtswirksamkeit dieser Kündigung ist vielmehr bei der Entscheidung des Rechtsstreits auszugehen. Das führt dazu, daß der Kläger im Jahre 1942 die Rechte eines Stiftungsbeamten einschließlich der einem solchen Stiftungsbeamten zustehenden Rechte auf Versorgung verloren hat.

IV. ...

V. Da für die Revisionsinstanz davon auszugehen ist, daß der Kläger die durch die außerordentliche Kündigung im Jahre 1942 verlorenen Rechte eines Stiftungsbeamten auch durch die Wiedereinstellung im Jahre 1945 nicht wieder erworben hat, bedarf es bei dieser Sachlage keiner Erörterung, ob auf das Rechtsverhältnis des Klägers zu der Beklagten die Grundsätze des Gesetzes zu Art. 131 GG entsprechend anwendbar sein könnten oder ob der Kläger unter dem Gesichtspunkt der Rehabilitierung nach der im Jahre 1945 aus politischen Gründen erfolgten Entlassung, die rechtswirksam ist, einen Anspruch auf Wiederverschaffung von Versorgungsrechten haben könnte. Dies scheitert daran, daß der Kläger die Versorgungsrechte eines Stiftungsbeamten nicht erst durch die im Jahre 1945 auf Veranlassung der Militärregierung ausgesprochene außerordentliche Kündigung verloren hat, sondern bereits durch die Kündigung des Jahres 1942.

60

1. Vermessungstechnische behördliche Prüfungen, die nach den „Allgemeinen Annahme-, Ausbildungs- und Prüfungsrichtlinien für die Laufbahn des vermessungstechnischen Behördenangestellten" vom 19. August 1940 (RMBliV S. 1705) abgenommen worden sind, sind tarifrechtlich (d. h. im Sinne der Tätigkeitsmerkmale für vermessungstechnische Angestellte in der TO.A und dem Tarifvertrag über die Eingruppierung von Meistern und technischen Angestellten vom 14. Juni 1956) als „gleichwertig" mit der technischen Ausbildung nach Nr. 2 der Bemerkung zu allen Vergütungsgruppen anzusehen.

2. Die in der Fallgruppe der vermessungstechnischen Angestellten der VergGr. V a TO.A (neue Fassung) aufgeführten „sonstigen Angestellten" müssen ebenso wie die zuvor genannten Angestellten mit abgeschlossener Fachschulbildung oder gleichwertiger behördlicher Prüfung eine Bewährung in mindestens einjähriger Berufstätigkeit aufzuweisen haben.

3. Zum Begriff der „Bewährung in einer Berufstätigkeit von mindestens einem Jahr" in den Tätigkeitsmerkmalen der VergGr. V a TO.A für vermessungstechnische Angestellte (neue Fassung).

TO.A § 3, Anlage 1; Tarifvertrag über die Eingruppierung von Meistern und technischen Angestellten vom 14. Juni 1956 (VergGr. V a).

IV. Senat. Urteil vom 20. 7. 1960 i. S. D. (Kl.) w. L. Sch-H. (Bekl.).
4 AZR 569/58.

I. Arbeitsgericht Kiel. — II. Landesarbeitsgericht Kiel.

Der Kläger ist als behördlich geprüfter Vermessungstechniker in einem Kulturamt des beklagten Landes beschäftigt. Nach der Ablegung der behördlichen Prüfung im Oktober 1952 erhielt er die Bezüge nach der VergGr. VII TO.A. Seit dem Inkrafttreten des Tarifvertrages über die Eingruppierung von Meistern und technischen Angestellten vom 14. Juni 1956 (TV 56), d. i. seit dem 1. Mai 1956, bezieht er die Vergütung nach der VergGr. VI b TO.A.

Der Kläger ist der Ansicht, seine Tätigkeit erfülle die durch den TV 56 aufgestellten neuen Merkmale der VergGr. V a TO.A für vermessungstechnische Angestellte. Der Beklagte bestreitet das.

Das Arbeitsgericht hat der Klage, die zunächst auf Zahlung des Gehaltsunterschiedes in Höhe von 350,– DM gerichtet war, stattgegeben. Hiergegen hat der Beklagte Berufung eingelegt. Im zweiten Rechtszuge hat der Kläger die Klage geändert und hat nunmehr die Feststellung beantragt, daß der Beklagte ihm ab 1. Mai 1956 die Vergütung nach der VergGr. V a TO.A zu zahlen habe.

Das Landesarbeitsgericht hat die Klage abgewiesen. Die Revision des Klägers führte zur Aufhebung und Zurückverweisung.

Aus den Gründen:

Die Tätigkeitsmerkmale der für den Kläger in Betracht kommenden Fallgruppe der VergGr. V a TO.A in der Fassung des TV 56 lauten:

„Vermessungstechnische und landkartentechnische Angestellte mit technischer Ausbildung nach Nr. 2 der Bemerkung zu allen Vergütungsgruppen oder mit einer gleichwertigen behördlichen Prüfung, die sich in einer Berufstätigkeit von mindestens einem Jahr bewährt haben, sowie sonstige Angestellte, die auf Grund gleichwertiger Fähigkeiten und ihrer Erfahrungen entsprechende Tätigkeiten ausüben.

(Bewährung in einer Berufstätigkeit von mindestens einem Jahr liegt dann vor, wenn der Angestellte nach erfolgreichem Besuch der Fachschule oder nach Ablegung einer gleichwertigen behördlichen Prüfung im Behördendienst oder in Privatbetrieben Berufserfahrungen gesammelt hat, die ihn zur vollwertigen Dienstleistung in nachstehenden Arbeitsgebieten befähigen:

Ausführung und Auswertung von trigonometrischen und topographischen Messungen nach Lage und Höhe nicht nur einfacher Art, von Katastermessungen und von bautechnischen Messungen nicht nur einfacher Art; photogrammetrische Auswertungen und Entzerrungen; kartographische Entwurfs- und Fortführungsarbeiten).“

Das Landesarbeitsgericht sieht diese Merkmale aus folgenden Gründen nicht als erfüllt an: Die Ausbildung des Vermessungsingenieurs nach Nr. 2 der Bemerkung zu allen Vergütungsgruppen habe der Kläger unstreitig nicht aufzuweisen. Die von ihm abgelegte behördliche Prüfung sei der Fachschulprüfung nicht gleichwertig, da sie die trigonometrischen Messungen nicht umfaßt habe. Der Kläger besitze auch nicht die nach dem Klammersatz der Tätigkeitsmerkmale erforderlichen Fähigkeiten. Dabei könne dahingestellt bleiben, ob in den Tätigkeitsmerkmalen zwei

Berufsbilder, das des vermessungstechnischen und das des landkartentechnischen Angestellten, miteinander vermengt seien und ob demgemäß der vermessungstechnische Angestellte nur die Gebiete der trigonometrischen Messungen, der Katastermessungen, der bautechnischen Messungen sowie der photogrammetrischen Auswertungen und Entzerrungen, der landkartentechnische Angestellte nur topographische Messungen sowie kartographische Entwurfs- und Fortführungsarbeiten beherrschen müsse. Denn der Kläger beherrsche auch die sicherlich zum Berufsbild des vermessungstechnischen Angestellten gehörigen trigonometrischen Messungen und photogrammetrischen Auswertungen und Entzerrungen nicht, da er in ihnen weder ausgebildet sei noch praktische Erfahrungen gesammelt habe. Daraus, daß der Beklagte die Fachschulprüfung und die behördliche Prüfung bisher gleich behandelt habe und beide Prüfungen für die Eingruppierung in die jetzige Eingangsgruppe VI b TO.A genügen lasse, könne der Kläger einen Anspruch auf die Vergütungsgruppe V a TO.A nicht herleiten. Die jetzige Aufrückungsgruppe V a führe im Gegensatz zur früheren Regelung die einzelnen Tätigkeiten, zu denen der Angestellte befähigt sein müsse, genau an; das berechtige den Beklagten, die beiden bisher gleich behandelten aber nicht gleichwertigen Prüfungsarten nunmehr unterschiedlich zu behandeln.

Diese Ausführungen vermögen die angefochtene Entscheidung nicht zu tragen. Das gilt zunächst für die Annahme des Landesarbeitsgerichts, die vom Kläger abgelegte behördliche Prüfung sei der Fachschulprüfung schon deshalb nicht gleichwertig, weil sie die trigonometrischen Messungen nicht umfaßt habe.

Dem angefochtenen Urteil ist allerdings entgegen der Ansicht der Revision darin beizutreten, daß sich der Beklagte jedenfalls für die Neueingruppierung der Angestellten nach dem TV 56 nicht daran festhalten lassen muß, daß er behördliche Prüfungen von der Art, wie sie der Kläger abgelegt hat, bisher tarifrechtlich als der Fachschulbildung gleichwertig behandelt hat. Denn sollte der Beklagte die Tarifnorm in dieser Hinsicht nicht richtig ausgelegt und deshalb übertarifliche Vergütungen nach einer nicht zutreffenden Vergütungsgruppe gewährt haben, so wäre er deswegen nicht gehalten, bei einer Änderung des Tarifs wiederum eine übertarifliche Vergütung nach einer höheren Gruppe zu zahlen, ohne daß alle Tätigkeitsmerkmale dieser Gruppe wirklich erfüllt sind.

Indessen verkennt das Landesarbeitsgericht den tariflichen Begriff der Gleichwertigkeit. Es verneint die Gleichwertigkeit der behördlichen Prüfung bereits dann, wenn sich die behördliche Prüfung auf ein Prüfungsgebiet der Fachschulbildung — die trigonometrischen Messungen —

nicht erstreckt hat. Prüfungen können aber nicht nur dann einander gleichwertig sein, wenn sie sich auf dasselbe Wissensgebiet erstrecken (z. B. Dolmetscherprüfungen in derselben Sprache) oder doch auf ein Wissensgebiet von demselben Umfang (z. B. Dolmetscherprüfungen in verschiedenen Sprachen). Eine Gleichwertigkeit kann auch dann gegeben sein, wenn die eine Prüfung einen weniger umfangreichen Wissensstoff verlangt als die andere. Ob das der Fall ist, kann nicht ohne Berücksichtigung der Tarifgeschichte beantwortet werden. Insofern kann auch der Umstand Bedeutung gewinnen, daß Prüfungen von der Art, wie sie der Kläger abgelegt hat, nicht nur vom Beklagten, sondern auch von anderen Ländern tarifrechtlich als der Fachschulprüfung gleichwertig behandelt worden sind, wie sich aus den im Tatbestand des angefochtenen Urteils angeführten Auskünften der Länder über Ausbildung und Eingruppierung der behördlich geprüften Vermessungstechniker ergibt; denn als Erkenntnisquelle für die Auslegung einer Tarifnorm kommt auch eine langjährige einheitliche Tarifpraxis in Betracht.

Das Merkmal der „gleichwertigen Prüfung" — gleichwertig gegenüber der technischen Ausbildung nach Nr. 2 der Bemerkung zu allen Vergütungsgruppen, hier kurz Fachschulbildung genannt —, das jetzt in allen Fallgruppen der „vermessungstechnischen Angestellten" der Vergütungsgruppen VI b bis IV a erscheint, ist von dem TV 56 aus der Anlage 1 zur TO.A übernommen worden. Es ist daher davon auszugehen, daß es im gleichen Sinne zu verstehen ist wie in den alten Merkmalen der TO.A. In der TO.A war nun das Merkmal „Vermessungstechniker mit behördlicher Prüfung, die der abgeschlossenen Fachschulbildung gleichwertig ist", in den Vergütungsgruppen VII, VI a und V a erst durch die 8. Tarifordnung zur Änderung der TO.A vom 6. Februar 1943 eingeführt worden. Damals war das Vermessungswesen auf Grund des Gesetzes über die Neuordnung des Vermessungswesens vom 3. Juli 1934 (RGBl. I S. 534) Reichsangelegenheit. Gemäß § 3 dieses Gesetzes hatte der Reichsminister des Innern „Allgemeine Annahme-, Ausbildungs- und Prüfungsrichtlinien für die Laufbahn des vermessungstechnischen Behördenangestellten" erlassen (Runderlaß vom 19. August 1940, RMBliV S. 1705). Danach war eine dreijährige Lehre mit Lehrabschlußprüfung bei einer Vermessungsbehörde abzulegen. An die erfolgreiche Ablegung der Prüfung, die zur Führung der Berufsbezeichnung „Vermessungstechniker" berechtigte, schloß sich ein zweijähriger Ausbildungsdienst im Angestelltenverhältnis an, nach dessen Beendigung der Vermessungstechniker die Befähigung für den Dienst in einer Prüfung nachzuweisen hatte. Die Ablegung dieser Prüfung, die sich auf das Arbeitsgebiet des

Vermessungstechnikers bei der Ausbildungsbehörde erstreckte, gab die Berechtigung, die Berufsbezeichnung „Behördlich geprüfter Vermessungstechniker" zu führen. Die Fachminister des Reichs und der Länder hatten ihre Annahme- und Ausbildungsbestimmungen für die Laufbahn der vermessungstechnischen Angestellten mit diesen Richtlinien in Übereinstimmung zu bringen (vgl. die vom Beklagten mit Schriftsatz vom 28. Juli 1958 vorgelegten Bestimmungen für die vermessungstechnischen Angestellten bei den Landeskulturbehörden, RMBl. der landwirtschaftlichen Verwaltung 1940 S. 1126). Andererseits war auch die Ausbildung des Vermessungstechnikers zum „Ingenieur für Vermessungstechnik" durch — damals dreisemestrigen — Fachschulbesuch einheitlich geregelt.

Diese bei der Einführung des tariflichen Merkmals der „gleichwertigen behördlichen Prüfung" im Jahre 1943 gegebene Ordnung des Prüfungswesens darf bei der Auslegung der Tarifnorm nicht übersehen werden. Wenn es nämlich nur diese einheitlich geregelten behördlichen Prüfungen gab, mit deren Ablegung die Berufsbezeichnung „Behördlich geprüfter Vermessungstechniker" verknüpft war, so konnten in der Tarifordnung mit den „gleichwertigen" behördlichen Prüfungen eben nur diese Prüfungen gemeint sein. Hätte man die „Gleichwertigkeit" dieser Prüfungen gegenüber der Fachschulbildung verneinen dürfen, so hätte es Angestellte mit „gleichwertiger behördlicher Prüfung" überhaupt nicht gegeben, und diese Alternative der Tarifnorm wäre schon von ihrer Einführung im Jahre 1943 an ohne praktische Bedeutung gewesen. Das kann um so weniger im Sinne der Tarifordnung gelegen haben, als dann in die Aufstiegsgruppe VI a und V a TO.A (alt) praktisch nur die Angestellten mit abgeschlossener Fachschulbildung hätten gelangen können, weil in diesen Gruppen nicht allgemein auch gleichwertige Kräfte, sondern nur noch Angestellte mit gleichwertiger behördlicher Prüfung genannt waren; ersichtlich wollte aber die Tarifordnung auch den damals vorhandenen „Behördlich geprüften Vermessungstechnikern" die Möglichkeit des Aufstiegs in diese Vergütungsgruppe eröffnen und erhalten (sie war vor der 8. Tarifordnung zur Änderung der TO.A vom 6. Februar 1943 allgemein für alle „gleichwertigen Kräfte" gegeben). Bemerkenswert ist auch, daß in den Merkmalen der Eingangsgruppe VII (alt) die „Vermessungstechniker mit behördlicher Prüfung, die der abgeschlossenen Fachschulbildung gleichwertig ist", an erster Stelle standen und nur bei ihnen die „gleichwertigen Kräfte" genannt waren, nicht aber bei den erst danach und besonders genannten „Vermessungstechnikern mit abgeschlossener Fachschulbildung".

All das spricht dafür, daß die Tarifordnung die Prüfungen der Vermessungstechniker, wie sie damals nach einheitlichen Vorschriften abgehalten wurden, für die Bemessung der Vergütung als eine der Fachschulprüfung gleichwertige Prüfung angesehen hat, daß also das Merkmal der „behördlichen Prüfung, die der abgeschlossenen Fachschulbildung gleichwertig ist", überhaupt nur die Prüfung zum „Behördlich geprüften Vermessungstechniker" bezeichnen sollte und die geforderte Gleichwertigkeit mit der Fachschulprüfung nur zur Klarstellung dienen sollte, daß unter dieser Prüfung nicht etwa die ebenfalls von den Behörden abgenommene Lehrabschlußprüfung zu verstehen war.

Hieran hat sich dadurch, daß das Vermessungswesen wieder Länderangelegenheit geworden ist, tarifrechtlich nichts geändert. Solange die Länder behördliche Prüfungen nach den Richtlinien von 1940 abgehalten haben, sind diese nach der Vergütungsordnung der TO.A ebenso zu bewerten wie früher. Das trifft auf die vom Kläger im Jahre 1952 abgelegte Prüfung zu. Denn damals waren nach der im Tatbestand des angefochtenen Urteils in Bezug genommenen Erklärung des Beklagten die Richtlinien von 1940 für die von den Behörden des Beklagten durchgeführten Prüfungen maßgebend. Demnach erfüllte der Kläger, da er auch unstreitig eine dieser behördlichen Prüfung entsprechende Tätigkeit ausgeübt hat, seit dem Inkrafttreten des TV 56 jedenfalls die entsprechenden Tätigkeitsmerkmale der VergGr. VI b (neu). Es besteht kein Anhalt dafür, daß der TV 56 das aus der TO.A übernommene neue Merkmal der „gleichwertigen behördlichen Prüfung" etwa anders verstanden wissen will, als es bisher aufzufassen war. Es kommt nach der hier vertretenen Auslegung auch nicht darauf an, ob und wann inzwischen die Anforderungen in der Fachschulausbildung verschärft worden sind.

Damit ist jedoch erst e i n s der Merkmale der vom Kläger beanspruchten VergGr. V a (neu) erfüllt. Es erübrigt sich nur ein Eingehen auf die Rüge der Revision, das Landesarbeitsgericht habe nicht geprüft, ob der Kläger nicht als „sonstiger Angestellter" mit gleichwertigen Fähigkeiten unter die dritte Alternative der gleichen Fallgruppe falle. Denn die weiteren Merkmale, durch die sich die vermessungstechnischen Angestellten in der VergGr. V a aus der VergGr. VI b herausheben, müssen von den „sonstigen" Angestellten ebenso erfüllt werden wie von den Angestellten mit abgeschlossener Fachschulbildung oder gleichwertiger behördlicher Prüfung. Die „sonstigen Angestellten" müssen also nicht nur, wie es von ihnen schon in der VergGr. VI b und gleichermaßen auch in den Vergütungsgruppen V a bis IV a gefordert wird, Fähigkeiten besitzen, die denen der zuvor genannten Angestellten mit abgeschlossener Fachschulbildung oder gleichwertiger behördlicher Prüfung gleichwertig sind (vgl. BAG AP Nr. 64 zu § 3 TO.A). Auch bei ihnen wird weiter vorausgesetzt, daß sie eine Bewährung in mindestens einjähriger Berufstätigkeit im Sinne der Klammerdefinition aufzuweisen haben. Das fordert die Tarifnorm unmittelbar zwar nur bei den Angestellten mit abgeschlossener Fachschulbildung und gleichwertiger behördlicher Prüfung; es ergibt sich aber für die „sonstigen Angestellten" daraus, daß diese eine entsprechende Tätigkeit ausüben müssen wie die in die VergGr. V a einzureihenden Angestellten mit Fachschulausbildung oder behördlicher Prüfung.

Diese von allen vermessungstechnischen Angestellten in der VergGr. V a geforderte Bewährung, die sich nach der Klammerdefinition in der Befähigung zur vollwertigen Dienstleistung auf bestimmten Arbeitsgebieten zeigen soll, hält das Landesarbeitsgericht bei dem Kläger nicht für gegeben, weil er die trigonometrischen Messungen und photogrammetrischen Auswertungen und Entzerrungen nicht beherrsche, da er insoweit weder ausgebildet sei noch praktische Erfahrungen gesammelt habe. Das erscheint nicht ausreichend, um die erforderliche Befähigung des Klägers verneinen zu können.

Der Wortlaut der Tarifnorm scheint zunächst dafür zu sprechen, daß die vermessungstechnischen und landkartentechnischen Angestellten für die VergGr. V a zur vollwertigen Dienstleistung in allen im Klammersatz genannten Arbeitsgebieten („in nachstehenden Arbeitsgebieten") befähigt sein müßten. Das Landesarbeitsgericht wirft aber bereits die Frage auf, ob in der neuen Formulierung dieser Fallgruppe die Tätigkeitsmerkmale für zwei Berufsbilder — den vermessungstechnischen und den landkartentechnischen Angestellten — miteinander vermengt sind; es läßt offen, ob die Befähigung hinsichtlich der topographischen Messungen und der kartographischen Entwurfs- und Fortführungsarbeiten nur von den landkartentechnischen Angestellten und demnach nicht vom Kläger zu fordern ist. Es ist richtig, daß die Tarifnorm insoweit die wünschenswerte Klarheit vermissen läßt. Sie stellt in e i n e r Fallgruppe Tätigkeitsmerkmale für zwei Gruppen von Angestellten auf, die eine verschiedene Ausbildung durchlaufen haben und auch verschiedene Tätigkeiten ausüben. Danach ist anzunehmen, daß von jeder dieser beiden Gruppen jedenfalls nicht solche Befähigungen gefordert werden sollen, die für sie nach ihrem Berufsbild nicht oder jedenfalls nicht in so qualifizierter Form in Betracht kommen.

Es erhebt sich dann aber weiter auch die Frage, ob die geforderten Befähigungen sich nicht in drei Gruppen gliedern, von denen jeweils nur eine in Betracht zu ziehen ist, nämlich die drei Gruppen, die sich im letzten Absatz des Klammersatzes jeweils aus der Unterteilung durch ein Semikolon ergeben. Diese Unterteilung entspricht etwa den durch den TV 56 gestrichenen Tätigkeitsmerkmalen der VergGr. VI a TO.A, in denen die Kartographen, die Photogrammeter und Vermessungstechniker in besonderen Fallgruppen aufgeführt waren. Demnach könnte die in der VergGr. V b (neu) aufgeführte Befähigung zu photogrammetrischen Auswertungen und Entzerrungen als eigenes Merkmal für eine besondere Gruppe von Angestellten des Vermessungswesens, nämlich die Photogrammeter, aufzufassen sein. Andererseits bleibt zweifelhaft, ob, wenn nach der Art der Tätigkeit eine Zweiteilung oder Dreiteilung bei den tariflichen Anforderungen vorzunehmen ist, sich nicht Überschneidungen zwischen den im Klammersatz durch die Strichpunkte geschaffenen Gruppen ergeben, z. B. ob auch von den landkartentechnischen Angestellten zu der Befähigung für kartographische Entwurfs- und Fortführungsarbeiten auch die Befähigung zur Ausführung und Auswertung von trigonometrischen und (oder) topographischen Messungen zu fordern ist.

Schließlich wäre auch noch denkbar, daß von den vermessungstechnischen Angestellten nur ein Teil der in der Gruppe vor dem ersten Strichpunkt genannten Befähigungen zu fordern ist, und zwar je nachdem, bei welcher Verwaltung der Angestellte beschäftigt ist. Der Kläger ist in einem Kulturamt beschäftigt. Der Zeuge K., dessen Aussage — sie ist im wesentlichen ein Gutachten — das Landesarbeitsgericht seiner Entscheidung zugrunde gelegt hat, hat sich in Übereinstimmung mit dem sachverständigen Zeugen M. dahin geäußert, daß von den bei der VergGr. V a im Klammersatz genannten Tätigkeiten für die Landeskulturverwaltungen nur die bautechnischen und Katastermessungen in Betracht kämen. Trifft das zu, so könnte ein behördlich geprüfter Vermessungstechniker durch Bewährung im Dienst der Landeskulturverwaltung überhaupt nicht in die VergGr. V a gelangen, wenn man von ihm alle vor dem ersten Strichpunkt genannten Befähigungen (und evtl. auch noch die Befähigung zu photogrammetrischen Auswertungen und Entzerrungen) verlangt, es sei denn, er habe sich diese — bei den Landeskulturverwaltungen nicht benötigten Befähigungen — anderwärts erworben oder seine Befähigung für bautechnische und Katastermessungen ließe den Schluß zu, daß er auch zu vollwertiger Dienstleistung in trigonometrischen Messungen befähigt sei (was auch noch auf die topographischen Messungen zu erstrecken wäre, wenn auch die Befähigung für diese zu fordern ist). Zu Recht lehnt allerdings das Landesarbeitsgericht die Ansicht ab, es seien nur diejenigen Fähigkeiten erforderlich, die zur einwandfreien Erledigung der tatsächlich übertragenen Arbeiten notwendig seien. Auch kann sich der Angestellte nicht darauf berufen, er habe keine Gelegenheit gehabt, sich die geforderte Befähigung zu erwerben. Schließlich kann von dem tariflichen Erfordernis einer vielseitigen Befähigung auch nicht deshalb abgesehen werden, weil das begrenzte Aufgabengebiet der Dienststelle eine solche vielseitige Befähigung nicht erfordert. Es bleibt aber zu prüfen, ob eine Auslegung, nach der von dem vermessungstechnischen Angestellten die Befähigung auf allen vor dem ersten Strichpunkt genannten Arbeitsgebieten zu fordern ist, dann sinnvoll ist, wenn und soweit einzelne dieser Arbeitsgebiete bei einer Verwaltung, auf deren besondere Bedürfnisse die Ausbildung und behördliche Prüfung der vermessungstechnischen Angestellten — also eine der tariflichen Voraussetzungen — nach den Richtlinien von 1940 zugeschnitten ist, überhaupt nicht vorkommen, so daß deshalb eine praktische Bewährung auf diesen Gebieten bei dieser Verwaltung nicht möglich ist.

Alle diese Erwägungen zeigen, daß eine sinngemäße Auslegung der Tarifnorm nicht allein anhand des Wortlauts, sondern erst unter Zuhilfenahme der Tarifgeschichte und unter Berücksichtigung der tatsächlichen Gegebenheiten des Vermessungswesens, insbesondere bei den Behörden, möglich ist. Es ist der wirkliche Wille der Tarifparteien zu erforschen, der allerdings in der Tarifnorm, wenn auch nur unvollkommen, Ausdruck gefunden haben muß. Hierzu bedarf es tatsächlicher Feststellungen, die dem Revisionsgericht verschlossen sind. Gegebenenfalls wird das Berufungsgericht die Parteien gemäß § 139 ZPO zu entsprechendem Sachvortrag anzuhalten haben.

Soweit dann von dem Kläger die Befähigung zur vollwertigen Dienstleistung auf den im Klammersatz genannten Arbeitsgebieten zu fordern ist, kann ihm diese Befähigung nicht schon mit der Feststellung abgesprochen werden, daß er das eine oder andere dieser Arbeitsgebiete nicht beherrsche. In diesem Sinne ist der Begriff der Befähigung zu vollwertiger Dienstleistung hier nicht aufzufassen. Denn dem Landesarbeitsgericht ist darin beizutreten, daß der Angestellte während der mindestens einjährigen Berufsbewährung nicht auf allen Gebieten tätig gewesen sein muß, auf denen er zu vollwertiger Dienstleistung befähigt sein soll. Dann kann aber die vollwertige Dienstleistung auf den anderen Gebieten, auf denen er nicht tätig war, auch erst nach einer angemessenen Einarbeitungszeit verlangt werden. Das gilt nicht nur für die Angestellten mit behördlicher Prüfung, sondern gleichermaßen für die Vermessungsingenieure und die „sonstigen Angestellten".

Die geforderte Befähigung auf einzelnen Gebieten kann auch nicht schon deshalb verneint werden, weil der Angestellte auf diesen Gebieten weder ausgebildet worden ist noch praktische Erfahrungen gesammelt hat. Denn ersichtlich geht die Tarifnorm davon aus, daß es möglich ist, auf einzelnen der genannten Arbeitsgebiete Berufserfahrungen zu sammeln, die den Schluß auf die geforderte Befähigung zu vollwertiger Dienstleistung auch auf anderen Gebieten zulassen. Inwieweit der Kläger diese Befähigung bei Berücksichtigung angemessener Einarbeitungszeit besitzt, wird erforderlichenfalls unter Zuziehung eines Sachverständigen festzustellen sein, nachdem zuvor ermittelt ist, auf welche Arbeitsgebiete sich diese Befähigung überhaupt zu erstrecken hat. Soweit es hierbei auf die trigonometrischen Messungen ankommt, wird auch noch näher festzustellen sein, was unter diesem Begriff im Sinne des Klammersatzes zu verstehen ist und welche Anforderungen auf diesem Gebiet im Rahmen der VergGr. V a TO.A zu stellen sind.

61

1. Für die nichtleitenden angestellten Ärzte in öffentlichen Krankenanstalten führen die Bestimmungen der KrT, ATO, TO.A zu der Feststellung, daß durch das Tarifgehalt Dienstleistungen bis zu 60 Stunden abgegolten sind.

Bei dieser vom Senat im einzelnen in seinem Urteil vom 31. März 1960 — 5 AZR 443/57 — BAG, 9, 147 ff.—dargelegten Rechtslage beruht also die mit dem Tarifgehalt abgegoltene 60-stündige Wochenarbeitszeit der nichtleitenden angestellten Ärzte in öffentlichen Krankenanstalten nicht auf freier Schätzung oder gerichtlicherseits vorgenommener Bestimmung, sondern sie ergibt sich aus dem aus der Zeit vor 1945 stammenden und noch fortgeltenden Tarifordnungsrecht, dessen Abänderung gemäß § 9 TVG ausschließlich Aufgabe der zuständigen Tarifvertragsparteien ist.

2. Im übrigen hält der Senat vollinhaltlich an den bereits in dem Grundsatzurteil vom 31. März 1960 — 5 AZR 443/57 — BAG 9, 147 ff. — aufgestellten Rechtssätzen fest.

3. Eine vertraglich vereinbarte und nach der ATO zulässige Ausdehnung der regelmäßigen Arbeitszeit auf 60 Stunden wöchentlich widerspricht nicht dem Gleichbehandlungsgrundsatz. Dieser Grundsatz erfordert auch in arbeitszeitrechtlicher Hinsicht nicht die gleiche unterschiedslose Behandlung der Arbeitnehmer aller Sparten des öffentlichen Dienstes.

BGB §§ 138, 611, 612; Krankenhaustarifordnung (KrT) vom 2. Dezember 1939 in der Fassung vom 18. Juni 1944 §§ 2, 3, 7, 11; Verordnung über die Arbeitszeit in Krankenpflegeanstalten vom 13. September 1924 §§ 1, 2; Arbeitszeitordnung vom 30. April 1938 §§ 1, 7; ATO § 8; TO.A § 2; ADO Nr. 3 zu § 2 TO.A; TVG § 4, 9; GG Art. 3.

V. Senat, Urteil vom 21. 7. 1960 i. S. St. W. (Bekl.) w. M. (Kl.)
5 AZR 510/58.

I. Arbeitsgericht Wuppertal. — II. Landesarbeitsgericht Düsseldorf.

Der Kläger ist am 25. Juli 1945 als Volontärarzt in die Dienste der Beklagten getreten und wurde ab 1. Dezember 1945 als planmäßiger Assistenzarzt mit einem Gehalt nach der VergGr. II TO.A beschäftigt. Nach § 2 des zwischen den Parteien abgeschlossenen schriftlichen Dienstvertrages vom 13. April 1946 richtete sich das Anstellungsverhältnis nach der Tarifordnung für die Belegschaftsmitglieder in den Krankenanstalten des früheren Reichs, der Länder, Gemeinden und der Träger der Sozialversicherung (KrT) vom 2. Dezember 1939, nach der Allgemeinen Tarifordnung (ATO) sowie der Tarifordnung A für Gefolgschaftsmitglieder im öffentlichen Dienst (TO.A) und den hierzu ergangenen oder noch ergehenden allgemeinen, gemeinsamen und örtlichen Dienstordnungen.

Der Kläger ist in der nachfolgenden Zeit in verschiedenen Abteilungen des Krankenhauses als Stationsarzt tätig gewesen und hatte in den Jahren 1954—1956 zeitweise mehrere Stationen mit im Durchschnitt 50 Betten zugleich zu betreuen. Neben seiner normalen Tätigkeit war er im Turnus im sogenannten Hauptdienst und im sogenannten Operationsdienst eingesetzt. Der Hauptdienst, der in der Regel von zwei Ärzten wahrgenommen wurde, begann um 8 Uhr und endete am nächsten Morgen um 8 Uhr, außer am Wochenende, an dem er sich von Sonntag bis Montag früh 8 Uhr erstreckte. Während der Hauptdienst vornehmlich die Versorgung der Ambulanz und Unfallambulanz in der Zeit von 13—16 Uhr und von 19—8 Uhr betraf, hatte der Operationsdienst zur Unterstützung und insbesondere Beratung der zum Hauptdienst eingeteilten Ärzte tätig zu werden und Operationen durchzuführen.

Die Parteien haben übereinstimmend erklärt, daß bei Zugrundelegung einer wöchentlichen Arbeitszeit von 48 Stunden der Kläger in dem mit der Klage geltend gemachten Zeitraum (30. Juli bis 2. September 1956) über diese Arbeitszeit hinaus 294 Überstunden geleistet hat. Zwischen den Parteien ist weiterhin unstreitig, daß der Kläger in einem an den Oberstadtdirektor der Beklagten gerichteten Schreiben vom

6. November 1956 einen geldlichen Ausgleich für die Mehrbelastung geltend gemacht hat, der jedoch abgelehnt worden ist.

Der Kläger ist der Ansicht, daß alle Dienstleistungen über 48 Stunden hinaus als Überstunden gemäß ADO Nr. 3 zu § 2 TO.A zu bezahlen seien. Dies folge gemäß § 2 KrT aus § 8 ATO, der für die in Krankenanstalten angestellten Ärzte die 48stündige wöchentliche Arbeitszeit als regelmäßige Arbeitszeit festsetze. Etwas anderes besage auch nicht § 3 Abs. 3 KrT, der keine Arbeitszeitregelung im Sinne einer unbeschränkten Arbeitszeit für angestellte Ärzte enthalte. Selbst wenn diese Vorschrift als Arbeitszeitregelung zu betrachten wäre, so sei sie unwirksam, da sie den gesetzlichen Arbeitszeitbestimmnungen der AZO widerspreche. Denn § 7 AZO gebe nur dann die Ermächtigung zur Verlängerung der gesetzlichen Arbeitszeit, wenn in die Arbeitszeit in erheblichem Umfange Arbeitsbereitsschaft falle. Dies sei aber nicht der Fall gewesen. Mit der Klage begehrt der Kläger die Feststellung, daß die Beklagte zur Zahlung der tarifmäßigen Vergütung für die in der Zeit vom 30. Juli bis 2. September 1956 geleisteten 294 Überstunden verpflichtet sei.

Die Beklagte bestreitet ihre Verpflichtung zur Bezahlung von Überstunden mit der Begründung, daß nach § 3 Abs. 3 KrT die Arbeitszeit der angestellten Ärzte nicht begrenzt sei, da diese Bestimmung nach Wortlaut und Zusammenhang wie auch nach ihrer systematischen Stellung eine echte unbeschränkte Arbeitszeitregelung darstelle, infolgedessen begrifflich das Anfallen von Überstunden nicht denkbar sei und somit auch ein Vergütungsanspruch nicht bestehe. Die Bestimmungen der Arbeitszeitordnung vom 30. April 1938 (AZO) könnten zur Ermittlung etwa zu vergütender Überstunden nicht herangezogen werden, da die Arbeitszeitordnung ebenso wie die Vorschriften über die Arbeitszeit in Krankenpflegeanstalten vom 13. Februar 1924 (KrAZO) auf angestellte Ärzte keine Anwendung fänden. Im übrigen habe die Dienstzeit des Klägers zu einem großen Teil nur in Arbeitsbereitschaft und Bereitschaftsdienst bestanden; vor allem während des Nachtdienstes habe der Kläger sich nach Belieben beschäftigen können und sei nur in dringenderen Fällen tätig geworden. Bei der Bewertung dieser Tätigkeit sei die besondere Bezahlung der während des Dienstes geleisteten Nebentätigkeiten, so des Honorars für die von ihm erstatteten Gutachten, zu berücksichtigen. Auch könne bei Auslegung der gesetzlichen und tariflichen Regelung der Grundsatz der ärztlichen Ethik nicht unbeachtet bleiben, der der Bestimmung einer stundenmäßig festgelegten Arbeitszeit entgegenstehe.

Das Arbeitsgericht hat der Klage nach Maßgabe des erstinstanzlich formulierten Klageantrages unter Zugrundelegung einer für das Dienstverhältnis regelmäßigen Arbeitszeit von 48 Stunden in der Woche stattgegeben.

Das Landesarbeitsgericht hat auf den in der Berufungsinstanz auf die Zeit vom 30. Juli 1956 bis 2. September 1956 beschränkten Klageantrag unter Abweisung der Klage im übrigen festgestellt, daß die Beklagte verpflichtet ist, dem Kläger ein halbes Monatsgehalt mit einem Zuschlag von 25 % zu zahlen.

Auf die beiderseitig eingelegten Revisionen ist das Urteil des Landesarbeitsgerichts aufgehoben und die Sache zur anderweiten Verhandlung an die Vorinstanz zurückverwiesen worden.

Aus den Gründen:

I. Das Landesarbeitsgericht geht von der dem Grunde nach richtigen Erwägung aus, es müsse zunächst festgestellt werden, welche Arbeitsleistungen in zeitlicher Hinsicht durch das dem Kläger gewährte Gehalt abgegolten sind; erst danach könne geprüft werden, ob und in welcher Höhe der Kläger eine zusätzliche Vergütung für diejenigen Leistungen verlangen kann, die zeitmäßig außerhalb dessen liegen, was er vertraglich für sein Gehalt schuldete. Es ist der Ansicht, daß die zeitliche Grenze der durch die vereinbarte Vergütung abgegoltenen Leistungen durch Inhalt und Umfang des übernommenen Aufgabengebietes bestimmt werden. Erst wenn das „für einen Stationsarzt zu erwartende und vorausgesetzte Maß" ärztlicher Dienstleistungen wesentlich überschritten werde, liege eine vergütungspflichtige Mehrarbeit vor. Für das „vorausgesetzte" zeitliche Maß und die davon sich unterscheidenden zusätzlichen Leistungen komme es auf die Umstände des Einzelfalles an.

Diese wegen Fehlens eines objektiven Vergleichsmaßstabes notwendigerweise zu schwankenden und ungenauen Ergebnissen führende Betrachtungsweise des Berufungsgerichts übersieht, daß den geltenden Bestimmungen wenn auch keine gesetzliche, so doch eine tariflich geregelte Arbeitszeit für die in den Krankenanstalten tätigen angestellten Ärzte zu entnehmen ist. Dies ergibt sich im einzelnen aus folgendem:

II. 1. Nach dem Inhalt des zwischen den Parteien abgeschlossenen Arbeitsvertrages finden auf das Vertragsverhältnis die Bestimmungen der ATO, TO.A sowie der KrT Anwendung. Nach § 1 KrT (Geltungsbereich) gilt diese Tarifordnung für alle auf Privatdienstvertrag Beschäftigten in Krankenanstalten jeder Art mit Ausnahme des in § 1 Abs. 3 näher bezeichneten Personenkreises. Der Kläger zählt nicht zu den unter § 1 Abs. 3 Ziffer a KrT aufgeführten leitenden Ärzten im Sinne dieser Tarifordnung. Dies folgt aus der Anlage 1 zu § 7 KrT, die die Vergütung der in Krankenanstalten angestellten Ärzte regelt und die weder Assistenzärzte (Stationsärzte) noch Oberärzte zu den leitenden Ärzten im Sinne von § 1 Abs. 3; Ziff. a KrT rechnet (vgl. auch Sachs, Das Krankenhaustarifrecht, 2. Aufl., 1957, S. 84, 85).

Gemäß § 2 KrT in Verbindung mit der ADO zur KrT Buchst. a Ziff. 1 u. 2 richten sich die Arbeitsverhältnisse der in den Krankenanstalten beschäftigten Personen einschließlich der angestellten Ärzte nach den Bestimmungen der ATO und der TO.A in ihrer jeweiligen Fassung.

§ 8 ATO in Verbindung mit §§ 2, 3 ff. TO.A und § 7 KrT gehen grundsätzlich davon aus, daß durch das Tarifgehalt die nach § 8 Abs. 1 ATO regelmäßige Arbeitszeit von 48 Stunden abgegolten wird.

Nach § 8 Abs. 2 ATO ist eine von Abs. 1 abweichende r e g e l - m ä ß i g e Arbeitszeit innerhalb der Grenzen der Arbeitszeitordnung in der Fassung der Bekanntmachung vom 30. April 1938 (RGBl. I S. 447 ff.) — AZO — zulässig, sofern das Nähere durch Dienstordnung oder Arbeitsvertrag bestimmt ist. Wenn demgegenüber § 3 Abs. 2 KrT eine Regelung nur durch Dienstordnung vorsieht und nicht von einer Regelungsmöglichkeit durch Arbeitsvertrag spricht, so kann darin keine speziellere, den § 8 Abs. 2 ATO verdrängende Regelung gesehen werden. Es ist kein vernünftiger Grund ersichtlich, welches Interesse daran bestanden haben könnte, ausgerechnet auf dem Sektor des angestellten Arztes vertragliche Regelungen auszuschließen, die den Besonderheiten dieses Berufszweiges zweckmäßiger Rechnung tragen können als generelle Dienstordnungsnormen.

Soweit gemäß § 8 Abs. 2 ATO von der Befugnis Gebrauch gemacht ist, eine über 48 Stunden hinausgehende Arbeitszeit als r e g e l m ä ß i g e Arbeitszeit festzusetzen, ist nach § 2 Abs. 1 Satz 1 TO.A deren Vergütung in der Vergütung nach §§ 3 ff. TO.A, also im Tarifgehalt, enthalten. Nach § 7 Abs. 1 AZO kann die regelmäßige Arbeitszeit durch Tarifordnung — jetzt Tarifvertrag — bis zu 10 Stunden täglich, d. h. 60 Stunden wöchentlich, verlängert werden. Die Ermächtigung zur Verlängerung der Arbeitszeit kann für einzelvertragliche Regelungen auch durch eine Rahmenbestimmung in einem Tarifvertrag oder einer Tarifordnung ausgesprochen werden, wie sie § 8 Abs. 2 Satz 1 ATO enthält (BAG 8, 63 [69]).

2. Da eine Dienstordnung gemäß § 16 Abs. 1 AOGÖ, durch die die regelmäßige Arbeitszeit in den Krankenanstalten verlängert wird,

nicht besteht, bleibt zunächst die Frage, ob die KrT vorsieht, daß der Kläger für sein Gehalt Dienstleistungen in einer zeitlichen Ausdehnung bis zu 60 Stunden wöchentlich erbringen muß.

§ 3 KrT regelt unter der Überschrift „Arbeitszeit, Freizeit KrT" in Absatz 1 die regelmäßige Arbeitszeit der Belegschaftsmitglieder, die überwiegend pflegerische Arbeit leisten oder Arbeiten häuslicher oder sonstiger Art verrichten, die unmittelbar der Versorgung der Kranken dienen, und begrenzt diese — inzwischen herabgesetzte — Arbeitszeit auf 60 Stunden wöchentlich. Unter diesen Personenkreis fallen nicht die Assistenzärzte eines Krankenhauses, da sie nicht zum Pflegepersonal zählen. Für sie sieht § 3 Abs. 2 KrT eine Arbeitszeitregelung im Rahmen der Arbeitszeitordnung durch Dienstordnung nach den Bestimmungen der ATO und TO.A vor, „soweit nicht nachstehend etwas anderes bestimmt ist".

Die Beklagte ist nun der Ansicht, der nachfolgende § 3 Abs. 3, Satz 1: „Die ärztlichen Belegschaftsmitglieder sind verpflichtet, ihre gesamte Arbeitskraft zur Verfügung zu stellen" enthalte eine konkrete Arbeitszeitregelung für die in den Krankenanstalten tätigen nichtleitenden Ärzte; ihre normale Arbeitszeit sei an keine Stundengrenze gebunden; eine Bezahlung von Überstunden entfalle, weil die höhenmäßig nicht begrenzte Arbeitszeit des angestellten Arztes auf Grund der ihm zur Pflicht gemachten Zurverfügungstellung seiner gesamten Arbeitskraft seine regelmäßige Arbeitszeit darstelle und somit durch das gezahlte Tarifgehalt abgegolten werde.

Wie der Senat in seinem Grundsatzurteil vom 31. März 1960 — 5 AZR 443/57 — (BAG 9, 147 ff. [151 ff.]) zum Ausdruck gebracht hat, vermag er sich dieser Auffassung nicht anzuschließen. Der in § 3 Abs. 3 KrT zugrunde gelegte Begriff der Arbeits*kraft* bedeutet schon dem Wortlaut nach nicht dasselbe wie der in den vorhergehenden Absätzen angeführte Begriff der Arbeits*zeit*. Aus dem Wortlaut dieser Vorschrift, insbesondere im Zusammenhang mit den nachfolgenden Sätzen gelesen, ergibt sich, daß ein angestellter Arzt auch den über die regelmäßige Arbeitszeit hinausgehenden ärztlichen Dienst nicht verweigern darf und seine Arbeitskraft stets zur Verfügung zu halten hat, wenn das Wohl der ihm anvertrauten Kranken dies erfordert. § 3 Abs. 3 KrT konkretisiert insoweit die sich aus der Tätigkeit in öffentlichen Krankenanstalten ergebende Verpflichtung des angestellten Arztes, jederzeit seine ganze Persönlichkeit und Tatkraft dem ärztlichen Dienst zu widmen. Er spricht das ärztliche Ethos und nicht die bloße Dauer der Arbeitszeit an. Der angestellte Arzt darf sich deshalb auch nicht anderweit beruflich betätigen; darüber hinaus verpflichtet der Satz 2 des § 3 Abs. 3 KrT die angestellten Ärzte, auf Verlangen Lehrkurse in eigenen oder mit der Anstalt verbundenen Krankenpflegeschulen abzuhalten und Unterricht zu erteilen. In gleicher Weise haben sie auch Fürsorge- und Beratungsstellen zu betreuen. Demgegenüber kann nicht allein aus der Überschrift des § 3 KrT gefolgert werden, daß dieser eine konkrete Arbeitszeitregelung für angestellte Ärzte enthalte. Denn zur Auslegung einer tariflichen Vorschrift kann nicht allein auf die nicht immer zutreffende Einreihung einer Norm in den einen bestimmten Fragenkomplex regelnden Teil eines Tarifvertrages abgestellt werden, wenn andere und zwingende Gründe die Auslegung in einem nicht der systematischen Stellung dieser Vorschrift entsprechenden Sinn erfordern. § 3 Abs. 3 KrT enthält daher weder eine rechtswirksame konkrete Arbeitszeitregelung noch — wie das Landesarbeitsgericht meint — die Außerkraftsetzung des § 8 Abs. 2 ATO und die gewollte Herbeiführung des Zustandes einer tariflich nicht geregelten Arbeitszeit für die in den Krankenanstalten angestellten Ärzte.

Die Tatsache schließlich, daß in dem zwischen der Bundesrepublik und der Tarifgemeinschaft deutscher Länder einerseits und der ÖTV und DAG andererseits abgeschlossenen Tarifvertrag vom 14. Juni 1958 in § 6 Ziffer 1 zum Ausdruck gebracht wird, die Bestimmungen dieses Tarifvertrages (Verkürzung der Arbeitszeit) gälten nicht für Angestellte, deren „Arbeitszeit" in § 3 Abs. 3 KrT besonders geregelt ist, ist als nicht zutreffende Auffassung der Tarifpartner für die hier zu entscheidende Frage ohne rechtliche Bedeutung. Die KrT ist als Rechtsverordnung der Auslegung durch die Tarifvertragsparteien nicht zugänglich.

3. Scheiden demnach Dienstordnung und KrT für die Bestimmung der vom Kläger geschuldeten Arbeitszeit aus, so bleibt nach dem oben zu II 1) dieser Entscheidungsgründe Ausgeführten schließlich die Frage zu prüfen, ob der Einzelarbeitsvertrag mit der Beklagten die regelmäßige Arbeitszeit des Klägers bestimmt.

a) Eine ausdrückliche Vereinbarung über die Dauer der regelmäßigen Arbeitszeit ist zwischen den Parteien nicht getroffen worden. Aus dem das Arbeitsverhältnis beherrschenden Grundsatz von Treu und Glauben kann sich jedoch eine Verpflichtung des Arbeitnehmers ergeben, seine Arbeitsleistung bis zur gesetzlich oder tariflich zulässigen Höchstdauer zur Verfügung zu stellen. Dabei sind die Verkehrssitte, die allgemeinen Gepflogenheiten im Betrieb sowie dessen besondere Verhältnisse zu berücksichtigen (Hueck-Nipperdey, Lehrb. d. Arbeitsrechts, 6. Aufl., I. Bd.,

§ 33, VI, 2; RAG ARS 5, 492; 6, 258; vgl. auch mit anderer Begründung Nikisch, Arbeitsrecht, 2. Aufl., I. Bd., § 27, III 1).

b) Die aus dem Wesen des ärztlichen Anstellungsvertrages sich ergebende Verpflichtung zur Verfügungstellung der gesamten Arbeitskraft, die in § 3 Abs. 3 KrT entsprechend konkretisiert ist, führt nach den Auslegungsmaßstäben der §§ 133, 157 BGB dazu, daß der Kläger für sein Gehalt regelmäßig — in Ermangelung gegenteiliger vertraglicher Absprachen — Dienstleistungen in dem nach § 8 Abs. 2 ATO zulässigen Höchstumfang zu erbringen hat. Das sind nach den genannten Bestimmungen wöchentlich 60 Stunden. Der Senat nimmt Veranlassung, darauf hinzuweisen, daß diese Grenze vom Senat nicht im Wege der freien Schätzung oder gerichtlicherseits vorgenommenen Bestimmung gefunden ist, sondern sich aus dem aus der Zeit vor 1945 stammenden und noch fortgeltenden Tarifordnungsrecht ergibt, dessen Abänderung gemäß § 9 TVG ausschließlich Aufgabe der zuständigen Tarifvertragsparteien ist.

c) Beträgt aber die regelmäßige Arbeitszeit des Klägers 60 Stunden wöchentlich, so ist diese Arbeitszeit auch durch das ihm ausgesetzte Tarifgehalt abgegolten. Das folgt aus § 2 Abs. 1 Satz 1 TO.A, wonach mit der tariflichen Vergütung auch eine über 48 Stunden hinausgehende regelmäßige Arbeitszeit bis zur oberen Grenze von 60 Stunden abgegolten ist.

Die erneute Nachprüfung dieses Ergebnisses hat auch nach dem Parteivortrag in diesem Rechtsstreit dem Senat keine Veranlassung gegeben, von den Grundsätzen des Urteils vom 31. März 1960 — 5 AZR 443/57 — (BAG 9, 147 ff.) abzuweichen. Die in der Fachzeitschrift der Berufsorganisation des Klägers geäußerten Zweifel an der Verfassungsmäßigkeit des Urteils vom 31. März 1960 können nach der Auffassung des Senats auch nicht mit dem Hinweis auf Art. 3 GG begründet werden. Der dem Art. 3 GG entspringende Gleichbehandlungsgrundsatz hat das Verbot der willkürlichen Schlechterstellung einzelner Arbeitnehmer aus sachfremden Gründen gegenüber anderen in vergleichbarer Lage befindlichen Arbeitnehmern zum Inhalt. Dieser Grundsatz erfordert nicht die gleiche unterschiedslose Behandlung der Arbeitnehmer aller Sparten des öffentlichen Dienstes. Aufgabenbereich und Inhalt der von einem angestellten Arzt in einem öffentlichen Krankenhaus ausgeübten Tätigkeit sind mit den Dienstleistungen anderer in derselben Gehaltsgruppe befindlichen Angestellten des öffentlichen Dienstes nicht vergleichbar, sodaß schon aus diesem Grunde von einer Verletzung des Gleichbehandlungsgrundsatzes nicht die Rede sein kann.

III. Es ist weiterhin zu prüfen, welches die Anspruchsgrundlage für eine Arbeitsleistung des Klägers ist, die über 60 Stunden in der Woche hinausgeht. Hierbei stellt sich zunächst die Frage, ob es sich um verbotene Mehrarbeit handelt oder nicht. Denn wenn den Gegenstand einer Vereinbarung zwischen den Parteien verbotene Mehrarbeit bildet, würde Anspruchsgrundlage infolge der nach § 134 BGB eingetretenen Nichtigkeit dieser Abrede ein „faktisches Vertragsverhältnis" sein (BAG 8, 47 ff. [50], BAG 5, 58 [65 f.]). Handelt es sich dagegen um nicht verbotene Mehrarbeit, so ist Anspruchsgrundlage der Vertrag selbst.

Die Frage, ob verbotene Mehrarbeit vorliegt oder nicht, kann auch nicht etwa offengelassen werden mit der Begründung, daß, gleichgültig welche Anspruchsgrundlage in Frage kommt, das Ergebnis möglicherweise dasselbe ist. Denn wollte man diese Frage nicht entscheiden, dann würde man für die Tätigkeit eines Arztes, auf die die Öffentlichkeit nicht verzichten kann, offenlassen, ob sich Krankenhäuser und ihre Leiter strafbar machen, wenn sie ihre Ärzte trotz eines dringenden allgemeinen Bedürfnisses vertraglich in einem höheren zeitlichen Umfange beschäftigen; ferner würde offenbleiben, ob ein Arzt, der sich dem Krankenhaus gegenüber zu einer höheren zeitlichen Arbeitsleistung verpflichtet hat, sich darauf berufen kann, er brauche diese Arbeit nicht zu erbringen, weil sie verboten und eine dahingehende Absprache nichtig sei. Es bedarf keiner Erörterung, daß in einer solchen Frage keine Unklarheiten gelassen werden dürfen, zumal sie, wie ausgeführt, die Rechtsgrundlage des geltend gemachten Vergütungsanspruchs entscheidet.

Ob der angestellte Arzt über die 60stündige regelmäßige Arbeitszeit hinaus sich zu einer zeitlich höheren Arbeitsleistung verpflichten kann, hängt davon ab, ob zwingende gesetzliche oder tarifliche Bestimmungen einer derartigen Vereinbarung entgegenstehen und damit privatrechtlich zu einer Nichtigkeit der Verpflichtung zu einer über die gesetzlich oder tariflich festgelegten Höchstgrenze hinausgehenden Arbeitsleistung führen und in strafrechtlicher Hinsicht den die Arbeitsleistung annehmenden Arbeitgeber straffällig machen. Dies ist nicht der Fall. Denn die Vorschriften der Arbeitszeitordnung vom 30. April 1938 (RGBl. I, S. 447) und der Verordnung über die Arbeitszeit in Krankenpflegeanstalten vom 13. Februar 1924 (RGBl. I, S. 66, 154) gelten nicht für die in den Krankenpflegeanstalten angestellten Ärzte, auch soweit sie nicht zu den leitenden Angestellten zählen. Das ergibt sich aus folgendem:

1. Wie die historische Entwicklung der Arbeitszeitgesetzgebung zeigt, erstreckte sich der persönliche Geltungsbereich der in der Zeit nach 1918 erlassenen arbeitszeitrechtlichen Bestimmungen, soweit die Gruppe der

Angestellten in Frage stand, nur auf bestimmte Kategorien von Angestellten. Nach § 11 der Verordnung über die Regelung der Arbeitszeit der Angestellten während der Zeit der wirtschaftlichen Demobilmachung vom 18. März 1919 (RGBl. I, 315) umfaßte die arbeitszeitrechtliche Regelung nur diejenigen Angestellten, die mit kaufmännischen und technischen Diensten sowie mit Schreib-, Rechen- und ähnlichen Arbeiten (Büroangestellte) beschäftigt waren. Diese Beschränkung ist in den späteren Verordnungen über die Arbeitszeit vom 21. Dezember 1923 (RGBl. I, S. 1249), vom 14. April 1927 (RGBl. I, S. 110) und vom 26. Juli 1934 (RGBl. I, S. 803) beibehalten worden. Eine Beschränkung der Arbeitszeit für angestellte Ärzte konnte aus diesen Bestimmungen nicht hergeleitet werden, da sie nicht zu den kaufmännischen oder den Büro-Angestellten zählten und — entgegen der Auffassung des Reichsarbeitsministers (Bescheid Nr. III a 2184 — 28 vom 29. Februar 1928) — auch nicht unter den Begriff eines technischen Angestellten fielen, soweit sie eine ärztliche Tätigkeit ausübten. Erst durch die Arbeitszeitordnung vom 30. April 1938 ist anstelle der bisherigen Differenzierung der persönliche Geltungsbereich der Arbeitszeitschutzbestimmungen auf alle Arbeitnehmer über 18 Jahre ausgedehnt worden. Indessen enthält § 1 AZO Ausnahmebestimmungen von dieser generellen Vorschrift, die den Willen des Gesetzgebers erkennen lassen, nicht schlechthin für alle Gruppen von Arbeitnehmern Höchstgrenzen der zulässigen Beschäftigung vorzusehen, sondern bei Vorliegen von Besonderheiten persönlicher oder sachlicher Art eine vertragsmäßige Regelung der Arbeitszeit gesetzlich nicht zu beschränken.

a) Zu den aus sachlichen Erwägungen aus der AZO herausgenommenen Wirtschaftszweigen gehören neben den in § 1 Abs. 1 Ziff. 1 und 2 aufgeführten Betrieben und Verwaltungen die in Abs. 3 genannten Krankenpflegeanstalten hinsichtlich eines bestimmten Personenkreises. Nach § 1 Abs. 3 AZO gilt für das Pflegepersonal und die ihm gleichgestellten Belegschaftsmitglieder die Verordnung über die Arbeitszeit in Krankenpflegeanstalten (KrAZO) vom 13. Februar 1924 (RGBl. I, S. 66, 154). Als Pflegepersonal im Sinne dieser Verordnung gelten die Personen, die überwiegend pflegerische Arbeiten leisten oder Arbeiten häuslicher oder sonstiger Art verrichten, die unmittelbar der Versorgung der Kranken dienen. Hierzu zählen nicht die ärztlichen Dienstleistungen. Auch von der in § 2 KrAZO für die als gemeinnützig anerkannten Krankenpflegeanstalten getroffenen Arbeitszeitregelung für das Nichtpflegepersonal werden die in diesen Anstalten beschäftigten Assistenzärzte nicht erfaßt. Denn die begriffliche Trennung zwischen Pflege- und

Nichtpflegepersonal in Verbindung mit der Bestimmung des § 2 Abs. 1 Satz 2 KrAZO, wonach im übrigen für die nicht zum Pflegepersonal gehörenden Personen die Verordnung über die Arbeitszeit vom 21. Dezember 1923 gilt, will nur sicherstellen, daß es für den zum Nichtpflegepersonal gehörenden Personenkreis, durch den nur mittelbar die Versorgung der Kranken gewährleistet wird, wie z. B. Heizer, Handwerker, Wäscher, Büropersonal pp., es bei den Bestimmungen der jeweilig in Kraft befindlichen gesetzlichen Arbeitszeitregelung verbleibt. Die angestellten Ärzte fallen nicht unter den Begriff des Nichtpflegepersonals im Sinne dieser Vorschrift. Abgesehen davon würde jede Auslegung als sinnwidrig erscheinen müssen, die dahin geht, daß Personenkreise durch die KrAZO den seinerzeit geltenden arbeitszeitrechtlichen Vorschriften unterstellt werden sollten, die von diesen gesetzlichen Bestimmungen bewußt nicht erfaßt worden sind. In ihrer Auswirkung würde diese Auslegung letzthin dahin führen, daß für das Pflegepersonal — im damaligen Zeitpunkt — die 60stündige, für die in derselben Krankenpflegeanstalt tätigen Ärzte hingegen die 48stündige Arbeitszeit als regelmäßige Arbeitszeit anzusehen wäre (vgl. hierzu Potthoff in „Ärztliche Mitteilungen", 1928, S. 751). Mit dem Hinweis, die ärztliche Tätigkeit sei anstrengender als die des Pflegepersonals, läßt sich eine unterschiedliche arbeitszeitmäßige Behandlung dieser beiden Gruppen nicht rechtfertigen. Der bereits gekennzeichnete ethische Gehalt des Arztberufes verlangt, daß der angestellte Arzt auch arbeitszeitmäßig hinter dem ihm untergeordneten und von ihm zu beaufsichtigenden Pflegepersonal nicht zurücksteht.

b) Ebensowenig wie die KrAZO findet die AZO auf die Arbeitsverhältnisse der in Krankenpflegeanstalten angestellten Ärzte Anwendung.

Zwar ist die Ansicht der Beklagten, daß der Kläger deshalb nicht den Bestimmungen der AZO unterliege, weil er als leitender Angestellter im Sinne von § 1 Abs. 2 Ziff. 2 AZO anzusehen sei, rechtsirrig. Ein in einem Krankenhaus angestellter Assistenzarzt untersteht fachlich den Weisungen des Chefarztes. Es ist nichts dafür vorgetragen, daß der Kläger in irgendeiner Weise die Funktionen eines leitenden Angestellten ausübte und etwa die Einstellung und Entlassung von Personal, die Ausstellung von Zeugnissen pp. zu seinem Aufgabenbereich gehörte.

Die Nichtunterstellung der in öffentlichen Krankenhäusern angestellten Ärzte unter die Vorschriften der AZO folgt vielmehr aus einer sich auf die Grundsätze des § 133 BGB stützenden zulässigen Auslegung der gesetzlichen Arbeitszeitschutzbestimmungen unter Berücksichtigung des vom Gesetzgeber mit dieser Regelung verfolgten Sinnes und Zweckes (vgl. über die Zulässigkeit der richterlichen Auslegung: Enneccerus-Nipperdey, Allgemeiner Teil des Bürgerlichen Rechts, 15. Aufl., § 51, II 4, III 1 und § 54; RG 139, 112; BAG 8, 314 [326]; BAG 1, 279 = AP Nr. 4 zu § 11 KSchG mit zustimmender Anmerkung von Hueck; BGHZ 2, 184; 3, 84; 13, 36). Hierbei ist davon auszugehen, daß weder jetzt noch, wie ausgeführt, in der Vergangenheit sich der Arbeitszeitschutz ausnahmslos auf alle Arbeitnehmer erstreckt bzw. erstreckt hat. Während vor Erlaß der AZO vom 30. April 1938 nur die mit kaufmännischen und technischen sowie mit allgemeinen Büroarbeiten beschäftigten Angestellten den Arbeitszeitschutzvorschriften unterlagen, hat die AZO vom 30. April 1938 ebenso wie ihre Vorgänger größere Personenkreise aus sachlichen Gründen nicht der gesetzlichen Arbeitszeitregelung unterstellt. Eine nähere Prüfung dieser Gründe läßt das zu billigende Prinzip erkennen, überall dort, wo die Pflicht zur Versorgung oder Betreuung der Allgemeinheit Inhalt eines Dienstvertrages ist, die Regelung der Arbeitszeit einer besonderen gesetzlichen Anordnung oder einzelvertraglichen bzw. tarifvertraglichen Vereinbarungen vorzubehalten. Dies wird insbesondere bei den pharmazeutisch vorgebildeten Arbeitnehmern in Apotheken erkenntlich (§ 1 Abs. 1 Ziff. 3 AZO), für deren Herausnahme aus der gesetzlichen Arbeitszeitregelung sonst kein anderer vernünftiger Grund ersichtlich wäre. Es kann nicht zweifelhaft sein, daß der angestellte Arzt nicht nur in einem besonderen Maße, sondern ausschließlich Arbeitsleistungen mit der genannten Zweckbestimmung zu erbringen hat. Inhalt jeder ärztlichen Tätigkeit ist die Hilfeleistung gegenüber kranken Menschen mit der Zielsetzung ihrer Heilung. Dies bedingt, daß der Arzt regelmäßig, im Gegensatz zu den anderen von der AZO erfaßten Arbeitnehmergruppen, nicht den Anordnungen des Arbeitgebers, sondern, was seine den Inhalt seines Arbeitsvertrages bestimmende ärztliche Tätigkeit anlangt, den notwendigen Anforderungen eines Dritten, nämlich des Patienten, nachzukommen und gegebenenfalls Maßnahmen zu ergreifen hat, die an eine Zeitgrenze nicht gebunden sein können. Diese von dem Zeitmoment unabhängige und für jede ärztliche Tätigkeit charakteristische Natur der ärztlichen Dienstleistung rechtfertigt die Herausnahme der ärztlichen Tätigkeit aus der Arbeitszeitordnung.

2. Einer vertraglichen Verlängerung der über die ATO hinausgehenden Arbeitszeit stehen auch nicht Bedenken aus dem Gesichtspunkt der Unabdingbarkeit tariflicher Normen entgegen (§ 4 TVG). Denn der ATO gegenüber ist die KrT die Tarifregelung mit dem engeren betrieb-

lichen Geltungsbereich, weil sie der Eigenart und den besonderen Bedürfnissen des Betriebes und seiner Arbeitnehmer am besten Rechnung trägt (Spezialitätsprinzip, vgl. BAG 3, 351 = AP Nr. 2 zu § 4 TVG Tarifkonkurrenz; Hueck-Nipperdey-Tophoven, TVG, 3. Aufl., § 4, Anm. 106; Hueck-Nipperdey, Lehrb. d. Arbeitsrechts, 6. Aufl., II. Bd., § 33, III, 4; Nikisch, Arbeitsrecht, 2. Aufl., II. Bd., § 86 III, 5). Die KrT enthält aber in ihrem normativen Teil keine die Arbeitszeit für angestellte Ärzte bis zur Höchstdauer von wöchentlich 60 Stunden begrenzende Norm, so daß eine dieses Zeitmaß übersteigende einzelvertragliche Vereinbarung nicht gegen das Unabdingbarkeitsprinzip des § 4 Abs. 3 TVG verstößt.

3. Keine Anwendung findet die die 48-stündige Wochenarbeitszeit festsetzende Besondere Dienstordnung des früheren Reichsarbeitsministers zur KrT (DO RAM) vom 9. Dezember 1941. Abgesehen von den Bedenken gegen die Fortdauer ihrer Gültigkeit (vgl. BAG 8, 215 ff. und BAG AP Nr. 1 zu § 15 RBesG) erstreckt sich ihr Geltungsbereich gemäß Ziff. 1 nur auf einen Personenkreis in hier nicht in Betracht kommenden bestimmten Anstalten.

4. Zusammenfassend ist demnach für den vorliegenden Fall festzustellen, daß eine über 60 Stunden wöchentlich hinausgehende Mehrarbeit des Klägers nicht verboten war.

Die von dem Revisionskläger in der mündlichen Verhandlung erörterte Frage, ob mit den zu dieser regelmäßigen Arbeitszeit hinzutretenden Nacht- und Sonntagsdienstzeiten, die auf die Woche umgerechnet sich etwa auf 46¾ Stunden in dem hier streitigen Zeitraum beliefen, die Gültigkeitsgrenze des § 138 BGB mit den eingangs zu Ziff. III dargelegten Rechtsfolgen überschritten wird, kann bei dem auf die Einzelumstände abstellenden Inhalt dieser Vorschrift erst entschieden werden, wenn — wie noch in anderem Zusammenhang zu erörtern sein wird — Umfang und Inhalt der in diesem Zeitraum erbrachten Dienstleistungen feststehen.

Danach ergibt sich für die Vergütung von über 60 Stunden wöchentlich hinausgehenden Arbeitsleistungen im Grundsatz folgendes:

Nach dem oben zu II Ziff. 3 c) Ausgeführten ist durch das Tarifgehalt nur die regelmäßige Arbeitszeit bis zu 60 Stunden wöchentlich abgegolten. Die darüber hinausgehende, nach allem gültig vereinbarte Arbeitszeit ist entsprechend den ausdrücklich getroffenen vertraglichen Bestimmungen oder, wenn solche fehlen, nach näherer Maßgabe des § 612 BGB zu vergüten.

5. Diese Vergütungspflicht ist auch nicht durch ein in diesen Kreisen bestehendes Gewohnheitsrecht ausgeschlossen. Das Bestehen von Gewohnheitsrecht setzt den Rechtsgeltungswillen der dem Gewohnheitsrecht unterworfenen Gemeinschaft voraus, d. h. den Willen der Gemeinschaft, gerade auch eine auf die Nichtbezahlung geleisteter Arbeit gerichtete Rechtsnorm als solche zu verwirklichen. Aus einer jahre- oder jahrzehntelangen, einer bloßen Gewöhnung entspringenden Übung allein, so notwendig sie auch für die Entstehung von Gewohnheitsrecht sein mag, kann nicht mit Sicherheit auf das Vorliegen eines Rechtsgeltungswillens geschlossen werden (Enneccerus-Nipperdey, Allgem. Teil d. Bürgerl. Rechts, 15. Aufl., 1. Halbband, § 39, S. 264 ff.; BAG 5, 44 [46]). Hiergegen sprechen entscheidend die seit vielen Jahren betriebenen Bestrebungen der angestellten Ärzte um eine bessere Vergütung ihrer Tätigkeit.

IV. Die Berechtigung des vom Kläger verfolgten Vergütungsanspruchs läßt sich auf Grund der vom Landesarbeitsgericht getroffenen tatsächlichen Feststellung nicht abschließend beurteilen. Das ergibt sich aus folgendem:

1. Sollte die hier in Rede stehende Gesamtarbeitszeit des Klägers von etwa 109 Stunden in der Woche teilweise solche Arbeit enthalten, die nicht als Vollarbeit oder dieser gleichzusetzende Arbeitsbereitschaft anzusprechen ist, und sollte die Gesamtzeit von 109 Stunden bei richtiger Bewertung im Wege der Umrechnung auf 60 Stunden Vollarbeit zurückzuführen sein, so hätte der Kläger nach seinem Arbeitsvertrag keine besondere Vergütung zu fordern (vgl. oben I 3 c). Hierbei ist jedoch davon auszugehen, daß in aller Regel ein Arbeitnehmer während der regelmäßigen Arbeitszeit die ihm obliegenden vertraglichen Dienstleistungen dem Dienstberechtigten ständig anbietet und seinen Arbeitgeber in Annahmeverzug (§ 615 BGB) versetzt, wenn dieser infolge Unterlassens einer Arbeitszuweisung die angebotenen Dienste nicht annimmt. Die Auffassung der Beklagten, daß ein Arzt, der während seiner regelmäßigen Arbeitszeit nicht voll ausgelastet ist, weil beispielsweise auf einer Unfallstation nicht laufend durch Unfälle verletzte Personen eingeliefert werden, nur reinen Bereitschaftsdienst mit den sich daraus ergebenden arbeitszeitrechtlichen und vergütungsmäßigen Folgen ausübe, ist abwegig. Ein unter den geschilderten Umständen tätiger Arzt befindet sich während seiner regelmäßigen Arbeitszeit in einer der von ihm geschuldeten Vollarbeit gleichzusetzenden ständigen Arbeitsbereitschaft.

2. Enthalten die fraglichen 109 Stunden entweder 60 Vollarbeitsstunden bzw. Arbeitsbereitschaft und darüber hinaus in irgendwelcher

Zusammensetzung weitere Arbeit, oder ergibt die Gesamtbewertung der von dem Kläger geleisteten 109 Stunden eine Überschreitung von 60 Vollarbeitsstunden, dann beruht die Verpflichtung der Beklagten zur Zahlung einer Vergütung auf § 612 BGB i. V. m. § 2 Abs. 1 KrT, § 2 Abs. 3 TO.A und der ADO Nr. 3 Buchst. B zu § 2 TO.A (BAG 5, 86 [91]). Diese Bestimmung setzt für die Überstundenabgeltung voraus, daß die in den Überstunden erbrachten Dienstleistungen die vollvertraglichen Arbeitsleistungen sind (BAG 8, 63 [71]).

Daß die die Überstundenvergütung regelnde Vorschrift der Nr. 3 Buchst. B Abs. 1 ADO zu § 2 TO.A eine „Kann-Bestimmung" ist, bedeutet nicht, daß die Bezahlung von Überstunden in das Belieben des öffentlichen Dienstherrn gestellt ist, wie das Bundesarbeitsgericht in BAG 5, 86 [91] unter Hinweis auf die Entstehungsgeschichte der Fassung dieser Vorschrift ausgeführt hat. Vielmehr begründet die Anordnung von Überstunden durch den Dienstherrn oder seinen weisungsbefugten Vertreter eine aus dem Arbeitsvehältnis entspringende Verpflichtung zur Vergütung dieser Überstunden.

3. Gesetzt den Fall, daß reiner Bereitschaftsdienst des Klägers abzugelten ist, richtet sich die Vergütung nicht nach § 2 TO.A in Verbindung mit Nr. 3 Buchst. B der ADO zu § 2 TO.A; denn, wie ausgeführt, die dort vorgesehene Abgeltung von Überstunden setzt die Erbringung von Vollarbeit oder Arbeitsbereitschaft voraus. In diesem Fall bestimmt sich nach § 612 BGB, ob und in welcher Höhe für die Ableistung von Bereitschaftsdienst eine Vergütung geschuldet wird. Was unter Bereitschaftsdienst zu verstehen ist, hat das Bundesarbeitsgericht in BAG 8, 25 [28], in BAG 8, 63 ff. [69] und in BAG 8, 245 ff. [252] im einzelnen ausgeführt, worauf verwiesen wird.

Das Bestehen einer Vergütungspflicht für reinen Bereitschaftdienst kann nach § 612 Abs. 1 BGB nicht schon deshalb verneint werden, weil nach § 11 Abs. 1 Satz 2 KrT den ärztlichen Belegschaftsmitgliedern „in Würdigung ihrer ständigen Dienstbereitschaft" ein zusätzlicher Urlaub und nach Ziff. d der ADO zu § 3 KrT je ein freier Nachmittag und ein freier Sonntag innerhalb von zwei Wochen gewährt wird. Denn es ist zu berücksichtigen, daß es sich bei derartigen Dienstleistungen um einen zusätzlichen, wenn auch im Normalfall nicht die volle Arbeitskraft in Anspruch nehmenden Arbeitseinsatz handelt, der einer vorangegangenen umfangreichen Tätigkeit nachfolgt und daher eine entsprechende Vergütung erfordert. Für die Bemessung der Höhe der zu zahlenden Vergütung werden allerdings die genannten Bestimmungen ebenso zu berücksichtigen sein wie unter Umständen die nicht unbeträchtlichen Einnahmen für die während des Bereitschaftsdienstes angefertigten ärztlichen Gutachten. Bei letzteren wird unter Beachtung der vom Bundesarbeitsgericht aufgestellten Grundsätze (vgl. BAG AP Nr. 8 zu § 611 BGB Ärzte, Gehaltsansprüche) u. a. zu prüfen sein, ob der Kläger insoweit in Ausübung eines dienstlichen Auftrages gehandelt oder während des Bereitschaftsdienstes eine rein private Gutachtertätigkeit ausgeübt hat.

62

Ein fristlos entlassener Dienstverpflichteter, gleich ob Arbeitnehmer oder nicht, hat stets ein berechtigtes Interesse daran, auf Feststellung des Weiterbestehens des Vertragsverhältnisses zu klagen, und zwar auch dann, wenn er auf Zahlungsleistungen klagen könnte.

ZPO § 256.

II. Senat. Urteil vom 4. 8. 1960 i. S. Sch. (Kl.) w. T-F. GmbH (Bekl.)
2 AZR 499/59.

I. Arbeitsgericht Wiesbaden. — II. Landesarbeitsgericht Frankfurt am Main.

Im Februar 1958 bot die Beklagte, die zu dieser Zeit eine eigene Filmproduktion aufbaute, dem Kläger eine Beratertätigkeit gegen ein Entgelt von 400 DM monatlich an. Bis dahin war dieser, der keine eigene Anwaltspraxis besitzt, bei einer Bürgschaftsgesellschaft angestellt. Ab März 1958 wurde er für die Beklagte tätig. Im September 1958 zahlte diese ihm erstmalig 500 DM und dann unregelmäßig weitere Beträge zwischen 100 und 500 DM, insgesamt 3600 DM. Hiervon bestritt der Kläger seinen Lebensunterhalt.

Am 26. Januar 1959 kündigte die Beklagte dem Kläger fristlos, weil er einen groben Vertrauensbruch begangen habe. Er habe nämlich zu einem anderen Mitarbeiter gesagt, sie beide müßten gegenüber der Beklagten zusammenhalten, um für sich einen Anstellungsvertrag durchzusetzen.

Der Kläger ist der Ansicht, daß er bei der Beklagten in einem abhängigen Arbeitsverhältnis angestellt gewesen sei, zu dessen außerordentlicher fristloser Kündigung kein wichtiger Grund vorgelegen habe. Er hat gegen die Beklagte auf Feststellung geklagt, daß die Kündigung rechtsunwirksam sei.

Die Beklagte ist der Ansicht, daß der Kläger nur als Anwalt tätig geworden sei und daher kein abhängiges Arbeitsverhältnis bestanden habe. Sie habe den Kläger niemals mit seiner vollen Arbeitskraft in

Anspruch genommen. Die von ihr gezahlten Gelder seien Darlehen, die sie dem Kläger wegen seiner schlechten wirtschaftlichen Lage gegeben habe und die mit seiner Honorarforderung verrechnet werden sollten.

Das Arbeitsgericht, vor dem die Parteien trotz ihres jeweiligen diesbezüglichen Vorbringens über die sachliche Zuständigkeit nicht gestritten haben, hat der Klage stattgegeben. Das Landesarbeitsgericht, bei dem ebenfalls nicht über die sachliche Zuständigkeit gestritten wurde, hat die Klage dagegen als unzulässig abgewiesen. Die Revision des Klägers hatte Erfolg.

Aus den Gründen:

I. ... II. Entgegen der Auffassung des Berufungsgerichts ist der Feststellungsantrag nach § 256 ZPO zulässig.

Nach dem Wortlaut seines Klageantrags begehrt der Kläger Feststellung der Unwirksamkeit der Kündigung, also einer rechtsgestaltenden Willenserklärung. Dieser Antrag ist auslegungsfähig. Nach seinem gesamten Vorbringen will der Kläger festgestellt wissen, daß das Dienstverhältnis der Parteien nicht durch die Kündigung vom 26. Januar 1959 aufgelöst worden ist. Gegenstand der Klage ist also in Wahrheit ein Rechtsverhältnis im Sinne des § 256 ZPO. Demgemäß muß nicht weiter geprüft werden, ob die auf Beendigung eines Rechtsverhältnisses gerichtete rechtsgestaltende Willenserklärung der Kündigung als solche ebenfalls den Begriff des Rechtsverhältnisses im Sinne jener Vorschrift erfüllt.

Der Kläger hat auch ein rechtliches Interesse an alsbaldiger Feststellung, ob die von der Beklagten ausgesprochene außerordentliche fristlose Kündigung berechtigt war und das zwischen den Parteien bestehende Vertragsverhältnis beendet hat. Daß dem Kläger nach seinem Vorbringen noch Geldforderungen zustehen und er deswegen auch auf Leistung klagen kann, steht der Bejahung seines rechtlichen Interesses an der Feststellung als solcher nicht entgegen. Der Berufungsrichter übersieht nämlich, daß die Frage, ob eine außerordentliche fristlose Kündigung wirksam ist, für den Dienstverpflichteten nicht nur zum Geltendmachen von Zahlungsansprüchen von Bedeutung ist. Vielmehr wird er durch eine derartige Kündigung in seiner Ehre und seinem gesellschaftlichen Ansehen betroffen; es muß ihm schon wegen seines weiteren beruflichen Fortkommens daran gelegen sein, die Frage der Berechtigung dieser Kündigung rechtskräftig klären zu lassen. Dieses Feststellungsinteresse im Sinne des § 256 ZPO ist dabei nicht nur für die Person des in abhängiger Arbeit Stehenden zu bejahen, sondern ebenso für den auf Grund eines freien Dienstvertrages Tätigen. Mit einer Leistungsklage würde der Kläger nicht etwa — wie der Berufungsrichter meint — einen weitergehenden

Erfolg, sondern eine geringere Feststellungswirkung erzielen. Wegen § 322 Abs. 1 ZPO würde selbst ein obsiegendes Urteil nur über das Bestehen eines Zahlungsanspruches erkennen. Gerade über das würde dann nicht rechtskräftig entschieden, was für den Kläger im Hinblick auf sein gesellschaftliches Ansehen und sein berufliches Fortkommen unter Umständen von größerer Bedeutung ist als das Bestehen einer Gehalts- oder Honorarforderung. Abgesehen davon gibt ein Feststellungsurteil dem Kläger eine Grundlage für weitere noch nicht fällige Zahlungs- und andere Ansprüche, die ihm auf Grund des Dienstverhältnisses zustehen können.

Da demnach keine Bedenken gegen die Zulässigkeit der Feststellungsklage bestehen, ist die Revision wegen Verletzung des § 256 ZPO begründet und das angefochtene Urteil gemäß § 564 Abs. 1 ZPO aufzuheben.

63

Der Arbeitnehmer, der als Teilnehmer am allgemeinen Verkehr vor dem Hause seines Arbeitgebers infolge Glatteises stürzt, kann von seinem Arbeitgeber, falls dieser seine Streupflicht schuldhaft verletzt hat, Schadenersatz fordern.

Gesetz über die erweiterte Zulassung von Schadenersatzansprüchen bei Dienst- und Arbeitsunfällen vom 7. Dezember 1943; RVO § 898.

II. Senat. Urteil vom 11. 8. 1960 i. S. K. (Kl.) w. St. B. H. (Bekl.) 2 AZR 591/59.

I. Arbeitsgericht Braunschweig. — II. Landesarbeitsgericht Niedersachsen.

Als die Klägerin, Büroangestellte der Beklagten, am 3. Dezember 1957 morgens zu ihrer Arbeit ging, kam sie etwa gegen 7,15 Uhr unmittelbar vor dem Rathauseingang zu Fall. Es herrschte Glatteis, und es war nicht gestreut.

Die Klägerin war auf den linken Ellenbogen gefallen und hatte sich diesen gebrochen. Der Unfall ist als Arbeitsunfall anerkannt; die Krankenhauskosten sind von der Berufsgenossenschaft getragen worden. Die Klägerin verlangt von der Beklagten Ersatz des von der Berufsgenossenschaft nicht getragenen Schadens und zwar 1500 DM Schmerzensgeld, 3 DM als Ersatz für ein Paar zerrissene Strümpfe und 30 DM als Ersatz für gewisse Aufwendungen ihrer Eltern, sowie die Feststellung, daß die Beklagte verpflichtet sei, allen weiteren Unfallschaden zu ersetzen, soweit er nicht von den Sozialversicherungsträgern übernommen wird. Bei dem Schmerzensgeld sei, so führt die Klägerin aus, zu berücksichtigen, daß nach ärztlichem Gutachten die Möglichkeit einer späteren Arthrose des Ellenbogengelenks bestehe; auch seien durch den Unfall ihre Heiratsaussichten gemindert. Die Klägerin stützt sich dabei auf das Gesetz über die erweiterte Zulassung von Schadenersatzansprüchen bei Dienst- und Arbeitsunfällen vom 7. Dezember 1943 (BGBl. I S. 674, im folgenden kurz Erweiterungsgesetz genannt) und trägt vor, daß sie den Unfall bei Teilnahme am allgemeinen Verkehr erlitten habe. Das bestreitet die Beklagte, die der Meinung ist, daß der Rathausvorplatz dem öffentlichen Verkehr nur in den Zeiten diene, in denen das Rathaus für den Publikumsverkehr geöffnet ist. Das sei aber nur von 8 Uhr morgens bis 17 Uhr abends der Fall. Die Beklagte beruft sich ferner auf eine Verordnung der beklagten Stadt vom 15. Februar 1952, durch die die Streupflicht auf die Zeit von 8 Uhr morgens bis 19 Uhr abends festgelegt ist (§ 5 Abs. 2 der Verordnung vom 15. Februar 1952 — Amtsblatt des Niedersächsischen Verwaltungsbezirks Braunschweig, S. 76).

Das Landgericht Braunschweig hat die bei ihm erhobene Klage zuständigkeitshalber an das Arbeitsgericht Braunschweig verwiesen. Dieses hat die Klage als unbegründet abgewiesen. Das Landesarbeitsgericht hat die Berufung der Klägerin zurückgewiesen. Die Revision der Klägerin hatte Erfolg.

Aus den Gründen:

I. Da der Unfall der Klägerin ein Arbeitsunfall im Sinne des § 543 RVO war und auch als solcher von der Berufsgenossenschaft anerkannt worden ist, ist grundsätzlich die Haftung der Beklagten für weitere von der Berufsgenossenschaft nicht ersetzte Schäden durch § 898 RVO ausgeschlossen. Der Haftungsausschuß bezieht sich nicht nur auf den Ersatz des erlittenen Vermögensschadens, sondern auch auf den Schmerzensgeldanspruch (BAG 3, 103 = AP Nr. 3 zu § 1 GesSchadErsAnspr. Dienst- u. ArbUnfall; BGHZ 3, 298 [302/303]).

Jedoch entfällt der in § 898 RVO normierte Haftungsausschluß nach § 1 Abs. 2 des Erweiterungsgesetzes dann, wenn der Arbeitsunfall bei der Teilnahme am allgemeinen Verkehr eingetreten ist. Das Landesarbeitsgericht hat die Voraussetzungen dieser Bestimmung mit Recht als gegeben erachtet. Es hat festgestellt, daß sich auf dem Rathausvorplatz Parkplätze befinden, die nicht nur für Kraftwagenbenutzer gedacht sind, die das Rathaus aufsuchen, sondern von jedermann benutzt werden können. Des weiteren ist nach den getroffenen Feststellungen auch der Fußgängerverkehr über den Rathausvorplatz nicht etwa durch entsprechende Beschilderung auf die Rathausbesucher beschränkt; der Rathausvorplatz steht vielmehr dem allgemeinen Verkehr offen und wird auch tatsächlich unbeschränkt benutzt. Daraus hat das Landesarbeitsgericht zu Recht entnommen, daß der Rathausvorplatz dem öffentlichen Verkehr gewidmet ist.

Der Unfall hat sich auch, obwohl er nach § 543 RVO als Arbeitsunfall gilt, außerhalb der eigentlichen Berufsaufgaben der Klägerin ereignet. Denn die Klägerin war erst auf dem Wege zum Dienst, aber noch nicht im Dienst. Ihre Teilnahme am Verkehr war somit keine innerbetriebliche Angelegenheit (vgl. BAG 3, 103; BGHZ 3, 298 [304]; 8, 330 [337]). Die Beklagte kann sich also nach dem Erweiterungsgesetz nicht auf den Haftungsausschluß des § 898 RVO berufen.

II. Eine Haftung der Beklagten ist aber, da das Erweiterungsgesetz keine selbständige Haftungsnorm enthält, sondern nur ein die Ausschlußnormen der RVO beseitigendes Gesetz ist, nur gegeben, wenn sie sich aus irgendeiner anderen gesetzlichen Vorschrift herleiten läßt.

Als solche Vorschrift kommt, wie das Landesarbeitsgericht zutreffend angenommen hat, § 618 BGB nicht in Betracht. Nach § 618 BGB ist der Arbeitgeber nur verpflichtet, Räume, Vorrichtungen und Gerätschaften, die er zur Verrichtung der Dienste zu stellen hat, so einzurichten und zu unterhalten, daß der Arbeitnehmer gegen Gefahr für Leben und Gesundheit möglichst geschützt ist. Zu den Räumen im Sinne dieser Vorschrift gehört zwar der Rathauseingang selbst, aber nicht der Platz davor. Für die Sicherheit der Zugänge zu sorgen ist zwar eine aus der allgemeinen Fürsorgepflicht abzuleitende Aufgabe des Arbeitgebers. Erfüllt der Arbeitgeber aber diese Pflicht nicht, und kommt der Arbeitnehmer dadurch zu Schaden, so greift § 898 RVO Platz und nicht das Erweiterungsgesetz, weil es sich dann nicht um die Verletzung einer dem allgemeinen Verkehr, sondern speziell dem Arbeitnehmer geschuldeten Sorgfalt handelt. § 823 Abs. 2 BGB in Verbindung mit der Streupflichtverordnung der beklagten Stadt vom 15. Februar 1952 gibt ebenfalls keine Grundlage für den Klageanspruch her. Denn nach dieser Verordnung ist erst in der Zeit von 8 Uhr morgens an zu streuen, während der hier in Rede stehende Unfall bereits gegen 7.15 Uhr morgens geschehen ist.

Wohl aber kommt eine Haftung der Beklagten aus § 823 Abs. 1 BGB in Betracht. Aus § 823 Abs. 1 BGB haftet derjenige, der einen öffentlichen Verkehr auf seinem Platz oder Wege eröffnet, für Unfälle, die sich aus einem nicht ordnungsmäßigen Zustand dieses Verkehrsweges ergeben haben. Auf Grund seiner allgemeinen Verkehrssicherungspflicht ist der Eigentümer gehalten, bei Glatteis mit abstumpfenden Mitteln zu streuen, und zwar je nach Art und Wichtigkeit des Verkehrs unter Umständen auch schon vor Beginn polizeilich festgesetzter Streuzeiten (vgl. Geigel, Der Haftpflichtprozeß, 9. Aufl., 1957, S. 199). Falls also auf dem Rathausvorplatz der Beklagten morgens zwischen 7 und 8 Uhr starker Fußgängerverkehr geherrscht hat, war die Beklagte auf Grund der ihr allgemein obliegenden Verkehrssicherungspflicht gehalten, schon für diese Zeit den Platz mit abstumpfenden Mitteln zu bestreuen.

Das Landesarbeitsgericht hat hierzu festgestellt, daß der Rathausvorplatz in der Zeit von 7 Uhr bis 7.20 Uhr nur von wenigen Personen begangen wird. Zu dieser Feststellung ist es auf Grund der am 6. Oktober 1959 durchgeführten Augenscheinseinnahme gelangt, die ergeben hat, daß an diesem Tage in der fraglichen Zeit nur fünf Personen den Rathausplatz benutzt haben, um den Weg zwischen zwei am Rathausplatz entlang führenden Straßen abzukürzen. Das Landesarbeitsgericht ist deshalb zu der Auffassung gekommen, daß bei einem so schwachen Verkehr eine Streupflicht der Beklagten außerhalb des in der Streuverordnung angegebenen Zeitraumes nicht bestehe.

Dabei hat das Landesarbeitsgericht aber — wie die Entscheidungsgründe ergeben — nur diejenigen Personen gezählt, die den Rathausvorplatz zur Abkürzung der beiden an ihm entlang führenden Straßen überquert haben; dagegen hat es die Bediensteten der beklagten Stadt, die auf ihrem Wege zur Arbeitsstelle den Rathausvorplatz benutzten, nicht berücksichtigt. Das wird mit Recht von der Revision gerügt.

Auch die städtischen Bediensteten benutzen auf dem Wege zu ihrer Arbeitsstätte den Rathausplatz — wie bereits dargelegt und wie auch das Landesarbeitsgericht angenommen hat — in ihrer Eigenschaft als Teilnehmer am allgemeinen Verkehr. Sie sind deshalb nicht anders zu behandeln als jeder sonstige Verkehrsteilnehmer; denn sie überqueren den Platz, weil er als dem Gemeingebrauch unterliegend und dem allgemeinen Verkehr gewidmet jedermann zu Verkehrszwecken offensteht. Bei der Feststellung der für das Ausmaß und die zeitliche Begrenzung der Streupflicht zu beachtenden Verkehrsbedeutung und Verkehrsstärke auf dem Rathausvorplatz sind daher auch die auf dem Wege zu ihrer Arbeitsstätte im Rathaus befindlichen Bediensteten der Beklagten mitzuzählen. Das widerspricht nicht dem Grundgedanken des Erweiterungsgesetzes. Dieses will, wie die Präambel zum Ausdruck bringt, dem Arbeitnehmer die Rechte eines gewöhnlichen Verkehrsteilnehmers einräumen. Es will ihn nicht besser, aber auch nicht schlechter stellen. Der Arbeitnehmer soll, das ist der Sinn und Zweck des Erweiterungsgesetzes, genau die gleichen Rechte gegenüber seinem Arbeitgeber haben, wie er sie gegen jeden anderen den Verkehr gefährdenden Dritten hätte. Wenn hier der Unfall nicht vor dem Rathaus, sondern vor dem einem Dritten gehörenden Nachbarhaus geschehen wäre, so hätte dieser Nachbar, wenn schon nach 7 Uhr morgens ein starker Verkehr zum Rathaus durch die Rathausbediensteten einsetzt, eben auch schon kurz nach 7 Uhr streuen müssen. Wenn der Rathausvorplatz nicht der Beklagten, sondern einem Dritten gehörte, würde auch diesen Dritten die gleiche Verpflichtung treffen. Deshalb kann es wegen eines etwa vor der polizeilichen Streuzeit erforderlichen Streuens auf dem Rathausvorplatz nicht nur auf die dort vorübergehenden Betriebsfremden abgestellt werden, es müssen vielmehr alle zum allgemeinen Verkehr Gehörigen und damit auch die Rathausangestellten, mitberücksichtigt werden.

Das hat das angefochtene Urteil verkannt, und es beruht auf diesem Rechtsfehler. Denn es ist möglich, daß das Landesarbeitsgericht bei Mitberücksichtigung der den Rathausvorplatz benutzenden städtischen Bediensteten zu einer anderen Beurteilung der Stärke des Verkehrs gekommen wäre und dann eine entsprechende Streupflicht der Beklagten bejaht hätte.

Deshalb muß die Sache an das Berufungsgericht zurückverwiesen werden. Es wird nunmehr unter Umständen notwendig sein, eine neue die Rathausangestellten mitberücksichtigende Zählung der Frühbenutzer des Rathausvorplatzes zu veranlassen.

Selbst wenn das Landesarbeitsgericht dann eine solche Stärke der Benutzung schon für 7.15 Uhr morgens feststellen sollte, daß es eine Streupflicht der Beklagten zu diesem Zeitpunkt bejaht, so wird es, um der Klage stattgeben zu können, noch zu prüfen haben, ob die Beklagte ihre Streupflicht schuldhaft verletzt hat. In diesem Zusammenhang wird interessieren, wann der Dienst auf dem Rathaus beginnt. Man wird von der Beklagten nicht verlangen können, daß sie mehr als ¼ Stunde vor Dienstbeginn mit dem Streuen fertig war, wenn erfahrungsgemäß der Hauptverkehr erst unmittelbar mit dem Zeitpunkt des Dienstes selbst, aber nicht schon längere Zeit zuvor einzusetzen pflegt. Für die Verschuldensfrage wird es möglicherweise auch eine Rolle spielen, daß der von der Beklagten mit dem Streuen betraute Hausmeister nach der Darstellung der Beklagten hiermit bereits um 7 Uhr angefangen hat. Es wird zu erörtern sein, warum er nicht an der doch wohl gefährlichsten Stelle, nämlich am Eingang, mit dem Streuen begonnen hat.

64

1. Ein Rechtsanwalt, der zwei Tage vor Ablauf der Revisionsbegründungsfrist die Revisionsbegründung diktiert, handelt schuldhaft, wenn er am nächsten Tage zwecks Wahrnehmung eines auswärtigen Termins seiner Kanzlei fernbleibt, ohne dafür zu sorgen, daß der bisher noch nicht endgültig gefertigte Schriftsatz auch an diesem Tage unterzeichnet und abgesandt werden kann.

2. Ein Rechtsanwalt, der mit dem Absenden einer Revisionsbegründung bis zum letzten Tag der Frist wartet, darf keine Mühe und keine Kosten scheuen, um zu erreichen, daß sein Schriftsatz dennoch am gleichen Tag beim Revisionsgericht eingeht.

3. Der Rechtsanwalt handelt schuldhaft, wenn er, ohne eine Auskunft eingeholt zu haben, die wirklich umfassend und eindeutig zuverlässig ist, sich darauf verläßt, der Schriftsatz werde als Eilbrief mit der Post noch vor Mitternacht zum Revisionsgericht gelangen.

ZPO § 232 Abs. 2, § 233 Abs. 1, § 236; ArbGG § 72 Abs. 1.

II. Senat. Beschluß vom 11. August 1960 i. S. W. (Kl.) w. Erben Sch. (Bekl.) 2 AZR 190/60.

I. Arbeitsgericht Kreuznach. — II. Landesarbeitsgericht Mainz.

Aus den Gründen:

I. Der Kläger hat gegen das im Tenor bezeichnete Urteil rechtzeitig Revision eingelegt. Auf seinen Antrag ist die Frist zur Begründung der Revision bis zum 6. Juli 1960 einschließlich verlängert worden. Die Revisionsbegründung ist jedoch erst am 7. Juli 1960, also um einen Tag verspätet, bei dem Bundesarbeitsgericht eingegangen.

Gegenüber dieser ihm am 12. Juli 1960 mitgeteilten Fristversäumnis hat der Kläger am 19. Juli 1960 Wiedereinsetzung in den vorigen Stand beantragt und dazu vorgetragen: Sein Prozeßbevollmächtigter habe die Revisionsbegründung am 4. Juli 1960 diktiert und eine Angestellte seiner Kanzlei beauftragt, diesen Schriftsatz am folgenden Tage anzufertigen und abzusenden. Wegen eines auswärtigen Termins sei er am 5. Juli 1960 nicht in seiner Kanzlei gewesen; bei seiner Rückkehr am Morgen des 6. Juli 1960 habe er festgestellt, daß die von ihm beauftragte Angestellte am 5. Juli 1960 erkrankt und deswegen nicht in seiner Kanzlei gewesen sei. Er habe sofort die Revisionsbegründung anfertigen lassen und sie persönlich um 14.00 Uhr als Eilbrief zur Post gegeben. Zuvor habe er sich bei der Bahn nach den Abfahrts- und Ankunftszeiten der nach Kassel fahrenden Züge erkundigt und erfahren, daß um 15.53 Uhr ein Zug abgehe, der um 19.28 Uhr eintreffe, und um 17.03 Uhr ein weiterer Zug, der um 21.17 Uhr in Kassel ankomme. Nach dieser Auskunft habe er annehmen dürfen, daß ein Eilbrief, selbst wenn dieser erst mit dem um 21.17 Uhr in Kassel eintreffenden Zug befördert werde, noch vor 24.00 Uhr in den Nachtbriefkasten des Bundesarbeitsgerichts eingeworfen und damit die Revisionsbegründungsfrist gewahrt werde.

II. Nach § 233 ZPO kann dem Kläger — da höhere Gewalt hier ausscheidet — Wiedereinsetzung in den vorigen Stand nur dann gewährt werden, wenn die Versäumung der Revisionsbegründungsfrist auf einem unabwendbaren Zufall beruht. Unabwendbar ist ein Zufall nur dann, wenn er unter den gegebenen Umständen selbst durch die äußerste verständigerweise zu erwartende Sorgfalt weder abgewehrt noch in seinen schädlichen Folgen verhindert werden konnte (vgl. BAG 1, 228 [230]; BAG AP Nr. 9, 10 zu § 233 ZPO). Es genügt also nicht, daß die im Verkehr übliche Sorgfalt aufgewandt worden ist.

Nach diesem durch § 233 ZPO gebotenen strengen Verschuldensmaßstab reichen die vom Kläger dargelegten Tatsachen nicht aus, ihm Wiedereinsetzung in den vorigen Stand gegen die Versäumung der Revisionsbegründungsfrist zu gewähren. Denn die Versäumung dieser Frist beruht auf mangelnder Sorgfalt seines Prozeßbevollmächtigten, für das der Kläger nach § 232 Abs. 2 ZPO wie für eigenes Verschulden einzustehen hat.

1. Es ist zwar einer Partei unbenommen, die Frist zur Begründung eines Rechtsmittels bis zum letzten Tage auszunutzen. Dann muß sie aber ganz besondere Sorgfalt anwenden, um zu vermeiden, daß die Frist versäumt wird (BAG AP Nr. 9 zu § 233 ZPO; BGHZ 6, 369 [372]). Eine Verletzung dieser erhöhten Sorgfaltspflicht durch den Prozeßbevollmächtigten des Klägers muß nach seinem eigenen Vorbringen bereits darin gesehen werden, daß er die von ihm am 4. Juli, zwei Tage vor Fristablauf, diktierte Revisionsbegründung weder an diesem noch am nächsten Tage unterschrieben und abgesandt, sondern damit bis zum 6. Juli, dem letzten Tag der Revisionsbegründungsfrist, gewartet hat. Für diese Verzögerung war die Erkrankung der mit der Anfertigung der Revisionsbegründung beauftragten Schreibkraft nicht ursächlich. Denn der Prozeßbevollmächtigte ist, wie er selbst angibt, am 5. Juli infolge auswärtiger Termine nicht in seiner Kanzlei gewesen und hätte den Schriftsatz daher an diesem Tage nicht unterschreiben können, selbst wenn er schon fertig geschrieben gewesen wäre. Seine Unterschrift war für eine formgerechte Revisionsbegründung notwendig. Sein Verschulden liegt insoweit darin, daß er am 5. Juli von seiner Kanzlei

ferngeblieben ist, ohne dafür zu sorgen, daß der Schriftsatz noch an diesem Tage unterzeichnet und abgesandt werden konnte.

2. Nachdem der Prozeßbevollmächtigte des Klägers am Morgen des 6. Juli 1960, also am letzten Tage der Frist, bemerkt hatte, daß der Schriftsatz noch nicht angefertigt worden war, hätte er nunmehr ganz besonders sorgfältig vorgehen müssen, um den rechtzeitigen Eingang der Revisionsbegründung unbedingt sicherzustellen. Dieser Verpflichtung hat der Prozeßbevollmächtigte des Klägers jedoch auch an diesem Tage nicht entsprochen. Da er erst um 14.00 Uhr die Revisionsbegründung in Mainz zur Post gab, konnte er auch bei normaler Beförderung nicht sicher damit rechnen, daß dieser Brief noch am gleichen Tage bei dem Bundesarbeitsgericht in Kassel eintreffen werde. Hieran ändert nichts, daß er den Brief als Eilbrief aufgab. Denn ein Eilbrief wird mit der Bahn nicht schneller befördert als ein gewöhnlicher Brief; er wird nur am Bestimmungsort durch besonderen Eilboten ausgetragen. Auch nach den Auskünften, die der Prozeßbevollmächtigte über die Zugverbindungen von Mainz nach Kassel erhielt, konnte und durfte er sich nicht darauf verlassen, daß der Brief noch an demselben Tage bei dem Revisionsgericht eingehen werde. Für eine zuverlässige Auskunft hätte es nicht einer Nachfrage bei der Bahn, sondern einer solchen bei der Post bedurft, um zu erfahren, welche Züge Post von Mainz nach Kassel befördern, zumal auf dieser Strecke keine durchgehende Zugverbindung besteht und durch Umladen der Post in Frankfurt eine Verzögerung eintritt. Es ist allgemein bekannt, daß nicht jeder Zug Post befördert, so auch nicht der vom Kläger angegebene F-Zug, der um 19.28 Uhr in Kassel ankommt. Der um 21.17 Uhr in Kassel eintreffende Zug E 569 befördert zwar Post. Erfahrungsgemäß kann aber nicht damit gerechnet werden, daß Eilbriefe, die erst um diese Zeit am Bestimmungsort eintreffen, noch vor Mitternacht den Empfänger erreichen. Denn es ist nicht üblich, daß ein Eilbrief noch in den späten Abendstunden zugestellt wird, sofern nicht der Absender auf dem Umschlag vermerkt, daß auch nachts zuzustellen ist, was aber der Prozeßbevollmächtigte nicht getan hat. Über all diese Umstände, die für die Beförderung des Briefes von Bedeutung waren, hätte sich der Prozeßbevollmächtigte bei der Post unterrichten müssen, um seiner erhöhten Sorgfaltspflicht nach § 233 ZPO zu genügen (vgl. BGHZ 6, 369 [373]).

Es ist auch nicht ersichtlich, daß die Beförderung des Eilbriefes tatsächlich durch die Post verzögert worden ist. Der Briefumschlag trägt nämlich auf der Rückseite den Zugstempel 0569. Demnach ist der Brief tatsächlich mit dem bereits genannten Zug E 569 befördert worden, der um 18.08 Uhr in Frankfurt abfährt und von Mainz aus mit einem dort um 17.21 Uhr abfahrenden Zug zu erreichen ist. Da der Brief in Mainz um 15.00 Uhr abgestempelt wurde, kann nicht angenommen werden, daß seine Beförderung bis Kassel irgendwie verzögert worden ist. In Kassel werden Eilbriefe ohne Nachtzustellvermerk durch besondere Boten nur ausgetragen, wenn sie bis 22.00 Uhr bei der Briefabgangsstelle vorliegen. Da der Zug E 569 nach dem Fahrplan um 21.17 Uhr in Kassel einläuft und danach die Postsendungen auch noch sortiert werden müssen, liegt keine Verzögerung vor, wenn der Brief nicht mehr vor 22.00 Uhr zur Briefabgangsstelle gelangt ist und deshalb nicht mehr vor Mitternacht zugestellt wurde. Im übrigen würde selbst eine gewisse Verzögerung in der Beförderung nicht ohne weiteres ein unabwendbarer Zufall im Sinne des § 232 Abs. 1 ZPO sein und ein Verschulden des Prozeßbevollmächtigten nicht ausschließen (vgl. BAG AP Nr. 9 zu § 233 ZPO; BGHZ 6, 369 [373]).

Bei gehöriger Sorgfalt, bei der auch die vorstehend genannten Gesichtspunkte erkannt worden wären, hätte der Prozeßbevollmächtigte also erkennen müssen, daß sein Brief bei dem von ihm gewählten Beförderungsweg nicht mehr vor Ablauf der Revisionsbegründungsfrist beim Bundesarbeitsgericht eingehen werde. Nachdem schon die Anfertigung und Unterzeichnung des Schriftsatzes verzögert worden war, mußte er alles daran setzen, um diese nicht ohne seine Schuld entstandene Verzögerung wieder aufzuholen. So wie die Dinge am 6. Juli lagen, blieb ihm dazu kaum noch eine andere Möglichkeit, als den Brief durch einen besonderen Boten nach Kassel zum Bundesarbeitsgericht bringen und ihn dort notfalls in den Nachtbriefkasten einwerfen zu lassen.

Nach alledem beruht die Versäumung der Revisionsbegründungsfrist nicht auf einem unabwendbaren Zufall, sondern in mehrfacher Beziehung auf einem Verschulden des Prozeßbevollmächtigten des Klägers. Dem Kläger kann deshalb die von ihm beantragte Wiedereinsetzung in den vorigen Stand gegen die Versäumung dieser Frist nicht gewährt werden. Ob die Wiedereinsetzung außerdem auch daran scheitert, daß der Kläger die sie begründenden Behauptungen nicht glaubhaft gemacht und sich auch nicht ausdrücklich zur Glaubhaftmachung erboten hat, kann dahingestellt bleiben. Die Revision mußte daher als unzulässig verworfen werden, weil sie nicht innerhalb der Frist des § 74 Abs. 1 ArbGG begründet worden ist (§§ 72 Abs. 3 ArbGG, 554 a ZPO).

Sachregister

A

B

C

D

E

F

S

T

U

V

W

Z

Gesetzesregister

Zusammenstellung der Entscheidungen nach der Zeitfolge

Kolibri 360 GmbH
Ferdinand-Jühlke-Straße 7
99095 Erfurt, Deutschland
produktsicherheit@kolibri360.de